D1669927

Wolfgang Brehm
Filmrecht

Wolfgang Brehm
Filmrecht
Das Handbuch für die Praxis

2., überarbeitete Auflage

UVK Verlagsgesellschaft mbH

Praxis Film
Band 11

Herausgegeben von Béatrice Ottersbach

Bibliografische Information der Deutschen Nationalbibliothek
Die Deutsche Nationalbibliothek verzeichnet diese Publikation in der Deutschen
Nationalbibliografie; detaillierte bibliografische Daten sind im Internet über
http://dnb.d-nb.de abrufbar.

ISSN 1617-951X
ISBN 978-3-89669-669-4

©UVK Verlagsgesellschaft mbH, Konstanz 2008
Einbandgestaltung: Susanne Fuellhaas, Konstanz
Coverfoto: Getty Images, ©Jeff Spielman
Lektorat: Maria Grohme-Eschweiler, Gräfelfing
Satz und Layout: PTP-Berlin Protago-TEX-Production GmbH, Berlin
Druck: fgb · freiburger graphische betriebe, Freiburg

UVK Verlagsgesellschaft mbH
Schützenstraße 24 · D-78462 Konstanz
Tel.: 07531-9053-0 · Fax: 07531-9053-98
www.uvk.de

Inhalt

Vorwort

Dieses Buch wendet sich an die im Filmbereich tätigen Juristen wie auch an Filmschaffende im weiteren Sinne. Es stellt die rechtlichen Rahmenbedingungen des Filmschaffens dar und verfolgt das Filmwerk von der Idee bis zur internationalen Auswertung.

Das Buch befasst sich mit einer Vielzahl von Gerichtsentscheidungen, die jeweils im konkreten Handlungszusammenhang kommentiert werden. Darüber hinaus werden die wesentlichen Eckdaten der wichtigsten Verträge im Rahmen der Entwicklung, Herstellung, Finanzierung und Auswertung eines Filmwerks erörtert, um dem Ratsuchenden praktische Orientierung zu bieten. Durch diese Kombination stellt die Veröffentlichung ein »legal and business affairs«-Handbuch dar.

Selbstverständlich werden rechtliche Streitfragen auf der Grundlage der deutschen Gesetze erörtert. Gleichzeitig sind die Ausführungen von der Erfahrung des Verfassers geprägt, dass nationale juristische Lösungen häufig keine tragfähigen Entscheidungen für das internationale Medium Film bieten. Diesem Umstand trägt das Buch dadurch Rechnung, dass die ausgesprochenen Empfehlungen die internationalen Gepflogenheiten des »Filmbusiness« weitgehend berücksichtigen.

Das Buch nimmt überwiegend die Perspektive des Filmproduzenten als dem zentralen Kristallisationspunkt bei der Entwicklung und Herstellung eines Films ein.

Die Neuauflage bedurfte in einigen Kapiteln der kompletten Überarbeitung. Seit der Erstauflage erging nicht nur eine Reihe neuer, teilweise anderslautender Gerichtsentscheidungen. Auch einige urheberrechtliche Regelungen von weitreichender Bedeutung wurden eingeführt (»Korb I« und »Korb II«). Außerdem wurde das FFG mit Wirkung zum 1. Januar 2004 novelliert und befindet sich bereits wieder in Überarbeitung. Schließlich setzte die neue Bundesregierung den Medienfonds im Jahre 2006 ein Ende. Als »Kompensation« führte sie am 21. Dezember 2006 den Filmförderfonds ein, der die deutsche Filmindustrie jährlich mit einem Volumen von 60 Millionen Euro unterstützen soll.

Zudem ergaben sich neue technologische Entwicklungen, denen Rechnung zu tragen war.

Ich bedanke mich bei meinen Partnern Prof. Dr. Alexander Freys, Guido Hettinger, Dr. Ingeborg Schwarz und Marcus Sonnenschein, dem Rechtsreferendar Kai Florian Furch und last, but certainly not least bei Prof. Dr. Oliver Castendyk für ihre Ratschläge und ihre wertvolle Mitarbeit.

Berlin, im September 2007 Wolfgang Brehm

Abkürzungsverzeichnis

AFMA jetzt IFTA	American Film Marketing Association / Independent Film & Television Alliance
a. F. / n. F.	alte Fassung / neue Fassung
AfP	Archiv für Presserecht
AGICOA	Association de Gestion Internationale Collective des Œuvres Audiovisuelles
Aufl.	Auflage
Az.	Aktenzeichen
BGB	Bürgerliches Gesetzbuch
BGH	Bundesgerichtshof
BGHZ	Entscheidungssammlung des Bundesgerichtshofs in Zivilsachen
BIEM	Bureau International de l'Edition Mécanique
BMI	Bundesministerium des Inneren
BVerfG	Bundesverfassungsgericht
C.P.I	Code de la Propriété Intellectuelle
CEPI	Coordination Européenne des Producteurs Indépendants
CISAC	Confédération Internationale des Sociétés d'Auteurs et Compositeurs
CMMV	Clearingstelle Multimedia für Verwertungsgesellschaften von Urheber- und Leistungsschutzrechten GmbH
DAA	Deutsche Angestellten Akademie
DCMS	Department of Culture, Media and Sport
DEFA	Deutsche Film AG
DGA	Director's Guild of America
EG	Europäische Gemeinschaft
EGBGB	Einführungsgesetz zum Bürgerlichen Gesetzbuch
EGV	Vertrag zur Gründung der Europäischen Gemeinschaft
Etc.	Et cetera
EU	Europäische Union
EuGH	Europäischer Gerichtshof
EWG	Europäische Wirtschaftsgemeinschaft
EWR-Abk.	Abkommen Europäischer Wirtschaftsraum
ff.	folgende [Seiten]
FFA	Filmförderungsanstalt
FuR	Film und Recht

GEMA	Gesellschaft für musikalische Aufführungs- und mechanische Vervielfältigungsrechte
GG	Grundgesetz für die Bundesrepublik Deutschland
GmbH	Gesellschaft mit beschränkter Haftung
GRUR	Gewerblicher Rechtsschutz und Urheberrecht
GÜFA	Gesellschaft zur Übernahme und Wahrnehmung von Filmaufführungsrechten
GVL	Gesellschaft zur Verwertung von Leistungsschutz-rechten mbH
GWFF	Gesellschaft zur Wahrnehmung von Film- und Fern-sehrechten
ICC	International Chamber of Commerce
Kap.	Kapitel
KUG	Gesetz betreffend das Urheberrecht an Werken der bildenden Künste und der Photographie
LG	Landgericht
m.a.W.	mit anderen Worten
m.w.N.	mit weiteren Nachweisen
MABB	Medienanstalt Berlin-Brandenburg
MPAA	Motion Picture Association of America
NFTC	National Film Trust Company
NJW	Neue Juristische Wochenschrift
NZI	Neue Zeitschrift für das Recht der Insolvenz und Sanierung
OLG	Oberlandesgericht
OMPI	Organisation mondiale de la propriété intellectuelle = WIPO
RBÜ	Revidierte Berner Übereinkunft
RStV	Rundfunkstaatsvertrag
RG	Reichsgericht
S.I.A.E.	Società Italiana degli Autori ed Editori (Italian Society of Authors and Editors)
SF	Schweizer Franken
Slg.	Sammlung
sog.	so genannt(e / er)
SPIO	Spitzenorganisation der Filmwirtschaft e.V.
StGB	Strafgesetzbuch
StVollzG	Strafvollzugsgesetz
TRIPS	Trade Related Aspects of Intellectual Property Rights Including Trade in Conterfeit Goods

U.S.C.A.	US Copyright Act
u. U.	unter Umständen
UWG	Gesetz gegen den unlauteren Wettbewerb
UCC	Uniform Commercial Code
UFITA	Archiv für Urheber-, Film-, Funk- und Theaterrecht
UrhG	Gesetz über Urheberrechte und verwandte Schutz-rechte
USD	U.S.-Dollar
VFF	Verwertungsgesellschaft der Film- und Fernseh-produzenten
VG	Verwaltungsgericht
VG Bild-Kunst	Verwertungsgesellschaft Bild-Kunst
VGF	Verwertungsgesellschaft für Nutzungsrechte an Filmwerken mbH
vgl.	Vergleiche
VG Musikedition	Verwertungsgesellschaft Musikedition
VG Wort	Verwertungsgesellschaft Wort
VHS	Video-Home-System
WCT	WIPO Copyright Treaty
WGG	Writer's Guild in Germany
WIPO	World Intellectual Property Organisation (Welt-organisation für geistiges Eigentum)
WPPT	WIPO Performances and Phonograms Treaty
WTO	Welthandelsorganisation
WUA	Welturheberrechtsübereinkommen
ZUM	Zeitschrift für Urheber-und Medienrecht (früher: FuR = Film und Recht)
ZUM – RD	Zeitschrift für Urheber- und Medienrecht Recht-sprechungsdienst

Kurze Erläuterung zur Lektüre

Die Herstellung und Auswertung eines Filmes ist ein außerordentlich komplexes Vorhaben und die Möglichkeiten des Scheiterns bzw. hoher finanzieller Verluste sind vielgestaltig.

Dies liegt zunächst an der Vielzahl der Personen, die mit unterschiedlichsten Beiträgen an der Realisierung eines Projektes mitwirken. Überdies basiert ein Film auf vorbestehenden, eigenständigen Werken wie z.B. einem Roman, dem Drehbuch oder der Filmmusik. Die Herstellung eines Films ist extrem aufwändig und mit den Dreharbeiten noch lange nicht abgeschlossen. Szenen, die vollständig am Computer erstellt werden, nehmen immer breiteren Raum ein und die digitale Nachbearbeitung von Filmen verursacht einen zeitlichen Aufwand und Kosten, die bisweilen die bei den Dreharbeiten aufgewandten Ressourcen übersteigen.

Dies alles erfordert eine umfangreiche rechtliche Absicherung, um das Projekt nicht nur herzustellen, sondern anschließend auch erfolgreich auszuwerten. Deshalb werden die wesentlichen rechtlichen Überlegungen, Maßnahmen und jeweiligen Vertragsgestaltungen in den unterschiedlichen Stadien der Filmherstellung und -auswertung erörtert. Im Kern sind dies die Projektentwicklung (»Development«) einschließlich der »Preproduction«, die Dreharbeiten (»Principal Photography«), die Nachbearbeitung (»Postproduction«), die Finanzierung und schließlich die Auswertung des hergestellten Filmwerkes.

Ferner werden die typischen Probleme bei der internationalen Vertragsgestaltung und -abwicklung einschließlich der Schiedsverfahren und insolvenzrechtlichen Fragestellungen dargestellt und das Buch schließt mit einer Übersicht über die im Filmbereich relevanten Verwertungsgesellschaften.

I   Urheberrechtliche Grundlagen

1   Die Rechtsnatur des Urheberrechts

Sowohl die rechtlichen Voraussetzungen für die Herstellung eines Filmwerkes als auch den Schutz der einzelnen Beiträge der Filmschaffenden regelt das »Gesetz über Urheberrecht und verwandte Schutzrechte« (UrhG). Das geschützte Rechtsgut ist nach diesem Gesetz keine Sache, kein körperlicher Gegenstand, sondern persönliche geistige Schöpfung – es sind sog. Werke (z. B. Buch, Fotografie, Komposition, Film) und bestimmte Leistungen (z. B. Finanzierungs- und Organisationsleistungen des Filmherstellers).

Entsprechend der Rechtsposition des Eigentümers einer Sache gewährt auch das Urhebergesetz dem Werkschöpfer und dem Inhaber von Leistungsschutzrechten absolute Rechte an deren immateriellen Geistesgütern, welche gegenüber jedermann wirken. Damit ist der Berechtigte allein befugt, über die ihm zugewiesenen Rechte zu verfügen (positive Wirkung) und kann umgekehrt jeden Nichtberechtigten von der Nutzung ausschließen (negative Wirkung).

In diesem Zusammenhang ist zu beachten, dass das Urhebergesetz nicht die Frage der Eigentumsübertragung oder der Besitzverschaffung der Werkexemplare regelt. Dies bestimmt sich vielmehr nach den allgemeinen Vorschriften des Bürgerlichen Gesetzbuches (BGB), die insoweit selbständig neben dem Urhebergesetz stehen. Praktisch bedeutet dies, dass allein durch den Erwerb eines Werkexemplars (z. B. Verkauf) der Käufer zwar Eigentümer wird, aber damit noch nicht die Nutzungsrechte an dem Werkexemplar erlangt. Wer also etwa ein Bild von Picasso kauft, erwirbt damit zwar das Eigentum. Die Urheberrechte (z. B. das Recht, Postkarten mit diesem Bild herzustellen und zu vertreiben) ist davon jedoch völlig getrennt und regelt sich ausschließlich nach dem Urhebergesetz.

2   Der Urheber

Als Urheber bezeichnet das Gesetz den »Schöpfer« des Werkes (§ 7 UrhG). Damit wird deutlich, dass hier nur so genannte »natürliche Personen« gemeint sind, die selbst das Werk erschaffen können. »Juristische Personen« (z. B. eine GmbH) kommen mithin als Urheber nicht in Betracht.

Haben mehrere Personen ein Werk gemeinsam erschaffen, ohne dass sich ihre Anteile gesondert verwerten lassen, sind sie Miturheber des Werkes (§ 8 UrhG). Maßgeblich ist hierbei die »gemeinsame Werkschöpfung«, was gerade im Filmbereich angesichts der Vielzahl von beteiligten Personen und deren unterschiedlichen Beiträgen erhebliche Abgrenzungsschwierigkeiten bereitet (vgl. dazu unten Kapitel II.). Von der Miturheberschaft ist die Bearbeitung zu unterscheiden, bei der ein bereits vorhandenes Werk nachträglich verändert wird, wodurch ein neues geschütztes Werk entsteht (§§ 3, 23 UrhG).

Entsprechend dem geltenden »Schöpferprinzip« ist schließlich der Gehilfe oder der Ideengeber zu einem Werk kein Urheber. Ebenso wenig entstehen die Urheberrechte an Werken, die Mitarbeiter im Rahmen eines Arbeitsverhältnisses erschaffen, beim Arbeitgeber, sondern bei dem eigentlichen Schöpfer des Werkes. Das Recht, das Werk zu verwerten und zu nutzen, muss dem Arbeitgeber deshalb durch Vertrag oder gesetzlich eingeräumt werden (vgl. § 43 UrhG und die Sondervorschrift für den Filmbereich § 89 UrhG).

3 Inhalt des Urheberrechts

Nach dem Wortlaut des Gesetzes schützt das Urheberrecht den Urheber in seinen geistigen und persönlichen Beziehung zum Werk und in der Nutzung des Werkes (§ 11 UrhG). Daraus wird deutlich, dass der Werkschöpfer sowohl in der Wahrnehmung seiner ideellen als auch materiellen Interessen – insbesondere gegen die unbefugte wirtschaftliche Auswertung durch Dritte – geschützt werden soll.

Zur Durchsetzung seiner ideellen Interessen stattet das Gesetz den Urheber mit so genannten Urheberpersönlichkeitsrechten aus. Der Urheber hat danach das Recht, über das »Ob« und »Wie« der Veröffentlichung seines Werkes zu bestimmen (§ 12 UrhG). Er hat Anspruch auf Namensnennung (§ 13 UrhG) und kann jede Entstellung und Beeinträchtigung seines Werkes verbieten (§ 14 UrhG). Für die Urheber des Filmwerkes wird letztgenanntes Recht allerdings auf »gröbliche Entstellungen oder gröbliche Beeinträchtigungen« beschränkt (§ 93 UrhG).

Breiten Raum nehmen im Urheberrechtsgesetz die so genannten Verwertungsrechte ein, die dem Urheber das ausschließliche Recht der wirtschaftlichen Auswertung seines Werkes sichern (§§ 15 ff UrhG). Dabei unterscheidet das Gesetz nach der Auswertung in »körperlicher« Form, z. B. Vervielfältigung (§ 16 UrhG), Verbreitung (§ 17 UrhG) und Ausstellung (§ 18 UrhG) des Werkexemplars einerseits und der Auswertung in »unkörperlicher Form« andererseits, d. h. die öffentliche Wiedergabe des Werkinhaltes z. B. durch Vortrag, Aufführung oder Vorführung (§ 19 UrhG), öffentliche Zugänglichmachung (§ 19a UrhG), Sendung (§§ 20,

22 UrhG), Wiedergabe durch Bild- und Tonträger (§ 21 UrhG) oder von Funksendungen und öffentlichen Zugänglichmachungen (§ 22 UrhG).

Von den »sonstigen Rechten« (§§ 25 – 27 UrhG), die das Urheberrechtsgesetz gewährt, ist für die Filmschaffenden vor allem das Recht auf Vergütung für »Vermietung und Verleihung« von Videogrammen (§ 27 UrhG) und für private Überspielungen (§ 54 UrhG) von Interesse. Denn hat der Urheber dem Filmhersteller das Vermietrecht an einem Bildträger eingeräumt, so verbleibt dem Urheber bei Lizenzierung dieses Bildträgers gleichwohl ein Vergütungsanspruch gegen den jeweiligen Verwerter. Ein Verzicht des Urhebers auf diesen Vergütungsanspruch ist nicht möglich. Gleiches gilt für den Vergütungsanspruch aus § 54 UrhG. Beide Vergütungsansprüche sind können im Übrigen im Voraus nur an eine Verwertungsgesellschaft abgetreten werden (§§ 27 Abs.1 und 63 a UrhG). Anderslautende vertragliche Vereinbarungen zwischen Urheber und Produzenten sind insoweit unwirksam. Zur effektiven Rechtewahrnehmung können diese Ansprüche für die Urheber schließlich nur von den entsprechenden Verwertungsgesellschaften geltend gemacht werden (§ 27 Abs. 3, 54 h UrhG).

4 Die geschützten Werke

4.1 Werke

Das Urhebergesetz schützt nach seinem Wortlaut Werke der Literatur, Wissenschaft und Kunst und nennt dafür insbesondere Sprachwerke (z. B. Literatur, Reden, Computerprogramme), Werke der darstellenden Kunst (z. B. Tanz, nicht aber Akrobatik), der bildenden Kunst (z. B. Bildhauerei, Malerei, Grafik nebst der entsprechenden Entwürfe), Werke der Baukunst und der angewandten Kunst (z. B. kunstgewerbliche Gegenstände). Ferner Lichtbild-, Musik- und Filmwerke sowie technische und wissenschaftliche Darstellungen. Es handelt sich hierbei nicht um eine abschließende Aufzählung. Maßgeblich ist für den urheberrechtlichen Schutz vielmehr, dass das jeweilige Werk eine persönliche geistige Schöpfung des Urhebers darstellt (§ 2 UrhG).

Die persönliche Schöpfung setzt das eigenhändige Erschaffen des Werkes durch eine natürliche Person voraus. Wie bereits ausgeführt kann eine juristische Person (z. B. eine GmbH) nicht schöpferisch tätig sein und folglich nicht Inhaberin des Urheberrechts werden. Darin liegt ein maßgeblicher Unterschied zwischen dem kontinentaleuropäischen Urheberrecht und dem angelsächsischen System des »Copyright«. Nach dem dortigen System entsteht das »Copyright« nämlich regelmäßig nicht etwa beim Werkschöpfer, sondern bei der Produktionsgesellschaft.

4.2   Kein Schutz der Idee

Eine Idee als solche ist nicht schutzfähig. Abstrakte Gedanken, Ideen müssen im
Interesse der Allgemeinheit grundsätzlich frei bleiben und können nicht durch
das Urhebergesetz oder sonstige Gesetze monopolisiert werden (BGH GRUR 1995,
47,48 – »Rosaroter Elefant«). Auch bloße »Handlungsideen« und »Handlungs-
ansätze« sowie generelle Anregungen sind grundsätzlich noch nicht geschützt
(BGH, UFITA 30,193 – »Gasparone«). Vielmehr bedarf die Idee ihrer Umsetzung –
der Formgebung (z. B. als Treatment) –, um als persönliche geistige Schöpfung
dem Urheberrechtsschutz zugänglich zu sein.

4.3   Die Schöpfungshöhe

Nicht jede Formgebung führt indessen zwangsläufig zum urheberrechtlichen
Schutz. Denn die geistige Schöpfung erfordert darüber hinaus ein Mindestmaß an
Originalität und individueller Prägung (sog. Schöpfungshöhe). Nur bei Erreichen
dieser Schöpfungshöhe besteht Schutz nach § 2 UrhG, wie etwa die Entscheidung
des OLG München, GRUR 1990, 674,676 – »Forsthaus Falkenau« zeigt:

Zwei Autoren verfassten ein Exposee zu einer TV-Serie unter dem Titel »Forst-
revier Alpsee«, in dessen Mittelpunkt ein verwitweter Förster mit zwei erwachsenen
Kindern stand. In der Serie sollten neben der bezaubernden Bergwelt auch die
Probleme und Nöte eines Försters gezeigt werden, etwa der Konflikt zwischen
Rentabilität und Ökologie oder die Interessen der privaten Jagdpächter. Die Autoren
boten das Konzept erfolglos mehreren Fernsehsendern an. Zwei Jahre später produzierte einer dieser Fernsehsender einen Pilotfilm und 13 Folgen einer Serie
unter dem Titel »Forsthaus Falkenau«. Die Serie spielt in der bayerischen Gebirgs-
welt und dreht sich um einen verwitweten Förster mit drei Kindern. Auch hier
geht es um das Waldsterben und andere ökologische Themen und als weitere
Parallele spielt eine Adelsfamilie eine tragende Rolle. Die beiden Autoren waren der
Auffassung, die TV-Serie stelle eine Verletzung ihres urheberrechtlich geschützten
Konzepts dar und verklagten den Fernsehsender.

Das OLG München wies indessen die Klage mit folgender Begründung ab:
»... Als bloße Handlungsideen stellen die von den Klägern hervorgehobenen Übereinstimmungen naheliegende, wohlbekannte Grundmuster für Filme des hier
gegebenen Genres dar. Solche Einfälle und Ideen können nur in konkreten Ausgestaltungen schutzfähig im Sinne des Urhebergesetzes sein. Als bloßen Handlungs-
ansätzen fehlt diesen Elementen die eigenpersönliche Prägung.«

4.4   Der Umfang der Formgebung

Fraglich ist ferner, ob ein Werk einen bestimmten Umfang haben muss, um die erforderliche Schöpfungshöhe zu erlangen. Bei der Entwicklung eines Filmprojekts erfolgt die konkrete Formgebung einer Idee üblicherweise in Gestalt einer Synopsis, eines Exposees, eines Treatments und schließlich eines Drehbuchs.

Anfangs steht häufig eine **Synopsis** von lediglich ein bis zwei Seiten. Die Kürze eines Werkes steht indessen seiner Schutzfähigkeit grundsätzlich nicht entgegen. Mit anderen Worten: Es existieren keine quantitativen Maßstäbe. Der BGH hat etwa in seiner Entscheidung »Straßen – gestern und morgen« (BGH UFITA 88, 340) bei einer/m nur eine Seite umfassenden Synopsis/Exposee ein Werk im Sinne des § 2 Ziffer 1. lit.1 UrhG angenommen. Entscheidend ist nämlich, dass »schon die Einfügung eines bestimmten Einfalls in einen Handlungsablauf unabhängig von der Wortgestaltung im einzelnen Urheberrechtsschutz erlangen kann, ebenso wie der Gang der Handlung mit seinen dramatischen Konflikten und Höhepunkten, die Akt- und Szenenführung, also die Gliederung und Anordnung des Stoffes, sowie die Rollenverteilung und Charakteristik der handelnden Personen Schutz genießen können.« (BGH-Entscheidung »Wolfsblut«, GRUR 1978, 302)

Unter Berücksichtigung dieser Umstände werden die nachfolgenden Entwicklungsstufen (Exposee, Treatment, erste Drehbuchfassung) in der Regel die Voraussetzungen eines schutzfähigen Sprachwerks im Sinne des § 2 Ziffer 1 lit.1 erfüllen.

4.5   Der Schutz von Show-Formaten

Seit vielen Jahren wird in Deutschland über die Frage gestritten, ob und ggf. unter welchen Voraussetzungen sog. Show-Formate schutzfähig sind. Unter **Format** wird bei Fernsehshows die durch regelmäßig wiederkehrende Gestaltungselemente bestimmte Präsentationsform der Show verstanden. Hierzu zählen etwa Spielidee, Aufbau und Ablauf der Sendung, Moderation, Bühnenaufbau und -dekoration, Titel, Logo, Erkennungsmelodie etc. Solche Formate werden häufig mit hohem finanziellem Aufwand entwickelt und daher ist sowohl für die »Entwickler« als auch für die Fernsehsender von herausragendem Interesse, ob sie ihr Format vor der Übernahme durch andere schützen können. Dieses Interesse wurde bisher von der Rechtsprechung nahezu durchgängig enttäuscht.

Zwar erkennen die Gerichte grundsätzlich die Schutzfähigkeit von Formaten an, sowohl nach Urheberrecht als auch nach Wettbewerbsrecht. Der **Urheberrechtliche** Schutz hat zunächst zur Voraussetzung, dass das Format überhaupt Werkcharakter i. S. d. § 2 UrhG (also die sog. Schöpfungshöhe) hat. Schon daran scheitern die meisten Formate (vgl. z. B. BGHZ 79, 361 – Quizmaster; BGH ZUM 2003, 771 – Sendeformat). Diese Rechtsprechung stößt unterdessen auf Kritik, und maßgebliche Stimmen in der Literatur fordern, den Begriff der Schöpfungshöhe durch Individualität zu ersetzen (vgl. Schricker, Werbekonzeptionen und Fernsehformate, GRUR Int. 2004, 923 ff.). Fernsehformate sollen regelmäßig den Anforderungen der Individualität genügen und den urheberrechtlich schützbaren Werken zuzurechnen sein.

Beim **wettbewerbsrechtlichen** Schutz nach § 1 UWG – insbesondere unter dem Gesichtspunkt der unlauteren Leistungsübernahme, der unmittelbaren Aneignung eines fremden Arbeitsergebnisses und der unlauteren Behinderung – gehen die Gerichte mangels urheberrechtlicher Schutzfähigkeit vom Grundsatz der Nachahmungsfreiheit aus. Das bedeutet, dass die Nachahmung eines nicht sondergesetzlich (z. B. Urheberrecht) geschützten Arbeitsergebnisses grundsätzlich jedem gestattet ist und damit nicht durch die Hintertür des Wettbewerbsrechts Schutz erlangen kann. Wettbewerbswidrig ist die Nachahmung deshalb ausnahmsweise nur dann, wenn über die bloße Nachahmung hinaus weitere Unlauterkeitskriterien hinzutreten. Das ist etwa dann der Fall, wenn ein fremdes Arbeitsergebnis nicht nur als bloße Anregung zum eigenen Schaffen dient, sondern in identischer oder zumindest nahezu identischer Form nachgemacht wird, um den Mitbewerber unbilligerweise um die Früchte seiner Arbeit zu bringen oder zu schädigen. Zumindest an diesen zusätzlichen Unlauterkeitskriterien fehlte es bislang in den einschlägigen Gerichtsentscheidungen (vgl. z. B. OLG Hamburg, ZUM 1996, 245 – Goldmillion; OLG Düsseldorf, WRP 1995, 1032, 1034 – »Taxi TV« und OLG München, ZUM 1999, 244, 247 – »Augenblix«).

4.6 Entstehung des Schutzes / Keine Registrierung erforderlich

Ein Werk im kulturellen Bereich (z. B. Buch, Bild, Komposition, Film) ist in Deutschland automatisch geschützt, wenn es die vom Urheberrechtsgesetz gestellten »qualitativen« Voraussetzungen erfüllt. Der Schutz entsteht mit der Schöpfung des Werkes und es bedarf keiner Registrierung, keines förmlichen Verfahrens oder der Benutzung des Werkes im Verkehr.

Erfüllt allerdings ein Werk die Voraussetzungen des Urheberrechtsgesetzes nicht, begründet auch der Zusatz »urheberrechtlich geschützt« oder das **Copyright-Zeichen** © nebst Name und Erscheinungsjahr keinen gesetzlichen Schutz. Solche Vermerke können auf einen möglicherweise bestehenden Urheberrechtsschutz des Inhabers hinweisen, der Prüfungsmaßstab bleibt in Deutschland jedoch allein das Gesetz. Anderslautende privatschriftliche Vereinbarungen haben insoweit keine Bedeutung.

4.7 Die Miturheber (§ 8 UrhG)

Schaffen mehrere ein Werk gemeinsam, ohne dass sich ihre Anteile gesondert verwerten lassen, so sind sie Miturheber (§ 8 Abs. 1 UrhG). Gemeinsam wird ein Werk allerdings nur dann geschaffen, wenn mehrere Urheber zum Zwecke seiner Schöpfung zusammenarbeiten und jeder einzelne einen schöpferischen Beitrag leistet, der in das Werk einfließt. Die Literaturgeschichte kennt viele solcher Konstellationen und als Beispiele mögen etwa die *Kinder und Hausmärchen* der Brüder Jacob und Wilhelm Grimm oder die Schriften von Karl Marx und Friedrich Engels dienen. Die Zusammenarbeit muss nicht so weit gehen, dass die Autoren Wort für Wort gemeinsam schaffen. Vielmehr reicht es aus, wenn sie partnerschaftlich zusammenarbeiten.

Eine immer wieder auftretende heikle Variante ist der **Ideengeber**, der später (Mit)urheberrechte an dem Drehbuch beansprucht. Hierbei sind folgende Situationen klar zu trennen: Hat der Ideengeber eine erfundene Fabel erzählt, die als solche schutzfähig ist, so nimmt der Drehbuchautor, der diese Fabel szenisch verarbeitet, eine abhängige Bearbeitung nach § 23 UrhG vor. Damit wäre die Zustimmung des Ideengebers erforderlich. In Einzelfällen kann aber auch eine freie Benutzung vorliegen (§ 24 UrhG). Sofern der Ideengeber nur ein paar Hinweise gab, also bloße Ideen äußerte, oder wenn die erzählte Fabel nicht geschützt war, so ist der Verfasser des Drehbuchs dessen Alleinurheber und dem Ideengeber stehen keine Ansprüche zu.

Dennoch kann es unter praktischen Gesichtspunkten sinnvoll sein, in Grenzsituationen eine Vereinbarung mit dem Ideengeber zu treffen, um langfristige Prozesse zu vermeiden und die Entwicklung und Realisierung des Projekts nicht zu gefährden. Zwar kann ein Miturheber nach § 8 Abs. 2 UrhG seine Einwilligung zur Veröffentlichung und Verwertung des Werkes nicht treuwidrig verweigern, d. h. er ist verpflichtet, z. B. der Verfilmung des Drehbuchs zuzustimmen. Dies gilt erst recht im Falle des Ideengebers, der – wenn überhaupt – gleichsam nur »minoritärer« Miturheber ist. Der gesetzliche Begriff »Einwilligung« bedeutet allerdings vorherige Zustimmung, sodass die Verwertung nicht stattfinden darf, bevor die Einwilligung tatsächlich erteilt oder ein hierauf gerichteter Prozess rechtskräftig entschieden ist. Hinzu kommt, dass die Beweislast dafür, dass die Einwilligung treuwidrig verweigert wird, die klagenden Miturheber trifft.

4.8 Verbundene Werke (§ 9 UrhG)

Haben mehrere Urheber ihre Werke zu gemeinsamer Verwertung miteinander verbunden, so kann jeder vom anderen die Einwilligung zur Veröffentlichung, Verwertung und Änderung der verbundenen Werke verlangen, wenn die Einwilligung dem anderen nach Treu und Glauben zuzumuten ist. Im Gegensatz zu den Fällen der Miturheberschaft, in denen aufgrund gemeinschaftlichen Schaffens der Urheber ein einheitliches Werk entsteht, handelt es sich hier um **selbstständig verwertbare Einzelwerke,** die verbunden werden. Alle beteiligten Urheber bleiben alleinige Urheber der jeweils von ihnen geschaffenen Einzelwerke und erwerben keinerlei Urheberrechte an den anderen Werken. Durch die Werkverbindung i. S. d. § 9 UrhG entsteht unter den beteiligten Urhebern eine Gesellschaft Bürgerlichen Rechts, auf die die Vorschriften der §§ 709 ff. BGB Anwendung finden, soweit sie mit den urheberrechtlichen Sonderregelungen vereinbar sind.

Beispiele für verbundene Werke sind etwa Opern, Musicals oder Schlager, wo Text und Musik als selbständige Einzelwerke verbunden werden. Ein anderes Beispiel ist ein Buch mit Illustrationen zum Text. Bei Filmwerken handelt es sich nicht um eine Werkverbindung zwischen den verschiedenen zur Filmherstellung benutzten Beiträgen. Denn die beteiligten Urheber räumen dem Filmproduzenten lediglich Nutzungsrechte an ihren Werken ein.

Gegenüber der Bearbeitung unterscheidet sich die Werkverbindung dadurch, dass keines der verbundenen Werke umgestaltet, also bearbeitet wird. Außerdem entsteht bei der Werkverbindung auch kein neues Werk.

4.9 Die Bearbeitung (§§ 3, 23 UrhG)

Wird ein geschütztes Werk nachträglich bearbeitet oder umgestaltet, kann diese Bearbeitung – unbeschadet des Urheberrechts am bestehenden (bearbeiteten) Werk – wie ein selbständiges Werk geschützt werden (§ 3 UrhG). Voraussetzung dafür ist allerdings, dass die Bearbeitung selbst eine persönliche geistige Schöpfung darstellt und damit ein Bearbeiterurheberrecht entsteht. Der Urheber der Bearbeitung lehnt sich an ein bereits bestehendes Werk an und unterscheidet sich dadurch vom Miturheber (§ 8 UrhG), dass er nicht gemeinschaftlich mit anderen ein Werk schafft.

Als typisches Beispiel einer Bearbeitung nennt das Gesetz die Übersetzung. Auch in dem Verfassen eines Drehbuchs auf der Basis eines Romans liegt eine Bearbeitung. Möglich sind auch mehrfache Bearbeitungen in unterschiedlichen Stufen. Erfolgt etwa auf der Basis eines Romans eine erste Drehbuchfassung und ein dritter Autor bringt sodann das Drehbuch in seine kurbelfertige Version, so können beide Drehbuchfassungen selbständigen Schutz genießen. Voraussetzung hierfür ist, dass die Autoren jeweils einen eigenen schöpferischen Beitrag geleistet haben. Die endgültige Drehbuchfassung enthält dann sowohl Bestandteile des Romans wie auch der ersten Fassung des Drehbuchs. Folglich muss der Filmproduzent von jedem beteiligten Urheber die benötigten Verfilmungs- und Verwertungsrechte erwerben.

Verfasst ein Autor hingegen auf der Basis des Romans ein Drehbuch unabhängig von der ersten Drehbuchfassung, so handelt es sich um eine sog. Zweitbearbeitung. In diesem Fall benötigt der Filmproduzent die Rechte am Roman und nur diejenigen des Autors, dessen Drehbuch er letztlich verfilmen möchte.

Inwieweit Bearbeitungen als freie Benutzungen erlaubt sind oder sie einer Zustimmung des Urhebers des Originalwerkes bedürfen, ist in den §§ 23, 24 UrhG geregelt. Grundsätzlich bedarf die Verwertung und Veröffentlichung der Bearbeitung der **Einwilligung** des Urhebers des Originalwerkes (§ 23 UrhG). In wenigen Ausnahmefällen muss bereits zur Herstellung der Bearbeitung die Einwilligung vorliegen. Zu diesen Ausnahmen zählt etwa die Verfilmung des Werkes.

4.10 Die Doppelschöpfung

Von einer Doppelschöpfung ist die Rede, wenn völlig unabhängig voneinander zwei identische oder in den Wesenszügen gleiche Werke entstehen. Im Urheberrecht gilt nicht das Prioritätsprinzip und damit kann derjenige, der das Werk zuerst geschaffen hatte, dem nachfolgenden Werkschöpfer die Verwendung grundsätzlich nicht verbieten. Der Urheber des später veröffentlichten Werkes trägt jedoch nach allgemeiner Auffassung die volle Beweislast für das Vorliegen einer Doppelschöpfung, d.h. dafür, dass er sein Werk nicht auf das vorbestehende Werk gestützt hat. Dies gilt nur dann nicht, wenn eine Kenntnis von dem älteren Werk ausgeschlossen ist.

Folglich muss der Schöpfer des späteren Werkes darlegen und beweisen, dass er die nach der allgemeinen Lebenserfahrung zu vermutende Kenntnis des älteren Werkes nicht hatte. Insoweit sind strenge Anforderungen zu stellen, denn es muss zur Überzeugung des Gerichts ausgeschlossen sein, dass der nachfolgende Werkschöpfer sich von dem vorher veröffentlichten – möglicherweise nur in seinem Unterbewusstsein haften gebliebenen – Werk hat inspirieren lassen. Es muss also eine bewusste oder unbewusste Kenntnis des vorher veröffentlichten Werkes ausgeschlossen sein (vgl. Urteil OLG Köln vom 05.03.1999, ZUM – RD 1999, S. 223 ff.; ferner die Ausführungen unten Kapitel IV.)

Gelingt diese Beweisführung nicht, so liegt in dem späteren Werk entweder ein Plagiat vor oder eine Bearbeitung des ursprünglichen Werkes. In beiden Fällen kann der Inhaber der Rechte am ursprünglichen Werk sowohl Unterlassungs- als auch Schadensersatzansprüche geltend machen.

Aber selbst wenn die (seltenen) Voraussetzungen einer Doppelschöpfung vorliegen, sind die jeweiligen Rechteinhaber unter Umständen darauf angewiesen, eine sinnvolle Abgrenzung oder Kooperation zu vereinbaren. Gerade bei Filmen spielen die Remakerechte eine immer größere Rolle (kaum hatte der deutsche Beitrag »Das Leben der anderen« den Oscar gewonnen, wurde schon das Remake von den amerikanischen Produzenten Bob und Harvey Weinstein bekannt gegeben) und damit stellt sich erneut die Frage nach der Rechtsverletzung (möglicherweise in einer anderen Rechtsordnung) bzw. nach der gleichzeitigen Vergabe derselben Rechte durch verschiedene Personen. Diese Unsicherheit und Marktverwirrung steht gerade in den USA, wo Remakes unter großem finanziellen Aufwand und minutiöser Klärung der Rechte hergestellt werden, einer Verwirklichung entgegen. Daher ist eine Vereinbarung der Rechteinhaber von Doppelschöpfungen insbesondere im Hinblick auf die Verhandlung und Vergabe von Remakerechten sinnvoll und erstrebenswert.

5 Die Einräumung von Nutzungsrechten und mögliche Stolpersteine

Das Urheberrecht mit den vorgenannten Bestandteilen aus Persönlichkeits- und Vermögensrechten kann nur im Todesfalle auf die Erben übertragen werden (§ 29 UrhG). Die Übertragung des Urheberrechts an einen Dritten wird damit explizit ausgeschlossen.

Um dennoch die Möglichkeit der umfassenden wirtschaftlichen Auswertung eines Werkes zu ermöglichen, sieht das Urheberrechtsgesetz hierfür die Möglichkeit zur »Einräumung von Nutzungsrechten« vor (§ 31 UrhG). Mit Hilfe dieser gesetzlichen Konstruktion bleibt der Werkschöpfer stets Inhaber seines Urheberrechts und spaltet hiervon nur einzelne Verwertungsrechte ab, die individuell vergeben werden können. Der Zweck dieser etwas umständlich anmutenden Regelung ist der Schutz des Urhebers, der hierbei trotz der Einräumung ausschließlicher Nutzungsrechte im Falle der Rechtsverletzung durch Dritte seine Urheberpersönlichkeits- und auch die nicht übertragenen Verwertungsrechte noch selbst durchsetzen kann (vgl. Schack, Urheber- und Urhebervertragsrecht, Rz. 529 ff.). Aus der Sicht des Verwerters sollten Nutzungsrechte möglichst umfassend und ausschließlich (exklusiv) übertragen werden. Als dingliches, absolutes Recht schließt das ausschließliche Nutzungsrecht alle anderen Personen von der Nutzung aus. Soweit der Inhaber Nutzungsrechte gemäß § 31 UrhG einem anderen eingeräumt und damit eine Verfügung getroffen hat, zielt eine nochmalige Übertragung desselben Nutzungsrechts durch den ursprünglichen Rechteinhaber an einen Dritten ins Leere, denn das Gesetz kennt – im Gegensatz zum Erwerb von Sachen – keinen gutgläubigen Rechtserwerb.

5.1 Die Generalklausel

Häufig sehen Verträge eine Generalklausel vor, wonach die Rechte »ausschließlich, räumlich, zeitlich und sachlich (inhaltlich) uneingeschränkt« auf den Produzenten übertragen werden. Diese Generalklausel sollte zwar einleitend in jedem Vertrag verwandt werden. Ohne eine Aufzählung der einzelnen Nutzungsrechte und Nutzungsarten besteht aber die Gefahr, dass die pauschal eingeräumten Rechte aufgrund eines vom Gericht später festgestellten engeren Vertragszwecks wieder eingeschränkt werden.

Die höchstrichterliche Rechtsprechung hat nämlich wiederholt entschieden, dass eine solche Generalklausel grundsätzlich nicht ausreichend ist, um dem Filmproduzenten tatsächlich Rechte für alle möglichen Nutzungsarten einzuräumen. Bei einer pauschalen vertraglichen Rechtseinräumung wird deshalb im Streitfalle stets überprüft, ob der ursprüngliche Rechtsinhaber nicht tatsächlich nur die Rechte übertragen wollte, die zur Durchführung des Vertrages unmittelbar erforderlich sind (Urteil des BGH vom 27.09.1995, GRUR 1996, S. 121 ff.). Diese Einschränkung zulasten der Produzenten und zugunsten der Urheber ist Ausdruck der gesetzlich verankerten Zweckübertragungslehre (§ 31 Abs. 5 UrhG).

5.2 Die Zweckübertragungslehre

Nach der Vorschrift des § 31 Abs. 5 UrhG werden bei fehlender Einzelbezeichnung regelmäßig nur die Rechte übertragen, die zur Durchführung des Vertragszweckes notwendig sind (§ 31 Abs. 5 UrhG). Alle hierfür nicht benötigten Rechte verbleiben beim Urheber.

In der vorgenannten Entscheidung stellte der BGH fest, dass *»für Vereinbarungen, nach deren Wortlaut der Urheber in pauschaler Weise Nutzungsrechte einräumt, die Zweckübertragungslehre eine Bedeutung hat, die über die genannte Auslegungsregel hinausgeht. Gemäß § 31 Abs. 5 UrhG bestimmt sich der Umfang eines eingeräumten Nutzungsrechtes nach dem mit seiner Einräumung verfolgten Zweck, wenn bei der Rechtseinräumung die Nutzungsarten, auf die sich das Recht erstrecken soll, nicht einzeln bezeichnet sind. Bei pauschalen Vereinbarungen über die Einräumung von Nutzungsarten wird danach der Umfang des Nutzungsrechtes durch den Vertragszweck bestimmt und im Allgemeinen beschränkt, selbst wenn der Wortlaut der vertraglichen Regelung eindeutig ist.«*

Die höchstrichterliche Rechtsprechung geht also im Hinblick auf die übertragenen Rechte von einem **Erörterungs- und Bezeichnungserfordernis** aus.

Ergänzend zur Zweckübertragungstheorie bestimmt § 89 Abs. 1 UrhG, dass jeder, der sich zur Mitwirkung bei der Herstellung eines Filmes verpflichtet und hierbei ein Urheberrecht am Filmwerk erwirbt, dem Filmhersteller im Zweifel das ausschließliche Recht einräumt, das Filmwerk auf alle bekannten Nutzungsarten zu nutzen. Bisher war kontrovers, welche der beiden Auslegungsregeln Vorrang genießen soll. In der »Zauberberg-Entscheidung« (BGH – Urt. vom 19. Mai 2005 – I ZR 285/02, MMR 2005, S. 839 ff.) hat der BGH nunmehr entschieden, dass im Filmbereich die gesetzliche Übertragungsvermutung des § 89 Abs. 1 UrhG grundsätzlich Vorrang gegenüber der Zweckübertragungstheorie hat.

Zur Vermeidung des Risikos, als Filmproduzent trotz der pauschalen Rechtsübertragung nicht über sämtliche Rechte zu verfügen, ist es daher empfehlenswert, im Anschluss an die Generalklausel die einzelnen Rechte umfassend aufzuführen. Dabei ist stets darauf zu achten, dass der Katalog der zu übertragenden Rechte aktualisiert ist, der dynamischen technischen Entwicklung Rechnung getragen wird und die jeweils neuesten Nutzungsarten ausdrücklich genannt sind (z. B. Video-on-Demand, IPTV, Podcasting).

5.3 Die unbekannte Nutzungsart

5.3.1 Die aktuelle Rechtslage

Für Verträge, die nach dem 01. Januar 1966 geschlossen wurden, gilt zur Zeit noch der gesetzlich normierte Grundsatz der Unwirksamkeit von Nutzungsrechtseinräumungen für noch nicht bekannte Nutzungsarten (§§ 31 Abs. 4, 88 Abs. 1, 89 Abs. 1 UrhG). Der Klarheit halber sei angemerkt, dass diese Einschränkung bei der Rechtseinräumung nur für Urheber, nicht aber für ausübende Künstler gilt.

Die Vorschrift soll nach der Gesetzesbegründung verhindern, dass dem Urheber Erlöse vorenthalten werden, die sich aus neuen technischen Entwicklungen ergeben. Diese gesetzliche Regelung führt zwingend zur Unwirksamkeit sowohl von Verfügungen (also der Einräumung des Nutzungsrechts) als auch von (schuldrechtlichen) Verpflichtungen hierzu. Hierunter fallen auch Optionsgeschäfte auf Einräumung von unbekannten Nutzungsarten, die den Umgehungstatbestand erfüllen und damit unwirksam sind.

Demgegenüber können in den USA und in einer Reihe europäischer Staaten die Auswertungsrechte auch für unbekannte, zukünftige Nutzungsarten wirksam übertragen werden. Tatsächlich wird in all diesen Ländern eine entsprechende vertragliche Regelung zur Vollständigkeit der Rechtsübertragung erwartet und problemlos von allen Beteiligten praktiziert.

Unter Verweis hierauf und auf die internationalen Gepflogenheiten fordert u. a. die Filmindustrie schon lange die Abschaffung dieser Bestimmung, die seit Jahrzehnten für erhebliche Rechtsunsicherheit sorgt.

Zur Vermeidung von Überraschungen – insbesondere bei den ausländischen Vertragspartnern – soll der Hinweis nicht unterbleiben, dass die Rechtslage für noch unbekannte Nutzungsarten in der Bundesrepublik Deutschland auch für ausländische Urheber maßgeblich ist, selbst wenn sie den Vertrag wirksam nach englischem oder amerikanischem Recht geschlossen haben. Dies ergibt sich aus der »Revidierten Berner Übereinkunft« und dem darin festgelegten Prinzip der Inländerbehandlung (Art. 5 RBÜ).

Wie bereits erläutert, genießen die Urheber für ihre Werke, die nach der RBÜ geschützt sind, in allen Verbandsländern mit Ausnahme des Ursprungslandes die Rechte, welche die entsprechenden Gesetze den inländischen Urhebern gewähren, soweit nicht das Recht des Heimatlandes sie besser stellen würde. Folglich werden z. B. amerikanische Urheber in Deutschland den deutschen Urhebern gleichgestellt.

5.3.2 Die Einordnung von Nutzungsarten

Der Begriff der Nutzungsart ist von den zuvor dargestellten Nutzungsrechten abzugrenzen. Als Nutzungsart gilt jede nach der Verkehrsauffassung konkrete, technisch und wirtschaftlich eigenständige Verwertungsform, die in den angesprochenen Verkehrskreisen tatsächlich (technisch) bekannt und wirtschaftlich von eigenständiger Bedeutung ist. So stellen beispielsweise die terrestrische Ausstrahlung und die Ausstrahlung via Satellit unterschiedliche Nutzungsarten im Rahmen desselben Nutzungsrechts, des Senderechts dar.

Die **Rechtsprechung** hat bisher über folgende Nutzungsarten entschieden: Das Oberlandesgericht München hat mit Urteil vom 27.06.1985 (**Video** Zweitauswertung) am Beispiel des im Jahre 1936 hergestellten Films »Olympia« von Leni Riefenstahl ausgeführt, dass jedenfalls das Recht, den Film durch Herstellung und Verbreitung von **Videokassetten** zu nutzen, bei der Klägerin (Leni Riefenstahl) verblieben ist, weil diese Nutzungsart 1936 noch völlig unbekannt war (OLG München ZUM 1985, S. 514 f.).

Mitte der 80er-Jahre begannen die Fernsehanstalten ihre Programme über **Satelliten** auszustrahlen. Durch die weiten Ausleuchtzonen (Footprint) der Satelliten vergrößerte sich die Empfangbarkeit des Programms außerordentlich. Wegen der weitaus intensiveren Nutzung der Filme im Wege der Satellitenausstrahlung wurde die Auffassung vertreten, darin sei eine neue Nutzungsart zu sehen. Auch die Gerichte befassten sich mit dieser Thematik, denn einige Lizenzgeber machten sich diese Auffassung zu eigen und nahmen die Sendeanstalt auf Unterlassung der Satellitenausstrahlung in Anspruch oder verlangten wegen der neuen Nutzung eine erhöhte Lizenzgebühr.

Mit dem »Klimbim«-Urteil des BGH vom 04. Juli 1997 (ZUM 1997, S. 128 ff.) wurde diese Problematik höchstrichterlich entschieden. Danach handelt es sich bei einer Ausstrahlung über Satellit nicht um eine neue Nutzungsart. Vielmehr liegt darin nur eine durch technischen Fortschritt mögliche Erweiterung und Verstärkung einer schon bisher üblichen Nutzung (Fernsehen), ohne dass sich aus Sicht der Endverbraucher die Werknutzung entscheidend verändert hätte.

Nach dieser Entscheidung des BGH kommt es für die Bekanntheit einer Nutzungsart darauf an, ob dem Endverbraucher die fragliche Nutzungsart nicht nur mit ihren technischen Möglichkeiten, sondern auch als wirtschaftlich bedeutsam und verwertbar bekannt ist.

Im Anschluss an die »Klimbim«-Entscheidung des BGH verneinte auch das Kammergericht Berlin für **Pay-TV** das Vorliegen einer neuen, eigenständigen Nutzungsart gegenüber dem herkömmlichen Free-TV (vgl. ZUM-RD 2000, 384, 386).

Die CD-Rom wurde ebenso als neue Nutzungsart anerkannt (vgl. BGH – GRUR 2002, 248).

Auch **Video-on-Demand** (VoD) wurde vom OLG München zwar als neue Nutzungsart angesehen (OLG München ZUM 1998, 413, 414). Allerdings kam das Gericht in seinem Urteil vom 19.03.1998 zu dem Ergebnis, dass die Klausel in einem Vertrag, in dem das Recht übertragen wird, die Filme »in allen audiovisuellen Verfahren« auszuwerten, sich auch auf das Recht zur Video-on-Demand-Auswertung erstreckt. In seiner Begründung stellte das Gericht fest, dass der entscheidende Zeitpunkt der wirtschaftlichen Verwertbarkeit nicht generell mit dem Zeitpunkt identisch sein muss, in dem die Auswertung tatsächlich einen wirtschaftlichen bedeutsamen Umfang erreicht hat; er kann auch früher liegen. Video-on-Demand befand sich bereits seit Anfang 1995 in Berlin in der öffentlichen Erprobung und anschließend waren in weiteren Städten ähnliche Vorhaben geplant. Damit war für das Gericht Video-on-Demand eine wirtschaftlich bedeutsame Nutzungsart, die in der Vertragspraxis bereits übernommen worden war. Die Revision der Klägerin wies der BGH durch Nichtannahmebeschluss vom 17.12.1998 zurück, sodass das OLG-Urteil rechtskräftig ist.

Lange Zeit umstritten war die Frage, ob die **DVD** (Digital Versatile Disc) als neue Nutzungsart gegenüber der traditionellen Videokassette anzusehen ist. Diesen Streit hat der BGH mit Urteil vom 19. Mai 2005 entschieden (BGH MMR 2005, S. 839ff. – »Der Zauberberg«). Der Entscheidung lag die Klage des Filmarchitekten des Spielfilms »Der Zauberberg« von Hans W. Geissendörfer nach dem Roman von Thomas Mann aus dem Jahr 1981 zugrunde.

Der BGH stellt zunächst nochmals klar, dass eine Nutzungsart i.S.d. § 31 Abs. 4 UrhG nur eine konkrete technische und wirtschaftlich eigenständige Verwendungsform des Werkes sein kann. Dafür reichen aber technische Neuerungen nicht aus, die zwar eine neue Verwendungsform kennzeichnen, ohne jedoch wirtschaftlich eigenständige Vermarktungsmöglichkeiten zu erschließen. Denn eine wirtschaftlich eigenständige Verwendungsform ist vor allem dann anzunehmen, wenn mit Hilfe einer neuen Technik ein neuer Absatzmarkt erschlossen wird.

Dagegen ist eine neue Nutzungsart tendenziell zu verneinen, wenn durch die neue Nutzung eine gebräuchliche Verwendungsform substituiert wird. Dem Urheber kann hierbei zugemutet werden, für die bloße Intensivierung der Nutzung bereits im Rahmen der ursprünglichen Rechtseinräumung eine angemessene Regelung zu treffen.

Der BGH stellt aber in seiner Entscheidung maßgeblich auf die Interessen des Produzenten ab. Aus dessen Sicht sei nämlich von entscheidender Bedeutung, dass ihm durch eine neue Verwendungsform, die über kurz oder lang die herkömmliche Verwendungsform ersetzt, nicht die wirtschaftliche Grundlage für getätigte Investitionen entzogen wird.

Dieses Urteil ist aus Sicht der Filmindustrie erfreulich, denn es erledigte die lange Diskussion um die Zulässigkeit der Vermarktung von DVDs vor dem Hintergrund des § 31 Abs. 4 UrhG und brachte endlich die erforderliche Rechtssicherheit.

Ist die Nutzungsart technisch bekannt, ihre wirtschaftliche Bedeutung jedoch noch nicht völlig absehbar, so ist nach der **Risikogeschäfts**-Rechtsprechung des BGH Voraussetzung für einen wirksamen Erwerb des entsprechenden Nutzungsrechts, dass die neue Nutzungsart konkret benannt, ausdrücklich vereinbart und von den Vertragspartnern auch erörtert und damit erkennbar zum Gegenstand von Leistung und Gegenleistung gemacht wird (BGH GRUR, 1991, 133, 136 – Videozweitauswertung).

5.3.3 Vertragliche Gestaltungsmöglichkeiten

Was kann der Filmproduzent ansonsten unternehmen, um der Gefahr zu begegnen, dass ein Urheber die Auswertung des Films in einem bestimmten Bereich untersagt, weil es sich dabei um eine zum Zeitpunkt des Vertragsschlusses unbekannte Nutzungsart handelte?

Wie bereits ausgeführt, ist eine Option auf den Erwerb solcher Rechte, wenn sich zukünftig neue Nutzungsarten entwickeln sollten, als eine Verpflichtung im vorgenannten Sinne nach noch geltender Rechtslage unwirksam.

Zu der Frage, ob der Urheber nach Treu und Glauben gemäß § 242 BGB zur Nachlizenzierung verpflichtet ist, hat das LG München I in seiner vorstehend zitierten Entscheidung vom 10.03.1999 (ZUM-RD 2000, 77, 79) ausgeführt, dass eine Pflicht zur Nachlizenzierung nur dann besteht, wenn der Lizenznehmer andernfalls auch die ihm bereits eingeräumten Rechte gar nicht nutzen könnte.

Zulässig sein dürften hingegen eine **Enthaltungspflicht** des Urhebers und eine **Erstanbietungspflicht** gegenüber dem Produzenten, falls beabsichtigt wird, über diese Rechte später zu verfügen. Die Erstanbietungspflicht dürfte auch mit einem »Last Refusal Right« des Produzenten kombinierbar sein. Entsprechend wäre etwa wie folgt zu formulieren:

Die Vertragspartner sind sich darüber einig, dass alle vorstehenden Auswertungsrechte bekannte Nutzungsarten im Sinne des § 31 Abs. 4 UrhG sind. Soweit sich zukünftig neue Nutzungsarten ergeben sollten und der Urheber beabsichtigt, über diese Rechte zu verfügen, ist er verpflichtet, diese zunächst dem Produzenten anzubieten (»Erstanbietungspflicht«). Sofern sich die Vertragspartner über die Bedingungen des Erwerbs dieser Rechte nicht binnen eines Monats einigen können, ist der Urheber berechtigt, diese Rechte Dritten anzubieten. Vor Abschluss eines diesbezüglichen Vertrages ist der Urheber jedoch verpflichtet, dem Produzenten den Erwerb der fraglichen Rechte nochmals zu den Konditionen anzubieten, zu denen er mit dem Dritten abzuschließen beabsichtigt. Wenn der Produzent dieses Angebot nicht binnen zwei Wochen nach Zugang annimmt (»Last Refusal Right«), ist der Urheber berechtigt, die entsprechenden Rechte anderweitig zu vergeben.

Darüber hinaus ist es aufgrund des herrschenden Territorialitätsprinzips möglich, Vereinbarungen in Bezug auf **ausländische Rechtsordnungen** zu treffen, in denen auch die Rechte für unbekannte Nutzungsarten übertragbar sind (z. B. USA).

Eine solche Klausel könnte etwa folgenden Wortlaut haben:

Mit Wirkung für alle Rechtsordnungen, die eine Abtretung des Urheberrechts zulassen (z. B. »Copyright Assignment«), tritt der Vertragspartner dem Produzenten das Urheberrecht an dem Werk ab. Ferner gilt die Rechtseinräumung mit Wirkung für alle Rechtsordnungen, die auch eine Rechtseinräumung für unbekannte Nutzungsarten zulassen, auch für sich erst zukünftig entwickelnde und bekannt werdende Nutzungsarten. Soweit diese Rechtsordnungen hierfür etwaige Beteiligungen des Vertragspartners vorsehen, verpflichtet sich der Produzent, diese Zahlungen zu gegebener Zeit zu leisten.

Erwähnenswert erscheint in diesem Zusammenhang noch, dass ähnliche Klauseln in internationalen Vertragswerken durchaus üblich sind bzw. von den Vertragspartnern (Koproduzenten, Finanziers, Lizenznehmern oder auch vom Completion Bond) sogar mitunter erwartet werden.

5.3.4   Achtung: neue Rechtslage!

Am 05. Juli 2007 verabschiedete der Deutsche Bundestag das zweite Gesetz zur Regelung des Urheberrechts in der Informationsgesellschaft, den sog. »Zweiten Korb«. Nach der Zustimmung des Bundesrats im September 2007 tritt das Gesetz zum 01. Januar 2008 in Kraft. Darin griff der Gesetzgeber die vorstehend aufgezeigten Probleme im Zusammenhang mit der unbekannten Nutzungsart auf und führte sie mit der Einfügung der neuen §§ 31 a, 32 c und 137 l UrhG n. F. einer Lösung zu.

Nach § 31 a n. F. ist ein Vertrag über die Einräumung unbekannter Nutzungsrechte oder die Verpflichtung hierzu wirksam, sofern er schriftlich abgeschlossen wird.

Diese Vorschrift enthält die folgenden wesentlichen **Neuerungen:**

- eine Verfügung über bislang unbekannte Nutzungsarten ist grundsätzlich möglich. Zur Wirksamkeit bedarf dies der Schriftform gemäß § 126 BGB;
- die freie Übertragbarkeit von unbekannten Nutzungsarten ist durch ein jederzeit ausübbares Widerrufsrecht des Urhebers eingeschränkt;
- das Widerrufsrecht ist unabdingbar und kann damit vertraglich nicht ausgeschlossen werden.

Gemäß § 32 c n. F. hat der Urheber Anspruch auf eine gesonderte angemessene **Vergütung**, wenn der Vertragspartner eine neue Art der Werknutzung nach § 31 a UrhG n. F. aufnimmt.

Zusammengefasst ergeben sich durch § 32 c UrhG n. F. folgende wesentliche **Neuerungen:**

- der Urheber hat einen Anspruch auf angemessene Vergütung für neue Nutzungsarten;
- der Anspruch auf Vergütung ist fällig, wenn der Vertragspartner die neue Nutzungsart des Werkes aufnimmt;
- die Höhe der Vergütung ist einzelfallabhängig und kann äußerst gering ausfallen, wenn eine neue Nutzungsart eine alte lediglich ersetzt;
- es besteht eine Unterrichtungspflicht des Werknutzers über die Aufnahme der neuen Werknutzung.

Für den **Filmbereich** brachte der Zweite Korb noch weitreichendere Änderungen. Durch die Neuregelung der §§ 88, 89 UrhG ergaben sich die folgenden wesentlichen **Neuerungen:**

- die unbekannten Nutzungsarten werden ausdrücklich in die §§ 88, 89 UrhG eingebunden, sodass dem Filmhersteller jetzt auch diese Rechte zustehen;
- die Urheber haben einen gesonderten Anspruch auf angemessene Vergütung für später bekannt werdende Nutzungsarten;
- das Widerspruchsrecht der Urheber ist ausdrücklich ausgeschlossen.

Damit ist festzustellen, dass den Interessen der Filmproduzenten durch die Neuregelung des Urheberrechts weitgehend Rechnung getragen worden ist und nunmehr auch für zukünftige Verwertungsmöglichkeiten Planungssicherheit besteht.

Auch dem Brachliegen von wirtschaftlich wertvollen Archiven hat sich der Gesetzgeber nunmehr durch die Neuregelung des § 137 I n. F. gewidmet. Hat der Urheber in **Altverträgen** (zwischen dem 01. Januar 1966 und dem Inkrafttreten des Gesetzes abgeschlossen) einem anderen alle wesentlichen Nutzungsrechte ausschließlich sowie räumlich und zeitlich unbegrenzt eingeräumt, gelten die zum Zeitpunkt des Vertragsschlusses unbekannten Nutzungsrechte als dem anderen gegenüber ebenfalls eingeräumt, sofern der Urheber der Nutzung nicht widerspricht. Das bedeutet, dass der Verwerter eine gesetzliche Lizenz erhält, sofern er die wesentlichen Nutzungsrechte ausschließlich, räumlich und zeitlich uneingeschränkt erworben hat.

Jedoch hat der Urheber ein Widerspruchsrecht bezüglich bei Vertragsschluss unbekannter, aber <u>bei</u> Inkrafttreten der Urheberrechtsnovelle bekannter Nutzungen und bezüglich <u>nach</u> Inkrafttreten der Urheberrechtsnovelle bekannt werdenden Nutzungen. Letztlich hat der Verwerter erst nach Ablauf der Widerspruchsfrist, also nach einem Jahr, die erforderliche Rechtssicherheit.

5.3.5 Das Urheberpersönlichkeitsrecht (»Droit moral«)

Selbst wenn der Produzent sämtliche Rechte ordnungsgemäß erworben hat, ist er nicht völlig von den Fesseln des Rechts befreit. Vielmehr sind weiterhin sowohl die Rechte der Urheber der vorbestehenden Werke wie auch derjenigen des Filmwerkes zu beachten. Denn in der kontinentaleuropäischen Rechtstradition, die auch in einer Richtlinie der Europäischen Gemeinschaft Niederschlag gefunden hat, verbleibt dem Urheber stets das Urheberpersönlichkeitsrecht (frz. »Droit moral«, engl. »Moral Right«).

Dieses Recht gibt dem Urheber die Möglichkeit, Entstellungen seines Werkes zu unterbinden. Das Droit moral ist insbesondere der amerikanischen Filmindustrie ein Dorn im Auge, seit das Obergericht in Paris (Cour de Cassation) mit Urteil vom 28.05.1991 entschied, dass die **Nachkolorierung** von Schwarz-Weiß-Filmen eine Verletzung des Urheberpersönlichkeitsrechts des Regisseurs darstellt. Dem Fall lag der von John Houston gedrehte Schwarz-Weiß-Film »Asphalt Jungle« zugrunde, der für den französischen Markt koloriert werden sollte. Da John Houston zum damaligen Zeitpunkt schon verstorben war, reichten seine Erben diese Klage ein, infolgedessen das französische Gericht der amerikanischen Produktionsgesellschaft untersagte, den Film in kolorierter Version zu vertreiben.

Wichtig ist in diesem Zusammenhang festzuhalten, dass ein Urheber, der etwa nach amerikanischem oder englischem Recht eine Verzichtserklärung bezüglich seiner Urheberpersönlichkeitsrechte (»waiver of moral rights«) abgegeben hat, sich dennoch auf dieses Recht beispielsweise in Deutschland oder in Frankreich berufen kann. Diese Rechtsfolge ergibt sich aus dem in der »Revidierten Berner Übereinkunft« (RBÜ) festgelegten Grundsatz der Inländerbehandlung. Ein Urheber aus den Vereinigten Staaten wird folglich in Deutschland wie ein deutscher Urheber behandelt. Da das Urheberpersönlichkeitsrecht weder in Deutschland noch in Frankreich verzichtbar ist, kann der Urheber solche Rechte in diesen Staaten geltend machen, obwohl er z. B. in den USA einen vertraglichen Verzicht ausgesprochen hat.

In Deutschland besteht allerdings im Filmbereich für das Urheberpersönlichkeitsrecht die Einschränkung, dass der Urheber lediglich **»gröbliche** Entstellungen« geltend machen kann (§ 93 UrhG). Mithin ist nicht jede Entstellung des Werkes erheblich, sondern nur diejenige, die das Ansehen oder den Ruf des Urhebers oder ausübenden Künstlers gefährdet. Urheber und ausübende Künstler müssen daher solche Änderungen hinnehmen, zu denen sie unter Berücksichtigung der Werkart Film ihre Einwilligung nach Treu und Glauben nicht versagen können. Wann jeweils eine gröbliche Entstellung vorliegt, ist eine Frage des Einzelfalles und kann nicht abstrakt definiert werden. Die nachträgliche **Kolorierung** eines Filmwerkes wie »Asphalt Jungle«, welches trotz bereits bestehender Farbfilmtechnik in Schwarz-Weiß gedreht wurde, wäre allerdings auch nach deutschem Recht ein Beispiel einer »gröblichen Entstellung« gemäß § 93 UrhG (vgl. Möhring/Nicolini/Lütje, Quellen des Urheberrechts, § 93, Rdnr. 26; Schricker – Dietz, § 93, Rdnr. 22.)

Die **Rechtsprechung** bejahte eine gröbliche Entstellung im Falle eines Dokumentarfilmautors, der eine politisch-geschichtliche Sendung produziert hatte. Hier gingen die Veränderungen des Films so weit, dass die **politische Aussage** geradezu umgedreht wurde (LG Saarbrücken, UFITA 79, S. 358).

Ein prominentes Beispiel gibt außerdem die Verfilmung des Romans »Die unendliche Geschichte«. Der Romanautor Michael Ende, der zunächst auch am Drehbuch mitarbeitete, klagte später gegen den Produzenten auf Unterlassung der Auswertung des Films. Als Begründung führte er an, der Film sei eine Entstellung seines Romans. Das Oberlandesgericht München wies die Klage ab. Zur Begründung führte es aus, dass der Film zwar eine gröbliche Entstellung des Buches darstelle, dies der Autor jedoch unter Abwägung aller Umstände nach Treu und Glauben dulden müsse. Als entscheidend führte das Gericht an, dass der Autor zuvor einer Reihe von **Veränderungen zugestimmt** hatte, die das Gericht teilweise gravierender ansah, als das von Michael Ende zur Begründung seiner Position zitierte geänderte Filmende (OLG München, GRUR 1986, S. 460, 463, 467).

Eine andere Problematik, mit der sich die Gerichte wiederholt auseinandersetzen mussten, stellt die Veränderung bzw. der **Austausch der Filmmusik** dar.

Insoweit entschied etwa das Oberlandesgericht München, dass der teilweise Austausch der Filmmusik gegen das beim Komponisten verbliebene Urheberpersönlichkeitsrecht verstößt, wenn die Musik im Zusammenhang mit dem Filmwerk ein schutzfähiges Gesamtwerk darstellt, d.h. wenn die Musik eine Grundkonzeption aufweist (OLG München, ZUM 1992, S.307, 309 – »Cristofero Colombo«). Im Einzelnen führte das Gericht aus, dass weite Teile des Films mit Musik unterlegt und die Musik auf die historische Zeit, in welcher der Film spielt, abgestimmt sei. Zudem greife die Musik immer wieder die Idee des Films auf und nehme auf die Idee Bezug (Leitmotivtechnik).

Hinsichtlich **Werbeunterbrechungen** ist wohl dann von keiner gröblichen Entstellung auszugehen, wenn der Film zu einer Zeit hergestellt wurde, als die Unterbrechung von Filmen zu Werbezwecken bereits üblich war (Schricker – Dietz, § 93, Rdnr. 21; v. Hartlieb/Schwarz, Kap 63, Rn. 7). Das dürfte in der Bundesrepublik Deutschland mit dem Beginn des Privatfernsehens Mitte der 1980er-Jahre gewesen sein. Bei älteren Filmen ist eine Interessensabwägung zwischen denjenigen des Filmherstellers und denjenigen der Urheber geboten. Sofern die Verwertung eines Spielfilms im Fernsehen ansonsten nicht möglich wäre (wofür der Produzent die Beweislast zu tragen hat), dürften seine Interessen überwiegen.

In anderen europäischen Ländern ergeben sich hin und wieder aus Werbeunterbrechungen von Spielfilmen Probleme. In Italien, wo das Privatfernsehen deutlich früher Einzug hielt, gab es schon in den 80er-Jahren verschiedene Gerichtsurteile, die eine Werbeunterbrechung von Spielfilmen als Verletzung der Urheberpersönlichkeitsrechte ansahen. In Schweden entschied ein Gericht im Jahr 2006, dass Werbeunterbrechungen eine Verletzung des Urheberpersönlichkeitsrechts des Regisseurs darstellen können.

Darüber hinaus stellt das Droit Moral ein Problem für den Fertigstellungsgaranten (Completion Bond) dar. Die allgemeinen Bedingungen des Completion Bonds sehen regelmäßig das Recht zur Übernahme des Films unter bestimmten Voraussetzungen vor. Dieses Übernahmerecht enthält u.a. die standardmäßige Befugnis, den Regisseur des Films auszutauschen. Dieser Konflikt löst sich praktisch meist dadurch, dass die Auswechslung des Regisseurs auch von Seiten des Completion Bonds als »ultima ratio« betrachtet wird und deshalb auf Seiten des Regisseurs schwerwiegende Vertragsverletzungen vorausgehen müssen. In solchen Fällen steht dem Produzenten das Recht zu, den Regievertrag zu kündigen, um den Film ggf. mit einem anderen Regisseur fertigzustellen.

Erfüllt der Regisseur seinen Vertrag ordnungsgemäß, besteht auch im Falle der Übernahme des Projekts durch den Completion Bond keine Veranlassung, ihn auszutauschen. Diese Möglichkeit scheitert zumindest bei »großen« Regisseuren daran, dass sie zu den »essential elements« zählen, die nur im Einvernehmen mit allen Beteiligten (Produzent, Completion Bond, Finanzier, Verleih, Weltvertrieb) ausgetauscht werden können.

Auch bezüglich der Urheberpersönlichkeitsrechte ist es wohl möglich, Vereinbarungen hinsichtlich ausländischer Rechtsordnungen zu treffen. Wie im vorstehenden Kapitel wäre dann sinngemäß weiter zu formulieren:

Der Vertragspartner erklärt außerdem einen Verzicht auf seine Urheberpersönlichkeitsrechte (»waiver of moral rights«), soweit die jeweilige Rechtsordnung dies zulässt.

5.3.6 Das allgemeine Persönlichkeitsrecht der ausübenden Künstler

Die ausübenden Künstler genießen zwar kein Urheberpersönlichkeitsrecht, ihnen steht aber das allgemeine Persönlichkeitsrecht zur Seite. Ferner sind auch sie gegen Entstellungen nach § 83 UrhG geschützt, wobei hier ebenso die Einschränkung des § 93 UrhG gilt, demzufolge nur gröbliche Entstellungen relevant sind.

Besonderen Schutz genießt die **Stimme** eines ausübenden Künstlers. Die Stimme ist – anders als der Namens- oder Bildnisschutz – im Gesetz nicht ausdrücklich geregelt, sodass auf das allgemeine Persönlichkeitsrecht zurückzugreifen ist. Die Stimme eines Künstlers ist sowohl gegen identitätstäuschende Nachahmung als auch gegen Verwendung der Originalstimme geschützt.

Nach ständiger Rechtsprechung liegt eine Verletzung des allgemeinen Persönlichkeitsrechtes des Schauspielers auch vor, wenn ohne dessen Einwilligung seine Stimme in gleicher Sprache durch einen anderen **nachsynchronisiert**, also seinem Bild eine andere Stimme unterlegt wird (OLG München, Urteil vom 07.08.1958, UFITA Bd. 28, S. 342). In den Verträgen wird hierzu meist geregelt, dass der Filmhersteller den Filmschaffenden nur dann durch einen anderen ersetzen darf, wenn dies aus künstlerischen oder wirtschaftlichen Gründen notwendig ist, insbesondere dann, wenn die durch eine Nachsynchronisation durch den ursprünglichen Filmschaffenden anfallenden Kosten unzumutbar sind.

Eine Verletzung des allgemeinen Persönlichkeitsrechtes liegt beispielsweise auch in der Nutzung des Bildnisses oder der Stimme eines Schauspielers für eine filmfremde Werbung vor. So schaltete im Jahr 1989 ein Unternehmen verschiedene Radiowerbespots, in denen durch einen Stimmenimitator die Sprache des in den 60er-Jahren populären Filmschauspielers **Heinz Erhardt** (»Ich heiße Heinz Erhardt und Sie herzlich willkommen«) täuschend nachgeahmt und für Heinz Erhardt typische Redewendungen eingebaut wurden. Das OLG Hamburg gab der Klage des Sohnes des Mitte der 80er-Jahre verstorbenen Heinz Erhardt statt (OLG Hamburg, GRUR 1989, S. 666 ff.). Zur Begründung verwies das Gericht zunächst auf den Grundsatz des allgemeinen Selbstbestimmungsrechts, der jede Person davor schützt, zur Förderung materieller Interessen in der Werbung herhalten zu müssen. Weiter führte es aus, der Wert- und Achtungsanspruch einer Person ende nicht etwa mit dem Tod, sondern bestehe mit dem fortwirkenden Lebensbild weiter. Dies gelte insbesondere für Künstler, denen es gelungen sei, ein allgemein bekanntes, unverkennbares Persönlichkeitsprofil zu gewinnen.

Dagegen wies das Landgericht München (LG München I – Urt. vom 20.12.2006 – Az. 9 O 3430/06) eine Klage des Künstlerduos **Erkan & Stefan** gegen ihre Nachahmung in einer Radio- und Fernsehwerbung ab. Das Gericht stellte fest, dass Erkan & Stefan im Gegensatz zu Heinz Erhardt keinen eigenen Sprachstil entwickelt haben, sondern nur die Verwendung der deutschen Sprache durch türkischstämmige Jugendliche in parodistischer Form aufgegriffen hätten. Dies sei aber ein allgemeines Phänomen, denn auch andere Künstler hätten sich bereits damit befasst. Entscheidend sah das Gericht an, dass Erkan & Stefan letztlich ihr »Image« zu schützen versuchten. »Letztlich«, so das Gericht, »ist aber das Image ein viel zu unbestimmter Begriff, um ihm den rechtlichen Schutz eines absoluten Rechts zukommen zu lassen.«

5.3.7 Der Nennungsanspruch

(1) Der Kreis der Berechtigten
Als Ausdruck des Urheberpersönlichkeitsrechts stehen den Urhebern Nennungsansprüche zu. Gemäß § 13 UrhG hat der Urheber das Recht auf Anerkennung seiner Urheberschaft am Werk. Er kann bestimmen, ob das Werk mit einer Urheberbezeichnung zu versehen und welche Bezeichnung zu verwenden ist. Die Nennungsvorschrift des § 13 UrhG ist dispositiv; sie kann also durch eine vertragliche Vereinbarung abgeändert werden (BGH, Poll F.1. – »Straßen – gestern und morgen«).

Auch den ausübenden Künstlern spricht das Gesetz einen Nennungsanspruch zu. Nach § 74 UrhG hat der ausübende Künstler das Recht, in Bezug auf seine Darbietung als solcher anerkannt zu werden. Er kann bestimmen, ob und mit welchem Namen er genannt wird.

Allerdings erfolgt für Filmwerke eine Einschränkung, denn nach § 93 Abs. 2 UrhG ist die Nennung jedes einzelnen an einem Film mitwirkenden ausübenden Künstlers nicht erforderlich, wenn sie einen unverhältnismäßigen Aufwand bedeutet.

Im Gegensatz zu den US-amerikanischen Verträgen, in denen sich ergänzend zu den ausführlichen Regelungen der Guilds (WGA, DGA, SAG) die Nennungsansprüche (»credits«) mitunter über mehrere Seiten erstrecken, wird den Nennungsregelungen hierzulande (noch) keine übermäßige Bedeutung beigemessen. In den Verträgen findet sich meist sinngemäß die folgende lapidare Nennungsklausel:

Der Produzent verpflichtet sich, den Urheber/Filmschaffenden im Vor- und/ oder Abspann und in den Werbematerialien, insbesondere auf den Film- plakaten, in branchenüblicher Weise zu nennen.

Diese standardisierte Nennungsbestimmung mag damit zusammenhängen, dass nach deutschem Recht den Urhebern und ausübenden Künstlern schon von Ge- setzes wegen ein Nennungsanspruch zusteht. Damit sind aber keineswegs die entscheidenden Details geklärt. Denn selbst bestimmten Urhebern soll trotz Branchenüblichkeit bei Spielfilmen kein gesetzlicher Anspruch auf Nennung im **Vorspann** zustehen (Schwarz/Reber – v.Hartlieb/Schwarz, 93. Kap., Rdnr. 33). Es empfiehlt sich daher in jedem Einzelfall, die Nennung im Vertrag etwas prä- ziser zu formulieren. Für die Filmschaffenden, die nicht als Urheber oder als ausübende Künstler anzusehen sind, sieht das Gesetz keine Nennungsansprüche vor.

Diese Lücke wird auch nicht durch den einschlägigen **Tarifvertrag** für Film- und Fernsehschaffende vom 24. Mai 1996 geschlossen (nähere Einzelheiten hierzu vgl. Kap.V. 1. 3), der im Übrigen auch nicht allgemeinverbindlich erklärt wurde. Ziffer 3.10 des Tarifvertrags sieht Nennungsansprüche nur für Regisseure, Haupt- darsteller, Produktionsleiter, Kameramänner, Architekten, Tonmeister, Cutter, 1. Aufnahmeleiter, sowie Masken- und Kostümbildner vor. Der Nennungsanspruch steht nach dem Tarifvertrag weiter unter dem Vorbehalt, dass überhaupt ein Vor- und/oder Abspann hergestellt wird. Im Übrigen besteht – auch nach dem Tarif- vertrag – eine Verpflichtung zur Nennung nur dann, wenn dies im Einzelvertrag vereinbart worden ist. Diese Rechtslage wird den Leistungen der im Gesetz und im Tarifvertrag unerwähnten Personen nicht gerecht. Eine versehentlich unter- bliebene oder etwa nicht durchsetzbare vertragliche Nennungsklausel führte nämlich dazu, dass es der Willkür des Filmherstellers anheim gestellt wäre, ob und in welcher Weise er die Leistungen solcher Filmschaffenden durch ihre Nen- nung anerkennen möchte. Zur Vermeidung unsachgerechter und mitunter von persönlichen Neigungen geprägter Ergebnisse, sollte den Filmschaffenden nach Meinung des Verfassers grundsätzlich ein Anspruch auf Anerkennung ihrer Leis- tungen durch Nennung in **branchenüblicher Weise** zustehen.

Wenig sachgerecht ist außerdem, dass auch **Unternehmen,** die zum Filmwerk beitragen, keine Nennungsansprüche zustehen sollen. Hierbei ist etwa an ein Unternehmen zu denken, das die Special Effects hergestellt hat oder die Postpro- duktion durchführte. Auch deren Ansprüche auf Anerkennung ihrer Leistungen durch Nennung sind nirgends gesetzlich geregelt. Daraus kann aber nach Mei- nung des Verfassers nicht folgen, dass sie keinerlei Nennungsansprüche hätten. Vielmehr müssen dann ebenfalls die branchenüblichen Gepflogenheiten herange- zogen werden. Wird ein solches Unternehmen und die von ihm erbrachten Leistungen (z. B. Special Effects) üblicherweise erwähnt, dann steht dem Unternehmen auch ohne ausdrückliche vertragliche Regelung ein Nennungsanspruch zu. Dieser Anspruch ergibt sich aus § 242 BGB, den der Produzent als vertragliche Nebenpflicht zu erfüllen hat.

Zur Vermeidung von Unklarheiten sollte aber in jedem Fall eine möglichst präzise vertragliche Nennung geregelt werden, an die dann alle Beteiligten gebunden sind.

(2) Der Widerruf der Nennung

Wie bereits erwähnt, kann der Urheber nach § 13 UrhG nicht nur bestimmen, in welcher Weise, sondern auch, ob er überhaupt genannt werden möchte. Sofern er sich mit dem fertigen Film nicht mehr zu identifizieren vermag, kann er deshalb im Rahmen seines Urheberpersönlichkeitsrechts grundsätzlich auch verlangen, damit namentlich nicht in Verbindung gebracht zu werden. Wenn die Parteien eine vertragliche Regelung getroffen haben, ist allerdings auch der Urheber daran gebunden. Das bedeutet, dass er eine Rückziehung seines Namens nur verlangen kann, wenn eine Entstellung des Werkes vorliegt.

Dieser Fall ist von der Entstellung eines Werkes im Sinne des § 14 UrhG zu unterscheiden, infolgedessen der Urheber die Veröffentlichung des Filmwerkes schlechthin untersagen kann. Demgegenüber geht es hier nur um die Rückziehung des Namens, worin gegenüber einem Verbot nach §§ 14, 93 UrhG das gebotene mildere Mittel zu sehen ist.

In diesem Sinne stellte das Landgericht Hamburg in seiner Entscheidung vom 25.11.1993 fest, dass der Antragsteller in dem Verfahren einen Anspruch darauf hatte, gegenüber dem Publikum nicht als Mitautor und Regisseur eines Films genannt zu werden, den er so weder konzipiert noch gedreht und geschnitten hatte (Az. 308 O 383/93). In diesem Fall hatte die Antragsgegnerin – eine Sendeanstalt – nach Abnahme des fertigen Films die Schlussszene ohne Mitwirkung und Billigung des Regisseurs durch Umschnitte und Kürzungen geändert. Zutreffend entschied hier die Kammer, dass es sich dabei um eine wesentliche Abweichung von der allein autorisierten Erstfassung, mithin um eine »gröbliche Entstellung« des Werkes im Sinne des § 93 UrhG handelte. Die Sendeanstalt durfte den Film deshalb nur unter der Voraussetzung ausstrahlen, dass im Abspann des Films ausdrücklich darauf hingewiesen wurde, dass die Schlussszene ohne Mitwirkung des Co-Autors und Regisseurs geändert worden war.

Wenn es sich um die Verfilmung eines literarischen Werkes handelt, kann eine Lösungsmöglichkeit darin bestehen, den Titel zu ändern und weder auf den Autor noch auf den Verlag hinzuweisen. Bisweilen begegnet man auch Vertragsklauseln, denen zufolge der Urheber das Recht hat, nach Sichtung des Rohschnitts gegenüber dem Produzenten zu erklären, ob und gegebenenfalls wie (z. B. in Form eines Pseudonyms) er genannt werden möchte.

(3) Die Rechtsfolgen einer unterlassenen oder unrichtigen Nennung
Wird die erforderliche Namensnennung pflichtwidrig unterlassen, kann dies nicht nur die Auswertung des Films durch die Geltendmachung von Unterlassungsansprüchen behindern, sondern darüber hinaus auch Schadensersatzansprüche auslösen. Durch die Veröffentlichung eines Werkes und die Nennung der »Werkschöpfer« werden Dritte auf diese aufmerksam (»Werbeeffekt« der Nennung) und daraus entstehen nach allgemeiner Ansicht Folgeaufträge. Unterbleibt jedoch die Nennung, so wird der Urheber nicht wahrgenommen und dadurch in seinem beruflichen Fortkommen beeinträchtigt.

Die einschlägige Rechtsprechung erkennt deshalb bei **unterlassener Nennung** üblicherweise eine Geldentschädigung nach § 97 Abs. 2 UrhG in Höhe von 100 % der ursprünglich vereinbarten Vergütung zu (vgl. OLG München, ZUM 2000, 404; LG Berlin, ZUM 1998, 673). Die Höhe der Entschädigung kann allerdings je nach dem Grad des Verschuldens variieren, denn nach § 97 Abs. 2 UrhG kann der Betroffene eine Entschädigung in Geld verlangen, wenn dem Verletzer Vorsatz oder Fahrlässigkeit zur Last fällt. Als Kriterien bei der Festsetzung der Geldentschädigung sind die Bedeutung und die Tragweite, die Intensität und Dauer, das Ausmaß der Verbreitung der Verletzung, die Vornahme einer Richtigstellung, und last but not least, der Gedanke der Prävention zu berücksichtigen. Erfolgt z. B. eine Verletzung der Nennungspflicht allein aus Gründen der Profitmaximierung, werden schon aus Präventionsgründen höhere Beträge zuerkannt (GRUR – 1995, 224 – Erfundenes Exklusiv Interview).

Von der Unterlassung der Nennung ist schließlich die **Falschnennung** zu unterscheiden, dass also ein Dritter fehlerhaft als der Urheber angegeben wird. Hierzu existiert noch keine gefestigte Rechtsprechung. Aufgrund der deutlich höheren Eingriffsintensität bei einer Falschnennung wird in der Literatur mit beachtlichen Argumenten im Regelfall ein mindestens 200%iger Zuschlag gefordert (vgl. Spieker, GRUR 2006, 118 ff).

(4) Die Verletzung der Nennungsansprüche durch Dritte
DerProduzent wertet den Film meist nicht selbst aus und hat daher letztlich keine Kontrolle über die jeweilige Nennung der Berechtigten. Deshalb ist die Aufnahme einer Klausel in die Verträge üblich, dass der Produzent allen Dritten, welche die Auswertung des Films durchführen, die Einhaltung der Nennungsverpflichtungen auferlegt. Gleichzeitig wird geregelt, dass der Produzent für etwaige Verletzungen der Nennungspflichten durch Dritte nicht haftet. Dies ist zulässig und der Urheber wird dann zur Durchsetzung seiner Ansprüche auf die nachgelagerten Verwerter verwiesen. Jedoch ist in den Verträgen regelmäßig eine Klausel enthalten, dass auch der Produzent auf seine Vertragspartner (also die Verwerter) einzuwirken hat, um Verstöße gegen die Nennungsverpflichtungen umgehend zu beheben.

5.3.8 Die angemessene (§ 32 UrhG) und die weitere Beteiligung (§ 32 a UrhG)

§ 36 UrhG alte Fassung (a. F.) gewährte dem Urheber eine angemessene Beteiligung an den Erträgnissen, wenn die vereinbarte Gegenleistung unter Berücksichtigung der gesamten Beziehungen des Urhebers zu dem Werknutzer in einem groben Missverhältnis zu den Erträgnissen stand (**Bestsellerparagraph**). Diese Vorschrift stellte eine besondere Ausprägung des allgemeinen Grundsatzes des Wegfalls der Geschäftsgrundlage (§ 242 a. F., § 313 n. F. BGB) im Urheberrecht dar. Hintergrund dieser Regelung waren gezahlte Pauschalhonorare, die die Urheber von weiteren Beteiligungen an sogennanten Bestsellern ausschlossen. Beispielsweise erhielt Robert Stolz, der Komponist der Schlager »Mein Liebeslied muss ein Walzer sein« und »Die ganze Welt ist himmelblau« ein Pauschalhonorar von 500 Reichsmark. Obwohl seine Schlager den weltweiten Erfolg der Operette »Im weißen Rössl« mitbegründeten, wurde ihm kein weiteres Honorar gewährt (BGH GRUR 1962, 256 ff). Der Bestsellerparagraph verfolgte das Ziel, in derartigen Fällen für den Urheber neue, angemessene Beteiligungsverhältnisse zu schaffen. Allerdings war nach § 90 UrhG a. F. der Filmurheber von einer Beteiligung eines »Bestseller-Films« ausgeschlossen.

Mit Inkrafttreten des »Gesetzes zur Stärkung der vertraglichen Stellung von Urhebern und ausübenden Künstlern« am 01.07.2002 stehen nunmehr Regisseuren und anderen möglichen Filmurhebern sowie den ausübenden Künstlern (§ 79 Abs. 2 UrhG) die Beteiligungsansprüche aus §§ 32, 32 a UrhG ebenso zu wie den Urhebern der vorbestehenden Werke.

Den Kern dieser Urheberrechtsreform bildete die Einführung des Anspruchs auf angemessene Vergütung gemäß § 32 Abs. 1 UrhG. Wie schon § 36 UrhG a. F. gewährt auch § 32 UrhG den Urhebern keinen »echten« gesetzlichen Vergütungsanspruch, sondern einen Anspruch auf Anpassung und/oder Ergänzung der vereinbarten Vergütung für den Fall, dass diese unangemessen niedrig ist.

Der Vergütungsanspruch des Urhebers gemäß § 32 Abs. 1 UrhG ist **dreistufig** aufgebaut:

- Zunächst richtet sich der Anspruch des Urhebers auf die vertraglich vereinbarte Vergütung.
- Fehlt es an einer vertraglichen Bestimmung der Vergütungshöhe, gilt die angemessene Vergütung als vereinbart.
- Ist die Vergütungshöhe zwar vertraglich bestimmt oder aber unangemessen niedrig, so kann der Urheber von seinem Vertragspartner die Einwilligung in eine entsprechende Vertragsanpassung verlangen.

Angemessen ist eine Vergütung im Sinne des Urheberrechts in den folgenden Fällen:

- Eine Vergütung, die nach einer von den Vereinigungen von Urhebern und Werknutzern aufgestellten Vergütungsregel (§ 36 UrhG) ermittelt wurde, gilt nach § 32 Abs. 2 UrhG stets als angemessen.
- Fehlt es an einer solchen Vergütungsregel, stellt § 32 Abs. 2 UrhG für die Bemessung einer angemessenen Vergütung eine Legaldefinition bereit. Hiernach gilt als angemessen, was im Geschäftsverkehr nach Art und Umfang der eingeräumten Nutzungsmöglichkeit, insbesondere nach Dauer und Zeitpunkt der Nutzung unter Berücksichtigung aller Umstände üblicher- und redlicherweise zu leisten ist.

Maßstab für die Bestimmung der Angemessenheit ist demzufolge zunächst die **Branchenübung**. Auch wenn es sich hierbei um einen unbestimmten Rechtsbegriff handelt, ist dieser doch schärfer, als der Begriff der Angemessenheit. Welche Honorare sich in der Vergangenheit für welche Formen der Werknutzung etabliert haben, lässt sich ermitteln und erforderlichenfalls auch beweisen.

Angemessen ist eine branchenübliche Vergütung jedoch nur, wenn sie auch der **Redlichkeit** entspricht. Durch das Korrektiv der Redlichkeit sollte vermieden werden, dass branchenweite Unsitten oder offensichtliche Unterbezahlungen vom Gesetzgeber auch noch festgeschrieben werden.

Nach der Gesetzesbegründung soll die Angemessenheit einer Vergütung möglichst durch eine Beteiligung des Urhebers an den Auswertungserlösen sichergestellt werden. Dennoch sollen auch weiterhin sogennante **Buy-out**-Honorare einer Einordnung als angemessen nicht grundsätzlich im Wege stehen. Buy-out-Honorare dürften jedoch immer dort unangemessen sein, wo z. B. Nebenrechtsverwertungen durch die Vergütung des Hauptrechts pauschal mit abgegolten werden sollen, ohne dass das Honorar entsprechend angehoben wird.

Beispiel: In einem Verfilmungsvertrag über ein Drehbuch lässt sich der Filmhersteller auch die Buchverlagsrechte am Stoff sowie die Merchandisingrechte an den Charakteren übertragen, ohne dass hierfür eine Erlösbeteiligung für den Autor vorgesehen wird und ohne, dass das pauschale Verfilmungshonorar hierfür entsprechend erhöht wird. Eine solche Vergütungsvereinbarung dürfte unangemessen sein und einen Anspruch des Urhebers auf Anpassung seiner Vergütung gemäß § 32 Abs. 1 UrhG begründen. Es entspricht allgemeiner Branchenübung im Verlags- und im Merchandisinggeschäft, dass den Rechteinhabern absatzabhängige Erlösbeteiligungen bezahlt werden.

Gemäß § 32 Abs. 4 UrhG finden die neu eingefügten Absätze 1–3 keine Anwendung, soweit die Vergütung des Urhebers für die Nutzung seiner Werke **tarifvertraglich** geregelt ist. Im Filmbereich bestehen solche tarifvertragliche Bestimmungen über Urhebervergütungen aber bislang nicht.

Zu beachten ist, dass sich der Werkverwerter auf eine Vereinbarung, die zum Nachteil des Urhebers von den Bestimmungen des § 32 UrhG abweicht oder diese zu umgehen versucht, nicht berufen kann (§ 32 Abs. 3 UrhG). Der Anspruch auf angemessene Vergütung ist damit im Ergebnis **unverzichtbar.**

Wie dargestellt, sieht § 32 Abs. 2 UrhG vor, dass eine nach **gemeinsamen Vergütungsregeln** ermittelte Vergütung stets angemessen ist. Solche gemeinsamen Vergütungsregelungen sind über §§ 36 und 36a UrhG zwischen Vereinigungen von Urhebern und Vereinigungen von Werknutzern auszuhandeln. Zu berücksichtigen ist jedoch, dass in Tarifverträgen enthaltene Regelungen gemeinsamen Vergütungsregelungen vorgehen.

Im neuen **Bestsellerparagraphen** (§ 32 a UrhG) wird der Fall geregelt, dass die zwischen den Vertragsparteien ursprünglich festgelegte Vergütung zum Zeitpunkt des Vertragsschlusses zwar angemessen war, im Lichte späterer, außergewöhnlicher Verwertungserfolge nachträglich jedoch als unangemessen erscheint.

Während die alte Regelung (§ 36 a. F.) noch ein »grobes Missverhältnis« zwischen Honorar und Verwertungserfolg voraussetzte, wurden die Voraussetzungen nunmehr auf ein lediglich **auffälliges Missverhältnis** reduziert. Stellt sich bei späterer Betrachtung einer (ursprünglich angemessenen) Vergütungsvereinbarung heraus, dass diese in einem auffälligen Missverhältnis zu den Erträgen und Vorteilen aus der Nutzung des Werkes steht, so kann der Urheber eine Änderung des Vertrages verlangen, durch die ihm eine weitere, den Umständen nach angemessene Vergütung gewährt wird.

Wann ein solches auffälliges Missverhältnis anzunehmen ist, ist gesetzlich nicht definiert. Die Begründung des Regierungsentwurfes sieht vor, dass von einem auffälligen Missverhältnis auszugehen ist, wenn die vereinbarte Vergütung um **100 %** von dem abweicht, was im Beurteilungszeitpunkt angemessenen erscheint.

Ebenfalls abweichend zum alten Bestsellerparagraphen kommt es für die Anwendbarkeit des neuen § 32 a UrhG ausdrücklich nicht mehr darauf an, ob die Vertragsparteien den außergewöhnlichen Erfolg der Verwertung vorhergesehen haben oder hätten vorhersehen können (§ 32 a Abs. 1 S. 2 UrhG).

Von erheblicher Bedeutung ist, dass der Urheber im Bestsellerfall nicht nur von seinem unmittelbaren Vertragspartner die Anpassung der vereinbarten Vergütung verlangen kann, sondern von **jedem Verwerter**, bei dem das auffällige Missverhältnis aus den Erträgnissen oder Vorteilen eintritt. Der Urheber kann demzufolge jeden Lizenznehmer in der Verwertungskette in Anspruch nehmen und in diesem Fall entfällt die Haftung des ursprünglichen Vertragspartners.

Rückwirkung: Die §§ 32, 32 a UrhG gelten ab dem 01. Juli 2002. Gemäß § 132 Abs. 3 UrhG werden sie auch auf Verträge, die vor dem 01. Juli 2002 abgeschlossen wurden, zum Teil rückwirkend angewendet:

- § 32 UrhG wird nur auf Verträge, die zwischen dem 01. Juni 2001 bis zum Inkrafttreten des neuen Gesetzes abgeschlossen wurden, rückwirkend angewendet, sofern das eingeräumte Nutzungsrecht noch nach dem 28.03.2002 verwertet wird;
- § 32 a UrhG (Bestsellerparagraph) wird unbegrenzt rückwirkend angewendet, sofern der Sachverhalt auf welchen sich der Anspruch stützt, nach dem 28.03.2002 entstanden ist.

Achtung: Die Neuregelung ist für den Filmhersteller von Bedeutung, weil sich Lizenznehmer (z. B. der Filmverleih) jetzt nicht nur den Bestand der übertragenen Rechte garantieren lassen, sondern auch eine Freistellung bezüglich einer Inanspruchnahme durch die Urheber nach § 32 a UrhG verlangen. Sofern der Filmproduzent eine solche Garantie bzw. Freistellung erklärt, haftet er dem Lizenznehmer auf Regress, wenn dieser wegen des übermäßigen Erfolges des Filmes vom Urheber in Anspruch genommen wird.

5.3.9   Das Rückrufsrecht

Gemäß § 41 UrhG kann der Urheber die von ihm übertragenen Rechte zurückrufen, wenn der Inhaber diese **Nutzungsrechte nicht ausübt** und der Urheber dadurch in seinen berechtigten Interessen verletzt wird. Außerdem hat der Urheber ein Rückrufsrecht wegen **gewandelter Überzeugung** nach § 42 UrhG.

Für die Urheber am Filmwerk (§ 89 UrhG) sind diese Rückrufsrechte jedoch ausdrücklich ausgeschlossen (§ 90 UrhG), weil ein Rückruf die Auswertung eines Films beenden würde und damit der Filmhersteller dem Risiko ausgesetzt wäre, seine hohen finanziellen Investitionen vernichtet zu sehen. Aus demselben Grund schließt die neue Fassung des § 90 auch für die Urheber an vorbestehenden Werken (§ 88 UrhG) die Möglichkeit des Rückrufs ihrer Rechte aus, sobald mit den Dreharbeiten begonnen wurde. Das Rückrufsrecht bezieht sich also nur auf das Verfilmungsrecht, nicht auf die Auswertungsrechte an einem hergestellten Film.

(1) Nichtausübung der Rechte

In Verfilmungsverträgen finden sich regelmäßig Klauseln, dass der Produzent nicht verpflichtet ist, den Film herzustellen. Solche Klauseln haben nur klarstellenden Charakter, denn den Filmproduzenten trifft grundsätzlich **keine Herstellungspflicht.** Das gilt selbst dann, wenn der Urheber an den Erlösen des Films beteiligt ist. Ob eine Verfilmung erfolgt, muss im alleinigen Ermessen des Film-produzenten liegen, der auch das finanzielle Risiko zu tragen hat. Unterlässt der Produzent die Verfilmung, so ist der Autor durch das Rückrufsrecht des § 41 UrhG geschützt.

Problematisch war nach der alten Rechtslage, unter welchen Voraussetzungen von einer »Nichtausübung« des Verfilmungsrechts auszugehen war. Das Gesetz definierte den Begriff nicht. Die amtliche Begründung zu § 90 a. F. sah erst mit der abgeschlossenen Herstellung des Filmwerkes das Verfilmungsrecht als ausgeübt an. Dies hätte jedoch für den Filmhersteller fatale Folgen, denn er hat augenfällig längst vor der Fertigstellung des Filmwerks hohe Kosten aufgewendet. Bisweilen wurde das Verfilmungsrecht als ausgeübt betrachtet, sobald mit der Vorbereitung der Produktion begonnen wird, wofür schon die Anfertigung des Drehbuchs ge-nügen sollte (vgl. v. Hartlieb, 3. Aufl., Kap. 100, Rz. 25). Nach überwiegender Auf-fassung war der erste Drehtag der maßgebliche Zeitpunkt und mit diesem Ereig-nis galt das Filmherstellungsrecht als ausgeübt mit der Folge, dass ein Rückruf nach § 41 Abs. 1 UrhG ausgeschlossen war (Schricker – Katzenberger, 2. Auflage, § 90, Rz. 10; Nordemann – Hertin, a. a. O., § 90, Rz. 6; v. Hartlieb/Schwarz, 4. Aufl. Kap. 42, Rz. 13).

Mit Inkrafttreten des Urhebervertragsgesetzes im Jahre 2002 dürfte sich diese Kontroverse erledigt haben. Denn in § 90 S. 2 n. F. ist der **Beginn der Dreharbei-ten** als der maßgebliche Zeitpunkt definiert, ab dem das Recht zur Verfilmung nicht mehr zurückgerufen werden kann.

Dieser Zeitpunkt kann hingegen im Einzelfall nicht sachgerecht sein, denn der Produzent ist mitunter bis zum Beginn der Dreharbeiten enorme finanzielle Ver-pflichtungen eingegangen. Hierzu zählen gegebenenfalls Entwicklungskosten für das Drehbuch, »Pay or Play«-Vereinbarungen etc. In solchen Fällen wäre es, zu-mindest wenn diese finanziellen Vorleistungen in Abstimmung mit dem Autor erfolgten, unangemessen, bei der Ausübung des Verfilmungsrechts starr an den ersten Drehtag anzuknüpfen. Sofern man jedoch an diesem Kriterium festhält, müsste eine Korrektur über die Entschädigungspflicht des rückrufenden Urhebers gemäß § 41 Abs. 6 UrhG erfolgen.

Andererseits ist der Film aber auch zügig fertigzustellen. Es stellte eine unzu-lässige Rechtsausübung dar, zur Verhinderung des Rückrufsrechts den ersten Drehtag durchzuführen und danach das Projekt wieder zu unterbrechen oder »einschlafen« zu lassen. Dies wäre als »unzureichende« Ausübung des Verfil-mungs- und Umgehung des Rückrufsrechts zu qualifizieren, die den Urheber wei-terhin zum Rückruf berechtigte.

Keinesfalls einlassen sollte sich der Produzent auf eine Vertragsklausel, wo-nach der Drehbuchautor zum Rückruf berechtigt ist, wenn der Film nicht binnen einer festgelegten Frist fertiggestellt ist. Die Fertigstellung eines Films kann sich aus verschiedenen Gründen erheblich verzögern. Außerdem wird eine solche Klausel das Projekt gefährden, weil sie für einige an der Herstellung des Films maßgeblich Beteiligte nicht akzeptabel ist. Die Bedingungen etwa des Completion Bonds verlangen, dass die Verfilmungsrechte sogar »irrevocable«, also unwiderruflich dem Produzenten zustehen und auf den Completion Bond im Falle der Übernahme des Projektes übergehen. Auch Investoren und die im Rahmen der Filmfinanzierung engagierten Banken werden eine solche Rückrufsklausel nicht akzeptieren.

(2) Die Rückrufsfrist
Nach dem Gesetzeswortlaut kann der Urheber das Rückrufsrecht wegen Nichtausübung frühestens nach zwei Jahren seit der Einräumung des Nutzungsrechts oder, falls später erfolgt, seit der Ablieferung des Werkes (z. B. Drehbuch) geltend machen (§ 41 Abs. 2 UrhG). Gleichzeitig kann es aber auch **nicht länger als fünf Jahre** ausgeschlossen werden (§ 41 Abs. 4 UrhG). Die **Optionsfrist** ist der vereinbarten oder gesetzlichen Rückrufsfrist nicht hinzuzurechnen, denn nach § 41 Abs. 2 UrhG ist der Zeitraum ab Einräumung oder Übertragung des Nutzungsrechts entscheidend. Dies erfolgt aber erst mit der Ausübung der Option.

Der Rückruf kann erst erklärt werden, wenn der Urheber eine angemessene Nachfrist gesetzt hat. Hierbei muss der Filmproduzent zur Ausübung aufgefordert und der Rückruf muss angekündigt werden. Die Nachfrist muss angemessen sein, wobei auf die Umstände des Einzelfalles Rücksicht zu nehmen ist. Bei Filmprojekten dürfte die angemessene Nachfrist regelmäßig ein Jahr betragen (LG München I, Urteil vom 10.5.2007, Az: 7 O 11550/06).

Verfilmungsverträge sehen regelmäßig einen Ausschluss des Rückrufsrechts wegen Nichtausübung für eine bestimmte Zeit vor, die meist über der gesetzlichen Mindestfrist von zwei Jahren liegt. Üblich dürfte ein Zeitraum von drei bis fünf Jahren sein, wobei es u. a. darauf ankommt, ob es sich um einen klassischen oder eher zeitgeistbestimmten Stoff handelt, ob ein Film zeitnah zu einem »Bestseller« herausgebracht werden soll, ob bereits ein »kurbelfertiges« Drehbuch vorliegt oder das Drehbuch erst entwickelt oder noch weitreichend überarbeitet werden muss, ob es sich um eine deutsche Produktion oder um eine internationale Produktion handelt etc. Aus Sicht des Filmproduzenten ist eine möglichst lange Ausschlussfrist wünschenswert, um das Projekt ohne Zeitdruck und mit der erforderlichen Sorgfalt stofflich entwickeln zu können und die Finanzierung sicherzustellen. Andernfalls besteht die Gefahr, dass ein nicht optimal entwickeltes Drehbuch verfilmt wird oder die Dreharbeiten begonnen werden, obwohl die Finanzierung des erforderlichen Budgets nicht sichergestellt ist. Dadurch ist weder den Interessen des Drehbuchautors und noch viel weniger denjenigen des Produzenten gedient.

(3) Die Auswertungspflicht

Ist ein Film hergestellt und damit das Verfilmungsrecht nach § 88 Abs. 1 Ziff. 1 UrhG ausgeübt, so hat der Filmhersteller hierfür meist hohe Kosten aufgewendet. Er soll, nachdem er dieses finanzielle Risiko eingegangen ist, nicht mehr durch den Urheber an der Verwertung des Filmwerks gehindert werden können, etwa durch die Ausübung des Rückrufsrechts. Nach der Herstellung des Filmwerks sind daher auch die Urheber der vorbestehenden Werke von Gesetzes wegen nicht berechtigt, die dem Filmproduzenten übertragenen Auswertungsrechte zurückzurufen. Den Filmhersteller trifft also – selbst bei einer Gewinnbeteiligung des Urhebers – keine Auswertungspflicht.

(4) Die Entschädigungspflicht des Urhebers

Nach § 41 Abs. 6 UrhG hat der Urheber den Filmproduzenten im Falle des Rückrufs zu entschädigen, wenn und soweit es der Billigkeit entspricht. Ob überhaupt und ggf. in welcher Höhe der Urheber eine Entschädigung zu zahlen hat, ist aufgrund einer umfassenden Abwägung der beiderseitigen Interessen und unter Berücksichtigung aller relevanten Umstände zu entscheiden. »Entschädigung« bedeutet auch nicht etwa Schadensersatz, d. h. der Filmproduzent erhält keineswegs alle Kosten erstattet, die er nachweisbar aufgewendet hat. Im Falle des Rückrufs wegen **Nichtausübung,** der letztlich auf einem »Versagen« des Filmproduzenten beruht, dürfte in der Regel keine oder nur eine geringe Entschädigung fällig sein. Selbstverständlich müssen hiervon Ausnahmen gemacht werden und ein Ausnahmetatbestand ist z. B. in der vorstehenden Ziffer (2) skizziert.

Demgegenüber wird der Urheber den Filmproduzenten nach Meinung des Verfassers nicht nur zu entschädigen, sondern ihm die tatsächlich aufgewendeten Kosten zu erstatten haben, wenn er wegen **gewandelter Überzeugung** seine Rechte zurückruft. Denn es kann nicht zulasten des Filmproduzenten gehen, dass jemand seine Überzeugung ändert. Die Pflicht zur angemessenen Entschädigung als Regelfall ist ein nur schwer überwindbares Hindernis für die Geltendmachung des Rückrufsrechts wegen gewandelter Überzeugung (Loewenheim – Dietz, § 16, Rn. 15ff). Letztlich hat das Rückrufsrecht wegen gewandelter Überzeugung praktisch keine Relevanz und das zeigt sich schon daran, dass hierzu keine Rechtsprechung existiert.

6 Die verwandten Schutzrechte

Das Urheberrechtsgesetz schützt nicht nur die Wahrnehmung der Rechte des Urhebers an seinem Werk, sondern berücksichtigt auch die Personen, die selbst kein Werk erschaffen, aber eine Leistung erbringen, die einer Werkschöpfung ähnlich ist oder im Zusammenhang mit dem Werk des Urhebers steht. Dieser Personenkreis genießt keinen urheberrechtlichen Schutz, sondern hier schützt das Gesetz die Leistung, weshalb die dem Urheberrecht verwandten Schutzrechte auch Leistungsschutzrechte genannt werden (§§ 70 ff. UrhG).

Als Inhaber solcher Leistungsschutzrechte sind vor allem die ausübenden Künstler (z. B. Schauspieler) zu nennen, die ein Werk vortragen, aufführen oder daran künstlerisch mitwirken (§§ 73 ff. UrhG). Zu den weiteren Leistungsschutzberechtigten zählt das Gesetz u. a. die Tonträgerhersteller (§ 85 UrhG) und die Sendeunternehmen (§ 87 UrhG). Für den Bereich der Filmherstellung/Filmverwertung regelt das Gesetz die dabei entstehenden Leistungsschutzrechte unter der Überschrift »Besondere Bestimmungen für Filme« (§§ 88 ff. UrhG). Bereits aus dieser systematischen Sonderstellung wird deutlich, dass hier die Frage der Rechteinhaberschaft angesichts der Vielzahl der am Filmwerk Beteiligten hochkomplexer Natur ist (vgl. unten Kap. II.).

7 Dauer des Urheberschutzes

Das Urheberrecht erlischt 70 Jahre nach dem Tod des Urhebers (64 UrhG). Im Falle einer Miturheberschaft erlischt das Urheberrecht erst 70 Jahre nach dem Tod des längstlebenden Miturhebers (§ 65 I UrhG). Bei **Filmwerken** erlischt das Urheberecht gemäß § 65 Abs. 2 UrhG 70 Jahre nach dem Tod des Längstlebenden der folgenden Personen: Hauptregisseur, Urheber des Drehbuchs, Urheber der Dialoge, Komponist der Filmmusik. Diese Bestimmung wurde im Rahmen der Umsetzung der europäischen Richtlinie zur Harmonisierung der Schutzdauer des Urheberrechts und bestimmter verwandter Schutzrechte vom 29. Oktober 1993 (93/98/EWG) in das deutsche Urhebergesetz eingefügt. Sie stellt gleichsam ein »Kuckucksei« dar, denn sie steht im Widerspruch zu der Differenzierung zwischen den Urhebern der vorbestehenden Werke und den Urhebern des eigentlichen Filmwerkes (vgl. unten Kap. II.1.2.).

Dagegen erlöschen die Leistungsschutzrechte des **Filmherstellers** 50 Jahre nach dem Erscheinen des Films oder, wenn seine erste erlaubte Benutzung zur öffentlichen Wiedergabe früher erfolgt ist, 50 Jahre nach dieser (§ 94 Abs, 3

UrhG). Der Ablauf dieser Schutzfrist für das Leistungsschutzrecht lässt hingegen die ausschließlichen Nutzungsrechte unberührt, die der Filmhersteller von den Urhebern erworben hat. Bis zum Ablauf der urheberrechtlichen Schutzfrist nach § 65 Abs. 2 UrhG bleibt der Filmhersteller berechtigt, unerlaubte Verwertungshandlungen Dritter auch dann zu unterbinden, wenn die Schutzfrist seines eigenen Leistungsschutzrechts bereits abgelaufen ist.

Die entsprechenden Rechte des **Tonträgerherstellers** erlöschen grundsätzlich ebenfalls 50 Jahre nach dem Erscheinen des Tonträgers (§ 85 Abs. 3 UrhG).

Auch die Schutzfrist der Leistungsschutzrechte der **ausübenden Künstler** beläuft sich auf 50 Jahre. Die Frist knüpft an den Zeitpunkt des Erscheinens des Bild- oder Tonträgers an oder an den seiner ersten erlaubten Benutzung zur öffentlichen Wiedergabe, falls diese früher erfolgt ist (§ 82 UrhG). Hilfsweise kommt es auf den Zeitpunkt der Aufnahme an, wenn sie nicht als Tonträger binnen 50 Jahren erschienen oder erlaubterweise zur öffentlichen Wiedergabe benutzt worden ist. Darbietungen, die im Jahr ihrer Aufnahme auch erscheinen oder erstmals erlaubterweise öffentlich wiedergegeben worden sind, genießen folglich 50 Jahre Schutz. Bei später erschienenen oder erstmals erlaubterweise zur öffentlichen Wiedergabe verwendeten Aufnahmen verlängert sich die Schutzfrist um den zwischen der Festlegung und der maßgeblichen Anknüpfung liegenden Zeitraum. Folglich kann sich die Schutzfrist auf maximal 100 Jahre erstrecken, wenn das die Frist auslösende Ereignis in das 50. Jahr nach der Aufnahme fällt. Klarstellend sei erwähnt, dass diese Schutzdauer für die Verwertungsrechte der ausübenden Künstler gilt. Im Hinblick auf den persönlichkeitsrechtlichen Schutz des ausübenden Künstlers vor Entstellung und Beeinträchtigung seiner Leistung gilt abweichend § 76. Danach erlöschen die Rechte aus §§ 74, 75 wesensgemäß nicht vor dem Tode des Künstlers.

Mit dem Erlöschen des Rechtsschutzes wird das Werk **gemeinfrei**, d. h. es ist zur Benutzung durch Dritte freigegeben. Die Erben des Urhebers oder die Inhaber von Lizenzrechten können im Falle der Verwendung des gemeinfreien Werkes durch Dritte weder eine Verletzung der Urheberpersönlichkeits- noch der Verwertungsrechte geltend machen.

8 Europäische und internationale Aspekte des Urheberrechts

8.1 Räumlicher und persönlicher Anwendungsbereich des UrhG

Wie sämtliche nationalen Gesetze ist auch das Urheberrechtsgesetz in seinem Geltungsbereich auf das Territorium des gesetzgebenden Staates, also der Bundesrepublik Deutschland, beschränkt (so genannter Territorialitätsgrundsatz). Welchen urheberrechtlichen Schutz ein Werk oder eine damit zusammenhängende Leistung im Ausland erfährt, ist deshalb nach Maßgabe des jeweiligen nationalen Urheberrechts bzw. der einschlägigen internationalen Konventionen zu ermitteln (vgl. unten Ziffer 8.3)

Innerhalb Deutschlands erstreckt sich der Schutz nach dem Urheberrechtsgesetz auf Deutsche im Sinne des Art. 116 I GG und die Staatsangehörigen anderer EU- und EWR-Staaten (§§ 120 UrhG, 128 UrhG). Die gesetzliche Gleichstellung dieser beiden Personengruppen erfolgte aufgrund des vom Europäischen Gerichtshof erlassenen »Phil-Collins-Urteils« vom 20.10.1993 (EuGH Slg. 1993, 5171). In diesem Urteil stellte der EuGH verbindlich fest, dass das im Gemeinschaftsrecht verankerte Diskriminierungsverbot aufgrund der Staatsangehörigkeit (Art. 6 EGV, Art. 4 EWR-Abk.) auch auf das nationale Urheberrecht Anwendung findet.

Alle ausländischen Staatsangehörigen, die nicht einem Mitgliedstaat der EU oder des europäischen Wirtschaftsraums angehören, schützt in Deutschland das Gesetz in der Wahrnehmung ihrer Urheberpersönlichkeitsrechte. Darüber hinaus gewährt das Gesetz diesem Personenkreis nur unmittelbaren Schutz, sofern bestimmte Voraussetzungen erfüllt sind. Im Übrigen genießen ausländische Staatsangehörige den urheberrechtlichen Schutz nach Inhalt der einschlägigen Staatsverträge (§ 121 UrhG), (vgl. unten 8.3).

8.2 Europäische Rechtsangleichung

Im Rahmen der Verwirklichung des europäischen Binnenmarktes hat der Rat der Europäischen Gemeinschaften wiederholt Richtlinien erlassen, die eine Angleichung des unterschiedlichen Urheberrechtsschutzes in der EU zum Inhalt haben. Als vorrangig geltendes Gemeinschaftsrecht sind diese Richtlinien von den Mitgliedstaaten innerhalb einer bestimmten Frist in nationales Recht umzusetzen und richtlinienkonform auszulegen. Damit soll die Verkehrsfähigkeit der urheberrechtlich geschützten Güter als Ausfluss der garantierten Waren- und Dienstleistungsfreiheit innerhalb Europas gewährleistet und gestärkt werden. (Castendyk, »Man spricht deutsh«, ZUM 2005, 283 ff., vgl. auch BGH ZUM 2005, 69 ff.)

Für den Bereich der Filmherstellung und -auswertung sind insbesondere die nachfolgend genannten Richtlinien von Interesse:

- Die Richtlinie zum **Vermiet- und Verleihrecht** vom 19.11.1992 (92/100/EWG). Sie stärkt die Eigenständigkeit eines Vermietrechts neben anderen Formen der Werkverbreitung. (Die Umsetzung in das deutsche Recht erfolgte durch das 3. Urheberrechtsänderungsgesetz vom 23.06.1995.)
- Die Richtlinie zur Koordinierung bestimmter urheber- und leistungsschutzrechtlicher Vorschriften betreffend Satellitenrundfunk und Kabelweiterverbreitung vom 27.09.1993 (93/83/EWG). Die Umsetzung in das deutsche Recht erfolgte durch das 4. Urheberrechtsänderungsgesetz vom 08.05.1998. Mit dieser Richtlinie wurde der heftig geführte Streit zwischen dem so genannten Sendelandprinzip einerseits und der so genannten Bogsch-Theorie auf der anderen Seite entschieden. Während die Anhänger der Bogsch-Theorie die Rechtseinholung für alle Territorien forderten, die im intendierten Sendegebiet lagen, bedarf es nach der Richtlinie nunmehr lediglich der Einräumung des Senderechts am Standort des Sendeunternehmens. Der bei der Umsetzung der Richtlinie eingefügte § 20 a Abs. 1 UrhG sieht entsprechend vor, dass innerhalb der Europäischen Union und des europäischen Wirtschaftsraumes eine Satellitensendung ausschließlich in dem Mitgliedsstaat erfolgt, in dem die Programmsignale in die Übertragungskette eingespeist werden.
- Die Richtlinie zur Harmonisierung der Schutzdauer des Urheberrechts und bestimmter verwandter Schutzrechte vom 29.10.1993 (93/98/EWG). Die Umsetzung in das deutsche Recht erfolgte durch das 3. Urheberrechtsänderungsgesetz vom 23.06.1995. Infolge der Umsetzung bestimmt nunmehr § 20 b UrhG, dass das Recht der zeitgleichen, unveränderten und vollständigen Kabelweitersendung nur durch eine Verwertungsgesellschaft geltend gemacht werden kann. Das war jedoch in Deutschland schon zuvor gängige Praxis.
- Die Richtlinie zur Harmonisierung bestimmter Aspekte des Urheberrechts und der verwandten Schutzrechte in der Informationsgesellschaft vom 22. Mai 2001 (2001/29/EG). Die Richtlinie wurde durch das Gesetz zur Regelung des Urheberrechts in der Informationsgesellschaft vom 10.09.2003 (»Erster Korb«) ins deutsche Recht umgesetzt. Weitere Umsetzung erfährt sie durch das zweite Gesetz zur Regelung des Urheberrechts in der Informationsgesellschaft (»Zweiter Korb«), welches am 01. Januar 2008 in Kraft tritt.

Von den vorgenannten **Richtlinien** sind die Europäischen **Abkommen** zu unterscheiden. Mit Hilfe dieser Abkommen auf europäischer Ebene versuchten die

Staaten vor allem vor der Gründung der Europäischen Union die Harmonisierung des Urheberrechts zu verwirklichen. Wie bei sämtlichen internationalen Verträgen steht der Beitritt zu diesen Abkommen den einzelnen Staaten frei. Überdies gelten die Abkommen nur zwischen den Unterzeichnerstaaten. Eine länderübergreifende Rechtsangleichung zum Schutze der Urheber und den Inhabern verwandter Schutzrechte ist deshalb auf diesem Wege nur langsam zu erreichen. Zu den einschlägigen Abkommen zählen hier:

- Das Europäische Übereinkommen über das grenzüberschreitende Fernsehen vom 05.05.1989; in Kraft seit dem 01.05.1993. Dieses Übereinkommen schafft die rechtlichen Rahmenbedingungen für einen freien Warenverkehr von grenzüberschreitenden Fernsehprogrammen vermittels gemeinsamer Vorschriften über Programmgestaltung, Werbung, Sponsoring und Schutz von Individualrechten.
- Das Europäische Abkommen über die Gemeinschaftsproduktion von Kinofilmen vom 26.06.1992, in Kraft seit dem 01.04.1994. Diese Konvention hat die Förderung von europäischen Koproduktionen zum Ziel.

8.3 Internationale Abkommen

Wie bereits vorab angedeutet (8.1) beurteilt sich der urheberrechtliche Schutz von Werken deutscher Staatsangehöriger im Ausland und den Werken von Drittstaatsangehörigen in Deutschland maßgeblich nach internationalen Staatsverträgen.

8.3.1 Die Revidierte Berner Übereinkunft (RBÜ)

Von den multilateralen Staatsverträgen ist hier als wichtigstes die »Berner Übereinkunft zum Schutz von Werken der Literatur und Kunst« von 1886 zu nennen, die mehrfach geändert wurde und heute als »Revidierte Berner Übereinkunft (RBÜ)« den Schutz der Urheberrechte im grenzüberschreitenden Rechtsverkehr regelt. Aufgrund dieser Übereinkunft sind nicht nur die Angehörigen der Verbandsländer geschützt, sondern auch so genannte Drittstaater, die ihr Werk erstmals in einem Verbandsland veröffentlichen. Speziell für Urheber von Filmwerken wird schließlich – ungeachtet der vorgenannten Voraussetzungen – der Anwendungsbereich des RBÜ eröffnet, wenn der Filmhersteller seinen Sitz in einem Verbandsland hat (Art. 4 a RBÜ).

Hinsichtlich des eigentlichen Urheberrechtsschutzes legt die RBÜ den Grundsatz der Inländerbehandlung fest, demzufolge die Urheber in allen Verbandsländern mit Ausnahme des Ursprungslandes den Schutz genießen, den die einschlägigen Gesetze den inländischen Urhebern gewähren. Der Genuss und die Ausübung dieser Rechte sind dabei nicht an die Erfüllung irgendwelcher Förmlichkeiten (Anträge, Registrierungen etc.) gebunden (Art. 5 RBÜ).

Um den Schutz der Urheber jedoch nicht gänzlich den unterschiedlichen nationalen Gesetzgebungen anheimzustellen, legt die RBÜ Mindestrechte fest und stellt gleichzeitig gewisse Schranken auf. Zu den konventionseigenen Rechten zählt das Urheberpersönlichkeitsrecht (Art. 6 [bis] RBÜ) und ein Katalog von Verwertungsrechten (Art. 8 ff. RBÜ), wie z.B. das Recht auf Vervielfältigung, Bearbeitung oder Verfilmung. Zu den Vorschriften, durch welche die RBÜ den Grundsatz der Inländerbehandlung einschränkt, gehört der zwingende Schutzfristenvergleich gemäß Art. 7 VIII RBÜ. Dieser legt fest, dass die Schutzdauer des Werkes in dem Land, in dem der Schutz beansprucht wird, nicht länger als im Ursprungsland betragen darf. Für ausländische Urheber hat dies in Deutschland häufig eine Verkürzung ihres Urheberschutzes zur Folge, da die meisten Staaten außerhalb der EG ihren Urhebern keinen 70-jährigen Werkschutz einräumen.

8.3.2 Der WIPO-Urheberrechtsvertrag

In Ergänzung zur RBÜ, welche im Jahr 1971 letztmals revidiert wurde, hat die Weltorganisation für geistiges Eigentum (WIPO) 1996 zwei neue internationale Verträge über das Urheberrecht und über verwandte Schutzrechte geschlossen (WIPO Copyright Treaty, WCT, und WIPO Performances and Phonograms Treaty, WPPT). Beide Verträge sind noch nicht in Kraft getreten.

8.3.3 Das Welturheberrechtsabkommen (WUA)

Eine weitere multilaterale Konvention stellt das »Welturheberrechtsabkommen« (WUA) von 1952 dar. Ebenso wie die RBÜ verweist das WUA grundsätzlich auf die jeweils einschlägigen nationalen Gesetze der Vertragsstaaten und legt dabei den Grundsatz der Inländerbehandlung fest (Art. II WUA). Gleichzeitig gewährt auch das WUA den Urhebern Mindestrechte, wobei der konventionseigene Schutz hinter dem Schutzniveau der RBÜ zurückbleibt. So stellt beispielsweise das Abkommen keine Urheberpersönlichkeitsrechte unter Schutz. Die Schutzdauer beträgt nach dem WUA nur 25 Jahre nach dem Tod des Urhebers (Art. IV 2 a. WUA), während die RBÜ eine Schutzdauer von 50 Jahren gewährt (Art. 7 RBÜ).

Mithilfe dieses insgesamt geringeren Schutzniveaus des WUA wurde das Ziel verfolgt, auch diejenigen Länder in ein weltweites Urheberrechtsschutzsystem einzubinden, die das hohe Schutzniveau des RBÜ zunächst nicht gewährleisteten, wie z.B. die USA, die Volksrepublik China und die Sowjetunion (vgl. Schack, a.a.O., Rz. 853). Nach dem Beitritt zum WUA sind dennoch viele Staaten Mitglieder der RBÜ geworden (USA 1989, China 1992 und Russland 1995). Im Jahr 1998 zählte die RBÜ insgesamt 133 Verbandsländer, während dem WUA zu diesem Zeitpunkt 98 Vertragstaaten angehörten. Die Bedeutung des WUA für den internationalen Urheberrechtsschutz ist deshalb heutzutage gegenüber der RBÜ vergleichsweise gering.

8.3.4 Das TRIPS-Übereinkommen

Das »Übereinkommen über handelsbezogene Aspekte der Rechte des geistigen Eigentums« (Trade Related Aspects of Intellectual Property, TRIPS) ist integraler Bestandteil des Übereinkommens zur Errichtung der Welthandelsorganisation (WTO) von 1994. Aufgrund der zahlreichen Mitgliedstaaten (derzeit 134) hat das TRIPS-Abkommen einen ähnlich großen Anwendungsbereich wie die RBÜ. In der Sache soll das Abkommen den internationalen Schutz des geistigen Eigentums gegen die unberechtigte Nutzung und Nachahmung gewährleisten. Ebenso wie die vorgenannten Abkommen stellt das TRIPS-Übereinkommen den Grundsatz der Inländerbehandlung auf und legt selbst gewisse Mindestrechte fest.

8.3.5 Das Abkommen zwischen dem Deutschen Reich und den USA

Von den bilateralen Staatsverträgen ist schließlich vor allem das »Übereinkommen zwischen dem deutschen Reich und den Vereinigten Staaten von Amerika über den gegenseitigen Schutz der Urheberrechte« von 1892 zu nennen. Ebenso wie die vorgenannten Konventionen beruht es auf dem Grundsatz der Inländerbehandlung, schreibt aber keinen Schutzfristenvergleich vor.

Dies hat zur Folge, dass den Werken von US-amerikanischen Urhebern, die vor Inkrafttreten des Abkommens bereits urheberechtlich geschützt waren, die wesentlich längeren Schutzfristen in Deutschland zugute kommen (vgl. BGHZ 70, 268 ff. Buster Keaton Filme). Mit Beitritt der USA zum WUA waren dessen Regelungen vorrangig zu beachten (Art. XIX Satz 2 WUA), weshalb der Schutzfristenvergleich (Art. IV Ziff. 4. WUA) wieder zu einer Reduzierung der in Deutschland gewährten Schutzdauer führte. Diese Regelungen wurden allerdings mit dem Beitritt der USA im Jahr 1989 zur RBÜ obsolet und nunmehr sind deren Regelungen vorrangig zu beachten (Art. XVII WUA nebst Zusatzerklärung). Denn die RBÜ lässt Sonderabkommen den Vorrang, die den Urhebern günstigere Rechte verleihen, als sie die RBÜ vorsieht. Im Ergebnis lebt daher im Verhältnis USA-Deutschland wieder das bilaterale Abkommen von 1892 auf, welches eine uneingeschränkte Inländerbehandlung vorsieht. Die Werke amerikanischer Urheber genießen mithin in Deutschland dieselben Schutzfristen wie die Werke deutscher Urheber und umgekehrt.

II Sonderfragen zum Filmurheberrecht

1 Urheberrechte von Filmschaffenden

1.1 Geschütztes Werk

Die urheberrechtlich geschützten Werke sind in § 2 Abs. 1 UrhG aufgezählt. Nach Ziffer 6 dieser Bestimmung zählen hierzu auch Filmwerke, einschließlich der Werke, die ähnlich wie Filmwerke geschaffen werden.

1.1.1 Filmwerke

Unter diesen Begriff fallen alle Arten von Filmen, ohne Rücksicht auf den Inhalt, das Aufnahmeverfahren oder das Trägermaterial. Nicht einmal eine körperliche Festlegung des Filmwerks ist erforderlich, sodass sogar Live-Sendungen schutzfähig sind (vgl. Schricker – Loewenheim, Urheberrecht, 3. Aufl., § 2 Rdnr. 181).

Nicht jedes Filmwerk ist allerdings urheberrechtlich geschützt, sondern nur solche, die eine persönliche geistige Schöpfung darstellen, also Werkcharakter im Sinne des Urheberrechts besitzen. Wie bereits oben dargestellt (I.2.) setzt die persönliche Schöpfung das eigenhändige Erschaffen des Werkes voraus.

Eine geistige Schöpfung erfordert darüber hinaus ein Mindestmaß an Originalität und individueller Prägung, d.h. es muss eine gewisse Gestaltungshöhe (»Schöpfungshöhe«) erreicht werden. Diese Voraussetzungen sind bei Spielfilmen, die aufgrund eines erfundenen Drehbuches hergestellt werden, völlig unproblematisch. Umgekehrt dürfen die Anforderungen nicht zu hoch angesetzt werden, denn auch die sog.»kleine Münze« ist als Werk geschützt. Darunter sind einfache Gestaltungen zu verstehen, die gerade noch Urheberrechtsschutz genießen (z.B. Kataloge, Fernsprechbücher, vgl. Schricker – Loewenheim, Urheberrecht – Kommentar, 3. Aufl., § 2, Rz. 38). Grenzfälle bilden im Filmbereich die Werke und Berichterstattungen, die tatsächliche Vorgänge und Ereignisse lediglich abbilden, ohne eine individuelle Gestaltung der Auswahl und Zusammenstellung der Bilder zu beinhalten. Die Rechtsprechung hat etwa bei rein nachfotografierter Natur in einer Filmszene den Werkcharakter verneint (vgl. BGHZ 9, S. 268 – Schwanenbilder).

Genügen bildliche Aufzeichnungen nicht den Anforderungen der Filmwerke im Sinne des Urheberrechtsgesetzes, sind sie gleichwohl nicht völlig schutzlos, sondern genießen regelmäßig das Leistungsschutzrecht für Laufbilder gemäß § 95 UrhG (vgl. dazu unten 1.2).

1.1.2 Werkteile / Filmausschnitte

Der Schutz nach dem Urheberrechtsgesetz erstreckt sich nicht nur auf das Filmwerk als Ganzes, sondern auch auf seine einzelnen Teile. Voraussetzung ist allerdings, dass auch der entsprechende Teil »Werkcharakter« hat (vgl. BGHZ 9, S. 262 ff. – »Lauf der Wildbahn«; BGHZ 28, S. 237 – »Straßenverkehrslied«). Maßgeblich ist hierbei, dass sich der Filmausschnitt allein aus der Masse des Alltäglichen und Trivialen heraushebt und die erforderliche Eigentümlichkeit aufweist.

Dieser Nachweis wird bei einzelnen Werkteilen umso schwieriger zu führen sein, je kürzer der fragliche Filmausschnitt bzw. das Werkteil ist. Denn ein für sich genommen nicht urheberschutzfähiges Werkteil kann nicht über die Bekanntheit und Originalität des Gesamtwerkes zur Schutzfähigkeit heranreifen (vgl. LG Frankfurt a. M. GRUR 1996, S. 125). Mit dieser Begründung versagte das Frankfurter Gericht dem Textteil (Refrain) »Tausendmal berührt, tausendmal ist nix passiert« des bekannten Liedes von Klaus Lage (»1001 Nacht«) den urheberrechtlichen Schutz und wies die Klage des Komponisten und Texters gegen die Telekom wegen der Werbeanzeige »Tausendmal berührt, tausendmal ist was passiert« ab.

Im Falle des Versagens des Urheberschutzes liegen bei einem Filmwerk (wie auch bezogen auf seine Teile) regelmäßig die Leistungsschutzrechte für Laufbilder nach § 95 UrhG vor. Nach dieser Vorschrift sind die §§ 88, 89 Abs. 4, 90, 93 und 94 UrhG analog auf Laufbilder anzuwenden. Die Bestimmung des § 95 UrhG trägt dem Umstand Rechnung, dass es Filme gibt, die zwar die urheberrechtlichen Schutzvoraussetzungen nicht erfüllen, die indessen unter denselben Bedingungen wie Filmwerke i.S.d. § 2 Abs. 1 Ziffer 6 UrhG hergestellt und verwertet werden. Die Hersteller solcher Laufbilder haben daher ein vergleichbares Schutzbedürfnis wie ein Filmhersteller, sodass die diesen schützenden Bestimmungen entsprechend angewandt werden.

1.1.3 Filmähnliche Werke

Die ausdrückliche Nennung von Werken, die »ähnlich wie Filmwerke geschaffen werden«, macht vor allem deutlich, dass der Begriff des Filmwerks in § 2 Abs. 1 Ziffer 6 UrhG weit zu fassen ist. Zu den »filmähnlichen Werken« zählen nach verbreiteter Ansicht insbesondere **Computerspiele** (Wandtke/Bullinger, § 2 Rdnr. 121). Nach anderer Ansicht sollen Computerspiele nach den Vorschriften über Computerprogramme (§§ 69 a ff. UrhG) behandelt werden (Kreutzer, Computer&-Recht, 2007, 1 ff.).

Computerspiele wurden im Laufe der letzten Jahre immer aufwendiger und anspruchsvoller gestaltet. Tatsächlich ist eine enge Interdependenz zwischen der

Film- und der Gamesindustrie zu beobachten. Einerseits werden bei jedem Filmprojekt auch die Computer- und Videogame-Rechte katalogmäßig übertragen; andererseits existiert eine Reihe von Spielen, die zu erfolgreichen Spielfilmen mutierten (z. B. »Resident Evil« oder »Lara Croft«). Tatsächlich hat die Gamesindustrie mittlerweile die Filmindustrie deutlich überholt, zumindest im Hinblick auf die Umsatzzahlen im Box Office. Schon im Jahr 2005 belief sich der weltweite Umsatz mit Computerspielen auf über 27 Mrd. US Dollar (vgl. PWC Studie – Global Entertainment and Media Outlook 2006 – 2010).

Weiterhin gehören zu den »filmähnlichen« Werken **Zeichentrickfilme** und, sofern das infrage stehende Werk jedenfalls bewegte Bilder enthält, die den Gesamteindruck nicht unmaßgeblich mitprägen, auch **Multimediaprodukte.**

1.2 Die Inhaber des Urheberrechts am Filmwerk

Das deutsche Urheberrecht enthält sich einer Definition des Urhebers eines Filmwerkes. Die Bestimmung der Urheberschaft am Filmwerk ist äußerst kompliziert, weil es sich bei einem Film um ein Gesamtkunstwerk handelt, das eine Vielzahl urheber- und leistungsschutzechtlich relevanter Leistungen verkörpert.

Bezüglich eines Films ist zunächst zwischen den Rechten an den **vorbestehenden Werken** (z. B. Roman, Drehbuch, Musik, Figuren) und den Rechten am **Filmwerk** zu unterscheiden.

1.2.1 Die vorbestehenden Werke

Fast alle Filmwerke basieren auf einem vorbestehenden Werk, das seinerseits eine persönliche geistige Schöpfung darstellt und damit urheberrechtlich geschützt ist. Eine Ausnahme bilden nur solche Filmwerke, die reine Tatsachenberichte darstellen oder als reine Bildimpressionen anzusehen sind.

In der Verfilmung eines vorbestehenden Werkes liegt regelmäßig eine Bearbeitung und eine solche ist nur mit Einwilligung des Inhabers der Rechte an dem vorbestehenden Werk zulässig (§ 23 UrhG). Das bedeutet, dass die entsprechenden Rechte (Verfilmungs- und Auswertungsrechte) vom Inhaber der Rechte am vorbestehenden Werk einzuholen sind, soweit das benutzte vorbestehende Werk geschützt ist.

Die vorbestehenden Werke teilen sich in zwei Gruppen:

- Die filmunabhängigen vorbestehenden Werke, d. h. Werke, die zwar zur Filmherstellung benutzt werden, deren Hauptverwendung jedoch außerhalb der Filmherstellung liegt. In diese Kategorie fallen z. B. Romane, Bühnenwerke, Zeichnungen, Werke der bildenden Kunst.

- Filmbestimmte vorbestehende Werke, d. h. deren Hauptverwendungszweck in der Filmherstellung liegt. Zu dieser Gruppe zählen z. B. das Filmdrehbuch, die Filmmusik (soweit sie eigens für den Film komponiert wurde), Filmbauten, Kostüme, Filmdekorationen.

Beide Kategorien von Werken bestehen selbständig neben dem Filmwerk, denn auch die zweite Werkkategorie lässt sich unabhängig vom Filmwerk verwerten, z. B. das Filmdrehbuch als »Buch« oder als »Buch zum Film«. Die Unterscheidung zwischen den vorbestehenden Rechten und den Rechten am Filmwerk spiegelt sich auch in der gesetzlichen Regelung wider. § 88 UrhG regelt das »Recht zur Verfilmung«, wobei sich diese Vorschrift auf die vorbestehenden Werke bezieht. Demgegenüber sind die »Rechte am Filmwerk« in § 89 UrhG geregelt.

1.2.2 Die Urheberschaft am Filmwerk

In einigen Ländern (z. B. Frankreich) bestehen gesetzliche Vermutungen, wonach der Drehbuchautor, der Komponist der Filmmusik und der Regisseur zu den Urhebern des Films zählen. Auch in Deutschland wird die Auffassung vertreten, dass die Urheber der filmbestimmten vorbestehenden Werke (z. B. Drehbuchautoren, Komponisten der Filmmusik) auch Miturheber des Filmwerkes seien (vgl. Schricker – Katzenberger, vor §§ 88 ff Rdnr. 65 ff). Dieser **Lehre vom Doppelcharakter** ist jedoch aus verschiedenen Gründen nicht zu folgen. Zum einen ist schon in der Begründung des Regierungsentwurfs ausgeführt:»Die Urheber dieser Werke (Drehbuch, Filmmusik) scheiden als Urheber des Filmwerks aus, weil das Filmwerk etwas anderes und mehr ist, als nur die Darstellung der für das Filmwerk benutzten Werke … *Für das Urheberrecht am Filmwerk kommen nur die Personen infrage, die bei der Herstellung des eigentlichen Filmwerks … tätig geworden sind*« (UFITA 45, 318). Zum anderen wurde auch im Gesetz systematisch zwischen den Urhebern der vorbestehenden Werke (§ 88 UrhG) und den Filmurhebern (§ 89 UrhG) differenziert. Es erscheint somit systemwidrig, beide Urheber im Filmwerk zu verschmelzen. Folglich sind die Urheber der vorbestehenden Werke nicht als Miturheber des Filmwerks anzusehen.

Nach dem in Deutschland seit 1966 geltenden **Schöpferprinzip** kommen alle diejenigen als »Filmurheber« infrage, die bei der Herstellung des Films eine persönliche geistige Schöpfung erbracht haben. Die entscheidende Frage ist also, welche Personen hierzu zählen.

Aus der amtlichen Begründung von 1961 des Entwurfs zu § 99 UrhG, der unverändert als der jetzige § 89 UrhG am 01.01.1966 in Kraft getreten ist, ergibt sich Folgendes:

Für das Urheberrecht am Filmwerk kommen nur die Personen infrage, deren Beitrag eine persönliche geistige Schöpfung darstellt. Dies können nach Lage des Einzelfalles sein: der Regisseur, der Kameramann, der Cutter und andere Mitwirkende, möglicherweise auch der Filmhersteller selbst, wenn er die Gestaltung des Filmwerkes schöpferisch mitbestimmt.

Im Gesetzestext des § 89 UrhG selbst werden dagegen keine Mitwirkenden als Filmurheber festgelegt oder auch nur vermutet.

Aufgrund dieser unbestimmten und damit unsicheren Rechtslage versucht die einschlägige Literatur und Rechtsprechung auf Grundlage der Amtlichen Begründung (UFITA Bd. 45 (1965), 240 ff.), aber auch darüber hinaus, einzelne schöpferisch-gestaltende Berufsgruppen zu bilden, die eine tatsächliche (widerlegbare) Vermutung begründen sollen, dass die Angehörigen der jeweiligen Berufsgruppe im Zweifel als Miturheber des Filmwerkes anzusehen sind (vgl. v. Hartlieb/ Schwarz, Handbuch des Film-, Fernseh- und Videorechts, 4. Aufl., Kap. 62, Rz. 1 ff; Nordemann – Hertin, a. a. O., Vor §§ 88, Rz. 19; Schricker – Katzenberger, a. a. O., Anm. 61 vor §§ 88 ff., Loewenheim, a. a. O., § 12 Rn. 17ff.). Generell werden die folgenden Berufsgruppen als typische mögliche Filmurheber genannt: Regie, Kamera, Schnitt und bisweilen der Tonmeister.

Nach traditioneller Rechtsprechung steht das Urheberrecht am Filmwerk dem Regisseur zu (vgl. BGHZ 90, S. 219). Er hat die Aufgabe, das geistige Konzept (insbesondere das abgenommene Drehbuch) in die filmische Form umzusetzen. Der Regisseur ist deshalb derjenige, der das »Gesamtkunstwerk« Film maßgebend prägt. Außerdem hat der Regisseur regelmäßig ein Mitspracherecht bei den wesentlichen Mitwirkenden der Filmherstellung, wie Kameramann, Cutter, Hauptdarsteller, Ausstatter etc. Er entscheidet weiterhin über die Motive, Drehorte und den Drehplan und überwacht schließlich den Schnitt und die Montage des Films, was ebenfalls zu seinem vertraglichen Aufgabenkreis gehört. Durch diese zentrale Funktion erbringt der Regisseur im Rahmen der Herstellung des Films die das Urheberrecht konstituierende geistige schöpferische Leistung. Diese Rechtsprechung hat sich inzwischen durch eine Reihe von Urteilen gefestigt (BGH – GRUR 1984, 730, 732 – Filmregisseur; BGH, BGHZ 147, 244/427 – »Barfuß ins Bett«).

Ferner hat die Rechtsprechung den **Kameramann** als Filmurheber anerkannt (LG München I, ZUM 1993, 370, 373 – NS Propagandafilme; LG München I, ZUM 1999, 332, 332 – Kameramann).

In der letztzitierten Entscheidung hat das Landgericht München I in einem Musterverfahren die grundsätzlich mögliche Miturheberschaft des Kameramannes an einigen Spielfilmen im Konkreten abgelehnt (Urt. vom 22.12.1998 – Az. 7 O 6654/95, LG München I, ZUM 1999, 332, 332 – Kameramann). Die Letztentscheidung hinsichtlich der Einstellung der zu drehenden Szenen habe im fraglichen

Fall beim Regisseur gelegen, sodass nicht von einem partnerschaftlichen Zusammenwirken im Rahmen einer gemeinsamen Schöpfung gesprochen werden könne.

Auch der **Cutter** wurde in der Amtlichen Begründung als potenzieller Miturheber benannt (UFITA Bd. 45 (1965) 240, 318). Hierbei kommt es – wie bei den zuvor erläuterten Berufsgruppen – auf eine konkrete Einzelfallbetrachtung der Mitwirkung des Cutters an.

Darüber hinaus haben sich die Gerichte wiederholt mit der Frage des Filmurheberrechts des **Tonmeisters** auseinandergesetzt. So entschied das Landgericht Köln im Jahre 1997 einem Tonmeister ein Miturheberrecht an dem Spielfilm »Schlafes Bruder« zuzuerkennen (LG Köln ZUM-RD, 455ff.). Das Urteil wurde damit begründet, dass die Arbeit des Tonmeisters im akustischen Bereich derjenigen des Kameramannes im bildlichen entspreche. Das Filmwerk erhalte auch durch das Klangbild seine individuelle Ausprägung, die den sichtbaren Szenen erst das Stimmungsbild gebe. Das nächstinstanzliche OLG Köln entschied entsprechend (OLG Köln ZUM 2000, 321 ff.). Im anschließenden Revisionsverfahren führte der Bundesgerichtshof zur Frage der Urheberschaft bestätigend in seinem Urteil »Mischtonmeister« aus, dass »*der Beitrag eines Mischtonmeisters zu einem Kinofilm als persönliche geistige Schöpfung urheberrechtlich schutzfähig*« sein könne. »*Dies sei jedenfalls dann der Fall, wenn es dem Mischtonmeister überlassen bleibe, das Klangbild eigenständig zu prägen, und er als Vorgabe lediglich ungenaue, ausfüllungsbedürftige Anweisungen des Regisseurs erhalte.*« (BGH GRUR 2002, 961, 961f. – Mischtonmeister).

Um den Mitwirkenden tatsächlich gerecht zu werden, müssten die verschiedenen Kategorien der Filmschaffenden ständig dem neuesten Stand der technischen Entwicklung angepasst werden. Eine Reihe hochkarätiger Spielfilme entsteht heutzutage überwiegend in der digitalen Postproduktion. In solchen Konstellationen müsste sich der Kreis der möglichen Miturheber z. B. auch auf die Digital Editors erstrecken.

Schließlich soll, soweit der Filmproduzent selbst künstlerisch tätig wird, auch ihm ein (Mit-)Urheberrecht am Film zustehen können. Bisweilen wird auch diskutiert, ob dem Produzenten aus der Gesamtheit seiner »schöpferischen« Tätigkeit (Auswahl des Stoffes, des Regisseurs, Zusammenarbeit mit dem Regisseur, Sichtung der Tageskopien, Mitwirkung am Schnitt (»Final Cut« etc.) ein **Produzentenurheberrecht** zukommt. Das wird allerdings nur in engen Ausnahmefällen zutreffen und die Tätigkeit des Produzenten erschöpft sich regelmäßig in seiner organisatorischen Funktion.

Wie bereits ausführlich erörtert, setzt die **Miturheberschaft** nach § 8 UrhG ein **gemeinsames Schaffen** voraus, wobei eine gegenseitige Unterordnung jedes einzelnen Beitrages unter eine kreative Gesamtidee vorliegen muss. Von einer solchen Unterordnung wird regelmäßig auf Seiten des Regisseurs indessen nicht ausgegangen werden können. Auch das fertige Produkt lässt meist nicht erkennen, dass es sich um eine gegenseitige Unterordnung im Sinne des § 8 UrhG gehandelt hätte. Im Gegenteil. In den Front Credits der Spielfilme wird häufig dem Regisseur die folgende Nennung gewährt:

>>Ein Film von … *Name des Regisseurs*<<

Durch diese Nennung wird hinreichend deutlich, wer letztlich das Gesamtkunstwerk Film verantwortet hat. Die fallweise Bestimmung und tendenzielle Erweiterung des Kreises der Urheber am Filmwerk muss neben der Rechtsunsicherheit auch die zusätzlich verworrenen tatsächlichen Verhältnisse bewältigen. Das vielfach vorzufindende Chaos in den Produktionsverhältnissen wurde in der bereits zitierten amtlichen Begründung des Entwurfs zu § 89 UrhG treffend antizipiert: >>… *häufig werden die einzelnen Mitwirkenden selbst nicht wissen, was sie an schöpferischen Leistungen beigetragen haben*<<.

Auch im Rahmen der **Europäischen Gemeinschaft** bildet der Regisseur gleichsam den Minimalkonsens bei der Frage, wer der Urheber des Filmwerkes ist. Sowohl die Richtlinie zum Vermiet- und Verleihrecht vom 19. November 1992 (Art. 2 Abs. 2) als auch die Richtlinie zur Harmonisierung der Schutzdauer vom 29. Oktober 1993 (Art. 2 Abs.1) sehen vor, dass der Hauptregisseur als Urheber oder als einer der Miturheber des Films anzusehen ist.

2 Die Leistungsschutzrechte der Filmschaffenden

Soweit die bei der Herstellung eines Films kreativ Beteiligten keine geistige persönliche Schöpfung im Sinne des Urheberrechtes erbringen, stehen ihnen regelmäßig Leistungsschutzrechte zu. Bei dem Personenkreis der Leistungsschutzberechtigten im Rahmen einer Filmproduktion handelt es sich um die **ausübenden Künstler**. Darunter ist jede Person zu verstehen, die bei der Herstellung des Filmwerkes durch künstlerische Tätigkeit mitgewirkt hat (§§ 73, 92 UrhG). Hierzu zählen insbesondere der Kameramann, Cutter, Toningenieur und die Schauspieler, soweit die Vorbezeichneten im Einzelfall nicht als Miturheber des Filmwerkes zu qualifizieren sind. Demgegenüber scheiden solche Personen aus, die nur technische, organisatorische oder kaufmännische Leistungen erbringen, weil insoweit keine künstlerische Mitwirkung vorliegt. Zu diesem Personenkreis rechnet man etwa den Filmbuchhalter, Filmgeschäftsführer, die Produktionssekretärin und vergleichbare Tätigkeiten.

Das Leistungsschutzrecht ist als ein dem Urheberrecht verwandtes Schutzrecht gekennzeichnet, welches allerdings dem Inhaber schwächeren Schutz gewährt. Bis zur Änderung des Urheberrechts vom 10.09.2003 (BGBl. I S. 1774) hatte der Leistungsschutzberechtigte keinen gesetzlichen Nennungsanspruch (§ 13 UrhG), keinen Beteiligungsanspruch (§ 36 UrhG) und kein Rückrufsrecht (§§ 41, 42 UrhG). Die Neuregelung stellt eine weitere Annäherung der Rechte von Urhebern und ausübenden Künstlern dar. Das nunmehr in das Gesetz eingefügte Recht des ausübenden Künstlers auf Anerkennung und **Nennung** (§ 74 Abs. 1 UrhG) stellt eine wesentliche Ergänzung seiner beiden schon bislang gesetzlich anerkannten Persönlichkeitsrechte dar, nämlich die Aufnahme seiner Darbietung zu erlauben und zu verbieten (früher § 75 Abs. 1, jetzt § 77 Abs. 1 UrhG) und eine Beeinträchtigung seiner Darbietung zu unterbinden (früher § 83, jetzt § 75 UrhG).

Weiterhin genießt der ausübende Künstler jetzt ein **Rücktrittsrecht** wegen gewandelter Überzeugung (§ 79 Abs. 2 iVm. § 42 UrhG) sowie einen Anspruch auf **angemessene Beteiligung** (§ 79 Abs. 2 iVm. § 32 UrhG).

Die **Schutzdauer** des Leistungsschutzrechts ist deutlich kürzer als diejenige des Urheberrechts. Sie beträgt 50 Jahre ab dem Zeitpunkt des Erscheinens des Bild- oder Tonträgers (§ 82 UrhG). Für den persönlichkeitsrechtlichen Schutz des ausübenden Künstlers vor Entstellung und Beeinträchtigung seiner Leistung gilt die abweichende Regel des § 76 UrhG, derzufolge diese Rechte aus §§ 74, 75 UrhG niemals vor dem Tode des Künstlers erlöschen.

3 Die Rechtsposition des Filmherstellers

Bevor die Rechtsposition des Filmherstellers im Einzelnen erörtert werden kann, bedarf es zunächst der Klarheit darüber, wer überhaupt als **Filmhersteller** infrage kommt.

3.1 Definition des Filmherstellers

Der Begriff des Filmherstellers ist im Gesetz nirgends definiert. Eine klare und verlässliche Definition des Filmherstellers ist jedoch nicht nur in urheberrechtlicher, handels- und steuerrechtlicher Hinsicht bedeutsam, sondern z. B. auch für die Anwendung des FFG und der Richtlinien der Landesförderungen. Nach der Rechtsprechung galt als Filmhersteller zunächst, wer die organisatorische, wirtschaftliche, finanzielle, künstlerische und rechtliche Aufgabe bei der Herstellung und Auswertung eines Filmwerkes übernimmt (vgl. BGH-UFITA Bd. 55, S. 313, 320 – »Triumph des Willens«). Damit ist jedoch keineswegs abschließend Klarheit geschaffen. Denn eine künstlerische Tätigkeit ist z. B. nach den steuerrechtlichen Vorgaben nicht erforderlich. Die maßgebliche Definition im so genannten. Medienerlass des BMF vom 23. Februar 2001 lautet vielmehr: »*Für die Herstellereigenschaft bei Filmen kommt es darauf an, wer bei der Filmproduktion letztlich die notwendigen Entscheidungen trifft und die wirtschaftlichen Folgen verantwortet.*« (vgl. Medienerlass Tz. 7).

Auch die Rechtsprechung hat inzwischen das Kriterium »künstlerisch« aufgegeben und qualifiziert als Filmhersteller, »*wer das für die Filmherstellung erforderliche Kapital beschafft, die persönlichen und sachlichen Voraussetzungen der Filmproduktion überwacht und im eigenen Namen und für eigene Rechnung die erforderlichen Verträge schließt*« (vgl. OLG Düsseldorf, Urteil vom 23. Oktober 2001 – Az. 20 U19/01, S. 10). Interessanterweise zitiert dieses Urteil noch das vorstehende Urteil des BGH, in dem noch die künstlerische Tätigkeit gefordert wird. Als entscheidend stellt das OLG Düsseldorf sodann jedoch die Übernahme der wirtschaftlichen Verantwortung und organisatorischen Tätigkeit für die Filmherstellung heraus.

Zutreffend ist mit Reber (in v. Hartlieb/Schwarz, 59. Kap. Rdnr. 12) davon auszugehen, dass als Filmhersteller im Sinne des § 94 UrhG derjenige anzusehen ist, der als letztentscheidende Instanz die organisatorischen, wirtschaftlichen, finanziellen und rechtlichen Aufgaben bei der Durchführung des Filmvorhabens wahrnimmt. Deutliches Indiz hierfür soll der Abschluss der erforderlichen Verträge im eigenen Namen sein. Dieses Indiz wird indessen dadurch geschwächt, als gerade bei der Einschaltung von Produktionsdienstleistern im Ausland im Wege einer unechten Auftragsproduktion die Verträge größtenteils vom Dienstleister im eigenen Namen abgeschlossen werden; jedoch auf Rechnung des Auftraggebers, dem auch alle zur Herstellung und Auswertung des Films erforderlichen Rechte zustehen. Bei dieser Konstellation qualifiziert sich der Auftraggeber gleichwohl als Filmhersteller.

Die Frage, wer sich als Filmhersteller qualifiziert, war in der Vergangenheit insbesondere in folgenden Konstellationen streitig:

Im Falle der **Übernahme der Produktion** durch einen anderen Produzenten stellt sich die Frage, wer letztlich der Filmhersteller ist. Denn steuerrechtlich ist insoweit relevant, dass die getätigten Aufwendungen dem Aktivierungsverbot nach § 247 Abs. 2 HGB, § 5 Abs. 2 EStG unterliegen und damit sofort in voller Höhe verlustwirksam verbucht werden können. Insoweit bejaht der Medienerlass die Herstellereigenschaft des übernehmenden Produzenten dann noch, wenn ihm nach der Übernahme wesentliche Einflussmöglichkeiten auf die Filmproduktion verbleiben. Das gilt aus Vereinfachungsgründen als gegeben, wenn im Zeitpunkt der Projektübernahme mit den Dreharbeiten noch nicht begonnen wurde. Das schließt aber keineswegs aus, dass auch zu einem späteren Zeitpunkt noch Einflussnahmemöglichkeiten bestehen, die zur Herstellereigenschaft führen. Selbst während der Postproduktion kann ein eintretender Produzent noch maßgeblichen Einfluss auf den Schnitt, die Mischung, optische Effekte, Ton, Musik, Synchronisation etc. haben.

Im Falle einer **Auftragsproduktion** ist nur bei einer **unechten** Auftragsproduktion der Auftraggeber als Filmhersteller anzusehen. Kennzeichnend für die unechte Auftragsproduktion ist, dass die wesentliche unternehmerische Verantwortung und Weisungskompetenz beim Auftraggeber liegen, der auch die vollen Kosten und das wirtschaftliche Risiko trägt (zu Einzelheiten und der Differenzierung zwischen unechter und echter Auftragsproduktion vgl. Kap. V. 4).

3.2 Das originäre Leistungsschutzrecht (§ 94 UrhG)

Auf den ersten Blick möchte man mit *Goethe* (»Zahme Xenien IX«) rufen »Amerika, du hast es besser«! im Vergleich der Rechtspositionen der deutschen gegenüber den amerikanischen Filmproduzenten. In den USA gilt der Produzent als der Filmurheber. Dort wächst das »Copyright«, das die umfassenden Auswertungsrechte am Filmwerk vereinigt, der Produktionsgesellschaft zu. Diese starke Rechtsstellung wird noch durch das im deutschen Recht unbekannte Konzept des »work made for hire« unterstützt. Dadurch werden dem Produzenten sämtliche Rechte, einschließlich der Urheberrechte an dem Filmwerk eingeräumt, sodass er gleichsam originärer Urheber ist.

In Deutschland sahen die einschlägigen Gesetze zu keiner Zeit ein **originäres Urheberrecht** des Produzenten am Filmwerk vor, jedoch folgerte die Rechtsprechung bis in die 50er-Jahre wiederholt ein **Produzentenurheberrecht** aus der Tatsache, dass »die geistig-schöpferischen Kräfte für ihn und in seinem Auftrag tätig werden und er die Zusammenarbeit der verschiedenen Beteiligten herbeiführt und ermöglicht ...« (vgl. OLG Frankfurt a.M. – GRUR 1952, S. 434). Diese Rechtsposition fand selbst in den Referentenentwurf des Gesetzgebers von 1954 noch Eingang. Anschließend setzte sich jedoch das bereits erläuterte »Schöpferprinzip« durch, wonach als Urheber des Filmwerkes nur solche (natürliche) Personen infrage kommen, die unmittelbar selbst einen schöpferisch-gestaltenden Einfluss auf die Herstellung des Films nehmen.

Der Filmhersteller genießt nunmehr nach § 94 UrhG ein **originäres Leistungsschutzrecht**. Das bedeutet ein eigenes, dem Urheberrecht verwandtes Schutzrecht, welches ihm originär, also nicht als vertraglich abgeleitetes Recht, zusteht. Nach § 94 UrhG erwirbt der Filmhersteller das ausschließliche Recht auf Vervielfältigung, Verbreitung, öffentliche Vorführung und Funksendung oder öffentliche Zugänglichmachung des Films. Außerdem kann er jede Entstellung oder Kürzung des Films verbieten, die geeignet ist, seine berechtigten Interessen an dem Filmwerk zu gefährden. Bei dem Schutz des Filmherstellers gegen Entstellungen und

Kürzungen (§ 94 Abs. 1 S. 2 UrhG) handelt es sich nicht um ein Persönlichkeitsrecht, vergleichbar dem Urheberpersönlichkeitsrecht. Zwar ist es an dieses angelehnt, hingegen rechtsgeschäftlich übertragbar (§ 94 Abs. 2 S. 1 UrhG). Diese gesetzlich verankerte Stellung des Filmproduzenten sollte nach dem Willen des Gesetzgebers das hohe finanzielle Risiko und die organisatorische und wirtschaftliche Leistung bei der Herstellung eines Filmwerkes angemessen honorieren.

3.3   Der Erwerb der Rechte von den Filmschaffenden

Der Filmhersteller kann die benötigten Rechte von den Filmschaffenden auf drei Ebenen erwerben: durch **Gesetz,** durch **Vertrag** und durch **Tarifvertrag.**

3.3.1   Die Rechteübertragung durch Gesetz

§ 89 a. F. UrhG regelte für die **Filmurheber,** dass derjenige, der bei der Herstellung eines Filmwerkes mitwirkt, dem Filmhersteller im Zweifel das ausschließliche Recht einräumt, das Filmwerk sowie Übersetzungen und andere filmische Bearbeitungen oder Umgestaltungen des Filmwerkes auf allen bekannten Nutzungsarten zu nutzen. Dabei handelt es sich um eine gesetzliche **Übertragungsvermutung,** die dem Filmhersteller »im Zweifel« das umfassende ausschließliche Recht zuordnet, d. h. den zeitlich, örtlich und gegenständlich unbeschränkten Erwerb der Nutzungsrechte (vgl. Nordemann – Hertin, a. a. O., § 89, Rz. 10; Schricker – Katzenberger, a. a. O., § 89, Rz. 2). Der Filmhersteller kann damit das Filmwerk – ungeachtet schutzwürdiger Belange der Filmurheber – weltweit in beliebiger Form auswerten.

Die gesetzliche Vermutung der Rechtseinräumung in § 89 a. F. UrhG erstreckte sich allerdings nur auf »alle bekannten Nutzungsarten« und belastete den Filmhersteller daher mit dem Risiko, dass ein Filmurheber die Auswertung des Films in einem bestimmten Medium blockiert, weil es sich dabei um eine zum Zeitpunkt der Produktion noch **nicht bekannte Nutzungsart"** handelte. Dieses Risiko dem Produzenten aufzubürden, erscheint nicht sachgerecht, denn nach dem Willen des Gesetzgebers sollte das Kostenrisiko für den Filmhersteller nur tragbar sein, »*wenn er sicher ist, dass die Verwertung nicht durch Verbotsrechte der Mitwirkenden beeinträchtig werden kann*« (vgl. amtliche Begründung). Dieser ursprünglich beabsichtigten gesicherten Rechtsposition konnte sich der Filmproduzent jedoch noch nicht erfreuen.

Einige maßgebliche Stimmen in der Literatur postulierten daher eine sach- und interessensgerechte Lösung durch die Einführung einer gesetzlichen Rechtsübertragung (»cessio legis«) mit der Konsequenz, dass sämtliche Auswertungsrechte am Filmwerk dem Produzenten zustehen (vgl. z. B. Poll, Urheberschaft und Verwertungsrechte am Filmwerk, ZUM 1999, S. 35).

Diese Diskussion hat sich durch die jüngste Urheberrechtsnovellierung weitgehend erledigt. Denn nach § 89 n.f. werden dem Filmhersteller *im Zweifel* nunmehr jeweils *alle* Nutzungsarten eingeräumt (vgl. oben Kap I. 5.3.4). Auch die Rechte für noch unbekannte Nutzungsarten sind jetzt vertraglich übertragbar und es besteht eine **gesetzliche Vermutung,** dass diese dem Filmhersteller übertragen wurden. Daraus ergibt sich eine deutliche Verstärkung der Rechtsposition des Filmherstellers.

Schon der im Rahmen des Urhebervertragsgesetzes des Jahres 2002 neu formulierte § 88 Abs. 1 UrhG sah für die **vorbestehenden Werke** vor, dass ein Urheber, der die Verfilmung seines Werkes gestattet, dem Filmproduzenten im Zweifel das ausschließlicheRecht einräumt, das Werk unverändert oder unter Bearbeitung oder Umgestaltung zur Herstellung eines Filmwerkes zu benutzen und das Filmwerk sowie Übersetzungen und andere filmische Bearbeitungen auf alle bekannten Nutzungsarten zu nutzen. Die in § 89 Abs. 1 a. F. UrhG enthaltene Vermutung umfassender Rechtseinräumung an den Filmhersteller durch die Filmurheber fand damit auch in § 88 Abs. 1 a. F. UrhG Eingang. Dadurch fand erfreulicherweise eine Synchronisation bezüglich der Einräumung der Rechte der Urheber an den vorbestehenden Werken und der Filmurheber selbst statt.

Der nochmals geänderte § 88 Abs. 1 UrhG n. F. enthält jetzt, wie § 89 n. F. UrhG, ebenfalls eine gesetzliche Vermutung, dass dem Filmproduzenten auch die Rechte für noch unbekannte Nutzungsarten übertragen werden.

Nach § 92 räumt ein **ausübender Künstler,** der mit dem Produzenten einen Vertrag über seine Mitwirkung bei der Herstellung des Films schließt, im Zweifel dem Produzenten die Verwertungsrechte (§§ 77 Abs. 1 und Abs. 2, S. 1 und 78 Abs. 1 Nr. 1 und 2) an seiner Darbietung ein.

Diese Änderungen des Urheberrechts haben die Rechtsposition des Filmherstellers maßgeblich verbessert. Gleichwohl sollte sich der Produzent nicht mit den gesetzlichen Regelungen begnügen. Denn die vermuteten Rechtseinräumungen umfassen beispielsweisenicht die **Remakerechte** (Wiederverfilmungsrechte), die **Sequel- und Prequelrechte** (Folge- oder Fortsetzungsrechte), die Drucknebenrechte (z. B. Veröffentlichung eines Buches zum Film), oder etwa die **Merchandisingrechte.** Diese Rechte sind jedoch unter Umständen unverzichtbar zur Realisierung und Finanzierung des beabsichtigten Vorhabens.

3.3.2 Rechteübertragung durch Vertrag

Als bloße gesetzliche Auslegungsregeln treten die §§ 88, 89 UrhG hinter vertragliche Vereinbarungen zurück (Schricker – Katzenberger, § 88 Rdnr. 4). Zwar ist für die Verträge mit den Filmschaffenden **keine bestimmte Form** vorgeschrieben, soweit es nicht um die Einräumung von Nutzungsrechten an künftigen Werken geht (§ 40 UrhG). Der Filmproduzent sollte gleichwohl mit allen Mitwirkenden **schriftliche** Verträge schließen.

Der Vertrag mit den Filmschaffenden ist zumeist ein **Werk-** oder **Dienstvertrag**, wobei der Dienstvertrag häufig als Arbeitsvertrag eingegangen wird. Von einem Arbeitsverhältnis ist regelmäßig dann auszugehen, wenn der Filmschaffende in den Betrieb des Filmherstellers eingegliedert ist, für den Zeitraum der Beschäftigung exklusiv oder zumindest im Wesentlichen dem Filmhersteller seine Arbeitskraft schuldet und weisungsgebunden ist.

Soweit es sich um **angestellte** Filmschaffende handelt, werden die Rechte regelmäßig durch den Arbeitsvertrag eingeräumt. Außerdem ergibt sich aus § 43 UrhG, dass dem Arbeitgeber die Nutzungs- und Verwertungsrechte übertragen werden, die erforderlich sind, damit die im Rahmen des Anstellungsverhältnisses geschaffenen Werke ordnungsgemäß ausgewertet werden können (BGH GRUR 1974, S. 480, 482). Etwas anderes gilt nur, sofern die Parteien ausdrücklich eine anderslautende Vereinbarung getroffen haben. Soweit die Parteien im Arbeitsvertrag keine Regelung über die urheberrechtlichen Nutzungen getroffen haben, ist von einer **stillschweigenden Einräumung** der Rechte auszugehen (vgl. Schricker – Rojahn, § 43 Rdnr. 40 m.w.N.). Andererseits steht der Rechteübergang auch nach § 43 UrhG unter dem Vorbehalt, »soweit sich aus dem Inhalt oder dem Wesen des Arbeits- oder Dienstverhältnisses nichts anderes ergibt«. Außerdem findet nach herrschender Auffassung die Zweckübertragungslehre (§ 31 Abs. 5 UrhG) auch auf in einem Arbeitsverhältnis geschaffene Werke Anwendung (Schricker – Rojahn, § 43 Rdnr. 48).

Zur Vermeidung von Unklarheiten und zur angemessenen Auswertung des Projektes sollte der Produzent daher die Rechte möglichst umfassend durch Vereinbarungen mit allen Beteiligten erwerben. Wie umfassend der **Rechtekatalog** ist und zu welchen Bedingungen die Rechte ggf. übertragen werden, ist letztlich eine Frage des Einzelfalles, der Verhandlungsstärke und des Verhandlungsgeschicks der jeweiligen Seite.

Soweit einzelne Rechte nicht zur Disposition stehen, bzw. der Rechtsinhaber zur Einräumung nicht bereit ist, sollte der Produzent zumindest versuchen, sich eine Option bzw. ein »First Negotiation/Last Refusal Right« für den Fall einräumen zu lassen, dass der Rechtsinhaber über diese Rechte zu einem späteren Zeitpunkt zu verfügen beabsichtigt.

3.3.3 Rechteübertragung durch Tarifvertrag

Der Vertragsinhalt und damit die Einräumung von Rechten bestimmen sich neben dem Einzelvertrag ggf. auch nach den Regelungen des Tarifvertrages. Die absolute Mehrheit der Arbeitsverhältnisse in der Bundesrepublik Deutschland wird von tarifvertraglichen Regelungen geprägt. Auch im Bereich der Film- und Fernsehbranche wurden verschiedene Tarifverträge abgeschlossen. Der für die Praxis bedeutendste Tarifvertrag ist der Tarifvertrag für Film- und Fernsehschaffende (TVFF) vom 24. Mai 1996, abgeschlossen zwischen dem Bundesverband Deutscher Fernsehproduzenten e.V., der Arbeitsgemeinschaft Neuer Deutscher Spielfilmproduzenten e.V. und dem Verband Deutscher Spielfilmproduzenten e.V. einerseits und der IG Medien – Druck und Papier, Publizistik und Kunst sowie der Deutschen Angestelltengewerkschaft – Berufsgruppe Kunst und Medien auf der anderen Seite.

Auf das konkrete Arbeitsverhältnis ist der Tarifvertrag indessen nicht unbedingt anwendbar. Die Vertragspartner müssen entweder beide tarifgebunden oder der Tarifvertrag für allgemeinverbindlich erklärt worden sein. Weder der TVFF noch ein sonstiger Tarifvertrag im Bereich Film, Fernsehen, Video und Rundfunk ist augenblicklich für allgemeinverbindlich erklärt. Selbstverständlich können aber die (nicht tarifgebundenen) Vertragspartner den Tarifvertrag oder bestimmte Regelungen darin individualrechtlich vereinbaren.

Nach Ziffer 3.1 räumt der Filmschaffende alle ihm durch das vertragliche Beschäftigungsverhältnis erwachsenden Nutzungs- und Verwertungsrechte dem Filmhersteller für die Herstellung und Auswertung des Films ausschließlich und ohne inhaltliche, zeitliche oder räumliche Beschränkung ein. Gemäß Ziffer 3.1. erstreckt sich diese Rechtseinräumung auch auf die Wieder- und Neuverfilmungen. Nicht enthalten in der Rechteübertragungsklausel sind einige durchaus wertvolle Rechte (z.B. das Merchandisingrecht).

Die zitierte Ziffer 3.1 des Tarifvertrages wurde aber bereits zum 01. Januar 1995 gekündigt, ohne dass sich die Tarifparteien seither auf eine Ersatzregelung hätten einigen können.

III Die Rechtsklärungen im Rahmen einer Filmproduktion (»Rights Clearance«)

We all steal but if we´re smart we steal from great directors. Then, we can call it influence. (Krzysztof Kieslowski)

Der Filmproduzent muss sämtliche das Filmwerk betreffenden Rechte zur ordnungsgemäßen Auswertung erwerben, soweit die entsprechenden Rechte nicht erlaubnisfrei sind. Höchste Sorgfalt ist hierbei einerseits im eigenen Interesse geboten, denn eine unzulängliche Rechteklärung kann, wie eine Reihe von Beispielen auch aus der jüngeren Vergangenheit zeigt (vgl. OLG Frankfurt am Main, ZUM 2006, 407ff. – »Rohtenburg«, LG Hamburg, ZUM 2007, 212f. – Contergan) Investitionen von beachtlichen Summen gefährden oder zunichte machen. Neben dem Verlust der eingesetzten Eigenmittel haftet der Produzent auch gegenüber Dritten, die in den Film mitunter erhebliche Summen investiert haben.

Die praktische Relevanz einer »Rights Clearance« umfasst folglich seinen eigenen Schutz, einschließlich der Rechtsgarantien und Freistellungen, die der Produzent gegenüber Dritten abzugeben hat (z. B. Koproduzenten, Finanziers, Fernsehanstalten, Verleih) sowie die Erlangung der für die internationale Auswertung unumgänglichen Errors & Omissions-Versicherung (vgl. unten Kap. VII. »Filmversicherungen«).

Der Erwerb der Rechte an den vorbestehenden Werken (§ 88 UrhG) sowie derjenigen der Mitwirkenden (§ 89 UrhG) wurde bereits erörtert. Nunmehr geht es um die erforderliche Darstellung der Rechtekette (Chain of Title) (1), um die Filmtitel-Recherche (2), um die Besonderheiten bei der Klärung der Musikrechte (3), um Fragen bezüglich des Bildnisschutzes nach §§ 22, 23 KUG (4), um die Verfilmung von tatsächlichen Ereignissen und Biographien (5), und schließlich um die Frage, welche Rechte erlaubnisfrei genutzt werden können (6).

1 Die Rechtekette (»Chain of Title«)

Unter dem Begriff »Chain of Title« ist der lückenlose Nachweis der Rechtekette zu verstehen, wonach der Produzent über die zur Herstellung und Auswertung des Films erforderlichen Rechte verfügt. Koproduzenten, Finanziers und Verwerter

(z. B. der Weltvertrieb) prüfen üblicherweise vor ihrem Engagement anhand der Chain-of-Title-Dokumente, ob die dem Vorhaben zugrunde liegenden Rechte ordnungsgemäß erworben wurden.

Die Erstellung dieser »Chain of Title«-Dokumentation kann nur wenige Zeilen umfassen oder aber sehr ausführlich sein. Meist reicht es aus, wenn die jeweiligen vorbestehenden Werke (Roman, Drehbuch), deren Rechtsinhaber und die entsprechenden Verträge überprüft und dargestellt werden. Andererseits kann die Überprüfung und Erstellung der Chain-of-Title-Dokumente mit erheblichem Aufwand verbunden sein, wenn z. B. ein Roman oder ein Drehbuch verschiedentlich optioniert wurde, Drehbücher von mehreren Personen verfasst wurden, Entwicklungsverträge mit Turnaround-Klauseln zwischen verschiedenen (Ko-)Produzenten geschlossen wurden etc. Dann ist sorgfältig zu prüfen, wer tatsächlich Inhaber der Rechte ist. Insoweit sind nämlich Konstellationen anzutreffen, in denen die Rechte (teilweise) noch beim ausgeschiedenen Koproduzenten liegen, die Rechte erst Zug um Zug gegen Rückerstattung der Entwicklungskosten übergehen etc.

Bisweilen werden zur Vervollständigung der Chain-of-Title-Dokumente noch der Regievertrag und der Nachweis der Musikrechte verlangt. Bezüglich der Musik ist dies allerdings oft erst kurz vor Fertigstellung des Films möglich, denn erst dann entscheidet sich, welche Musik verwendet werden soll. Mitunter verlangen Vertragspartner im Rahmen einer »Chain of Title« auch, dass sämtliche Urheberrechte vertragsgemäß abgegolten sind und die im Rahmen einer Lizenzvergabe übertragenen Rechte nicht zurückgerufen oder gekündigt werden können. Dazu gehen auch deutsche Sender im Rahmen von Lizenzverträgen über.

2 Titelschutz und Recherche

Im Rahmen der Rechteklärung muss der Produzent auch prüfen, ob der gewählte oder gewünschte Filmtitel schutzfähig und ggf. frei ist oder bereits von Dritten genutzt wird. Vom Schutz des Werkes ist der Schutz des Werktitels deutlich zu trennen. Das Filmwerk wird durch seinen Titel gekennzeichnet, um es von anderen Werken unterscheidbar zu machen. Ein Werktitel hat sowohl einen urheberrechtlichen als auch einen kennzeichenrechtlichen Gehalt, der im Markenrecht (§ 5 Abs.1, 3 MarkenG) seine rechtliche Grundlage hat. Beide Schutzformen stehen in rechtlicher Hinsicht nebeneinander und können in Konfliktfällen kumulativ geltend gemacht werden.

2.1 Urheberrechtlicher Titelschutz

Ein Filmtitel kann als Sprachwerk im Sinne des § 2 Abs. 1 Ziffer 1 UrhG geschützt sein. Die ständige Rechtsprechung stellt allerdings strenge Anforderungen an die urheberrechtliche Schutzfähigkeit von Werktiteln und erkennt diese nur in engen Ausnahmefällen an. Voraussetzung ist stets, dass der Titel eine »persönliche geistige Schöpfung« darstellt. Er darf also nicht rein beschreibend sein und muss so weit von individueller Eigenart geprägt sein, dass er sich aus der Masse des Alltäglichen heraushebt. Die urheberrechtliche Schutzfähigkeit von Titeln wird in der Regel mit der Begründung abgelehnt, es fehle an der erforderlichen Gestaltungshöhe des Titels.

Zu den wenigen Ausnahmen, denen die Rechtsprechung urheberrechtlichen Schutz des Werktitels **zuerkannte,** zählen etwa die folgenden:

- »Der Mensch lebt nicht vom Lohn allein« (OLG Köln, GRUR 1962, 534)
- »Zu wahr, um schön zu sein« (Kammergericht Berlin FuR 1984, 529)

Aus der Vielzahl von Entscheidungen, die einen urheberrechtlichen Schutz des Werktitels **verneinten,** mögen die folgenden beispielhaft genannt werden:

- »Die Brücke zum Jenseits« (RG, UFITA Bd. 2, S. 78)
- » Du bist die Rose vom Wörthersee« (LG München UFITA Bd. 20, 226)
- »Solang noch unter'n Linden« (LG Berlin UFTIA Bd. 43, S. 224)
- »Der 7. Sinn« (BGH, NJW 1977, 951
- »Die Gentlemen bitten zur Kasse« (OLG Hamburg, UFITA 50, 270)

Sofern ein Titel urheberrechtlichen Schutz genießt, ist zu beachten, dass der Produzent oder ein Lizenznehmer den Titel des Werkes grundsätzlich nur mit Einwilligung des Urhebers ändern darf (§ 39 Abs. 1 UrhG). Der Produzent muss sich deshalb vertraglich die Möglichkeit einräumen lassen, den Titel zu ändern.

2.2 Titelschutz als geschäftliche Bezeichnung (§ 5 MarkenG)

Neben dem urheberrechtlichen Titelschutz kann ein Filmtitel auch als geschäftliche Bezeichnung auf der Basis des **Markenrechts** geschützt werden (§ 5 Abs. 1 MarkenG). Werktitel sind die Namen oder besonderen Bezeichnungen von Druckschriften, Filmwerken, Tonwerken, Bühnenwerken oder sonstigen vergleichbaren Werken (§ 5 Abs. 3 MarkenG). Unter den kennzeichenrechtlichen Werktitelbegriff fallen auch die Bezeichnung von Computerprogrammen (BGH GRUR 1997, 902 –

FTOS; BGH GRUR 1998, 155 – Power Point), CD-ROMs, Spielen, Informations-
oder Datenbanken.

In der Praxis stellt § 5 Abs. 3 MarkenG die wichtigste gesetzliche Grundlage für
den Schutz von Filmtiteln dar. Voraussetzung eines Titelschutzes nach dieser
Vorschrift ist, dass der Titel **Unterscheidungskraft** (auch Kennzeichnungskraft
genannt) besitzt. Die Funktion des Werktitels besteht insoweit darin, das Werk
namensmäßig zu benennen und so von anderen Leistungen geistiger Art unterscheidbar zu machen (vgl. BGH GRUR 1993, 767, 768 – Zappel-Fisch). Deshalb
wird die Namensfunktion nicht nur für einen Haupttitel anerkannt, sondern auch
für Untertitel (BGH 1990, 218, 219 – Verschenktexte).

An die Unterscheidungskraft eines Titels werden keine allzu hohen Anforderungen gestellt. Nach der **Rechtssprechung** des BGH ist von einem großzügigen
Maßstab auszugehen. Da sich Titel von Werken häufig an beschreibende Angaben anlehnen und somit in einer Vielzahl von Bereichen die Verwendung eines
beschreibenden Titels üblich ist, geht die Rechtsprechung davon aus, dass der
Verkehr auf geringste Unterschiede bei Titeln achtet und somit geringste Kenn-
zeichnungselemente ausreichen, um Titelschutz zu begründen (BGH, AfP 2001,
394 – »Gute Zeiten, schlechte Zeiten«; BGH GRUR 1991, 153 ff., – »Pizza & Pasta«,
dem Titel Pizza & Pasta wurde schon wegen des kaufmännischen »&«-Zeichens
und BPatG GRUR 1998, 1023 – »K.U.L.T.« wurde durch die Verwendung von Punkten zwischen den einzelnen Buchstaben Unterscheidungskraft zuerkannt). Der
Titel »Traumschiff« soll Unterscheidungskraft haben, weil er nicht den Inhalt der
Sendung beschreibt, sondern als Aufhänger für verschiedene Spielhandlungen
dient (LG München I AfP 1984, 254 ff.).

Nicht kennzeichnungskräftig und damit nicht titelschutzfähig sind reine **Gattungsbezeichnungen** wie z. B. die Begriffe »Zeitung« für eine Zeitung, »Film« für
einen Film, »Magazin« oder etwa **Genrebeschreibungen** wie z. B. »Western«,
»Thriller« etc. Dem Schutz solcher Titel steht das **Freihaltebedürfnis** entgegen,
das im Interesse der anderen Marktteilnehmer eine Monopolisierung nur be-
schreibender Angaben und Titel verhindern soll. Das trifft beispielsweise auf die
Namen historischer Persönlichkeiten und historischer Ereignisse zu, wie etwa
»Friedrich der II.« oder »Napoleon« (so schon RG JW 1929, 1798), sowie »Der 20.
Juli« (OLG München, GRUR 1955, 588). Dasselbe gilt für geographische Angaben
(z. B. »Berlin«) oder für Zeitangaben.

Problematisch ist, ob **Kombinationen** von nicht unterscheidungskräftigen Begriffen schutzfähig sein können (z. B. »Film.Lounge«). Ein Titel kann nämlich
dann Kennzeichnungskraft haben, wenn er zu der konkreten Werkform oder dem
Inhalt gerade keine rein beschreibende Verbindung hat. So wäre »Der Spiegel« für
ein mit Spiegeln handelndes Unternehmen nicht kennzeichnungskräftig, wohl
aber für ein Nachrichtenmagazin. Entsprechendes kann auch bei einer Kombina-

tion von Gattungsbezeichnungen gelten und es kommt letztlich auf das mit dem Titel versehene konkrete Werk an. Andererseits sind Kombinationen von reinen Gattungsbezeichnungen und unterscheidungskräftigen Bestandteilen problemlos schutzfähig (»Otto – Der Film«).

Ausnahmsweise erlangen auch von sich aus nicht unterscheidungskräftige Titel dann rechtlichen Schutz, wenn sie sich im Verkehr durchgesetzt haben (Titelschutz kraft **Verkehrsgeltung**). Ein ursprünglich nicht unterscheidungskräftiger Werktitel wird nämlich schutzfähig, wenn der Verkehr in maßgeblichem Umfang davon ausgeht, dass der betreffende Titel ein bestimmtes Werk bezeichnet. Für die Ermittlung der Verkehrsgeltung kommt es auf eine Vielzahl von Umständen an (z. B. Beginn, Dauer und Umfang der Benutzung des Titels, relevante Verkehrskreise etc.). Klare Parameter fehlen im Hinblick auf die Bestimmung der so genannten Verkehrsdurchsetzung von Titeln. In der Vergangenheit war im Regelfall ein ca. 50%iger Durchsetzungsgrad zur Schutzrechtserlangung erforderlich. In Einzelfällen kann der Durchsetzungsgrad aber auch deutlich über oder unterhalb dieser Marge liegen.

2.3.   Entstehung des Titelschutzes und Titelschutzanzeige

Der Beginn des Titelschutzes ist von überragender Bedeutung, denn es herrscht das strikte **Prioritätsprinzip.** Das bedeutet, dass der Inhaber des älteren Titels gegenüber der Verwendung von identischen oder verwechslungsfähigen jüngeren Titeln Unterlassungs- und ggf. Schadensersatzansprüche geltend machen kann.

Ist der Titel eines Werkes originär unterscheidungskräftig, so entsteht sein Schutz spätestens mit der tatsächlichen **Ingebrauchnahme**. Ein nicht unterscheidungskräftiger Titel erlangt Schutz erst mit der Verkehrsgeltung.

Dieser Begriff der Ingebrauchnahme ist wiederum nirgends definiert. Während grundsätzlich die Ingebrauchnahme erst mit der Fertigstellung und Veröffentlichung des Filmwerkes erfolgt, ist dieser späte Zeitpunkt wenig sachgerecht. Der Titelschutz sollte schon deutlich früher einsetzen und von einer Ingebrauchnahme ist bereits bei Fertigstellung des Rohschnitts auszugehen, zumindest wenn über den Inhalt und den Fortgang der Herstellung des Films in begleitenden Werbemaßnahmen berichtet wurde (vgl. v. Hartlieb/Schwarz, 74. Kap. Rdnr. 4).

Um dem Dilemma des relativ spät beginnenden Titelschutzes mit der Ingebrauchnahme zu entgehen, besteht die Möglichkeit einer **Vorverlegung** des Titelschutzes durch die Veröffentlichung einer so genannten **Titelschutzanzeige**. Von der Rechtsprechung wird zur Erlangung von Titelschutz die Veröffentlichung einer Titelschutzanzeige vor endgültiger Fertigstellung des Werkes anerkannt.

Erforderlich ist insoweit eine öffentliche Ankündigung des Titels beispielsweise im SPIO-Titelregister (SPIO: Spitzenorganisation der Filmwirtschaft e.V.) oder die

Veröffentlichung des Titels in Fachzeitschriften wie dem »Titelschutzanzeiger« oder »Blickpunkt: Film«, »filmecho/filmwoche«.

Die **Kosten** einer Titelschutzanzeige liegen bei 150 Euro (Titelschutzanzeiger) und für eine Veröffentlichung durch die SPIO bei ca. 50 Euro (Mitglieder, andernfalls ca. 75 Euro).

Die Vorverlegung des Titelschutzes durch eine Anzeige wirkt jedoch nur, wenn das Filmwerk in einem angemessenen Zeitraum nach der Titelschutzanzeige auch fertiggestellt wird und im Zeitpunkt der Anzeige bereits ernsthaft mit den Vorbereitungshandlungen für die Herstellung des Films begonnen wurde. Durch diese Voraussetzungen soll eine »Titelhamsterei« verhindert werden.

Welche Zeitspanne zwischen der Titelschutzanzeige und der Fertigstellung des Werkes als angemessen anzusehen ist, hängt von den Umständen des Einzelfalls ab. Bei Filmprojekten wird eine Frist von rund einem Jahr noch durchaus angemessen sein.

Sofern die tatsächliche Benutzung des Titels innerhalb einer angemessenen Frist jedoch nicht erfolgt, sollte zur Vermeidung von Nachteilen eine **Wiederholungsanzeige** geschaltet werden. Diese kann auch sofort mit der Erstanzeige in Auftrag gegeben werden.

Eine Standardanzeige hat etwa den folgenden Wortlaut:

Unter Hinweis auf § 5 Abs. 3 MarkenG nehmen wir Titelschutz in Anspruch für »Name des Titels« in allen Schreibweisen, Wortverbindungen und Darstellungsformen, für alle Medien, insbesondere Film, Fernsehen, Hörfunk, Online- und Offline-Dienste, Internet und Druckerzeugnisse..

2.4 Recherchen

Titelschutzanzeigen haben allerdings keinen konstitutiven, sondern lediglich deklaratorischen Charakter. Folglich wird der Titel durch die Veröffentlichung einer entsprechenden Anzeige nur geschützt, wenn zuvor nicht bereits ein anderes Werk unter diesem Titel erschienen ist. Die Titelschutzanzeige zielt also ins Leere, wenn unter demselben oder einem verwechslungsfähigen Titel bereits ein Werk existiert, das aufgeführt, gesendet oder in sonstiger Form veröffentlicht wurde.

Sofern schon verwechslungsfähige Werktitel existieren, kann die Veröffentlichung einer Titelschutzanzeige zu rechtlichen Problemen führen, denn ein prioritärer Rechteinhaber wird in der Regel Unterlassungsansprüche geltend machen. Titelschutzanzeigen bergen also für den Anmelder auch das Risiko, prioritäre Titelrechte zu verletzen. Die Veröffentlichung einer Titelschutzanzeige stellt als solche zwar noch keine »Benutzung« im rechtlichen Sinne dar, weil ein zugehöriges

Werk meist noch nicht vollständig fertiggestellt ist. Sie begründet aber nach h. M. die sogennante **Erstbegehungsgefahr**, weil mit ihr das Recht in Anspruch genommen wird, den Titel für ein bestimmtes Werk verwenden zu wollen. Ein prioritärer Rechteinhaber kann deshalb Unterlassungsansprüche (zunächst in Form einer Abmahnung) geltend machen.

Um das Risiko etwaiger Kollisionen und damit einhergehende Abmahnkosten und ggf. rechtliche Auseinandersetzungen einschätzen zu können, ist es vor der Entscheidung für einen bestimmten Titel und dessen Veröffentlichung unbedingt empfehlenswert, **Titel- und Markenrecherchen** durchzuführen. Bei internationalen Spielfilmprojekten ist eine solche »Copyright and Titel Research« ohnehin unerlässlich (z. B. verlangt die E&O-Versicherung einen »Title Report« vor Abschluss der Versicherung).

In Deutschland bieten sich für die Recherche z. B. das SPIO-Titelregister (www.spio.de), das Titelregister des Presse-Fachverlages (www.Titelschutzanzeiger.de) oder die mittlerweile von Thomsons übernommenen Gracklauers Titelrecherchen (www.gracklauer.de bzw. http://compumark.thomson.com) an. Das SPIO-Titelregister bezieht sich nur auf Kinofilme, während das Titelregister des Titelschutzanzeigers und Gracklauer/Thomson alle Medien erfassen. Der virtuelle Katalog der Universität Karlsruhe (KVK) kann ebenfalls benutzt werden (www.ubka.unikarlsruhe.de). Hierbei handelt es sich nicht um eine Datenbank, sondern um die weltweite Verfügbarkeit von Zielsystemen. Insgesamt stehen mehr als 500 Mio. Buchtitel in den Katalogen; auch Spiele können dort recherchiert werden.

Es empfiehlt sich jedoch, die Recherche nicht auf die klassische Titelschutzrecherche zu beschränken, weil inzwischen die Sicherung von Titeln nicht nur durch Titelschutzanzeigen oder tatsächliche Ingebrauchnahme eines Titels erfolgt, sondern auch durch die Anmeldung von nationalen und internationalen Marken.

Eine **Kombination** von Titel- und Markenrecherche bieten z. B. Eucor (www.eucor.com) und CompuMark-Gracklauer (www.gracklauer.de bzw. http://compumark.thomson.com, s. o.) an. Bei Eucor kostet z. B. eine kombinierte Recherche (Marken Deutschland, IR-Marken, EU Gemeinschaftsmarken inkl. 4 Klassen, plus Titel als Standardrecherche, d. h. Printmedien, Film/TV, Video, Tonträger und Software) 300 Euro und eine Ähnlichkeitsrecherche 450 Euro.

Im **internationalen Bereich** dürfte das bekannteste Unternehmen Thomson & Thomson in den USA sein (www.thomson-thomson.com). Die Kosten einer »Copyright and Title Research« liegen dort bei ca. 800 USD.

Aufgrund der – je nach Fallkonstellation – zu klärenden Rechercheart sowie der damit verbundenen komplexen rechtlichen Fragestellung nach der Schutzfähigkeit und einer möglichen Verwechslungsgefahr des Titels mit älteren Schutzrechten, sollte man sich von einem spezialisierten Rechtsanwalt beraten lassen, der die notwendigen Recherchen veranlassen und in rechtlicher Hinsicht auswerten kann.

2.5 Die Verwechslungsgefahr von Titeln

Gemäß § 15 Abs. 2 MarkenG ist es Dritten untersagt, die geschäftliche Bezeichnung oder ein ähnliches Zeichen im geschäftlichen Verkehr unbefugt in einer Weise zu benutzen, die geeignet ist, Verwechslungen mit der geschützten Bezeichnung hervorzurufen. Der Inhaber eines älteren Titels kann folglich gegen jüngere Titel oder Kennzeichen vorgehen, wenn zwischen den Titeln/Kennzeichen Verwechslungsgefahr besteht. Verwechslungsgefahr bedeutet die objektiv naheliegende Möglichkeit, dass ein relevanter Teil der angesprochenen Verkehrskreise zu irrigen Vorstellungen über die Beziehungen des Titels zu dem Titel eines anderen Werkes kommen könnte. Insoweit wird zwischen der Verwechslungsgefahr im engeren und im weiteren Sinne differenziert. **Verwechslungsgefahr im engeren Sinne** liegt vor, wenn die Gefahr besteht, dass erhebliche Teile den einen Titel mit dem anderen verwechseln, indem sie den einen Titel für den anderen halten. Das wäre beispielsweise der Fall, wenn zwei Filme denselben Titel hätten, obwohl es sich um gänzlich unterschiedliche Filme handelt.

Verwechslungsgefahr im weiteren Sinne ist gegeben, wenn das angesprochene Publikum aufgrund vorhandener Übereinstimmungen eine organisatorische oder wirtschaftliche Verbindung zwischen den Herstellern der beiden Werke annimmt (BGH AfP 2001, 389, 392 – »Tagesschau« und »Tagesreport«). Hier vermutet der Verkehr fälschlicherweise einen Zusammenhang zwischen Werken ganz unterschiedlicher Art oder Werken und Waren/Dienstleistungen, weil sie nicht unerhebliche Übereinstimmungen im Titel aufweisen. Der Titel eines Romans für einen später erscheinenden Film würde z. B. die Vorstellung auslösen, es handele sich um eine Verfilmung des Romans und, sofern das nicht der Fall wäre, läge Verwechslungsgefahr vor.

Zur Verwechslungsgefahr existiert eine Vielzahl von Gerichtsurteilen, die jedoch nur als grobe Orientierung dienen können, denn die Kriterien der **Rechtsprechung** sind nicht immer einheitlich und unterliegen Wandlungen.

Verwechslungsgefahr wurde z. B. in folgenden Fällen **bejaht**:

- »King Kong« mit »Queen Kong« (KG UFITA 81, 214)
- »Bericht einer 17jährigen« mit »Roman einer 17jährigen« (OLG Hamburg, UFITA 21, 337)
- »Das Kabinett des Dr. Caligari« mit »Das letzte Experiment des Dr. Calligari« (LG Berlin UFITA 6, 72)

Verwechslungsgefahr wurde in folgenden Fällen **verneint**:

- »Die Gentlemen bitten zur Kasse« mit »Gangster bitten zur Kasse« (OLG Hamburg UFITA 50, 270)
- »Stunde der Vergeltung« mit »Tag der Vergeltung« (OLG Frankfurt UFITA 26, 105)
- »Du bist die Rose vom Wörthersee« mit »Wirtin vom Wörthersee« (LG München UFITA 20, 226).

2.6 Vom Werk unabhängiger Schutz – Eintragung des Titels als Marke

Um einen Filmtitel optimal zu schützen, kann auch eine Markenanmeldung empfehlenswert sein. Die Eintragung des Filmtitels als Marke bringt einige bedeutsame **Vorteile**:

- Der Beginn des Markenschutzes (regelmäßig der Zeitpunkt der Anmeldung) ist klar festgelegt;
- während sich bezüglich der Vorverlegung des Titelschutzes im Wege der Titelschutzanzeige bisweilen Unklarheiten bezüglich des Zeitraumes vor der Ingebrauchnahme ergeben können, gilt bei Marken eine fünfjährige Benutzungsschonfrist (§ 26 Abs. 5 MarkenG);
- der Schutz einer Marke endet nicht, sobald ihre Benutzung aufgegeben wird. Vielmehr erlischt der Schutz erst, wenn entweder die Schutzfrist von zehn Jahren nicht verlängert wird oder, im Falle einer Nichtbenutzung, von mehr als fünf Jahren;
- die Schutzfähigkeit des angemeldeten Titels wird amtlich geprüft, wohingegen bei einer Titelschutzanzeige ggf. erst im Falle einer (gerichtlichen) Auseinandersetzung die Schutzfähigkeit des Titels festgestellt oder sogar verneint wird;
- durch eine parallele Sicherung des Titels als Marke besteht nicht nur Schutz für den Filmtitel selbst, sondern auch für eine Vielzahl von gewerblichen und sonstigen gewerbsmäßigen Angeboten. Das ist namentlich für eine Auswertung im Wege des **Merchandisings** relevant.

Zur Vorbereitung eines umfassend auszuwertenden Filmprojektes ist es deshalb empfehlenswert, den Titel auch markenrechtlich in denjenigen Ländern und denjenigen Bereichen zu registrieren, in denen Schutz beansprucht und Artikel vertrieben werden sollen.

Die deutschen, europäischen und internationalen Markenregistrierungen erfolgen einheitlich auf der Basis der sogennanten **Nizzaer Klassifikation,** die zur Zeit 45 unterschiedliche Klassen enthält. Bei der Nizzaer Klassifikation handelt es sich um eine Systematisierung von Waren und Dienstleistungen, die im Geschäftsleben im Allgemeinen angeboten werden und die national und international eine einheitliche Registrierungspraxis ermöglicht.

Im Rahmen der Sicherung eines Titels als Marke sollten mindestens die Klassen 9, 16 und 41 der Nizzaer Klassifikation berücksichtigt werden. Die Klasse 9 steht u. a. für den Bereich der Übertragung und Wiedergabe von Ton und Bild sowie belichtete Filme und bespielte Datenträger aller Art und Software. Die Klasse 16 deckt u. a. den gesamten Bereich der Druckereierzeugnisse und Fotografien ab und die Klasse 41 betrifft den Bereich der Unterhaltung und kulturellen Aktivitäten. Die Berücksichtigung weiterer Klassen im Rahmen der Anmeldung kann insbesondere für den Bereich des Merchandisings, der Auswertung des Films für Spiele oder aber auch für Internetangebote sinnvoll sein.

Zu beachten ist dabei, dass sich der Schutz der beim Deutschen Patent- und Markenamt angemeldeten und eingetragenen Marken lediglich auf das Gebiet der Bundesrepublik Deutschland erstreckt. Sofern der Titel als Marke in weiteren Territorien Verwendung finden soll, müssen die Marken in den jeweiligen Ländern registriert werden. Je nach Ausrichtung und Fallgestaltung kann sich die Anmeldung einer Gemeinschaftsmarke beim Harmonisierungsamt für den Binnenmarkt in Alicante anbieten oder/und eine internationale Registrierung. Beim Harmonisierungsamt erfolgt die Registrierung zur Zeit für 27 Länder durch eine einzige Anmeldung und löst Kosten in Höhe von 900 Euro als Grundgebühr (inklusive drei Klassen) sowie jeweils 150 Euro für jede weitere Klasse aus. Soweit die Anmeldung elektronisch im Wege des E-Filings bei dem Harmonisierungsamt für den Binnenmarkt erfolgt, liegen die Gebühren zur Zeit bei 750 Euro Grundgebühr sowie ebenfalls ab der vierten Klasse bei jeweils 150 Euro.

Nach Durchführung des Anmeldeverfahrens, bei widerspruchs- und reibungslosem Ablauf der Anmeldung, zumeist nach Ablauf eines Jahres, werden dann nochmals Registrierungsgebühren in Höhe von 850 Euro sowie für jede Klasse zusätzlich 150 Euro ab der vierten Klasse fällig.

Zusammengefasst lässt sich folglich feststellen, dass die **Kosten** der Anmeldung einer deutschen Marke bei ca. 1 000 Euro liegen können und diejenigen einer Gemeinschaftsmarke bei ca. 4 000 Euro (jeweils einschließlich der Anwaltskosten und Recherchen).

Alternativ, je nach Rechercheergebnis im Hinblick auf eine Kollisionsgefahr mit anderen Marken, empfiehlt sich die Anmeldung über die World Intellectual Property Organisation (WIPO). Über dieses Verfahren kann z. Zt. auf der Basis der deutschen Marke in 86 Ländern der Welt einschließlich der USA Schutz beansprucht werden. Die Kosten werden hier für den jeweiligen Einzelfall berechnet. Die Grundgebühr, die mit Einleitung des Verfahrens fällig wird, liegt zur Zeit bei 653 SF.

Die nationalen und internationalen Markenämter informieren über Anmeldeverfahren und Kosten auf ihren Internetseiten. Anmeldeformulare können dort z. B. unter www.dpma.de; www.oami.eu.int oder www.ompi.int abgerufen werden.

2.7 Das Erlöschen des Titelschutzes

Der Titelschutz erlischt durch die endgültige Aufgabe der Benutzung des Werkes. Das ist bei Filmwerken allerdings praktisch nie der Fall. Von einer Aufgabe der Benutzung ist auch bei längeren Pausen in der Auswertung nicht auszugehen, denn mit der Entwicklung neuer Nutzungsmöglichkeiten (z. B. DVD, VoD etc.) werden häufig auch alte Spielfilme, die mitunter jahrelang in den Regalen schlummerten, wieder »reaktiviert«. Hinzu kommt, dass Spielfilme in mehr oder weniger regelmäßigen Abständen im Fernsehen ausgestrahlt werden.

Streitig war lange Zeit die Frage, ob mit dem Ablauf der urheberrechtlichen Schutzfrist, also mit Beginn der Gemeinfreiheit eines Spielfilms, auch der Titelschutz erlischt. Das hat der BGH (BGH WRP 2003, 644 – »Winnetous Rückkehr«) verneint, sodass auch bei gemeinfreien Filmwerken der Titelschutz fortbesteht.

3 Die Klärung der Musikrechte

Musik spielte in künstlerischer Hinsicht für den Film seit jeher eine wichtige Rolle. Selbst die meisten Stummfilme wurden mit Klavierbegleitung aufgeführt. Beim Tonfilm wirkt die Musik erst recht auf die Stimmung des Betrachters ein (die großartig fotografierten Bilder in Luchino Viscontis »Tod in Venedig« verlören erheblich an Wirkung ohne die überwältigende Musik aus Mahlers 5. Sinfonie). Umso erstaunlicher ist die Beobachtung, dass viele Filmproduzenten mit der Musik sehr nachlässig umgehen. Dies beginnt bei der Kalkulation, in der oft viel zu niedrige Beträge angesetzt werden, und setzt sich bis zur Kontaktaufnahme mit dem Komponisten oder den Rechtsinhabern fort, sodass die Klärung der Musikrechte gleichsam »last minute« erfolgt. Vor diesem Vorgehen ist indessen zu warnen, wie das folgende Beispiel illustriert:

Der Verfasser war vor einigen Jahren mit den »music clearances« für einen Film befasst, der für den Wettbewerb in Cannes nominiert war. Die Aufführung des Films in Cannes war gefährdet, weil die Rechte an einem alten Schlager, mit dem einige zentrale Filmszenen unterlegt werden sollten, nicht rechtzeitig eingeholt worden waren. Der Erwerb der Rechte gestaltete sich u. a. deshalb schwierig, weil der Musikverlag nicht allein entscheidungsbefugt war, denn der Komponist hatte sich die Zustimmung vorbehalten. Der Komponist befand sich bereits im biblischen Alter, lebte auf einer Insel und wollte den Film erst sehen, bevor er seine Entscheidung zu treffen gedachte. Die Uraufführung des Films in Cannes war jedoch in wenigen Tagen geplant. Die Teilnahme des Films am Wettbewerb wurde schließlich dadurch ermöglicht, dass zunächst eine Lizenz nur für die Vorführung in Cannes vereinbart wurde. Der Film gewann die Goldene Palme und dies erleichterte dem Komponisten seine Zustimmung.

Auf solche glücklichen Umstände sollte sich ein Filmproduzent hingegen nicht verlassen und möglichst frühzeitig die nötigen Überlegungen hinsichtlich der Musik anstellen und die entsprechenden Verhandlungen aufnehmen.

3.1 Varianten

Für den Filmproduzenten bestehen die folgenden Möglichkeiten, seinen Film musikalisch auszustatten:

3.1.1 Neukomposition und Produktion der Filmmusik

Der Filmproduzent greift nicht auf vorbestehende Musikwerke (Komposition und Text) zurück, sondern beauftragt einen Komponisten damit, die für den Film erforderliche Musik (ggf. einschließlich Text) für ihn zu verfassen und zu produzieren. Hier muss der Filmproduzent mit dem Komponisten einen Werkvertrag über die Komposition und Produktion der beauftragten Filmmusik abschließen. Mit Abnahme der Musik muss sich der Filmproduzent die urheberrechtlichen Nutzungsrechte an den Leistungsergebnissen des Komponisten, die Leistungsschutzrechte an der Aufnahme (Rechte des Tonträgerherstellers) und die Leistungsschutzrechte der an der Aufnahme mitwirkenden ausübenden Künstlern von seinem Vertragspartner einräumen lassen, welche dieser wiederum ggf. selbst zuvor erst erwerben muss. In der Regel lässt sich der Filmproduzent im Rahmen solcher Verträge auch das Eigentum am Aufnahmematerial übertragen.

3.1.2 Verwendung gemeinfreier Werke und Neuproduktion

Der Filmproduzent greift auf gemeinfreie Musikkompositionen oder Musiktexte (Klassiker wie Beethoven, Bach, Verdi, alte Volksmusiken) zurück. In diesem Fall sind die Urheberrechte wegen Zeitablaufs erloschen und die Werke somit gemeinfrei. (Es sei denn, es wird ausnahmsweise eine bearbeitete Fassung herangezogen, die eigenständig Schutz nach § 3 UrhG genießt).

Der Filmproduzent hat die Möglichkeit, die Werke selbst neu aufzunehmen und er muss in diesem Fall lediglich die Leistungsschutzrechte der mitwirkenden Musiker und des Musikproduzenten (Tonträgerherstellers) erwerben.

3.1.3 Verwendung gemeinfreier Werke und (noch) geschützter Aufnahmen

Der Filmproduzent bedient sich (wie vorstehend unter Ziffer 3.1.2) gemeinfreier Musikwerke, benutzt dagegen eine Aufnahme (z. B. Beethovens 9. Sinfonie, aufgenommen mit den Berliner Philharmonikern unter Karajan), die noch geschützt ist (die Leistungsschutzrechte des Tonträgerherstellers und der an den Tonaufnahmen mitwirkenden ausübenden Künstler erlöschen gemäß §§ 82 und 85 Abs. 2 UrhG 50 Jahre nach Erscheinen oder erlaubter öffentlicher Wiedergabe der betreffenden Aufnahme bzw. nach Herstellung der Aufnahme, wenn diese keiner Verwertung zugeführt wird).

Hier muss der Filmproduzent folglich die Leistungsschutzrechte des Tonträgerherstellers und der mitwirkenden ausübenden Künstler vom Tonträgerunternehmen einholen.

3.1.4 Verwendung (noch) geschützter Werke und gemeinfreier Aufnahmen

Die Musikwerke sind noch geschützt, aber die Leistungsschutzrechte des Tonträgerherstellers und der ausübenden Künstler sind erloschen (z. B. der Schlager »Lili Marleen«, gesungen von Lale Andersen). In dieser Konstellation sind nur die urheberrechtlichen Nutzungsrechte an den verwendeten Musikwerken einzuholen.

3.1.5 Verwendung gemeinfreier Kompositionen und Aufnahmen

Im Idealfall kann der Filmproduzent auf Musikmaterial zurückgreifen, bei dem sowohl die Urheberrechte an den Musikwerken, als auch die Leistungsschutzrechte des Tonträgerherstellers und der an den Aufnahmen mitwirkenden ausübenden Künstler erloschen sind, sodass der Filmproduzent über diese Musikaufnahmen frei verfügen kann.

3.2 Der Erwerb der Musikrechte

Muss der Filmproduzent in Sinne der vorstehenden Fallvarianten urheberrechtliche oder leistungsschutzrechtliche Nutzungsrechte klären, stellt sich für ihn die Frage, welche Rechte er konkret benötigt und von wem er diese Rechte erwerben kann.

Auf erster Stufe, also zum Zwecke der Herstellung eines Films durch Verbindung einer Musikaufnahme mit dem übrigen Bild- und Tonmaterial, muss der Filmproduzent das so genannte Filmherstellungsrecht (auch »synchronization right« oder kurz »sync right«) von den Berechtigten erwerben.

Auf zweiter Stufe, also nach Fertigstellung des Filmes zum Zwecke seiner Verwertung, muss sich der Filmproduzent von den Berechtigten die üblichen Auswertungsrechte übertragen lassen.

3.2.1 Der Erwerb der Filmherstellungsrechte

Lässt der Filmproduzent die für den Film erforderliche Musik (Komposition und Text) nicht eigens erstellen oder kennt er den Berechtigten vorbestehender Musikwerke nicht, so ist seine Anlaufstelle zur Identifikation der Urheber und zum Erwerb der Filmherstellungsrechte an urheberrechtlich geschützten Kompositionen und Musiktexten die Gesellschaft für musikalische Aufführungs- und mechanische Vervielfältigungsrechte (GEMA). Als größte deutsche Verwertungsgesellschaft nimmt die GEMA die Rechte der meisten Musikurheber (Komponisten und Textdichter) sowie ihrer Musikverlage treuhänderisch wahr (vgl. zu den Verwertungsgesellschaften, Kapitel X.).

Gemäß § 1 i) des zwischen der GEMA und den ihr angeschlossenen Berechtigten abgeschlossenen »Berechtigungsvertrages« lässt sich die GEMA auch die Filmherstellungsrechte an den ihr zur Wahrnehmung übertragenen Werken übertragen. Die Übertragung der Filmherstellungsrechte erfolgt jedoch unter der Bedingung, dass der Berechtigte der GEMA nach einer Anfrage zur Lizenzierung der Filmherstellungsrechte nicht binnen vier Wochen (bei subverlegten Werken beträgt die Frist drei Monate) schriftlich mitteilt, dass er die Filmherstellungsrechte in eigenem Namen wahrnehmen möchte (auflösende Bedingung). In der Praxis hat sich herausgestellt, dass die meisten Musikverlage und Urheber von der Möglichkeit zum »Rückruf« ihrer Filmherstellungsrechte Gebrauch machen, weswegen die konkreten Lizenzverhandlungen in aller Regel mit den Urhebern der betreffenden Werke bzw. mit deren Musikverlagen zu führen sind.

Eine Besonderheit gilt bezüglich des Erwerbs von Filmherstellungsrechten für Fernsehproduktionen, da für den Berechtigten insoweit kein Rückrufsrecht geregelt wird. Gemäß § 1 i) (3) des GEMA-Berechtigungsvertrages vergibt die GEMA

die Herstellungsrechte an Fernsehanstalten und deren eigene Werbegesellschaften insoweit, als es sich um Eigen- oder Auftragsproduktionen für eigene Sendezwecke und Übernahmesendungen handelt. Die Einwilligung des Berechtigten ist jedoch erforderlich, wenn Dritte an der Herstellung beteiligt sind oder wenn die Fernsehproduktionen von Dritten genutzt werden sollen. Das gilt insbesondere für Coproduktionen.

Hieraus folgt zunächst, dass sich für den Erwerb von Filmherstellungsrechten im Rahmen von Koproduktionen mit Fernsehanstalten keine Besonderheiten ergeben, die Berechtigten müssen der Filmherstellung unter Verwendung ihrer Werke zustimmen und werden die Filmherstellungsrechte in aller Regel selbst vergeben.

Stellt der Filmproduzent seinen Film in Auftrag einer Fernsehanstalt her, so erwirbt die Fernsehanstalt die erforderlichen Filmherstellungsrechte unmittelbar von der GEMA und der Filmproduzent braucht sich mit dem Erwerb der Filmherstellungsrechte (zunächst) nicht zu befassen. Der Rechteerwerb durch die Sendeanstalt erfolgt auf der Basis von Pauschalverträgen, welche die Fernsehanstalten mit der GEMA abgeschlossen haben.

Problematisch ist in diesem Zusammenhang der Umstand, dass die GEMA die Filmherstellungsrechte ohne Zustimmung der Berechtigten nur an Sendeanstalten und nur für »eigene Sendezwecke und Übernahmesendungen« vergeben darf. Die Fernsehanstalten sind jedoch zwischenzeitlich dazu übergegangen, ihre Eigen- und Auftragsproduktionen in erheblich weiterem Umfang als nur für Sendezwecke zu verwerten. Insbesondere, wenn die so hergestellte Produktion einer Verwertung zugeführt werden soll, die außerhalb der Senderechte liegt, also beispielsweise im Wege der Videozweitauswertung oder der Internetnutzung. In diesen Fällen muss nach der aktuellen Praxis die (nachträgliche) Zustimmung des Berechtigten eingeholt werden. Obgleich dieses nachträgliche Zustimmungserfordernis nicht unumstritten ist (vgl. dazu unten 3.2.2), entspricht dies zur Zeit noch gängiger Praxis und wird von der GEMA im Rahmen der geschlossenen Pauschalverträge ausdrücklich klargestellt.

Für den Filmproduzenten folgt daraus, dass er in die Rechtegarantieerklärung, die er gegenüber der Sendeanstalt abgibt, ausdrücklich einen entsprechenden Vorbehalt bezüglich eines erforderlichen Nacherwerbs der Musikrechte für Zweitauswertungen der Produktion aufnehmen muss, da er dieses Nacherwerbsrisiko andernfalls selbst trägt.

3.2.2 Erwerb der Auswertungsrechte

Von den Filmherstellungsrechten sind die zur Verwertung des (hergestellten) Films zu erwerbenden Auswertungsrechte zu unterscheiden, also insbesondere die Vervielfältigungs- und Verbreitungsrechte sowie das Vorführungsrecht und das Senderecht.

Diese Rechte werden üblicherweise von der GEMA wahrgenommen und sind von dieser – nicht vom Berechtigten – zu erwerben. Die deutschen Senderechte werden (ggf. gemeinsam mit dem Filmherstellungsrecht) unmittelbar von der auswertenden Sendeanstalt auf Basis der mit der GEMA geschlossenen Pauschalverträge erworben, müssen also vom Filmproduzenten nicht gesondert eingeholt werden.

Bezüglich des Erwerbs der Vervielfältigungs- und Verbreitungsrechte an Musikwerken zum Zwecke der Videozweitauswertung von in Eigen- oder Auftragsproduktion hergestellten TV-Filmen ist umstritten, ob hierfür zusätzlich, d. h. neben den mechanischen Vervielfältigungsrechten, die durch die GEMA wahrgenommen werden, noch einmal die Zustimmung des Berechtigten einzuholen ist. Der BGH hat dies für den Fall der Videozweitauswertung eines Kinospielfilmes, für welchen der Filmproduzent das Filmherstellungsrecht an den verwendeten Musikwerken bereits erworben hatte, mit dem Argument verneint, dass es sich bei der Videoverwertung nicht um eine Bearbeitung oder Umgestaltung der Produktion handele, die den nochmaligen Erwerb der Filmherstellungsrechte erforderlich mache, sondern lediglich um eine Verwertung der Produktion in einem anderen »Aggregatzustand« (vgl. Urteil des BGH vom 08.07.1993 – Videozweitauswertung II in: GRUR 1994, S. 41).

Bei Eigen- oder Auftragsproduktionen von Fernsehanstalten stellt sich die Situation jedoch insoweit anders dar, als die GEMA die hierfür erforderlichen Filmherstellungsrechte von vornherein unter der Bedingung der (nachträglichen) Zustimmung der Berechtigten zu solchen Zweitauswertungen vergibt. Gleichwohl ist das Landgericht Hamburg der Rechtsprechung des BGH auch für Videozweitauswertungen von TV-Produktionen gefolgt (vgl. LG Hamburg vom 19.11.1996, ZUM-RD 1997, S. 256).

Für den Filmproduzenten bleibt festzuhalten, dass er sich nach ordnungsgemäßem Erwerb der Filmherstellungsrechte im Hinblick auf die Auswertung seines Filmes nur noch um die Auswertungsrechte zu kümmern braucht. Bei TV-Auftragsproduktionen sollte er entweder einen Vorbehalt bezüglich eines etwa erforderlichen Nacherwerbs der Musikrechte für Zweitauswertungen der Produktion in den Vertrag aufnehmen oder vorab die Zustimmung der Berechtigten zu einer weitergehenden Auswertung einholen.

3.2.3 Der Erwerb der Rechte an der verwendeten Tonaufnahme

Die Besonderheit einer **doppelten Lizenzierung** besteht in dem Fall, dass der Filmproduzent nicht nur urheberrechtliche Musikwerke (Komposition und Text), sondern auch hiervon produzierte Tonträger in den Film einspielen möchte. In diesem Fall muss der Filmproduzent zusätzlich zu den urheberrechtlichen Nutzungsrechten auch die Leistungsschutzrechte der ausübenden Künstler und der Tonträgerhersteller erwerben. Insoweit ist ebenfalls zwischen den Filmherstellungs-

und den Auswertungsrechten zu differenzieren. Anlaufstelle für den Rechteerwerb ist das Tonträgerunternehmen (z. B. Sony, EMI, Universal), welches sich die Rechte der Tonträger, Filmproduzenten und der ausübenden Künstler regelmäßig umfassend einräumen lässt.

3.3 Die Eckdaten des Filmmusikvertrags

Angesichts der verschiedenen Möglichkeiten des Erwerbs der für einen Film benötigten Musiken ist zunächst klarzustellen, dass es – trotz bestehender vertraglicher Standards – den »Filmmusikvertrag« im Sinne eines auf alle denkbaren Varianten anwendbaren Formularvertrages nicht gibt.

Ausgangspunkt für die Wahl des richtigen Vertragsformulars ist die Frage, ob der Filmproduzent auf vorbestehende, gegebenenfalls bereits veröffentlichte Musiktitel zurückgreifen oder ob er einen Komponisten mit der Erstellung neuer Musik für seinen Film beauftragen möchte. Im ersten Fall beschränkt sich die vertragliche Regelung auf die Lizenzierung der vorbestehenden Musik, im zweiten Fall muss der Vertrag weitergehende Regelungen über Art, Genre und Umfang der beauftragten Musik, den Zeitplan für deren Erstellung, abzuliefernde Materialien und das Prozedere für die Abnahme der Musik durch den Filmproduzenten enthalten. Der insoweit abzuschließende Filmmusikvertrag umfasst demzufolge neben den stets erforderlichen lizenzvertraglichen Regelungen werkvertragliche Bestimmungen, durch welche die Herstellung der Filmmusik geregelt werden.

3.3.1 Die Rechtsübertragung

Neben dem zwingend erforderlichen Erwerb des Filmherstellungsrechts an den verwendeten Musikwerken (Komposition und Text) und Aufnahmen hat der Filmproduzent auch die Auswertungsrechte (z. B. Kino, Video, TV, Online, Tonträger etc.), die er für die spätere Verwertung seines Films und der Musik benötigt, zu erwerben.

Soweit diese Rechte von der GEMA wahrgenommen werden, erfolgt die Lizenzierung auf Basis allgemeingültiger Tarife und bedürfte folglich keiner gesonderten Regelung im Filmmusikvertrag mit den Urhebern bzw. deren Verlagen. Wegen der in der Praxis jedoch nach wie vor bestehenden Unsicherheiten über das Erfordernis eines nochmaligen Erwerbs des Filmherstellungsrechts für Zweitauswertungen empfiehlt sich zumindest eine vertragliche Klarstellung dahingehend, dass das Filmherstellungsrecht auch für Zweitauswertungen der Produktion, insbesondere für Filmvorführungen, Video- und Online-Verwertungen übertragen wird.

Sofern die Urheber von Musikwerken ihre Rechte nicht von der GEMA wahrnehmen lassen, muss sich der Filmproduzent von diesen bereits im Filmmusikvertrag die späteren Auswertungsrechte umfänglich einräumen lassen. Gleiches gilt für Filmmusikverträge mit den Tonträgerunternehmen über Musikaufnahmen.

3.3.2 Die Exklusivität

Neben dem Umfang der Auswertungsrechte ist für den Filmproduzenten von Bedeutung, ob er die Nutzungsrechte (insbesondere das Filmherstellungsrecht) exklusiv oder nicht-exklusiv erwirbt. Die Nutzungsrechte an vorbestehenden Musiktiteln wird der Filmproduzent nur auf nicht-exklusiver Basis lizenziert erhalten, d.h., es steht den Rechteinhabern frei, die fraglichen Rechte auch anderen Filmproduzenten zur Verfügung zu stellen. Bei eigens für die Produktion vergebenen Kompositions- und Produktionsaufträgen sollte der Filmproduzent jedoch in der Lage sein, die Nutzungsrechte an dem Werk, das in seinem Auftrag erstellt und von ihm bezahlt wird, exklusiv zu erwerben.

3.3.3 Die Lizenzzeit

Gemäß den vom Deutschen Musikverlegerverband e.V. veröffentlichten Erfahrungswerten über die üblichen Lizenzentgelte im Filmmusikbereich (vgl. Anhang II) sehen die meisten Filmmusikverträge eine Beschränkung der Lizenzzeit für das Filmherstellungsrecht auf fünf bis zehn Jahren vor. Auch in den einschlägigen GEMA-Tarifen zur Vergabe des Filmherstellungsrechtes (VR-TH-F 1 und VR-TH-F 2) gelten die Vergütungssätze nur für einen Zeitraum von bis zu sieben Jahren.

Der Filmproduzent sollte demgegenüber beim Erwerb der Musikrechte darauf achten, dass ihm diese möglichst für die gesamte Dauer der Auswertung des Films zur Verfügung stehen. Andernfalls ist der Filmproduzent zu Nachverhandlungen zu einem Zeitpunkt gezwungen, in dem ihm kein Produktionsbudget mehr zur Verfügung steht und er weitere Lizenzzahlungen aus eigener Tasche finanzieren muss (obwohl der Film möglicherweise noch keine Erlöse eingespielt hat).

Gelingt es dem Filmproduzenten nicht, die zeitlich unbeschränkte Übertragung der Musikrechte zu verhandeln oder kann er sich einen unbefristeten Erwerb zum Zeitpunkt der Produktion nicht leisten, so sollte er im Filmmusikvertrag eine unwiderrufliche Option für die später gegebenenfalls erforderlich werdende Verlängerung seiner Lizenz vereinbaren und die dann zu leistende Lizenzgebühr bereits verbindlich festlegen.

Hierbei ist zu bedenken, dass dann die Erstverwertung des Films stattgefunden hat und für die anschließende Verwertungsphase eine deutlich niedrigere Lizenzgebühr fällig sein sollte. Bei den Verträgen mit Lizenzpartnern (z.B. Weltvertrieb) muss der Filmproduzent darauf achten, dass deren Laufzeit die Dauer der Lizenz nicht übersteigt. Andernfalls muss auf das Erfordernis einer Nachlizenzierung hingewiesen werden.

3.3.4 Das Lizenzgebiet

Auch bezüglich des Lizenzgebietes enthalten die Verträge üblicherweise Beschränkungen. In den bereits vorstehend erwähnten Erfahrungsregeln des Deutschen Musikverlegerverbandes und den einschlägigen GEMA-Tarifen zur Vergabe des Filmherstellungsrechtes richten sich die einschlägigen Vergütungssätze u. a. explizit nach dem intendierten Auswertungsgebiet. Der Filmproduzent muss jedoch auch hier darauf achten, dass sich der Umfang des vertraglich eingeräumten Lizenzgebietes mit dem tatsächlichen Auswertungsgebiet deckt, da er sich ansonsten abermals dem Risiko von Nachverhandlungen gegenübersieht.

Sollte der räumlich unbeschränkte Erwerb der Musikrechte zum Zeitpunkt der Filmherstellung durch das zur Verfügung stehende Budget nicht gedeckt sein, so empfiehlt sich auch hier analog zu den vorstehenden Ausführungen, bereits bei Vertragsabschluss eine Option zu einem festgelegten Preis zu vereinbaren. Die Höhe der insoweit zu zahlenden Lizenzgebühren richtet sich nach der Attraktivität des entsprechenden Territoriums.

3.3.5 Die Vergütung

Im Filmmusikbereich werden regelmäßig Pauschalvergütungen bezahlt, soweit man von der Tarifstruktur der GEMA absieht.

Im Hinblick auf die zu zahlenden Lizenzvergütungen ist wiederum zwischen den Musikwerken (Komposition und Text) und den Aufnahmen zu differenzieren. Bezüglich der für die Kompositionen zu zahlenden Lizenzen bieten in Deutschland die einschlägigen GEMA-Tarife und die über den Deutschen Musikverlegerverband e.V. veröffentlichten Erfahrungswerte über die üblichen Lizenzentgelte eine erste Orientierung. Hinsichtlich der Leistungsschutzrechte an Tonaufnahmen gilt allgemein, dass diese um ca. 30 % günstiger zu erwerben sind als die Rechte der Urheber.

Diese Empfehlungen sind allerdings lediglich eine grobe Richtschnur und keineswegs verbindlich. Für viele Filmproduktionen wären solche Beträge schlicht nicht bezahlbar. Es ist letztlich eine Frage des Verhandlungsgeschicks und des verfügbaren Budgets, welche Lizenzgebühren vereinbart werden.

3.3.6 Bearbeitung und Austausch der Filmmusik

Das Recht des Filmproduzenten zur Bearbeitung und zum Austausch der Filmmusik ist insbesondere im internationalen Filmhandel von erheblicher Bedeutung. Die Verträge bzw. Allgemeinen Geschäftsbedingungen sehen standardmäßig vor, dass im Rahmen der Lizenzierung neben verschiedenen Veränderungen (z. B. nationale Zensurbestimmungen oder TV-Gepflogenheiten) auch der Austausch der Musik zulässig sein soll (vgl. z. B. die Bedingungen der Exportunion des deutschen Films).

Auch in den Verleihverträgen lässt sich der Verleih vom Filmproduzenten das Recht einräumen, die Filmmusik zu kürzen, zu verändern oder eben auszutauschen. Auf rechtlicher Ebene sind damit die Urheberpersönlichkeitsrechte der Musikurheber betroffen, denn Veränderungen oder Kürzungen der Filmmusik bedürfen grundsätzlich deren Zustimmung. Versäumt es der Filmproduzent, sich diese Zustimmung bereits im Filmmusikvertrag einzuholen, sieht er sich erheblichen Risiken gegenüber, wie die folgenden zwei **Beispiele** zeigen.

Dem Oberlandesgericht München lag ein Fall zur Entscheidung vor (OLG München vom 29.09.1991 – »Christoforo Columbus« ZUM 1992, S. 307), in dem die Hintergrundmusik einer mehrteiligen Fernsehserie erheblich gekürzt und von einem neuen Komponisten bearbeitet wurde. Der Filmproduzent hatte sich vom Komponisten zwar alle verwertungsbezogenen Nutzungsrechte einräumen lassen, jedoch nicht die seine Persönlichkeitssphäre betreffenden Bearbeitungsrechte. Der Originalkomponist war mit der Veränderung seines Werkes nicht einverstanden und nahm die ausstrahlende Sendeanstalt auf Unterlassung und Schadensersatz in Anspruch. Das Gericht gab der Klage statt mit der Begründung, dass die Veränderung des Originalwerkes nicht lediglich dem Zwecke sachgerechter Verwertung diente und vom Originalurheber deshalb nicht zustimmungsfrei hingenommen werden musste.

In einem anderen Fall, der dem Landgericht Hamburg zur Entscheidung vorlag (LG Hamburg vom 15.05.1997, AfP 1980, S. 80), wurden Ausschnitte aus alten Edgar-Wallace-Filmen mit neuem Ton unterlegt und ohne Verwendung der ursprünglichen Filmmusik im Rahmen einer Comedy-Serie verwendet. Der Fall lag insoweit anders als der vorstehend zitierte, als es hier nicht um die Frage der Bearbeitung von Filmmusik ging. Die Musik war schlicht nicht verwendet worden, weswegen sich der Komponist von vornherein nicht auf eine Verletzung seiner Rechte am Musikwerk berufen konnte. Allerdings prüfte das Landgericht die Frage, ob dem Komponisten als Miturheber des Filmwerkes bzw. als Urheber eines hiermit verbundenen Werkes Ansprüche zustehen könnten. Im Ergebnis wurde diese Frage jedoch offengelassen, weil die verwendeten Filmausschnitte so kurz waren, dass das Landgericht die vermeintlichen Rechte des Komponisten jedenfalls als »nur ganz am Rande betroffen« ansah, weswegen der Komponist die Weglassung seiner Musik hinnehmen musste.

Demgegenüber liegt im Austausch oder der Veränderung der Filmmusik regelmäßig ein Eingriff in die Urheberpersönlichkeitsrechte des Filmregisseurs vor. Der Filmproduzent muss sich daher in jedem Fall im Regievertrag das Recht einräumen lassen, die Musik auszutauschen, zu kürzen oder zu verändern. Dieses Recht steht dem Filmproduzenten jedoch nicht schrankenlos zu.

4 Das Recht am eigenen Bilde (§§ 22, 23 KUG)

Nach § 22 KUG (Gesetz betreffend das Urheberrecht an Werken der bildenden Künste und der Photographie) dürfen Bildnisse grundsätzlich nur mit Einwilligung des Abgebildeten veröffentlicht oder verbreitet werden. Das Recht am eigenen Bild garantiert jedem Einzelnen das Selbstbestimmungsrecht über seine Darstellung. Ein Bildnis i.S.d. Norm umfasst alle denkbaren bildlichen Darstellungen von lebenden und toten Personen. Art, Form und Dauerhaftigkeit spielen hierbei keine Rolle (vgl. Götting in Schricker, Urheberrecht – Kommentar § 60/§ 22 KUG Rn. 14 m.w.N.). Dies gilt auch dann, wenn die betreffende Person durch Schauspieler dargestellt wird und Zeit und Ort der Geschehnisse sowie die Namen der Beteiligten abgeändert wurden, jedenfalls solange der Abgebildete erkennbar ist.

Die **Einwilligung** ist eine einseitige empfangsbedürftige Willenserklärung. Sie gilt gemäß § 22 KUG im Zweifel als erteilt, wenn der Abgebildete dafür, dass er sich abbilden ließ, eine Entlohnung erhielt. Gleichwohl sollte die Einwilligung schriftlich erteilt werden, denn die Beweislast für das Vorliegen der Einwilligung trägt nach h.M. der Filmproduzent. Die Einwilligung kann auch konkludent (stillschweigend) erteilt werden. Wenn jemand z.B. einem Reporter ein Interview gibt, erklärt er sich konkludent damit einverstanden, dass die Aufnahmen auch ausgestrahlt werden dürfen (vgl. Butz Peters, VII, Rdnr. 169 m.w.N.). Von der konkludenten Einwilligung ist das bloße Dulden von Aufnahmen zu unterscheiden, das regelmäßig nicht zur Veröffentlichung berechtigt. Der Klarheit halber sollte der Produzent also möglichst eine schriftliche Einwilligung erhalten. Geht es um Aufnahmen von Minderjährigen, so ist die Einwilligung der Sorgeberechtigten erforderlich, also meist der Eltern.

Zu dem Grundsatz, dass Bildnisse nur mit Einwilligung des Abgebildeten veröffentlicht werden dürfen, besteht allerdings eine Reihe von Ausnahmen. Die wichtigste Ausnahme enthält § 23 Abs. 1 KUG. Danach ist die filmische Darstellung einer Person auch ohne ihre Einwilligung zulässig, wenn es sich um eine »**Person der Zeitgeschichte**« handelt. Grundsätzlich gilt hier, dass bei Personen der Zeitgeschichte das Selbstdarstellungsrecht des Abgebildeten durch das höherrangige Informationsinteresse der Allgemeinheit verdrängt wird.

Zu den Personen der Zeitgeschichte zählen zunächst solche, die sich durch ihre gesellschaftliche Stellung, ihre Leistungen, Taten oder »Untaten« außergewöhnlich aus dem Kreis ihrer Mitmenschen hervorheben und deshalb ständig in der Öffentlichkeit präsent sind. Als solche **absoluten** Personen der Zeitgeschichte zählen z. B. Angehörige von Königshäusern, berühmte Schauspieler, Politiker und Sportstars. Darüber hinaus gilt die Ausnahmevorschrift des § 23 KUG für Personen, die – sei es freiwillig oder unfreiwillig – durch ihre Verknüpfung mit Ereignissen und Gegebenheiten nur vorübergehend in das Blickfeld des öffentlichen Interesses geraten oder gerückt sind. Solche **relativen** Personen der Zeitgeschichte sind z. B. Angehörige von absoluten Personen der Zeitgeschichte und Prozessbeteiligte in aufsehenerregenden Prozessen (vgl. BGH, GRUR 1966, 102 – Spielgefährtin I für Zeugen; OLG Hamburg AfP 1984, 236 für vorsitzende Richter und Staatsanwälte).

Die Differenzierung zwischen absoluten und relativen Personen der Zeitgeschichte ist vor allem für die Frage von Bedeutung, in welchem Ausmaß der Abgebildete in seinem Selbstbestimmungsrecht eingeschränkt wird und auch gegen seinen Willen die öffentliche Verbreitung seines Bildnisses hinnehmen muss. Je mehr er im Rampenlicht der Öffentlichkeit steht und zur absoluten Person der Zeitgeschichte wird, desto stärker wird auch sein Recht am eigenen Bild eingeschränkt. Umgekehrt werden die relativen Personen der Zeitgeschichte nach Ablauf einer gewissen Zeit wieder zu Privatpersonen und müssen deshalb nicht die Darstellung ihrer Person in den Medien gegen ihren Willen dulden. Besonders zu beachten sind hierbei die höheren Anforderungen bei Tätern und Opfern als Filmvorlagen (vgl. unten 5.4).

Das Recht einer Person am eigenen Bild beschränkt sich aber nicht auf die direkte Abbildung der entsprechenden Person. Vielmehr erstreckt sich das Recht auch auf die Abbildung eines **Doppelgängers**, wenn dabei der Eindruck entsteht, bei dem Doppelgänger handele es sich um die Abbildung der berühmten Person. Daraus wird deutlich, dass die – insbesondere in der Werbung – verbreitete Meinung, das **Doubeln** bekannter Personen sei zulässig, einen Rechtsirrtum darstellt. Der Einsatz von Doppelgängern (»Look-alikes«) ist zweifelsfrei rechtswidrig, denn der Verwendung der Betroffenen zu Werbe- oder sonstigen Geschäftszwecken steht deren berechtigtes Interesse nach § 23 Abs. 2 KUG entgegen.

Unzulässig war z. B. ein Werbefoto, das eine nachgestellte Szene aus dem 1930 gedrehten Film **Der blaue Engel** zeigte. In der bekannten Originalszene ist Marlene Dietrich in der Rolle der Barsängerin in aufreizender Pose sitzend – das rechte Bein nach oben gezogen und abgewinkelt – zu sehen, während sie das Lied »Ich bin von Kopf bis Fuß auf Liebe eingestellt« singt. Auf dem Werbefoto war diese Szene mit einer ähnlich gekleideten und Marlene Dietrich ähnlich sehenden Person nachgestellt und mit der Schlagzeile unterlegt: »Vom blauen Engel schwärmen genügt uns nicht«. Das Nachstellen der Filmszene war nicht nur unzulässig; vielmehr wurde die Verletzerin auch zur Zahlung von Schadensersatz verurteilt (BGH – NJW 2000, 2201).

Denn ohne die erforderliche Einwilligung kann die betroffene Person nicht nur die Veröffentlichung untersagen, sondern auch eine »fiktive« Lizenz für die erfolgte Nutzung verlangen. Darunter ist der Betrag zu verstehen, den die Person erhalten hätte, wenn sie sich für diesen Zweck zur Verfügung gestellt hätte. Das OLG Karlsruhe (AfP 1996, 282) sprach z. B. **Ivan Reboff** eine fiktive Lizenzgebühr in Höhe von 150.000 DM zu, weil er bei einem Werbespot einer Großmolkerei gedoubelt wurde (»In Wahrheit heiße ich Ivan Müller, bin Sänger und liebe Müller«).

5 Die Verfilmung von tatsächlichen Ereignissen und Biographien (Art. 1 und 2 GG, § 823 BGB, § 22, 23 KUG)

Tatsächliche Ereignisse des politischen oder gesellschaftlichen Lebens, die in das Blickfeld der Öffentlichkeit geraten sind, dienen zunehmend als Vorlage für Filmhandlungen. Dabei können entweder historische Materialien in die Filme eingeflochten (Doku-Dramen) oder fiktionale (Spiel-)Filme gedreht werden. Nach Filmen wie »Tanz mit dem Teufel – Die Entführung des Richard Oetker« oder »Wambo«, die Geschichte über den Volksschauspieler Walter Sedlmaier, folgte in den letzten Jahren eine Vielzahl entsprechender Filmwerke. Hierzu zählen insbesondere Filme wie »Im Schatten der Macht« zur Guillaume-Affäre, »Die Sturmflut« zur Flutkatastrophe vom 16. Februar 1962 in Hamburg und »Dresden«.

Hinzu kommen zunehmend Verfilmungen von **Biographien** berühmter Persönlichkeiten, wie z. B. dem Aufstieg und Niedergang von Bubi Scholz in der »Die Bubi Scholz Story« oder die Verfilmung des Lebens von Axel Springer (»Der Verleger«) für die ARD. Darüber hinaus werden vermehrt Verfilmungen über **Straftaten** bzw. große **Prozesse** realisiert, so z. B. »Der Kick« über die Ermordung eines 16-Jährigen durch Neonazis, »Rohtenburg« über den Kannibalen von Rotenburg und »Eine einzige Tablette«, einem Film vor dem Hintergrund des Contergan-Skandals.

Solche Projekte sind durch die schon vorhandene Medienpräsenz und den hohen Bekanntheitsgrad begünstigt. Auf der anderen Seite bedarf es häufig einer sehr intensiven Recherche und komplizierter Klärung von Persönlichkeitsrechten.

Dies birgt ein erhebliches Risiko für den Produzenten, der den ordnungsgemäßen Erwerb der Rechte gegenüber Dritten (Sendern, Vertrieb, Verleih etc.) zu garantieren hat. Gerade in jüngster Zeit gab es einige spektakuläre Fälle, in denen die Aufführung bzw. die Ausstrahlung von Filmen aufgrund von geltend gemachten Persönlichkeitsrechten gerichtlich untersagt wurden, z. B.»Eine einzige Tablette« und »Rohtenburg«.

Nachfolgend wird dargestellt, unter welchen Voraussetzungen ein tatsächlich stattgefundenes Ereignis und damit das Leben der mit diesem Ereignis verknüpften Personen verfilmt werden darf. Hierbei konzentrieren sich die Ausführungen auf Doku-Dramen und Spielfilme, wobei der anzulegende Prüfungsmaßstab überwiegend im Bereich der Literatur entwickelt wurde.

Stets stehen sich in diesen Fällen die widerstreitenden Interessen der Beteiligten gegenüber: Einerseits die betroffenen Personen, die sich auf den Schutz ihrer Persönlichkeitssphäre berufen und dabei eine Vielzahl gesetzlicher Vorschriften für sich in Anspruch nehmen können (Art. 1 und 2 GG, § 823 Abs. 1 BGB, § 823 Abs. 2 BGB i.V.m. § 185 ff StGB, § 12 BGB und schließlich die §§ 22, 23 KUG). Andererseits das Interesse des Produzenten an einer möglichst spannenden authentischen Story, deren Verfilmung – unabhängig von ihrer künstlerischen Qualität – in aller Regel ein Kunstwerk im verfassungsrechtlichen Sinne darstellt. Dies gilt selbst für solche Filmwerke, die nahezu wörtlich auf Protokollen, tatsächlichen Aussagen etc. der beteiligten Personen basieren, da auch hier jedenfalls die Regieleistung ausreichen wird, das Filmwerk als Kunstwerk zu qualifizieren. Insoweit kann sich der Produzent auf die verfassungsrechtlich garantierte Kunstfreiheit (Art 5 Abs. 3 GG) berufen.

Derartige Spannungen zwischen dem in seiner Würde zu respektierenden Individuum und dem künstlerischen Anliegen gehören zum festen Bestandteil namentlich der Literatur. Seit jeher werden reale Personen zwar in künstlerischer »Verfremdung«, jedoch für den mit den Verhältnissen Vertrauten erkennbar, zur Darstellung und Auseinandersetzung u. a. mit menschlichen Schwächen und Abgründen in der Weltliteratur benutzt. Als Beispiele mögen etwa Goethes »Die Leiden des jungen Werthers«, Tolstois »Anna Karenina« und Thomas Manns »Buddenbrooks« dienen. Indessen wurden diese Spannungsverhältnisse regelmäßig nicht vor Gericht ausgetragen. Einerseits wohl deshalb, weil es gang und gäbe war, den »Rohstoff« des wirklichen Lebens zu plündern; andererseits war das allgemeine Persönlichkeitsrecht damals noch nicht anerkannt.

Gerhart Hauptmann, der in seinen Werken gerne auf Figuren des wirklichen Lebens zurückgriff, wurde in Thomas Manns »Zauberberg« selber zum Mynheer Peeperkorn, der ihm in Physiognomie, Mimik und Redeweise ganz unverkennbar nachgebildet war. Gerhart Hauptmann empörte sich darüber (»*Dieses idiotische Schwein soll Ähnlichkeit mit meiner geringen Person haben*« sei eine seiner Randglossen gewesen, die Robert Gernhardt wiederum zu der Karrikatur »Gerhard Hauptmann liest Thomas Manns ›Zauberberg‹« inspirierte). Und Thomas Mann entschuldigte sich: »*Ich habe mich an Ihnen versündigt. … Ich trachtete nach einer Figur, die notwendig und kompositionell längst vorgesehen war, die ich aber nicht sah, nicht hörte, nicht besaß.*« (zitiert nach Fedor Seifert, Dichtung und allgemeines Persönlichkeitsrecht, FS für Raue, S. 708).

Die Auflösung der vorgenannten Spannungen erfolgt bei gerichtlichen Auseinandersetzungen nicht nach allgemeinen Kriterien, sondern einzelfallbezogen aufgrund einer umfassenden Güter- und Interessenabwägung.

5.1 Das Zustimmungserfordernis

Wie bereits im unmittelbar vorstehenden Kapitel ausgeführt, ist grundsätzlich die Verfilmung bzw. Abbildung einer Person nach § 22 Abs. 1 KUG nur mit deren Zustimmung gestattet. Ausreichend für die Anwendbarkeit des § 22 KUG ist es, wenn die dargestellte Person zumindest für Eingeweihte erkennbar ist und der Betrachter sich ohne Weiteres an die Originalperson erinnert fühlt.

Die zur **Erkennbarkeit** vom BVerfG schon in der **Mephisto**-Entscheidung (vgl. BVerfG NJW 1971, 1645 ff.) festgelegten Kriterien werden noch heute höchstrichterlich angewandt (vgl. BGH, GRUR 2005, 788 – »Esra« von Maxim Biller).

Trotz Namensänderung und Verfälschung der Umgebung, also einer gezielten Verfremdung des Abbildes vom Urbild, sei für einen nicht unerheblichen Leserkreis in der Romanfigur »Esra« die ehemalige Lebensgefährtin des Autors dennoch zu erkennen. Auch der abschließende **Hinweis auf die Fiktionalität** der Charaktere könne diesen Makel nicht beseitigen. Ausdrücklich nennt der BGH als Bemessungsmaßstab:

Die Erkennbarkeit ist bereits dann gegeben, wenn die Person ohne namentliche Nennung zumindest für einen Teil des Leser- oder Adressatenkreises auf Grund der mitgeteilten Umstände hinreichend erkennbar wird. Es kann die Wiedergabe von Teilinformationen genügen, aus denen sich die Identität für die sachlich interessierte Leserschaft ohne weiteres ergibt oder mühelos ermitteln lässt. (a. a. O.)

Zusammenfassend ergibt sich somit, dass man grundsätzlich von allen Personen eine Zustimmung für die Darstellung benötigt, die direkt oder verfremdet, aber dennoch erkennbar in dem Filmwerk abgebildet werden sollen.

5.2   Die Personen der Zeitgeschichte (Ausnahme)

Wie weiterhin bereits vorstehend dargelegt, enthält § 23 Abs. 1 KUG zum Recht der Bildnisanonymität eine bedeutsame Ausnahme, dass nämlich die filmische Darstellung einer Person auch ohne ihre Einwilligung zulässig ist, wenn es sich um eine »Person der Zeitgeschichte« handelt.

5.3   Das berechtigte Interesse (Einschränkung der Ausnahme)

Selbst absolute Personen der Zeitgeschichte können sich allerdings gegen eine Verfilmung zur Wehr setzen, wenn durch die Verbreitung des Films ihr **berechtigtes Interesse** (§ 23 Abs. 2 KUG) verletzt wird. Die Verletzung eines berechtigten Interesses kann insbesondere dann vorliegen, wenn durch die Art und Weise der Darstellung der Abgebildete in seiner Ehre, seinem guten Ruf oder in anderer Weise in seinem allgemeinen Persönlichkeitsrecht verletzt wird.

Ob eine derartige Herabsetzung zu bejahen ist, unterliegt einer einzelfallbezogenen Interessen- und Güterabwägung. Anders als bei Dokumentationen kommt es bei Spielfilmen grundsätzlich nicht darauf an, ob die im Filmwerk dargestellten Vorgänge des realen Lebens der Wahrheit entsprechen. Denn »*auch wenn der Künstler Vorgänge des realen Lebens schildert, wird diese Wirklichkeit im Kunstwerk verdichtet. ...Die Wahrheit des einzelnen Vorganges kann und muß unter Umständen der künstlerischen Einheit geopfert werden*« (BVerfGE 39, 173 ff. – »Mephisto«). Filmwerke, die sich als Kunstwerke qualifizieren, sind folglich einer »Richtigkeitskontrolle« weitgehend entzogen. Allein durch die Verkürzung der Wahrheit einzelner Vorgänge aus dramaturgischen Gründen oder zugunsten der künstlerischen Einheit werden nicht zwingend die berechtigten Interessen der betroffenen Personen der Zeitgeschichte verletzt. Zu beachten ist in diesem Zusammenhang, wie das OLG Hamburg wiederum in Anlehnung an die »Mephisto«-Entscheidung des BVerfG ausführte, ob und inwieweit »*das ›Abbild‹ gegenüber dem ›Urbild‹ durch die künstlerische Gestaltung des Stoffes und seine Ein- und Unterordnung in den Gesamtorganismus des Kunstwerkes so verselbständigt erscheint, dass das Individuelle, Persönlich-Intime zugunsten des Allgemeinen, Zeichenhaften der Figur objektiviert ist*« (vgl. Urteil des OLG Hamburg vom 23.04.1996 »Peanuts – Die Bank zahlt alles«, Az. 7 U 61/69).

In **praktischer Hinsicht** bedeutet dies: Je stärker das entworfene Persönlichkeitsbild beansprucht, sich mit der sozialen Wirklichkeit des Dargestellten zu identifizieren, desto schutzwürdiger ist dessen Interesse an wirklichkeitsgetreuer Darstellung.

Dementsprechend gilt für die Verfilmung, dass bei engerer Anlehnung an ein tatsächliches Ereignis auch die erkennbar betroffenen Personen »wahrheitsgemäßer« dargestellt werden müssen. In diese Gesamtabwägung muss jedoch noch das **Genre** des jeweiligen Filmwerkes mit herangezogen werden. Die Grenze des Zulässigen wird zum Beispiel bei einer Satire deutlich weiter gezogen als etwa bei einem Doku-Drama. Wie bereits erwähnt, muss andererseits bei einer reinen Dokumentation alles, was dargestellt bzw. beschrieben wird, belegbar wahr sein.

Zur **Orientierung** bei der jeweils vorzunehmenden **Interessenabwägung** hat die Rechtsprechung den Schutzbereich des allgemeinen Persönlichkeitsrechts in unterschiedliche Sphären unterteilt, die es zu wahren gilt. Je nachdem, aus welcher Sphäre die veröffentlichte Information stammt, überwiegt im Konfliktfalle die Meinungsäußerungsfreiheit bzw. Kunstfreiheit oder das allgemeine Persönlichkeitsrecht des Abgebildeten. Es wird getrennt zwischen der **Intim-, Privat-** und **Individualsphäre**.

Die **Intimsphäre** umfasst die innere Gedanken- und Gefühlswelt. Sie genießt den stärksten Schutz vor Eingriffen Dritter. Eine nicht genehmigte Erörterung aus diesem Bereich ist absolut unzulässig. Typische Bereiche, die geschützt sind, sind Vorgänge aus dem Sexualleben, Krankheiten in Details und intime Gespräche. Ein Schutz der Intimsphäre ist ausnahmsweise nur dann nicht gegeben, wenn der Betroffene selbst den an sich geschützten Bereich der Intimsphäre durch sein mediales Vorverhalten öffentlich ausbreitet. Hierzu führten BVerfG und BGH aus, dass der Abgebildete nach auffälligem medialen Vorverhalten zu einer bestimmten, der Intimsphäre zuzuordnenden Angelegenheit sich nicht gleichzeitig auf den Privat- bzw. Intimsphärenschutz berufen darf (BVerfG 101, 361, 369 ff. – Caroline von Monaco; ebenso BGH, GRUR 2005, 76 – Rivalin von Uschi Glas).

Der Schutz der Intimsphäre gilt grundsätzlich auch für absolute Personen der Zeitgeschichte.

Zur Intimsphäre zählt auch die so genannte **Geheimsphäre**. Sie betrifft den Bereich des menschlichen Lebens, welcher der Öffentlichkeit erkennbar nicht offengelegt werden soll und erstreckt sich z. B. auf vertrauliche Tonbandaufzeichnungen und Telefonate, Tagebucheintragungen und Äußerungen in persönlichen Briefen. Maßgeblich ist der Geheimhaltungswillen des Betroffenen.

Diesen Schutz genießen grundsätzlich auch Personen der Zeitgeschichte.

Die **Privatsphäre** umfasst zunächst alle Vorgänge innerhalb des privaten häuslichen Bereichs, also der Familie, Partnerschaft, Ehe, Einkommens- und Vermögensverhältnisse und Religion. Von dieser schützenswerten Privatsphäre sind auch Orte außerhalb des häuslichen Bereichs erfasst, wenn sich der Betroffene erkennbar in öffentliche Abgeschiedenheit zurückgezogen hat, in welcher er alleine sein will und sich im Vertrauen auf die Abgeschiedenheit so verhält, wie er es in der Öffentlichkeit nicht tun würde (BVerfG, ZUM 2000, S. 149, 55 – Caroline von Monaco). Gleichwohl genießt die Privatsphäre in Abgrenzung zu Intim- und Geheimsphäre keinen absoluten Schutz. Vielmehr ist der Schutzbereich vom Bekanntheitsgrad, von der Stellung, der Aufgabe des Betroffenen in der Öffentlichkeit abhängig. Deshalb wird es z. b. ein bekannter Star grundsätzlich hinnehmen müssen, dass auch seine persönliche Lebensführung vom interessierten Publikum öffentlich nachvollzogen werden kann. Hierbei gilt jedoch, dass der Schutz der Persönlichkeit des Betroffenen umso schwerer wiegt, je geringer der Informations- bzw. Darstellungswert für die Allgemeinheit ist (vgl. BGH Pressemitteilung Nr. 34/2007 vom 6.3.2007 zu einer Entscheidung über die Veröffentlichung von Bildern prominenter Personen – Caroline von Monaco).

Nach der jüngsten Rechtsprechung des BGH zählt auch bei Prominenten, also absoluten Personen der Zeitgeschichte, der Urlaub zum geschützten Kernbereich der Privatsphäre. Eine Berichterstattung darüber ist folglich nur zulässig, wenn der Anspruch der Öffentlichkeit, über das Zeitgeschehen unterrichtet zu werden, gegenüber dem Schutz des Betroffenen überwiegt. Der BGH verneinte insoweit bei einer Berichterstattung über den Urlaub von Herbert Grönemeyer (BGH – VI ZR 12/06) und Oliver Kahn (BGH Urt. v. 03.07.2007 – VI ZR 164/06), jeweils mit Freundin, das öffentliche Informationsbedürfnis.

Nicht unerwähnt bleiben soll an dieser Stelle, dass der am 01.07.2004 in Kraft getretene § 201 a StGB vor unbefugten Bildaufnahmen (**Paparazzi**-Aufnahmen) von Personen schützen soll, die sich in einer Wohnung oder einem gegen Einblicke besonders abgeschirmten Raum aufhalten.

Durch die **Individualsphäre** wird das Recht auf Selbstbestimmung geschützt. Hierbei geht es insbesondere um die Zulässigkeit der Verwendung von Bildern und Namen von Personen. Privatpersonen müssen solche Veröffentlichungen grundsätzlich nur dann hinnehmen, wenn dies im Zusammenhang mit konkreten sozialen, d. h. öffentlichen Bezügen erfolgt, durch welche sie zu relativen Personen der Zeitgeschichte werden, z. B. der öffentlichen Verhandlung. Dagegen müssen absolute Personen der Zeitgeschichte die Verwendung solchen Materials grundsätzlich dulden.

Zu beachten ist jedoch, dass eine **Darstellung mit negativer Tendenz** ein berechtigtes Interesse der abgebildeten Person der Zeitgeschichte begründen kann, welches die Kunstfreiheit und Meinungsäußerungsfreiheit übersteigt. So ist es nicht statthaft, eine an sich zutreffende Darstellung einer Person durch Zusatzinformationen oder Handlungen erheblich zu entstellen, z. B. eine Person in eine Reportage über Mörder und ihre Bestrafung einzubinden, die mit den berichteten Mordfällen keinerlei Verbindung hat (vgl. Götting in Schricker, UrhG, § 60/§ 23, Rn. 106 m. w. N., vgl. auch das nachstehende Beispiel 1 »Mephisto«). Für die Besonderheiten zur Darstellung von Tätern und Opfern wird auf Abschnitt 5.4 verwiesen.

Abschließend soll an drei exemplarischen Fällen die vorzunehmende Interessensabwägung von Kunstfreiheit bzw. Meinungsäußerungsfreiheit einerseits und den Persönlichkeitsrechten der Betroffenen andererseits aufgezeigt werden.

Beispiel 1: »Mephisto«

Der Klassiker in der inzwischen langen Reihe von Entscheidungen ist die »Mephisto«-Entscheidung des BVerfG aus dem Jahr 1971. Auf die dieser Entscheidung zugrunde liegenden Kriterien stützen die Gerichte auch heute noch weitgehend ihre Urteile. Daher ist es angebracht, sich dieser Entscheidung etwas intensiver zu widmen.

Gegenstand des Verfahrens war das Verbot des Romans »Mephisto« von Klaus Mann. Der im Jahre 1933 ausgewanderte Autor veröffentlichte den Roman zunächst 1936 im Querido Verlag, Amsterdam.

Der Roman schildert den Aufstieg des hochbegabten Schauspielers Hendrik Höfgen, der seine politische Überzeugung verleugnet und alle menschlichen und ethischen Beziehungen abstreift, um im Pakt mit den Machthabern des nationalsozialistischen Deutschlands eine künstlerische Karriere zu machen. Der Roman stellt die psychischen, geistigen und soziologischen Voraussetzungen dar, die diesen Aufstieg ermöglichten. Dem Protagonisten Höfgen diente der Schauspieler Gustaf Gründgens als Vorbild. Gründgens war in den 20er-Jahren, als er noch an den Hamburger Kammerspielen tätig war, mit Klaus Mann befreundet und mit dessen Schwester Erika kurze Zeit verheiratet.

Klaus Mann erklärte hierzu: »*...Höfgen unterscheidet sich in mancher Hinsicht von meinem früheren Schwager. Aber angenommen sogar, dass die Romanfigur dem Original ähnlicher wäre, als sie es tatsächlich ist, Gründgens könnte darum immer noch nicht als der ›Held‹ des Buches bezeichnet werden. Es geht in diesem zeitkritischen Versuch überhaupt nicht um den Einzelfall, sondern um den Typ. Als Exempel hätte mir genauso gut ein anderer dienen können. Meine Wahl fiel auf Gründgens – nicht, weil ich ihn für besonders schlimm gehalten hätte (er war vielleicht sogar eher besser als manch anderer Würdenträger des Dritten Reiches), sondern einfach, weil ich ihn zufällig besonders genau kannte. Gerade in Anbetracht unserer früheren Vertrautheit erschien mir seine Wandlung, sein Abfall so phantastisch, kurios, unglaubhaft, fabelhaft genug, um einen Roman darüber zu schreiben...*« Und er versah den Roman mit dem Vermerk: »*Alle Personen dieses Buches stellen* **Typen dar, nicht Porträts**«.

Im August 1963 kündigte der Verlag die Veröffentlichung des Romans an. Dagegen erhob der Adoptivsohn und Alleinerbe des am 7. Oktober 1963 verstorbenen Gustaf Gründgens, Unterlassungsklage. Das LG Hamburg wies die Klage ab. Auf die Berufung gab das OLG Hamburg der Klage statt und in der Revision bestätigte der BGH das OLG Urteil. Die hiergegen erhobene Verfassungsbeschwerde blieb erfolglos.

Letztlich wurde die Veröffentlichung des Romans »Mephisto« mit der Begründung untersagt, dass der Autor »*ein grundlegend negatives Persönlichkeits- und Charakterbild seines Protagonisten Höfgen und damit des verstorbenen Gründgens gezeichnet habe, das in zahlreichen Einzelheiten unwahr, durch erfundene, die Gesinnung negativ kennzeichnende Verhaltensweisen – namentlich das erdichtete Verhalten gegenüber der schwarzen Tänzerin – angereichert sei und verbale Beleidigungen und Verleumdungen enthalte, die Gründgens durch die Person des Höfgen zugefügt werden seien.«*

Das Urteil war äußerst umstritten und wurde von vielen als »politisches« Urteil gewertet, denn Klaus Mann galt im restaurativen Nachkriegsdeutschland gleichsam als »Nestbeschmutzer«, während Gründgens ein nach wie vor gefeierter Schauspieler und von 1955 an sogar Intendant des Hamburger Schauspielhauses war.

Hochinteressant sind die beiden abweichenden Meinungen der Richter Dr. Stein und Rupp-v. Brünneck. Letztere stellt fest, dass die verfassungsrechtliche Prüfung nicht unmittelbar von der Kunstfreiheit des Art. 5 Abs. 3 GG ausging, sondern zunächst feststellte, dass sich die Romanfigur durch einzelne, negative Charakterzüge und Verhaltensweisen von Gründgens wirklichem Lebensbild unterscheide und dass es sich hierbei um schwerwiegende Entstellungen handele, welche die in Art. 5 Abs. 2 GG gesetzten Schranken der persönlichen Ehre überschritten. Diese *»falsche Ausgangsposition«, dass nicht ein Gesamturteil über den Roman den Ausschlag gegeben habe, »sondern die Prüfung bestimmter herausgegriffener, namentlich aus dem Zusammenhang der künstlerischen Komposition gelöster Einzelpunkte auf ihren Wahrheitsgehalt.«* Dies, so Rupp-v. Brünneck weiter, *»führt zu dem seltsamen und widersprüchlichen Ergebnis, dass dem Autor einerseits der Vorwurf gemacht wird, er habe zu wenig verfremdet – d. h. er habe seinen Romanhelden Gründgens zu ähnlich, also zu wirklichkeitstreu nachgebildet, andererseits wird ihm vorgeworfen, er habe zu stark verfremdet – nämlich seinen Helden mit erdichteten negativen Verhaltensweisen und Charakterzügen ausgestattet, die dem Lebensbild von Gründgens nicht entsprächen.«*

Seit dem »Mephisto«-Urteil begeht die Rechtssprechung diesen Fehler und misst Dichtung mit der »Elle der Realität«. Der Leser könne nicht erkennen, wo das reale Leben aufhöre und die Fiktion beginne und Personen seien *»nur unzureichend verfremdet. Es werden keine Typen dargestellt, sondern Porträts«* (Pressemitteilung des BGH Nr. 90/2005 vom 21.06.2005 zum Fall »Esra«).

Gerade umgekehrt müsste aber der Prüfungsansatz lauten, denn ein Roman ist Fiktion und muss auch als solche wahrgenommen werden. Es sollte doch niemand im Ernst glauben, dass alles, was über eine bestimmte Figur im Roman steht oder in einem Film zu sehen ist, tatsächlich auf die erkannte reale Person zutrifft.

Rupp-v. Brünneck sah in ihrer abweichenden Meinung zur »Mephisto«-Entscheidung als **maßgebliches Kriterium** bei einem in Anlehnung an Persönlichkeiten der Zeitgeschichte geschriebenen Roman an, *»ob der Roman bei einer Gesamtbetrachtung ganz überwiegend das Ziel verfolgt, bestimmte Personen zu* *beleidigen oder zu verleumden, ob die Kunstform des Romans zu diesem Zweck missbraucht wird oder ob das Werk nach den erkennbaren Motiven des Autors und nach objektiver Würdigung des Inhalts und der Darstellung einem anderen Anliegen dient.*«

Dem ist zu folgen und damit kommen wir zu einer Parallele zum Äußerungsrecht: Der Schutz der Meinungsfreiheit endet bei der »Schmähkritik« und dort sollte auch die Grenze der Kunstfreiheit liegen.

Beispiel 2: »Peanuts – Die Bank zahlt alles!«

Bei dem satirischen Film »Peanuts – Die Bank zahlt alles« wurde in Anlehnung an die Geschäfte des Bauunternehmers Dr. Jürgen Schneider ein Hauptcharakter mit spezifischen Charakteristika kreiert. Die Namen aller Beteiligten wurden jedoch verändert. Die Geschichte wurde noch dahingehend überzeichnet, dass dem Hauptcharakter »Dr. Schuster« der Umgang mit einer Prostituierten angedichtet wurde. Der Bauunternehmer fühlte sich durch diese Darstellung in seinen Persönlichkeitsrechten verletzt und versuchte den Kinostart zu verhindern. Dies misslang indessen, denn das OLG Hamburg (Az. 7 U 61/69) vertrat die Auffassung, dass aufgrund der eindeutig **satirischen Darstellung** nicht davon ausgegangen werden könne, dass diese Überzeichnung von den Zuschauern als wahr angesehen werde.

Verglichen mit der »Mephisto«-Entscheidung hätte dieser Film wegen des erdichteten Umgangs von Dr. Schuster mit der Prostituierten, die ihm überdies Beratungsleistungen erbrachte, verboten werden müssen. Das Gericht konnte hier jedoch den »Rettungsanker« der offensichtlichen Satire werfen, wonach niemand ernsthaft glauben durfte, das alles treffe tatsächlich auf die reale Person Dr. Schneider zu.

Beispiel 3: »Eine einzige Tablette« (Contergan)

Am 01. Oktober 1957 wurde das Schlaf- und Beruhigungsmittel Thalidomid (»Contergan«) erstmals zugelassen. Es war rezeptfrei erhältlich und entwickelte sich zum umsatzstärksten Schlafmittel Deutschlands. Insbesondere den Schwangeren wurde es empfohlen; die Substanz war jedoch toxisch für das Ungeborene. Weltweit gab es etwa 10 000 Opfer, die meist eine Verkürzung und Verformung der Arme (und ca. ein Drittel zusätzlich der Beine) bewältigen müssen. Der Hersteller von Contergan, das Pharmaunternehmen »Grünenthal«, zahlte nach verbitterten Verhandlungen einmalig 50 Millionen Euro und die Opfer mussten sich im Gegenzug verpflichten, auf weitere Forderungen zu verzichten. Zusammen mit 110 Millionen Euro, die der Staat aufbrachte, wurde eine Stiftung gegründet. Seit 1997 ist das Stiftungsvermögen aufgezehrt und der Staat übernimmt sämtliche Zahlungen an die Contergangeschädigten.

Diese Arzneimittelkatastrophe war Gegenstand eines Filmprojekts mit dem Titel »Eine einzige Tablette«. Gegen die Ausstrahlung dieses Films wurden im Februar und März 2006 einstweilige Verfügungen durch einen der damaligen Opferanwälte sowie das verwickelte Pharmaunternehmen erwirkt. Beide machten Verletzungen ihrer Persönlichkeitsrechte geltend. Im Wesentlichen gestützt auf das **Drehbuch** bestätigte das LG Hamburg die Unterlassungsverfügungen in der Hauptsache (LG Hamburg, ZUM 2007, 212 f.). Es war der Meinung, dass der ehemalige Opferanwalt sich zurecht in einem andersnamigen Protagonisten – der Anwaltsfigur Wegener – erkannt habe. Auch seien seine Persönlichkeitsrechte verletzt, da das Privatleben durch Szenen aus dem Ehealltag und sonstigem familiären Umfeld des Protagonisten im Drehbuch und Film dargestellt seien. Zwar sei er eine relative Person der Zeitgeschichte, dies erstrecke sich aber nur auf seine anwaltliche Tätigkeit in Verbindung mit dem Skandal und nicht auf sein Privatleben. Die Rechte der Pharmafirma, die nicht wesentlich verfremdet wurde, da eine Erkennbarkeit ohnehin durch die Verbindung mit dem Medikament »Contergan« gegeben war, seien dadurch beeinträchtigt, dass eine Reihe von Szenen die geschichtlichen Vorgänge zu ihren Ungunsten entstellten und eine negative Tendenz enthielten.

Das OLG Hamburg kassierte die Entscheidungen des Landgerichts mit den Urteilen vom 10. April 2007 (OLG Hamburg, Az. 7 U 142/06 und Az. 7 U 143/06) überwiegend und hielt zur Begründung fest, dass Grundlage für eine Entscheidung über eine Urheberrechtsverletzung immer nur der fertige Film sein könne, nicht das Drehbuch. Die tatsächliche bildliche Umsetzung sei in ihrer Wirkung oft abgeschwächt oder andersartig, sodass nur anhand des fertigen Films ein Unterlassungsanspruch durchgesetzt werden dürfe. Außerdem befand das OLG, dass es sich nicht um einen dokumentarischen Film handele, sondern um einen Spielfilm. Das Schicksal einer Familie werde hier nur vor dem Hintergrund einer tatsächlichen Begebenheit dargeboten. Daher sei in diesem Kunstwerk größerer Raum für künstlerische Freiheiten und der Wahrheitsmaßstab sei grundsätzlich weniger streng.

Ferner hielt das OLG im Gegensatz zur Vorinstanz fest, dass keine Verletzung von Persönlichkeitsrechten des ehemaligen **Opferanwalts** gegeben sei, da dieser als Privatperson nicht hinreichend erkennbar sei. Durch die Namensänderung und eine andere Familienstruktur sowie weiterer Änderungen der Anwaltsfigur sei eine hinreichende Verfremdung vorgenommen worden. Die Darstellung des Privatlebens beider Anwaltsfiguren hätte zwar eine gewisse Ähnlichkeit, könne hier aber nicht für eine relevante Erkennbarkeit herangezogen werden. Denn ein verständiger Zuschauer erwarte nicht, dass diese Einblicke ins Privatleben nach Verstreichen von 40 Jahren von einer hohen Wirklichkeitstreue getragen seien. Es erschließe sich somit sofort, dass es sich um eine Fiktion handele. Darin liege der entscheidende Unterschied zur »Esra«-Entscheidung des BGH (vgl. BGH, in: GRUR 2005, 788 »Esra«).

Bezüglich der **Pharmafirma** sah das OLG Hamburg die Mehrzahl der über 15 angegriffenen Szenen aufgrund des Spielfilmcharakters und nach Ansicht des fertigen Films als nicht bedenklich an. Teilweise hatte allerdings die Produktionsfirma bereits auf die Bedenken zum Drehbuch reagiert und Szenen entfernt bzw. modifiziert. Soweit sich weiterhin Abweichungen von belegbaren Hintergründen ergaben, waren diese entweder der dramaturgischen Notwendigkeit eines Spielfilms geschuldet oder nicht von negativer Tendenz. Bei den weiterhin als gegeben erachteten Verletzungen des Unternehmenspersönlichkeitsrechtes führte das Gericht jedoch aus, dass durch die eindeutige Identifizierbarkeit des Unternehmens nur wenig Raum für künstlerische Interpretationen des Geschehens gegeben sei. Dies gelte insbesondere dann, wenn der Zuschauer den Eindruck gewinnen könne, dass eine Handlung objektiv belegbar sei. Daher müsse in diesen Fällen ein deutlich höheres Maß an die Wahrheitsnähe angelegt werden. Folglich sei es zum Beispiel nicht statthaft, auch wenn nachweislich ein Privatdetektiv damals für die Pharmafirma tätig war, diesen unbelegte, extrem bedenkliche Recherche- und Zermürbungstätigkeiten gegenüber dem Opferanwalt ausführen zu lassen. Dies sei eine eindeutige Darstellung mit negativer Tendenz und es erschließe sich einem verständigen Zuschauer nicht, ob es sich hierbei um belegbare historische Begebenheiten handele.

Gegen diese Entscheidung des OLG Hamburg hat das Pharmaunternehmen Verfassungsbeschwerde erhoben und einen Eilantrag gegen die Ausstrahlung des Filmes gestellt. Letzterer wurde erst Anfang September 2007 vom Bundesverfassungsgericht abgelehnt, so dass der Ausstrahlung des Filmes nun nichts mehr im Wege steht. Dieses Beispiel zeigt sehr deutlich, dass bei der Verfilmung tatsächlicher Ereignisse mit höchster Sorgfalt gearbeitet werden muss.

Auch ein **Hinweis** am Anfang oder Ende eines Films, dass die Geschichte und die darin auftretenden Personen frei erfunden seien, hilft nach ständiger Rechtsprechung nicht weiter. Der Film »Eine einzige Tablette« beginnt übrigens gleich mit zwei Hinweisen: Er erklärte einerseits, er beruhe auf einem historischen Stoff, die handelnden Personen andererseits seien aber frei erfunden.

5.4   Sonderfall: Täter und Opfer als Filmvorlage

In der aktuellen Entwicklung der Film- und Fernsehlandschaft gibt es verstärkt Bestrebungen, Taten, Ereignisse und das Leben von Straftätern im Bezug auf spektakuläre Kriminalfälle zu verfilmen. Exemplarisch genannt wurden hierzu bereits die Verfilmung des Wirkens des Kannibalen von Rotenburg (»Rohtenburg«) und »Der Kick« zum rechtsextremistisch motivierten Mord an einem 16-Jährigen in Brandenburg. Als weiteres Beispiel mag die Geschichte vom Kaufhauserpresser Dagobert unter dem Titel »Das Phantom – Die Jagd nach Dagobert« dienen. In der Regel wird ein Straftäter durch seine Tat zumindest zu einer *relativen* Person der Zeitgeschichte (vgl. OLG Frankfurt am Main, GRUR 1958, 508 – Verbrecherbraut; OLG München GRUR 1964, 42 – Lebensmittelskandal; OLG Frankfurt am Main, ZUM 2006, 407 ff. – »Rohtenburg«). Als solche muss er auch grundsätzlich hinnehmen, dass die von ihm begangenen Verbrechen ohne seine Zustimmung in einem Film verarbeitet werden.

Das Recht zur erlaubnisfreien Verfilmung wird hierbei nicht nur durch das allgemeine Persönlichkeitsrecht und das Recht am eigenen Bilde, sondern überdies durch die **Unschuldsvermutung** des Art. 6 Abs. 2 der Europäischen Menschenrechtskonvention (EMRK) eingeschränkt. Art 6 Abs. 2 EMRK bindet zwar Presse, Film und Fernsehen nicht unmittelbar, entfaltet aber eine Ausstrahlungswirkung, welche die Medien zur Zurückhaltung nach Lage des Einzelfalles verpflichtet.

Gleichwohl ist auch schon vor einer rechtskräftigen Verurteilung eine Verfilmung der Tat grundsätzlich möglich. Gerade während des laufenden Ermittlungsverfahrens bzw. Gerichtsverfahrens ist wegen der Nähe zur Tat das allgemeine Informationsinteresse naturgemäß besonders hoch. Unter besonderer Berücksichtigung der Unschuldsvermutung ist indes – nach Maßgabe des Einzelfalles – sorgfältig zu prüfen, ob die besondere Schwere der Tat oder die besondere Stellung des Beschuldigten bzw. Angeklagten hier tatsächlich zu einem Überwiegen des allgemeinen Informationsinteresses gegenüber den Persönlichkeitsrechten des Betroffenen führt (vgl. OLG Frankfurt am Main, AfP 1990, 229 f.; LG Berlin, NJW 1986, 1265).

Bei der Umsetzung eines derartigen Stoffes gibt es allerdings eine **zeitliche Grenze,** nach deren Ablauf die Persönlichkeitsrechte eines Straftäters wieder zunehmend an Bedeutung gewinnen. Sobald das aktuelle Interesse der Öffentlichkeit erloschen ist, verliert der Straftäter seine Stellung als (relative) Person der Zeitgeschichte und erlangt wieder den Status der Privatperson nach § 22 KUG. Ist dies der Fall, darf der Straftäter ohne seine Zustimmung nicht mehr zum Gegenstand eines Fernsehfilms gemacht werden. Eine fortgesetzte Verwertung der Geschehnisse durch die Medien würde nicht nur die Persönlichkeitsrechte des Straftäters verletzen, sondern auch dem in § 2 StVollzG normierten Ziel einer Resozialisierung, also der künftigen Wiederanpassung und störungsfreien Eingliederung in die Gesellschaft, entgegenstehen (BVerfGE 35 S. 202, 220 – Lebach).

Das bedeutet jedoch nicht, dass der Straftäter dann einen Anspruch darauf hätte, in der Öffentlichkeit überhaupt nicht mehr mit der Tat konfrontiert zu werden. Eine vollständige Immunisierung vor der ungewollten Darstellung persönlichkeitsrelevanter Geschehnisse kann er nicht verlangen. Entscheidend ist vielmehr stets, in welchem Maße eine Berichterstattung die Persönlichkeitsentfaltung beeinträchtigen kann. So ist es auch im Rahmen der Rundfunkfreiheit (Art. 5 Abs. 1 S. 2 GG) zulässig, anhand einer (unterhaltsamen) filmischen Darstellung eines Verbrechens, bei welcher der ehemalige Straftäter nicht zu identifizieren ist, eine bestimmte, zeitgeschichtlich interessante Phase zu thematisieren (BVerfG, ZUM-RD 2000, S. 55, 66 – SAT.1-Serie »Verbrechen, die Geschichte machten« oder auch **Lebach II**).

Selbst wenn diese Rahmen jedoch gewahrt sind, ist es nicht gestattet, einen Straftäter komplett zu durchleuchten. So wurde die Vorführung des Films »Rohtenburg« erfolgreich durch den als Vorlage dienenden so genannten »Kannibalen von Rotenburg« erfolgreich verhindert. In dem »Real-Horrorfilm« folgte das Gericht in wesentlichen Teilen der Wertung des Klägers, dass hier seine Persönlichkeitsrechte dadurch verletzt wurden, weil nahezu detailgetreu die private Lebensgeschichte, auch weit über die Tat an sich hinaus, dargestellt wurde. Das Gericht erklärte hierzu, dass grundsätzlich niemand dulden müsse, dass seine persönliche Lebensgeschichte und anderweitige persönlichen Belange ohne (ausreichende) Verfremdung der Öffentlichkeit präsentiert würden. Ein erzählendes Kunstwerk, das für die Öffentlichkeit ohne Weiteres erkennbar die Nacherzählung des Lebensbildes einer real existierenden Person oder eines Ausschnitts hiervon zum Gegenstand habe, könne gegenüber dem Persönlichkeitsrecht dieser Person grundsätzlich keinen Vorrang beanspruchen. Je allgemeiner und objektivierbarer die Darstellung erfolge, umso mehr Gewicht könne die Kunstfreiheit beanspruchen (vgl. OLG Frankfurt ZUM 2006, 407 ff. – »Rohtenburg«). Eine Verfilmung ist allerdings – so stellte das Gericht klar – nicht generell ausgeschlossen. Im Rahmen eines der Unterhaltung dienenden Horrorfilms sei allerdings auf ein mögliches Maß der Verfremdung zu achten, sodass zwar die reale Tat an sich erkennbar bleibt, nicht jedoch die Persönlichkeit des realen Täters wiedergegeben werde (OLG Frankfurt, a. a. O.).

Bei der Verfilmung von Straftaten ist ferner dem **Schutz des Opfers** Rechnung zu tragen, das – im Gegensatz zum Täter – in der Regel ohne eigenes Zutun zum Gegenstand des öffentlichen Interesses geworden ist. Dieser Schutz darf aber nicht so weit gehen, dass eine Verfilmung der aktuellen Geschehnisse ohne seine Zustimmung nicht möglich wäre. Denn durch die Begehung einer Straftat wird die allgemeine Rechtsordnung verletzt und die Öffentlichkeit hat ein berechtigtes Interesse daran, über die Tat näher informiert zu werden.

Daher ist der Opferschutz statt durch ein Verfilmungsverbot dadurch zu gewährleisten, dass bei der Verfilmung Namen, Orte und Geschehensabläufe so weit verfremdet werden, dass die Opfer der realen Straftat selbst für Eingeweihte nicht mehr zu identifizieren sind.

Achtung: OpferanspruchssicherungsG (OASG)

Bei Vereinbarungen mit Straftätern ist dringend die Beachtung des Opferanspruchssicherungsgesetzes geboten. Darin ist in § 1 ein Pfandrecht an Forderungen geregelt, die ein Täter oder Teilnehmer einer rechtswidrigen Tat gegen einen Dritten erlangt. Daraus folgt, dass die Forderung mit der vertragsgemäßen Zahlung des Produzenten an den Täter nicht erloschen ist. Das Opfer kann vielmehr den Produzenten ein zweites Mal zur Kasse bitten.

5.5 Das postmortale Persönlichkeitsrecht

Zu beachten ist schließlich, dass das allgemeine Persönlichkeitsrecht nicht mit dem Tod des Betreffenden endet, sondern der Schutz des Lebensbildes gegen grob ehrverletzende Entstellungen weiterbesteht. Befugt zur Wahrnehmung des postmortalen Persönlichkeitsschutzes sind in erster Linie die Erben des Verstorbenen und daneben seine nahen Angehörigen (vgl. BVerfGE 30, S. 173 – Gründgens-Mephisto).

Der postmortale Persönlichkeitsschutz einer Person besteht jedoch nicht zeitlich unbegrenzt, sondern nur solange das gesamte Lebens- und Erscheinungsbild des Verstorbenen noch fortwirkt. Der Schutz verringert sich daher in dem Verhältnis, in dem das Bild des Verstorbenen verblasst und die Erinnerung an ihn erlischt. Die Dauer des Schutzes hängt neben der Intensität der Beeinträchtigung vor allem von der Bekanntheit und Bedeutung des durch das (künstlerische) Schaffen geprägten Persönlichkeitsbildes ab (BGH, ZUM 1990, 180,183 – Emil Nolde). Bei einem Maler wie Emil Nolde, einem der namhaften Vertreter des deutschen Expressionismus, sei auch einige Jahrzehnte nach dessen Tod noch ein fortbestehendes Schutzbedürfnis anzuerkennen. Entsprechend bejahte der BGH 33 Jahre nach Noldes Tod einen postmortalen Schutz vor Bildfälschungen. Eine generelle zeitliche Grenze ist für den postmortalen Persönlichkeitsschutz bislang nicht gezogen worden. Die 10-Jahresfrist des § 22 KUG ist insoweit nicht maßgeblich, denn sie gilt nur für Bildnisse.

5.5.1 Rechtevereinbarungen mit den Betroffenen

Wie aufgezeigt, sind die Risiken einer Rechtsverletzung bei Filmprojekten, die reale Personen und Ereignisse zur Vorlage haben, nicht unerheblich. Produzenten tun daher gut daran, Verträge mit den betroffenen Personen zu schließen.

Zwar lassen sich Rechte an tatsächlichen außergewöhnlichen Geschehnissen wie z. B. an einem Verbrechen, einem großem Prozess oder an einer Lebensgeschichte nicht exklusiv erwerben, da abstrakte Ereignisse gemeinfrei sind. Mithin besitzt aber niemand, auch nicht die unmittelbar betroffenen Personen »Rechte«

an ihren Erlebnissen. Der urheberrechtliche Schutz besteht insoweit nicht an den Geschehnissen selbst, sondern an den Drehbüchern oder Filmen, die diese Fakten künstlerisch verarbeiten. Grundsätzlich ist es also jedermann gestattet, sich solcher Ereignisse als Inspiration für sein künstlerisches Schaffen zu bedienen.

Dennoch werden häufig **Vereinbarungen** zwischen Produzenten und den Betroffenen abgeschlossen. Hierin können zwar – wie erläutert – keine ausschließlichen Schutzrechte übertragen werden. Die Betroffenen können aber eine Mitwirkungspflicht hinsichtlich des geplanten Filmprojekts übernehmen. Hierbei verpflichten sie sich, dem Produzenten exklusive Informationen zu den tatsächlichen Ereignissen zu liefern. Ferner erteilen sie die Zustimmung zur Verfilmung »ihrer« Geschichte, soweit sie vom Film berührt wird. Dadurch verzichten sie vertraglich auf die Geltendmachung ihrer durch die Verfilmung möglicherweise verletzten Persönlichkeitsrechte. Durch eine solche Vereinbarung gewinnt der Produzent einen deutlichen Vorsprung gegenüber anderen Produzenten, die dasselbe Thema im Auge haben.

In solchen Vereinbarungen sollte den Betroffenen keinesfalls ein **Abnahmerecht** des Films zugestanden werden. Dem Bedürfnis der Betroffenen, bestimmte delikate Szenen zu überprüfen und ihre Zustimmung erst nach Inaugenscheinnahme des Films zu erteilen, sollte dadurch Rechnung getragen werden, dass sie das Drehbuch abnehmen, in das ja ihre Informationen eingeflossen sind.

In vielen Fällen sind die Personen, um die es geht, bereits verstorben. Dann stellt sich die Frage, mit wem die Vereinbarung geschlossen werden muss. § 22 KUG bestimmt für Privatpersonen, also keinen Personen der Zeitgeschichte, dass nach dem Tode die Einwilligung der Angehörigen erforderlich ist. Als **Angehörige** gelten der überlebende Ehegatte oder Lebenspartner und die Kinder, oder, falls niemand der Genannten vorhanden ist, die Eltern. Hierbei ist zu beachten, dass es zur Herstellung und Verbreitung eines Films der Einwilligung aller Angehörigen bedarf, während umgekehrt aber jeder einzelne Angehörige klageberechtigt ist.

Vereinbarungen mit den Betroffenen gewinnen nicht nur aufgrund der vorstehend skizzierten Erfahrungen mit der bundesrepublikanischen Justiz an Bedeutung, sondern vor allem im Rahmen einer internationalen Koproduktion oder Auswertung eines Films. Bei einer internationalen Auswertung ist zu bedenken, dass die Persönlichkeitsrechte in den Auswertungsgebieten teilweise sehr unterschiedlich geschützt werden (z. B. USA, England oder etwa Frankreich), weshalb es sich empfiehlt, die Rechte der Betroffenen in den verschiedenen Territorien rechtzeitig prüfen zu lassen (ggf. durch eine gesonderte »Legal Opinion« eines in dem jeweiligen Land zugelassenen Anwalts oder Gutachters). Dieser Vorgang verursacht regelmäßig einen beträchtlichen Aufwand und Kosten, die sich aber spätestens beim Abschluss der für die internationale Auswertung erforderlichen E&O-Versicherung rechnen bzw. ohnehin anfallen (vgl. Kap. VII. 2).

Zur Vermeidung rechtlicher Probleme sollte – gleichsam als **Checkliste** – schon zu Beginn des Projektes genau geprüft werden:

1. welche Personen oder Personenkreise durch die Verfilmung betroffen werden,
2. welche dieser Personen sich in Charakteren wieder erkennen könnten,
3. ob diese Charaktere gegebenenfalls der Verfremdung zugänglich oder verzichtbar sind.

Sind die Charaktere bestimmt und für die Verfilmung notwendig oder künstlerisch erwünscht, sollte schon frühzeitig auf eine entsprechende Vereinbarung hingewirkt werden.

6 Die erlaubnisfreien Nutzungen

6.1 Die gemeinfreien Werke

Sobald ein Werk keinen urheberrechtlichen Schutz mehr genießt, ist es »gemeinfrei« und kann im Ganzen oder in Teilen von Dritten unentgeltlich genutzt werden.

Das Urheberrecht erlischt gemäß § 64 UrhG 70 Jahre nach dem Tode des Urhebers. Steht das Urheberrecht mehreren Miturhebern zu (§ 8 UrhG), so endet es gemäß § 65 Abs. 1 UrhG 70 Jahre nach dem Tode des längstlebenden Miturhebers.

Bei Filmwerken erlischt das Urheberrecht gemäß § 65 Abs. 2 UrhG 70 Jahre nach dem Tod des Längstlebenden der folgenden Personen: Hauptregisseur, Urheber des Drehbuchs, Urheber der Dialoge, Komponist der Filmmusik (vgl. hierzu oben Kapitel II. 1.2).

Achtung: Insbesondere im Bereich der Musik trifft man immer wieder auf Versuche, an sich gemeinfreie Themen aufzugreifen und in besonderer Weise neu zu arrangieren. Soweit diese Neuarrangements den urheberrechtlichen Schutzvoraussetzungen genügen, ist darin eine Bearbeitung zu sehen. Diese Bearbeitung ist nach §§ 3, 23 UrhG wie ein selbständiges Werk geschützt, wobei sich der Schutz ausschließlich auf die neu arrangierten Teile des Werkes erstreckt. Keinesfalls kann über eine solche Bearbeitung das ursprüngliche Thema seine Gemeinfreiheit verlieren. Außerdem ist zur Verhinderung solchen Missbrauchs in § 3 S. 2 UrhG ausdrücklich geregelt, dass die nur unwesentliche Bearbeitung eines nicht geschützten Werkes der Musik nicht als ein selbständiges Werk geschützt wird. Dies gilt aber nur für Deutschland und der Filmproduzent muss gewärtigen, dass es in einigen anderen Ländern mit solchen »Neuarrangements« durchaus Probleme geben kann.

6.2 Die freie Benutzung (§ 24 UrhG)

Ebensowenig bedarf es für die Nutzung eines vorbestehenden Werkes des Rechts-
erwerbes, wenn eine freie Benutzung vorliegt (§ 24 UrhG). Die freie Benutzung
unterscheidet sich von der abhängigen Bearbeitung (§ 23 UrhG) dadurch, »daß die
dem geschützten älteren Werk entlehnten eigenpersönlichen Züge in dem neuen
Werk in der Weise zurücktreten, daß das neue Werk nicht mehr in relevantem Umfang das ältere benutzt, so daß dieses nur noch als Anregung zu neuem, selbständi-
gem Werkschaffen erscheint« (BGH GRUR 1994, S. 191, 193 – Asterix-Persiflagen).

Die Abgrenzung zwischen der abhängigen unfreien Bearbeitung und der freien
Benutzung ist fließend und letztlich eine Frage des Einzelfalles. Der wesentliche
Unterschied liegt im Grad der Heranziehung des vorbestehenden Werks: Während
bei der Bearbeitung das weiterentwickelte oder umgestaltete Werk in seinem We-
senskern erhalten bleibt, verblassen die Wesenszüge des Originals bei der freien
Benutzung und werden von dem eigenschöpferischen Gehalt des neuen Werkes
überlagert (vgl. BGH a. a. O.). Zum Schutze des Urhebers stellt die Rechtsprechung generell strenge Anforderungen an die freie Benutzung und nimmt im
Zweifel eine abhängige und damit zustimmungspflichtige Bearbeitung an.

Einen Sonderfall der freien Benutzung stellen die **Parodie** und die **Satire** dar.
Bei dieser Konstellation kommt es auf das Merkmal des »Verblassens« der Wesenszüge des Originalwerkes nicht an, denn die Parodie muss sich notwendiger-
weise auf das parodierte Werk beziehen. Dadurch ergibt sich ein gewisser Widerspruch zu der sonstigen Tatbestandsvoraussetzung der freien Benutzung, wonach
das alte Werk neben dem neuen Werk verblassen muss. Deshalb stellt die Rechtsprechung bei der Parodieprüfung darauf ab, dass das neue Werk einen **inneren
Abstand** zum ursprünglichen Werk einhält und sich inhaltlich und künstlerisch
mit ihm auseinandersetzt (Schricker, Urheberrecht, § 24 Rn 23; BGH ZUM 2003,
777, 780). Erforderlich ist eine **antithematische Behandlung** des ursprünglichen
Werks (Dreier/Schulze, § 24 Rn 25; Schricker, Urheberrecht, § 24 Rn 22; BGH
GRUR 1971, 588, 589). Tritt dagegen eine Auseinandersetzung mit den Aussagen
und Eigenheiten des ursprünglichen Werks nicht zu Tage, so liegt keine Parodie
vor (Loewenheim, Handbuch des Urheberrechts, § 8 Rn 21, BGH GRUR 1971, 588,
589). Nicht ausreichend etwa ist, wenn »nur« Heiterkeit hervorgerufen werden
soll (OLG Frankfurt ZUM 1996, 97 ff.).

Eine ironische Bezugnahme auf ein vorbestehendes Werk zum Zwecke der
Förderung von Absatzchancen für das eigene Produkt, stellt aber nach gängiger
Meinung keine Parodie dar (vgl. Schricker – Loewenheim, § 24, Rdnr. 22; OLG
Frankfurt am Main, a. a. O.).

Ebensowenig ausreichend ist eine verfremdete/abgeänderte Wiedergabe des
ursprünglichen Werkes, denn für diesen Fall fehlt es an einer selbstständigen

künstlerischen Auseinandersetzung (BGH GRUR 1994, 191 ff.). Bei der Beurteilung, ob eine Parodie vorliegt, ist ein strenger Maßstab anzulegen, um eine wirtschaftliche Ausbeutung durch umfangreiche Entnahmen zu verhindern (Loewenheim, Handbuch des Urheberrechts, § 8 Rn 22; BGH GRUR 2000, 703, 704; Schricker, Urheberrecht, § 24 Rn 24). Die Entnahme unter Veränderungen darf sich nicht als reine (zustimmungsbedürftige und ggf. mit Lizenzzahlungen verbundene) Bearbeitung darstellen; erforderlich ist ein Mehr, nämlich eine antithematische Behandlung.

Die Kriterien des »inneren Abstands« und der inhaltlichen (antithematischen) Auseinandersetzung enthalten naturgemäß eine nicht unerhebliche »Unschärferelation« und sind im jeweiligen Einzelfall schwierig zu beurteilen. Das führt auch in der **Rechtsprechung** dazu, dass häufig die angerufenen Gerichte in den verschiedenen Instanzen diametral entgegengesetzte Urteile fällen.

So verhielt es sich etwa bei **Kalkofes Mattscheibe:**

In der RTL-Show »Der Preis ist heiß« wurde in einer Spielszene für das Blasenstärkungsmittel »Granufink« geworben. Kurze Zeit darauf befasste sich »Kalkofes Mattscheibe« auf Premiere mit diesem Beitrag. In Kalkofes Mattscheibe wurden Originalausschnitte aus der RTL-Show einschließlich des Werbespots in einer Gesamtlänge von 58 Sekunden übernommen. Und Oliver Kalkofe erklärt hierzu:»Ja, Granufink – Pippifax, der leckere Blasendurchpuster für die ganze Familie. Jetzt mit lustigen Pinkelrekorden und Prostata-Party-Cocktails für jede Packung… Auch unser lustiger Walter kann endlich wieder strullen wie ein Rennpferd. Hui, macht das allen Spaß. Granufink – stärkt die Blase, nicht das Gehirn«. Am Ende tritt Kalkofe mit einer Packung Granufink in der Hand »werbend« auf und erklärt: »Ihr Partner in Sachen Wasserlassen: Granufink – Pippifax. Trinken Sie es und verpissen Sie sich.«.

Die Produktionsfirma der Show »Der Preis ist heiß« wandte sich gegen die Verwendung ihres Materials und begehrte von Premiere Unterlassung und Schadensersatz.

Das LG München wies die Klage ab, die Berufung zum OLG (ZUM-RD 1998,124) hatte Erfolg und die Revision zum BGH führte zur Aufhebung des Berufungsurteils und endgültigen Abweisung der Klage (BGH-Urteil vom 14.04.2000 – I ZR 282/97). Der BGH hob in dieser Entscheidung sehr deutlich hervor, dass die Voraussetzungen der Parodie vorlagen, weil das neue Werk der Vorlage »drastisch eine ganz andere Behandlung des Themas entgegen«setzte, sie mit »beißendem Spott überzog« und sie »satirisch ins Gegenteil verkehrte«. An das Niveau der inhaltlichen Auseinandersetzung werden wiederum geringe Anforderungen gestellt.

Über die Abgrenzung zwischen der erlaubnisfreien Benutzung und der zustimmungspflichtigen Bearbeitung hatte das OLG München auch in der Entscheidung **Das Doppelte Lottchen** zu befinden (ZUM 1999, S. 149 ff.). Hier ging der Streit um den amerikanischen Spielfilm »Eins und Eins macht Vier« (»It takes 2«) als nicht genehmigte Verfilmung des Erich Kästner Romans »Das doppelte Lottchen«. Der vielfach übersetzte und auch verfilmte Roman schildert die Geschichte von Zwillingsmädchen, die durch die Scheidung ihrer Eltern früh getrennt wurden und sich dann zufällig in einem oberbayerischen Kinderheim begegnen. Die Mutter ist berufstätig, der Vater ein berühmter Dirigent, der von einer Verehrerin umworben wird. Die Mädchen tauschen die Rollen und schließlich versöhnen sich die Eltern wieder.

In dem Spielfilm »Eins und Eins macht Vier« ging es ebenso um die Geschichte zweier Mädchen, die sich zufällig in einem amerikanischen Ferienheim begegnen und sich wie Zwillinge gleichen. Das eine Mädchen ist eine arme Waise, das andere hat einen reichen, verwitweten Vater. Das arme Waisenkind wird von einer liebenswerten Frau betreut, das reiche Mädchen soll durch eine bevorstehende Hochzeit des Vaters eine ihr verhasste, geldgierige Stiefmutter bekommen. Die Mädchen tauschen ebenfalls die Rollen und entscheiden, den Vater und die Betreuerin zu verkuppeln. Der Coup gelingt und alle Vier enden in einem Happy End.

Nachdem das Landgericht München I die Klage des Kästner-Nachlasses abgelehnt hatte, untersagte das OLG München schließlich die Filmauswertung. Das Gericht nahm hierbei die folgenden **Prüfungsschritte** vor:

- Zunächst stellte es fest, dass auch Teile eines Werkes schutzfähig sind, soweit sie die erforderliche Schöpfungshöhe haben. Die Werkteile müssen auf der schöpferischen Phantasie des Urhebers beruhen und seine Individualität zum Ausdruck bringen. Dazu zählen nicht solche Teile, die Allgemeingut darstellen, wie etwa das bloße Verwechslungsspiel im einschlägigen Fall. Schöpfungshöhe hat im »Doppelten Lottchen« jedoch die konkrete Ausgestaltung des Verwechslungsspiels und dieser Handlungsablauf wird als »Kernfabel« geschützt.
- Sodann wurde aufgrund der vorab zitierten, vom BGH entwickelten Grundsätze überprüft, ob die schöpferische Eigenart des vorbestehenden Werkes (»Das doppelte Lottchen«) gegenüber den individuellen Zügen des neu geschaffenen Werkes (»Eins und Eins macht Vier«) weitgehend zurücktritt, d. h. »verblasst«. Unter Zuhilfenahme eines Sachverständigen überprüfte das Gericht nunmehr beide Geschichten und trennte sie nach oberflächlichen, nicht beachtlichen Unterschieden und wesentlichen, entscheidungsrelevanten Übereinstimmungen.
- Das Gericht kam schließlich zu dem Ergebnis, dass der angegriffene Film eine Verletzung der **geschützten Kernfabel** des Romans darstellt, indem er Übereinstimmungen in Fabel, Handlungsablauf und agierenden Charakteren wider-

spiegelt. Die Revision der Beklagten wurde vom Bundesgerichtshof durch Nichtannahmebeschluss vom 03.11.1999 abgelehnt. Mithin ist das Urteil des Oberlandesgerichts München rechtskräftig.

Für die Praxis bietet diese Entscheidung zwar eine weitere Orientierungshilfe zur Abgrenzung der zustimmungspflichtigen Bearbeitung gegenüber einer freien Benutzung. Dennoch ist eine sichere und letztlich gerichtsfeste Beurteilung in einzelnen Grenzfällen kaum möglich. Der Produzent sollte seine Rights Clearance daher nur in engen Ausnahmefällen auf die freie Benutzung (§ 24 UrhG) stützen.

6.3   Das Zitatrecht (§ 51 UrhG)

Grundsätzlich erlaubt die Zitierfreiheit im Interesse der geistigen und kulturellen Auseinandersetzung fremde Werke im eigenen Werk in einem durch den Zweck gebotenen Umfang anzuführen (vgl. § 51 UrhG). Die hier interessierenden **Filmzitate** sind in vielfältiger Weise denkbar; so kann z. B. in einem vorbestehenden Werk (Drehbuch) ein anderes Werk zitiert werden oder etwa im Filmwerk selbst aus einem anderen Filmwerk im Wege der Einblendung von Bildsequenzen.

Der Wortlaut des § 51 UrhG unterscheidet zwischen dem Großzitat (Ziffer 1), dem Kleinzitat (Ziffer 2) und dem Musikzitat (Ziffer 3). Unter dem Großzitat ist die Übernahme eines kompletten Werkes zu verstehen, während das Kleinzitat die Anführung von »Stellen eines Werkes« bedeutet. Das Musikzitat schließlich ist eine Variante des Kleinzitats, bei der in einer Komposition einzelne Stellen aus einem anderen musikalischen Werk angeführt werden.

Filmwerke nennt das Gesetz nicht ausdrücklich und daher war lange umstritten, ob das Zitatrecht auf Filmwerke überhaupt anzuwenden sei. Diese Kontroverse fand schließlich durch die Entscheidung des BGH vom 04.12.1986 zum Spielfilm »Laterna Teutonica« ein Ende. Es ging dabei um die – in der Praxis häufigste – Frage der Zulässigkeit der Übernahme von Filmszenen in ein anderes Filmwerk. Der Bundesgerichtshof stellte dazu fest, dass § 51 Ziff. 2 UrhG auf Zitate in Filmwerken analog anwendbar ist (BGH NJW 1987, S. 408 ff.). In rechtlicher Hinsicht handelt es sich bei den Filmzitaten also regelmäßig um Kleinzitate im Sinne des § 51 Ziffer 2 UrhG.

Die **Voraussetzungen** des Zitatrechts im Einzelnen:

6.3.1   Selbstständiges Werk

Der Film, in den der Ausschnitt eingeblendet werden soll, muss ein selbstständiges Werk im Sinne des § 51 Ziff. 2 UrhG sein. Filme sind regelmäßig als solche »selbstständigen Werke« anzusehen. Dies gilt nicht nur für Kinospielfilme, sondern ebenso für Fernsehfilme, Fernsehsendungen, Dokumentarfilme und schließlich auch für sog. Laufbilder (vgl. OLG München ZUM-RD 1998, S. 24 ff. – »Der Preis ist heiß«).

6.3.2 Veröffentlichungserfordernis

Das zitierte Werk muss bereits erschienen oder veröffentlicht worden sein. Sofern jemand beispielsweise ein noch unveröffentlichtes Manuskript zugesandt erhält, darf daraus nicht zitiert werden.

6.3.3 Der Zitatzweck (»Belegfunktion«)

Viele Zitatversuche scheitern daran, dass sie den Zitatzweck verfehlen. Ein Zitat ist nämlich nur dann zulässig, wenn es als Beleg für die eigene Gedankenführung dient, also beispielsweise zum besseren Verständnis der eigenen Darstellungen oder etwa zur Begründung oder Vertiefung des Dargestellten. Es muss folglich ein innerer Bezug zwischen dem Werk und dem Zitat bestehen.

Das Zitat darf nicht willkürlich ausgewählt werden, nur als ansprechende Zutat erscheinen oder bloß zu Unterhaltungszwecken wiedergegeben werden. Denn dann liegt der Zitatzweck nicht in der erforderlichen »Belegfunktion«, sondern ihm kommt reine »Schmuck- oder Unterhaltungsfunktion« zu. Ein Zitat ist auch zu Schmuckzwecken zulässig, solange die erforderliche Belegfunktion erfüllt ist und der Schmuckzweck nicht überwiegt (vgl. BGHZ 50, S. 147 ff. – Kandinsky). Die Grenze von der Belegfunktion einerseits zu dem Schmuckzweck andererseits ist jedoch fließend und schnell überschritten, wie das folgende Beispiel zeigt:

In der von RTL am 11.11.1991 ausgestrahlten Fernseh-Interviewsendung »Der flotte Dreier« zum Thema »Callboys« wurde eingangs ein Ausschnitt von 2 Minuten, 25 Sekunden aus dem Spielfilm »...aber Jonny!« mit Horst Buchholz in der Hauptrolle eingespielt. Das Gericht kam zu dem Ergebnis, dass der Einblendung dieser Spielfilmszene nicht die erforderliche Belegfunktion zukam. Vielmehr diente sie ausschließlich der »Anmoderation« und Unterhaltung des Publikums (OLG Köln, GRUR 1994, S. 47 ff.).

Auf dieser Linie liegt auch eine Entscheidung des Hanseatischen Oberlandesgerichts vom 29. April 1999 (Az. 3 U 129/98). Dort ging es um die viermalige Einblendung eines ca. 2,5 Sekunden langen Ausschnitts eines sado-masochistischen Videofilms in den Dokumentarfilm »Herzfeuer«, der sich mit den sexuellen Neigungen der Deutschen befasste. Während in diesem Dokumentarfilm ein älterer Herr von seinen voyeuristischen Obsessionen erzählt, wird die Szene aus dem Videofilm eingeblendet. Dabei ist diese Szene weder Gegenstand der konkreten Erörterung in dem Dokumentarfilm noch nimmt der Erzähler darauf irgendwie

Bezug. Das Gericht erkannte zutreffend, dass die Verwendung des Filmaus-schnittes beliebig war und die für das Zitat erforderliche Belegfunktion fehlte. Wie in der vorstehend zitierten Entscheidung des OLG Köln diente auch in dieser Konstellation die Einblendung der Szene lediglich der Unterhaltung.

Die erforderliche Belegfunktion müssen schließlich auch **musikalische Ein-spielungen** in Filmwerken erfüllen (vgl. OLG Hamburg ZUM 1993, S. 35 ff.). In dieser Entscheidung hatte der Beklagte für die Jahre 1942 bis 1952 dokumenta-rische Videobänder erstellt, wobei der Text überwiegend von ihm stammte. In die Videobänder waren an 40 Stellen unter Berufung auf das Zitatrecht Musikwerke eingespielt (u. a. »Heimat, Deine Sterne«, »Brüder, zur Sonne, zur Freiheit«, das »Horst-Wessel-Lied« etc.). Nach dem vom BGH vorgegebenen Grundsatz, wonach die Vielfalt der Möglichkeiten so groß ist, dass die Zulässigkeit des Zitats nach Maßgabe des Einzelfalles zu prüfen ist, untersuchte das OLG Hamburg mühsam die 40 einzelnen Stellen darauf, ob jeweils die Voraussetzungen des Zitatrechts vorlagen. Dabei kam es zu dem Ergebnis, dass dies nur bei zehn Einspielungen zu bejahen war. Demgegenüber verfolgten die restlichen 30 Einspielungen keine Zitatzwecke, sondern dienten der bloßen Untermalung, musikalischen Abrun-dung und Ausschmückung des Textes und des Materials.

Ist Musik nur ein »Mittel zur Darstellung«, wie der Fall des Einblendens weni-ger Takte von Schlagermusik als Geräuschkulisse zeigt, so sind stets die Rechte des Inhabers an der Musik einzuholen (LG Frankfurt/Main UFITA Bd. 57, S. 342).

6.3.4   Der gebotene Umfang

Für den gebotenen, also erlaubten Umfang existiert keine feststehende Regel. So-wohl die Auswahl wie auch die Länge des zitierten Werkes müssen sich an dem Grundsatz orientieren, dass nicht mehr benutzt werden darf, als im Rahmen der Belegfunktion erforderlich ist. Letztlich ist jeweils eine Einzelfallprüfung vorzu-nehmen, wobei insbesondere die folgenden Kriterien maßgeblich sind:

• das Verhältnis der Gesamtlänge des selbstständigen, neuen Werkes zu der Länge des Zitats. In der eingangs erwähnten Grundsatzentscheidung hielt es der BGH für zulässig, aus dem zitierten Film »Mädchen in Uniform« 5 Minu-ten 23 Sekunden in den Film »Laterna Teutonica« zu übernehmen. Der BGH fand diese Länge »gerade noch in einem zulässigen Rahmen«, denn die Ge-samtlänge verteilte sich auf zwei Zitate mit einem jeweils verschiedenen Handlungsablauf. In einem anderen Fall entschied das LG Hamburg am 02. November 1996 (Az. 309 O 267/96), dass eine Fernsehanstalt in einen Beitrag von 100 Sekunden Gesamtlänge, der im Rahmen einer Verbraucherberatungs-sendung gezeigt wurde, aus einem Werbefilm 5 Sekunden einblenden durfte.

- Der gebotene Umfang wird freilich nicht nur durch die Dauer, sondern vorwiegend durch den Zweck des Zitats bestimmt. Das Publikum soll in die Lage versetzt werden, den inneren Zusammenhang zwischen beiden Werken zu erkennen. In der vorerwähnten Entscheidung des LG Hamburg war die Einblendung der Sequenz von fünf Sekunden erforderlich, damit das Publikum die sprachliche Selbstdarstellung des Produktherstellers erfassen konnte.
- Klammerteilauswertungen haben eine erhebliche wirtschaftliche Bedeutung, insbesondere im internationalen Lizenzverkehr. Gleichwohl darf die Wahrnehmung der wirtschaftlichen Interessen der Rechtsinhaber nicht zu einer Aushöhlung des zitierten Werkes führen oder die normale wirtschaftliche Verwertungsmöglichkeit des zitierten Werkes unangemessen beeinträchtigen. Umgekehrt sind die Urheber der zitierten Werke im Rahmen der Schrankenbestimmungen und im Interesse der gewünschten geistigen Auseinandersetzung gehalten, die zitatweise Verwendung ihrer Werke zu dulden.

6.3.5 Die unveränderte Übernahme

Die benutzten Stellen aus dem zitierten Werk müssen unverändert übernommen werden. Sofern Veränderungen vorgenommen werden, handelt es sich um eine Bearbeitung (§ 23 UrhG) und nicht mehr um ein erlaubnisfreies Zitat im Sinne des § 51 UrhG.

Dies wird etwa bei der Verwendung von Filmszenen relevant, die musikalisch unterlegt sind. In diesem Falle ist auch die Musik Gegenstand des Zitats. Der Zitierende muss die Musikrechte zu dem zitierten Filmausschnitt nicht separat erwerben. Er darf dann allerdings die Musik aus dem zitierten Filmausschnitt nicht austauschen oder verändern.

6.3.6 Die Quellenangabe

Diesem Erfordernis wird bei Filmwerken dadurch genügt, dass die entsprechende Quelle im Abspann genannt wird.

6.3.7 Schadensersatz / Lizenzgebühr

Sofern die Voraussetzungen des Zitatrechts nicht vorliegen, ist der Zitierende auf Verlangen des Rechtsinhabers verpflichtet, für die rechtswidrige Verwendung der Filmszenen Schadensersatz zu leisten und zukünftige Nutzungen zu unterlassen, falls keine Lizenzvereinbarung zustande kommt.

Nach dem im deutschen Recht herrschenden **Grundsatz der dreifachen Schadensberechnung** kann der Rechtsinhaber zwischen der Herausgabe des erzielten

Verletzergewinns, dem Ersatz des ihm entgangenen Gewinns und der üblichen Lizenzgebühr wählen. Wegen der komplizierteren Gewinnermittlungen orientiert sich die Höhe des Schadensersatzes regelmäßig an der üblichen Lizenzgebühr, d. h. dem Preis, den der Schädiger im Falle eines Erwerbs der erforderlichen Lizenz zu zahlen gehabt hätte. Dieses Prinzip ist in der Literatur teilweise kritisiert worden mit dem Argument, damit würde dem »Piratentum« Vorschub geleistet. Die Rechtsprechung hält jedoch nach wie vor daran fest und lehnt die Zuerkennung eines »Verletzeraufschlags« ab.

Der zu erstattende Schaden wird dabei dadurch ermittelt, dass die Länge des eingeblendeten Ausschnitts mit der üblichen Minuten- bzw. Sekundenlizenz multipliziert wird. Als Anknüpfungspunkt dient bisweilen die Praxis großer Lizenzhändler und die dort verlangten Lizenzgebühren pro Sekunde. Diese variieren je nach dem Genre, der Bekanntheit des Filmwerks, der Größe des Senders, der Einschaltquote, der Sendezeit (z. B. Prime Time) etc.

6.3.8 Internationale Praxis

Das Zitatrecht ist in fast allen Rechtsordnungen anerkannt. Auch Artikel 10 der RBÜ regelt das Zitatrecht für die Mitgliedstaaten. Danach sind Zitate zulässig, wenn sie »anständigen Gepflogenheiten entsprechen« und ein Zitatzweck gegeben ist. Diese generalklauselartige Bestimmung orientiert sich am anglo-amerikanischen Modell (in England »fair dealing« und in den USA »fair use« genannt).

Insbesondere in den USA kann es allerdings außerordentlich riskant sein, sich auf das gesetzliche Zitatrecht in den Grenzen des »fair use« zu verlassen. Im Gegensatz zu Deutschland werden dort bekanntermaßen sehr hohe Schadensersatzansprüche zugesprochen. Dies liegt – neben einer Reihe weiterer Umstände – daran, dass in den USA der Schadensersatz mit Strafcharakter ausgestattet wird (»punitive damages«). Das Risiko besteht erst recht, wenn die Rechte an dem eingeblendeten Filmwerk bei einem sogenanten Major liegen. Man sollte schon aus pragmatischen Gründen vermeiden, es auf einen langwierigen und kostspieligen Rechtsstreit in den USA ankommen zu lassen (der im Falle des Unterliegens deutlich mehr kosten kann, als sich zu Beginn auf eine Lizenz zu einigen). Im Übrigen wird dadurch die Herausbringung des Films in den USA unmöglich, denn kein Verleih wird dieses Risiko übernehmen, solange die Klage eines (angeblichen) Rechteinhabers anhängig ist oder auch nur droht.

Schließlich verlangen mittlerweile nahezu alle Weltvertriebe den Abschluss einer Errors-&-Omissions-Versicherung (vgl. unten Kap. VIII.2. »Filmversicherungen«) und auch diese Police wird nicht ausgestellt, solange die Rechte an einzelnen Szenen des Films nicht geklärt sind. Die Berufung auf das Zitatrecht hilft hier selten weiter. Vielmehr ist die Vorlage eines »Clip Licence Agreements« erforderlich. Darunter versteht man die Lizenzvereinbarung mit dem Rechtsinhaber zur Verwendung der entsprechenden Szenen in dem Film. Insbesondere bei internationalen Filmprojekten ist es ratsam, sich rechtzeitig mit dem Rechteinhaber in Verbindung zu setzten, um eine Lizenzvereinbarung abzuschließen. Dies kann erhebliche Zeit in Anspruch nehmen, denn bei den Major Studios in Los Angeles gehen monatlich Hunderte derartiger Anfragen ein.

Die Rechtsinhaber sind allerdings nicht immer gewillt, die gewünschte Lizenz ohne Weiteres zu erteilen. Sie verlangen vielmehr umfassende Angaben zu den beteiligten Personen, dem Inhalt des Filmprojekts und dem Umfeld der beabsichtigten Einblendung. Erst nach Erhalt sämtlicher Informationen behalten sie sich vor, ihre Entscheidung zu treffen. Dann beginnt häufig erst ein mitunter langwieriger Prozess der internen Rechteklärung beim jeweiligen Rechteinhaber. Sofern nämlich eine Lizenzvereinbarung unterzeichnet werden soll, muss der Lizenzgeber seinerseits klären, ob er auch über alle in dem zitierten Filmausschnitt verkörperten Rechte verfügt. Gerade wenn bekannte Schauspieler darin zu sehen sind, kann es nämlich vorkommen, dass auch deren Einwilligung erforderlich ist. Dies gilt fast ausnahmslos bei Werbefilmeinblendungen.

Wenn nach Beseitigung aller Hürden schließlich das »Clip Licence Agreement« unterzeichnet wird, sollte der Anfragende darauf gefasst sein, dass trotz der Zahlung einer mitunter beträchtlichen Lizenzsumme eine Rechtegarantie und Freistellungserklärung im Hinblick auf die überlassenen Filmszenen nicht abgegeben wird.

6.4 Das unwesentliche Beiwerk (§ 57 UrhG)

Grundsätzlich kann ein Werk auch dann erlaubnisfrei verwandt werden, wenn es neben dem eigentlichen Gegenstand der Wiedergabe nur ein »unwesentliches Beiwerk« gemäß § 57 UrhG ist. Bei der Beurteilung, ob es sich um ein unwesentliches Beiwerk handelt, ist immer auf die Perspektive des Betrachters abzustellen und anhand des Einzelfalles zu entscheiden.

Als unwesentlich sind Gegenstände (z. B. Bilder) dann anzusehen, wenn sie ebenso gut fehlen oder durch ein anderes Beiwerk ersetzt werden können. Sollte das Beiwerk ausgetauscht werden oder entfallen, darf hierdurch die Gesamtwirkung des Filmwerkes in keiner Weise beeinträchtigt werden. Ein Indiz hierfür ist, dass der flüchtige Betrachter das Beiwerk nicht wahrnimmt.

Ein klassischer Fall der Abgrenzungsprobleme des § 57 UrhG stellen Aufnahmen von Innenraumszenen für Spielfilme dar, bei denen urheberrechtlich geschützte Gegenstände erfasst werden (z. B. Gemälde, Filmplakate). Dies ist problematisch, weil Bilder oder andere geschützte Werke in Innenräumen einen wesentlichen Einfluss auf die Gesamtwirkung einer Szene haben können. In den

Kommentaren zu § 57 UrhG wird deshalb nahezu durchgängig die Meinung vertreten, dass die beabsichtigte Einbeziehung eines Werkes ein Indiz dafür ist, dass kein unwesentliches Beiwerk vorliegt. Der Begriff »unwesentliches Beiwerk« erfasse mehr oder weniger nur Gegenstände, deren Erscheinen im Filmwerk gleichsam unvermeidlich sei und darüber hinaus so nebensächlich, dass sie dem durchschnittlichen Publikum nicht auffallen und daher weggelassen werden könnten, ohne die Wirkung des Filmwerkes im geringsten zu verändern. Die Situation kann abschließend anschaulich wie folgt zusammengefasst werden:

...betritt der Kommissar in einem Kriminalfilm die Villa, in der ein Mord geschehen ist, dann ist es für den Tatbestand wesentlich, ob dort alte Stiche hängen oder etwa ein Bild von Max Beckmann... Das Bild – mag es auch nur im Hintergrund erscheinen und im Dialog nicht erwähnt werden – dokumentiert in dieser Szene das Milieu und kann daher nicht als unwesentliches Beiwerk angesehen werden (vgl. Schricker – Vogel, § 57 Rd.9).

Ähnlich entschied auch das OLG München, demzufolge nur dann ein unwesentliches Beiwerk vorliegt, wenn das Werk nur zufällig oder nebensächlich ohne Bezug zum eigentlichen Gegenstand ins Bild kommt. Hiervon ist nicht bei Gemälden auszugehen, die in reproduzierter Form als Wandschmuck einer Zimmerszene abgebildet sind (Urteil vom 09. Juni 1988 – Az. 6 U 413/87).

Ein anderes typisches Beispiel bietet das Fernsehgerät, welches während der Dreharbeiten in einer Ecke des Zimmers steht. Läuft bei dieser Gelegenheit im Fernsehen ein Film, so kann dieses Filmwerk als unwesentliches Beiwerk zu betrachten sein, weshalb die Rechte daran nicht eingeholt werden müssten.

Die Vorschrift des § 57 UrhG ist jedoch, wie alle Ausnahmeregelungen, eng auszulegen. Sie greift z. B. nicht, wenn die im Fernsehen laufenden Bilder in Großaufnahme gezeigt werden. Ferner liegen die Voraussetzungen des unwesentlichen Beiwerks nicht vor, wenn die Verwendung gezielt erfolgt und die Ausschnitte intensiv präsentiert werden. Gleiches gilt, wenn der Ausschnitt als nicht unwesentliches gestalterisches Mittel eingesetzt wird, oder wenn etwa beim Wegfall des »Beiwerks« auch Einbußen an Informationen erfolgten.

Im Übrigen ist insbesondere bei internationalen Produktionen zu beachten, dass zwar vielen Rechtsordnungen ähnliche Vorschriften zugrunde liegen, jedoch mit durchaus unterschiedlichen Ausprägungen. In England etwa wird dies als »incidental inclusion« bezeichnet, wobei die Auffassung herrscht, dass dies nur auf die Einblendung von Werken anwendbar ist, über die der Filmproduzent keine Kontrolle hat. In Frankreich dagegen wären – so die dem Verfasser vorliegenden Informationen – trotz einer ähnlichen Vorschrift in dem obigen Beispiel die Rechte an dem im Fernseher laufenden Film einzuholen.

6.5   Die Werke an öffentlichen Plätzen (§ 59 UrhG)

Nach § 59 UrhG ist es zulässig, Werke, die sich dauerhaft an öffentlichen Orten befinden, zu verfilmen. Erlaubnisfrei kann nach dieser Bestimmung etwa die Plastik »The Hammering Man« von Jonathan Borowsky, die vor dem Messeturm in Frankfurt/Main bleibend aufgestellt wurde, abgefilmt werden. Auch einzelne Gebäude (z. B. Messeturm in Frankfurt/Main, der Backsteinbau am Potsdamer Platz von Hans Kolhoff) oder die gesamte Skyline einer Stadt können aufgenommen werden. Vergleichbaren Bestimmungen begegnet man auch in den meisten anderen Urheberrechtsordnungen (z. B. in England als »Public display of artistic works«).

Auch Werke mit einer dauerhaften öffentlichen Widmung (z. B. Graffiti auf Straßenbahnwagen) fallen unter diese Bestimmung. Die **dauerhafte Öffentlichkeit** wird nicht dadurch berührt, dass die Straßenbahn zeitweilig im Depot verweilt oder anderswo weggesperrt wird.

Soweit sich Werke lediglich für eine vorübergehende Ausstellung an einem öffentlichen Platz befinden, ist deren Nutzung nicht durch § 59 UrhG gedeckt. Ein prominentes Beispiel hierfür war etwa die Verhüllung des Reichstags von Christo im Jahre 1995.

Werke in Gebäuden sind grundsätzlich nicht freigegeben. Etwas anderes gilt ausnahmsweise dann, wenn ein öffentlicher Weg durch das Gebäude führt. Als Beispiel mag das Sony Center am Potsdamer Platz in Berlin dienen.

Ebenso bedürfen **Innenaufnahmen** in einem der nach § 2 Abs. 1 Ziffer 4 UrhG geschützten Bauwerke der Genehmigung.

Weiterhin nicht erfasst werden von der Ausnahmevorschrift des § 59 UrhG die in Schaufenstern ausgestellten Werke.

Schließlich ist noch auf eine Besonderheit hinzuweisen, mit der häufig etwas leichtfertig umgegangen wird. § 59 UrhG erlaubt die Benutzung von Werken nur aus der **Perspektive** der öffentlichen Straße. Das stellte der BGH sehr deutlich in seiner »Hundertwasser«-Entscheidung dar (BGH-Urteil vom 05. Juni 2002, Az. I ZR 192/00).

Der Künstler Friedensreich Hundertwasser klagte gegen die Verbreitung einer Abbildung des nach ihm benannten Hauses im 3. Bezirk in Wien. Diese Aufnahme wurde aus einer gegenüber dem Straßenniveau erhöhten Perspektive gemacht, und zwar aus einer in einem oberen Stockwerk des gegenüberliegenden Hauses befindlichen Privatwohnung. Die Bestimmung des § 59 Abs. 1 UrhG privilegiert aber nur solche Aufnahmen von urheberrechtlich geschützten Bauwerken, die von den öffentlichen Straßen und Plätzen aus gemacht werden, an denen sich das fragliche Bauwerk befindet. Die sog. Panoramafreiheit des § 59 UrhG rechtfertigt keine Aufnahmen der Rückseite oder des Innenhofs von Gebäuden, die lediglich mit ihrer Fassade an einer öffentlichen Straße oder einem öffentlichen Platz stehen. Ebensowenig ist die Luftaufnahme eines solchen Gebäudes privilegiert, weil es Teile des Gebäudes zeigt, die von der öffentlichen Straße nicht zu sehen sind.

Daraus folgt, dass eine Perspektivenveränderung durch zusätzliche Hilfsmittel nicht mehr durch § 59 UrhG gedeckt ist. Wer also vom Balkon einer Privatwohnung oder von einem Hubschrauber aus ein öffentlich ausgestelltes Werk filmt, kann sich nicht auf § 59 UrhG berufen. Mit anderen Worten: Filmaufnahmen aus einer nicht-öffentlichen Perspektive sind unzulässig.

Lediglich klarstellend sei vermerkt, dass eine im Rahmen des § 59 UrhG erlaubte Aufnahme keine anschließende Bearbeitung (z. B. Nachkolorierung, Retusche etc.) des Werkes gestattet. Darin läge eine Bearbeitung nach § 23 UrhG, die einer Genehmigung des Urhebers bedarf (§ 62 UrhG).

6.6 Digital Rights Management (DRM)

Digitale Rechteverwaltung (»Digital Rights Management«, kurz DRM) bezeichnet Verfahren, mit denen die Verbreitung digitaler Medien kontrolliert werden soll. Vor allem bei digital vorliegenden Film- und Tonaufnahmen, aber auch bei Software, elektronischen Büchern etc. findet DRM Anwendung und ermöglicht den Rechteinhabern grundsätzlich neue Abrechnungsmöglichkeiten für Lizenzen und Rechte sowie Kontrollmechanismen über die Nutzung der Daten. DRM hat sich vor dem Hintergrund entwickelt, dass digitale Daten ohne jeden Qualitätsverlust und nennenswertem Aufwand kopiert werden können und damit der Piraterie ausgesetzt sind.

Die entwickelten **Digital-Rights-Management-Systeme (DRM-Systeme)** stellen elektronische Schutzmechanismen für digitale Informationen dar. Sie ermöglichen die Verwertung von digitalen Inhalten über eine reine Pauschalvergütung hinaus und erlauben zusätzlich die individuelle Lizenzierung/Abrechnung nach Häufigkeit, Dauer oder Umfang der Nutzung. Damit werden insbesondere **On-Demand-Geschäftsmodelle** möglich, die vorher nicht realisierbar waren.

Inzwischen existiert eine Reihe von DRM-Systemen. Im Hinblick auf digitale Inhalte wie Filme oder Musik sind die bekanntesten »FairPlay« von Apple oder »Windows Media DRM« von Microsoft. Diese ermöglichen eine genaue Einstellung der Berechtigungen und können für verschiedene Audio- und Videodateien verwendet werden. Apple nutzt »FairPlay« für iTunes, andere Online-Shops (z. B. Napster und Musicload) wie auch Video-on-Demand-Dienste verwenden überwiegend das DRM-System von Microsoft). Das im Jahr 2006 gestartete VoD-Portal »Maxdome« stellt die »restricted internet distribution« durch eine vom US Technologieunternehmen »entriq« entwickelte Software sicher.

Mitunter werden verschiedene Systeme auch kombiniert, um eine Interoperabilität zwischen Mobiltelefonen und PCs zu ermöglichen; Beispiele hierfür sind Musicload und Vodafone.

Die **technische Umsetzung** erfolgt mit Hilfe kryptografischer Verfahren. Dabei wird ein bestimmter digitaler Inhalt durch Verschlüsselung an eine Lizenz gebunden. Ohne die zum digitalen Inhalt gehörende gültige Lizenz kann der Benutzer zwar das Gerät oder den Datenträger erwerben, nicht jedoch auf den Inhalt zugreifen. Der Inhalteserver verwaltet die zu schützenden digitalen Inhalte und verschlüsselt diese zur Verwendung in einem DRM-System. Möchte der Benutzer auf einen durch DRM geschützten Inhalt zugreifen, fordert die DRM-Steuerung vom Lizenzserver die zur Wiedergabe notwendige Lizenz an. Sobald die Authentizität und Integrität des Wiedergabeprogramms verifiziert sind, werden die Inhalte mit dem in der Lizenz enthaltenen Schlüssel entschlüsselt, auf diese Weise lesbar gemacht und an das Wiedergabeprogramm weitergegeben.

DRM-Systeme ermöglichen nicht nur den Schutz digitaler Inhalte, sondern auch die Überwachung der Nutzung der DRM-geschützten Dateien und damit die Etablierung nutzungsabhängiger Bezahlmodelle (Pay-per-View, Video-on-Demand etc.).

Rechtedefinitionssprachen erlauben die Beschreibung des Umfangs der eingeräumten Rechte und ggf. die gewählte Form der Abrechnung. Nutzungsrechte können dadurch sehr differenziert gestaltet und abgerechnet werden, beispielsweise Nutzungszeitraum, Nutzungshäufigkeit, Nutzungsqualität, Nutzungsoperationen (drucken, ändern, kopieren etc.) und weitere Bedingungen bzw. Einschränkungen (geographischer oder sprachlicher Natur) können definiert werden und ermöglichen eine zielgerichtete Nutzungskontrolle.

Der **rechtliche Rahmen** für DRM-Systeme wurde inzwischen ebenfalls geschaffen. In den USA wurde zu diesem Zweck der Digital Millennium Copyright Act (DMCA) verabschiedet und auch in Deutschland wurde das Urheberrechtsgesetz entsprechend angepasst. Nach § 95 a UrhG dürfen wirksame technische Schutzmaßnahmen nicht umgangen werden. Werden technische Schutzmaßnahmen rechtswidrig umgangen, stellt dies einen Verstoß im Sinne des § 97 UrhG dar und begründet Unterlassungs- und Schadensersatzansprüche. Verboten sind außerdem nach § 95 a Abs. 3 UrhG die Herstellung, die Einfuhr, die Verbreitung, der Verkauf, die Vermietung, die Werbung im Hinblick auf den Verkauf oder die Vermietung oder der gewerblichen Zwecken dienende Besitz von Vorrichtungen, Erzeugnissen oder Bestandteilen sowie die Erbringung von Dienstleistungen, die auf eine **Umgehung** wirksamer technischer Schutzmaßnahmen abzielen. Außerdem dürfen nach den neu eingeführten §§ 108 b, 111 a i.V.m. § 95 a UrhG keine Kopierprogramme mehr angeboten werden, die den Kopierschutz umgehen. Schließlich sind technische Schutzmaßnahmen und zur Rechtewahrnehmung erforderliche Informationen nach § 108 b UrhG auch strafrechtlich geschützt. Die technischen Schutzmaßnahmen können im Ergebnis dazu führen, dass **Schrankenbestimmungen** des Urheberrechts (§§ 45 ff. UrhG) ins Leere laufen. Dem versucht § 95 b UrhG dadurch vorzubeugen, dass der Verwender technischer Schutzmaßnahmen den von der Schrankenbestimmung Begünstigten die notwendigen Mittel zur Verfügung zu stellen hat, um die entsprechenden Nutzungsmöglichkeiten zu schaffen. Die Privatkopieschranke des § 53 UrhG ist aber für Filmwerke nicht als einer der Fälle des § 95 b UrhG aufgeführt. Soweit Werke mit technischen Maßnahmen geschützt werden, sind die entsprechenden Vervielfältigungsstücke und Dienste gemäß § 95 d UrhG deutlich sichtbar mit **Angaben** über die Eigenschaften der technischen Schutzmaßnahmen zu kennzeichnen. Außerdem hat der Anbieter die so geschützten Werke mit seinem Namen und einer zustellungsfähigen Anschrift zu versehen. Dadurch soll den Nutzern erleichtert werden, ihre Ansprüche auf Zugangsgewährung gemäß § 95 b UrhG durchzusetzen.

Um DRM-Systeme hat sich eine intensive Diskussion entwickelt und die Gegner (sie nennen DRM »Digital Restrictions Management«) und Befürworter stehen sich unversöhnlich gegenüber. Unterstützer kommen überwiegend aus dem Bereich der Inhalteanbieter, während die Kritiker sich aus Verbraucher- und Datenschützern zusammensetzen.

IV   Die Projektentwicklung

Bei der Entwicklung eines Projektes ist eine Reihe von Maßnahmen sinnvoll und erforderlich. Sofern diese versäumt werden, können sie (teilweise) nicht nachgeholt werden oder sie werden zu einem späteren Zeitpunkt deutlich teurer. Im Folgenden werden gleichsam die »Mindeststandards« formuliert, die bei einer sorgfältigen Entwicklung eines Filmprojektes beachtet werden sollten.

Die denkbaren Vertragsgestaltungen reichen von nur wenige Zeilen umfassende Absichtserklärungen bis hin zu ausführlichen Entwicklungs-, Options- und Verfilmungsverträgen. Aus den unterschiedlichsten Gründen (Zeitdruck, kein Budget für Rechtsberatung etc.) werden in der Entwicklungsphase häufig keine oder nur relativ kurze Verträge geschlossen. Vor einem nachlässigen Umgang mit vertraglichen Angelegenheiten auch in dieser Phase ist indes zu warnen, denn dies kann zu unangenehmen Folgen führen, wie die beiden folgenden Beispiele zeigen.

Fallbeispiel 1: Erstattung der Vorkosten einer nicht durchgeführten Produktion
Das Landgericht München I (ZUM 1999, 491 ff.) befasste sich mit der Schadensersatzklage eines Produktionsunternehmens gegen eine Fernsehanstalt. Die Sendeanstalt hatte Stoffrechte für ein TV-Movie optioniert und ein Produktionsunternehmen zum Zwecke der Produktionsvorbereitung eingeschaltet. In Zusammenarbeit mit der Abteilung »Eigenproduktion« des Senders entwickelte das Produktionsunternehmen über ca. ein Jahr das Projekt, wobei u. a. ein Drehbuchautor beauftragt, das Budget des Films kalkuliert wurde, gemeinsame Treffen mit dem möglichen Regisseur und Produktionsleiter stattfanden etc. Schließlich war der Sendeanstalt das mit 3,8 Mio. DM kalkulierte Budget zu hoch. Eine Restfinanzierung durch das Produktionsunternehmen oder durch Dritte konnte nicht angeboten werden. Daraufhin wurde das Projekt von der Fernsehanstalt eingestellt, sodass ein Produktionsauftrag nicht zustande kam. Überdies hatte der bislang verantwortliche Abteilungsleiter gewechselt.

Das Produktionsunternehmen verlangte daraufhin von der Fernsehanstalt die Erstattung seiner Vorbereitungskosten. Da sich die Sendeanstalt nicht zur Zahlung verpflichtet sah, bemühte das Produktionsunternehmen die Gerichte. Eine schriftliche Vereinbarung oder Erklärung zur Kostenübernahme lag nicht vor.

Als Anspruchsgrundlage für die Erstattung der Vorkosten in Höhe von ca. 180.000 DM prüfte das Gericht zunächst, ob der Sender zumindest konkludent, also durch »schlüssiges Handeln« einen verbindlichen Willen zur Kostenübernahme kundgetan habe. Das Produktionsunternehmen trug insoweit vor, dass es sich um eine unechte Auftragsproduktion gehandelt habe, bei der die Sendeanstalt im eigenen Namen und auf eigenes Risiko ein Produktionsunternehmen mit der Herstellung des Films beauftragt. Die Sendeanstalt habe daher die Kosten der Entwicklung voll zu übernehmen. Hierfür spreche auch der Erwerb der Stoffrechte durch die Sendeanstalt, wodurch diese sämtliche Auswertungsrechte an dem hergestellten Film kontrolliere. Ferner habe die Betreuung der Entwicklung durch die Abteilung »Eigenproduktion« des Senders deutlich gemacht, dass dieser die Entwicklungskosten übernehme.

Diese durchaus vertretbaren Argumente genügten dem Gericht jedoch noch nicht, um einen **vertraglichen Bindungswillen** zur Übernahme der Vorkosten seitens des Senders zu erkennen. Vielmehr, so das Gericht, sei es denkbar, dass das Produktionsunternehmen in der Hoffnung auf den späteren Auftrag das Risiko der Vorleistungen erbracht habe. Auch Unklarheiten über das Budget und über die Besetzung des Regisseurs und des Produktionsleiters hätten noch keinen konkreten Realisierungswillen beim Sender erkennen lassen. Schließlich vermochte das Gericht auch keine Branchenübung dahingehend zu sehen, dass die Sendeanstalt in einer solchen Situation die Vorkosten erstatten würde und lehnte damit eine vertragliche Anspruchsgrundlage ab.

Sodann prüfte das Gericht, ob dem Produktionsunternehmen aus vorvertraglicher **Vertrauenshaftung** (»culpa in contrahendo«) die Erstattung der Vorkosten zuständig. Dies wäre der Fall gewesen, wenn die Sendeanstalt einen Vertrauenstatbestand dergestalt geschaffen hätte, dass der Produktionsauftrag zustande gekommen und die Sendeanstalt dann willkürlich den Abschluss des Vertrags verweigert hätte. Für diesen Sachverhalt lagen jedoch keine Anhaltspunkte vor und die Klage wurde folglich abgewiesen.

Dieser Fall verdeutlicht, dass die Vertragspartner möglichst frühzeitig klare Regelungen in schriftlicher Form niederlegen sollten. Dabei geht es grundsätzlich um zwei Fragen, nämlich um die Frage der Kostenübernahme und um die der Rechteeinräumung. Empfehlenswert ist zumindest, dass die Vertragspartner bzw. derjenige, der das Risiko trägt, die jeweiligen Absprachen, Treffen etc. in schriftlicher Form festhält und der Gegenseite übersendet. Dann können die Regeln des sogennnanten **kaufmännischen Bestätigungsschreibens** greifen, wonach die Empfängerseite sich den Inhalt des Schreibens zurechnen lassen muss, falls sie nicht unverzüglich widerspricht. Dieser Fall ist die Ausnahme von der allgemeinen Regel, dass Schweigen nicht als Zustimmung gilt.

Fallbeispiel 2: Vertrauen auf Zusagen von Redakteuren
Mit demselben Problemkreis, nämlich mit der Frage, ob eine wirksame Vereinbarung zustande gekommen ist oder eine Haftung aus vorvertraglichem **Vertrauensschutz** (»culpa in contrahendo«) besteht, befasste sich ein Urteil des OLG Köln vom 06. Mai 1997 (Az.: 15 U 170/95).

In dem Rechtsstreit ging es erneut um die Klage eines Produktionsunternehmens gegen eine Sendeanstalt. Der Produzent hatte mit dem Leiter der Abteilung Fernsehunterhaltung in einer abschließenden Besprechung die Eckpunkte einer herzustellenden Serie festgehalten. Dazu zählten der Preis, das Ausstrahlungsdatum, die Anzahl der Folgen sowie die Herstellung der noch fehlenden Drehbücher.

Aufgrund dieser Absprache gab das Produktionsunternehmen die Erstellung der Drehbücher in Auftrag. Als jedoch die Drehbücher vorlagen, nahm die Sendeanstalt von der Produktion mit der Begründung Abstand, das Projekt habe im **Verwaltungsrat keine Zustimmung** gefunden (es handelte sich um eine öffentlich-rechtliche Rundfunkanstalt).

Die Sendeanstalt stellte sich nun auf den Standpunkt, nur ein **schriftlicher Produktionsvertrag** sei verbindlich. Von Anfang an sei allen Beteiligten klar gewesen, dass der Vertrag der Schriftform bedürfe und nur nach Zustimmung durch den Fernsehdirektor und den Verwaltungsrat wirksam würde. Zusagen von Redakteuren seien nicht bindend.

Das Gericht wies die Klage des Produktionsunternehmens mangels Vorlage eines wirksamen Produktionsvertrages ab. Wie das Gericht feststellte, war der verhandelnde Abteilungsleiter zum Abschluss eines solchen Vertrages nicht befugt. Ebensowenig lagen die Voraussetzungen einer Duldungs- oder Anscheinsvollmacht vor, weil dem Produktionsunternehmen aus vorangegangener Zusammenarbeit bekannt sein musste, dass die Sendeanstalt rechtlich durch den **Intendanten** vertreten wird und Verträge schriftlich fixiert sein müssen.

Auch Ansprüche aus »culpa in contrahendo« scheiterten, weil die Konzeption der Serie auf die Person eines Hauptdarstellers zugeschnitten war, den der Produzent nicht verpflichten konnte. Den angebotenen Ersatz lehnte die Sendeanstalt wiederum ab. Unter diesen Umständen war noch keine Einigkeit über die wesentlichen Bestandteile des Vertrages erzielt.

Auch unter Berücksichtigung dieser Entscheidung sollte ein Produktionsunternehmen sich sofort alle mündlich getroffenen Vereinbarungen schriftlich bestätigen lassen und erst dann ins Risiko gehen, wenn von einem wirksamen Vertrag ausgegangen werden kann. Dies ist der Fall, wenn über alle oder zumindest die wesentlichen Vertragspunkte Einigkeit möglichst in schriftlicher Form erzielt worden ist.

Ferner muss der Produzent aufgrund dieser Entscheidung darauf achten, dass nur vertretungsberechtigte Personen bei mündlichen Verhandlungen bindende Zusagen machen können, die vom Produzenten dann möglichst umgehend schriftlich bestätigt werden sollten.

Die fehlende formale Registrierung von Werken ist ein Problem, weil dadurch häufig die Streitfrage aufkommt, wer der Schöpfer und damit Inhaber der Urheberrechte eines Werkes ist. Hierbei geht es insbesondere um die Frage des **Nach-**

weises der Urheberschaft und wie sich der Urheber bzw. der Filmproduzent gegen einen **Ideenklau** bzw. die Übernahme seines Werkes schützen kann.

1 Urhebervermerk (§ 10 UrhG)

Nach § 10 UrhG wird bis zum Beweis des Gegenteils derjenige als Urheber des Werkes angesehen, der auf den Vervielfältigungsstücken oder auf dem Original eines Werkes in der üblichen Weise als Urheber bezeichnet ist. Die übliche Weise der **Bezeichnung** lautet: ©, Name des Urhebers, Jahr des Erscheinens bzw. der Entstehung.

Bei Filmdrehbüchern (das trifft natürlich auch auf Exposees und Treatments zu) ist für die **Vermutung der Urheberschaft** nach § 10 UrhG maßgeblich, wer auf dem Originaldrehbuch steht. Dies gilt aber nicht, wenn das Werk nach dem Gesamteindruck nicht von dem dort Genannten stammt. Nicht ausreichend ist, dass jemand als Mitautor in einem oder mehreren Werken der Filmliteratur genannt wird. Insoweit hatte das OLG München über die Frage der Miturheberschaft Fritz Langs an dem Drehbuch zu seinem Film »M – Eine Stadt sucht einen Mörder« aus dem Jahr 1931 zu entscheiden (OLG München, Poll, D.2.4 – »M – Eine Stadt sucht einen Mörder«). Das Drehbuch stammte aus der Feder von Thea von Harbou und es war unklar, ob Fritz Lang daran mitgearbeitet hatte. Die Dokumente über die Entstehung des Drehbuchs waren verschollen. Eine Produktionsfirma beabsichtigte, ein Remake von »M« herzustellen und glaubte, hierzu nach dem Erwerb sämtlicher Rechte von Thea von Harbou berechtigt zu sein.

Dagegen wandte sich ein Bühnenverlag, der die entsprechenden Miturheberrechte angeblich von Langs Witwe erworben hatte. Dieser behauptete, Fritz Lang sei Mitautor des Drehbuchs gewesen und er werde auch in verschiedenen Filmlexika als solcher geführt. Außerdem habe Lang das selbst erklärt und er sei in einer 1996 veröffentlichten Videoversion des Films als Mitautor des Drehbuchs genannt.

Das Gericht wies die Klage ab, weil der Kläger keine tatsächlichen Umstände vorgetragen habe, die eine Annahme Fritz Langs als Miturheber des Drehbuchs rechtfertigten. Die Nennung in Werken der Filmliteratur und in der Videofassung sei nicht geeignet, die Vermutung gemäß § 10 UrhG zu begründen. Voraussetzung sei vielmehr, dass Lang auf dem Originaldrehbuch und den Vervielfältigungsstücken als Miturheber genannt werde. Das war unstreitig nicht der Fall. Hinzu kam, dass auch auf dem Original-Filmplakat von 1931 allein Thea von Harbou als Drehbuchautorin aufgeführt sei.

Aufgrund dieses hohen Stellenwerts des § 10 UrhG ist nachdrücklich davor zu warnen, aufgrund freundschaftlicher Beziehungen, geschäftlicher Interessen oder etwa nur aus Leichtsinn Dritte als Miturheber auf dem Original oder auf Vervielfältigungsstücken aufzuführen. Es ist außerordentlich mühsam und unter anderem kostspielig, diese Vermutung später wieder auszuräumen.

2 Prioritätsverhandlung / Hinterlegung

Eine weitere Hürde zur Verhinderung bzw. Abschreckung der unberechtigten Übernahme des Werkes durch Dritte ist die so genannte Prioritätsverhandlung, d. h. die Hinterlegung des Werkes bei einem Notar oder Rechtsanwalt.

Darüber hinaus kann das Werk bei der Writer's Guild of Germany (www. writersguild.de) hinterlegt werden, was etwa denselben Zweck erfüllt. Die Hinterlegung bei der WGG erfolgt für einen Zeitraum von drei Jahren und kostet 20 Euro. Nach Ablauf der drei Jahre wird das Manuskript vernichtet, sofern nicht zuvor eine Verlängerung beantragt wird, die maximal drei weitere Jahre beträgt.

Sofern der internationale Markt angestrebt wird, empfiehlt sich eine Hinterlegung bei der Writer's Guild of America (www.wga.org), die wiederum eine Registrierung im Copyright Office durchführt.

Zur Vermeidung von Missverständnissen ist allerdings darauf hinzuweisen, dass im Urheberrecht im Gegensatz zum sonstigen gewerblichen Rechtschutz (z. B. Titelschutz, Markenschutz) nicht der Prioriätsgrundsatz gilt, wonach derjenige das bessere Recht hat, der den entsprechenden Titel oder ein Schutzrecht zuerst angemeldet, in Gebrauch genommen oder sonstwie veröffentlicht hat. Denn es kann gelegentlich zu Doppelschöpfungen (vgl. Kap. I. 4.10) kommen und dann kann der »prioritäre« Urheber dem anderen die Nutzung seines Werkes grundsätzlich nicht untersagen. Allerdings verbessert die Hinterlegung des Werkes deutlich die Ausgangsposition des Urhebers in Streitfällen, denn häufig existieren doch irgendwelche Verbindungen zwischen den beiden Werken.

3 Vertraulichkeits-, Geheimhaltungsvereinbarung

Auch die Unterzeichnung einer Vertraulichkeitsvereinbarung (»Confidentiality Agreement«) kommt unter bestimmten Umständen als geeignetes Schutzmittel infrage. Eine solche Vertraulichkeitsvereinbarung sollte die Verpflichtung des Vertragspartners vorsehen, die überlassenen Unterlagen vertraulich zu behandeln, insbesondere nicht an Dritte weiterzureichen. Außerdem kann in eine solche Erklärung die Verpflichtung aufgenommen werden, dass die Realisierung des Projektes an die Mitwirkung der Vertragspartner gebunden ist.

Besonders empfehlenswert ist der Abschluss einer solchen Vereinbarung, wenn es um ein urheberrechtlich nicht schutzfähiges Werk geht oder der Schutz zumindest zweifelhaft ist. Unter diesen Umständen hat der Betroffene nämlich kaum rechtliche Möglichkeiten, die Ausbeutung seiner Idee bzw. seiner Arbeitsergebnisse zu unterbinden. Allein die entsprechende Vereinbarung kann dies unter Umständen verhindern.

Obgleich solche Vertraulichkeitsvereinbarungen in anderen Industriezweigen durchaus gängig sind, ist nicht nur in Deutschland im Entertainment-Bereich starke Zurückhaltung im Umgang mit derartigen Vereinbarungen festzustellen. Die deutschen Fernsehanstalten werden eine solche Erklärung grundsätzlich nicht unterzeichnen. Ebensowenig wird der Produzent bei einem amerikanischen Studio damit Erfolg haben. Der Grund liegt darin, dass in einer großen Ideenwerkstatt unzählige Stoffe und Drehbücher entwickelt werden und darunter könnte zufällig ein Stoff sein, der mit dem angebotenen identisch oder diesem zumindest ähnlich ist. Dann käme der Unterzeichner einer solchen Vertraulichkeitsvereinbarung in eine rechtlich problematische Situation. Dies gilt es zu vermeiden und daher werden dort grundsätzlich keine Vertraulichkeitsvereinbarungen akzeptiert.

Zusammenfassend ist festzuhalten, dass ein urheberrechtlich geschütztes Werk absoluten Schutz vom Zeitpunkt seiner Schöpfung an genießt. Hierzu bedarf es keiner formalen Registrierungsvoraussetzungen. Im Übrigen bleibt es dem Einzelnen überlassen, ob und wie er den Nachweis seiner Urheberschaft führt. Schon im Stadium der Entstehung des Werkes und der Projektentwicklung existieren verschiedene Möglichkeiten, eine Rechtsposition weitgehend zu festigen, um einer unberechtigten Übernahme vorzubeugen.

4 Weitere Vertragsarten

Ein Vertrag kommt durch die Unterbreitung eines **Angebotes** und dessen unveränderter **Annahme** zustande. Unabhängig von der Frage, ob Verträge schriftlich oder mündlich geschlossen werden können, sind sie grundsätzlich nur dann wirksam, wenn Übereinstimmung über die wesentlichen Vertragsbestandteile erzielt wurde (die **essentialia negotii**).

Welches die wesentlichen Vertragsbestandteile sind, ist jeweils eine Frage des Einzelfalles. Regelmäßig handelt es sich dabei mindestens um die Vertragspartner, den Vertragsgegenstand, die jeweiligen Hauptleistungspflichten, d. h. insbesondere die zu übertragenden Rechte und Materialien sowie die zu zahlende Vergütung. Während in der kontinentaleuropäischen Rechtstradition die wichtigsten vertraglichen Regelungen getroffen werden und im Übrigen auf das kodifizierte Recht rekurriert werden kann, besteht insbesondere in den Vereinigten Staaten von Amerika die Gepflogenheit, Verträge sehr ausführlich und bis ins letzte Detail zu formulieren. Hierfür fehlen jedoch gerade in der Phase der Projektentwicklung häufig die Zeit oder das Budget für eine angemessene Rechtsberatung. Dennoch sollte auf eine Festlegung der getroffenen Abreden nicht gänzlich verzichtet werden und zumindest die angesprochenen Eckdaten sollten schriftlich fixiert werden. Hierfür stehen die folgenden Mittel zur Verfügung.

4.1 Der Letter of Intent

Häufig steht am Anfang eines Projektes ein »Letter of Intent« (LoI). Dieser stammt aus der amerikanischen Vertragspraxis und hat sich im internationalen Geschäftsverkehr weitgehend etabliert. Obwohl der LoI auch in Deutschland an Bedeutung gewinnt, begegnet er hier noch immer einer gehörigen Portion Misstrauen. Dies belegt beispielhaft ein Zitat aus der Frankfurter Allgemeinen Zeitung vom 08. Juli 2000 anlässlich der Überlassung der Sammlung Corboud als Dauerleihgabe an das Kölner Wallraf-Richartz-Museum:

Die Konstruktion scheint so windig, dass wohl besser keine deutsche Formulierung dafür gewählt wurde: »Letter of intent«, sprich: Vorvertrag nennt die Stadt Köln das Papier, das sie von dem Schweizer Kunstsammler Gerard Corboud entgegengenommen hat.

Im Geschäftsverkehr setzt sich der Letter of Intent zunehmend durch und unter Berücksichtigung der Umstände des jeweiligen Einzelfalles und der Gepflogenheiten der jeweiligen Branche kann darin eine verbindliche Zusage bzw. ein Vorvertrag zu sehen sein.

Sowohl die Bezeichnung als auch die inhaltliche Ausgestaltung eines LoI sind in der Praxis sehr unterschiedlich. Seinem **Zweck** und seiner **ursprünglichen Idee** nach dient der LoI dazu, ein bereits erzieltes Verhandlungs- oder Gesprächsergebnis zu fixieren, die wechselseitig bestehenden Absichten zu bekunden und ggf. offen gebliebene Punkte auszulisten. Wenn die Parteien an ihre Bekundungen nicht gebunden sein wollen, wird dies gewöhnlich in den LoI aufgenommen (»Non-binding-clause«). Ein LoI ist also ein **vertrauensbildendes Element**, das gerade bei langwierigen Verhandlungen strategisch eingesetzt wird. Ein LoI kann aber auch verbindlich sein, wenn beide Parteien eine solche Abrede treffen wollten. In der Praxis regeln LoIs häufig bestimmte Rahmenbedingungen wie etwa Vertraulichkeit und Exklusivität der Verhandlungen sowie die entstehenden Kosten. Ungeachtet der Frage seiner rechtlichen Verbindlichkeit entfaltet ein LoI meist faktische Bindungswirkung, denn erfahrungsgemäß berufen sich die Parteien während der weiteren Verhandlungen auf den Inhalt des LoI und messen das Verhalten der jeweils anderen Seite daran.

Auch wenn in einem LoI noch kein verbindlicher Vertrag zu sehen ist, können sich daraus bestimmte Rechte und Pflichten ergeben und ein LoI kann bei grundlosem Abbruch der Vertragsverhandlungen Schadensersatzansprüche aus **culpa in contrahendo** begründen.

Die Vorlage bzw. Unterzeichnung eines LoI ist für alle an der Entwicklung eines Projektes Beteiligten branchenüblich. So wird ein Letter of Intent insbesondere verwendet, um Regisseure, Schauspieler oder andere Mitwirkenden für ein bestimmtes Projekt zu gewinnen und/oder zur Vorlage bei Filmförderinstitutionen.

In jüngster Zeit kam es wiederholt zu gerichtlichen Auseinandersetzungen aufgrund solcher LoIs zwischen Produzenten einerseits und Schauspielern/Regisseuren auf der anderen Seite. Teilweise forderten letztere nicht nur das so genannte negative Interesse, sondern das Honorar, das sie im Falle der Realisierung des Projekts mit ihnen erhalten hätten. Daher ist nachdrücklich vor einem leichtfertigen Umgang mit LoIs zu warnen.

Auch der Completion Bond stellt nach Prüfung der Projektunterlagen gegenüber Investoren, Koproduzenten und dem Finanzierungsinstitut einen LoI aus. Darauf dürfen diese vertrauen und der Completion Bond wird das Projekt nur dann nicht versichern, wenn sich wesentliche Veränderungen zwischenzeitlich ergeben. Der »Letter of intent« ist also durchaus ein seriöses und nicht ganz unverbindliches Instrument.

4.2 Das Deal Memo

Vorbei scheinen die Zeiten, als man auf die Frage »Do we have a deal?« kurz mit »Yes« antwortete, sich die Hände reichte und sich auf ein solches »Gentlemen's Agreement« verlassen konnte. Allenthalben werden nach anglo-amerikanischem Vorbild Deal Memos geschlossen, die meist unter hohem Zeitdruck auf Messen oder Festivals entworfen werden. Deal Memo ist etwa als »Geschäftsabschluss-Memorandum« zu übersetzen. Welches sind aber die **Voraussetzungen**, die erfüllt sein müssen, damit das Deal Memo auch verbindlich ist?

Die Frage der Rechtsnatur und der Verbindlichkeit eines Deal Memos war wiederholt Gegenstand gerichtlicher Auseinandersetzungen. Nach der **Rechtsprechung** (z. B. BGH NJW 2003, 664 ff.; OLG München – 21 U 3673/99) kann ein im Filmgeschäft übliches Deal Memo als bloße Absichtserklärung ohne Rechtsbindungswillen, als verbindlicher Vorvertrag oder gar als endgültiger Vertrag gewertet werden. Entscheidend kommt es jeweils auf den Wortlaut, den Sinn und Zweck des Deal Memos und die Interessenslage der Parteien an.

Beispiel: Vor einigen Jahren ging es um die Wirksamkeit eines Deal Memos, das während einer internationalen Fernsehmesse im Ausland geschlossen wurde. Nach dem Deal Memo sollte sich der Lizenznehmer aus dem vorgelegten Katalog des Lizenzgebers einige hundert Stunden Programm sowohl für Pay-TV als auch für Free-TV aussuchen. Im Übrigen regelte das Deal Memo in den üblichen kurzen Stichworten die Ausstrahlungshäufigkeit (»runs«) jeweils für Free-TV und Pay-TV, die Lizenzzeit, das Lizenzgebiet, die zu liefernden Materialien sowie die Vergütung, wobei 10 % der Gesamtvergütung mit der Unterzeichnung des Deal Memos fällig war.

Anlass der gerichtlichen Auseinandersetzung war schließlich der Umstand, dass sich der Lizenzgeber nicht in der Lage sah, die vereinbarte Anzahl der Programmstunden zu liefern, da er weitgehend nicht über die in seinem Katalog aufgeführten Programme verfügte. Als der Lizenznehmer auf Erfüllung des Deal Memos bestand, erklärte der Lizenzgeber, es handele sich »nur« um ein Deal Memo, welches noch keinen wirksamen Vertrag mit Bindungswirkung darstelle. Das angerufene Gericht vertrat demgegenüber die Auffassung, dass in einem solchen Deal Memo jedenfalls dann eine verbindliche Regelung zu sehen sei, wenn darin die wesentlichen Eckdaten eines Lizenzvertrages geregelt seien. Diese wesentlichen Vertragsbestandteile sind in der Bestimmung der Vertragsparteien, des Lizenzgegenstandes (Filme bzw. Programme), der eingeräumten Nutzungsrechte (Ausstrahlungshäufigkeit, Free- und Pay-TV, ggf. Video-on-Demand, Pay-per-View etc.), Lizenzzeit, Lizenzgebiet des zu liefernden Materials und schließlich in der Vereinbarung der Lizenzvergütung zu sehen. Die Bedenken im Hinblick auf die Bestimmtheit des Vertragsgegenstandes (Filme, die aus dem Katalog des Lizenzgebers erst noch auszusuchen waren) wurden ebenfalls zerstreut, denn diese Vorgehensweise genügt dem gesetzlichen Bestimmtheitsgebot (§ 315 BGB).

Deal Memos enthalten häufig den Hinweis, dass weitere Einzelheiten noch in einem **Long Form Agreement** geregelt werden. Diese Klausel stellt die Wirksamkeit grundsätzlich nicht infrage, denn letztlich handelt es sich zumindest um einen (verbindlichen) **Vorvertrag**, der bereits die wesentlichen Eckdaten enthält und zum Abschluss des vorgesehenen Hauptvertrages verpflichtet. Bisweilen ergibt sich jedoch, dass das Deal Memo die endgültige Vertragsgrundlage der Parteien bleibt und ein Projekt realisiert wird, ohne dass es zu dem ursprünglich beabsichtigten ausführlichen Vertrag kommt. Zur Ausräumung von Zweifeln sollte in einem solchen Fall im Deal Memo deshalb vermerkt werden, dass die Parteien das Deal Memo als verbindliche Grundlage ansehen, solange oder falls kein ausführlicher Vertrag mehr geschlossen werden sollte.

Aus den vorgenannten Gründen sollte bei länderübergreifenden Regelungen schon im Deal Memo festgelegt werden, welches Recht Anwendung findet und welcher Gerichtsstand für die Rechtsbeziehungen der Parteien gelten soll.

Hinzuweisen ist schließlich noch auf eine Eigentümlichkeit, bei der besondere Aufmerksamkeit geboten ist. Insbesondere bei Verhandlungen mit englischen oder amerikanischen Vertragspartnern ist ein Vertragsangebot oft mit **Subject to contract** überschrieben. Im englischen bzw. amerikanischen Recht hat dies zur Konsequenz, dass der Vertrag noch nicht als verbindlich abgeschlossen betrachtet wird. Solange ein Deal Memo oder eine wie auch immer geartete Vereinbarung mit einem solchen Vorbehalt versehen ist, ist tunlichst darauf zu achten, dass noch keine kostenintensiven Schritte eingeleitet werden. Andernfalls besteht die Gefahr, dass der Vertragspartner sich seiner Verantwortung unter Verweis auf »Subject to contract« entzieht. Zur Vermeidung solcher Nachteile sollten maßgebliche Entwicklungskosten möglichst in einer zusätzlichen Vereinbarung festgelegt werden.

4.3 Der Options- und Verfilmungsvertrag

Optionsverträge stellen ein außerordentlich wichtiges Instrument im Rahmen der Projektentwicklung dar. Der Sinn und Zweck von Optionsverträgen liegt darin, dass sich der Produzent die Rechte an einem Stoff exklusiv reserviert, um im Laufe der Optionsfrist das Projekt zu entwickeln und herauszufinden, ob es Realisierungschancen hat.

Der Produzent kann sich am Ende der Optionszeit in einer schwierigen Situation befinden, wenn er zwar einen erheblichen Teil des Budgets finanziert hat, ihm jedoch die Restfinanzierung fehlt. Dann sieht er sich dem Dilemma gegenüber, entweder die Option auszuüben oder sie verfallen zu lassen. Im ersten Fall geht der Produzent das Risiko ein, das Verfilmungshonorar zu zahlen und möglicherweise die Finanzierung des Projektes später zu verfehlen. Bei der zweiten Variante verfällt demgegenüber nicht nur die bereits gezahlte Optionsgebühr, sondern unter Umständen können sich auch verauslagte Entwicklungskosten in beträchtlicher Höhe als fruchtlose Aufwendungen erweisen (z. B. die Anfertigung eines Drehbuches, Reisekosten etc.).

Obwohl Optionsverträge oft unter Zeitdruck und mit ungewissen Realisierungsaussichten des Projektes geschlossen werden, sollte der Produzent die Ausarbeitung eines ordentlichen Optionsvertrages keinesfalls vernachlässigen.

Grundsätzlich ist zwischen den **einfachen** (unechten) und den **qualifizierten** Optionsverträgen zu unterscheiden. Generell ist zu empfehlen, weder die Zeit noch die Kosten einer sorgfältigen Ausarbeitung eines qualifizierten Optionsvertrages zu scheuen. Bei einem qualifizierten Optionsvertrag wird die Option und der mit Ausübung der Option automatisch in Kraft tretende Verfilmungsvertrag vollständig verhandelt und in einem Vertragswerk gebündelt (Options- und Verfilmungsvertrag).

Demgegenüber enthält der einfache Optionsvertrag nur Regelungen, welche die Option als solche betreffen und nicht den Verfilmungsvertrag. Die Vorteile des einfachen Optionsvertrages liegen darin, dass eine solche »Vereinbarung« relativ unkompliziert ist, schnell und ohne großen Zeit- und Kostenaufwand (z. B. Rechtsberatung) abgeschlossen werden kann, und dem Produzenten für eine oft geringe Optionsgebühr die Rechte exklusiv reserviert werden.

Sofern der Produzent nur den einfachen Optionsvertrag wählt, muss er im Falle der beabsichtigten Ausübung der Option insbesondere über das zu zahlende Verfilmungshonorar und die zu übertragenden Rechte unter Umständen schwierige und langwierige Verhandlungen führen, die ihn im Worst-Case-Scenario sogar rechtlos stellen können.

Entschließt sich der Produzent zu einem einfachen Optionsvertrag, sollten deshalb zumindest die wesentlichen **Eckdaten** des späteren Verfilmungsvertrags festgelegt werden. Dann hat er jedenfalls einen verbindlichen Vorvertrag in der Hand und der Vertragspartner ist gehalten, den erforderlichen ausführlichen Vertrag nach Treu und Glauben zu verhandeln und abzuschließen.

Die wichtigsten Eckdaten eines (einfachen) Optionsvertrages lauten wie folgt:

4.3.1 Der Optionsgegenstand

Hier ist das Werk (ggf. unter dem vorläufigen Arbeitstitel) nebst Verfasser (und ggf. Verlag) genau zu bezeichnen.

4.3.2 Die Optionszeit

Üblicherweise werden Optionen für mindestens ein Jahr abgeschlossen mit der Möglichkeit, die Option um ein weiteres Jahr oder zumindest sechs Monate zu verlängern. Welche Optionszeit letztlich gewählt wird, hängt im Wesentlichen von dem einschlägigen Stoff ab. Handelt es sich etwa um einen Stoff, der stark »zeitgeistabhängig« ist, bietet sich eine möglichst kurze Optionszeit an. Gleiches gilt für einen Roman, der sich als Bestseller verkauft und deshalb möglichst zeitnah verfilmt werden soll.

Andererseits ist nicht zu übersehen, dass namentlich etwas höher budgetierte und anspruchsvolle Projekte erhebliche Zeit benötigen, um ordentlich entwickelt und finanziert zu werden. Deshalb sollte unter keinen Umständen eine zu kurze Optionsfrist vereinbart werden.

4.3.3 Die Optionsgebühr

Auch die zu zahlende Optionsgebühr ist von vielfachen Umständen abhängig, wie etwa der Bekanntheit des Romans, des Autors und von möglichen Alternativangeboten. Üblicherweise liegen die Optionsgebühren bei ca. 10 % des späteren Verfilmungshonorars. Dies gilt jedoch nur als grobe Faustregel und ist keineswegs verbindlich.

Im Falle der Wahrnehmung der **Verlängerungsoption** ist ebenfalls zu regeln, welche Gebühr zu zahlen ist. Meist wird hier eine anteilige Gebühr berechnet, bezogen auf den ersten Optionszeitraum.

Wichtig ist in diesem Zusammenhang die Regelung, dass die Optionsgebühr im Falle der Ausübung der Option auf das Verfilmungshonorar **angerechnet** wird. Die Gebühr für die Optionsverlängerung wird hingegen auf das spätere Verfilmungshonorar häufig nicht angerechnet.

4.3.4 Das Verfilmungshonorar

Das mit Ausübung der Option zu zahlende Verfilmungshonorar sollte schon festgelegt werden. (Zur Frage, aufgrund welcher Parameter dieses bestimmt werden kann, vgl. unten Ziffer 4. 4. 3.)

4.3.5 Die eingeräumten Rechte

Unter dieser Rubrik ist zunächst verbindlich festzuhalten, dass es sich um eine **exklusive** Option handelt. Den Optionsgeber trifft dann eine **Enthaltungspflicht**, d. h. er darf diesen Stoff innerhalb der Optionsfrist keinem Dritten anbieten.

Sofern es sich etwa um einen Roman handelt, sollte dem Optionsnehmer (meist Produzent) das Recht eingeräumt werden, Drehbücher anfertigen zu lassen und diese Dritten (z. B. Sendern, Förderinstitutionen, Investoren) anzubieten.

Wie schon erwähnt, sollten auch im Rahmen einer einfachen Option die Rechte, die im Falle der Ausübung der Option übertragen werden, möglichst unmissverständlich definiert werden.

4.3.6 Das übergebene Material / Auskunft

Regelmäßig werden dem Produzenten im Rahmen von Optionsverträgen vom Urheber (bzw. seinem Verlag oder Agenten) Materialien (z. B. Manuskript) übergeben. Häufig fehlen jedoch vertragliche Bestimmungen über das Schicksal dieser Materialien.

Aus Sicht des Produzenten sollte geregelt werden, dass der Optionsnehmer die Materialien übergibt und übereignet. Nach Auffassung des OLG München (ZUM

2000, 66, 68 – »Vera Brühne«) soll in diesem Fall keine Rückgabeverpflichtung bestehen, wenn die Option nicht ausgeübt wird.

Dies ist nach Meinung des Verfassers allerdings nicht haltbar. Wenn die Option nicht ausgeübt wird, stehen dem Produzenten keinerlei urheberrechtlichen Nutzungsrechte an dem übergebenen Material zu. Vorbehaltlich sonstiger vertraglicher Abreden hat der Urheber deshalb einen Anspruch auf Rückübereignung.

Hinzu kommt noch ein ganz anderes Problem, zu dem bisher keine Rechtsprechung existiert. Manchmal werden Unterlagen übergeben, ohne dass es zu dem beabsichtigten Optionsvertrag kommt. Der Produzent bietet – im Einverständnis des Urhebers – das Projekt einer Reihe von Personen (Koproduzenten, Fernsehredakteure, Investoren etc.) an, um die Finanzierungsmöglichkeiten zu eruieren. Hierbei stellt er fest, dass ihm die Realisierung des Projekts wohl nicht gelingen wird. Daraufhin reicht er die Unterlagen zurück. Der ursprünglich beabsichtigte Optionsvertrag kommt nicht zustande, wie der Produzent auch keine Optionsgebühr zahlt. Das bedeutet aber nicht, dass dieses Projekt damit erledigt wäre. Es kommt durchaus vor, dass sich ein anderer Produzent dafür interessiert und es auch realisieren kann. Dieser möchte natürlich wissen, wem das Projekt bereits angeboten wurde.

Fraglich ist, ob dem Urheber insoweit ein Auskunftsanspruch gegen den ersten, erfolglosen Produzenten zusteht. Das dürfte zu bejahen sein, denn es handelt sich um ein vorvertragliches Schuldverhältnis mit diversen Pflichten (§ 311 Abs. 2 Ziffer 1 und 2, 241 Abs. 2 BGB). Zu diesen Pflichten zählt namentlich die Auskunftspflicht (vgl. Palandt – Heinrichs, § 242 Rdnr. 23). Diese Auskunft ist übrigens auch deshalb geboten, um ggf. spätere Urheberrechtsverletzungen durch Dritte, denen das Projekt angeboten wurde, nachweisen zu können.

4.3.7   Die Ausübung der Option

Wichtig ist außerdem eine Regelung hinsichtlich der Form der Optionsausübung und üblicherweise wird **Schriftform** vereinbart. Dies dient der Vermeidung von unnötigen Streitigkeiten und Beweisschwierigkeiten. Der Optionsnehmer muss im Zweifel beweisen, dass er die Option fristgerecht ausgeübt hat. Er muss deshalb die vereinbarte Schriftform beachten und die Erklärung sowie das Zustellungsdokument sorgfältig aufbewahren (z. B. Einschreiben/Rückschein, Faxbestätigung, falls ausreichend).

4.4 Der Verfilmungsvertrag

Im Folgenden wird der einer qualifizierten Option beiliegende Verfilmungsvertrag (Options- und Verfilmungsvertrag) auf der Basis erörtert, dass ein Roman oder ein bereits fertiggestelltes Drehbuch optioniert werden. Sofern z. B. auf der Basis eines Romans erst ein Drehbuch verfasst werden muss, ist mit den Autoren ein Drehbuchentwicklungs- und Verfilmungsvertrages abzuschließen (vgl. nachfolgende Ziffer 4.5). Selbstverständlich kann dies auch in ein einziges Vertragswerk gegossen werden.

Die wesentlichen Gesichtspunkte eines Verfilmungsvertrages sind wie folgt zu skizzieren:

4.4.1 Die rechtlichen Rahmenbedingungen

Der Begriff »Verfilmungsvertrag« kennzeichnet eine Vereinbarung, durch welche der Urheber eines (vorbestehenden) Werkes dem Produzenten Nutzungsrechte zur Herstellung und Auswertung eines Films einräumt. Seiner **Rechtsnatur** nach ist der Verfilmungsvertrag ein Lizenzvertrag eigener Art. Neben den urheberrechtlichen Bestimmungen (insbesondere §§ 31 ff., 88, 90 UrhG) finden ergänzend die Bestimmungen des BGB (insbesondere §§ 453, 398 ff. BGB) auf den Verfilmungsvertrag Anwendung.

Der Abschluss eines Verfilmungsvertrages bedarf grundsätzlich nicht der **Schriftform**, es sei denn, es werden Nutzungsrechte an einem künftigen Werk eingeräumt (§ 40 UrhG). Es ist jedoch absolut branchenüblich, Verfilmungsverträge schriftlich zu schließen. Dies ist schon zum Rechtenachweis gleichsam unumgänglich (Chain of Title). Bei internationalen Projekten unterzeichnen die Parteien gelegentlich auch ein »Shortform Assignment«, worin die wesentlichen Konditionen der Rechtseinräumung dokumentiert werden. Das erfüllt regelmäßig den Zweck des Rechtenachweises, ohne dass die ausführlichen Verträge vorgelegt werden müssen. Das Dokument wird beim Copyright Office der USA hinterlegt und dient der Publizität der Rechtseinräumung. Zur Klarstellung wird international von einem Autor, der seine Rechte einem Verlag übertragen hat, die Vorlage eines sogenannten **Publisher's Release** verlangt. Darin erklärt der Verlag, dass der Autor die Verfilmungsrechte dem Produzenten einräumen kann.

Inhalt und **Konditionen** des Verfilmungsvertrages hängen jeweils von verschiedenen Umständen ab, wie etwa dem Status und der Bekanntheit des Autors oder der Anwendbarkeit bestimmter kollektiver Vereinbarungen (z. B. die Regelsammlung zwischen den Bühnenverlagen und den Rundfunkanstalten, das »Basic Agreement« der Writers Guild of America »WGA« etc.). Nachstehend werden die Eckdaten eines typischen Verfilmungsvertrages erläutert.

4.4.2   Die Rechtsübertragung

Der Verfilmungsvertrag enthält grundsätzlich zwei unterschiedliche Bereiche, auf die sich die Rechtseinräumungen beziehen. Zunächst werden dem Produzenten die Rechte eingeräumt, die er zur **Herstellung** des Filmwerkes benötigt (z.B. das Bearbeitungsrecht, das Verfilmungsrecht sowie ggf. die Wiederverfilmungs- und Fortentwicklungsrechte). Sodann folgen die für die **Auswertung** des Filmwerkes erforderlichen Rechte (z.B. Vervielfältigungsrechte, Vorführrechte, Senderechte) einschließlich der Nebenrechte (z.B. Merchandising). Aus Sicht des Produzenten sollten die Rechte möglichst umfassend erworben werden. In den Vertrag sollte wegen § 34 Abs. 1 UrhG ausdrücklich aufgenommen werden, dass der Produzent befugt ist, die ihm eingeräumten Rechte ganz oder teilweise auf Dritte zu übertragen. Davon ausgenommen wird jedoch häufig das Verfilmungsrecht selbst, denn dieses knüpft an das Vertrauen in den Produzenten bzw. die Produktionsgesellschaft an.

Die sich beim Erwerb und der Nutzung der übertragenen Rechte ergebenden Probleme (z.B. Beachtung der Urheberpersönlichkeitsrechte, der Rechterückruf) sind bereits im Kapitel I Ziffer 5 näher kommentiert worden.

Nachfolgend sollen einige der verwandten **Begriffe** definiert werden:

Unter **Verfilmung** ist die Herstellung eines Filmwerkes in jedweder Form des § 2 Abs. 1 Nr. 6 UrhG zu verstehen, wobei das Aufnahmeverfahren selbst nicht maßgeblich ist.

Unter dem **Remakerecht** ist das Wiederverfilmungsrecht zu verstehen. Wird über das Remakerecht keine Regelung getroffen, verbleibt es beim Drehbuchautor. Wenn das Verfilmungsrecht jedoch ohne zeitliche Beschränkung exklusiv eingeräumt wird, trifft den Drehbuchautor eine Enthaltungspflicht und er ist nicht befugt, über das Wiederverfilmungsrecht zu verfügen. Falls insoweit allerdings Zweifel bestehen, gilt die Zehnjahresfrist des § 88 Abs. 2 UrhG. Nach dieser Bestimmung kann der Drehbuchautor einem Dritten zehn Jahre nach Vertragsschluss die erneute Verfilmung seines Drehbuchs gestatten.

Unter den »**Sequelrechten**« werden die Rechte zur Verfilmung einer Folgegeschichte verstanden (z.B. »Terminator I«, »Terminator II« und »Terminator III«). Der Autor des Originaldrehbuchs wird mitunter eine Option auf das Verfassen des Drehbuchs für ein Sequel verlangen.

Unter einem **Prequel** ist die Verfilmung einer dem Inhalt des Werkes vorausgehenden Geschichte zu verstehen (z.B. »Die Abenteuer des jungen Indiana Jones« nach dem Erfolg von »Indiana Jones«). Auch hier wird der Autor des Originaldrehbuchs nicht selten eine Option auf die Anfertigung des Prequel-Drehbuchs erhalten.

Unter **Spin-off** wird eine Produktion verstanden, in der Nebenfiguren oder Nebenhandlungen einer früheren Produktion zum Gegenstand der neuen Produktion gemacht werden.

4.4.3 Das Honorar

Eine wichtige Rolle bei der Verhandlung und dem Abschluss eines Verfilmungsvertrages spielt die vom Produzenten für die Einräumung der Rechte zu erbringende zentrale Gegenleistung, das Honorar. Bezüglich der Höhe des Honorars existiert keine gesicherte Branchenübung, wie auch noch keine gemeinsamen Vergütungsregeln gemäß § 36 UrhG aufgestellt worden sind.

(1) Pauschalhonorar
Die Höhe des Honorars im Spielfilmbereich bemisst sich in der Regel nach dem **Budget** und liegt durchschnittlich bei 2 bis 3 % desselben. Selbstverständlich kann der Erwerb der Rechte an berühmten literarischen Vorlagen auch deutlich höhere Honorare auslösen. Klarstellend sollte festgehalten werden, dass damit nicht das endgültige Budget (einschließlich etwaiger Überschreitungen) gemeint ist, sondern das bei Drehbeginn kalkulierte und abgenommene.

Bei der Festlegung des Honorars ist auch zu berücksichtigen, ob es sich um ein Originaldrehbuch handelt oder ob das Drehbuch auf einem vorbestehenden Werk (z. B. Roman) basiert. Bei der zweiten Variante muss das Drehbuchhonorar in einem sinnvollen Verhältnis zum Honorar des Romanautors/Verlags stehen, denn aus dem Gesamtbudget wird nur ein bestimmter Prozentsatz (meist zwischen 3,5 und 7 %) für die komplette Stoffentwicklung kalkuliert.

Ungeachtet der prozentualen Orientierung am Budget wird meist ein bestimmter **Mindest-** (z. B. 40.000 Euro) und **Höchstbetrag** (z. B. 150.000 Euro) vereinbart. Dies ist auch bei internationalen Projekten nicht unüblich, wobei sich die genannten Beträge bei großen Produktionen regelmäßig deutlich nach oben verschieben.

Eine einmalige Vergütung (Pauschalhonorar) wird auch als **Buy-out** bezeichnet. Im Fernsehbereich werden – namentlich, aber auch zunehmend zögerlich, von den öffentlich-rechtlichen Rundfunkanstalten – **Wiederholungshonorare** nach der so genannten. Regelsammlung gezahlt.

(2) Gewinnbeteiligung/»Escalator«
Neben dem Grundhonorar wird nicht selten auch eine Gewinnbeteiligung vereinbart, die regelmäßig zwischen 3 und 5 % liegen dürfte. Falls eine Gewinnbeteiligung erfolgt, ist es zur Vermeidung von Missverständnissen und Streitigkeiten empfehlenswert, die Beteiligungsgrundlage (meist der **Produzentennettogewinn**) exakt zu definieren.

Neben oder anstelle einer Gewinnbeteiligung kann ein **Escalator** (auch Box-Office-Bonus genannt) gezahlt werden. Darunter ist ein Zuschlag zu verstehen, der jeweils bei Erreichen einer bestimmten Zuschauerzahl im Kino gezahlt wird (z. B. 10.000 Euro bei Überschreitung von 1 Mio. Zuschauern und jeweils weitere 10.000 Euro bei Erreichen von je weiteren 0,5 Mio. Zuschauern). Der Klarheit halber sollte festgehalten werden, ob die Gewinnbeteiligung und der Bonus kumulativ gelten oder miteinander verrechnet werden sollen. Eine direkte Beteiligung an den Kinoeinnahmen (Box Office) wird nur ausnahmsweise ganz wenigen amerikanischen Stars gewährt.

Vereinzelt sind Zusatzvergütungen bei Erreichen einer bestimmten **Einschalt-quote** im Fernsehen anzutreffen.

Sofern eine Gewinnbeteiligung verabredet wird, muss in den Vertrag auch eine **Abrechnungs-** und Auskunftspflicht des Produzenten aufgenommen werden. Bei Kinofilmen ist eine Abrechnung auf halbjährlicher Basis jeweils zum 30.06. und 31.12. üblich.

(3) Vergütung für Remake-, Sequel- und Prequelrechte

Sofern die Remake-, Sequel- und Prequelrechte dem Produzenten übertragen wurden, ist weiterhin zu klären, ob und gegebenenfalls welche Honorare im Falle der Nutzung dieser Rechte zu zahlen sind. Hierbei sind zwei Varianten zu unterscheiden: Der Produzent stellt das Remake oder eine Folgeproduktion selbst her oder er veräußert die Rechte an Dritte. Im Falle der Veräußerung dieser Rechte erhält der Urheber einen bestimmten Anteil aus dem Veräußerungserlös. In Deutschland haben sich diesbezüglich noch keine verbindlichen Parameter herauskristallisiert. Es werden Beteiligungen mit einer enormen Spannbreite vereinbart (zwischen 10 und 50 %). Der Produzent sollte hierbei bedenken, dass einerseits von den Erlösen Vorkosten abzugsfähig sein müssen. Bei komplizierten Verhandlungen über Remakerechte z. B. mit einem US-Studio können Kosten und ggf. Unterprovisionen in erheblicher Höhe entstehen. Außerdem sollte der Produzent bedenken, dass er möglicherweise die Investitionen in das erste Projekt noch nicht recouped hat und in diesem Fall sollte ein deutlich geringerer Anteil aus den Veräußerungserlösen an den Urheber gezahlt werden.

Im internationalen Bereich erhalten die Autoren – angelehnt an die Richtlinien der WGA – im Falle einer Verwertung der Remakerechte 33 % und bei einer Verwertung der Sequel- und Prequelrechte jeweils 50 % ihres ursprünglichen Honorars sowie ihrer ursprünglichen Beteiligungsansprüche und Boni.

(4) Rechtseinräumung unter der Bedingung der vollständige Honorarzahlung

Nicht akzeptabel ist für den Produzenten eine Klausel, wonach die Rechte erst »Zug um Zug gegen Zahlung der vollständigen Vergütung« übertragen werden.

Eine solche aufschiebende Bedingung ist einerseits bei Boni oder anderen erfolgsabhängigen Honoraren Unsinn. Andererseits muss der Produzent aber auch bei einem Buy-out schon vor vollständiger Zahlung im Rahmen der Finanzierung des Projekts über die Rechte verfügen können. Dasselbe gilt für Verträge mit Lizenznehmern (z. B. Presales), in denen der Produzent zu garantieren hat, dass er die Rechte ohne aufschiebende oder auflösende Bedingung erworben hat. Zudem sollte aus den vorbezeichneten Gründen in den Vertrag eine Regelung eingefügt werden, dass die Rechtseinräumung unwiderruflich erfolgte und die Rechte auch im Falle einer Kündigung oder anderweitigen vorzeitigen Beendigung des Vertrages beim Produzenten verbleiben. Das sollte jedenfalls dann gelten, wenn der Autor das Buy-out-Honorar oder, im Falle einer Gewinnbeteiligung, das Grundhonorar erhalten hat. Selbst deutsche Sender (z. B. das ZDF) verlangen inzwischen für Lizenzverträge eine entsprechende Garantieerklärung.

Sollte der Autor/Verlag Zweifel an der Bonität des Produzenten haben, können ggf. Sicherheiten vereinbart werden (z. B. Hinterlegung oder ein »Letter of Credit«).

4.4.4   Der Rechterückfall (»Turnaround«)

Der Produzent ist grundsätzlich nicht verpflichtet, anhand des eingeräumten Verfilmungsrechts auch einen Film herzustellen. Das gilt auch dann, wenn dem Urheber eine Gewinnbeteiligung zugestanden wurde. Andererseits darf der Produzent den Stoff auch nicht zeitlich unbegrenzt »blockieren« und dem Urheber steht deshalb das unverzichtbare **Rückrufsrecht** gemäß § 41 UrhG zu (vgl. hierzu Kap. I Ziff. 5.3.8).

Im Falle des wirksamen Rückrufs hat der Urheber den Produzenten nach § 41 Abs. 6 UrhG zu entschädigen, wenn dies der Billigkeit entspricht. Hierzu finden sich verschiedene Klauseln in den Verträgen und die gängigste dürfte die sein, dass der Urheber die 50 % der erhaltenen Vergütung zurückzahlen muss, wenn er das Projekt mit einem anderen Produzenten realisiert.

So genannte **Turnaround**-Klauseln gehen noch einen Schritt weiter: Der Urheber erstattet dem Produzenten einen Teil (z. B. 50 %) der gesamten Entwicklungskosten und erhält im Gegenzug nicht nur seine Rechte zurück, sondern auch sämtliche Entwicklungsmaterialien und das Recht, das Projekt selbst bzw. mit Dritten weiter zu verfolgen. Solche Klauseln regeln meist verschiedene Alternativszenarien, z. B. falls die Erstattung der Entwicklungskosten dem Urheber selbst oder aufgrund der Finanzierungsstruktur des Projekts nicht möglich ist, erhält der Produzent die Entwicklungskosten erst bei Drehbeginn oder stattdessen eine Gewinnbeteiligung.

4.4.5   Die Lizenzzeit

Der Produzent sollte sich möglichst auf keine exklusive Lizenzzeit unter 15 Jahren einlassen. Mit der Exklusivfrist endet nämlich auch die Enthaltungspflicht des Autors, der dann befugt ist, die **Wiederverfilmungsrecht**e am Drehbuch neu zu vergeben, falls der Produzent diese nicht miterworben hat. Dies kann u. U. zu einer Entwertung des Films in den dann noch verbleibenden Auswertungsformen, hauptsächlich also im Fernsehbereich führen. In jedem Fall sollte aber festgehalten werden, dass der Produzent auch nach Ablauf der exklusiven Lizenzzeit zu einer weiteren Auswertung des hergestellten Films auf nicht-exklusiver Basis berechtigt ist.

4.4.6   Die Rechtsgarantien

Verfilmungsverträge enthalten standardmäßig Rechtegarantie- und Freistellungsklauseln. Die Rechtegarantie umfasst zumindest die Verfügungsbefugnis und die Abtretbarkeit des Verfilmungsrechts sowie dessen Freiheit von Rechten Dritter. Das versteht sich aber eigentlich von selbst und diese Pflicht trifft den Autor/Verlag schon von Gesetzes wegen. Kann der Autor/Verlag dem Produzenten nämlich die entsprechenden Rechte nicht ordnungsgemäß verschaffen, ist er schadensersatzpflichtig.

4.4.7   Die Nennung

Die Nennung des Autors bzw. des Verlags im Vor- und Abspann des Films sowie auf Filmplakaten und sonstigen Veröffentlichungen (Vorankündigungen, Anzeigen, Presseinformationen etc.) sollte deutlich geregelt werden. Das gilt z. B. auch für die Wiederverfilmung auf der Basis des Drehbuchs eines anderen Autors.

4.5   Der Drehbuchentwicklungsvertrag

Den vorstehenden Options- und Verfilmungsvertrag schließt der Produzent häufig mit einem Verlag oder Agenten, der z. B. den Romanautor vertritt. Damit hat der Produzent aber nur die Stoffrechte erworben, wohingegen er für die Herstellung eines Films ein Drehbuch benötigt. Bekanntermaßen ist unentbehrliche Grundlage eines guten Films ein gelungenes Drehbuch. Während in den USA Drehbücher für große Spielfilme meist vielfach (regelmäßig von mehreren Autoren bzw. Teams) überarbeitet werden, fehlen hierfür in Deutschland namentlich bei kleineren und mittleren Produktionsgesellschaften leider die Zeit und die finanziellen Mittel.

Für die Entwicklung des Drehbuchs wird mit den Autoren ein Drehbuchentwicklungs- und Verfilmungsvertrag abgeschlossen. Für diesen Vertrag gelten im Wesentlichen die vorstehenden Ausführungen zum Verfilmungsvertrag (oben Ziffer 4.4) analog. Deshalb werden nachfolgend nur noch die im Rahmen der Entwicklung des Drehbuches maßgeblichen Gesichtspunkte skizziert.

4.5.1 Die Rechtsnatur

Bei einem Auftrag zur Entwicklung eines Drehbuchs handelt es sich zwar auch um einen Lizenzvertrag bezüglich der Einräumung von Nutzungsrechten; der Vertrag ist daneben jedoch stark werkvertragsrechtlich geprägt (§ 631 ff. BGB).

4.5.2 Die Entwicklungsstufen

Der Auftrag zur Entwicklung eines Drehbuches umfasst gewöhnlich die folgenden Stufen:

- Ablieferung des Treatments (ca. 15 bis 30 Seiten);
- Ablieferung der ersten Drehbuchfassung;
- Ablieferung der zweiten Drehbuchfassung;
- Ablieferung und Abnahme der dritten Drehbuchfassung (nebst eines sog. »polishing«).

Ab der Übergabe der jeweiligen Fassung hat der Produzent innerhalb einer festgelegten Frist (z. B. drei Wochen) Änderungswünsche (möglichst schriftlich) mitzuteilen. Der Autor ist dann verpflichtet, diese Änderungswünsche binnen einer bestimmten Frist (z. B. vier Wochen) zu berücksichtigen und das Drehbuch entsprechend zu überarbeiten. Auch nach Abnahme muss der Produzent berechtigt sein, weitere Überarbeitungen des Drehbuchs vorzunehmen, denn häufig wird der später engagierte Regisseur Änderungswünsche äußern und das Drehbuch entsprechend überarbeiten wollen.

4.5.3 Die Fälligkeit des Honorars

Da auf den Drehbuchvertrag die werkvertraglichen Bestimmungen des BGB anzuwenden sind, wäre das Drehbuchhonorar gemäß § 641 Abs. 1 Satz 1 BGB erst bei Abnahme des Drehbuches fällig. Üblicherweise wird die Fälligkeit des Honorars aber in Raten entsprechend den unter Ziffer 4.5.2 skizzierten Entwicklungsstufen festgelegt. Aus Sicht des Produzenten ist es wünschenswert, einen erheblichen Teil des Honorars erst mit der Abnahme zu zahlen.

Bisweilen begegnet man einer Regelung, wonach die Schlussrate erst bei Beginn der Dreharbeiten zahlbar ist und dies wird meist als **Production Bonus** bezeichnet. Diese Regelung und insbesondere der Begriff »Production Bonus« sind jedoch missverständlich und sollten entweder überhaupt nicht verwandt oder zumindest präzisiert werden. Zum einen ist fraglich, ob die Schlussrate überhaupt fällig ist, wenn keine Dreharbeiten stattfinden. Nach dem Wortlaut des Vertrages wäre dies nicht der Fall und der Autor hätte zwar seine Leistung komplett erbracht, würde jedoch die letzte, möglicherweise spürbare Rate nicht mehr erhalten. Aus seiner Sicht ist es daher ratsam, eine Frist einzufügen, zu der die letzte Rate spätestens fällig wird, z.B. bei Beginn der Dreharbeiten, spätestens jedoch ein Jahr ab Abnahme des Drehbuchs.

4.5.4 Die Abnahme des Drehbuchs

Für den Autor ist die Abnahme von erheblicher Bedeutung, weil die von ihm geschuldeten Vertragsleistungen erst mit der Abnahme als erfüllt gelten und er regelmäßig erst danach die Schlussrate seines Honorars erhält. Nach Ablieferung der (vorläufig) letzten Drehbuchfassung hat sich der Produzent darüber zu erklären, ob er das Drehbuch als vertragsgerecht abnimmt. Er ist zur **Abnahme** verpflichtet, wenn das Drehbuch den vertraglich vereinbarten Anforderungen entspricht (§ 640 Abs. 1 BGB). Ist das nicht der Fall, kann der Produzent die Abnahme verweigern.

Nimmt der Produzent das Drehbuch nicht ab, so ist der Autor nach Aufforderung verpflichtet, sein Drehbuch fristgemäß nachzubessern, bis es den vertraglichen Vereinbarungen entspricht.

Zuweilen wird auch eine so genannte **Abnahmefiktion** vereinbart. Das bedeutet, dass sich der Produzent binnen einer festgelegten Frist nach Übergabe des Drehbuchs zu erklären hat. Unterlässt das der Produzent, gilt das Drehbuch als abgenommen.

In der Praxis wird im Zusammenhang mit der Abnahme überwiegend über inhaltliche Fragen diskutiert, wobei es regelmäßig schwierig ist, eine objektive Beurteilung zu treffen. Für den Produzenten empfiehlt sich deshalb eine Klausel, dass die Entscheidung darüber, ob das Drehbuch aus inhaltlichen oder dramaturgischen Gesichtspunkten abnahmefähig ist, allein dem Produzenten nach »billigem Ermessen« obliegt.

4.5.5 Die Kündigung

Nach den anzuwendenden Vorschriften des Werkvertrages kann der Produzent bis zur Fertigstellung des Drehbuchs jederzeit den Vertrag kündigen (§ 649 BGB).

Das Kündigungsrecht ist für den Produzenten vor allem dann von Bedeutung, wenn der Produzent absieht, das Projekt nicht finanzieren zu können und die Drehbuchentwicklung für ihn deshalb sinnlos ist. Aber auch, wenn Produzent und Autor schon in einem frühen Entwicklungsstadium feststellen, sich in kreativer oder dramaturgischer Hinsicht nicht einigen zu können, ist es für den Produzenten erforderlich, sich vom Autor trennen und die Drehbuchentwicklung mit einem anderen Autor fortsetzen zu können.

Allerdings ist im Kündigungsfalle nach dem Gesetz die **volle Vergütung** zu zahlen, unter Abzug dessen, was der Autor infolge der Aufhebung des Vertrages an Aufwendungen erspart hat oder durch anderweitige Verwendung seiner Arbeitskraft erwirbt. Dem kann der Produzent durch die Aufnahme einer Vertragsklausel vorbeugen, dass im Falle der Kündigung das bis zum Zeitpunkt der Kündigung fällige Honorar gezahlt wird und im Übrigen eine angemessene Entschädigung zu zahlen ist.

Bei einer vorzeitigen Beendigung des Auftrags sollte – trotz der bestehenden Vorschriften zum Werkvertrag – klarheitshalber der **Verbleib der Rechte** beim Produzenten vertraglich festgeschrieben werden. Außerdem sind die Verteilung weiterer Honorare (z. B. Wiederholungshonorare) und die **Nennungsansprüche** der verschiedenen (Ko)autoren zu klären.

Nach den internationalen Gepflogenheiten und den **WGA-Bedingungen** ist ein Autor dann zu weiteren Honoraren berechtigt, wenn er einen »shared credit« erhält, also die gemeinsame Nennung mit einem oder mehreren Koautoren. Ein »shared credit« steht ihm wiederum unter der Voraussetzung zu, dass wesentliche Teile des endgültigen Drehbuchs aus seiner Feder stammen.

V   Die Herstellung des Films

All you need to make a film is a gun and a beautiful girl. (Jean-Luc Godard)

Im folgenden Kapitel werden die wesentlichen Eckdaten der Verträge vorgestellt, die im Rahmen der Herstellung des Filmwerks geschlossen werden. Es geht dabei um die Verträge mit den »Filmschaffenden«, den Schauspielern, dem Regisseur, sowie um den Auftragsproduktionsvertrag (»Production Services Agreement«) und den Koproduktionsvertrag. Schließlich werden die rechtlichen Probleme im Rahmen der Postproduktion erörtert.

1   Verträge mit Filmschaffenden

Mit der Mehrzahl der Mitwirkenden an der Herstellung eines Films schließt der Produzent einen **standardisierten Formularvertrag**, der jeweils den Besonderheiten des Vertragspartners und der Produktion angepasst wird. Bei der Gestaltung dieser Verträge sind neben den notwendigen Rechteübertragungen die gesetzlichen Regelungen zum Arbeits- und Sozialrecht zu beachten. Dabei gilt es, die spezifischen Bedingungen einer Filmproduktion mit den etwas unübersichtlichen arbeitsgesetzlichen Regelungen in Einklang zu bringen. Auch die einschlägigen **Tarifverträge** spielen hierbei eine Rolle.

1.1   Der rechtliche Status der Filmschaffenden

Zunächst ist danach zu differenzieren, welche Filmschaffende als sozialversicherungsrechtliche Arbeitnehmer beschäftigt werden und mit welchen Dienst- oder Werkverträge geschlossen werden können. Die Abgrenzung ist in Einzelfällen oft schwierig und für den Produzenten besteht hier die Gefahr der Beschäftigung von so genannten **Scheinselbstständigen**. Inzwischen ist in der Rechtsprechung anerkannt, dass die Mehrheit der Filmschaffenden einen sozialversicherungsrechtlichen Arbeitnehmerstatus hat, was vor allem aus der Weisungsgebundenheit gegenüber dem Produzenten folgt. Sozialversicherungsträger und Gerichte haben Kriterien aufgestellt, die bei der Einordnung helfen (**Negativkatalog**). Danach werden die Schauspieler, Kameraleute, Regieassistenten und sonstigen Stab- und Mitarbeiter als sozialversicherungspflichtige Arbeitnehmer eingestuft. Hingegen ist bei bestimmten Tätigkeiten (z. B. Kostüm- und Bühnenbildner, Filmkomponisten,

Drehbuchautoren) die Beauftragung im Rahmen eines Werkvertrages möglich, soweit diese Personen nicht in den Betrieb des Produzenten eingegliedert sind. Für Regisseure ist anerkannt, dass sie sowohl als Angestellte als auch als freie Filmschaffende tätig werden können (vgl. nachfolgende Ziffer 3).

In dieser nicht ganz übersichtlichen Situation und aufgrund der für den Produzenten fatalen Auswirkungen bei unrichtiger Einstufung empfiehlt es sich, in Problemfällen frühzeitig fachliche Beratung in Anspruch zu nehmen. Bei einer unrichtigen Einstufung schuldet primär der Arbeitgeber, also der Produzent, die nachträgliche Abführung von Sozialversicherungsabgaben und Steuern.

1.2 Befristete Arbeitsverträge

Die Produktionsstruktur bringt es mit sich, dass der größte Teil der Filmschaffenden projektbezogen engagiert wird. Der Produzent ist daher gehalten, mit diesen befristete Arbeitsverträge abzuschließen. Nach dem einschlägigen Teilzeit- und Befristungsgesetz (TzBfG) stehen ihm **zwei Möglichkeiten** zur Verfügung:

- Die so genannte **Sachgrundbefristung** (§ 14 (1) TzBfG).
  Die zulässigen Gründe, die eine Befristung des Arbeitsverhältnisses rechtfertigen, sind in § 14 aufgezählt. Für die Filmproduktion ist hier insbesondere § 14 (1) Nr. 1 einschlägig, da der Bedarf an der Arbeitsleistung des Filmschaffenden nur vorübergehend besteht.
- Die so genannte **sachgrundlose Befristung** (§ 14 (2) TzBfG).
  Diese Befristung ohne Vorliegen eines sachlichen Grundes ist bis zur Dauer von zwei Jahren zulässig und kann während dieser Zeit maximal dreimal verlängert werden.

Welche der beiden Befristungsmöglichkeiten in Betracht kommen, hängt vom Einzelfall ab. In der Regel bietet sich die Befristung mit Sachgrund an. Wichtig ist dann, dass das zumindest voraussichtliche Beschäftigungsende schriftlich festgehalten wird.

Die Befristung eines Arbeitsvertrages muss **schriftlich** erfolgen (§ 14 (4) TzBfG); die mündliche Vereinbarung einer Befristung führt im Ergebnis dazu, dass die Vertragsparteien ein unbefristetes Arbeitsverhältnis geschlossen haben (§ 16 TzBfG).

Bei einer so genannten sachgrundlosen Befristung ist zu beachten, dass eine etwaige Verlängerung noch während der Vertragslaufzeit zu erfolgen hat. Eine abgelaufene Vertragszeit kann nicht mehr verlängert werden, was im Ergebnis dazu führt, dass ein unbefristetes Arbeitsverhältnis entsteht. Die sachgrundlose befristete Anstellung eines Arbeitnehmers gem. § 14 (2) TzBfG ist auch ausgeschlossen, wenn mit diesem Arbeitnehmer bereits in der Vergangenheit ein unbefristetes oder befristetes Arbeitsverhältnis bestand (§ 15 (2) Satz 2 TzBfG).

Schließlich stellt es ein Problem dar, wenn für den Produzenten das Ende der Drehzeiten (z. B. bei besonders wetterabhängigen oder risikoreichen Dreharbeiten) nicht absehbar ist. In diesen Fällen empfiehlt sich die Anwendung der Sachgrundbefristung gem. Variante a). Dann sollte das voraussichtliche Beendigungsdatum mit der Befristungsabrede schriftlich im Arbeitsvertragsformular fixiert werden. Der Produzent ist dann bei Überschreitung des voraussichtlichen Drehendes verpflichtet, gem. § 15 (2) den Filmschaffenden zwei Wochen vor Drehende (Zweckerreichung) über das genaue Datum zu unterrichten. Dies soll dem Arbeitnehmer ermöglichen, sich rechtzeitig mit der Bundesagentur für Arbeit in Verbindung zu setzen.

Immer wieder auftretende Problemfälle sind dann gegeben, wenn ein Produzent ohne schriftlichen Arbeitsvertrag mit Filmschaffenden zu arbeiten beginnt. Die nachträgliche Vereinbarung eines befristeten Arbeitsverhältnisses kann dann gem. § 14 (2) TzBfG ausgeschlossen sein und hat zur Folge, dass unbefristete Arbeitsverhältnisse entstanden sind (§ 16 TzBfG). In diesen Fällen hat der Produzent, sofern er nicht beabsichtigt die Filmschaffenden tatsächlich unbefristet weiterzubeschäftigen, fristgerechte **Kündigungen** auszusprechen. In Betrieben mit mehr als zehn Arbeitnehmern gilt das Kündigungsschutzgesetz (KSchG). Allerdings kommt dieses nur zur Anwendung, wenn das Beschäftigungsverhältnis länger als sechs Monate andauert. Die Kündigungsfristen richten sich, soweit die Parteien nichts anderes vereinbart haben, nach § 622 BGB.

Ein Produzent muss in einen befristeten Vertrag eine ordentliche Kündigungsmöglichkeit aufnehmen. Sieht ein befristeter Vertrag keine ordentliche Kündigung vor, ist diese ausgeschlossen. Das Recht zur außerordentlichen (fristlosen) Kündigung bleibt unberührt. Wird ein Kündigungsrecht vereinbart, gilt dies zwingend für beide Seiten. Unter Umständen entscheidet sich ein Produzent hier bewusst für den Ausschluss der Kündigungsmöglichkeit, um den Filmschaffenden für den gesamten Vertragszeitraum ohne ordentliche Kündigungsmöglichkeit an sich zu binden.

1.3 Tarifverträge für Film- und Fernsehschaffende

Die absolute Mehrheit der Arbeitsverhältnisse in der Bundesrepublik Deutschland wird von tarifvertraglichen Regelungen geprägt. Auch im Bereich der Film- und Fernsehbranche wurden verschiedene Tarifverträge abgeschlossen.

Auf das konkrete Arbeitsverhältnis ist der Tarifvertrag indessen nicht unbedingt anwendbar. Die Vertragspartner müssen entweder beide **tarifgebunden** oder der Tarifvertrag für **allgemeinverbindlich** erklärt worden sein. Im Bereich Film, Fernsehen, Video und Rundfunk existiert augenblicklich kein für allgemeinverbindlich erklärter Tarifvertrag. Selbstverständlich können aber die (nicht tarifgebundenen) Vertragspartner den Tarifvertrag oder bestimmte Regelungen darin individualrechtlich vereinbaren.

Der für die Praxis bedeutendste Tarifvertrag ist der **Tarifvertrag für Film- und Fernsehschaffende** (TVFF) vom 24. Mai 1996, abgeschlossen zwischen dem Bundesverband Deutscher Fernsehproduzenten e.v., der Arbeitsgemeinschaft Neuer Deutscher Spielfilmproduzenten e.v. und dem Verband Deutscher Spielfilmproduzenten e.v. einerseits und der IG Medien – Druck und Papier, Publizistik und Kunst sowie der Deutschen Angestellten-Gewerkschaft – Berufsgruppe Kunst und Medien auf der anderen Seite. Der persönliche Anwendungsbereich des Tarifvertrages umfasst gemäß Ziffer 1.3 u. a. Regisseure, Cutter, Tonmeister, Aufnahmeleiter, Darsteller, Masken- und Szenenbildner und Fotografen.

Der **Manteltarifvertrag** für Film- und Fernsehschaffende (MTV FF) vom 24.05.1996 enthält in erster Linie arbeitsrechtliche Regelungen. Nach Ziff. 1.5 sind abweichende Vereinbarungen mit»ständig beschäftigten Filmschaffenden« zulässig, wobei unter diese Gruppe nur diejenigen fallen, die für mindestens sechs zusammenhängende Monate beschäftigt werden oder für mindestens drei Filme während der Dauer eines Jahres engagiert werden.

Zu beachten ist, dass die unter Ziff. 2 vorgesehene Regelung zum Vertragsschluss zwischen Filmhersteller und dem Filmschaffenden nicht mehr den gesetzlichen Neuerungen des Teilzeitbefristungsgesetzes entspricht!

Die dortige Möglichkeit eines zunächst mündlichen Vertragschlusses führt insbesondere im Fall einer sachgrundlosen Befristung entsprechend der o. g. Problematik zum Abschluss eines unbefristeten Arbeitsverhältnisses. Leider haben es die Tarifvertragsparteien versäumt, während der mehrjährigen Verhandlungen des Übergangtarifvertrages eine längst überfällige Anpassung an die arbeitsrechtliche Gesetzeslage des TzBfG vorzunehmen.

Nach den gesetzlichen Bestimmungen des Arbeitszeitgesetzes (ArbzG) ist in der Regel die Beschäftigung von Arbeitnehmern in einer **40-Stundenwoche** und in Ausnahmen mit weiteren zehn Überstunden möglich, wenn entsprechende Ausgleichszeiträume für Überstunden gewährt werden. Jedoch lässt das Arbeitszeitgesetz Abweichungen durch tarifvertragliche Regelungen zu (§ 7 ArbzG). Diese Regelung schafft vorliegend der MTV FF. So werden z. B. extreme Arbeitszeitbelastungen am Set ab einer bestimmten Stundenzahl mit Zuschlägen bedacht.

Dieses System der finanziellen Kompensation erhöhter Arbeitszeitbelastungen ist durch den **Übergangstarifvertrag** (ÜTV FF) vom 09. Mai 2005 neu geregelt. Unter anderem infolge der Hartz-IV-Gesetzgebung haben die Tarifvertragsparteien versucht, Überstundenbelastungen nicht nur finanziell zu kompensieren, sondern Überstunden und die darauf entfallenden Zuschläge in ein so genanntes **Arbeitszeitkonto** einzuspeisen und im Anschluss an die Dreharbeiten in sozialversicherungspflichtige Beschäftigungszeit umzuwandeln. Der Filmschaffende hat dem Arbeitgeber vier Wochen vor dem Ende des jeweiligen Beschäftigungszeitraumes mitzuteilen, ob er eine sog. Abgeltung seines Arbeitszeitkontos, d. h. Auszahlung wünscht oder eine Auflösung seines Zeitkontos (sog. Ausgleichszeit), d. h. die Umwandlung in sozialversicherungspflichtige Beschäftigungszeit. Für den Filmschaffenden empfiehlt sich die Abgeltung des Arbeitszeitkontos insbesondere dann, wenn eine unmittelbare Anschlussbeschäftigung gegeben ist. Die Erläuterungen zu den Arbeitszeitkontenmodellen sind dem ÜTV FF als Anlage beigefügt. Sowohl MTV FF als auch ÜTV FF sind über die **Homepages** der Berufsverbände und der Produzentenverbände abrufbar.

Außerdem haben die Tarifvertragsparteien am 06. April 2000 (rückwirkend zum 01. Januar 2000) einen **Gagentarifvertrag** geschlossen, in dem die Mindestwochengagen für bestimmte Berufsgruppen festgelegt sind (u. a. Kamera, Schnitt, Maske, Szenenbild, Ton). Nicht enthalten sind aber z. B. Regisseure und Darsteller. Auch wenn es sich hierbei um Mindestgagen handelt, gelten diese als angemessene Vergütung gemäß § 32 Abs. 1 S. 3 UrhG.

Selbstverständlich kann auch ein nicht tarifgebundener Produzent die Anwendung des Tarifvertrages verbindlich vereinbaren. Dies hat für den Produzenten vor allem den **Vorteil**, dass die starren Regelungen des Arbeitszeitgesetzes nicht zur Anwendung kommen. Im Gegenzug muss der Produzent dann die tarifvertraglichen Regelungen, insbesondere die des Arbeitszeitkontos, anwenden.

1.4   Hinweis zum Arbeitszeitgesetz

Soweit auf eine Produktion der Tarifvertrag (MTV FF/ÜTV FF) keine Anwendung findet, gelten die Bestimmungen des Arbeitszeitgesetzes zwingend. Die Einhaltung des Arbeitszeitgesetzes wird durch die staatlichen Behörden (§ 17 ArbzG) regelmäßig kontrolliert. Bei Verstößen drohen empfindliche Geldbußen (§ 22 ArbzG), in Wiederholungsfällen Strafen (§ 23 ArbzG). Diese Sanktionen treffen nicht nur den Produzenten, sondern auch die am Set für den Einsatz der Filmschaffenden verantwortliche Person (Aufnahmeleiter, Herstellungsleiter, Produktionsleiter). Unter Umständen kann sich auch eine Mithaftung des Regisseurs ergeben, soweit dieser entscheidenden Einfluss auf die Disposition der Mitarbeiter nimmt.

Zu beachten ist, dass die tatsächlich geleisteten Arbeitszeiten der Filmschaffenden gem. § 16 ArbzG in jedem Fall zu erfassen sind (dies gilt im Übrigen auch bei Tarifgebundenheit!). Auch wenn kein tarifvertragliches Arbeitszeitkonto geführt wird, sind die Arbeitszeiten inklusive sämtlicher geleisteter Überstunden festzuhalten. Auch Verstöße gegen § 16 ArbzG werden durch die Aufsichtsbehörden geahndet.

Insbesondere bei Dreharbeiten mit Kindern oder minderjährigen Schauspielern ist regelmäßig mit einer Überprüfung durch die jeweils zuständigen Aufsichtsämter (LAGetSi) zu rechnen.

1.5   Vorsicht bei Vertragsverhandlungen

Aufgrund vorgenannter Problematiken ist Vorsicht bei Vertragsverhandlungen geboten. Zum einen besteht die Gefahr, dass die Vertragsparteien es versäumen, die mündlich besprochenen vertraglichen Konditionen schriftlich zu fixieren. Grundsätzlich ist die Vereinbarung eines mündlichen Arbeitsvertrages (solange dieser nicht befristet ist) möglich, wohingegen die Beendigung eines Arbeitsvertrages (Kündigung oder Aufhebungsvereinbarung) der Schriftform bedarf (§ 623 BGB).

Schwierigkeiten können insbesondere nach gescheiterten Vertragsverhandlungen auftreten, wenn eine Vertragsseite behauptet, man habe sich bereits mündlich über die wesentlichen Bestandteile eines Vertrages geeinigt. Für den Produzenten ergeben sich unter Umständen dadurch Beweisschwierigkeiten, dass auf Seiten des Filmschaffenden Dritte als spätere Zeugen beteiligt sind (z. B. Agenten).

Arbeitsrechtliche Streitigkeiten in diesem Zusammenhang häufen sich. So hat das LAG Berlin in zwei Parallelverfahren (LAG Berlin 14 Sa 1716/06 sowie 13 Sa 1456/06) Lohnklagen zweier Filmschaffender zurückgewiesen. Beide gingen davon aus, dass eine mündliche Vereinbarung zwischen ihnen und dem Produzenten zustande gekommen sei, wohingegen der Produzent meinte, es sei noch kein Arbeitsvertrag geschlossen worden, weil die Filmschaffenden das ihnen zur Unterschrift übersandte Formular nicht unterschrieben zurückgesandt hatten.

Das LAG Berlin sah in dem Umstand, dass den Filmschaffenden jeweils ein zur Unterschrift vorgesehenes Formular übersandt wurde, ein Indiz dafür, dass die Parteien sich gerade nicht mündlich bereits über die wesentlichen Vertragsbestandteile geeinigt hatten. Das LAG hielt noch einmal fest, dass ein Schriftformerfordernis nur dann erfüllt ist, wenn auf einem Vertrag die Unterschriften beider Vertragsparteien enthalten sind.

Für die **Praxis** folgt daraus, dass nicht erst beim Abschluss des Vertrages, sondern schon beim Verfassen eines Vorvertrages, »Deal Memos« oder auch nur eines »Letter of Intent« Vorsicht geboten ist. Dies gilt insbesondere im Rahmen eines Antrages auf Filmförderung zum Nachweis des Engagements bestimmter Schauspieler oder Filmschaffender. Wird die Förderung versagt und kommt das Filmprojekt nicht zustande, sieht sich ein Produzent unter Umständen den Honorarforderungen der Filmschaffenden, die auf die vertragliche Bindung des Vorvertrages pochen, ausgesetzt.

1.6 Beschäftigung ausländischer Filmschaffender

Beim Engagement ausländischer Filmschaffender ist grundsätzlich zu unterscheiden zwischen Filmschaffenden aus EU-Ländern, den so genannten EU-Beitrittsländern und Nicht-EU-Ausländern. Die Beschäftigung von ausländischen Filmschaffenden aus EU-Mitgliedstaaten ist inzwischen unproblematisch. Filmschaffende aus den EU-Beitrittsländern benötigen lediglich eine Arbeitserlaubnis. Filmschaffende aus Nicht-EU-Ländern benötigen neben der Arbeitsgenehmigung auch eine Aufenthaltserlaubnis.

Zur Beantragung muss ein unterschriebener Arbeitsvertrag vorgelegt werden. Entsprechende Anträge werden entweder bei der jeweiligen deutschen Vertretung im Ausland oder bei der zuständigen Ausländerbehörde im Inland gestellt. Hierbei ist zu beachten, dass insbesondere für Filmschaffende und andere kreative Berufe erleichternde Ausnahmebestimmungen gelten. Der Antrag muss unbedingt **rechtzeitig** vor Drehbeginn gestellt werden, denn es kommt aufgrund ganz verschiedener Umstände immer wieder zu Verzögerungen, die selbst den Beginn der Dreharbeiten gefährden können.

Die ausländischen Filmschaffenden unterstehen der **Besteuerung** in Deutschland, es sei denn, die folgenden Voraussetzungen sind **kumulativ** erfüllt:

- Ihr Aufenthalt in Deutschland überschreitet 183 Tage pro Kalenderjahr nicht; sie sind nicht beim deutschen Produzenten, sondern beim ausländischen (Ko-)Produzenten oder Dienstleister (Production Service Company) angestellt;
- der ausländische Arbeitgeber unterhält keine Betriebsstätte in Deutschland.

Falls nur eine der vorstehenden Voraussetzungen nicht vorliegt, gilt bei ausländischen Filmschaffenden generell ein pauschaler Steuereinbehalt von ca. 21 % inklusive Solidaritätszuschlag. Wegen der komplexen Natur der Materie ist es bei der Beschäftigung ausländischer Filmschaffender auf jeden Fall geboten, den Rat eines sachkundigen Steuerberaters und ggf. Rechtsanwalts einzuholen.

1.7 Exkurs: Wer haftet für Budgetüberschreitungen?

Bei der Herstellung von Filmen kommt es immer wieder zu Überschreitungen des kalkulierten Budgets. Da es sich im Rahmen der Herstellung eines Filmwerkes um das komplexe Zusammenwirken vieler Beteiligter handelt, ist es im Einzelfall außerordentlich schwierig, die Ursachen der Budgetüberschreitung zu identifizieren. Typischerweise kommen insoweit der **Herstellungs- und der Produktionsleiter** als Primärverantwortliche in Betracht. Der Produktionsleiter ist beispielsweise derjenige, der das »*Produktionsvorhaben in wirtschaftlicher und* *organisatorischer Verantwortung führt, alle Entscheidungen im Hinblick auf ein optimales Endprodukt trifft und die rechtsrelevanten Konsequenzen aus allen Aktivitäten in der Regel alleine trägt«(OLG München ZUM-RD 1997, 125 ff.).*

Bisher gab es kaum Gerichtsverfahren, in denen Filmhersteller den Produktions- oder Herstellungsleiter wegen der Überschreitung des kalkulierten Budgets in Anspruch nahmen. In einem Musterverfahren beschäftigten sich das LG München I (Az. 7 O 7575/94) und das OLG München (Az. 29 U 3158/96 – ZUM-RD 1997, 125 ff) mit der Frage, ob und unter welchen Voraussetzungen ein Produktionsleiter für Budgetüberschreitungen verantwortlich gemacht werden kann.

Gegenstand des Streits war die Herstellung eines TV-Movies mit einem kalkulierten Budget von ca. 1,9 Mio. DM, das der Produktionsleiter um mehr als 200.000 DM überzog. Die Parteien hatten den üblichen Anstellungsvertrag für Filmschaffende unterzeichnet, in dem stand, dass eine **Zusatzvereinbarung über die Einhaltung des Budgets** nachgereicht würde. Diese Vorgehensweise wurde gewählt, weil einige Positionen noch nicht verbindlich kalkuliert werden konnten, denn die Dreharbeiten fanden teilweise im Ausland statt.

Während der Dreharbeiten erklärte der Produktionsleiter jeweils auf Nachfrage, er bewege sich »locker im Budget« und sehe keine Probleme, den Film im Rahmen des kalkulierten Budgets fertigzustellen. Diese Erklärung gab er sogar noch einige Tage vor dem letzten Drehtag ab.

Bald danach stellte sich heraus, dass der Produktionsleiter völlig den Überblick über den Kostenstand verloren hatte und zu dem Zeitpunkt, als er noch immer beteuerte, sich im Rahmen des kalkulierten Budgets zu bewegen und sogar noch mit Einsparungen rechne, das Budget bereits über 200.000 DM überzogen war.

Daraufhin nahm der Filmhersteller den Produktionsleiter auf Schadensersatz in Anspruch. Das OLG München stellte in seinem Urteil fest, dass bei Abschluss einer Vereinbarung über die Einhaltung des Budgets im Falle der Überschreitung die Haftung des Produktionsleiters gegeben sei. Der Filmhersteller müsse

nur darlegen und eventuell beweisen, dass (und mit welchem Inhalt) die Haftungsvereinbarung geschlossen worden ist und dass das Budget überschritten wurde. Damit ist die objektive Vertragsverletzung hinreichend dargelegt. Dem Produktionsleiter bleibt es dann überlassen, darzulegen, dass und in welcher Höhe Kosten nicht von ihm verursacht wurden oder falls Kosten von ihm verursacht wurden, dass und in welcher Höhe ihn kein Verschulden an den Kosten trifft.

Nach Auffassung des Gerichts sind diese Grundsätze jedenfalls dann anzuwenden, wenn der Produktionsleiter beauftragt und berechtigt ist, alle notwendigen Rechtsgeschäfte für die Produktion im Rahmen der Kalkulation abzuschließen und er damit die Kontrolle über die Entstehung der Kosten hat. Ihn trifft diese Darlegungslast dann nicht unangemessen.

Das Dilemma des klagenden Filmherstellers lag nun darin, dass die Zusatzvereinbarung nicht schriftlich fixiert worden war und er auch den konkludenten Abschluss nicht beweisen konnte.

Das Gericht folgte zwar der Auffassung des Klägers, dass – ungeachtet der streitigen Zusatzvereinbarung – den Produktionsleiter für die Einhaltung des Budgets eine vertragliche Sorgfaltspflicht treffe, »*die ihm anvertrauten Produktionsmittel mit der Sorgfalt eines ordentlichen Produzenten zu verwalten und insbesondere unnötige Kosten zu vermeiden*«.

Im Falle der Geltendmachung von Schadensersatzansprüchen aufgrund einer Verletzung dieser Sorgfaltspflicht trägt jedoch der Filmhersteller die Darlegungslast hinsichtlich der objektiven Verletzung der Sorgfaltspflicht und der Entstehung des Schadens. Dieser Darlegungspflicht konnte der Kläger nur in einigen Kostenpositionen genügen, in denen er über die erforderlichen Informationen verfügte. Insoweit wurde der Klage auch stattgegeben.

Im Übrigen wurde sie abgewiesen, denn die substanziierte Darlegung der Verletzung der Sorgfaltspflicht und des entstandenen Schadens war dem Filmhersteller schlicht unmöglich.

Das Gericht verkannte in seiner Entscheidung nach dem Dafürhalten des Verfassers allerdings die Verteilung der Darlegungs- und Beweislast. Es ist derartigen Konstellationen wesenseigen, dass der Filmhersteller die Entstehung des Schadens schlicht nicht darzulegen vermag. Er kann letztlich nur den Schlusskostenstand mit der abgenommenen Kalkulation vergleichen und die einzelnen Positionen gegenüberstellen, die überzogen wurden. Ausschließlich der beklagte Produktionsleiter wäre in der Lage gewesen, im Einzelnen darzulegen, weshalb es zu den Überziehungen der einzelnen Positionen kam. Deshalb muss hier von einer umgekehrten Darlegungs- und Beweislast zugunsten des Filmherstellers ausgegangen werden. Dies ist auch sachgerecht und führt zu keiner unangemessenen Benachteiligung des Produktionsleiters. Dessen Aufgabe ist es nämlich, den Filmhersteller auf drohende Überschreitungen des Budgets hinzuweisen und mit ihm (und ggf. dem Herstellungsleiter) gemeinsam zu erörtern, wie dem entgegengewirkt werden kann. Unterlässt der Produktionsleiter jeglichen Hinweis, obwohl er die Budgetüberschreitung erkennt (oder grob fahrlässig nicht erkennt), liegt darin eine nachhaltige Vertragsverletzung.

Einmal mehr zeigt diese Gerichtsentscheidung aber auch, dass die schriftliche Fixierung der wesentlichen Vertragspunkte möglichst vor Beginn der Arbeit bzw. sobald als möglich erfolgen sollte, um bei später einsetzenden Schwierigkeiten die ursprünglich getroffenen Vereinbarungen auch beweisen zu können.

2 Die Verträge mit Schauspielern

Seit der Aufhebung des Arbeitsvermittlungsmonopols der Bundesanstalt für Arbeit in den 80er-Jahren entwickelte sich in Deutschland eine Vielzahl von Agenturen, die mit unterschiedlichen Schwerpunkten auf die Vertretung von Schauspielern, Regisseuren und Drehbuchautoren spezialisiert sind.

Im Hinblick auf die Gestaltung der Schauspielerverträge existiert keine Standardversion, obwohl nicht selten das allgemeine Formular für Filmschaffende benutzt wird. Andererseits entwickeln Agenturen ihre eigenen Vertragsmuster, die den Besonderheiten des jeweiligen Projekts angepasst werden. Nachfolgend werden die wichtigsten **Eckdaten** eines Schauspielervertrages dargestellt.

2.1 Die Rechteübertragung

Die Schauspieler haben Leistungsschutzrechte (§ 73 UrhG) an ihren Darbietungen, wobei die Verwertungsrechte nach § 92 UrhG dem Produzenten zustehen. Im Allgemeinen ist die Rechtsübertragung in den Verträgen mit den Schauspielern daher nicht weiter problematisch, es sei denn, die Schauspieler möchten sich bestimmte Rechte vorbehalten.

Die Auswertung des Films bzw. von Teilen daraus im Wege des Merchandising und/oder für Zwecke der Werbung für filmfremde Produkte ist hingegen ohne die Zustimmung der Schauspieler unzulässig. Dagegen sind sie durch das Recht am eigenen Bild (§§ 22, 23 KUG) und durch das allgemeine Persönlichkeitsrecht geschützt.

2.2 Dubbing / Doubeln

Nach gängiger Rechtsprechung verstößt es gegen das Persönlichkeitsrecht, Schauspieler ohne deren ausdrückliche Zustimmung in ihrer **Muttersprache** neu zu synchronisieren, also ihr Bild mit einer fremden Stimme zu unterlegen. Bisweilen behalten sich Schauspieler das Recht vor, ihre Rolle in **fremde Sprachen** zu synchronisieren. Darauf sollte sich der Produzent generell nicht einlassen, denn dies könnte die internationale Auswertung des Films beeinträchtigen. Entsprechend muss sich der Produzent (in Abstimmung mit dem Weltvertrieb) die Möglichkeit offenhalten, die Rolle durch eine andere Person zu synchronisieren.

Auch das **Doubeln** des Schauspielers ist nur mit dessen Einwilligung erlaubt. Neben den üblichen gefährlichen Aufnahmen, bei denen der Schauspieler durch Stunts verkörpert wird, kommt Doubeln mitunter bei Nacktaufnahmen infrage. Dies ist ein heikles Thema und die entsprechenden Szenen sollten klar festgelegt werden. Vertraglich werden Nacktaufnahmen häufig zusätzlich dadurch abgesichert, dass kein Standfotograf anwesend sein, nur eine eingeschränkte Crew drehen (»closed set«), keine der Szenen für die Promotion des Films verwendet werden darf etc.

2.3 Das Honorar

Die Honorare der Schauspieler in Deutschland sind – weniger durch die Kinoerfolge als durch die produzierende Fernsehbranche – in den letzten 15 Jahren deutlich gestiegen. Dabei ist festzustellen, dass der Honorarunterschied zwischen einem »durchschnittlichen« Schauspieler und einem »Star« in Deutschland relativ gering ist, im Gegensatz zu anderen Märkten wie insbesondere die USA, aber auch Frankreich. In jedem Fall ist es für den Produzenten empfehlenswert, sich vor der Aufnahme von Verhandlungen darüber sachkundig zu machen, welche Rollen der Schauspieler in der jüngsten Vergangenheit spielte und wie hoch seine jeweiligen Honorare waren. Der Gagentarifvertrag vom 6. April 2000 (s. dazu vorstehende Ziffer 1.3) erstreckt sich nicht auf Schauspieler, sodass auch keine Mindeststandards gelten.

2.3.1 Das Pauschalhonorar

Die Honorare der Schauspieler bemessen sich grundsätzlich nach **Tagessätzen** und die Auszahlung erfolgt wöchentlich.

Im Rahmen von Filmprojekten ist es indessen gerade bei Hauptdarstellern üblich, Pauschalhonorare zu vereinbaren. Diese Pauschalen sehen eine bestimmte Anzahl von Drehtagen vor. Bei Überschreitung der geplanten Drehtage muss geklärt werden, ob und in welcher Höhe ein weiteres Honorar zu zahlen ist (z.B. auf Basis der üblichen Tagesgage oder auf der Basis des vereinbarten Pauschalhonorars dividiert durch die Drehtage). Ferner ist bei einer Pauschalgage zu konkretisieren, welche Leistungen darin enthalten sind, z.B. Proben (inkl. Kostüm- und Maskenproben), An- und Abreisetage, Synchronisationsarbeiten etc.

2.3.2 Rückstellungen

Viele Filme sind in Deutschland unterfinanziert und es ist dem Produzenten nicht möglich, das »übliche« Honorar des Schauspielers zu zahlen. Eine Lösung bietet in solchen Fällen die Rückstellung (Deferment) eines Teils des Honorars. Hierzu sind die Schauspieler in der Regel bereit, wenn ihnen die Rolle und/oder das Projekt gefällt. Das prominenteste Beispiel bezüglich zurückgestellter Gagen aus der jüngsten deutschen Filmgeschichte ist der Film »Das Leben der Anderen«. In welcher Höhe das Honorar zurückgestellt wird, ist jeweils eine Frage des Einzelfalls. Die Bereitschaft zur Rückstellung hängt maßgeblich von folgenden Koordinaten ab:

- Sind auch andere bereit, ihr Honorar (teilweise) zurückzustellen?
- In welchem Rang und in welchem Verhältnis wird die Rückstellung zurückgeführt?
- Wie sind die Aussichten, dass der Film überhaupt Erlöse generiert, aus denen die Rückstellungen zurückgeführt und damit das Honorar vollständig gezahlt wird?

In aller Regel stellen auch andere Mitwirkende einen Teil ihrer Honorare zurück, einschließlich des Produzenten selbst (HU, Produzentenhonorar) und die Rückführung der Honorare erfolgt normalerweise **pro rata pari passu**. Alle Beteiligten werden also im gleichen Rang und anteilig aus allen eingehenden Erlösen befriedigt.

2.3.3 Die Gewinnbeteiligung

In Deutschland ist es bislang – von wenigen Ausnahmen abgesehen – nicht üblich, Schauspieler an den Erlösen des Films zu beteiligen.

Sofern aber eine Gewinnbeteiligung gezahlt werden soll (z. B. weil der Film ganz entscheidend von einer Rolle abhängt, die durch einen »Star« gespielt wird, der auch noch einen Teil seiner Gage zurückgestellt hat), muss klar definiert werden, an welchen Erlösen bzw. Gewinnen die Beteiligung erfolgen soll. In Deutschland wird allenfalls eine Beteiligung an dem **Nettogewinn** des Produzenten oder ein **Escalator** (**Box-Office-Bonus**) vereinbart. Ferner muss im Vertrag deutlich werden, ob nur die Gewinne aus der Filmverwertung oder auch aus Nebenrechtsverwertungen (z. B. Soundtrackalbum, Merchandising) als Berechnungsbasis dienen sollen.

Insbesondere in den USA gibt es einige Top-Schauspieler, denen eine Beteiligung an den Kinoeinspielerlösen (»Box Office Gross«) eingeräumt wird. Dies stellt allerdings auch bei Topstars die absolute Ausnahme dar. Da diese Art der Beteiligung die Recoupmentposition aller anderen beeinflusst, ist die Zustimmung der Bank, der Investoren, des Completion Bonds und gegebenenfalls weiterer Beteiligter erforderlich.

Ebenfalls nur sehr wenige Schauspieler erhalten eine Beteiligung an den Bruttoverleiheinnahmen (»Gross Receipts«). Ansonsten werden auch in den USA üblicherweise Beteiligungen amm Nettogewinn des Produzenten (»Producer's Net Receipts«) vereinbart.

2.3.4   Zusätzliche Leistungen

Zusätzlich werden **Tagesspesen** (»per diem«) gezahlt und es sind insbesondere die Reisekosten und sonstigen Verpflichtungen zu berücksichtigen (Flüge, Zugfahrten, Hotels, Miet- und Campingwagen, Fahrer etc.). Die weiteren Zusatzleistungen können teuer werden, je nachdem, welche Stars zu welchen Sonderkonditionen engagiert werden (z. B. 1.- Klasse-Flug von Los Angeles nach Deutschland eines Schauspielers in Begleitung seiner Frau oder Familie, Ticket für Assistent(in), Anspruch, zur Premierenfeier eingeladen zu werden etc.).

Diese »Nebenkosten« eines Stars, der unter Umständen unentgeltlich oder für ein nur geringes Honorar an einem Film mitzuwirken bereit ist, können sehr schnell uferlos werden. Sie sind daher sorgfältig zu prüfen und im Budget zu veranschlagen.

2.4   Der Exklusivzeitraum / »First Call«-Periode

Der Schauspieler wird auf jeden Fall während der Dreharbeiten exklusiv zur Verfügung stehen müssen, soweit keine anderweitigen, längerfristig angelegten Engagements bestehen (z. B. Bühnenengagements).

Darüber hinaus sollte sich der Produzent »First Call«-Perioden vorbehalten. Darunter ist ein Zeitraum zu verstehen, während dessen ein Schauspieler nur dann anderweitige Engagements akzeptieren darf, wenn sie nicht mit seinen vertraglichen Pflichten kollidieren und der Produzent vorher zustimmt. Zu diesen Zeiträumen zählen die Vorbereitungszeit (z. B. Proben) vor Drehbeginn und eine Frist nach Drehende für ggf. erforderlich werdende Nachaufnahmen, Synchronisationsarbeiten und andere Tätigkeiten in der Postproduktion. Gerade bei Projekten, bei denen eine Verlängerung der Dreharbeiten aufgrund schwieriger Produktionsverhältnisse nicht unwahrscheinlich ist, sollte der Produzent sich das Recht einräumen lassen, anderweitige zeitnahe Engagements der Schauspieler zu genehmigen.

2.5   Der »Stop date«

Wichtig ist außerdem, keinen »Stop date« in den Vertrag aufzunehmen. Dies bedeutet, dass der Schauspieler nur bis zu einem bestimmten Zeitpunkt zur Verfügung steht und mit Ablauf dieser Frist frei wird, unabhängig davon, ob die Dreharbeiten beendet sind oder nicht. Problematisch ist ein »Stop date« auch für den Completion Bond, denn ohne die Verfügbarkeit des Schauspielers kann er die Fertigstellung und Lieferung des Films zu den vereinbarten Konditionen nicht garantieren. Ausnahmsweise wird ein »Stop date« vertretbar sein (z. B. drei

Wochen nach dem geplanten Drehende), wobei in jedem Fall die Bank, der Completion Bond und alle anderen maßgeblich an der Produktion Beteiligten zustimmen müssen.

2.6   Die Weisungsgebundenheit des Schauspielers

Immer wieder strittig ist, inwieweit ein Schauspieler oder eine Schauspielerin weisungsgebunden ist. Dabei gelten die normalen arbeitsrechtlichen Grundsätze und die Grenzen der Weisungsbefugnis ergeben sich aus der Zumutbarkeit für den Arbeitnehmer. In den Verträgen erfolgt diese Grenzziehung über die Bestimmung der einzelnen Tätigkeiten. Zumeist versuchen Schauspieler (bzw. deren Agenten) diese Grenzen möglichst exakt zu bestimmen, indem eine bestimmte **Drehbuchfassung**, eine Beschreibung der Rolle oder Ähnliches dem Vertrag zugrunde gelegt wird. Ferner werden Regelungen im Arbeitsvertrag schriftlich fixiert, die bestimmte Szenen (Nacktaufnahmen, Liebesszenen) zulassen oder ausschließen.

Überschreitet der Produzent seine Weisungsbefugnis, so kann der Schauspieler die entsprechende Anweisung des Produzenten bzw. der von ihm autorisierten Personen (z. B. Herstellungsleiter oder Regisseur) verweigern, ohne dass er seinen Vergütungsanspruch verlöre.

Das Engagement des Schauspielers erfolgt üblicherweise auf der Grundlage einer bestimmten Drehbuchfassung. Komplikationen können sich ergeben, wenn während der Dreharbeiten das Drehbuch, die Szene oder die Rolle des Schauspielers geändert wird. Hat ein Schauspieler grundsätzlich Anspruch auf die inhaltliche Festlegung eines bestimmten Rollencharakters?

Diese Frage beschäftigte jüngst das Bundesarbeitsgericht (BAG Az. 5 AZR 564/06). Im Streitfall hatte die Klägerin die Rolle der »Jennie« in dem Film »Maria an Callas« übernommen. Nach zwei Drehtagen wurde das Drehbuch u. a. dahin geändert, dass Jennie nicht mehr die 54-jährige Schwägerin und Freundin der Hauptdarstellerin, sondern deren 60-jährige Mutter war. Die Klägerin erklärte, sie werde als Jennie nur nach der bisherigen Drehbuchfassung tätig. Ihre Rolle wurde daraufhin anderweitig besetzt. Die Klägerin verlangte gleichwohl ihre komplette Gage.

Das BAG entschied, dass diese Änderung der Rolle von der Weisungsbefugnis des Filmherstellers gedeckt und die Schauspielerin folglich nicht berechtigt war, die Arbeit zu verweigern. Der geltend gemachte Vergütungsanspruch der Schauspielerin wurde daher zurückgewiesen.

Die Entscheidung des BAG enthält sowohl für Produzenten wie auch für Schauspieler/Agenten eine dankbare Klarstellung im Hinblick auf die Weisungsbefugnis des Produzenten und der Grenzen der Zumutbarkeit für die Schauspieler.

2.7   Die Versicherung

Für Hauptdarsteller ist eine Ausfallversicherung abzuschließen und der Vertrag sollte nur unter der **aufschiebenden Bedingung** wirksam werden, dass sich der Schauspieler hierfür zur Verfügung hält und die Versicherung auch abgeschlossen wird.

2.8   Standfotos / Promotion

Bekannte Darsteller behalten sich meist vor, die Standfotos abzunehmen. Dann ist die Mindestzahl der zu genehmigenden Standfotos festzulegen und das Genehmigungsverfahren, insbesondere der Zeitrahmen. Gleiches gilt für Promotion- und Werbematerial, auf dem der Schauspieler abgebildet ist.

Im Übrigen muss der Schauspieler für Promotionzwecke ausreichend zur Verfügung stehen, denn hierzu ist der Produzent dem Verleih gegenüber verpflichtet. Hierbei sollte die Produktionsfirma bzw. der Verleih möglichst nur die mit den PR-Maßnahmen verbundenen Reise- und Aufenthaltskosten tragen und nicht etwa weitergehende Honorare zahlen.

2.9   Besonderheiten mit ausländischen Schauspielern

Wer ausländische (vor allem amerikanische) Schauspieler engagieren möchte, wird unweigerlich mit einigen Begriffen konfrontiert, die in Deutschland weitgehend unbekannt oder zumindest nicht üblich sind. Einige dieser Begriffe werden nachstehend kurz erläutert.

2.9.1   Die »Loan-out Company«

Dabei handelt es sich um eine Gesellschaft, die den Schauspieler gleichsam »verleiht«. Vertragspartner wird nicht der Schauspieler selbst, sondern die Loan-out Company. Viele Schauspieler haben ihre eigene Loan-out Company oder sind an einer solchen beteiligt. Diese Konstruktion wird meist aus **steuerlichen,** aber auch aus haftungsrechtlichen Gründen gewählt.

Allerdings muss im Einzelfall sorgfältig geprüft werden, ob es sich bei dieser Konstruktion um eine zwischengeschaltete Kapitalgesellschaft handelt, ob sie die Vergütung nur treuhänderisch für den Künstler empfängt und vieles mehr. Denn je nachdem, um welche Konstellation es sich im Einzelfall handelt, kann das sehr unterschiedliche steuerrechtliche Implikationen haben. Der Rat eines auf diesem Gebiet bewanderten Steuerberaters ist daher unbedingt empfehlenswert.

2.9.2 »Pay or Play«

Bei einem »Pay or Play«-Vertrag ist das Honorar unabhängig davon fällig, ob der Film tatsächlich gedreht wird oder die Dienste des Schauspielers in Anspruch genommen werden (außer wegen Verhinderung des Schauspielers selbst oder infolge höherer Gewalt). »Pay or Play« bedeutet also, dass dem Schauspieler ein **Ausfallhonorar in voller Höhe** gezahlt wird. Der Hintergrund dieser Übung ist darin zu sehen, dass Schauspieler sich für den gewünschten Zeitraum exklusiv zur Verfügung halten und folglich andere Rollen absagen müssen.

Der Begriff »Pay or Play« wird jedoch in vielfach modifizierter Form verwendet. So können z. B. zeitliche Grenzen (gleichsam Stornierungsfristen) gesetzt werden, wonach bei Absage des Projekts ein je nach Zeitnähe zum Drehbeginn gestaffeltes Ausfallhonorar zu zahlen ist. Im Falle der Nichtinanspruchnahme des Schauspielers kann das Honorar (teilweise) auf eine andere Rolle angerechnet werden. Schließlich sollte der Schauspieler verpflichtet sein, zumutbare anderweitige Engagements einzugehen und die entsprechenden Gagen sollten auf das Ausfallhonorar angerechnet werden.

Zur Vermeidung von Missverständnissen soll nicht unerwähnt bleiben, dass auch in Deutschland Ausfallhonorare im Sinne eines »Pay or Play« vereinbart werden. Allenfalls der Maßstab eines zumutbaren Ersatzengagements dürfte bei deutschen Schauspielern unter Umständen niedriger anzulegen sein als bei einem amerikanischen Star, denn die deutschen Schauspieler sind fast alle auch in Fernsehfilmen zu sehen und insoweit dürfte es einfacher sein, Ersatzengagements zu finden.

2.9.3 Die Screen Actors Guild of America

Wie die Drehbuchautoren (Writers Guild of America) und die Regisseure (Directors Guild of America) sind auch die Schauspieler überwiegend Mitglieder in einer kollektiven Interessensvertretung, der Screen Actors Guild (SAG). SAG-Mitglieder sind verpflichtet, nur auf Basis der SAG-Konditionen Verträge einzugehen, außer es handelt sich um einen »Non-SAG« Film. Dies ist grundsätzlich dann der Fall, wenn der Vertrag außerhalb der USA geschlossen wird und auch die Leistungen des Schauspielers außerhalb der USA erbracht werden.

Wenn ein Engagement nach den SAG-Konditionen erfolgt, wird der Vertrag meist auf der Basis des »SAG Basic Agreements« abgeschlossen. Dadurch wird den Schauspielern der SAG-Status erhalten und die Zahlung von »Residuals« (vergleichbar mit unserem Wiederholungshonorar) und Sozialabgaben sichergestellt.

Die SAG schließt außerdem mit dem Produzenten ein »Security Agreement« ab, in dem sie sich zur Besicherung der Ansprüche des Schauspielers (einschließlich der Residuals) wie die Bank und der Completion Bond die Rechte am Filmwerk, den Materialien etc. sicherungsweise abtreten und diese Sicherheit registrieren lässt.

2.9.4 »Withholding Tax«

Vorsicht geboten ist bei der Zusage eines bestimmten Honorars **brutto gleich netto**, wie manchmal von ausländischen Schauspielern verlangt. Dabei ist die Besteuerung zu berücksichtigen, denn andernfalls ist das Budget nicht korrekt kalkuliert und damit treten Lücken in der Finanzierung auf.

Grundsätzlich ist bei ausländischen Schauspielern eine Withholding Tax von 20 % zuzüglich des Solidaritätszuschlags von 5,5 % abzuführen. Nach einer Entscheidung des Europäischen Gerichtshofs ist diese Regelung jedoch diskriminierend und damit gemeinschaftswidrig. Eine Umsetzung einer nicht diskriminierenden Regelung ist in Deutschland nach Kenntnis des Verfassers bisher noch nicht erfolgt.

Nach den zwischen Deutschland und verschiedenen Staaten (u. a. den USA) für ausübende Künstler geschlossenen Doppelbesteuerungsabkommen kann der Einbehalt entfallen, wenn ein Freistellungsbescheid (»exemption certificate«) durch das Bundesamt für Finanzen erteilt wird. Zu beachten ist jedoch, dass die Freistellung für einige Staaten nur bis zu einem Höchstbetrag erteilt wird und von den darüber hinausgehenden Honoraren die Witholding Tax gleichwohl einzubehalten ist.

Der Produzent sollte in die Verträge mit ausländischen Schauspielern jedenfalls eine Klausel aufnehmen, der zufolge er berechtigt ist, gesetzlich vorgeschriebene Steuern von den Gagen der Schauspieler einzubehalten, solange diese keine Freistellungsbescheide vorlegen. Im Übrigen ist auch hier dringend Klärungsbedarf und die Mitwirkung eines Steuerberaters unerlässlich.

3. Der Regievertrag

Die vorstehend erörterten Grundsätze für Filmschaffende (1) und für Schauspieler (2) gelten teilweise analog für den Regievertrag. Nachstehend werden noch einige Besonderheiten des Regievertrages dargestellt.

3.1 Die Rechtsnatur

Der Abschluss eines Regievertrages begründet nach überwiegender Ansicht zwischen dem Produzenten und dem Regisseur einen **Arbeits- oder Dienstvertrag**. Letztlich ist die Rechtsnatur des Regievertrages jedoch eine Frage des Einzelfalles und kann variieren. Das Kammergericht Berlin entschied etwa, dass es sich bei dem Regievertrag über die Erstellung eines Dokumentarfilms um einen **Werkvertrag** handelte (KG Berlin, ZUM-RD 1999, S. 337 ff.). Weiterhin hat das Landgericht München I in der nachfolgend noch näher erörterten Entscheidung vom 24.02.2000 (Az. 7 O 21058/99) eine **Mischform** zwischen Dienst- und Werkvertrag i. S. der §§ 611, 631 BGB angenommen. Das Landgericht München qualifizierte die Aufgabe des Regisseurs der Inszenierung als Werkvertrag, anderweitige Aufgaben, wie z. B. die verantwortliche Leitung und Überwachung des Schnitts und der Synchronisationsarbeiten dagegen als Dienstvertrag. Der Regisseur kann folglich entweder freier Mitarbeiter (dann sind die **ordentlichen Gerichte** im Streifall anzurufen) oder Arbeitnehmer sein (dann ist für Streitigkeiten das **Arbeitsgericht** zuständig).

3.2 Die Vertragsgrundlage

Die Grundlagen des Regievertrages sind das Drehbuch, der Drehplan und das abgenommene Budget, die der Regisseur üblicherweise mitunterzeichnet. Die **Aufgabe** des Regisseurs besteht darin, das Drehbuch im Rahmen des vorgegeben Budgets zu verfilmen. Der Regisseur ist gegenüber dem Produzenten insoweit weisungsgebunden. Er ist insbesondere nicht berechtigt, das abgenommene Drehbuch und den Drehplan ohne die Zustimmung des Produzenten und der weiteren Beteiligten (Bank, Completion Bond etc.) zu verändern.

3.3 Die Leistungen des Regisseurs

Der Regisseur ist unter normalen Umständen schon in die Projektentwicklung eingebunden. Er wird nicht selten das Drehbuch – in Zusammenarbeit mit dem Drehbuchautor – nochmals überarbeiten. Dann ist darauf zu achten, dass mit dem Regisseur gegebenenfalls als **Ko-Autor** auch darüber eine Vereinbarung getroffen wird, damit die Chain of Title lückenlos ist.

Der Regisseur wird außerdem bei der Anfertigung des Drehplans, beim Casting, bei der Auswahl der Locations, der Auswahl des künstlerischen Stabs (Kamera, Regieassistenz, Schnitt, Maske, Kostüme, Ton, Musik etc.), mitwirken. Fraglich und mitunter streitig ist im Einzelfall, inwieweit dem Regisseur künstlerische Freiräume und insoweit auch Entscheidungsbefugnisse zustehen und welche Entscheidungen letztlich dem Produzenten vorbehalten bleiben. Darüber sollten sich die Vertragspartner frühzeitig verständigen.

Neben der Leitung der Dreharbeiten und der Führung der Schauspieler obliegt dem Regisseur schließlich die Leitung des Schnitts, der Postproduktion und aller Endfertigungsarbeiten bis zur endgültigen Fertigstellung des Films.

3.4 Das Honorar

3.4.1 Die Grundvergütung

Dem Regisseur wird regelmäßig eine Vergütung gezahlt, die sich prozentual am abgenommenen Budget des Films orientiert (2 % bis 5 %). In der Regel werden – ungeachtet der prozentualen Bemessung nach dem Budget – ein Mindest- und ein Höchsthonorar vereinbart.

3.4.2 Fälligkeit / Rückstellung

Das Honorar wird gewöhnlich zu 20 % während der Vorbereitungszeit, zu 60 % während der Drehzeit, zu 10 % bei Rohschnittabgabe und zu 10 % bei endgültiger Fertigstellung und Abnahme der Films gezahlt.

Wenn es sich aus Sicht des Produzenten um ein riskantes Projekt handelt (ohne Completion Bond), das maßgeblich vom Regisseur getragen und beeinflusst wird, sollte der Produzent darauf hinwirken, dass ein Teil des Honorars erst bei Fertigstellung der Films im Rahmen des Budgets fällig wird. Wenn das Budget überschritten wird, sollte der Regisseur die letzte (nicht ganz unerhebliche) Rate seines Honorars zurückstellen. Dadurch wird der Regisseur in die Pflicht genommen und trägt das »over budget«-Risiko mit. In einem solchen Fall muss aber auch geregelt werden, wie das zurückgestellte Honorar recouped wird.

3.4.3 Die Gewinnbeteiligung / »Escalator«

Im Gegensatz zur Honorierung der Schauspieler stellt eine Gewinnbeteiligung des Regisseurs keine Seltenheit dar. Dies gilt in besonderem Maße, wenn er auch das Drehbuch (mit)verfasst hat. Dann wird, je nach den Umständen des Falles, eine Beteiligung am Produzentennettogewinn in Höhe von 5 bis maximal 10 % angemessen sein. Die endgültige Festlegung hängt natürlich davon ab, wer ansonsten noch Erlösanspruch stellt und alle Beteiligten müssen sich in einem vernünftigen Rahmen bewegen. Zusätzlich oder anstelle der Gewinnbeteiligung kann dem Regisseur ein »Escalator« eingeräumt werden.

3.5 Die Abnahme des Films (Director's Cut / Final Cut)

Der Regievertrag endet mit der Fertigstellung des Films und der Abnahme durch den Produzenten. Regieverträge sehen manchmal vor, dass der Regisseur den Film lediglich abzugeben habe. Demgegenüber sollte aus Sicht des Produzenten die förmliche **Abnahme** vereinbart werden. Dies folgt schon daraus, dass der

Produzent seinerseits von der Abnahme durch Dritte (Verleih, Vertrieb, Fernseh-sender etc.) abhängig ist. Er sollte deshalb den Regisseur erst dann aus der Pflicht entlassen, wenn er auch einen Film abgeliefert hat, mit dem der Produzent seine eigenen vertraglichen Obliegenheiten gegenüber Dritten zu erfüllen vermag.

Der Produzent sollte dem Regisseur auch nicht das Recht zum **Final Cut** zuge-stehen, es sei denn, es handelt sich um einen erfahrenen und erfolgreichen Regis-seur, dessen Mitwirkung gewünscht wird. Daraus resultiert eine Vielzahl von Pro-blemen, auf die bereits hingewiesen wurde.

In den USA sehen die Regeln der Directors Guild of America (DGA) vor, dass der Regisseur binnen einer bestimmten Frist den Director's Cut zu übergeben hat. Danach ist der Produzent befugt, gegebenenfalls erforderliche Änderungen vorzu-nehmen. Nur wenigen Star-Regisseuren wird das Recht zum Final Cut zugebilligt.

3.6 Die Kündigung / Freistellung

Sofern der Regisseur die vertraglichen Vorgaben nicht beachtet, kann der Vertrag unter bestimmten Voraussetzungen gekündigt werden. Insoweit gelten die allge-meinen arbeitsrechtlichen Grundzüge. Das bedeutet, dass einer außerordentlichen Kündigung ein einschlägiges vertragswidriges Verhalten des Regisseurs vorausge-gangen sein muss, welches bereits abgemahnt wurde. Sofern der Regisseur trotz vorangegangener **Abmahnung** sein vertragswidriges Verhalten fortsetzt, kann der Regievertrag fristlos gekündigt werden. Aufgrund der starken Stellung des Regis-seurs als Urheber des Filmwerks und – bei großen Regisseuren – als »essential element« des Films, wird die Kündigung des Vertrags indessen stets »ultima ratio« sein und mit allen anderen Beteiligten (Verleih, Weltvertrieb, Bank, Completion Bond etc.) abgestimmt.

Neben der Kündigung hat der Produzent unter Umstände auch die Möglichkeit, auf die weitere Mitwirkung des Regisseurs zu verzichten, diesen also von der Er-bringung seiner weiteren Leistungen **freizustellen** (bei Zahlung seines Honorars).

In diesem Zusammenhang ist ein **Rechtsstreit** außerordentlich interessant, der vor dem LG München I anhängig war. Die Parteien stritten um das Recht des Re-gisseurs, an der Hauptmischung und Endfertigung eines Fernsehfilms, bei dem er bis in das Stadium des Feinschnittes Regie geführt hatte, mitzuwirken.

Im Streitfall kam es während der Dreharbeiten und vor allem nach deren Ab-schluss zu einem Zerwürfnis zwischen dem Regisseur und dem Produktionsunter-nehmen. Schließlich teilte die Produzentin dem Regisseur mit, dass sie ab so-fort mit Ausnahme seiner Mitwirkung bei der Hauptmischung der deutschen Sprachfassung auf seine Leistung als Regisseur verzichte. Sie stützte sich dabei auf eine Klausel des Regievertrags, denn danach war die Produzentin »*nicht ver-pflichtet, die Leistungen des Regisseurs in Anspruch zu nehmen*«. Sie hat vielmehr das Recht, »*jederzeit auf die Leistungen des Regisseurs zu verzichten und sie von einem Dritten erbringen zu lassen*«.

Auf Antrag des Regisseurs erließ das Landgericht München I (ZUM 2000, 414) eine **einstweilige Verfügung,** die der Produzentin untersagte, die Endfassung des Films ohne Mitwirkung des Regisseurs bei der Hauptmischung der deutschen Sprachfassung vorzunehmen und den Film ohne vorherige Mitwirkung des Regisseurs in dem bezeichneten Umfange öffentlich auszustrahlen.

Das Gericht stützte seine Entscheidung auf § 12 I UrhG. Nach dieser Vorschrift kann der Urheber bestimmen, <u>ob</u> und <u>wie</u> sein Werk veröffentlicht wird. Aus diesem **Erstveröffentlichungsrecht** folgerte das Gericht die Befugnis des Regisseurs, darüber zu entscheiden, wann das Filmwerk als »vollendet« freizugeben ist (dieses Recht wird bisweilen als »Abnahmerecht« bezeichnet). Aus diesem Recht auf Freigabe des Films und im Übrigen aus dem Regievertrag leitete das Gericht weiter das Recht des Regisseurs her, an den für die Fertigstellung des Filmwerkes wesentlichen Produktionsschritten, zu denen auch die Haupttonmischung zählt, mitzuwirken.

Die Produzentin legte gegen dieses Urteil **Berufung** ein und das OLG München hob das Urteil in seiner Entscheidung vom 20. Juli 2000 (Az. 29 U 2762/00 – ZUM 2000, S. 767 ff.) auf.

Zwar stellte auch das OLG unter Bezugnahme auf § 12 UrhG zunächst klar, dass der Regisseur als Filmurheber das Recht habe, zu bestimmen, ob und wie sein Werk zu veröffentlichen ist. Das OLG hatte jedoch keine Bedenken gegen eine Vertragsklausel, die den Filmproduzenten zwar berechtigt, aber nicht verpflichtet, die Leistungen des Regisseurs für die Gestaltung des gesamten Films in Anspruch zu nehmen und die dem Filmproduzenten das Recht einräumt, nach Abschluss von einzelnen Produktionsabschnitten auf die weitere Mitwirkung des Regisseurs zu verzichten. Verzichtet der Produzent auf die weitere Mitwirkung des Regisseurs, so beschränkt sich dessen Urheberrecht auf die fertiggestellten Teile des Films. Im Übrigen hielt das Gericht fest, dass der Regisseur im Falle seiner Mitwirkung bis zur Fertigstellung des Films sein Veröffentlichungsrecht durch Übergabe des Films zur Abnahme durch den Produzenten ausübe. Dieser **endgültigen Freigabeerklärung** gingen indessen bereits Entscheidungen über die Veröffentlichungsreife von Vorstufen des Films voraus: So habe der Regisseur spätestens durch die Fertigstellung des Rohschnittes seine Entscheidung über die Veröffentlichungsreife der Aufnahmen als solche getroffen.

Der Klarheit halber sei noch Folgendes angemerkt:

- Der Produzent darf dennoch den Regisseur nicht willkürlich und unbillig von der weiteren Mitwirkung bei der Fertigstellung des Films ausschließen. Vielmehr bedarf es hierfür eines hinreichenden Grundes, der aber regelmäßig in den – auch vom Regisseur mitverantworteten – Spannungen und dem gestörten Vertrauensverhältnis gegeben sein wird.

- Außerdem ist der Produzent im Falle des Verzichts auf die weitere Mitwirkung des Regisseurs verpflichtet, das vereinbarte Honorar zu zahlen.

Die Entscheidung des OLG München ist für die Vertragspraxis auch deshalb interessant, weil es weiterhin um die Wirksamkeit einer **Klausel** folgenden Wortlauts ging:

Für den Fall einer vom Regisseur behaupteten Vertragsverletzung oder eines sonstigen Konflikts im Zusammenhang mit der Produktion vereinbaren die Vertragsparteien, daß ein derartiger Konflikt ausschließlich zwischen den Parteien auszutragen ist, wobei die Auswertung der Produktion nicht gestört, behindert oder verhindert werden darf. Der Regisseur verzichtet demnach insbesondere auf die Geltendmachung von Unterlassungsansprüchen im Wege eines einstweiligen Verfügungsverfahrens.

Solche Klauseln werden in der **Praxis** regelmäßig verwendet. Die Klausel hat doppelte Schutzfunktion: Einerseits soll sie dem Produzenten die Verwertung des Filmwerks nicht im Wege der einstweiligen Verfügung versagen, andererseits soll sie den Regisseur vor unüberlegten Handlungen schützen, die ihn später erhebliche Beträge kosten könnten.

Das Landgericht beurteilte diese Klausel als »eindeutig sittenwidrig i. S. des § 138 I BGB und somit nichtig«, weil es einem Regisseur möglich sein müsste, »seine Rechte effektiv gerichtlich durchzusetzen«. Das OLG schloss sich dieser Auffassung insoweit an, als die einschlägige Klausel »jede Anrufung der staatlichen Gerichte unterbinden will«, also den Regisseur jeglicher Mittel beraubt, sich gegen Vertragsverletzungen zur Wehr zu setzen. Dagegen ließ das OLG offen, ob der Ausschluss etwaiger Ansprüche im Wege der einstweiligen Verfügung allein wirksam ist.

Nach Meinung des Verfassers ist dies zumindest dann möglich, wenn die Ansprüche hinreichend konkretisiert sind und nur die Durchsetzbarkeit im einstweiligen Rechtsschutz ausgeschlossen wird. Diese Möglichkeit und die Wirksamkeit einer solchen Vereinbarung ist in der Literatur und in der Rechtsprechung allgemein anerkannt (vgl. BGHZ 109, 19 ff. m. w. N.). Derartige Klauseln sind im Übrigen bei internationalen Filmprojekten nicht nur branchenüblich, sondern werden teilweise ausdrücklich verlangt (z. B. von Finanziers, Koproduzenten, Completion Bond etc.).

4 Die Auftragsproduktion

Der Produzent beschäftigt im Rahmen der Herstellung eines Films nicht nur den Regisseur, Kameramann, Schauspieler und andere Filmschaffende, sondern er bedient sich regelmäßig auch Subunternehmer für die Durchführung bestimmter Dienstleistungen. Häufig sind diese Subunternehmer ebenfalls Produktionsgesellschaften und mitunter überträgt der »Produzent« nahezu komplett die Herstellung des Films einer anderen Produktionsgesellschaft. In solchen Fällen handelt es sich um eine Auftragsproduktion, wobei zwischen der echten und der unechten Auftragsproduktion zu unterscheiden ist.

4.1 Die echte Auftragsproduktion

Bei der echten Auftragsproduktion führt der Auftragnehmer die Filmherstellung als selbstständiger Unternehmer in eigener Verantwortung durch. Für die Qualifizierung als Filmhersteller nach § 94 UrhG stellt die Rechtsprechung auf die Übernahme der wirtschaftlichen Verantwortung und der organisatorischen Tätigkeiten ab, die erforderlich sind, um den Film unter Mitwirkung aller Beteiligten herzustellen (BGH ZUM 1993, 286 ff. – »Die Ehe der Maria Braun«). Der echte Auftragsproduzent trägt das Überschreitungsrisiko und das Risiko der Nichtabnahme seiner Werkleistung durch den Auftraggeber.

Er ist auch für den Erwerb der erforderlichen Nutzungs- und Leistungsschutzrechte der Mitwirkenden im eigenen Namen und auf eigene Rechnung verantwortlich. Der Auftragnehmer kann auch an den Einspielerlösen beteiligt sein.

Eine echte Auftragsproduktion liegt typischerweise bei der Produktion von Werbefilmen vor.

Bei den Auftragsproduktionen im deutschen Fernsehbereich, die vom Sendeunternehmen finanziert werden, handelt es sich ebenfalls um echte Auftragsproduktionen. Daran ändert sich auch nichts, wenn der Sender daneben Sach- und Personalbeistellungen leistet. Die entscheidende Frage, wer in diesem Szenario als Filmhersteller im Sinne des § 94 UrhG und damit als Berechtigter der Tantiemen nach §§ 27, 54 UrhG anzusehen ist, haben die Filmproduzenten mit den Fernsehanstalten salomonisch dadurch gelöst, dass sie sich diese Tantiemen hälftig teilen.

4.2 Die unechte Auftragsproduktion

Demgegenüber ist die unechte Auftragsproduktion dadurch gekennzeichnet, dass der Auftragnehmer in voller Abhängigkeit vom Auftraggeber die Produktion durchzuführen hat. Alle wesentlichen Maßnahmen und Entscheidungen bei der

Filmherstellung werden vom Auftraggeber getroffen. Der Auftragnehmer ist hierbei bloßer Dienstleister, der Auftraggeber gilt als der Filmhersteller nach § 94 UrhG.

Vor geraumer Zeit war die Frage der **Abgrenzung** zwischen echter und unechter Auftragsproduktion im Rahmen der **Herstellereigenschaft von Filmfonds** virulent. Dies lag darin, dass die Mehrzahl der Filmfonds zur Herstellung der Filme Dienstleistungsunternehmen einschalteten, mit denen ein »Production Services Agreement« abgeschlossen wurde. Die eigentlichen Produktionsarbeiten wurden von diesen Dienstleistungsunternehmen durchgeführt.

Die hierbei auftretenden Fragen wurden im Schreiben des BMF vom 23.02.2001 zur ertragssteuerrechtlichen Behandlung von Film- und Fernsehfonds (**Medienerlass**) geregelt. Danach ist die Einschaltung solcher »Productions Service Companies« für die Herstellereigenschaft des Auftraggebers (Fonds) unschädlich, wenn zumindest die folgenden **Voraussetzungen** erfüllt sind:

- Die Verträge müssen gewährleisten, dass alle zur Herstellung und Auswertung des Films erforderlichen Rechte dem auftraggebenden Filmhersteller zustehen. Die Verträge werden vom Auftragnehmer zwar im eigenen Namen, aber auf Rechnung des Auftraggebers abgeschlossen;
- alle wesentlichen Maßnahmen der Filmproduktion, insbesondere die Auswahl des zu verfilmenden Stoffes, der Drehbuchautoren, der Besetzung, die Kalkulation, der Drehplan und die Finanzierung unterliegen der Entscheidung des Auftraggebers;
- der Dienstleister erhält ein fest vereinbartes Honorar und die bei ihm anfallenden Aufwendungen, die auf Rechnung des Auftraggebenden Filmherstellers erbracht worden sind, werden ihm ersetzt;
- der auftraggebende Filmhersteller ist Versicherungsnehmer der Versicherungen, insbesondere des Completion Bonds.

Gleichwohl ist die Abgrenzung von echter und unechter Auftragsproduktion im Einzelfall nicht immer deutlich. Häufig werden Auftragnehmer an den Unterschreitungen des Budgets beteiligt; manchmal auch am Gewinn, obwohl dies nach dem Medienerlass für die Herstellereigenschaft des Auftraggebers schädlich sein soll. Bisweilen erwirbt der Auftragnehmer Rechte an dem Filmwerk, wie etwa die Verwertungsrechte für ein bestimmtes Territorium (z. B. Ungarn, wenn ein Film teilweise in Ungarn hergestellt wird und die Leistungen von einer ungarischen Firma erbracht werden), oder eine Gewinnbeteiligung, weil die Leistungen unentgeltlich oder zu einem günstigen Preis erbracht werden.

Es sind noch weitere **Mischformen** und Variationen denkbar, bei denen sowohl der Auftraggeber als auch der Auftragnehmer als Filmhersteller anzusehen sein sollten.

4.3   Die wichtigsten weiteren Regelungen

Die Verträge einer Auftragsproduktion sind als **Werkverträge** (§§ 631 ff BGB) zu qualifizieren, wobei die folgenden weiteren Regelungen beachtet werden sollten:

- Die vom Auftragnehmer zu erbringenden Leistungen sollten möglichst präzise definiert werden. Dies ist aus verschiedenen Gründen wichtig, denn der **Leistungskatalog** muss möglichst komplett im Rahmen der Pauschalvergütung definiert werden und darüber hinaus ist die klare Definition der zu erbringenden Leistungen für die Frage der Abnahme wichtig.
- Alle wesentlichen Entscheidungen und Maßnahmen im Rahmen der Tätigkeit des Dienstleisters müssen vom Auftraggeber getroffen werden. Hierzu zählen insbesondere Änderungen des Drehbuchs, der Besetzung, der Kalkulation, des Drehplans etc.
- Der Auftraggeber sollte versuchen, die Tätigkeit des Auftragnehmers weitmöglichst zu kontrollieren. Dies kann durch die Entsendung eines Vertreters an den Set erfolgen. Ferner sollten die **Kontrollmechanismen** weitgehend ausgeschöpft werden durch eine präzise Auflistung der Informationspflichten über den Fortgang der Produktion wie z. B.»daily rushes«, wöchentliche Kostenstände, Übersendung der Tagesdispo, etc.
- Der Auftraggeber sollte unter praktischen Gesichtspunkten dringend darauf achten, dass die **Materialien** in seinem Namen beim zuständigen Kopierwerk eingelagert werden und er eine unwiderrufliche Ziehungsgenehmigung erhält (»Laboratory Access Letter«). Falls die Materialien nicht in seinem eigenen Namen, sondern im Namen des Auftragnehmers eingelagert werden, hat er keine Kontrolle hierüber und gerät in große Schwierigkeiten, wenn sich sein Verhältnis zum Auftragnehmer als wenig harmonisch entwickeln sollte. Dies gilt namentlich für die Einlagerung der Materialien im Ausland.
- Änderungen und Ergänzungen, die der Auftraggeber im Rahmen der Herstellung des Films wünscht, sollten möglichst schriftlich fixiert werden, sowie die entsprechende Kostentragung.
- Der Auftragnehmer erwirbt an seinen Leistungen bzw. dem hergestellten Film keinerlei Rechte. Vielmehr stehen diese in vollem Umfang dem Auftraggeber zu.
- Es sollte ein Mechanismus installiert werden, der die ordnungsgemäße Verwendung der Mittel vom Produktionskonto gewährleistet. Sofern der Auftragnehmer eine Pauschale erhält, sollte diese in Raten gezahlt werden, die dem Fortgang der Produktion angepasst sind. Handelt es sich andererseits um die Bewältigung einer vollständigen Produktion oder des wesentlichen Teils (z. B. Dreharbeiten), sollten die Kontovollmachten so gestaltet werden, dass nur über bestimmte Beträge verfügt werden kann.

• Die Nennung des Auftragnehmers (und ggf. der beteiligten Personen) sollte geregelt werden.

4.4 Die »Single Purpose Company«

In den USA ist es u.a. aus Haftungsgründen gebräuchlich, bei der Herstellung eines Films eigens eine Produktionsgesellschaft zu gründen, die mit der Herstellung und Ablieferung des Films im Rahmen einer bestimmten Pauschalvergütung beauftragt wird. Es handelt sich dabei um die so genannte »Single Purpose Company«. Alle Verträge, einschließlich der Kreditverträge, lauten auch auf diese »Single Purpose Company«, die jedoch mit der Herstellung und Ablieferung des Films an den Auftraggeber ihren Zweck erfüllt hat und nach Abwicklung des Projekts oft wieder aufgelöst wird.

4.5 Die steuerrechtlichen Vorgaben

Soweit Dienstleistungsunternehmen im Ausland eingeschaltet werden, sind neben der ausländischen Rechtsordnung auch steuerrechtliche Vorgaben zu beachten. Insbesondere ist sicherzustellen, dass es sich um keine Koproduktion handelt und auch keine Betriebsstätte im Ausland begründet wird. Im Einzelfall sollte deshalb ein Steuerexperte hinzugezogen werden.

5 Die Koproduktion

Deutsche Filmproduzenten sind geradezu ideale Partner einer Koproduktion (auch Gemeinschaftsproduktion genannt), denn sie verfügen nach den französischen über die höchsten öffentlichen Fördermittel. Hinzu kommen jährlich 60 Mio. Euro aus dem Deutschen Filmförderfonds (DFFF). Außerdem ist Deutschland nach den USA der zweitgrößte Film- und Fernsehmarkt, woraus sich weitere finanzielle Möglichkeiten ergeben. Schließlich hat Deutschland mit einer Vielzahl von Staaten bilaterale Koproduktionsabkommen geschlossen und ist Unterzeichnerstaat sowohl des europäischen Koproduktionsabkommens aus dem Jahre 1992 als auch der paneuropäischen Filmförderung Eurimages [wegen der einzelnen Voraussetzungen einer Förderung internationaler Koproduktionen (§§ 16, 16 a, 17 a FFG) und die erforderliche Bescheinigung des BAFA (§ 17 FFG), vgl. nachfolgendes Kapitel VI. Ziffer 2]. Nachstehend werden die typischen Regelungen und Konfliktpunkte bei der Verhandlung, Herstellung und Auswertung eines Filmwerkes im Rahmen einer Koproduktion erörtert.

5.1 Rechtsnatur

Eine Koproduktion liegt vor, wenn zwei oder mehr Partner ein Filmwerk gemeinsam produzieren. Hierbei kann es sich um eine intern-deutsche oder um eine internationale Koproduktion handeln. Koproduktionen stellen auf nationaler wie auch auf internationaler Ebene nach deutschem Recht typischerweise eine **Gesellschaft bürgerlichen Rechts** (GbR) dar, auf die die §§ 705 ff. BGB Anwendung finden, denn die Koproduzenten schließen sich zu dem gemeinsamen Zweck der Herstellung und gegebenenfalls zur Auswertung eines Filmwerkes zusammen. Ausnahmsweise kommt auch eine offene Handelsgesellschaft (OHG) infrage, sofern der Zweck als Betrieb eines Handelsgewerbes zu qualifizieren ist. Das kann unter Umständen bei größeren Produktionen der Fall sein, die einen in kaufmännischer Weise eingerichteten Gewerbebetrieb erfordern. Im Falle einer OHG sind die §§ 105 ff. HGB einschlägig. Ob eine Koproduktion auch als **Bruchteilsgemeinschaft** (§§ 741 ff. BGB) durchgeführt werden kann, ist äußerst problematisch. Diese Frage hat überwiegend steuerrechtlichen Hintergrund (vgl. hierzu unten Ziffer 5.18).

In der **Vertragspraxis** bringen die Verträge im Hinblick auf ihre Rechtsnatur meist wenig zum Ausdruck, mit Ausnahme der aus haftungs- und steuerrechtlichen Gründen eingefügten Standardformulierung, dass der Vertrag keine Gesellschaft begründe. Auch die internationalen Koproduktionsverträge enthalten stets eine Formulierung etwa folgenden Wortlauts:

Nothing in this Agreement is intended to or shall be deemed to constitute a partnership or a joint venture between the co-producers

Während solche Klauseln in bestimmten Rechtsordnungen das Vorliegen eines »partnerships« angeblich ausschließen, ist in Deutschland dennoch eine Gesellschaft bürgerlichen Rechts (oder ggf. eine OHG) anzunehmen. Maßgeblich für die Qualifizierung des Vertrags ist nämlich nicht dessen Wortlaut, sondern die tatsächlich getroffenen sachlichen Regelungen.

5.2 Einbringung der vorbestehenden Rechte

Soweit die Koproduzenten das Projekt (namentlich das Drehbuch) nicht gemeinsam entwickelt haben, liegen die vorbestehenden Rechte (z.B. Drehbuch) zunächst bei einem Koproduzenten. Die anderen Koproduzenten sollten sich eingangs von der Verfügbarkeit der Rechte durch Vorlage der Chain-of-Title-Dokumente überzeugen. Dieses Vorgehen verschafft ihnen auch einen Überblick über den tatsächlichen Umfang der Rechte.

Aus Sicht der anderen Koproduzenten ist dann darauf zu achten, dass die erworbenen Rechte vollumfänglich gegen Erstattung der (nachgewiesenen) Kosten in die Koproduktion eingebracht werden. Denn gelegentlich versuchen die Rechteinhaber, bestimmte Rechte zurückzubehalten (z. B. Remake-, Sequelrechte,) oder der Koproduktionsgesellschaft nur eine Lizenz zur einmaligen Verfilmung und Auswertung des Filmwerkes einzuräumen.

Ein solches Vorgehen kann ausnahmsweise gerechtfertigt sein, z. B. wenn die Entwicklung eines Projekts zeit- und kostenintensiv war und die anderen Koproduzenten nicht bereit oder in der Lage sind, die hohen Entwicklungskosten vollständig zu erstatten.

5.3 Festlegungen des Films

Der herzustellende Film sollte möglichst präzise festgelegt werden. Hierzu zählen mindestens das abgenommene Drehbuch, der (vorläufige) Titel, der Regisseur und die Hauptdarsteller, das Aufzeichnungsmaterial, die Laufzeit sowie die Drehorte, Drehzeit und die Fertigstellung des Films, vorbehaltlich der Verfügbarkeit dieser Informationen.

5.4 Entscheidungen

Alle wesentlichen Entscheidungen sollten von den Koproduzenten einvernehmlich getroffen werden. Dies gilt insbesondere für Abweichungen von den Festlegungen des Films wie Drehbuch, Budget, Dreharbeiten, Regisseur, Hauptdarsteller und anderer wesentlicher Vertragsbestandteile. Die tatsächliche Einbindung in derartige Entscheidungen ist nach deutschem Recht auch Voraussetzung für die Herstellereigenschaft des jeweiligen Koproduzenten.

Für den Fall, dass zwischen den Koproduzenten kein Einvernehmen erzielt werden kann, sollte unbedingt ein **Entscheidungsmechanismus** in den Vertrag aufgenommen werden. Hierfür bieten sich verschiedene Möglichkeiten an, die die Besonderheiten des jeweiligen Einzelfalls berücksichtigen sollten.

In der Regel wird dem Koproduzenten die Entscheidungsbefugnis in **finanziellen** Angelegenheiten zuerkannt, der als Hauptfinanzier (gelegentlich auch als **majoritärer Koproduzent** bezeichnet) des Films auftritt. Eher produktionsbezogene Entscheidungen können dem **federführenden Koproduzenten** übertragen werden, denn dieser ist naturgemäß mit den Produktionsverhältnissen am engsten vertraut und damit befähigt, eine sachgerechte Entscheidung zu treffen. Dies gilt insbesondere während der Drehzeit, in der Verzögerungen möglichst zu vermeiden sind und Entscheidungen üblicherweise binnen einer sehr kurzen Frist getroffen werden.

Zweckmäßig kann auch sein, einen beteiligten Dritten (z. B. Verleih, Weltvertrieb), der bezüglich der »essential elements« ohnehin Mitspracherechte hat und den fertigen Film abnehmen muss, in die Entscheidung einzubeziehen.

5.5 Budget / Koproduktionsbeiträge

Das verbindlich **festgelegte Budget** (»approved budget«) nebst eines **Finanzierungsplans** (»financing plan«), aus dem sich die jeweiligen Beiträge der Koproduzenten ergeben, muss Gegenstand der Vereinbarung werden. Weiterhin muss ein **Cashflow-Plan** festgelegt werden, der die Fälligkeit der jeweiligen Zahlungen mit Produktionsfortschritt enthält.

Die Beiträge der Koproduzenten müssen unbedingt sichergestellt werden, auch zum Schutz der weiteren Beteiligten. Fällt nämlich der Beitrag eines Koproduzenten aus, ist die Finanzierung des Projekts nicht mehr gewährleistet und das Projekt muss unterbrochen oder schlimmstenfalls sogar abgebrochen werden. Deshalb sollten die Koproduktionsbeiträge entweder zu einem bestimmten Zeitpunkt auf das Produktionskonto gezahlt, durch einen Letter of Credit oder anderweitig abgesichert werden. Sofern die Finanzierung über ein Kreditinstitut erfolgt oder ein Completion Bond eingeschaltet wird, ist die vorbezeichnete Absicherung der Koproduktionsbeiträge in aller Regel ohnehin »conditio sine qua non«.

5.6 Über- und Unterschreitungen

Nach den gesetzlichen Bestimmungen hat jeder Koproduzent grundsätzlich entsprechend seines Geschäftsanteils die Kostenüberschreitungen (»over budget costs«) zu tragen. Diese »Nachschussverpflichtung« kann indes vertraglich variabel gehalten werden, bis hin zum völligen Ausschluss für einzelne Koproduzenten.

Der Koproduktionsvertrag sollte deshalb unbedingt eine Regelung über diesen Punkt enthalten. Eine solche Regelung erscheint insbesondere dann unerlässlich, wenn keine Fertigstellungsgarantie abgeschlossen wurde.

Die »over budget«-Kosten trägt typischerweise der Koproduzent, in dessen Verantwortungsbereich sie entstanden sind, also in der Regel der federführende Koproduzent. Aus dessen Sicht sollte jedoch möglichst eine Einschränkung dahingehend erfolgen, dass Überschreitungen nur dann von ihm zu zahlen sind, wenn er sie auch schuldhaft verursacht hat.

Alternativ kann vereinbart werden, dass die Koproduzenten die Überschreitungen anteilig im Verhältnis ihrer Finanzierungsbeiträge aufzubringen haben. In jedem Fall ist aber zu klären, ob und gegebenenfalls wie die verauslagten Mehrkosten zurückgeführt werden. Dies ist im Recoupmentplan zu berücksichtigen.

Bewegen sich die Kosten der Herstellung gemäß **Schlusskostenstand** unter dem abgenommenen Budget (z. B. weil die Überschreitungsreserve nicht aufgezehrt wurde), sollte ebenso geregelt werden, wie diese Beträge zu verteilen sind. Insoweit ist es üblich, dem federführenden Koproduzenten einen Bonus zuzusprechen und den Differenzbetrag unter den Koproduzenten aufzuteilen. In diesem Zusammenhang ist allerdings darauf hinzuweisen, dass nach den Richtlinien der deutschen Filmförderungen dem Koproduzenten die zugesprochenen Fördermittel entsprechend dem Schlusskostenstand gekürzt werden, während in anderen Ländern (z. B. Frankreich) die Unterschreitungen dem Produzenten gleichsam als Erfolgsprämie komplett verbleiben.

5.7 Die Rolle der Koproduzenten

Abweichend vom gesetzlichen Modell, wonach die Geschäftsführung den Koproduzenten gemeinschaftlich zusteht (§ 709 BGB), definiert der Koproduktionsvertrag meist exakt, welche Aufgaben die Koproduzenten bei der gemeinsamen Herstellung des Filmwerkes jeweils übernehmen. Üblicherweise ist ein Koproduzent als **federführender** (auch »ausführender« genannt) **Koproduzent** (»delegate producer«, oft missverständlich auch »executive producer« genannt, wobei der letztere Begriff zumindest im Filmbereich eher für Personen reserviert ist, die zur Finanzierung beitragen) für die Herstellung und Ablieferung des Films verantwortlich. Es empfiehlt sich, dafür den Koproduzenten vorzusehen, der das Projekt entwickelt hat, in dessen Land die Dreharbeiten stattfinden und der die engsten Kontakte zu den tragenden Mitwirkenden hat (Regisseur, Hauptdarsteller etc.).

Die Rolle des ausführenden Koproduzenten kann aber auch unter den Koproduzenten aufgeteilt werden. Finden die Dreharbeiten z. B. in verschiedenen Ländern statt, bietet es sich an, dass der jeweils vor Ort ansässige Koproduzent die entsprechenden Dreharbeiten durchführt.

Der durchführende Koproduzent sollte jedenfalls verpflichtet sein, regelmäßig über den Fortgang der Produktion und den Stand der Kosten Bericht zu erstatten. Insoweit gelten dieselben Überlegungen wie vorstehend zur Auftragsproduktion, denn der ausführende Koproduzent ist gleichsam Auftragnehmer der anderen Koproduzenten. Aus praktischen Gründen sollte außerdem festgelegt werden, welcher Repräsentant der Koproduzenten jeweils am Set erscheinen darf und dort auch Ansprechpartner möglichst mit Entscheidungsbefugnis sein soll.

Alternativ zur Bestimmung eines ausführenden Koproduzenten kann einem fremden Dritten (einer »Production Service Company«) die komplette oder teilweise Herstellung des Films übertragen werden. In diesem Verhältnis handelt es sich dann um eine Auftragsproduktion und es gelten die Ausführungen im vorstehenden Kapitel.

5.8　Die Verträge mit Dritten / Mitwirkenden

Üblicherweise schließt der federführende Koproduzent auch die zur Herstellung des Films erforderlichen Verträge mit Dritten ab und zwar im Namen, zumindest aber auf Rechnung der Koproduktionsgesellschaft, deren geschäftsführungs- und vertretungsberechtigtes Organ er ist. Unter **haftungsrechtlichen Gesichtspunkten** kann wünschenswert sein, dass der federführende Koproduzent sämtliche oder bestimmte Verträge im eigenen Namen und auf eigene Rechnung abschließen soll. Das kann sogar so weit gehen, dass der ausführende Koproduzent alleine nach außen auftritt und er allein und persönlich gegenüber Dritten haftet. Dies dürfte allerdings dem Prinzip widersprechen, dass in einer Koproduktion Gesamthandsvermögen gebildet wird. Im Übrigen ist eine solche Regelung steuerschädlich, denn die Verträge müssen zumindest auf Rechnung der Koproduktionsgesellschaft abgeschlossen werden, damit der jeweilige Koproduzent als Filmhersteller anerkannt wird.

Wichtig ist ferner, dass die Koproduzenten die entsprechenden Verträge überprüfen und sich vergewissern, dass der jeweils vertragsschließende Koproduzent sämtliche erforderlichen Rechte ordnungsgemäß für die Koproduktionsgesellschaft erwirbt. Unter praktischen Gesichtspunkten ist es daher sinnvoll, dem Koproduktionsvertrag einen Anhang beizufügen, der den mit den Mitwirkenden zu schließenden Standardvertrag oder zumindest die wichtigsten Klauseln (Rechtsübertragung) enthält.

Schließlich sollte geklärt werden, welcher Koproduzent für den Abschluss der Versicherungen verantwortlich ist, wobei die standardmäßig abzuschließenden Versicherungen zur Vermeidung von Missverständnissen aufgezählt werden sollten, einschließlich der E&O-Versicherung und des Completion Bonds. Die Koproduzenten sollten in die Versicherungspolicen als Begünstigte aufgenommen werden und sich eine Kopie der jeweiligen Police vorlegen lassen.

5.9　Overheads, Producer Fee

Häufig wird in Koproduktionsverhandlungen endlos über die Verteilung der in weiter Ferne möglicherweise entstehenden Gewinne diskutiert, ohne dass die Vertragspartner dasjenige regeln, was unmittelbar aus dem Budget zu verteilen ist: die Handlungskosten (Overheads) und das Produzentenhonorar (Producer Fee). Diese Positionen müssen unter den Koproduzenten in fairer Weise aufgeteilt werden. Letztlich ist eine faire Allokation der Beträge eine Frage des Einzelfalles und entzieht sich einer Generalisierung. Gleichwohl sehen viele Verträge vor, dass diese Positionen nach den Finanzierungsanteilen zugeordnet werden. Demgegenüber sollte die Verteilung insbesondere die Leistungen der Koproduzenten in der

Projektentwicklung und im Rahmen der Herstellung des Films zu berücksichtigen sein. Ein federführender Koproduzent, der das Projekt auch selbst entwickelte, sollte daher beispielsweise bei gleicher Finanzierungsleistung einen deutlich höheren Anteil erhalten, als ein mehr oder weniger nur kofinanzierender Partner.

5.10 Zuordnung der Rechte

Bezüglich der in einer Koproduktion entstehenden Rechte ist grundsätzlich zu unterscheiden zwischen den **vorbestehenden Rechten** (z. B. Drehbuch), die in die Koproduktion einzubringen sind, den Rechten am **Filmwerk** selbst und den Eigentumsrechten an sämtlichen **Materialien**, die im Rahmen der Filmproduktion entstehen (Originalnegativ, belichtete oder unbelichtete Filmmaterialien, Skizzen, Zeichnungen, Modelle, Kostüme, Figuren etc.).

Wie zu Beginn dieses Abschnitts dargelegt, handelt es sich nach deutschem Recht bei einer Koproduktion um eine Gesellschaft bürgerlichen Rechts, sodass die Rechte allen Koproduzenten »zur gesamten Hand« zustehen. In **englischsprachigen Verträgen** findet sich häufig eine Formulierung etwa folgenden Wortlauts:

The co-producers shall jointly own all rights including the copyright in the picture as tenants in common.

Alternativ trifft man auf sinngemäße Formulierung wie folgt:

The co-producers shall co-own the copyright and all other rights in and to the picture in proportion to their financial contributions to the budget.

Die erste Variante ist nach Kenntnis des Verfassers eher als Gesamthandsgemeinschaft zu verstehen, während die zweite Variante als Bruchteilsgemeinschaft aufzufassen ist.

Ungeachtet der jeweiligen Formulierung und rechtlichen Qualifikation nach dem anzuwendenden Recht sind klare Regelungen im Hinblick auf die den Koproduzenten zustehenden Rechte, insbesondere den Auswertungsrechten am Filmwerk, erforderlich.

Hierfür existieren bestimmte **Standards**, die nachfolgend skizziert werden.

5.10.1 Das Eigentums- und Zugangsrecht

Die Eigentumsrechte werden letztlich durch die Ablieferung und Übergabe der physischen Materialien verschafft. Das belichtete Filmmaterial (Originalnegativ) wird hingegen regelmäßig nicht an die einzelnen Koproduzenten übergeben, sondern bei einem einvernehmlich zu bestimmenden Kopierwerk eingelagert. Die Einlagerung sollte möglichst auf den Namen aller Koproduzenten erfolgen und allen Koproduzenten muss jederzeit ungehindert Zugang durch eine **unwiderrufliche Ziehungsgenehmigung** (»Laboratory Access Letter«) gewährt werden.

5.10.2 Die Auswertungsrechte

Hinsichtlich der Auswertungsrechte eines Filmwerks existieren verschiedene Modelle, die je nach Sach- und Interessenslage sowie den rechtlichen Rahmenbedingungen Anwendung finden. Dabei sind jedoch neuerdings verstärkt die steuerrechtlichen Vorgaben zu beachten (s. unten Ziffer 5.18).

(1) Gemeinsame Auswertung
Bei dieser Variante erfolgt die Auswertung weltweit gemeinsam und alle Erlöse fließen in einen »Pool«. Die Verteilung der Erlöse erfolgt nach dem festgelegten Rückfluss- und Gewinnverteilungsplan. Diese Variante ist bei großen internationalen Koproduktionen nicht unüblich.

(2) Zuordnung exklusiver Territorien
Bei europäischen Koproduktionen ist die klassische Konstellation, dass den Koproduzenten die ausschließlichen Auswertungsrechte in ihren jeweiligen **Heimatgebieten** (»exclusive home territories«) übertragen werden (z. B. deutschsprachige oder französischsprachige Territorien) und ihnen die Rechte und Erlöse in den übrigen Territorien (»Rest of World« auch RoW abgekürzt) im Verhältnis ihrer Koproduktionsbeiträge zustehen. Bei dieser Variante sind die Rechteinhaber der exklusiven Territorien in der Gestaltung ihrer Auswertungen frei und insoweit gegenüber den anderen Koproduzenten weder abrechnungs- noch verteilungspflichtig.

Die Auswertung in den verbleibenden Territorien (RoW) wird über einen Weltvertrieb vorgenommen, der möglichst an die jeweiligen Koproduzenten abrechnet und die Erlöse anteilig nach dem festgelegten Recoupment- und Verteilungsplan ausschüttet.

(3) Querverrechnung der exklusiven Territorien
Die in der vorstehenden Ziffer beschriebene Zuordnung der Rechte ist jedoch nicht immer sinnvoll und interessensgerecht. Zum Beispiel kann ein Film starke französische Akzente haben (spielt in Frankreich, basiert auf einem französischen Roman, französische Hauptdarsteller etc.) und ihm sind deshalb in Frankreich weitaus höhere Auswertungschancen einzuräumen als etwa in Deutschland. Voraussichtlich wird dann der französische Koproduzent seine Investition aus den

Einspielerlösen in seinem exklusiven (französischsprachigen) Territorium eingespielt haben und möglicherweise bereits Gewinne erzielen, während der deutsche
Koproduzent aus dem ihm zugewiesenen exklusiven (deutschsprachigen) Territorium noch weit vom Recoupment seiner Investition entfernt ist. Zusätzlich würde
der französische Koproduzent aus den RoW-Erlösen des Weltvertriebs bereits Gewinne erzielen, während der deutsche Koproduzent auch diese Erlöse zunächst
noch zum Recoupment seiner Investition verwenden müsste, bevor er in die Gewinnzone käme.

In derartigen Konstellationen sollte sich, um beim gegebenen Beispiel zu bleiben, der deutsche Koproduzent an den Einnahmen aus Frankreich zumindest
solange beteiligen lassen, bis er seinen Koproduktionsbeitrag recouped hat. Alternativ können ihm die Erlöse aus den weltweiten Territorien bis zum Recoupment
seines Koproduktionsbeitrags vorrangig zufließen. Nach Recoupment auch des
deutschen Koproduktionsbeitrages stünden die Erlöse aus dem Weltvertrieb den
Koproduzenten wieder im vereinbarten Verhältnis zu.

Solche Abweichungen von der üblichen Rechts- und Erlösverteilung kompli-
zieren natürlich das Szenario, denn die Erlöse aus den exklusiven Territorien
müssen gegenseitig ab- und querverrechnet werden, während in der Standardversion die Auswertung des Films in den exklusiven Territorien ausschließlich Sache
des jeweiligen Koproduzenten ist.

Zu überlegen ist daher in einer solchen Situation, ob nicht das Modell (1) gewählt wird und alle Erlöse in einen Pool fließen, wobei es zusätzlich sinnvoll erscheinen mag, mit dem Einzug und der Verteilung der Erlöse eine **Collection
Agency** zu betrauen.

5.11 Recoupment und Gewinnbeteiligung

Im Koproduktionsvertrag muss exakt definiert werden, welche Parteien mit welcher Quote und in welchem Rang an den eingehenden Auswertungserlösen beteiligt sind.

Insoweit wird grundsätzlich zwischen der **Recoupmentphase** (Rückdeckung
der Herstellungskosten) und – nach **Break-even** – der anschließenden **Gewinn-
phase** unterschieden. Bei der Aufstellung und der Definition der Herstellungskosten ist darauf zu achten, dass tatsächlich alle im Zusammenhang mit dem Projekt
entstandenen Kosten enthalten sind. Die endgültigen Herstellungskosten werden
im **Schlusskostenstand** (»final cost statement«) festgehalten, der für alle Parteien
verbindlich ist. Dieser wird regelmäßig von einer Wirtschaftsprüfungsgesellschaft
überprüft und bestätigt.

Bei einer Vielzahl von Projekten stellen die Koproduzenten (gegebenenfalls
auch andere Beteiligte) einen Teil ihrer Honorare zurück, um die Finanzierung

des Budgets zu schließen. Auch diese **Rückstellungen** sind in den Recoupment-plan einzustellen und werden üblicherweise zurückgeführt, bevor die Gewinnbeteiligungen einsetzen (wegen der Rangfolge der Berechtigten und weiterer Einzelheiten, vgl. unten Kap. VI. Ziffer 5).

Nach Rückdeckung der Herstellungskosten erreicht das Projekt den Break-even-Punkt und gelangt sodann in die Gewinnzone. Nunmehr kommen diejenigen zum Zuge (z. B. Regisseur, Drehbuchautor), denen eine **Gewinnbeteiligung** eingeräumt wurde.

In diesem Zusammenhang ist noch kurz auf ein immer wiederkehrendes Problem einzugehen. Produzenten schließen bei Beginn eines Filmprojekts Verträge, in dem sie dem Vertragspartner eine bestimmte Gewinnbeteiligung einräumen (z. B. dem Drehbuchautor 5 %). Geht der Produzent später eine Koproduktion ein, stellt sich die Frage, ob der Drehbuchautor am Gewinn aller Koproduzenten oder nur am Gewinn seines Vertragspartners beteiligt ist. Nach zutreffender Auffassung partizipiert der Drehbuchautor an den Gewinnen aller Koproduzenten, sofern nicht ausdrücklich sein Gewinnanspruch auf den Anteil seines Vertragspartners beschränkt ist. Denn andernfalls sähe er sich der Situation gegenüber, dass seinem Vertragspartner unter Umständen als minoritärem Koproduzenten selbst nur noch z. B. 20 % der Gewinne zustehen, mit der Folge, dass sein vereinbarter Gewinnanteil letztlich nicht bei 5 %, sondern nur noch bei 1 % läge. Dies ist nicht zulässig und stellt einen unwirksamen Vertrag zulasten Dritter im Sinne des 328 BGB dar. Der Drehbuchautor ist folglich im gegebenen Fall an den Gewinnen aller Koproduzenten mit 5 % zu beteiligen. Aber auch aus Sicht des Koproduzenten, der den Vertrag mit dem Drehbuchautor geschlossen hat, ist Vorsicht geboten. Er sollte nämlich darauf achten, dass der Autor von den eingehenden Gewinnen vorrangig seinen Anteil erhält und die zwischen den Koproduzenten vereinbarte Verteilung erst danach einsetzt. Andernfalls läuft er Gefahr, dass er aus dem ihm verbleibenden Anteil den Drehbuchautor befriedigen muss und sich sein Gewinnanteil entsprechend schmälert.

All dies ist in einem **Rückfluss- und Gewinnverteilungsplan** (»Recoupment and Disbursement Schedule«) sorgfältig zu regeln. Darin sind alle an dem Projekt Beteiligten zu berücksichtigen, einschließlich der Banken, Investoren, Completion Bond, Rückstellungen, Filmförderungen, Gewinnbeteiligte wie z. B. Drehbuchautoren, Regisseur, Schauspieler etc.

5.12 Verleih- und Vertriebsverträge

Weiterhin sollte vertraglich die Zuständigkeit für die Verhandlung und den Abschluss der Auswertungsverträge und die Beachtung von gesetzlichen oder vertraglich vereinbarten **Sperrfristen** festgelegt werden.

Im Falle der Zuordnung von exklusiven Territorien schließen die jeweiligen Koproduzenten die entsprechenden Verträge selbst. Eine territoriale Eingrenzung der Satellitenausstrahlung und der anschließenden Weiterverbreitung über Kabel ist in Europa aufgrund der Satellitenrichtlinie nicht mehr möglich. Die Abgrenzung der Auswertungsgebiete erfolgt über die jeweilige **Sprachfassung** des Films und über etwaige vertraglich vereinbarte Sperrfristen sowie im Internetbereich über so genannten **DRM-Systeme** (vgl. Kap. III Ziffer 6.6).

Der Abschluss des **Weltvertriebsvertrags** für die Auswertung in den gemeinsamen RoW-Territorien wird üblicherweise von einem Koproduzenten verhandelt. Vor Abschluss des Vertrages ist hingegen die Zustimmung aller Koproduzenten einzuholen. Hierbei ist zu beachten, dass die einzelnen Koproduzenten möglichst als Vertragspartner in den Vertrag aufgenommen werden, zumindest insoweit, dass ihnen gegenüber direkt abzurechnen und etwaige Erlöse auszuzahlen sind. Andernfalls kann es zu außerordentlich misslichen Situationen kommen, wenn beispielsweise Streit zwischen den Koproduzenten entsteht und der alleinige Vertragspartner des Weltvertriebs die Zusammenarbeit mit den anderen Koproduzenten verweigert.

5.13 Nennungen / Copyrightvermerk

Die Nennung bezieht sich einerseits auf das Filmwerk selbst und darüber hinaus auf die Begleitmaterialien und Werbeankündigungen. Die zu erfolgenden Nennungen sollten möglichst präzise definiert werden.

Die Nennung im Rahmen einer Koproduktion lautet regelmäßig wie folgt:

Eine Koproduktion

der X-Filmproduktion / Y-Filmproduktion / Z-Filmproduktion.

Häufig werden neben den Koproduzenten noch Dritte (z. B. eine Fernsehanstalt), die an der Entwicklung oder der Durchführung des Projekts beteiligt waren, etwa in folgender Weise genannt:

Eine Koproduktion der _____

in Zusammenarbeit mit _____ (in association with) _____

Neben der Nennung der Koproduzenten werden auf Seiten der Koproduzenten meist auch verschiedenen Personen als Producer, Executive Producer, Associate Producer etc.) genannt. Dabei sollte geklärt werden, welcher Koproduzent wie viele Personen in den verschiedenen Kategorien bestimmen darf.

Die Nennung im Film differenziert dabei nach verschiedenen Kriterien, die je nach der Bedeutung des Betroffenen anzuwenden sind: front- oder end credit, single oder shared card, Größe der Buchstaben, Dauer der Einblendung, Farbe etc. Dies gilt auch für alle anderen Mitwirkenden, insbesondere für die Schauspieler.

Es entspricht allgemeiner Erfahrung, dass gerade bei den Nennungen die individuellen Eitelkeiten eine große Rolle spielen, wie sich darin auch die jeweiligen Leistungen der Beteiligten und die Hierarchien offenbaren. Insbesondere in den USA widmen alle Beteiligten ihrer Nennung ganz außerordentliche Aufmerksamkeit. Aber auch in Deutschland sollte der Produzent die vereinbarten Nennungen nicht vernachlässigen, denn daraus können sich erhebliche Rechtsprobleme ergeben. Versäumnisse oder Unkorrektheiten bei der Nennung können zu Unterlassungs- und Schadensersatzansprüchen führen.

Unabhängig von der erwähnten Nennung ist der **Copyrightvermerk** zu bedenken. Dieser erfolgt am Ende des Films und lautet wie folgt:

© Name des Berechtigten (hier die Koproduzenten)
und Erscheinungsjahr.

Dieser Vermerk dient verschiedenen Funktionen, u. a. stützt sich die Vermutung des § 10 UrhG darauf. Danach gilt bis zum Beweis des Gegenteils derjenige als Urheber des Werkes, der auf dem Original oder auf den Vervielfältigungsstücken in der üblichen Weise als Urheber bezeichnet ist. Für den Filmproduzenten bedeutet dies, dass er als der Inhaber der ausschließlichen Nutzungsrechte am Filmwerk anzusehen ist.

5.14   Kündigung / Insolvenzklausel

Zwar schließen sich die Koproduzenten in einer kreativen Phase zusammen. Verträge werden jedoch das **Worst-Case-Scenario** berücksichtigen. Zu diesem Szenario zählt nicht nur, dass ein Vertragspartner seine vertraglichen Verpflichtungen verletzt, sondern auch die Insolvenz eines Beteiligten während der Herstellung des Films. Der Vertrag sollte für diese Fälle klare Sanktionen vorsehen.

Liegt eine Vertragsverletzung vor (z. B. Nichteinhaltung von Zahlungspflichten), so kann der andere Koproduzent unter Einhaltung bestimmter Formen und Fristen zur **Kündigung** oder zum **Ausschluss** des vertragsuntreuen Koproduzenten berechtigt sein. Die anderen Koproduzenten haben dann das Recht, das Projekt zu übernehmen und es ohne den vertragsbrüchigen Koproduktionspartner fortzusetzen. Der vertragsbrüchige Koproduzent hat dann jedoch Anspruch auf Rückzahlung seiner geleisteten Investitionen, vorbehaltlich einer anderslautenden vertraglichen Regelung. Je nach geltender Rechtsordnung können die Rechte und

Anteile des ausgeschiedenen Koproduzenten den verbleibenden Koproduzenten mitunter entschädigungslos anheimfallen.

Bei einer Koproduktion mit nur zwei Parteien ist unbedingt eine **Fortsetzungsklausel** in den Vertrag aufzunehmen. Mit der Kündigung bzw. der Ausschließung eines Koproduzenten würde nur noch einer verbleiben und dies hätte die Auflösung einer GbR zur Folge.

Die **Insolvenz** eines Koproduzenten stellt ebenfalls einen Ausschließungsgrund dar und die Koproduktion wird dann von den übrigen Koproduzenten fortgesetzt. Zur Vermeidung von Gläubigerbenachteiligungsproblemen ist es in den meisten Rechtsordnungen üblich, den bis dato erbrachten Finanzierungsbeitrag des ausgeschiedenen Koproduzenten aus den Erlösen des Films in einer bestimmten Rangfolge verfügbar zu machen. Einzelheiten hierzu sollten jeweils sorgfältig überlegt werden und mit der vereinbarten Rechtsordnung kompatibel sein. Nach deutschem Recht könnte eine solche Klausel etwa folgenden Wortlaut haben:

Der Koproduzent scheidet aus der Koproduktion aus, ohne dass es einer Auseinandersetzung zwischen den Vertragspartnern bedarf. Der ausscheidende Koproduzent nimmt am Ergebnis schwebender Geschäfte nicht teil. Er hat lediglich Anspruch auf Erstattung seines tatsächlich geleisteten Koproduktionsbeitrags nach Recoupment der Herstellungskosten des Films einschließlich der durch sein Ausscheiden verursachten Mehrkosten. Die Rückerstattung erfolgt danach aus dem Gewinnanteil, der ihm ohne sein Ausscheiden zugestanden hätte.

Problematisch ist, ob die Insolvenzklausel und damit der Ausschluss des insolventen Vertragspartners auch nach Herstellung der Nullkopie, also in der Auswertungsphase des Films, noch anwendbar ist. Der Sinn und Zweck einer solchen Regelung liegt darin, dass die Fertigstellung des Films nicht durch die Insolvenz eines Koproduzenten gefährdet werden darf. Nach Fertigstellung, also nach der Herstellung der Nullkopie, wird die Koproduktionsgesellschaft typischerweise aufgelöst und in eine Bruchteilsgemeinschaft überführt (vgl. nachstehende Ziffer 5.18). Dann erleiden die Koproduzenten letztlich durch die Insolvenz eines Vertragspartners keine Nachteile, denn nur dessen Rechte und Erlösanteile gelangen in die Insolvenzmasse. Daher dürfte die Insolvenzklausel mit Fertigstellung der Nullkopie und Auflösung der Koproduktionsgesellschaft gegenstandslos werden.

5.15 Auflösung / Beendigung

In Koproduktionsverträgen wird typischerweise festgelegt, dass die Gesellschaft mit Fertigstellung des Films und Herstellung der Nullkopie (»answer print«) aufgelöst bzw. in eine Bruchteilsgemeinschaft umgewandelt wird. Dies folgt daraus, dass der Gesellschaftszweck (die gemeinsame Herstellung eines Films) erfüllt ist. In diesem Fall ist eine Auseinandesetzungsbilanz zu erstellen.

Bei einer entstehenden Bruchteilsgemeinschaft hat jeder Koproduzent Miteigentum am Negativ und einen Anteil an den Verwertungsrechten und -erlösen, der üblicherweise seinem im Vertrag festgelegten Gewinnanteil entspricht. Diese bewährte Praxis bereitet allerdings erhebliche steuerrechtliche Probleme seit dem sog. Medienerlass vom 23. Februar 2001 (s. dazu nachstehende Ziffer 5.18).

5.16   Verzicht auf einstweiligen Rechtsschutz

Nicht selten sehen die Verträge eine Klausel vor, wonach die Parteien wechselseitig im Falle eines Vertragsbruches unwiderruflich auf die Durchsetzung von Ansprüchen im Wege einer einstweiligen Verfügung verzichten. Eine solche Klausel ist jedenfalls nach deutschem Recht zulässig und begegnet keinen durchgreifenden Bedenken (vgl. OLG Köln Urt. vom 23. Mai 2002, Az. 15 U 43/02).

5.17   Anwendbares Recht, Gerichtsstand

Bei internationalen Koproduktionen sollte verbindlich festgelegt werden, welchem **Recht** der Vertrag unterstehen soll und welches **Gericht** zuständig ist.

Dabei ist es empfehlenswert, den Gerichtsstand und das anzuwendende Recht einheitlich zu gestalten.Mit anderen Worten: Wenn deutsches Recht anwendbar sein soll, ist es sinnvoll, auch ein deutsches Gericht anzurufen.

Andererseits kann ein Rechtsstreit nach deutschem Recht auch vor einem ausländischen Gericht verhandelt und entschieden werden oder umgekehrt: vor einem deutschen Gericht nach ausländischem Recht. Dies kompliziert indessen die Situation und führt nicht nur zu höheren Kosten, sondern auch zu erheblichen Verzögerungen. Wegen näherer Einzelheiten im Hinblick auf die Vertragsgestaltung und Vertragsabwicklung sowie auf die Möglichkeit von **Schiedsvereinbarungen** wird auf Kapitel IX. Ziffer 1 Bezug genommen.

5.18   Steuerrechtliche Fragen / »Medienerlass«

Mit Datum vom 23. Februar 2001 hat das Bundesfinanzministerium den Erlass zur ertragssteuerrechtlichen Behandlung von Film- und Fernsehfonds **(Medienerlass)** vorgelegt, der insbesondere für internationale Koproduktionen weitreichende Konsequenzen hat. Dabei geht es namentlich um die Fragen der **Mitunternehmerschaft** und einer **ausländischen Betriebsstätte**.

Nach dem Medienerlass sind Koproduktionen grundsätzlich als Mitunternehmerschaften i. S. d. § 15 Abs. 1 Satz 1 Ziff. 2 EStG zu qualifizieren, die auch in dem ausländischen Staat, in dem der Koproduzent seinen Sitz hat, eine Betriebstätte begründen. Eine ausländische Betriebsstätte hat nach § 2 a Abs. 1 Ziffer 2 EStG zur Folge, dass die dort erzielten Ergebnisse auch im Ausland zu versteuern sind, und zwar Verluste wie auch Gewinne. Dies führt zu einem **Ausschluss der Verrechenbarkeit** der in der ausländischen Betriebsstätte entstandenen Verluste mit den inländischen Gewinnen. Wird etwa ein hoher Teil der Herstellungkosten eines Films im Ausland ausgegeben, so sind diese Ausgaben in Deutschland nicht als Betriebsausgaben abschreibungsfähig und diese Verluste können nur mit Gewinnen im Ausland verrechnet werden. Gleichzeitig dürfen Gewinne, die in Deutschland erzielt werden, nicht mit den ausländischen Herstellungskosten verrechnet werden. Erzielt der Filmhersteller z. B. aus inländischen Lizenzen (z. B. an einen Sender) Erlöse, können diese mit den auf die ausländische Betriebsstätte entfallenden Verlusten nicht verrechnet werden. Dies führt zu dem unerwünschten und unsinnigen Ergebnis, dass derartige Lizenzeinnahmen in Deutschland als Gewinne zu versteuern sind, obwohl die Herstellungskosten des Films noch nicht recouped sind und sich die Produktion daher insgesamt noch im Verlustbereich bewegt.

Als **Alternative** zur Mitunternehmerschaft und damit zur Vermeidung einer ausländischen Betriebsstätte bietet der Medienerlass die **Koproduktionsgemeinschaft** an. Eine Mitunternehmerschaft soll nach Textziffer 29 a dann nicht vorliegen, wenn eine Koproduktionsgemeinschaft nach objektiv nachprüfbaren Kriterien lediglich kostendeckend Leistungen für die Koproduzenten erbringt **und** nach Beendigung der Filmherstellung den Koproduzenten keinerlei gemeinsame Verwertungsrechte verbleiben.

Dann soll die Tätigkeit der Koproduktionsgemeinschaft nur als Hilfstätigkeit anzusehen sein, die eine Mitunternehmerschaft ausschließt. Die »objektiv nachprüfbaren Kriterien«, welche die Annahme einer reinen Hilfstätigkeit rechtfertigen, sind bereits problematisch. Mit der artifiziellen Unterscheidung zwischen gesellschaftsrechtlicher und schuldrechtlicher Grundlage bei der Leistungserbringung hinterlässt der Medienerlass eine gewisse Ratlosigkeit schon bei den hiesigen Koproduzenten. Kaum noch verständlich zu machen ist diese Unterscheidung den ausländischen Koproduktionspartnern.

Als **Zwischenergebnis** ist festzuhalten, dass die Koproduzenten den Vorgaben des Medienerlasses am ehesten durch die Einschaltung einer unabhängigen »Production Service Company« und einer kompletten Aufteilung der Rechte entgegenwirken können. Bei der Abfassung des Koproduktionsvertrages sind die jeweiligen Umstände genau zu prüfen und unter Berücksichtigung der engen steuerlichen »Spielräume« vertraglich umzusetzen sind.

Seit Jahrzehnten werden internationale Koproduktionen auf der Grundlage bilateraler Abkommen durchgeführt. Seit vielen Jahren werden europäische Koproduktionen außerdem auf der Basis der paneuropäischen Eurimages-Bestimmungen und des europäischen Koproduktionsabkommens vom 02. Oktober 1992 realisiert. Stets war unproblematisch, dass die Koproduktionsgesellschaft mit der Herstellung der Nullkopie aufgelöst und in eine Bruchteilsgemeinschaft umgewandelt wurde. Diese langjährige und bewährte Praxis ging meist dahin, dass den jeweiligen Koproduzenten bestimmte Territorien exklusiv zustanden und die restlichen Territorien über einen Weltvertrieb verwertet wurden. An den Erlösen aus dem Weltvertrieb partizipierten die Koproduzenten entsprechend ihrer Anteile. Das war nicht nur ein Gebot der Fairness, sondern diente auch der Risikominimierung aller Beteiligter.

Diese bewährte Praxis ist nunmehr nachhaltig gefährdet und der Medienerlass hat nicht nur bei den deutschen, sondern auch bei den ausländischen Koproduzenten Unverständnis erzeugt. Trotz aller Beteuerungen auf höchster politischer Ebene hat sich seit sechs Jahren nichts getan und es ist leider zu befürchten, dass sich an dieser unbequemen Situation auch in naher Zukunft nichts ändern wird.

6 Die Postproduktion

Dieses Kapitel beschäftigt sich nicht mit den klassischen Arbeiten der Nachbearbeitung (Schnitt, Dialog, Musik, Synchronisation etc.), sondern ausschließlich mit den technischen Möglichkeiten der digitalen Postproduktion und den damit zusammenhängenden rechtlichen Fragen.

Die digitale Revolution, die in den vergangenen Jahren zu einer Veränderung zahlreicher Lebensbereiche und zur Entwicklung neuer Industrien führte, eröffnet neue Möglichkeiten, die auch in der Postproduktion von Spielfilmen zunehmend Bedeutung gewinnen. Bereits verstorbene Personen, von denen wenigstens ein Foto existiert, können in einem Spielfilm agieren, ohne dass für den Zuschauer erkennbar ist, ob es sich um den lebenden Schauspieler oder lediglich einen Replikanten handelt. Der US-Konzern AT&T hat eine Technik entwickelt, die eines Menschen Stimme zu klonen vermag. Voraussetzung hierfür ist lediglich, dass es von dieser Stimme eine Aufnahme gibt.

Die Gründe für den Einsatz dieser technischen Mittel sind vielgestaltig. Sie ermöglichen digitale Effekte, die mit konventionellen optischen Methoden nicht erzielt werden können. Häufig geben Kostengründe den Ausschlag, denn die nachträgliche Veränderung des Materials im Wege der digitalen Postbearbeitung ist kostengünstiger, als die entsprechenden Szenen nachzudrehen, z. B. wenn die Location nicht mehr verfügbar ist oder nach Drehschluss festgestellt wird, dass bei einer Szene mit 15 Darstellern nachträglich die Dekoration verändert werden muss.

Nachfolgend werden die im Rahmen der digitalen Bildbearbeitung erforderlichen Arbeitsschritte mit Beispielen skizziert und die damit zusammenhängenden Rechtsfragen erörtert.

6.1 Scannen

Die digitale Bildbearbeitung erfordert zunächst die Digitalisierung und Datenkompression sowie die (Zwischen-)Speicherung der zu bearbeitenden vorbestehenden Werke (Scannen). In der digitalen Speicherung von Werken liegt grundsätzlich eine zustimmungsbedürftige Vervielfältigung im Sinne von § 16 UrhG.

Der Filmproduzent benötigt jedoch nicht notgedrungen für jede Vervielfältigung, die der vertragsgemäßen Nutzung vorausgeht, eine gesonderte Einwilligung. Denn die unausweichlich vorausgehende Vervielfältigung ist entweder ausdrücklich oder zumindest konkludent von der erteilten Genehmigung zur Bearbeitung und Nutzung des Quellenmaterials mitumfasst.

6.2 Bearbeitung

Nach der Zwischenspeicherung werden die Bilder bearbeitet. Die digitale Bildbearbeitung ist, je nach Einzelfall, eine abhängige Bearbeitung (§ 23 UrhG) oder eine freie Benutzung (§ 24 UrhG) des zugrundeliegenden Materials. Soweit die engen Voraussetzungen des Ausnahmetatbestands der freien Benutzung nicht vorliegen (vgl. oben Kapitel IV.4.2), erfordert die Verwendung und Bearbeitung eines Filmausschnitts (Klammerteils) in der Regel die Klärung der folgenden Rechte:

- das Copyright (Leistungsschutzrecht) des Filmherstellers;
- das Recht (»Droit moral«) der Filmurheber (z. B. Filmregisseur);
- die Urheberrechte an den vorbestehenden Werken des bearbeiteten Filmwerks (z. B. Musikkomponist, Drehbuchautor, Ausstatter);
- die Rechte der betroffenen Schauspieler.

6.3 Beispielfälle

6.3.1 Hineinmontieren von Szenen aus anderen Spielfilmen

In dem Film »Tote tragen keine Karos« von Carl Reiner werden Szenen eines anderen Films bzw. mehrerer anderer Filme in den Film hineinmontiert, insbesondere kurze Einstellungen aus bekannten Kriminalfilmen in eine ganz andere Handlung eingearbeitet. Ob diese Vorgehensweise durch das Zitatrecht abgedeckt ist (so Reuter, Digitale Bild- und Filmbearbeitung im Lichte des Urheberrechts, GRUR 1997, S. 23, 33), erscheint höchst zweifelhaft. Aus den bereits ausgeführten Gründen ist es nicht zu empfehlen, sich darauf zu verlassen und es sollte die entsprechende Rights Clearance durchgeführt werden.

Auch in dem Film »Forrest Gump« wurden Szenen aus anderen Spielfilmen verwendet bzw. hineinmontiert. Darüber hinaus wurden Archivmaterialien benutzt, in die der Hauptdarsteller (Tom Hanks) so hineinmontiert wurde, als gehöre er dazu (z. B. Tom Hanks schüttelt dem früheren US-Präsidenten John F. Kennedy auf einem Empfang die Hand). Auch hier ist die Klärung und Einholung der Rechte an den verwendeten Klammerteilen erforderlich.

In diesem Zusammenhang ist die Entscheidung des OLG Hamburg vom 15.05.1997 (AfP 1998, S. 80 ff.) erwähnenswert. Es ging dabei um die Übernahme von Filmsequenzen aus alten Edgar Wallace-Filmen in eine neu produzierte Comedy-Serie (»OTTO – Die Serie«). Die Filmausschnitte aus den Edgar-Wallace-Filmen wurden mit neuem Ton unterlegt und der Komponist der Edgar-Wallace-Filmmusik klagte gegen die Verwendung der Filmsequenzen unter Entfernung seiner Musik. Das Gericht kam zu dem Ergebnis, dass der Komponist nicht gegen die Verwendung der Filmausschnitte unter Entfernung seiner Musik vorgehen könne, weil der Beitrag seiner Filmmusik für den schöpferischen Gehalt der einzelnen Ausschnitte angesichts deren Kürze nur »minimal« gewesen sei. Insgesamt hat das Gericht allerdings auch klargestellt, dass die teilweise unveränderte Übernahme von Klammerteilen in einen neuen Film nicht ohne weiteres als freie Benutzung im Sinne von § 24 UrhG anzusehen sei und dass damit die Zustimmung der Inhaber von Urheber- und Leistungsschutzrechten am betroffenen Filmwerk grundsätzlich erforderlich ist.

6.3.2   Die Kolorierung

Der Film »Asphalt Jungle« von John Huston wurde nachträglich koloriert und sollte neu herausgebracht werden. Nach Auffassung des Pariser Obergerichts handelte es sich um eine Verletzung der Urheberpersönlichkeitsrechte des Regisseurs und die Aufführung wurde untersagt (s. nähere Einzelheiten oben Kap. I. Ziffer 5.3.5).

Jedenfalls stellt die unberechtigte Einfärbung von Filmen eine Bearbeitung im Sinne von § 23 UrhG dar und setzt damit die Erlaubnis des Inhabers des Copyrights voraus. Fraglich und teilweise umstritten ist außerdem, ob daneben auch die Zustimmung anderer Mitwirkender (z. B. Schauspieler) erforderlich ist. Dieselben Probleme stellen sich bei sonstigen Farbveränderungen, Anhebung der Konturen, Änderungen des Formats etc. Hier ist im Einzelfall zu prüfen, ob eine Verletzung von Urheberrechten oder sonstigen Rechten gegeben ist und ob die Betroffenen vertraglich ihre Zustimmung erteilt haben.

6.3.3 Die Veränderung von Personen / Figuren

Zunehmender Beliebtheit erfreut sich die Veränderung von Personen und Figuren in Filmen, wobei es hierbei meist um die nachstehenden Gestaltungen geht.

- Die Veränderung des Aussehens oder des Bewegungsablaufs (z.b. Lippenbewegungen in dem Film »Ein Schweinchen namens Babe«, in dem die Lippenbewegungen der Tiere den Dialogen nachträglich digital angepasst wurden).
- Die Verwandlung in eine andere Person (»Morphing«). Als Beispiel mag der Film »Terminator II« dienen, in dem Arnold Schwarzenegger mit einem Gegenspieler konfrontiert ist, der durch digitales Morphing jedwede Gestalt annehmen kann.
- Das Doubeln durch eine digital animierte Figur. In »Total Recall« sieht sich Arnold Schwarzenegger mittels Morphing seinem Ebenbild gegenüber.
- Außerdem ist die synthetische Herstellung einer Person möglich. Dies kann z.B. durch die Kombination der Körperteile verschiedener Personen erfolgen. Ein solcher Anwendungsfall war der Hauptdarsteller Brandon Lee, der während der Dreharbeiten zu »The Crow« ums Leben kam. Außerdem wird an derartigen synthetischen Charakteren im Hinblick auf das Weiterleben bzw. die Wiederauferstehung von verstorbenen Ikonen gearbeitet (z.B. Marylin Monroe).

Alle diese Konstellationen berühren nicht nur die Rechte der Urheber der vorbestehenden Werke und die Rechte am Filmwerk, sondern sie werfen in erster Linie persönlichkeitsrechtliche Fragen hinsichtlich der betroffenen Schauspieler auf. Diese bzw. deren Rechtsnachfolger müssen die entsprechenden Zustimmungen erteilen, soweit dies nicht bereits in den geschlossenen Verträgen geregelt ist.

Angesichts der Schwierigkeiten, die Zustimmung von Schauspielern zu erlangen und die Persönlichkeitsrechte verstorbener Schauspieler zu klären, ist es nicht verwunderlich, dass inzwischen pflegeleichte virtuelle Popstars (»Kyoto Date«) und Computerspielhelden (»Lara Croft«) immer populärer werden. Dennoch ist zu hoffen, dass in absehbarer Zeit derartige künstliche Welten die wirklichen Helden aus Fleisch und Blut nicht abzulösen vermögen. Im Übrigen sind auch virtuelle Pop- und Filmstars urheberrechtlich geschützte Werke, lediglich ohne eigene Persönlichkeitsrechte.

6.4 Ausblick

Aus den vorstehenden Darlegungen geht hervor, dass die Rights Clearance im Rahmen der Postproduktion immer wichtiger wird. Allerdings sind Postproduktionsunternehmen traditionell reine Dienstleister, die mit den juristischen Problemen nicht konfrontiert werden. Die Klärung der betroffenen Rechte ist vielmehr Sache des Filmherstellers als Auftraggeber. Das Dilemma, als reiner Dienstleister nicht am Erfolg des Films teilzuhaben und keine Rechtebibliothek (Library) bilden zu können, versuchen Postproduktionsunternehmen mitunter dadurch zu beheben, dass sie sich als Koproduzenten betätigen. Ihr Koproduktionsbeitrag wird dabei häufig nicht durch Geldleistungen erbracht, sondern durch die unentgeltliche Zurverfügungstellung der technischen Ausrüstung, durch (teilweise) Rückstellung des Honorars und/oder durch Beistellung ihres Knowhows, welches inzwischen außerordentlich hoch einzuschätzen ist.

Sobald sich ein Postproduktionsunternehmen am Projekt als Koproduzent beteiligt, wird es Mitinhaber des Copyrights und damit auch haftbar für entsprechende Rechtsverletzungen. Deshalb ist es in solchen Konstellationen auch für Postproduktionsunternehmen wichtig, für die Klärung der betroffenen Rechte zu sorgen.

VI Die Filmfinanzierung

Aufgrund einschlägiger Erfahrungen ist dringend davon abzuraten, die Herstellung (Dreharbeiten) eines Films zu beginnen, ohne dass die Finanzierung sichergestellt ist. Gleichwohl ist eine gewisse Neigung hierzu bisweilen selbst bei erfahrenen Produzenten zu beobachten. Dieses Abenteuer kann allerdings ins Fiasko und bei weniger finanzkräftigen Produzenten zum Ruin führen.

Dabei handelt es sich um Projekte, für die z. B. Fördermittel in Aussicht gestellt wurden oder für die Koproduzenten ihre finanzielle Beteiligung versprochen haben. Gehen diese Versprechen oder Erwartungen nicht in Erfüllung, befindet sich der Produzent in einer denkbar ungünstigen Situation: Er muss das Projekt entweder mit hohem Verlust abbrechen oder weiterdrehen in der Hoffnung, dass sich ein Finanzier findet, der die Lücke schließt. Der Produzent hat in dieser Situation wenig Verhandlungsspielraum und wenn es überhaupt zu einem Vertragsabschluss kommt werden die Konditionen relativ ungünstig ausfallen. Solange die Finanzierung des Budgets nicht nachgewiesen ist, können auch keine Fördermittel abgerufen werden, wodurch das Cashflow-Problem des Produzenten noch verstärkt wird.

Die Finanzierung eines Spielfilms kann sich aus einer Vielzahl von Bausteinen zusammensetzen, die gelegentlich eine hochkomplexe Gesamtstruktur ergeben. Hierbei handelt es sich um eigene Mittel des Produzenten, öffentliche Fördermittel, Koproduktionsbeiträge, Rückstellungen, Investitionen Dritter, Filmfonds und Incentive-Modelle, Garantiezahlungen im Rahmen von Presales, Product Placement und Kreditgewährungen von Banken. Das folgende Kapitel enthält die wichtigsten Informationen zu den unterschiedlichen Bausteinen. Zunächst wird die Rolle der Banken erörtert (1.). Anschließend werden die wesentlichen Quellen der Finanzierung vorgestellt, wozu insbesondere die öffentlichen Fördermittel (2.) und der Deutsche Filmförderfonds (3.) zählen. Schließlich wird das Bild durch die Darstellung des Product Placements (4.) und der Rückstellungen (5.) abgerundet.

1 Die Rolle der Banken

Nachdem sich um die vergangene Jahrhundertwende in der boomenden Film- und Fernsehbranche in Deutschland (Stichworte: Neuer Markt, Filmfonds) zunehmend Banken bei der Finanzierung von Filmprojekten und dem Erwerb von anderen Unternehmen bzw. deren Library engagierten, haben sich einige Banken inzwischen aus diesem Bereich zurückgezogen und die verbliebenen engagieren sich eher zurückhaltend. Das liegt zum einen daran, dass einige Banken enorme Verluste durch die zahlreichen Insolvenzen der am Neuen Markt notierten Medienunternehmen erlitten haben und sie jetzt deutlich vorsichtiger geworden sind. Zum anderen wurde 2004 das Basel II-Abkommen verabschiedet, wodurch nochmals eine Verschärfung bei der Kreditprüfung erfolgte, obwohl die meisten deutschen Produzenten aufgrund ihrer notorischen Eigenkapitalschwäche ohnehin Probleme bei der Gewährung von Krediten hatten. Fatalerweise trifft das auch auf die Finanzierung einzelner Filmprojekte zu, obwohl diese als Projektförderung an sich nicht den Kriterien von Basel II unterliegen. Dieses Kapital beschäftigt sich nicht mit den Voraussetzungen der Einräumung einer allgemeinen Kreditlinie durch eine Bank, sondern überwiegend mit der **Projektfinanzierung** und dem Erwerb einer Rechtebibliothek (Library).

Dem Produzenten sollte hierbei klar sein, dass Banken grundsätzlich als Darlehensgeber auftreten und nicht als Investor. Folglich lässt sich die Bank das Darlehen bestmöglich absichern und besteht darauf, dass das Darlehen vorrangig vor allen anderen Investitionen zurückgezahlt wird.

Die Bank benötigt im Rahmen der Filmfinanzierung eine Vielzahl von Dokumenten und der Produzent sollte darauf eingestellt sein, die Bank mit den erforderlichen Informationen zu bedienen. Filmfinanzierung ist ein komplexer und interaktiver Prozess, bei dem alle Beteiligten auf die gegenseitige Kooperation angewiesen sind. Das Ende dieses Prozesses stellt die so genannte **Closing Session** dar. In diesem Finale werden alle Finanzierungsverträge aufeinander abgestimmt und meist nach kräftezehrenden und monatelangen Verhandlungen unterschrieben. Nicht selten erfolgt die Unterschrift erst am Tag vor Beginn der Dreharbeiten.

Zunächst benötigt die Bank Unterlagen, um das Projekt einzuschätzen. Diese Unterlagen zur Projektprüfung und eine typische Liste der im Rahmen einer Zwischenfinanzierung vorzulegenden Dokumente befindet sich am Ende dieses Kapitels, Ziffer 1.8.).

Die Bank kann im Rahmen der Herstellung und Auswertung eines Filmprojekts unterschiedliche Rollen einnehmen, die in den nachfolgenden Ausführungen vorgestellt werden.

1.1 Die Zwischenfinanzierung (»Discounting«)

Diese Form der Finanzierung findet Anwendung auf Vorverkäufe eines noch nicht fertiggestellten Films, sofern der Lizenznehmer sich verpflichtet, eine **Minimumgarantie** zu zahlen. Die Minimumgarantie wird in der Regel zum überwiegenden Teil erst mit der Lieferung und Abnahme der vereinbarten Liefermaterialien fällig. Dadurch befindet sich der Produzent in dem Dilemma, das Budget zwar durch Eigenmittel und Vorverkäufe finanziert zu haben, über die Mittel zur Herstellung des Films aber nicht vollständig zu verfügen. Die Vertriebsgarantien fließen nicht in den Cashflow und der Produzent muss deshalb die entsprechenden Vorverkäufe (Minimumgarantien) zwischenfinanzieren. Hierfür bedient er sich der Banken. Der Bereich der Zwischenfinanzierung stellt die klassische Form dar, in der sich Banken bei der Filmfinanzierung engagieren. Der Vorgang wird manchmal auch als »Bridge Financing« bezeichnet, weil der Kredit die Zeit bis zur Fälligkeit der Minimumgarantie »überbrückt«.

1.1.1 Definition »Discounting«

Unter »Discounting« ist die Kalkulation des Darlehensbetrages zu verstehen, den die Bank dem Produzenten für einen Vertriebsvertrag mit einer Minimumgarantie zur Verfügung stellt. Der letztlich bereitgestellte Darlehensbetrag (»discounted value«) reduziert die Minimumgarantie um die anfallenden Gebühren und Kosten (z. B. Zinsen, Bereitstellungsgebühr, Quellensteuer, Rechtsberatungskosten etc.). Der wichtigste Faktor sind die Zinsen, deren Höhe maßgeblich vom endgültigen Liefertermin abhängt. Die Fertigstellung des Films und damit die Lieferung können sich aus unterschiedlichen Gründen verzögern (z. B. durch »höhere Gewalt«) und die Bank wird bei der Kalkulation der anfallenden Zinsen das Worst-Case-Scenario zugrunde legen, also die Zinsen bis zu dem letztmöglichen Liefertermin kalkulieren, d. h. dem »outside delivery date« in der Fertigstellungsgarantie.

1.1.2 Die Diskontierbarkeit des Vertriebsvertrages

Die Bank wird zunächst die Diskontierbarkeit des Vertriebsvertrages prüfen. Das bedeutet, dass der Vertrag keine Bedingungen enthalten darf, welche die Lieferung und Abnahme des Films vereiteln und damit die Rückzahlung des Bankdarlehens gefährden könnten. Hierzu zählen beispielsweise, dass

- die Rechte aus dem Vertrag abtretbar sind (denn die Bank lässt sich diese zur Sicherheit abtreten);
- die Festlegungen des Films objektiv und justiziabel sind. Bezüglich eines Hauptdarstellers ist z. B. zulässig »Starring Ewan McGregor or approved replacement« (vorausgesetzt, das »approval«-Verfahren ist hinreichend bestimmt). Nicht akzeptabel wäre dagegen etwa »The film's artistic quality shall be equal to Trainspotting«;
- die Zahlung der Minimumgarantie »on delivery« und nicht etwa »on acceptance« fällig ist, es sei denn, es handelt sich ausschließlich um »technical acceptance«, die der Completion Bond garantiert.

Letztlich ist das maßgebliche Kriterium für die Bank, ob der Lizenznehmer (Verleih, Weltvertrieb) die Zahlung der Minimumgarantie aus Gründen verweigern kann, die nicht durch den Completion Bond oder anderweitig abgesichert sind.

1.1.3 Die Kreditwürdigkeit / Lieferrisiko

Neben der Diskontierbarkeit des Vertriebsvertrages muss die Bank zwei weitere Risiken evaluieren. Zum einen ist die Kreditwürdigkeit des Lizenznehmers zu überprüfen, dessen Minimumgarantie diskontiert wird, also die Frage der Zahlungsfähigkeit des Lizenznehmers zum Zeitpunkt der Fälligkeit der Minimumgarantie. Zur Absicherung dieses Risikos verlangt die Bank üblicherweise eine Bankgarantie oder einen Letter of Credit. Die US-Major-Studios werden hiervon jedoch üblicherweise befreit, denn ihre Kreditwürdigkeit steht unter normalen Umständen außer Zweifel.

Zum anderen ist das Lieferrisiko zu kalkulieren, d. h. die Bank muss die Gewissheit haben, dass der Film auch tatsächlich fertiggestellt und geliefert wird. Neben der Prüfung der Verlässlichkeit der Vertragspartner (Regisseur, Produktionsfirma etc.) wird die Bank hierfür den Abschluss einer **Fertigstellungsgarantie** (Completion Bond) verlangen. Der Completion Bond garantiert die Fertigstellung und fristgerechte Ablieferung des Films zu dem festgelegten Budget. Die Fertigstellungsgarantie wird direkt gegenüber der Bank abgegeben, wodurch das Lieferrisiko weitgehend ausgeräumt ist (vorbehaltlich der Ausschlussklauseln).

1.1.4 Die Kosten des Kredits

Da die Bank bei der Zwischenfinanzierung ein eher geringes Risiko eingeht, erhält sie relativ niedrige Zinsen. Diese berechnen sich regelmäßig nach der jeweiligen EURIBOR (Euro Interbank Offered Rate) oder LIBOR (London Interbank Offered Rate) zuzüglich einer Marge von z. B. 2 %. Hinzu kommen die Bereitstellungsgebühr und die Anwaltskosten der Bank, die regelmäßig (insbesondere in den USA und in England) derartige Kredite nicht über ihre Rechtsabteilung abwickelt, sondern sich eines spezialisierten Filmanwalts bedient.

1.2 Die Lücken- (»GAP«-)Finanzierung

Die Zwischenfinanzierung erfolgt aufgrund getätigter Vorverkäufe. Die Finanzierung des Budgets durch Vorverkäufe ist aber nicht immer sinnvoll, machbar oder wünschenswert. Deshalb hat sich neben der Zwischenfinanzierung die Lückenfinanzierung (»GAP«-Financing) von Filmprojekten entwickelt, die jedoch nur von einer sehr überschaubaren Anzahl von Banken praktiziert wird.

Bei dieser Finanzierungsform sieht sich die Bank einem ganz anderen, deutlich höheren Risiko gegenüber. Denn sie übernimmt das Risiko der Verwertbarkeit des Films insoweit, als ihr Darlehen durch noch nicht verkaufte Territorien abgesichert ist. Die Bank wird sich auf eine GAP-Finanzierung deshalb nur einlassen, wenn sie von der Verwertbarkeit des Films in den noch nicht verkauften Territorien überzeugt ist. Diese Überzeugung gewinnt sie primär durch die **Verkaufsschätzungen** (Sales Estimates) anerkannter und erfahrener Weltvertriebsfirmen, die regelmäßig vergleichbare Filme in die entsprechenden Territorien verkaufen. Wegen des hohen Risikos müssen die Verkaufsschätzungen den Darlehensbetrag deutlich übersteigen. Das Verhältnis zwischen dem zu finanzierenden GAP und den Verkaufsschätzungen variiert von Bank zu Bank und liegt durchschnittlich zwischen 150 % und 200 %.

Die Banken mussten dennoch wiederholt feststellen, dass die prognostizierten Erlöse nicht eintrafen und ihr Darlehen folglich nicht zurückgeführt wurde. In diesem Szenario wurde die **Shortfall-Garantie** zur weitergehenden Absicherung des Risikos der Bank entwickelt. Diese Versicherung deckt das Risiko ab, dass die Verkaufsschätzungen nach Ablauf einer bestimmten Zeit (z.B. zwei Jahre nach Fertigstellung des Films) nicht realisiert werden konnten (Shortfall). In diesem Fall erhält die Bank als Begünstigte dieser Shortfall-Garantie den Differenzbetrag zu dem zugesagten Mindesterlös (wegen näherer Einzelheiten zur Shortfall-Garantie vgl. Kap. VII. Ziffer 3).

1.3 Die »Library«-Finanzierung

Vor einigen Jahren verging in Deutschland kaum ein Tag ohne eine Meldung, dass wieder ein – meist börsennotiertes – Filmunternehmen mit einem englischen oder amerikanischen Partner einen Vertrag über den Erwerb eines Lizenzpaketes oder einer ganzen Library im zwei- oder dreistelligen Millionenbereich abgeschlossen hat. Die meisten dieser »Erfolgsmeldungen« entpuppten sich für den deutschen Vertragspartner als eine fatale Geldvernichtungsaktion und die Mehrzahl der damaligen Unternehmen ist oder war zwischenzeitlich insolvent. Diese Transaktionen wurden regelmäßig von Banken (mit)finanziert, die hierbei ebenfalls immense Summen verloren.

Bei der Finanzierung derartiger Vorgänge ist zunächst zu prüfen, ob die beabsichtigte Nutzung der Filme überhaupt rechtlich zulässig ist (Stichwort: unbekannte Nutzungsart). Durch die Änderung des Urheberrechts (»Zweiter Korb«) wurde dieses Problem jedoch weitgehend gegenstandslos. Bei einer älteren Library sollten außerdem die Schutzfristen der entsprechenden Filme überprüft werden, denn sie könnten bereits abgelaufen und die Filme mithin gemeinfrei sein.

Die **Bewertung** einer Library ist mitunter schwierig, denn der Erstauswertungszyklus (Kino, Video/DVD, TV) ist in der Regel abgeschlossen. Als Bemessungsgrundlage der weiteren Verwertungen kommen daher primär Fernsehlizenzen infrage. Bezüglich neuer Geschäftsmodelle (z. B. Video-on-Demand) dürften (noch) keine verlässlichen Zahlen vorliegen. Die Bank wird deshalb insbesondere prüfen, ob das Unternehmen überhaupt Zugang zu den Fernsehmärkten hat. Denn dieser »Markt« ist kleineren und mittleren Unternehmen nur bedingt zugänglich und in der Vergangenheit scheiterten daran auch schon durchaus gewichtige »Player«.

Zur Absicherung des Darlehens lässt sich die Bank die Rechte an der Library abtreten. Wegen der angesprochenen Unsicherheit der Bewertung und Verwertung der Library wird sich die Bank möglichst zusätzliche Sicherheiten einräumen lassen (z. B. anderweitige Vermögensgegenstände, Bürgschaften).

1.4 Kursrisiken

Koproduktionen und Lizenzverträge sind bei internationalen Projekten grenzübergreifend und ihnen liegen häufig verschiedene Währungen zugrunde. Dreharbeiten, die in den USA stattfinden, müssen in US-Dollar bezahlt werden. Finanzierungszusagen, Minimumgarantien und anderweitige Zahlungsverpflichtungen erstrecken sich über einen langen Zeitraum und die entsprechenden Wechselkurse können sich in der Zwischenzeit deutlich verändern. Daraus ergeben sich erhebliche Risiken und Cashflow-Probleme.

Auch die Bank kann davon betroffen sein, wenn beispielsweise ein Darlehen in Euro gewährt, aber durch Erlöse abgesichert wird, die in US-Dollar fließen. Solchen Kursrisiken kann die Bank durch die Fixierung der Wechselkurse begegnen. Hierbei wird ein Wechselkurs etwa vor Beginn der Dreharbeiten im Hinblick auf den Betrag festgelegt, den ein Produzent im Laufe der Durchführung der Produktion in eine andere Währung umtauscht bzw. in einer anderen Währung zahlen muss. Außerdem können insoweit auch Versicherungen abgeschlossen werden, die das Wechselkursrisiko übernehmen. Auch hierbei ist allerdings regelmäßig eine Unter- und eine Obergrenze fixiert, innerhalb derer sich die Versicherung bewegt.

1.5 Die Absicherungen des Darlehens

Im Gegensatz zur Einräumung einer allgemeinen Kreditlinie erfolgt bei einer Projektfinanzierung die Rückzahlung des Darlehens grundsätzlich nur aus den Verwertungserlösen des jeweiligen Films. Solche Darlehensgewährungen ohne Möglichkeit des Rückgriffs auf andere Vermögenswerte des Darlehensnehmers werden als Non-Recourse Loan bezeichnet. Auch die Filmförderungsdarlehen, die ausschließlich aus den Erlösen des geförderten Films zurückgedeckt werden müssen, sind solche Non-Recourse-Darlehen.

Da sie auf keine anderen Vermögenswerte zurückgreifen kann, ist es für die Bank umso wichtiger, das Darlehen umfassend bezogen auf den jeweiligen Film abzusichern. Hierbei lässt sich die Bank vom Produzenten sämtliche Rechte, Befugnisse, Vermögenspositionen, Erlösansprüche etc. an dem Film und aus den Lizenzverträgen sicherungsweise abtreten. Die Absicherung erfolgt durch eine Vielzahl von Maßnahmen, wobei nachfolgend die wichtigsten aufgezählt werden.

1.5.1   Rechte an den vorbestehenden Werken und am Filmwerk

Hierzu zählen alle vom Produzenten erworbenen, noch zu erwerbenden, bei ihm entstandenen oder noch entstehenden Rechte (Urheber- und Leistungsschutzrechte, Copyright, literarische, dramatische, filmische, musikalische und sonstigen Rechte) jeweils zum Zeitpunkt des entsprechenden Rechteerwerbs.

1.5.2   Die Ansprüche aus Lizenzverträgen

Nimmt der Produzent eine Bank zur Filmfinanzierung in Anspruch, so wird sich die Bank regelmäßig die Lizenzrechte und die daraus fließenden Erlöse zur Sicherung des Darlehens abtreten lassen. In Deutschland erfolgt die Sicherungsabtretung der Nutzungsrechte bzw. die Abtretung der künftigen Nutzungsrechte an dem Filmwerk nach den üblichen Grundsätzen (§§ 413, 398 BGB). Voraussetzung dafür ist allerdings ihre Bestimmbarkeit im Zeitpunkt der Abtretung (vgl. BGH NJW RR 1998, 1057, 1058). Die Rückführung des Darlehens erfolgt aus sämtlichen Auswertungserlösen, einschließlich der »Overages«, d. h. die von dem Lizenznehmer über die Minimumgarantie hinaus zu zahlenden Erlöse. Die Fördermittel sind grundsätzlich nicht abtretbar. Jedoch kann der Produzent die Förderinstitution unwiderruflich anweisen, die Fördermittel ausschließlich auf das bei der finanzierenden Bank geführte Produktionskonto zu zahlen.

Schließlich ist es üblich, die Abtretung der Ansprüche des Produzenten aus den abgeschlossenen oder noch abzuschließenden Lizenzverträgen an die finanzierende Bank den Beteiligten gegenüber offenzulegen. Soweit sich dies nicht bereits aus den geschlossenen Verträgen ergibt, erfolgt eine Mitteilung (Notice of Assignment) des Produzenten/Lizenzgebers an den Lizenznehmer in Form einer Abtretungsanzeige, worin der Lizenzgeber angewiesen wird, Zahlungen (insbesondere die Minimumgarantie) nur an die finanzierende Bank zu leisten. Zusätzlich zu dieser Mitteilung verlangt die Bank, dass der Lizenzgeber (meist der Weltvertrieb und/oder der Verleih) die Abtretungsanzeige bestätigt und ausdrücklich anerkennt, dass die Zahlung ausschließlich und unwiderruflich an die Bank erfolgen wird (Distributors Acceptance). Regelmäßig ist diese Erklärung begleitet von einem Verzicht zugunsten der Bank auf die Geltendmachung von Einreden, Einwendungen und Zurückbehaltungsrechten des Lizenznehmers gegenüber dem Lizenzgeber.

1.5.3 Sicherungsübereignung von Filmmaterial / Sicherung des Zugriffs

Darüber hinaus ist es für die Bank unerlässlich, die Sicherung ihrer Rückzahlungsansprüche auch auf die Werkverkörperung zu erstrecken. Hierfür stehen verschiedene Möglichkeiten zur Verfügung.

(1) Sicherungsübereignung der Materialien
Wie bei der Bestellung von Sicherheiten am Copyright findet auch hier das Recht des Staates Anwendung, in dem sich die entsprechenden Materialien befinden (»lex rei sitae«). In Deutschland erfolgt die Übereignung der Materialien sicherungshalber gemäß §§ 929, 930 BGB. Sie sind wegen des geltenden Bestimmtheitsgrundsatzes möglichst präzise zu erfassen. Zu den Materialien zählen u. a. das Eigentum an sämtlichen Vorarbeiten (Zeichnungen, Drehbuch, Modelle etc.), an den im Rahmen der Herstellung des Films geschaffenen Gegenständen (z. B. Bauten, Kostüme, Figuren etc.) sowie an sämtlichen Materialien der Produktion (z. B. Negativ, Tonbänder etc.). Der Produzent verpflichtet sich üblicherweise, zum Zeitpunkt der Herstellung der Nullkopie eine Auflistung sämtlicher Materialien zu erstellen, in der diese genau bezeichnet werden unter Angabe des jeweiligen Lagerorts (z. B. Kopierwerk).

(2) Abtretung der Herausgabeansprüche
Soweit der Produzent die entsprechenden Materialien im Besitz hat, wird in den Verträgen bestimmt, dass er diese für die finanzierende Bank verwahrt. Im Übrigen werden sämtliche Herausgabeansprüche gegen die Besitzer bzw. Verwahrer der Materialien, insbesondere das Kopierwerk, an die Bank abgetreten.

(3) Kopierwerkserklärung (»Laboratory Pledgeholder Agreement«)
Zugunsten der Bank wird außerdem eine so genannte Kopierwerkserklärung (Laboratory Pledgeholder Agreement) abgeschlossen. Gegenstand dieser Vereinbarung ist die Verpflichtung des Kopierwerks, das Material als Besitzmittler für die Bank als Pfandrechtsinhaberin zu halten. Darin wird auch geregelt, dass das Kopierwerk ohne die Einwilligung der Bank Dritten (z. B. Verleih, Weltvertrieb) nicht gestattet, Kopien zur Auswertung des Films zu ziehen. Außerdem verpflichtet sich das Kopierwerk, ohne die jeweilige schriftliche Zustimmung aller Berech-

tigten keine Entfernung des Originalnegativs und der weiteren eingelagerten Materialien vorzunehmen.

(4) Ziehungsgenehmigung (»Laboratory Access Letter«)
Der Produzent lagert die Originalkopie bei dem vereinbarten Kopierwerk ein. Die Lizenznehmer (Verleih, Vertrieb etc.) wie auch diejenigen, denen Sicherheiten an den Verwertungsrechten oder den hergestellten Materialien zustehen (z. B. Completion Bond) sichern sich durch den Abschluss einer unwiderruflichen Ziehungsgenehmigung den Zugriff zum Material ab. Auch die Bank wird gelegentlich die Vorlage einer unwiderruflichen Ziehungsgenehmigung verlangen, denn im Falle einer Verwertung des Films mangels Rückzahlung des Darlehens ist sie darauf angewiesen. Gegenstand einer solchen Vereinbarung ist die Verpflichtung des Kopierwerks, den Berechtigten jederzeitigen Zugang zum Material zu gewährleisten und dabei auf mögliche Einreden und Zurückbehaltungsrechte (z. B. aus unbezahlten Kopierwerksrechnungen für andere Projekte, Werkunternehmerpfandrechten etc.) zu verzichten.

1.5.4 Versicherungen

Die Bank lässt sich ferner die Ansprüche aus den im Rahmen der Herstellung des Films abgeschlossenen bzw. abzuschließenden Versicherungsverträgen abtreten. Hierzu zählen beispielsweise die Ausfallversicherung, Negativversicherung, Mehrkostenversicherung infolge Sachschadens, Requisiten- und Ausstattungsversicherung, Apparateversicherung, Haftpflichtversicherung, Feuerversicherung, Unfallversicherung etc.

1.5.5 Verpfändung der Produktions- und Erlöskonten

Die Bank lässt sich Verpfändungserklärungen im Hinblick auf die Produktionskonten sowie etwaige bei der Bank selbst, anderen Banken oder einem Erlöstreuhänder (Collection Agent) eingerichteten Erlöskonten übermitteln.

1.5.6 Die Anpassung der Verträge an die Digitalisierung

Die Absicherung der Kredite erfolgt grundsätzlich in zweifacher Hinsicht. Einerseits über die Abtretung der **Rechte** am Filmwerk einschließlich der Nutzungsrechte sowie der Erlösansprüche daraus. Dieser Sicherungsmechanismus bleibt durch die Digitalisierung im Wesentlichen unberührt.

Die fortschreitende Digitalisierung der Filmbranche erfordert andererseits im Hinblick auf die Sicherungsübereignung und Kontrolle der **Materialien** eine grundlegende Änderung der Verträge. Die sich rasant entwickelnde digitale Produktion von Filmen wird die lange Liste der Liefermaterialien deutlich verkürzen und dürfte durch ein Computerprogramm ersetzt werden. Die Lieferung und Kontrolle wird dann vermutlich durch die Bekanntgabe eines Codes an die andere Partei erfolgen, ähnlich dem »Source Code« bei Computerspielen. Entsprechend sind die Verträge bezüglich der Sicherungsübereignung der Materialien (Negativ etc.) und die Kontrolle darüber (Kopierwerkserklärung, Ziehungsgenehmigung, Verpfändung etc.) grundlegend anzupassen.

1.5.7 Ausländische Rechtsordnungen / Registrierungen

Aus Sicht der Bank als Kreditgeber ist angesichts des oftmals grenzüberschreitenden Sachverhalts bei Produktionsfinanzierungen oder im Rahmen des Filmlizenzhandels zu berücksichtigen, welches nationale Recht auf die Sicherungsabrede anwendbar ist. Besondere Aufmerksamkeit ist bei der Begründung wirksamer ausländischer Sicherheiten geboten. Auch wenn der Kreditvertrag selbst deutschem Recht untersteht, gelten für die Bestellungen von Sicherheiten für Auswertungsrechte im Ausland (und dort gelagerte Materialien), das Recht des jeweiligen Landes. Aufgrund der nationalen Geltung des Urheberrechts müssen daher die Sicherheiten ggf. nach einer Vielzahl von Rechtsordnungen bestellt werden.

In Deutschland bestehen keine Registrierungsvoraussetzungen und keine Behörden, bei denen etwaige Sicherheiten am Filmwerk hinterlegt werden könnten. Demgegenüber sehen einige Staaten die Möglichkeit der Registrierung von Sicherheiten vor, ähnlich der Hypothek im Grundbuchamt. Aufgrund des geltenden Territorialgrundsatzes und des Umstandes, dass einige ausländische Rechtsordnungen einen Vollzug der Sicherheitenbestellung verlangen, ist es erforderlich, die entsprechenden Registrierungen vorzunehmen. Nachfolgend sollen einige hierfür in Betracht kommende Länder kurz skizziert werden:

USA: Die Gewährung und Besicherung des Kredits erfolgt in den USA in einem »Loan and Security Agreement«. Soweit bereits ein Kreditvertrag besteht, empfiehlt sich der Abschluss eines **Mortgage of Copyright and Security Agreement** (auch »Mortgage and Assignment of Copyright« genannt). Dieser Vertrag ist vergleichbar mit einer Hypothek, die am Copyright des Filmwerkes bestellt wird. Sie ist bei dem in Washington geführten »Copyright Office« zu registrieren (http://lcweb.loc.gov/copyright). Nach der einschlägigen US-Rechtssprechung hat diese Registrierung Vorrang vor der Registrierung nach dem Uniform Commercial Codes (UCC-1 Filing). Das gilt auch für die Rangfolge der Gläubiger im Falle der Insolvenz. Dennoch sollten und werden üblicherweise auch die Sicherungsinteressen an dem Filmwerk nach Art. 9 Uniform Commercial Codes (UCC-1 Filing) registriert. Insoweit waren in der Vergangenheit Mehrfachregistrierungen in verschiedenen Bundesstaaten erforderlich, die traditionell zumindest in Kalifornien und in New York City (State and County) vorgenommen wurden. Seit der Gesetzesänderung zu Beginn des Jahres 2002 ist nur noch eine Registrierung in dem Bundesstaat nötig, in dem sich der Sicherungsgeber befindet.

England: In England (und Wales) werden die Sicherheiten durch eine **Deed of Charge and Security Assignment** begründet und eine **Mortgage Over The Copyright** bestellt. Die Sicherheiten sind binnen 21 Tagen nach Vertragsschluss beim so genannten »Registrar of Companies« zu registrieren. Die Registrierungspflicht gilt auch für ausländische Unternehmen, wenn diese (auch) einen Geschäftssitz in England und/oder Wales haben.

Frankreich: In Frankreich sichert sich die Bank durch das sog. **Nantissement de film** ab, das speziell für den Bereich der Film- Fernsehproduktion geschaffen wurde. Der Vertrag wird zwischen dem Filmproduzenten und der Bank geschlossen und ist zur Wahrung des Vorrangs gegenüber anderen Gläubigern bei dem beim »Centre National de la Cinématographie« (CNC) geführten »Registre Publique de la Cinématographie et de l'Audiovisuel« (RPCA) zu hinterlegen. Hierbei handelt es sich um ein öffentliches Register und die Verträge können online abgefragt werden und gegen eine Gebühr sind auch Kosten erhältlich. Wichtigste Konsequenz dieser Sicherheitsbestellung ist das Recht der Bank, ihre Darlehensforderung vorrangig aus den Verwertungserlösen des Films zu befriedigen, vorbehaltlich eines früher registrierten vorrangigen Rechts eines anderen Gläubigers.

1.6 Die Fertigstellungsgarantie (»Completion Guarantee«)

Der Abschluss einer Fertigstellungsgarantie ist im Rahmen der Bankfinanzierung eines Filmprojekts meist unentbehrlich. Der Completion Bond garantiert die fristgerechte und ordnungsgemäße Fertigstellung des Filmwerkes und die Lieferung der Materialien, wodurch wiederum die Garantiezahlungen ausgelöst werden, die das Darlehen zurückführen. Der Completion Bond nimmt eine sorgfältige Überprüfung der Projektunterlagen, der Vertragspartner und der Realisierbarkeit des Projekts zu einem bestimmten Budget (»Strike Price«) vor und dieses Risk Assessment stellt auch eine gewisse Entlastung für die Bank dar (vgl. wegen näherer Einzelheiten zum Completion Bond vgl. unten Kap. VII. Ziffer 1).

1.7 Das Interparty Agreement

Im Rahmen der Herstellung eines Filmwerkes existiert eine Vielzahl unterschiedlicher Sicherungsinteressen und Rechtspositionen, die gleichsam »unter einen Hut« gebracht werden müssen. Um die **Rangfolge** der Verwertungsinteressen und die **Freigabe** der jeweiligen Sicherungsrechte bei ordnungsgemäßer Erfüllung zu regeln, bietet sich der Abschluss eines sog. Interparty Agreements an.

Zu den **Parteien** einer solchen Vereinbarung zählen neben der Bank der Completion Bond, die Vertriebs- und Verleihunternehmen, die Produktionsgesellschaft bzw. die Koproduzenten (ggf. auch die Single Purpose Company, eine in den USA übliche Produktionsfirma, die ausschließlich zum Zweck der Herstellung des jeweiligen Films gegründet wird) sowie ggf. die Shortfall-Versicherung und, sofern eine solche eingeschaltet wird, die Collection Agency.

Im Interparty Agreement werden zunächst sämtliche geschlossenen Verträge aufgezählt. In einem zweiten Schritt erklären die Vertragspartner, dass sämtliche Bedingungen der Verträge erfüllt sind, insbesondere, dass alle Rechte ordnungsgemäß erworben worden sind, die Voraussetzungen der Verträge jeweils vorliegen und die Garantiezahlungen unwiderruflich geleistet werden. Aus Sicht der Bank ist sodann entscheidend, dass die Lizenznehmer, welche die Garantiezahlungen (und weitergehenden Erlöse) schulden, auf eventuelle Einreden, Einwendungen und Zurückbehaltungsrechte verzichten. Ein solcher Verzicht wird allerdings nicht nur gegenüber der Bank, sondern regelmäßig gegenüber allen vorrangig Gesicherten erklärt. Dadurch gehen den jeweils Verzichtenden diese Rechte nicht gegenüber ihren Vertragspartnern verloren, sie dürfen lediglich gegenüber der Bank (und den gegebenenfalls weiteren vorrangig Gesicherten) bis zur Rückführung des Darlehens nicht ausgeübt werden.

Diese Vorgehensweise ist aus Sicht der Bank deshalb erforderlich, weil sie sich nicht mit Streitigkeiten unter den Vertragsparteien (Koproduzenten, Verleih und Vertrieb) auseinandersetzen will. Vielmehr liegt ihr Interesse ausschließlich darin, den Kredit abzusichern und die Rückzahlung zu gewährleisten.

Schließlich ist in dem Interparty Agreement zu regeln, dass mit der Ablösung des Kredits die Rechte auf den nächsten Gläubiger in der Rangfolge übergehen. Dies ist nach der Bank meist ein Investor und danach der Completion Bond, sofern er Overbudget-Kosten verauslagt.

1.8 Die Finanzierungsunterlagen

Die Bank benötigt zur Prüfung der Finanzierung eines Projekts eine Fülle von Hintergrundinformationen, Unterlagen und Verträge. Typischerweise zählen hierzu die folgenden Dokumente, die als Checkliste zusammengestellt werden.

1.8.1 Angaben zum Projekt

- Track R-ecord des Produzenten und Handelsregisterauszug;
- Drehbuch bzw. eine Synopsis;

- CV des Regisseurs und der Hauptdarsteller;
- Top Sheet des Budgets;
- Finanzierungsplan;
- Cashflow-Plan;
- Weltvertrieb und Verkaufsschätzungen (Sales Estimates);
- Einzelheiten der Verträge, aus denen die Rückzahlung des Darlehens abgesichert wird, insbesondere Verleih-, Weltvertriebs- und andere Verwertungsverträge;
- Completion Bond (Letter of Intent);
- Chain-of-Title-Dokumente; ggf. Legal Opinion eines Rechtsanwalts;
- Versicherungen, soweit bereits vorhanden (Filmversicherungen einschließlich E&O- und evtl. Shortfall-Versicherung).

1.8.2   Die Finanzierungsunterlagen (»Closing List«)

Von der Checkliste zur Prüfung des Projekts sind die Unterlagen und Dokumente zu unterscheiden, die zur Finanzierung und zur Herauslegung des Darlehens erforderlich sind. Diese Unterlagen werden als **Closing List** bezeichnet und umfassen die nachstehend identifizierten Verträge und Dokumente,

- Title und Copyright Reports;
- Registrierungsunterlagen beim US Copyright Office;
- Verträge mit Drehbuchautor, Regisseur und Hauptdarsteller;
- Vorlage der Produktions- (einschließlich der Production Services Agreements) und Koproduktionsverträge;
- Vorlage der Verleih-, Weltvertriebs- und sonstigen Auswertungsverträge;
- Bankgarantie (Letter of Credit) bezüglich der Minimumgarantien;
- Vorlage der Kopierwerksvereinbarung (Laboratory Pledgeholder Agreement) und gegebenfalls der Ziehungsgenehmigung (Laboratory Access Letter);
- Vorlage der Verpfändungserklärungen bezüglich der Produktionskonten und etwaiger Erlöskonten;
- Interparty Agreement und/oder Notice of Assignment and Distributor's Acceptance;
- Unwiderrufliche Zahlungsanweisung des Produzenten an die Investoren und Vertriebspartner sowie die Förderinstitutionen, die Zahlungen auf ein von der Bank zu bestimmendes Konto zu leisten;
- Vertrag mit dem Completion Bond., ggf. nebst Cut-Through-Letter;
- Verträge mit den Versicherungen und Aufnahme der Bank als Begünstigte, einschließlich Errors & Omissions;
- Vertrag mit der Collection Agency;

- Abschluss des Darlehens- und Sicherungsvertrags (einschließlich der Anlagen);
- Ausfertigung der Security Agreements und der UCC-1 Financing Statements und Nachweis über die Beantragung einer (beschleunigten) Eintragung;
- Ausfertigung der Mortgage-and-Assignment-of-Copyright-Erklärung und Nachweis über die Beantragung der Registrierung;
- Ggf. weitere Security Agreements und Registrierung von Sicherheiten nach ausländischem Recht;
- Ggf. Legal Opinion eines ausländischen Rechtsanwalts.

Die vorstehenden Ausführungen halten sich an die in den USA weitgehend üblichen Begriffe und Dokumente. Erfahrungsgemäß werden auch deutsche Banken im Rahmen der Finanzierung eines (internationalen) Filmprojekts zumindest die genannten Rechercheunterlagen verlangen und Registrierungen in den USA vornehmen. Diese Closing List kann im Einzelfall um das eine oder andere Dokument erweitert werden, je nachdem, wie kompliziert die Transaktion ist und wer daran beteiligt ist. Hierzu zählen insbesondere Unterlagen über die Produktionsgesellschaft (z. B. Gründungsurkunde, Satzung, Handelsregisterauszug, aktuelle Bilanz etc.).

2 Filmförderungen

Die Filmförderung in Europa umfasst ca. 1 Mrd. Euro jährlich. Den größten Anteil erhalten die französischen Filmproduktionen, gefolgt von Deutschland. Die in Deutschland verfügbaren ca. 250 Millionen Euro setzen sich aus Bundesmitteln [Filmförderungsanstalt, der/des Beauftragten der Bundesregierung für Angelegenheiten der Kultur und der Medien (BKM) und des Kuratoriums junger deutscher Film] und den Länderförderungen zusammen. Unter den Länderförderungen sind insbesondere die Filmstiftung NRW, der FilmFernsehFonds Bayern (FFF Bayern), das Filmboard Berlin-Brandenburg, die Filmförderung Hamburg, die MDM Mitteldeutsche Medienförderung und die MFG Filmförderung Baden-Württemberg hervorzuheben. Hinzu kommt noch der Deutsche Filmförderfonds (DFFF), der seit 01.01.2007 jährlich 60 Mio.Euro zur Verfügung stellt.

Eine detaillierte Erörterung sämtlicher Formen der Filmförderung auf bundes- und regionaler Ebene würde den Rahmen dieses Buches sprengen. Der Verfasser beschränkt sich auf einige grundsätzliche Anmerkungen im Hinblick auf die Projektfilmförderung und die Referenzfilmförderung unter Berücksichtigung der gesetzlichen Vorgaben der FFA. Diese Förderarten stellen gleichsam die beiden Grundpfeiler der Filmfinanzierung in Deutschland dar.

2.1 Europäischer Rahmen der Filmförderung

Filmförderungen sind staatliche Beihilfen, die gem. Art. 87 EG-Vertrag von der Kommission genehmigt werden müssen. Nach Abs. 3 (d) dieser Vorschrift können Beihilfen zur Förderung der Kultur und der Erhaltung des kulturellen Erbes genehmigt werden, wenn und soweit sie »die Handels- und Wettbewerbsbedingungen in der Gemeinschaft nicht in einem Maße beeinträchtigen, das dem gemeinsamen Interesse zuwiderläuft«. Die **Kriterien**, die von der EU-Kommission bei der Genehmigung von Filmförderungen verwendet werden, wurden 1998 in der Entscheidung über die französische Filmförderung des CNC entwickelt und im Jahr 2001 in der so genannten »Kinomitteilung« festgelegt (Mitteilung der Kommission zu bestimmten Rechtsfragen im Zusammenhang mit Kinofilmen und anderen audiovisuellen Werken vom 26.09.2001). Es handelt sich hierbei um vier Kriterien:

• Die Beihilfe muss einem kulturellen Produkt zugute kommen. Jeder Mitgliedstaat muss sicherstellen, dass die Beihilfen nur für Produktionen gewährt werden, die nach überprüfbaren nationalen Kriterien einen kulturellen Inhalt haben.
• Der Produzent muss mindestens 20 % des Filmbudgets in anderen Mitgliedstaaten ausgeben dürfen, ohne dass die ihm gewährte Beihilfe gekürzt wird (so genannte »80/20-Regel«). Damit wird der *Territorialisierungsgrad* auf 80 % limitiert.
• Die Höhe der Beihilfe soll grundsätzlich auf 50 % des Produktionsbudgets beschränkt sein, damit für normale marktwirtschaftliche Geschäftsinitiativen weiterhin Anreize bestehen und ein Förderwettlauf zwischen den Mitgliedstaaten vermieden wird (so genannte »50/50-Regel«). Ausnahmen gelten für »kleine und schwierige Filme«.
• Zusätzliche Beihilfen für besondere Filmarbeiten (z. B. Postproduktion) werden nicht genehmigt, damit die Neutralität der Anreizwirkung gewahrt bleibt und der Mitgliedstaat, der die Beihilfe gewährt, nicht gerade die betreffenden Unternehmen schützen oder ins Land locken kann.

Diese Kinomitteilung galt zunächst bis Ende 2004, wurde bis Mitte 2007 verlängert und soll nunmehr allerspätestens Ende 2009 auslaufen.

Die EU-Kommission hat sich vorgenommen, die Voraussetzungen, die in der noch geltenden Kinomitteilung enthalten sind, in zwei Punkten zu verschärfen (vgl. Broche/Charterjee/Orsich/Tosics, State Aid for Films – a policy in motion? Competition Policy Newsleter, 2997/1, S. 44 ff.):

- Sie strebt an, den **Territorialisierungsgrad** von derzeit 80 % auf 50 % zu reduzieren.
- Sie möchte für alle Förderungen, z. B. bei der Referenzförderung nach dem FFG, **kulturelle Tests** einführen. Bisher hielt sie dies nur bei Incentive-Förderungen wie dem Deutschen Filmförderungsfonds für erforderlich. Außerdem zeigt sich bei den jüngsten Genehmigungsverfahren, dass die EU-Kommission zwischen förderungswürdigen kulturellen bzw. kreativen und nicht förderbaren technischen bzw. wirtschaftlichen Teilen der Filmproduktion und -verwertung differenzieren möchte.

Beide Vorhaben sind im Anfang 2007 eingeleiteten Konsultationsprozess von Vertretern der europäischen Filmwirtschaft stark kritisiert worden. Aus juristischer Sicht ist anzumerken, dass es in der Tat problematisch erscheint, zwischen »kultureller« und »wirtschaftlicher« Filmförderung zu unterscheiden. Eine Trennung in »kulturell wertvolle Filme« und »Kommerzfilme« ist nicht möglich und wäre auch mit Bezug auf die Funktion des Films als kultureller Spiegel der Gesellschaft verfehlt. Auch erfolgreiche und massenattraktive Filme können einen ganz erheblichen Einfluss auf die private und öffentliche Meinungsbildung erlangen und kulturell eine ganze Generation mitprägen. Dasselbe gilt für die einseitige Bevorzugung kreativer Beiträge, denn zum einen sind auch technische Beiträge heutzutage künstlerisch, z. B. im Bereich der digitalen Nachbearbeitung, zum anderen sind auch rein technische Beiträge notwendig, um den Film entstehen zu lassen. Bei der Opernförderung würde auch niemand auf den Gedanken kommen, nur die Gagen der Sänger und nicht die der Bühnenarbeiter zu subventionieren.

2.2. Die Förderung nach dem FFG

Die generellen Voraussetzungen der Förderung eines Films sind in § 15 FFG und für die Gemeinschaftsproduktionen in §§ 16, 16a und 17 a FFG definiert. Nach § 15 Abs. 1 ist ein Film programmfüllend, wenn er eine **Vorführdauer** von mindestens 79 Minuten, bei Kinder- oder Jugendfilmen mindestens 59 Minuten hat. Diese Mindestvorführdauer ist für die Definition der zu fördernden »programmfüllenden« Filme erforderlich, weil die Filmtheater auf eine solche Mindestlänge angewiesen sind und damit die Gruppennützigkeit des Filmförderungsgesetzes gewährleistet wird.

In § 15 Abs. 2 FFG sind die einzelnen Voraussetzungen definiert, die für die Gewährung von Förderhilfe neben dem Kriterium »programmfüllend« vorliegen müssen. Der frühere Begriff des »deutschen Films« wurde wegen der darin zu sehenden »Diskriminierung« bereits vor geraumer Zeit europäisch »geöffnet«. Antragsberechtigt sind nunmehr Hersteller, die Angehörige der EU oder des Europäischen Wirtschaftsraums (EWR) sind und die ihren Wohnsitz oder ihren Sitz (zumindest eine Niederlassung) in Deutschland haben und die Verantwortung für die Durchführung des Filmvorhabens tragen. Als weitere Voraussetzung muss wenigstens eine Endfassung des Films in deutscher Sprache hergestellt werden. Ferner müssen für Atelieraufnahmen Ateliers, Produktionstechnik und für die Postproduktion technische Dienstleistungsunternehmen benutzt werden, die in Deutschland oder in der EU oder im EWR ihren Sitz haben.

Die Regisseurin bzw. der Regisseur muss ebenfalls Deutsche(r) sein oder dem deutschen Kulturkreis angehören oder Staatsangehörige(r) eines EU/EWR-Mitgliedstaates sein. Ist das nicht der Fall, so können Förderhilfen gewährt werden, wenn, abgesehen von dem Drehbuchautor oder von bis zu zwei Personen in einer Hauptrolle, alle übrigen Filmschaffenden Deutsche sind oder dem deutschen Kulturkreis angehören oder einem Mitgliedstaat der EU oder des EWR angehören. Schließlich muss der Film in Deutschland oder auf einem A-Filmfestival als deutscher Beitrag uraufgeführt werden.

§ 16 FFG regelt die Voraussetzungen der Förderfähigkeit von **Koproduktionen**, wobei insoweit zunächst die geschlossenen bi- und multilateralen Abkommen maßgeblich sind. Wenn kein Koproduktionsabkommen anwendbar ist, verlangt das Gesetz eine erhebliche finanzielle Beteiligung des Herstellers im vorstehend beschriebenen Sinne sowie eine dieser angemessene künstlerische und technische Beteiligung von jeweils 30 % durch Mitwirkende, die ebenfalls Deutsche, Angehörige des deutschen Kulturkreises oder EU- oder EWR-Angehörige sind. Bei majoritären Beteiligungen muss der Film außerdem in deutscher Sprache in Deutschland oder auf einem A-Filmfestival als deutscher Beitrag uraufgeführt werden.

Bei der künstlerischen und technischen Beteiligung sollen mindestens die folgenden Personen die vorstehend skizzierten Voraussetzungen erfüllen:

- eine Person in einer Hauptrolle und eine in einer Nebenrolle, wenn dies nicht möglich ist, zwei Personen in wichtigen Rollen;
- eine Regieassistenz oder eine andere künstlerische oder technische Stabskraft;
- entweder ein(e) Drehbuchautor(in) oder ein(e) Dialogbearbeiter(in).

2.3 Die Projektfilmförderung

Die Projektfilmförderung nach § 32 FFG setzt ein Filmvorhaben voraus, das geeignet erscheint, die Qualität und Wirtschaftlichkeit des deutschen Films zu verbessern.

2.3.1 Die Höhe der Förderung

Als Förderhilfen werden bedingt rückzahlbare zinslose Darlehen bis zur Höhe von 250.000 Euro gewährt. In Ausnahmefällen kann die Förderung bis zu 1 Mio. Euro betragen, wenn eine Gesamtwürdigung des Fimvorhabens und die Höhe der voraussichtlichen Herstellungskosten dies rechtfertigen (§ 32 Abs. 2 FFG).

2.3.2 Der Eigenanteil

Die Zuerkennung des Förderdarlehens setzt gemäß § 34 Abs. 1 FFG einen angemessenen **Eigenanteil** des Filmherstellers an den Herstellungskosten voraus, der mindestens 15 % des Budgets betragen muss. Bei Koproduktionen sind bei der Berechnung des Eigenanteils die auf den deutschen Koproduzenten entfallenen Kosten zugrunde zu legen. Dasselbe gilt für Produktionen unter Mitwirkung einer Rundfunkanstalt.

Der Eigenanteil kann finanziert werden durch Eigenmittel des Herstellers oder durch **Fremdmittel**, die dem Hersteller als Darlehen mit unbedingter Rückzahlungsverpflichtung gewährt werden. Zu diesen Fremdmitteln gehören Investitionen Dritter, Bankdarlehen sowie Verleih- und Vertriebsgarantien, soweit sie während der Herstellung des Films gezahlt werden. **Eigenleistungen** stehen Eigenmitteln gleich. § 34 Abs. 3 FFG definiert diese Eigenleistungen des Filmherstellers: Dazu zählen die Leistungen, die der Hersteller als kreativer Produzent, Herstellungsleiter, Regisseur, Hauptdarsteller oder Kameramann zur Herstellung des Films erbringt. Außerdem fallen darunter Verwertungsrechte an eigenen Werken des Filmherstellers, die zur Herstellung des Films benutzt werden (z. B. Romanrechte, Drehbuch oder Filmmusik).

Die Rückstellung der **Handlungskosten** (Overheads) rechnet das FFG nicht dem zu erbringenden Eigenanteil zu. Demgegenüber akzeptieren einige der regionalen Filmförderungen auch die Rückstellung der Handlungskosten als Eigenanteil des Filmherstellers.

Eigenleistungen können nur in Höhe ihres **marktüblichen Geldwertes** berücksichtigt werden. Insoweit ist allerdings auf die Richtlinie für die Projektfilmförderung hinzuweisen, namentlich auf die Grundsätze sparsamer Wirtschaftsführung (§§ 15 ff.). Die vorstehend zitierte marktübliche Vergütung wird dadurch begrenzt, dass für bestimmte Leistungen Höchstgagen festgelegt sind. Nachdem § 25 a. F. der Richtlinie für die Projektfilmförderung noch **Höchstgagen** für die Regietätigkeit, den Herstellungsleiter und das Produzentenhonorar regelte, enthält die neue Fassung nur noch Beschränkungen für das Produzentenhonorar. Dieses beträgt nach wie vor bis zu 2,5 % der anerkannten Herstellungskosten bis zu deren Höhe von maximal Euro 5 Mio. (§ 25 Abs. 1).

Die Finanzierung des Budgets durch Eigenleistungen erfolgt durch die **Rückstellungen** der Honorare des Filmherstellers, wobei die Handlungskosten insoweit nicht anerkannt werden. Der Filmhersteller kann allerdings maximal 10 % der anerkannten Kosten durch die bezeichneten Eigenleistungen finanzieren (§ 34 Abs. 3 FFG). Er muss also in jedem Fall mindestens 5 % der Herstellungskosten durch eigene oder fremde Barmittel finanzieren. Referenzfördermittel können nicht zur Finanzierung des Eigenanteils dienen (§ 34 Abs. 4 FFG).

Bei internationalen Koproduktionen sind bei der Berechnung des Eigenanteils die auf den deutschen Hersteller entfallenden Kosten zugrunde zu legen. Dies gilt auch für Filme, die unter Mitwirkung einer Rundfunkanstalt hergestellt werden (§ 34 Abs. 1 Satz 2 FFG).

2.3.3 Rückzahlungsbedingungen

Das Förderdarlehen ist unter den Voraussetzungen des § 39 FFG zurückzuzahlen, und zwar aus allen Erträgen, die der Filmhersteller aus der Verwertung des Films erzielt. Der Produzent kann aber verlangen, dass ihm diese Mittel wieder für ein neues Filmprojekt zur Verfügung gestellt werden. Die Rückzahlung des Darlehens ist an bestimmte Erlösschwellen geknüpft. Die Rückzahlungspflicht beginnt, sobald und soweit die Erlöse 20 % der anerkannten Herstellungskosten übersteigen. Soweit der Filmhersteller seinen Eigenanteil durch die Rückstellung von Eigenleistungen finanziert hat, zählen die zurückgestellten Honorare zu den anerkannten Kosten, die dem Filmhersteller vor Beginn der Rückzahlungspflicht verbleiben. Bei Überschreiten von 20215 % der anerkannten Herstellungskosten muss der Produzent zunächst 10 % seiner weiteren Erlöse zur Tilgung des Darlehens verwenden. Die nächste Erhöhung der zur Rückzahlung zu verwendenden Erlöse setzt bei Überschreitung von 60 % der Herstellungskosten ein und der Produzent hat dann 20 % an die FFA abzuführen. Schließlich sind 50 % der Erlöse zur Darlehenstilgung zu verwenden, sobald die Erträge die anerkannten Herstellungskosten, vermindert um die Höhe des Darlehens, übersteigen. Bei einer Kombination von FFA- und Länderfilmförderungen erfolgen die Tilgungen gemäß § 39 Abs. 1 S. 3 FFG entsprechend dem Verhältnis der von der FFA und den Länderfilmförderungen gewährten Darlehen.

Beim Recoupment der anerkannten Herstellungskosten ist eine Reihe von Umständen zu berücksichtigen. Wie bereits dargestellt, hat der Produzent den »Grundsätzen sparsamer Wirtschaftsführung« Rechnung zu tragen (§ 15 Richtlinie für die Projektfilmförderung). Dabei ist insbesondere zu beachten, dass die Verträge mit Dritten (Vertrieb, Verleih, Video etc.) der Richtlinie entsprechen. Danach dürfen z. B. die Verleihspesen lediglich 35 % betragen, solange das Förderdarlehen noch nicht zurückgezahlt ist (§ 29 Abs. 1 RL Projektfilm).

Darüber hinaus wurde bereits ausgeführt, dass die Honorare, seien es die Eigenleistungen des Filmherstellers, seien es die Honorare der Filmschaffenden, ebenfalls den Grundsätzen der sparsamen Wirtschaftsführung entsprechen müssen. Diese Richtlinie schreibt allerdings nur bestimmte Honorare fest, zu denen nicht die Drehbuchhonorare oder die Gagen der Schauspieler zählen. Außerdem verlangen einige Förderinstitutionen, dass den Produzenten ein »Korridor« eingeräumt wird. Darunter ist eine Beteiligung an den Verleiheinnahmen zu verstehen, die schon vor der Rückführung der Verleihgarantie und der Herausbringungskosten einsetzt.

Die Abrechnung und **Tilgung** des Förderdarlehens erfolgen für die beiden auf den Kinostart folgenden Jahre kalenderhalbjährlich, frühestens jedoch drei Monate nach Kinostart; danach jährlich jeweils zum 31.12.. Spätestens fünf Jahre nach dem Kinostart erlöschen die Abrechnungs- und Tilgungspflichten, gleichgültig ob und ggf. in welcher Höhe das Darlehen zurückgeführt ist.

2.3.4 Abtretung / Pfändung

Nach § 14 FFG können Ansprüche auf Gewährung oder Auszahlung von Fördermitteln weder abgetreten noch gepfändet werden. Im Einzelfall genehmigt die FFA jedoch für bereits begonnene Filmprojekte einen Wechsel des Herstellers. Das ist sinnvoll und wird auch von den Länderförderungen überwiegend flexibel gehandhabt (z. B. durch Zustimmung des zuständigen Gremiums).

2.4 Die Referenzfilmförderung

Die Referenzfilmförderung gem. §§ 22 ff. FFG ist gleichsam die Quintessenz der Filmförderung, denn fast die Hälfte (48,5 %) der Einnahmen der FFA sind für diese Förderart zu verwenden (§ 68 Abs. 1 Ziffer 1 FFG). Die Referenzfilmförderung ist grundsätzlich an eine bestimmte Referenzpunktezahl gekoppelt und wird für ein Folgeprojekt gewährt.

Die wesentlichen Voraussetzungen sind hierbei:

2.4.1 Referenzpunktezahl

Die zur Erlangung der Fördermittel erforderliche Referenzpunktezahl liegt bei mindestens 150.000 (§ 22 Abs. 1 FFG). Die Referenzpunkte werden aus dem Zuschauererfolg sowie dem Erfolg bei international bedeutsamen Festivals und Preisen ermittelt. Letzteres hat aber zur Voraussetzung, dass der Film in Deutschland eine Besucherzahl von mindestens 50.000 erreicht. Hat der Referenzfilm ein Prädikat der Filmbewertungsstelle erhalten, beträgt die mindestens zu erreichende Referenzpunktezahl nur 100.000.

Die Referenzpunktezahl aus dem Zuschauererfolg entspricht der Besucherzahl in Deutschland binnen eines Jahres nach der Erstaufführung, wobei nur die Besucher zählen, die einen marktüblichen Eintrittspreis entrichtet haben.

Die Referenzpunkte generierenden Preise und Erfolge bei Festivals sind in drei Kategorien unterteilt:

- jeweils 300.000 Referenzpunkte gibt es für die Auszeichnung des Films mit dem Deutschen Filmpreis, dem Golden Globe oder dem Oscar oder dem Hauptpreis im Wettbewerb von Cannes, Berlin oder Venedig;
- jeweils 150.000 Referenzpunkte erhält der Film für die Auszeichnung mit dem Europäischen Filmpreis, die Nominierung für den Deutschen Filmpreis, den Golden Globe oder den Oscar sowie für eine Teilnahme am Hauptwettbewerb der Festivals in Cannes, Berlin oder Venedig. Dieselbe Punktezahl gibt es außerdem für den Hauptpreis des Wettbewerbs in einem sonstigen international bedeutsamen Festival, wozu augenblicklich für Spielfilme Karlovy Vary, Locarno, Rotterdam, San Sebastian, Shanghai, Sundance und Toronto zählen (die Festivalliste wird durch den Verwaltungsrat der FFA von Zeit zu Zeit aktualisiert);
- jeweils 50.000 Referenzpunkte ergeben sich schließlich aus der Teilnahme am Hauptwettbewerb von den vorstehend näher bezeichneten »sonstigen international bedeutsamen Festivals« oder aus der Nominierung für den Europäischen Filmpreis.

Für Dokumentar-, Kinder- und Erstlingsfilme gelten abweichende Referenzpunktezahlen. Die maßgebliche Punktezahl beträgt für Kinder- und Erstlingsfilme jeweils 50.000 und für Dokumentarfilme 25.000. Nähere Einzelheiten hierzu sind in § 23 FFG enthalten.

2.4.2   Zeitraum

Der maßgebliche Zeitraum für die Referenzpunkte aus dem Zuschauererfolg ist ein Jahr nach der Erstaufführung des Films in einem deutschen Kino. Auszeichnungen oder Teilnahmen an Festivals und sonstigen Preisen werden nur berücksichtigt, die binnen eines Jahres vor und innerhalb von zwei Jahren nach der regulären Erstaufführung des Films in einem Kino in Deutschland erreicht wurden. Demgegenüber erweitert sich für Dokumentar- und Kinderfilme der Zeitraum auf vier Jahre nach der Erstaufführung.

2.4.3   Die Höhe der Förderung

Die Höhe der dem Produzenten letztlich zufließenden Referenzfördermittel berechnet sich nach § 22 Abs. 6 FFG. Danach werden die zur Verfügung stehenden Mittel auf die berechtigten Produzenten nach dem Verhältnis verteilt, in dem die Referenzpunkte der einzelnen Filme zueinander stehen. Die Höchstfördersumme beträgt allerdings 2 Mio. Euro.

Für internationale Koproduktionen regelt Abs. 5, dass Fördermittel nur bis zur Höhe der Beteiligung des Koproduzenten an dem Referenzfilm nach § 16 oder § 16 a FFG gewährt werden dürfen. Auch eine bloße Kofinanzierung (§ 17 a FFG) berechtigt zur Inanspruchnahme von Referenzmitteln. Hierbei ist allerdings zu beachten, dass eine Beteiligung unter 20 % zwar eine BAFA-Bescheinigung (siehe hierzu 2.5) erhält, jedoch nicht für die Inanspruchnahme von Referenzfördermitteln qualifiziert (§ 17 a Abs. 1 Ziffer 2 FFG).

2.4.4   Das Referenzfilmprojekt

Das neue Filmprojekt muss den Voraussetzungen des § 15 FFG genügen. Bei internationalen Koproduktionen ist zu beachten, dass dem Koproduzenten mit Sitz oder Niederlassung in Deutschland Förderungshilfe für die Gemeinschaftsproduktion mit einem außereuropäischen Partner grundsätzlich nur gewährt wird, wenn er innerhalb von fünf Jahren vor Antragstellung einen »europäischen« Film hergestellt hat (§ 17 a Abs. 1 Nr. 1 FFG). Die Förderungshilfe darf bei internationalen Koproduktionen jedenfalls nicht den finanziellen Beitrag des Koproduzenten im vorgenannten Sinne überschreiten (§ 17 a Abs. 5 FFG).

2.4.5   Die Verwendung der Fördermittel

Die Referenzfördermittel sind innerhalb von zwei Jahren seit der zuletzt erfolgten Zuerkennung für die Herstellung eines neuen programmfüllenden Films i. S. d. §§ 15, 16 FFG durch den Hersteller zu verwenden (§ 28 Abs. 1 FFG). Der Hersteller kann die Mittel auch in eine deutsche bzw. europäische **Koproduktion** oder, soweit die entsprechenden Voraussetzungen vorliegen, in eine internationale Koproduktion einbringen. Sind die Referenzmittel einer Koproduktion zuerkannt worden, bei der die Beteiligung nach §§ 16, 16 a FFG weniger als 50 % betrug, so dürfen die Referenzmittel nur für einen Film verwendet werden, an dem die Beteiligung des Produzenten nach § 16 FFG mindestens 50 % beträgt oder größer ist als die jedes anderen Koproduzenten.

Seit der Novellierung des FFG im Jahr 2004 können bis zu 75 % (maximal 100.000 Euro) der Referenzmittel auf Antrag auch zur Projektentwicklung (§ 28

Abs. 4 Nr. 1) oder zur Aufstockung des Eigenkapitals (§ 28 Abs. 4 Nr. 2) verwendet werden.

2.4.6 Auszahlungsvoraussetzungen / Versagung

Die einzelnen Voraussetzungen der Auszahlung bzw. der Versagung sind in den §§ 25, 26 FFG sowie in der Richtlinie für die Referenzfilmförderung, Teil A, § 6 enthalten. Die Auszahlung ist an eine Reihe von Auflagen gebunden. Eine wichtige Voraussetzung ist dabei, dass in dem Auswertungsvertrag mit einer öffentlich-rechtlichen Rundfunkanstalt oder einem privaten Fernsehveranstalter ein Rückfall der Fernsehnutzungsrechte an den Filmhersteller spätestens nach fünf Jahren vereinbart werden muss, sofern keine besonderen Gründe vorliegen. Dies gilt auch für den Fall, dass der Filmhersteller die TV-Nutzungsrechte für das deutschsprachige Lizenzgebiet einem Verleih gegen Zahlung einer Minimumgarantie eingeräumt hat. Beläuft sich die Verleihgarantie auf mindestens 50 % der Herstellungskosten des Films, kann die TV-Lizenz maximal sieben Jahre betragen. Sind die Minimumgarantie und die Herausbringungskosten noch nicht zurückgeführt, so kann der Verleih eine maximal fünfjährige Anschlusslizenz an den Sender vergeben.

Schließlich ist noch darauf hinzuweisen, dass die Referenzfördermittel nicht ausgezahlt werden dürfen, wenn sie mehr als 50 % der Herstellungskosten des neuen Films oder bei Gemeinschaftsproduktionen des deutschen Anteils an den Herstellungskosten betragen (§ 26 Abs. 1 Nr. 4 FFG). Auf Antrag kann der FFA-Vorstand allerdings Ausnahmen zulassen bei Filmen mit Herstellungskosten, die unter dem durchschnittlichen Budgets der im Vorjahr von der FFA geförderten Filme liegen und einen schwierigen Absatz erwarten lassen. Wird nach der Auszahlung der Fördermittel festgestellt, dass sie die 50-%-Grenze der Herstellungskosten überschreiten, ist der Hersteller zur Rückzahlung verpflichtet (§ 29 Abs. 1 Nr. 6 FFG).

2.4.7 Abtretungsverbot / Pfändung / Insolvenz

In Verträgen (z. B. zwischen Filmhersteller und Regisseur) ist immer wieder zu lesen, dass durch den Film generierte Referenzfördermittel in einem bestimmten Verhältnis geteilt werden. Diese Klausel ist unwirksam, denn nach § 14 FFG können Ansprüche auf Gewährung oder Auszahlung von Fördermitteln nicht abgetreten werden. Zulässig dürfte indes eine Klausel sein, wonach die Referenzmittel in ein neues Filmprojekt einzubringen sind, das die Vertragspartner möglichst gemeinsam realisieren. Die Referenzfördermittel sind im Übrigen auch nicht verpfändbar, d. h. Gläubiger des Filmherstellers können diese nicht pfänden oder anderweitig vollstrecken.

Ungeachtet der Abtretbarkeit der Fördermittel stellt sich bisweilen die Frage, ob die Fördermittel im Falle der **Insolvenz** des berechtigten Herstellers verfallen. Davon wurde bis zur Geltung der neuen Insolvenzordnung am 01. Januar 1999 ausgegangen. Da das neue Insolvenzrecht im Wesentlichen auf die Fortführung des Unternehmens ausgerichtet ist, sollen nunmehr gewährte oder zu gewährende Förderungshilfen durch die Insolvenz des Filmherstellers nicht verfallen (vgl. v. Hartlieb/Schwarz, Kap.117 Rdnr. 26).

2.5 Die BAFA-Bescheinigung (§ 17 FFG)

Liegen die Voraussetzungen des § 15 Abs. 2 oder 3, des § 16 oder des § 16 a FFG vor, so stellt das Bundesamt für Wirtschaft und Ausfuhrkontrolle (BAFA) auf Antrag des Produzenten gemäß § 17 FFG eine Bescheinigung (früher:»filmisches Ursprungszeugnis«) aus. Der Antrag ist bei Koproduktionen spätestens zwei Monate vor Drehbeginn zu stellen. Der Sinn dieser Frist liegt darin, den zuständigen Behörden genügend Zeit für die erforderlichen Konsultationen und Abstimmungen einzuräumen. In der Praxis wird meist ein vorläufiger Antrag gestellt und der endgültige Antrag wird dann eingereicht, wenn alle Festlegungen des Filmprojekts erfolgt sind und die Unterlagen vollständig vorliegen. Die verbindlichen Unterlagen können auch noch kurz vor oder ausnahmsweise während der Dreharbeiten eingereicht werden.

Die Bescheinigung wird durch das BAFA mit ausschließlicher Zuständigkeit erteilt und hat für die FFA bindende Wirkung. Sie ist Voraussetzung sowohl für die Projektfilmförderung als auch für die Referenzfilmförderung. Außerdem dient sie bei der Lizenzvergabe als **Certificate of Origin**, das beispielsweise der Weltvertrieb benötigt. Diese Bescheinigung ist als Nachweis dafür geeignet, dass es sich um ein Europäisches Programm im Sinne der Europäischen Fernsehrichtlinie handelt. Dadurch lässt sich der Film besser in Länder verkaufen, welche die Quotenregelung der Richtlinie verbindlich in nationales Recht umgesetzt haben (z. B. Frankreich).

Bei Koproduktionen hat das BAFA die Übereinstimmung des Filmprojekts mit den bi- oder multinationalen Koproduktionsabkommen und den Bestimmungen der §§ 16, 16 a FFG festzustellen.

Liegen die entsprechenden Voraussetzungen vor, so hat der Antragsteller einen Rechtsanspruch auf Ausstellung der Bescheinigung durch das BAFA. Im Falle des Widerspruchs gegen einen ablehnenden Bescheid des BAFA ist vor Erlass des Widerspruchsbescheids die Zustimmung der FFA einzuholen. Verweigert diese die Zustimmung, so ist die abschließende Entscheidung durch das BKM einzuholen (§ 17 Abs. 1 FFG), denn das BAFA untersteht der Fach- und Rechtsaufsicht des BKM. Mangels Ermessensspielraum sind seine Entscheidungen inhaltlich voll überprüfbar. Sowohl die Bescheinigung als auch der Widerspruchsbescheid sind Verwaltungsakte, gegen die der Antragsteller mit Widerspruch bzw. Klage vor dem Verwaltungsgericht vorgehen kann. Die Klage ist gegen die Bundesrepublik Deutschland, vertreten durch das BAFA, zu richten.

2.6 Rechtsbehelfe gegen ablehnende Bescheide der FFA

Auch die Entscheidungen der Förderanstalten stellen Verwaltungsakte dar und können durch Widerspruch (§ 65 FFG) und – nach endgültiger negativer Entscheidung – durch Klage vor den Verwaltungsgerichten angefochten werden.

Bei den Tatbestandsvoraussetzungen der Filmförderung handelt es sich um unbestimmte Rechtsbegriffe, die eine Wertung und Prognose erfordern. Projektfilmförderung wird z. B. nach § 32 Abs. 1 FFG gewährt, wenn ein Filmvorhaben aufgrund des Drehbuches sowie der Stab- und die Besetzungsliste einen Film erwarten lässt, der geeignet erscheint, die Qualität und die Wirtschaftlichkeit des deutschen Films zu verbessern.

Die Prüfung dieser Voraussetzungen erfolgt durch die Vergabekommission der FFA, die aus Mitgliedern besteht, die auf dem Gebiet des Filmwesens sachkundig und an Aufträge und Weisungen nicht gebunden sein sollen (§§ 8 Abs. 3, 64 Abs. 1 FFG). Diese vom Gesetzgeber vorgenommene Zuweisung des Werturteils über die Förderungsfähigkeit eines Films an ein Gremium schließt eine volle gerichtliche Nachprüfung der wertenden Entscheidung aus. Es ist daher nicht zulässig, dass die Verwaltungsgerichte etwa aufgrund eigener Ermittlungen (mit Hilfe von Sachverständigen) ihre Entscheidung an die Stelle der Entscheidung der Vergabekommission stellen.

Den Rahmen der gerichtlichen Nachprüfung der Entscheidungen hat das Oberverwaltungsgericht Berlin in einem Urteil vom 19.03.1987 (Az. 5 B 15.85) klar definiert. Danach hat sich die Nachprüfung nur darauf zu erstrecken, ob die Vergabekommission

- die einschlägigen Verfahrensvorschriften eingehalten hat;
- von einem zutreffenden Sachverhalt ausgegangen ist;
- die Grenzen und Wertmaßstäbe des unbestimmten Rechtsbegriffs »Eignung, Qualität und Wirtschaftlichkeit des deutschen Films zu verbessern« in seiner abstrakten Bedeutung richtig erkannt und beachtet hat;
- die Entscheidung mit einer Begründung versehen hat, welche die ihrer Entscheidung zugrunde liegenden tatsächlichen und rechtlichen Beurteilungsmaßstäbe erkennen lässt;
- sich nicht von sachfremden Erwägungen hat leiten lassen.

Daraus wird nochmals der Unterschied zwischen den (nur eingeschränkt überprüfbaren) Entscheidungen der FFA und den (inhaltlich voll überprüfbaren) Entscheidungen der BAFA deutlich.

2.7 Die Rolle der Sender

In Deutschland werden ca. 80 % der Spielfilme von Sendern entweder als Koproduzent oder als Presale-Lizenznehmer mitfinanziert. Die Sendeunternehmen zahlen außerdem beachtliche Beiträge zur deutschen Filmförderung, und zwar sowohl in den Etat der FFA als auch in die regionalen Filmförderungen. Nach dem
am 20. Juli 2004 geschlossenen achten Filmfernsehabkommen zahlen die beiden
öffentlich-rechtlichen Rundfunkanstalten ARD und ZDF bis 2008 jährlich jeweils
2,3 Mio. Euro zur Durchführung von Gemeinschaftsproduktionen zwischen ihnen
und Filmherstellern. Darüber hinaus haben sie sich in § 7 des Abkommens verpflichtet, bis 2008 jährlich gemeinsam 11 Mio. Euro in Geld- und Sachleistungen
zu erbringen.

Auch die privaten Sender zahlen aufgrund eines Abkommens mit der FFA jährlich 5,6 Mio. Euro in die Projektförderung. Darüber hinaus haben sie sich mit
Wirkung vom 01. Januar 2004 verpflichtet, zusätzliche 5,6 Mio. Euro in Form von
Sachleistungen bereitzustellen. Diese bestehen im Wesentlichen aus Medialeis-
tungen für Spielfilme, was sich außerordentlich bewährt hat. Im Gegensatz zu
den anderen Bereichen der Filmindustrie (Filmtheater, Filmverleih, Videoverkauf
etc.) sind die Sender jedoch nicht gesetzlich verpflichtet, eine Abgabe an die FFA
zu entrichten. Der Grund liegt darin, dass die Regelung von Rundfunkfragen in
die Gesetzgebungskompetenz der Länder fällt und deshalb zweifelhaft ist, ob das
FFG als Bundesgesetz eine Abgabe für Rundfunksender festlegen darf. Zur Vermeidung eines Gesetzes und einer etwaigen gerichtlichen Auseinandersetzung
über dessen Wirksamkeit haben die sich die Vertragspartner über die Beiträge der
öffentlich-rechtlichen Rundfunkanstalten und der privaten Sendeunternehmen
jeweils geeinigt.

Bei Filmen, die unter dem Rahmenabkommen mit den Fernsehanstalten koproduziert werden, werden die Nutzungsrechte zwischen den Koproduzenten so aufgeteilt, dass die Sendeanstalt die Free-TV-Rechte in der Regel für einen Zeitraum
von fünf Jahren erhält sowie eine Verlängerungsoption von drei Jahren und im
Anschluss daran ein Erstverhandlungsrecht für weitere Ausstrahlungen. Im Hinblick auf die Pay-TV-Rechte erhält die Sendeanstalt regelmäßig ein Vorkaufsrecht
und eine besondere Beteiligungsregelung. Im Übrigen sind die allgemeinen Sperrfristen zu beachten.

Die Verwertungserlöse nach Rückführung der dem Produzenten entstandenen
Herstellungskosten (dazu zählen die Eigen- und Fremdmittel einschließlich der

Fördermittel) stehen grundsätzlich dem Produzenten und dem Sender entsprechend ihrer Beteiligung an den Produktionskosten zu, wobei die Fernsehnutzungsrechte hierbei angemessen zu berücksichtigen sind. Das bedeutet, dass der Sender im Falle einer 30 %igen Kofinanzierung nicht etwa mit 30 % an den Verwertungserlösen beteiligt sein sollte. Vielmehr müssen bezüglich des Koproduktionsbeitrags des Senders die ihm übertragenen Nutzungsrechte (insbesondere die Senderechte) angemessen berücksichtigt werden. Erst nach Abzug einer angemessenen Lizenzgebühr verbleibt der sog. Equity-Beitrag des Senders, aus dem sich dessen Erlösbeteiligung errechnet.

Die Sender müssen die Erlöse, soweit sie ihnen innerhalb von drei Jahren nach Filmabnahme zufließen, wieder für Koproduktionen zur Verfügung stellen. Im ersten Jahr können Rückflüsse sogar in eine Produktion mit dem Filmhersteller investiert werden, der den erfolgreichen Film hergestellt hatte. Kommt eine Vereinbarung mit ihm nicht fristgerecht zustande, so ist der Betrag an die FFA abzuführen, die diesen Betrag wiederum für Koproduktionen im Rahmen des Filmfernsehabkommens verwendet.

2.8 Die europäische Förderung / MEDIA und Eurimages

Auf europäischer Ebene existieren einerseits das bei der Europäischen Kommission in Brüssel angesiedelte MEDIA-Programm und das Eurimages-Programm des Europarats in Straßburg. MEDIA fördert neben verschiedenen Ausbildungsinitiativen die **Projektentwicklung** europäischer Filmwerke und über die »TV-Ausstrahlungsförderung« letztlich auch die Produktion von Fernsehfilmen. Für die Förderung der **Herstellung** von Kinofilmen ist aber ausschließlich Eurimages zuständig, weshalb sich die nachfolgenden Ausführungen lediglich mit dieser Förderung befassen. Der Vollständigkeit halber sei noch erwähnt, dass sowohl MEDIA als auch Eurimages außerdem Verleih- und Abspielförderung anbieten.

Der paneuropäische Filmförderfonds Eurimages ist im Rahmen von europäischen Koproduktionen die ideale Ergänzung zu den nationalen Filmförderungen. Eurimages wurde als Filmförderungsinitiative des Europarates 1989 ins Leben gerufen. Während die EG vorwiegend wirtschaftliche Ziele verfolgt, geht es dem Europarat zusätzlich um die Schaffung einer kulturellen europäischen Identität. Gegenwärtig hat Eurimages 30 Mitgliedstaaten, zu denen auch die ehemaligen Ostblockstaaten und die Türkei zählen. Großbritannien war zwar Gründungsmitglied, ist aber seit 1998 als einziges westeuopäisches Land nicht mehr dabei.

2.8.1 Das Fördergremium

Die Förderentscheidungen erfolgen durch das »Board of Management« (BoM), das aus Repräsentanten aller Mitgliedstaaten besteht und ca. sechs Wochen nach dem jeweiligen Einreichtermin tagt. Die Auswahl der Projekte trifft das BoM nach eingehender Vorprüfung durch eine für jede Sitzung neu zu bestimmende Arbeitsgruppe.

2.8.2 Die Qualifikationskriterien

Eurimages fördert nach der zum 01.01.2004 überarbeiteten Richtlinie die Herstellung von Spiel-Animations- und Dokumentarfilmen mit mindestens 70 Minuten Länge, die für die Vorführung in Filmtheatern bestimmt sind. Als Selektionskriterien gelten hierbei insbesondere die künstlerische Qualität des Projekts und dessen kommerzielles Potential, die Erfahrung des Regisseurs und des Produzenten, die Besetzung und der Stab, die Kooperationsmöglichkeiten zwischen den Koproduzenten sowie der Stand der Finanzierung. Die Finanzierung sollte möglichst weit gediehen sein, denn Eurimages hat den Charakter einer Lücken- bzw. Spitzenfinanzierung. Entsprechend ist der Nachweis zu erbringen, dass jeder Koproduzent 50 % seines Anteils bereits finanziert hat (Vorlage eines Vertrages, Letter of Intent o. ä.).

Der Drehbeginn darf nicht vor der Förderentscheidung liegen und muss spätestens sechs Monate nach der Förderentscheidung erfolgen. Der **Regisseur** muss Europäer sein, d. h. einen europäischen Pass oder seinen ständigen Wohnsitz in Europa haben. Ferner muss das Projekt **europäischen Ursprungs** sein. Zur inhaltlichen Ausfüllung dieses Begriffes wird die 19 Punkte Skala des Europäischen Koproduktionsübereinkommens herangezogen. Als weitere Voraussetzung müssen mindestens 51 % der Finanzierungskosten aus Eurimages-Mitgliedstaaten fließen. Der übrigen Mittel können grundsätzlich frei finanziert werden, soweit nicht mehr als 30 % davon aus Finanzierungsquellen außerhalb Europas oder eines (einzelnen) europäischen nicht Eurimages-Mitgliedstaates stammt.

2.8.3 Anzahl der Koproduzenten

Die Koproduktion muss mindestens aus zwei Produzenten aus verschiedenen Mitgliedsländern bestehen. Bei multilateralen Koproduktionen (mindestens drei Koproduzenten) darf der Finanzierungsanteil des minoritären Koproduzenten 10 % der Herstellungskosten nicht unterschreiten und derjenige des majoritären Koproduzenten darf 80 % nicht überschreiten. Bei bilateralen Koproduktionen darf der majoritäre Koproduzent nicht mehr als 80 % der Herstellungskosten und der minoritäre muss mindestens 20 % beitragen. Sofern das Budget 5 Mio. Euro übersteigt, können sich diese Prozentsätze bis auf 90:10 verschieben.

Beteiligen sich Produzenten aus Nichtmitgliedstaaten an dem Projekt, so darf deren Anteil 30 % nicht übersteigen. Fördermittel werden diesem Produzenten aber nicht ausgezahlt, d. h. der Finanzierungsplan darf keine Eurimages-Mittel zugunsten dieses Produzenten ausweisen.

2.8.4   Das Förderdarlehen / Rückzahlung

Die Förderung wird als bedingt rückzahlbares, zinsloses Darlehen gewährt und den Koproduzenten entsprechend ihrer Finanzierungsanteile zugeteilt. Die Auszahlung der zuerkannten Fördermittel erfolgt grundsätzlich in drei Raten: 60 % bei Drehbeginn und Nachweis des »Ursprungszeugnisses«, 20 % bei Vorlage der Verleihverträge und der Kopierwerkserklärung und 20 % nach Kinostart und Vorlage des geprüften Schlusskostenstands.

Jeder Produzent ist nur für die **Rückzahlung** seines Anteils der Förderung verantwortlich. Das Darlehen wird aus allen Nettoerlösen der Koproduzenten zurückgeführt. Als Nettoerlöse gelten alle beim Produzenten eingehenden Verwertungserlöse, wobei lediglich bestimmte Kosten vorabzugsfähig sind (z. B. 25 % Provision des Weltvertriebs). Außerdem wird ein prozentualer Korridor gebildet, der sich aus dem Verhältnis der Förderung und den Herstellungskosten errechnet, sodass die Rückzahlung sofort beginnt und selbst eingesetzte Eigenmittel und Rückstellungen nicht vorrangig rückführbar sind.

Weitere Informationen und Antragsformulare sind erhältlich über: www.coe. int/Eurimages.

3   Der Deutsche Filmförderfonds

In den Jahren 1997 bis 2005 erlebten die Filmfonds eine sagenhafte Renaissance. Bei diesen Filmfonds handelte es sich um eine steuerlich außerordentlich interessante Anlageform. Der Anleger wurde zum »Mitunternehmer« und konnte sich die Produktionsausgaben bis zu 100 % in Höhe seiner Beteiligung als Verluste zuweisen lassen. Die Performance der meisten Filmfonds war indessen nicht prospektgemäß und die große Mehrheit der Anleger verlor ihre Investition überwiegend. Das war aber noch nicht einmal der eigentliche Grund für das Verschwinden der Filmfonds. Zunächst stießen die sie auf Kritik, weil sie ca. 80- bis 90 % ihrer jährlich eingesammelten Gelder von etwa 1,5 bis 2 Mrd. Euro in »Hollywood« ausgaben. Das bedeutete einerseits, dass dem deutschen Fiskus beachtliche Steuermittel entzogen wurden und andererseits, dass diese Mittel trotz der gewährten Steuervorteile der deutschen Medienindustrie nicht zugute kamen. Nach einer langwierigen Debatte, wie diesem Dilemma beizukommen sei (Stichwort u. a. »German Spend«), versetzte die neu gewählte Bundesregierung den Filmfonds zum Ende 2005 den endgültigen Gnadenstoß.

Gleichzeitig wurde der Filmindustrie Ersatz versprochen und dieses Versprechen schließlich in Form der **Richtlinie** des Beauftragten der Bundesregierung für Kultur und Medien »Anreiz zur Stärkung der Filmproduktion in Deutschland« vom 21. Dezember 2006 eingelöst, die nach ihrer Genehmigung durch die Europäischen Kommission am 01. Januar 2007 in Kraft trat. Sprachlich hat sich die Richtlinie als »Deutscher Filmförderfonds« (DFFF) durchgesetzt; sie wird auch »60-Millionen-Euro-Baby« genannt, weil jährlich 60 Millionen Euro für einen Zeitraum von drei Jahren zur Verfügung stehen.

Konzeptionell lehnt sich der DFFF an den am 01. April 2006 eingeführten englischen Film Tax Incentive Scheme (auch Film Tax Relief genannt) an, der ebenfalls den »cultural test« vorsieht und dem am 22. November 2006 die Genehmigung durch die Europäische Kommission erteilt wurde. Damit verstärkt sich in Europa die Tendenz, die steuerlich motivierten Filmfonds abzuschaffen und durch Produktionskostenerstattungsmodelle zu ersetzen. Während in nur noch wenigen Ländern (z. B. Belgien) so genannte Steuerfonds existieren, haben nach Luxemburg und Ungarn nunmehr auch England und Deutschland vergleichbare Produktionskostenerstattungsmodelle eingeführt. Diese dienen der teilweisen Finanzierung eines Filmprojektes und damit stellt sich die Frage, ob die verschiedenen Modelle miteinander kombinierbar sind. Das dürfte grundsätzlich zu bejahen sein. So ist etwa eine Kombination des DFFF mit dem englischen Film Tax Relief möglich, wenn es sich um eine offizielle Koproduktion nach einem gültigen Koproduktionsabkommen handelt.

Seit der Kündigung des deutsch-britischen Koproduktionsabkommens vor einigen Jahren empfiehlt sich, eine deutsch-britische Koproduktion nach dem europäischen Koproduktionsabkommen durchzuführen. Eine Kombination mit dem belgischen Steuermodell bereitet wiederum keinerlei Schwierigkeiten, denn dieses verlangt keinen belgischen »Spend«, sodass diese Mittel frei eingesetzt werden können.

Zum Zeitpunkt der Fertigstellung des Manuskripts lagen kaum praktische Erfahrungen mit dem DFFF vor und der Verfasser beschränkt sich daher im Folgenden auf einige grundsätzliche Anmerkungen.

Der DFFF stellt eine automatische Förderung dar, sofern die Antragsvoraussetzungen vorliegen und die Haushaltsmittel (60 Mio. Euro) noch nicht ausgeschöpft sind. Es gilt das Prinzip »first come, first serve«. Damit untersteht die Zuwendung der Mittel also keiner Juryentscheidung.

Die Mittel werden dem Produzenten durch den **Zuwendungsbescheid** zuge-sprochen (§ 17 der Richtlinie) und erst dessen Bestandskraft schafft Rechtssicher-heit und einen verbindlichen Anspruch auf Erhalt der Fördermittel. Der Zuwen-dungsbescheid erlischt jedoch, wenn nicht binnen drei Monaten nach Zugang des Bescheides die Gesamtfinanzierung des Projekts nachgewiesen wird, wobei die Frist einmalig um einen Monat verlängert werden kann (§ 17 Abs. 3). Der Zuwen-dungsbescheid erlischt außerdem, wenn nicht binnen vier Monaten nach Zugang mit den Dreharbeiten begonnen oder der Film nicht in der im Antrag angege-benen Projektlaufzeit fertiggestellt wird. Auch hier kann aber die FFA auf Antrag einer Verschiebung zustimmen (§ 17 Abs. 4).

Laut § 18 Abs. 1 der Richtlinie erfolgt die **Auszahlung** der Mittel nach Fertig-stellung des Films und nach erfolgreicher Schlusskostenprüfung sowie dem Nach-weis der Bewilligungsvoraussetzungen. Nach § 18 Abs. 2 kann die Auszahlung jedoch auf Antrag in drei Raten erfolgen: jeweils 33 % bei Drehbeginn, bei Fertig-stellung des Rohschnitts und nach Prüfung des Schlusskostenstands. Der Antrag auf Ratenzahlung ist zu begründen und bei Zuwendungen über 2 Mio. Euro ist der auszuzahlende Betrag mit einer Fertigstellungsgarantie oder einer Bankbürg-schaft abzusichern. Die Auszahlung ist zu versagen, wenn die ordnungsgemäße Finanzierung des Films nicht gewährleistet ist oder wenn bei der Finanzierung, Herstellung, Verleih, Vertrieb oder dem Videovertrieb eines durch die FFA oder durch das BKM geförderten Films der Antragsteller die Grundsätze sparsamer Wirtschaftsführung verletzt hat.

Soweit keine Ratenzahlung genehmigt wird, stellt sich insbesondere die Frage der Zwischenfinanzierung der Fördermittel. Der Anspruch auf Auszahlung ist ge-mäß § 18 Abs. 5 **nur** zum Zwecke der Zwischenfinanzierung an Banken oder sonstige Kreditinstitute abtretbar.

»Bankable« ist dieser Finanzierungsbestandteil indes nur, wenn er mit Sicher-heit auch zur Auszahlung kommt und dadurch, wie bei Zwischenfinanzierungen üblich, das Bankdarlehen abgelöst wird. Die Zuerkennung und Auszahlung der Mittel sind jedoch von einigen Bedingungen abhängig, die einer Zwischenfinan-zierung Schwierigkeiten bereiten können.

Die insoweit bestehenden Auflagen dürften letztlich keinen Hinderungsgrund darstellen. Als Unsicherheit wäre zu nennen, ob letztlich der veranschlagte »Ger-man Spend« auch tatsächlich erreicht wird. Das ist jeweils erst nach Vorlage und Überprüfung des Schlusskostenstands ersichtlich. Bleibt der »German Spend« un-ter dem veranschlagten, reduziert sich der zuerkannte Betrag entsprechend. Fer-ner sieht die Richtlinie vor, dass spätestens zum Zeitpunkt der Fördermittelaus-zahlung ein rechtsverbindlicher, unbedingter und im Hinblick auf die Kopienzahl qualifizierter Vertrag mit einem Verleiher aus der FFA-Verleiherliste vorzulegen ist. Ein Verleiher qualifiziert sich für diese Liste, wenn er als Unternehmen oder

Person binnen der letzten zwölf Monate vor Antragstellung bei mindestens drei programmfüllenden Filmen eine Kinoauswertung durchgeführt hat. Das ist insoweit problematisch, als sich der entsprechende Verleiher unter Umständen zum relevanten Zeitpunkt nicht mehr qualifiziert. Hat der Verleiher sogar eine Minimumgarantie gezahlt hat, die in die Herstellung des Films geflossen ist, muss auch insoweit eine Regelung getroffen werden.

Damit ist festzustellen, dass neben der bei deutschen Projekten meist fehlenden Fertigstellungsgarantie zwar einige weitere Unsicherheitsfaktoren für eine Zwischenfinanzierung der DFFF-Mittel bestehen. Gleichwohl lehren die ersten Erfahrungen, dass die in diesem Bereich aktiven Banken zur Diskontierung der DFFF-Mittel bereit sind und lediglich einen Sicherheitseinbehalt von ca. 20 % kalkulieren.

Schließlich sieht § 24 eine Evaluierung der Richtlinie vor. Das soll aufgrund der praktischen Erfahrungen des ersten Jahres erfolgen und es bleibt abzuwarten, welche Defizite sich bis dahin herauskristallisieren, die es ggf. im Wege der Nachbesserung zu beheben gilt.

In der aktuellen Situation erscheint es dem Verfasser am sinnvollsten, dem Leser nachfolgend eine **Checkliste** mit Empfehlungen bei der Antragstellung an die Hand zu geben.

1. Der Antrag und die Richtlinie sind auf der Internetseite www.ffa.de erhältlich.
2. Zuständige Projektleiterin ist Frau Christine Berg, Tel.: 030/ 27577-0
3. Der Antrag ist ausgefüllt 1-fach an die FFA-Filmförderungsanstalt, Bundesanstalt des öffentlichen Rechts, Große Präsidentenstraße 9, 10178 Berlin zu senden.
4. Dem Antrag sind folgende Unterlagen beizufügen:
   - Kurzinhalt
   - Vertrag über den Erwerb der Verfilmungsrechte
   - Drehbuch in deutscher Sprache
   - Eigenschaftstest
   - Handelsregisterauszug/Gewerbeanmeldung
   - Firmenprofil/Biographie
   - Bei Koproduktion:
     - Koproduktionsvertrag
     - Gemeinsame Erklärung der Koproduzenten zum Antragsteller/gesamtschuldnerischen Haftung
   - Falls vorhanden: vorläufige Projektbescheinigung der BAFA (nicht zwingend erforderlich)
   - Kalkulation
   - Stab- und Besetzungsliste

- Aufstellung der deutschen Herstellungskosten
- Berechnung der im Rahmen des Filmförderfonds anerkannten deutschen Herstellungskosten
- Finanzierungsplan
- Nachweise/Verträge
- Berechnung des Eigenanteils
- Verleihvorvertrag
- Mitteilung des vorgesehenen Drehbeginns sowie Erklärung, dass noch nicht mit dem Dreh begonnen wurde
- Soweit vom Antragsteller gewünscht:
  - Antrag auf einen erhöhten Zuschuss
  - Antrag auf Anerkennung der Kosten eines Auslandsdrehs als deutsche Herstellungskosten

Soweit der Nachweis bei Antragstellung nicht möglich ist, muss die Erfüllung der Bewilligungsvoraussetzungen zunächst glaubhaft gemacht werden. Die entsprechenden Nachweise sind bis zur Auszahlung nachzureichen.

Achtung: Ist der Antrag unvollständig oder genügt er den Anforderungen an die Glaubhaftmachung bzw. den Nachweis der Bewilligungsvoraussetzungen nicht, so kann die FFA, nach einer fruchtlos verstrichenen Frist zur Vervollständigung, den Antrag zurückweisen. Für dasselbe Filmprojekt kann höchstens zweimal ein erneuter Antrag gestellt werden.

5. Eine Zuwendung kommt grundsätzlich dann in Betracht, wenn folgende Voraussetzungen erfüllt sind:

a) Film- bzw. projektbezogenen Voraussetzungen
  - Es handelt sich um einen programmfüllenden Kinofilm (mindestens 79 Min., bei Kinderfilm mindestens 59 Min.) in deutscher Sprachfassung bzw. einer deutsch untertitelten Fassung.
  - Bei Antragstellung sind bereits mind. 75 % der Gesamtherstellungskosten finanziert.
  - Die Dreh- bzw. Animationsarbeiten beginnen erst nach Erteilung des Zuwendungsbescheids (Ausnahmen auf Antrag möglich).
  - Die Herstellungskosten belaufen sich auf mindestens. 1 Mio. Euro (bei Dokumentarfilm auf mindestens 200.000 Euro, bei Animationsfilm auf mindestens 3 Mio. Euro).
  - Der Film wird in Deutschland spätestens ein Jahr nach Fertigstellung (Ausnahme möglich) kommerziell mit mindestens 30 Kopien (bei Zuwendung unter 320.000 Euro mit mindestens 15 Kopien, bei Erst-

lingswerken mit mindestens 10 Kopien und bei Dokumentarfilmen mit mind. vier Kopien) von einem Verleih ausgewertet, der in den letzten zwölf Monaten vor Antragstellung mind. drei programmfüllende Filme ins Kino gebracht hat (entsprechende Liste der FFA).

- Die Sperrfristenregelungen des FFG werden eingehalten.
- Die deutschen Herstellungskosten betragen mindestens 25 % der Herstellungskosten, bei Herstellungskosten von mehr als 20 Mio. Euro mindestens 20 %. Betragen die deutschen Herstellungskosten mindestens 15 Mio. Euro, so entfällt eine prozentuale Mindesthöhe.
- Bei Koproduktionen kann nur ein Koproduzent einen Antrag auf Förderung stellen; die übrigen Koproduzenten haften jedoch gesamtschuldnerisch für eine eventuelle Rückzahlung der Förderung.
- Der Film erfüllt die Mindestpunktzahl des jeweiligen Eigenschaftstests
  - *Spielfilm:* mindestens vier Kriterien aus der Kategorie »Kultureller Inhalt« und mind. 48 Punkte aus beiden Kategorien (Kultureller Inhalt/Kreative Talente und Herstellung) werden erfüllt.
  - *Dokumentarfilm:* mindestens zwei Kriterien aus der Kategorie »Kultureller Inhalt« und mindestens 27 Punkte aus beiden Kategorien (Kultureller Inhalt/Kreative Talente und Herstellung) werden erfüllt.
  - *Animationsfilm:* mindestens zwei Kriterien aus der Kategorie »Kultureller Inhalt« und mindestens 41 Punkte aus beiden Kategorien (Kultureller Inhalt/Kreative Talente und Herstellung) werden erfüllt.
- Wird eine internationale Koproduktion nach dem Europäischen Übereinkommen über die Gemeinschaftsproduktion von Kinofilmen hergestellt, so gilt das im Anhang II des Übereinkommens vorgesehene Punktesystem, nicht der Eigenschaftstest.
- **Achtung:** Stellt sich bei der Abschlussprüfung heraus, dass der Film anders als geplant hergestellt wird und Bewilligungsvoraussetzungen nicht gegeben sind (z. B. weniger Punkte im Eigenschaftstest, geringerer Eigenanteil des Antragstellers), so wird der Zuwendungsbescheid, ohne dass die Möglichkeit einer Ermessensentscheidung der FFA besteht, aufgehoben. Insofern sollten gerade beim Eigenschaftstest die Punkte nicht zu knapp kalkuliert werden.

b) Antragsteller
- Antragsteller ist Filmhersteller, d. h. für die Herstellung des Films verantwortlich bzw. als Koproduzent mitverantwortlich und aktiv in die Filmherstellung eingebunden; eine reine Kofinanzierung reicht nicht aus.

- Der Antragsteller hat seinen Wohn- oder Geschäftssitz oder, wenn dieser außerhalb von Deutschland liegt, eine Niederlassung oder Tochtergesellschaft in Deutschland. Wird der Film von einer deutschen Tochtergesellschaft/Niederlassung eines Herstellers mit Geschäftsitz außerhalb der EU/EWR hergestellt, so sind sämtliche Bewilligungsvoraussetzungen von der Tochtergesellschaft/Niederlassung zu erfüllen. Der Antrag kann nur von der deutschen Tochtergesellschaft oder Niederlassung gestellt werden.

- Der Antragsteller (oder bei einer Single Purpose Company das mit ihm verbundene Unternehmen) hat in den letzten fünf Jahren mindestens einen programmfüllenden Kinofilm in Deutschland oder der EU/EWR hergestellt, der in Deutschland mit mindestens 30 Kopien (bei Herstellungskosten des Referenzfilms bis 2 Mio. Euro mit mindestens 15 Kopien, bei einem Erstlingswerk mit mindestens zehn Kopien, bei einem Dokumentarfilm mit mindestens vier Kopien) kommerziell ausgewertet wurde; wird Förderung für ein Erstlingswerk beantragt, so genügt die Zuerkennung einer Förderung durch das BKM, die FFA oder die Länderförderungen. Wird der Förderungsantrag im Rahmen einer internationalen Koproduktion eingereicht, so muss der Antragsteller den Referenzfilm allein oder als Koproduzent mit Mehrheitsbeteiligung hergestellt haben.

- Der Eigenanteil des Filmherstellers beträgt mindestens 15 % der Herstellungskosten (bei den ersten beiden Filmen eines Herstellers sowie bei Dokumentarfilmen sind Ausnahmeentscheidungen möglich, es müssen jedoch mindestens 5 % Eigenanteil erbracht werden). § 34 Abs. 1 S. 2 bis Abs. 4 FFG findet Anwendung.

- Bei internationalen Koproduktionen erbringt der Filmhersteller einen finanziellen Beitrag von mindestens 20 % der Herstellungskosten (bei Budgets über 25 Mio. Euro mindestens 5 Mio. Euro).

6. Höhe der Zuwendung, Auszahlung
- Die nicht-rückzahlbare Zuwendung beträgt 20 % der anerkannten deutschen Herstellungskosten, höchstens jedoch 4 Mio. Euro (in Ausnahmefällen bis zu 10 Mio. Euro). Berechnungsschwelle der anerkannten deutschen Herstellungskosten sind max. 80 % der Herstellungskosten.

- Als deutsche Herstellungskosten werden nur Herstellungskosten anerkannt, die auf filmnahe Lieferungen oder Leistungen entfallen, die von Firmen (oder deren Angestellte oder freie Mitarbeiter) oder Selbstständigen in Deutschland erbracht werden. Handelt es sich um personengebundene Leistungen, so müssen diese zumindest der beschränkten Steuerpflicht in Deutschland unterliegen; bei unternehmensgebundenen Leistungen muss:

1. das die Leistung erbringende Unternehmen seinen Geschäftssitz oder eine Niederlassung in Deutschland haben;
2. das die Leistung erbringende Unternehmen mindestens einen fest angestellten Mitarbeiter in Deutschland beschäftigen;
3. die Rechnungslegung über das Unternehmen oder die Niederlassung erfolgen;
4. die Leistung in Deutschland erstellt/erbracht oder das verwendete Material in Deutschland bezogen worden sein;
5. die zur Erbringung der Leistung notwendige technische Ausstattung tatsächlich in Deutschland eingesetzt und die filmtechnische Ausrüstung aus Deutschland bezogen werden.

- Bei der Berechnung der Höhe der Zuwendung werden außerdem Kosten für im Ausland erfolgte Außendreharbeiten als deutsche Herstellungskosten anerkannt, wenn

6. es sich um Außendreharbeiten handelt, die aufgrund von im Drehbuch enthaltenen zwingend dramaturgischen Vorgaben nicht oder nur mit einem unverhältnismäßig hohem Aufwand in Deutschland durchgeführt werden könnten;
7. die Kosten im Übrigen die Kriterien für deutsche Herstellungskosten erfüllen (s. o.) und
8. die im Ausland durchgeführten Außendreharbeiten nicht mehr als 30 % der Gesamtdreharbeiten einnehmen.

- Bei der Berechnung der Höhe der Zuwendung werden folgende Kosten nicht als deutsche Herstellungskosten anerkannt:

9. Vorkosten
10. Kosten für Stoffrechte und Rechte an vorbestehenden Werken
11. Rechtsberatungskosten
12. Versicherungen
13. Finanzierungskosten
14. Reise- und Transportkosten für Schauspieler
15. Handlungskosten
16. Schauspielergagen soweit sie 15 % der Herstellungskosten übersteigen
17. Überschreitungsreserven, soweit sie nicht zugunsten zuwendungsfähiger Lieferung und Leistungen aufgelöst werden können.

- Bei einer nachträglichen Überschreitung der deutschen Herstellungskosten werden nur maximal 8 % der bei Antragstellung angegebenen deutschen Herstellungskosten und nur, soweit noch Mittel verfügbar sind, berücksichtigt.

- Es ist ein Finanzierungsbedarf des Antragsstellers mindestens in Höhe der Zuwendung erforderlich.
- **Achtung:** Die Fördermittel für das Projekt dürfen kumuliert nicht mehr als 50 % – bzw. bei kleinen und schwierigen Filmen 80 % – betragen. Ein Film ist »klein und schwierig«, wenn er nur eine geringe Marktakzeptanz erwarten lässt und seine Chancen auf wirtschaftliche Verwertung daher als begrenzt angesehen werden müssen.
- Die Auszahlung erfolgt nach Fertigstellung und Vorlage des Films, Schlusskostenprüfung (hierfür fallen für den Hersteller ca. 3 % der Höhe der Zuwendung als Prüfungskosten an) und Nachweis der Bewilligungsvoraussetzungen.

4 Product Placement

4.1 Einleitung

Ein anderer Weg der Filmfinanzierung ist der Einsatz von Werbung. Die wichtigste Form hierbei ist das Product Placement. Unter Product Placement wird die werbewirksame Platzierung von Markenprodukten in die Handlung einer Filmproduktion verstanden. Dies geschieht z. B. in der Form, dass bekannte Markenartikel als Requisiten in eine Spielhandlung eingebaut werden oder den Hintergrund einer Szene bilden.

Als Joan Crawford 1945 in dem Film »Mildred Pierce« deutlich sichtbar einen Whisky der Marke »Jack Daniels« trank, war das bereits ein klarer Fall von Product Placement. Damals wurden allerdings noch keine Verträge zur Vermarktung von Produkten im Film abgeschlossen. Heute hingegen ist Product Placement im internationalen Film- und Fernsehgeschäft ein nicht mehr wegzudenkender Bestandteil. Er entlastet das Budget von Produktionen und offeriert den Anbietern von Luxus- und anderen Konsumartikeln (insbesondere Autos) willkommene Imagewerbung.

Als ein bekanntes Beispiel mag der James Bond-Film »Tomorrow Never Dies« dienen. Bonds offizielles Dienstauto war der BMW 750 i L, gleichzeitig fuhr er die BMW R 1200 C als Fluchtmotorrad, das kurz vor der Filmpremiere am Markt eingeführt wurde. BMW stand im Gegenzug das Recht zu, mit dem Film für seine Produkte zu werben. Die weltweite Produktwerbung wird dann mit der Information verknüpft, dass die entsprechenden Produkte die neuen Bond-Fahrzeuge seien. BMW-Interessenten werden dadurch wiederum zum Kinobesuch animiert. Im Marketingjargon nennt man das **Cross-Promotion.**

Soweit der Kontakt nicht direkt zwischen dem Filmproduzenten und dem Produkthersteller besteht, werden **Placement-Agenturen** eingeschaltet. Solche Agenturen vertreten eine Mehrzahl von Produkten und bedienen die nachfragenden Filmproduktionen aufgrund einer Checkliste, die aus dem Kundenbriefing resultiert. Darin wird zunächst das Umfeld der Produktplatzierung sorgfältig ausgewählt. Die Agentur gibt sodann gegenüber dem Kunden (Produkthersteller) eine Platzierungsgarantie ab, wobei sich der Kunde auf die verabredete Medialeistung verlassen muss. Für die verschiedenen Platzierungsvarianten des Product Placements existiert in der Regel eine feststehende Preisliste.

Zwar werden weltweit nach Schätzung von Fachleuten zwischen zwei und drei Mrd. Euro Umsatz mit dem bezahlten Platzieren von Produkten in Film und Fernsehen erzielt und der Markt wächst jährlich zweistellig. Bei der Herstellung eines durchschnittlichen deutschen Kinospielfilms sollte der Produzent allerdings den Finanzierungsanteil durch Product Placement nicht überschätzen. Es handelt sich dabei i.d.R. um eine »quantité négligeable« und der Produzent sollte derartige »Finanzierungsquellen« eher als angenehmen Nebeneffekt denn als verlässliche Finanzierungsquelle betrachten.

4.2 Kino

Es war lange Zeit streitig, ob Product Placement bei Spielfilmen in der Kinoauswertung zulässig sei. Dies wurde unter Hinweis auf den für alle Medien verbindlichen **Grundsatz der Trennung von Werbung und Programm** bejaht. Der Streit entzündete sich an dem Film »Feuer, Eis & Dynamit« von Willi Bogner.

Der Film erzählt die Geschichte eines exzentrischen Millionärs, der sein angeschlagenes Finanzimperium durch einen vorgetäuschten Selbstmord sanieren will. Alleinerbe soll der Gewinner eines dreitägigen Wettkampfes (»Megathon«) in verschiedenen, überwiegend alpinen Sportarten sein. An dem Wettbewerb nehmen die drei Kinder des Millionärs und seine Gläubiger teil. Die Gläubiger sind Markenartikelunternehmer. Das »Megathon« muss von Mannschaften bewältigt werden, die jeweils mit drei Teilnehmern eine Staffel bilden. Die Firmenteams sind mit den Produkten und/oder Marken ihrer Firmen in die Rahmenhandlung eingebaut. Weitere Produkte und Marken werden während des »Megathons« und im Verlauf der Filmhandlung eingesetzt (z.B. Skier, Fahrräder, Getränke). Die Produktionskosten des Films wurden mindestens in Höhe von 20 % durch die im Film auftretenden Unternehmen bezahlt.

Gegen den Filmproduzenten und gegen den Filmverleih wurde eine Klage auf Unterlassung der Aufführung des Films eingereicht, und zwar beim Landgericht Hamburg und beim Landgericht München I. Während das Landgericht Hamburg der Klage in erster Instanz stattgab, wurde die Klage in München abgewiesen. Das hanseatische Oberlandesgericht hob dem gegenüber das erstinstanzliche Urteil auf und wies die Klage ab, wohingegen das Oberlandesgericht München der Klage stattgab. Dieses Verwirrspiel der Instanzgerichte wurde schließlich vom BGH mit Urteil vom 06.07.1995 (I ZR 2/94; OLG Hamburg und I ZR 58/93; OLG München) beendet (AfP 1996, S. 59 ff.).

In diesen Urteilen stellte der BGH klar, dass zwar der wettbewerbsrechtliche Grundsatz des Verbotes getarnter Werbung auch für Kinospielfilme gilt. Im Vergleich zu den Printmedien und dem Fernsehen sei bei Kinospielfilmen jedoch ein anderer **Maßstab** geboten. Deshalb hielt es der BGH für zulässig, dass Zahlungen oder andere geldwerte Leistungen von Unternehmen dafür erbracht werden, dass diese selbst oder ihre Produkte im Film werbend in Szene gesetzt werden. Anders als bei Fernsehfilmen, die strengeren Kriterien unterlägen, würden es die Zuschauer im Kino in der Regel nicht schon als Täuschung oder Beeinflussung ihrer Willensfreiheit ansehen, wenn bestimmte Requisiten gratis zur Verfügung gestellt und in eine Spielhandlung integriert werden würden. Bei Spielfilmen liege die Toleranzgrenze dort, wo darüber hinaus Zahlungen und andere geldwerte Leistungen von einigem Gewicht von Unternehmen dafür erbracht werden, dass diese selbst oder ihre Erzeugnisse im Film in Erscheinung treten. In diesen Fällen sei eine Abwägung zwischen der Freiheit der Kunst (Filmwerk) und dem Recht des Zuschauers auf freie Entfaltung seiner Persönlichkeit aus Art. 2 GG geboten. Dieser Konflikt werde dadurch gelöst, dass ein solcher Film auch im Kino nur mit dem einleitenden Hinweis auf seinen Werbecharakter gezeigt werden dürfe.

Für die Filmproduzenten ist mit diesem Urteil klargestellt, dass Product Placement bei Kinospielfilmen grundsätzlich zulässig ist. Entsprechende Hinweise auf den Werbecharakter sind jedoch dann erforderlich, wenn das Product Placement nicht auf unentgeltlichen Produktbeistellungen beruht.

4.3   Fernsehen

Schleichwerbung ist nach § 7 Abs. 6 Satz 1 des Rundfunkstaatsvertrages (RStV) verboten. Das Verbot basiert auf der gleichlautenden Regelung in Art. 10 Nr. 4 der Richtlinie »Fernsehen ohne Grenzen« (97/36/EC). Nach der **Legaldefinition** des § 2 Abs. 2 Nr. 6 RStV ist unter Schleichwerbung die Erwähnung oder Darstellung von Waren, Dienstleistungen, Namen, Marken oder Tätigkeiten eines Herstellers von Waren oder eines Erbringers von Dienstleistungen in Programmen, wenn sie absichtlich zu Werbezwecken vorgesehen ist und die Allgemeinheit hinsichtlich des eigentlichen Zwecks der Erwähnung oder Darstellung irreführen kann, zu verstehen.

Ob es sich bei der Erwähnung oder Darstellung von Waren, Dienstleistungen, Namen, Marken oder Tätigkeiten eines Unternehmens um unzulässige Schleichwerbung oder um ein zulässiges Placement handelt, ist eine Frage des Einzelfalles. Zwingende Indizien für einen Verstoß gegen das Verbot der Schleichwerbung liegen vor, wenn

- eine vertragliche oder sonstige Verpflichtung für das Placement besteht;
- das Filmwerk bereits in seiner Entstehungsphase bewusst auf die Einbringung von Marken und Produkten hingeschrieben wird;
- für die Einblendung der Produkte oder Marken Vergütungen geleistet werden.

Product Placement ist darüber hinaus wettbewerbsrechtlich unzulässig, weil darin ein Verstoß gegen das Trennungsgebot liegt und durch die »getarnte Werbung« eine Irreführung des Verbrauchers hervorgerufen werden kann. Im Fernsehen ist der RStV allerdings *lex specialis*, sodass hier nur ein Wettbewerbsverstoß gem. §§ 3, 4 Nr. 11 (»Vorsprung durch Rechtsbruch«) i.V.m. § 7 Abs. 6 Satz 1 RStV in Betracht kommt.

Placements können seitens des Senders mit zwei Argumentationsschienen verteidigt werden. Erstens lässt sich argumentieren, dass die Platzierung eines Produktes oder einer Marke nicht in werblicher Absicht erfolgte und unvermeidlich war. Dies gilt insbesondere für Spielfilme, die einen möglichst hohen Grad an Wirklichkeitsnähe und Authentizität vermitteln sollen, sodass Requisiten aus dem wirklichen Leben unvermeidbar sind. Solange die Einblendung eines Produkts dramaturgisch gerechtfertigt ist, ist hiergegen grundsätzlich nichts einzuwenden (»Prinzip der Unvermeidbarkeit« vgl. BGH NJW 1990, 3199, 3201 – »Wer erschoss Boro?«).

Die zweite Argumentationsschiene beruht auf dem Erfordernis, dass gem. § 7 Abs. 6 Satz 1 des RStV eine Werbeabsicht des Senders gegeben sein muss. Es wird deshalb zwischen Auftrags-, Ko- und Eigenproduktionen einerseits und Programmankauf andererseits zu unterscheiden sein. Der Sender kann Kaufproduktionen, z. B. den erwähnten James-Bond-Film senden, auch wenn dieser vermeidbare Formen oder bezahlte Placements enthält; dies gilt jedoch nicht, wenn dem Sender die Werbeabsicht des Produzenten zuzurechnen ist; dies ist anzunehmen wenn der Rundfunksender die Kontrolle über die Produktion ausübt.

4.4 Nichtigkeit

Obwohl einige Agenturen existieren, die sich auf die Vermittlung von Product Placement zwischen Kunden und Filmproduzenten spezialisiert haben, sind die zugrundeliegenden Verträge im Fernsehbereich in aller Regel als sittenwidrig und damit nichtig anzusehen. Der Filmhersteller sollte deshalb bei solchen Konstellationen Vorsicht walten lassen, denn er sieht sich einer **doppelten Gefahr** gegenüber: Einerseits kann ihm drohen, dass der Sender die Abnahme des Films mit der Begründung verweigert, der Film enthalte unzulässiges Product Placement und verstoße damit gegen die Werberichtlinien und den Rundfunkstaatsvertrag. Andererseits sieht sich der Produzent der Gefahr gegenüber, dass, auch wenn er den Product-Placement-Vertrag erfüllt hat, der Kunde die Zahlung verweigern kann. Dieses Risiko hat die Entscheidung des Landgerichts München I nochmals verdeutlicht. In seinem Urteil vom 10. Oktober 1996 (Az. 7 O 22488/96) stellte das Gericht die Unwirksamkeit von Product-Placement-Verträgen im Fernsehbereich fest. Dem Rechtsstreit lag ein Product-Placement-Vertrag zwischen einem Filmhersteller und einem Hersteller von Milchprodukten zugrunde. Gegen Zahlung eines Sekundenpreises von 1600 DM sollte das Milchprodukt bzw. das Logo des Herstellers mindestens 25 Sekunden klar und deutlich erkennbar im Bild platziert werden. Nach Fertigstellung des Films übersandte der Filmhersteller dem Milchproduktehersteller eine Videokassette und verlangte die Zahlung des vereinbarten Honorars. Die Zahlung wurde jedoch verweigert, weshalb der Filmhersteller Klage erhob. Das Landgericht wies die Klage mit der Begründung ab, der Vertrag sei sittenwidrig und damit nichtig. Es sah in dem Vertrag nicht nur einen Verstoß gegen den Rundfunkstaatsvertrag, sondern auch gegen die Persönlichkeitsrechte der Zuschauer. Werbung sei grundsätzlich kenntlich zu machen. Eine getarnte Werbemaßnahme in Form des Product Placements verletze hingegen das Gebot der Achtung der Persönlichkeitssphäre der Zuschauer.

4.5 Ausblick

In Zukunft wird bezahltes Placement möglicherweise auch in Deutschland zulässig sein. Dies liegt an der geänderten europarechtlichen Basis. Die o. g. Richtlinie »Fernsehen ohne Grenzen« wurde novelliert. Die neue Richtlinie wird voraussichtlich »Audiovisuelle Mediendienste ohne Grenzen« lauten (zur Zeit der Fertigstellung des Manuskripts liegt sie als so genannte Common Position vor, die vom Europäischen Parlament noch abgelehnt werden kann, was jedoch unwahrscheinlich ist). Nach ihrem Art. 3 f sind derartige Placements zulässig, wenn der Mitgliedstaat sich nicht ausdrücklich für ein Verbot entscheidet, sog. »Opting-out-Modell« (ob die Bundesländer bei der Umsetzung der neuen Richtlinie in den 11. RStV es bei den geltenden strengen Regeln belassen, wird sich 2008 zeigen). Diese Erlaubnis ist allerdings sehr eingeschränkt. Erstens dürfen die Placements nicht auffällig sein, zweitens bleiben Themenplacements unzulässig (d. h. auf Plot und Dialoge darf weiterhin kein Einfluss genommen werden), drittens muss – ähnlich wie beim Sponsoring – auf die Tatsache hingewiesen werden, dass die Produktion Placements enthält. Die Totalverbote im Bereich der Tabakwerbung und der Arzneimittelwerbung gelten viertens auch für Placements. Letzteres wird auch für

Kaufproduktionen gelten; insoweit stellt die zukünftige Regelung eine Verschärfung des geltenden Rechtszustandes dar.

Literaturhinweis: Castendyk, *Marienhof und die Folgen* ZUM 2005, S. 2 ff; Castendyk in: Castendyk/Dommering/Scheuer, European Media Law, Amsterdam
2007, Art. 3 f AMSD, para. 2 et. seq.

5   Die Rückstellung als Finanzierungsmittel

Deutsche und teilweise auch europäische (Ko)Produktionen leiden unter chroni-
scher Unterfinanzierung. Eine weitere Möglichkeit, noch bestehende Finanzie-
rungslücken zu schließen, ist in Rückstellungen (Deferments) zu sehen. Die Vereinbarung einer Rückstellung bewirkt, dass eine Vergütung ganz oder teilweise
erst zu einem späteren Zeitpunkt zu zahlen ist und zwar nur dann, wenn der Film
Erlöse erzielt. Wird die Zahlung der Vergütung unbedingt vereinbart, jedoch nur
zu einem späteren Zeitpunkt, so handelt es sich nicht um eine Rückstellung und
die Finanzierung des Budgets ist auch nicht geschlossen. Denn die Vergütung ist
dann zum fälligen Zeitpunkt zu zahlen, auch in dem Fall, dass der Film noch
keine Erlöse erzielt hat.

Als Rückstellungen kommen die Vergütungen des **Produzenten** für **Eigenleistungen** (als kreativer Produzent, Herstellungsleiter, Regisseur, Kameramann oder
in einer Hauptrolle) in Betracht, die § 34 Abs. 2 S. 2, Abs. 3 FFG ausdrücklich als
Teil des zu erbringenden Eigenanteils in Höhe von mindestens 15 % des Budgets
anerkennt (wegen näherer Einzelheiten hierzu vgl. oben Ziffer 2.3.2).

Neben dem Produzenten stellen auf der Seite der **Kreativen** meist der Regisseur und einige Schauspieler einen Teil ihres Honorars zurück.

Darüber hinaus werden bestimmte **Dienstleistungsunternehmen** (z. B. Stu-
dios, Postproduktionsunternehmen, Kopierwerk) in Einzelfällen bereit sein, einen
Teil ihrer Vergütung zurückzustellen. Bei Einschaltung von Banken und ausländischen Completion Bonds stellt sich hierbei das Problem, dass mitunter eine
Absicherung verlangt wird, dass das fragliche Unternehmen zum entsprechenden
Zeitpunkt überhaupt noch leistungsfähig ist. Wird das Unternehmen in der Zwischenzeit insolvent, so ergibt sich insoweit eine Finanzierungslücke im Budget.
Findet sich kein anderes Unternehmen, das die Leistungen ebenfalls unter Rückstellung seiner Vergütung zu erbringen bereit ist, muss entsprechend nachfinan-
ziert werden.

Von großer Bedeutung ist die jeweilige **Recoupmentposition** der zurückgestellten Vergütung. Insoweit hat sich die Formel **pro rata pari passu** als Standard
eingebürgert. Das bedeutet, dass alle Berechtigten im gleichen Rang und anteilig

aus allen eingehenden Erlösen befriedigt werden. Das Gegenteil ist die **vorrangige** Befriedigung eines Berechtigten, der zunächst alle eingehenden Erlöse bis zur Abdeckung seiner Rückstellung erhält. Dann kommen die nachrangig Berechtigten zum Zuge und zwar – vorbehaltlich einer abweichenden Regelung – wiederum pro rata pari passu.

Über die Rangfolge der Berechtigten kann mitunter heftig gestritten werden. Wenn einerseits beispielsweise (Ko)Produzenten, Schauspieler und der Regisseur einen Teil ihres Honorars zurückgestellt haben und andererseits Investoren ihr Geld vorrangig recoupen möchten. Insoweit besteht keine allgemeine Branchenübung, dass entweder das kreative oder das finanzielle Engagement höherwertig ist. Andererseits wird verbreitet die Auffassung vertreten,

dass zunächst diejenigen ihre volle Vergütung erhalten sollten, die durch ihre Arbeit die Herstellung des Films ermöglicht haben, also die »Kreativen« einschließlich des Produzenten. Es ist jeweils eine Frage des Einzelfalles und der Überzeugungskraft der Beteiligten, ob sich die eine oder andere Seite durchzusetzen vermag.

Rückstellungen werden nicht nur aus eingehenden Erlösen, sondern auch aus **Unterschreitungen** des Budgets abgedeckt. Zur Vermeidung enttäuschter Erwartungen sei in diesem Zusammenhang darauf hingewiesen, dass bei geförderten Filmen die Auszahlung der letzten Rate um den Prozentsatz gekürzt wird, um den sich die Herstellung des Films gemäß Schlusskostenstand verbilligte. Daraus folgt für Filme, deren Budget weitgehend über Förderungen finanziert wurde, dass trotz erheblicher Unterschreitung letztlich nur ein deutlich reduzierter Betrag zur Abdeckung der Rückstellungen verbleibt.

VII   Die Filmversicherungen

Die Herstellung eines Films ist ein komplexes und mitunter riskantes Unterfangen. Zur Risikominimierung existiert eine Vielzahl von Versicherungen. Bei den Einzelversicherungen sind vor allem zu nennen:

- die Film-Ausfall-Versicherung,
- die Mehrkostenversicherung infolge Sachschadens,
- die Bild-Ton- und Datenträgerversicherung,
- die Film-Requisiten- und Ausstattungsversicherung,
- die Apparateversicherung,
- die Filmproduktionshaftpflichtversicherung,
- die Feuerhaftungs-Versicherung, und
- die Kassen-Versicherung.

Zumindest diese Versicherungen werden standardmäßig im Rahmen eines umfassenden Versicherungspakets abgeschlossen. Wegen näherer Einzelheiten hierzu vgl. Hübner in: Clevé (Hrsg.) Investoren im Visier, S.167 ff.

Zur Abrundung des »Finanzierungsszenarios im weiteren Sinne« werden nachfolgend die Fertigstellungsgarantie (Completion Bond) (1), die Errors-&-Omissions-Versicherung (2) und die Shortfall-Versicherung (3) dargestellt.

1   Die Fertigstellungsgarantie (»Completion Bond«)

Film Finances, der älteste Completion Bond der Welt, feierte im Jahr 2000 in Cannes sein 50-jähriges Bestehen. Nicht alle Completion Bonds hatten das Glück und die Tüchtigkeit von Film Finances. Vielmehr mussten einige Fertigstellungsgaranten Insolvenz anmelden, nachdem die von ihnen versicherten Filme erheblich »over budget« gingen.

Gegen Ende des letzten Jahrtausends befand sich die Filmbranche in Deutschland in einem unfassbaren Boom, in erster Linie bedingt durch den Neuen Markt an der Börse und durch die Filmfonds. Dadurch flossen Milliarden in die zuvor finanziell eher darbende Filmbranche. Durch das Engagement von Banken und Investoren sowie durch die internationale Ausrichtung deutscher Produzenten/Filmfonds und Lizenzunternehmen gewann auch die Fertigstellungsgarantie in Deutschland eine stärkere Bedeutung. Nach dem Börsencrash im Jahr 2001 und der nachfolgenden Marktbereinigung bieten nach Kenntnis des Verfassers nunmehr zwei oder drei Gesellschaften in Deutschland Fertigstellungsgarantien an.

Die Fertigstellungsgarantie besteht aus zwei unterschiedlichen Vertragswerken, dem **Garantievertrag** und der **Produzentenvereinbarung**.

1.1 Der Garantievertrag

1.1.1 Die Vertragspartner

Der Garantievertrag wird zwischen den Begünstigten (Bank, Investoren) auf der einen Seite und dem Fertigstellungsgaranten auf der anderen Seite geschlossen. Der Vertrag sichert die Begünstigten (»beneficiaries«) ab, indem die fristgerechte Fertigstellung und Lieferung des Films zu den vereinbarten Konditionen an die Vertragspartner des Produzenten (Weltvertrieb, Verleih etc.) garantiert wird. Der Produzent kann ausnahmsweise auch selbst Begünstigter sein, wenn er erhebliche Eigenmittel in die Herstellung des Films investiert. Auch diese Mittel sollten nämlich im Falle des Abbruchs des Projekts von der Garantie umfasst sein.

Stetig wiederkehrende Probleme bereiten den deutschen (Ko)Produzenten bei internationalen Projekten die deutschen Fernsehanstalten. Obwohl sie als Begünstigte in die Fertigstellungsgarantie einbezogen werden, verlangen sie vom deutschen (Ko)produzenten meist eine Bankgarantie als zusätzliche Absicherung. Im Falle einer Fertigstellungsgarantie erscheint dieses Ansinnen jedoch überflüssig und die entsprechenden Mittel sind auch nicht im Budget kalkuliert, sodass letztlich der deutsche (Ko)Produzent diese zusätzlichen Mittel aufbringen muss.

Die neben dem Completion Bond geforderte Bankgarantie kann allenfalls damit begründet werden, dass die Ansprüche der Sendeanstalt im Falle einer **Insolvenz** des Completion Bonds nicht hinreichend abgesichert sind. Wie die deutschen Versicherungen ist auch der Completion Bond normalerweise **rückversichert**. Die Begünstigten können sich in diese Police eintragen lassen und erwerben damit einen direkten Zahlungsanspruch gegen den Rückversicherer, falls der Completion Bond ausfallen sollte. Dieses Vorgehen wird als **Cut-Through** oder auch »Loss Payee Endorsement« bezeichnet. Es ist allerdings bei ausländischen Completion Bonds zu prüfen, ob tatsächlich eine Rückvesicherung besteht. Andernfalls bestünde im Falle der Insolvenz das Risiko, dass die Forderung nicht vom Rückversicherer gezahlt würde, sondern zur Insolvenztabelle anzumelden wäre und lediglich nach der Quote befriedigt würde.

1.1.2 Die Prüfung der Projektunterlagen

Vor Abgabe der Fertigstellungs- und Liefergarantie überprüft der Completion Bond zunächst das Projekt und nimmt eine Risikoanalyse vor (Risk Assessment). Im Rahmen dieser Prüfung sind mindestens die folgenden **Unterlagen** erforderlich: Drehbuch, Drehplan, Kalkulation, Finanzierungsplan, Cashflow-Plan, Besetzungsliste, Track-Records der Schlüsselbesetzungen und des Produktionsunternehmens. Darüberhinaus werden regelmäßig auch die Chain-of-Title-Dokumente, die Verträge mit den Hauptdarstellern, die Koproduktions- und Finanzierungsverträge, Verleih- und Weltvertriebsverträge verlangt.

Außerdem überprüft der Completion Bond vor der Übernahme der Garantie, dass sämtliche Liefermaterialien auch ordnungsgemäß kalkuliert und im abgenommenen Budget aufgelistet sind.

1.1.3 Der »Strike Price« / Überschreitungskosten

Die Fertigstellungsgarantie gewährleistet nicht die Bereitstellung der finanziellen Mittel im Sinne des abgenommenen Budgets. Vielmehr bezieht sie sich ausschließlich auf **Überschreitungen** des abgenommenen Budgets (Overbudget Costs). Das abgenommene Budget des Films (**Strike Price**) muss der Produzent bzw. der Financier aufbringen und nicht etwa der Fertigstellungsgarant. Fällt also eine Finanzierungsquelle aus (z. B. ein Investor), ist die Schließung der dadurch entstehenden Lücke nicht Aufgabe des Completion Bonds. Die Bereitstellung des Strike Price ist also Aufgabe des Filmproduzenten, und erst wenn diese Mittel aufgezehrt sind, hat der Completion Bond die für die Fertigstellung des Films erforderlichen weiteren Kosten aufzuwenden.

1.1.4 Ausgeschlossene Risiken

Obgleich der Completion Bond eine relativ umfassende Garantie für die Fertigstellung und Ablieferung des Films bietet und dadurch das Risiko der Finanziers und Investoren minimiert, enthält er – wie jede Versicherung – eine Reihe von **Ausschlusstatbeständen.** Die Wichtigsten sind die folgenden:

- höhere Gewalt (Krieg, Bürgerkrieg, Streik, Natur- oder Nuklearkatastrophen etc.). In diesem Fall wird jedoch üblicherweise ein späteres Lieferdatum (»outside delivery date«) festgelegt, welches regelmäßig zwischen 60 und 90 Tagen liegt;
- Wechselkursrisiken;

- unzulängliche Rechteklärungen (Chain of Title oder anderweitige Urheber- und Leistungsschutzrechte);
- der Ausfall von Finanzierungsquellen;
- Produktionshindernisse und Mehrkosten, die durch grobe Fahrlässigkeit oder Vorsatz Dritter entstehen.

In diesem Zusammenhang soll noch auf zwei Phänomene kurz eingegangen werden, die aus Sicht des Fertigstellungsgaranten problematisch erscheinen.

Zum einen ist der Fertigstellungsgarant sehr zögerlich, wenn er nicht nur die Fertigstellung und Lieferung des Films, sondern auch bestimmte Qualitäten und Kriterien garantieren soll, die der Film erfüllen muss. Hierzu zählt z. B., dass der Film sich nach einem bestimmten bilateralen oder multilateralen Koproduktionsabkommen qualifiziert. Wenn etwa der Film sich als »französischer Film« oder »british film« qualifizieren muss, sind bestimmte Voraussetzungen erforderlich. Diese Voraussetzungen können wegfallen oder schwierig zu ersetzen sein, wenn z. B. ein Hauptdarsteller ausfällt.

Ein zweites Problem kann der Regisseur darstellen, wenn ihm das Recht zum Final Cut eingeräumt worden ist. Zwar wird der Completion Bond nur im Worst-Case-Szenario den Regisseur austauschen, da dieser regelmäßig ein »essential element« ist und gleichsam zu den »Liefermaterialien« zählt. Gleichwohl behält sich der Completion Bond dieses Recht vor und der Regisseur muss in seinem Regievertrag die Konditionen des Completion Bonds anerkennen.

1.1.5   Der Abbruch des Filmvorhabens

Sofern die Fertigstellung unmöglich erscheint oder mit unverhältnismäßigen Kosten verbunden wäre, hat der Fertigstellungsgarant die Möglichkeit, das Projekt abzubrechen und den Begünstigten die bis dahin getätigten Investitionen zurückzuerstatten. In diesem Fall gehen die **Rechte** an dem Film auf den Fertigstellungsgaranten über.

Der Abbruch des Filmprojekts ist das Worst-Case-Szenario, welches unter allen Umständen zu vermeiden ist. Es wirft weder auf den Produzenten noch auf den Completion Bond ein besonders günstiges Licht, da sie beide beim Management der Produktion versagt haben. Außerdem wird der Completion Bond immer versuchen, den Film fertigzustellen und ihn zu verwerten. Dann hat er zumindest noch die Chance, aus den Verwertungserlösen die von ihm verauslagten Mehrkosten zurückzuerhalten.

Demgegenüber sind die im Falle des Abbruchs zu erstattenden Investitionen Dritter regelmäßig verloren. Dem Verfasser sind deshalb nur einige wenige Fälle des Abbruchs eines Filmprojektes bekannt. Hierzu zählt z. B. das Projekt »Till The

End Of Time – Georgia O'Keeffe«, bei dem die Hauptdarstellerin Linda Fiorentino schon bei Drehbeginn nicht erschien.

1.1.6 Die Kosten

Die Prämie des Completion Bonds beläuft sich im internationalen Bereich üblicherweise auf 3 bis 6 % des – nach Abzug nicht versicherter Positionen – reduzierten Budgets (die deutschen Gesellschaften verlangen meist zwischen 2 und 4 %). Die Höhe der Prämie hängt letztlich von verschiedenen Umständen ab. Wenn die Vertragspartner schon eine Reihe von Projekten gemeinsam durchgeführt haben, ohne dass es jemals zu Überschreitungen oder zur Inanspruchnahme des Completion Bonds kam, wird der Completion Bond geneigt sein, eine niedrigere Prämie anzusetzen als im Falle der erstmaligen Zusammenarbeit. Außerdem hängt die Prämie auch von der Einschätzung des Projekts ab, insbesondere ob es sich um Außen- oder Studioaufnahmen handelt, wer der Regisseur ist, welche Schauspieler mitwirken etc. Der Completion Bond wird üblicherweise ein **Risk Assessment** vornehmen und je nachdem für wie riskant er das Projekt hält, wird er eine höhere Prämie ansetzen oder das Projekt überhaupt nicht versichern.

Die deutschen Gesellschaften verlangen die vorbezeichnete Prämie in voller Höhe. Demgegenüber sind bei internationalen Completion Bonds die Prämie zur Hälfte mit Abschluss des Vertrages und die zweite Hälfte im Falle der Inanspruchnahme fällig. Sofern sich die Herstellungskosten im Rahmen des abgenommenen Budgets bewegen, ist die zweite Hälfte der Prämie mithin nicht zu zahlen. Gleichwohl muss die Finanzierung des Projekts geschlossen sein und dazu zählt die gesamte Prämie und nicht etwa nur die zunächst fällige erste Hälfte. Der Completion Bond wird nämlich nicht das Risiko eingehen, dass lediglich 50 % bei Vertragsunterzeichnung gezahlt werden und, sofern er in Anspruch genommen wird, die zweite Hälfte nicht mehr zur Verfügung steht.

Außerdem verlangt der Completion Bond in dem kalkulierten Budget eine **Überschreitungsreserve** (Contingency) in Höhe von 10 %. Unter bestimmten Umständen kann diese auch niedriger ausfallen, beispielsweise bei einer langfristigen Zusammenarbeit. Auch das ist aus Sicht der deutschen Produzenten ein Problem, denn weder die Sender noch die Förderinstitutionen verlangen eine Überschreitungsreserve.

Insgesamt dürfte sich die Finanzierung eines Projekts durch die Einschaltung eines Completion Bonds um ca. 15 % verteuern (die tatsächliche Verteuerung hängt letztlich davon ab, ob und in welcher Höhe die Überschreitungsreserve aufgebraucht wird). Die Finanzierung dieser Zusatzkosten ist ein wesentlicher Grund, weshalb bei Film- und Fernsehproduktionen in Deutschland meist keine

Completion Bonds engagiert werden, im Unterschied zu einigen anderen Ländern (z. B. England). Ein anderer Grund liegt darin, dass bei deutschen Projekten häufig keine Banken oder Investoren involviert sind, die die Fertigstellung und Lieferung des Films durch einen Completion Bond garantiert sehen wollen.

1.2 Die Produzentenvereinbarung

1.2.1 Die Vertragspartner

Als zweite Komponente der Fertigstellungsgarantie wird eine Produzentenvereinbarung zwischen dem Completion Bond und dem Produzenten des Films geschlossen, wobei gegebenenfalls auch Dienstleister (Production Services Company) einbezogen werden.

1.2.2 Mitwirkungs- und Kontrollrechte

In der Produzentenvereinbarung versichert der Produzent zunächst, alle Maßnahmen getroffen zu haben, die im Rahmen einer sorgfältigen Vorbereitung und Durchführung der Produktion erforderlich sind. Außerdem werden die Verpflichtungen des Produzenten und Rechte des Fertigstellungsgaranten festgelegt, die für das nunmehr gebotene Risikomonitoring erforderlich sind.

Hierzu zählen u. a. die folgenden **Pflichten** des Produzenten:

- Sämtliche Finanzierungsmittel auf ein Produktionskonto zu zahlen, welches dem Fertigstellungsgaranten sicherungsabgetreten oder verpfändet wird;
- Die Finanzierungsmittel ausschließlich für die Produktion nach Maßgabe des Budgets und des Cashflow-Plans zu verwenden und nur mit schriftlicher Zustimmung des Fertigstellungsgaranten auszuzahlen;
- Ständige Informationen über den Fortgang der Produktion (Tagesberichte, Tagesdispos, wöchentliche Cost Reports, rechtzeitige Mitteilungen über Abweichungen vom Drehplan etc.);

Dem Fertigstellungsgaranten stehen u. a. die folgenden **Rechte** zu, um seine Kontrolle auszuüben:

- Das Recht, einen Mitarbeiter am Set zu haben;
- Schecks vom Produktionskonto gegenzuzeichnen;
- Änderungen in der Besetzung, am Drehbuch, am Budget etc. vorzunehmen bzw. mitzubestimmen;
- Dem Produzenten Weisungen zu erteilen.

1.2.3   Übernahme der Produktion

Sofern der Fertigstellungsgarant nach sorgfältiger Prüfung befürchten muss, dass der Produzent den Film nicht vertrags- und fristgerecht fertigstellen und liefern wird, hat er das Recht der Übernahme der Produktion. Erfolgt die Übernahme, ist der Fertigstellungsgarant berechtigt, im eigenen Namen aber für Rechnung des Produzenten Verträge abzuschließen und weitere Maßnahmen zu ergreifen, die zur ordnungsgemäßen Fertigstellung der Produktion erforderlich erscheinen.

Die Übernahme bedeutet keine Rechtsnachfolge in die Position des Produzenten, wie auch der Fertigstellungsgarant im Außenverhältnis nicht an die Stelle des Produzenten tritt. Vielmehr hat bei Ausübung des Übernahmerechts der Fertigstellungsgarant im Außenverhältnis allein die Stellung eines vom Produzenten unwiderruflich und für die Erfüllung des Vertrags umfassend bevollmächtigten (offenen oder verdeckten) Stellvertreters.

1.2.4   Die Sicherungsrechte des Fertigstellungsgaranten

Wie die Bank lässt sich auch der Completion Bond sämtliche Rechte des Produzenten an den vorbestehenden Werken (z. B. Drehbuch), dem Filmwerk und den Materialien sicherungsweise abtreten. Üblicherweise erfolgt die Sicherung dieser Rechte im **zweiten Rang** nach der Bank oder, wenn ein Investor beteiligt ist, im dritten Rang nach der Bank und dem Investor. Entsprechend recouped der Fertigstellungsgarant im Falle der Inanspruchnahme die von ihm verauslagten Überschreitungskosten nach der Rückführung des Bankdarlehens und der Befriedigung des Investors an dritter Stelle.

Der Completion Bond lässt sich ebenso eine Kopierwerkserklärung (Laboratory Pledgeholder Agreement) und eine Ziehungsgenehmigung (Laboratory Access Letter) erteilen. Schließlich ist er auch Partei des Interparty Agreements.

2   Die »Errors & Omissions«-Versicherung

Die Errors-&-Omissions-Versicherung (E & O) kommt aus dem angelsächsischen Rechtskreis. Mit dem zunehmenden Vertrieb deutscher Filme im Ausland und der Internationalisierung der Branche wird inzwischen allerdings auch für deutsche Spielfilme regelmäßig eine E & O-Versicherung abgeschlossen. Ohne eine solche E & O-Versicherung ist es unmöglich, den Film insbesondere in den USA herauszubringen.

Eine E & O-Versicherung ist für den Abschluss eines Weltvertriebsvertrages unerlässlich und sie zählt zu den Liefermaterialien. Dies sehen auch die Verträge der deutschen Weltvertriebe vor. Folglich muss der Produzent die Kosten einer E&O im Budget kalkulieren.

Bis vor einigen Jahren war zur Erlangung einer E&O-Versicherung der Umweg über London oder Nordamerika erforderlich. Seit einigen Jahren bieten auch deutsche Versicherungen (z. B. Gerling) den Abschluss einer E&O-Versicherung an, wobei diese Versicherung den Vorteil hat, dass der Vertrag in deutscher Sprache gehalten ist.

2.1 Die versicherten Risiken

Die E&O-Versicherung ist eine Mischung von Rechtsschutz- und Schadensversicherung. Sie sichert den Produzenten und die weiteren Begünstigten (Verleih, Vertrieb, Drehbuchautoren etc.) insbesondere gegen die folgenden Risiken:

- Verletzungen des allgemeinen Persönlichkeitsrechts lebender oder verstorbener Personen, insbesondere Ehrverletzungen, Rufschädigungen, Verletzungen des Rechts am eigenen Bild, unberechtigte Veröffentlichung oder Weitergabe von persönlichen Daten;
- Verletzungen von Urheberrechten oder Urheberpersönlichkeitsrechten, namentlich durch die unberechtigte Nutzung von Drehbüchern oder anderen literarischen Werken, Filmwerken, Charakteren, Lichtbild-, Sprach- und Filmwerken, Musikwerken, pantomimische Werke, Datenbanken, Computerprogramme sowie darstellerische Leistungen;
- Verletzungen von Marken-, Geschmacksmuster-, Namens- und Titelrechten, insbesondere durch die unberechtigte Nutzung von realen oder fiktiven Namen, Unternehmenskennzeichen, Marken, Titel oder Logos;
- Überschreitungen von vertraglich oder konkludent eingeräumten Nutzungs- und Verwertungsrechten in Bezug auf von Dritten überlassenes literarisches, musikalisches, bildliches oder filmisches Material.

Die E&O-Versicherung deckt alle Schadensersatzforderungen, zu denen der Produzent wegen der vorgenannten Rechtsverletzungen verpflichtet ist. Hierzu zählen auch die notwendigen Kosten der Rechtsverfolgung, einschließlich der Anwaltskosten und Gerichtskosten. Nicht abgedeckt von der E&O-Versicherung werden dagegen die Kosten einer aufgrund einer Rechtsverletzung abgebrochenen oder nicht mehr ausgewerteten Produktion.

2.2 »Clearance Procedures«

Vor Abschluss der Versicherung prüft die Versicherungsgesellschaft, ob der Filmproduzent alle zur Verwirklichung des Filmvorhabens erforderlichen Rechte erlangt hat. Hierfür ist die Vorlage des so genannten **Chain of Title** erforderlich, der den ordnungsgemäßen Erwerb der vorbestehenden Rechte (Roman, Drehbuch, Musik, Figuren, Zeichnungen etc.) nachweist. Darüber hinaus hat der Filmproduzent einen umfassenden Fragebogen auszufüllen mit detaillierten Angaben zum Filmprojekt.

Außerdem ist die Vorlage eines **Title und Copyright Reports** erforderlich. Diese Recherchen werden von Agenturen durchgeführt, die sich hierauf spezialisiert haben (z. B. Thomson & Thomson). Eine solche Recherche kostet regelmäßig ca. 600 bis 800 USD.

Je nach Genre des Films (Spielfilm, Dokumentarfilm etc.) werden weitere Rechtsklärungen erforderlich. Dazu zählt z. B. die Einholung der Zustimmungen von Personen, die Gegenstand des Films sind. Selbst wenn es sich um einen Spielfilm handelt, sind die verwendeten Namen zu klären, wenn die Handlung z. B. in einer bestimmten Stadt stattfindet. Dies kann so weit gehen, dass die Versicherung die Überprüfung der Telefonbücher verlangt im Hinblick darauf, ob eine Person unter einem bestimmten Namen identifiziert werden könnte.

Falls Klammerteile anderer Filme (**Filmclips**) verwendet werden sollen, müssen auch diese Rechte geklärt werden.

Schließlich verlangt die Versicherungsgesellschaft ein Schreiben eines im Filmbereich erfahrenen Rechtsanwalts, in dem der Erwerb der erforderlichen Rechte zusammengefasst wird und aus dem hervorgeht, dass aus der Sicht des Rechtsanwalts keine Bedenken gegen die Herstellung und Auswertung des Films bestehen.

2.3 Die Dauer der Versicherung

Die Dauer des Versicherungsschutzes beträgt mindestens ein Jahr ab Erstaufführung des Films. Die meisten Weltvertriebe fordern jedoch den Abschluss einer E & O-Versicherung mit einer Mindestlaufzeit von drei Jahren. Dabei wird allgemein davon ausgegangen, dass nach drei Jahren keine Rechtsverletzungen mehr drohen, wenn sich innerhalb dieser Auswertungszeit kein Anspruchsteller gemeldet hat. Regelmäßig lässt sich der Filmproduzent jedoch eine Verlängerungsoption einräumen, die je nach den Umständen des einzelnen Falles auch ausgeübt wird.

2.4 Die Deckungssummen

Bei internationalen Spielfilmen wird im Weltvertriebsvertrag üblicherweise eine Deckungssumme von mindestens 1 Mio. USD pro Schadensfall und einer Gesamtsumme von 3 Mio. USD vorgegeben. Sofern eine deutsche E & O-Versicherung gewählt wird, ist darauf zu achten, dass diese Mindeststandards erfüllt sind.

Die Versicherung sieht einen Selbstbehalt vor, der meist bei 10.000,– USD liegt. Dies ist auch in den allgemeinen Bedingungen der Gerling-E & O-Police vorgesehen. Demgegenüber ersetzt Gerling nach den allgemeinen Bedingungen in Deutschland 80 % des Schadensersatzes im Falle einer Verurteilung, sodass der Selbstbehalt bei 20 % liegt.

2.5 Die Kosten

Die Kosten einer E & O-Versicherung liegen normalerweise bei ca. 10.000 USD. Sie können aber auch höher liegen, je nachdem, welche Deckungssummen, Selbstbehalte etc. vereinbart werden.

2.6 Das »Timing«

Wie bereits erwähnt, sollte der Filmproduzent von vornherein die Voraussetzungen und den Abschluss einer E & O-Versicherung in sein Projekt miteinbeziehen. Einige Investoren (insbesondere in den USA und in England) machen schon die Zurverfügungstellung ihrer Mittel von der Vorlage einer E & O-Versicherung abhängig. Sie möchten dabei Gewissheit darüber erlangen, dass die Chain-of-Title-Dokumente in Ordnung sind und das Projekt ordnungsgemäß versichert wird. Falls die E & O zu einem so frühen Zeitpunkt abgeschlossen wird, stehen verschiedene Dinge, auf die sich die E & O-Versicherung bezieht, noch nicht fest, wie z. B. die Filmmusik. Dann sollte dies in der E & O-Versicherung ausdrücklich erwähnt und die E & O zum gegebenen Zeitpunkt entsprechend erweitert werden.

3 Die »Shortfall«-Versicherung

Bald nach der Jahrtausendwende wurde es zunehmend schwierig, eine Shortfall-Versicherung zu finden. Zum einen waren nur noch wenige Versicherungsgesellschaften bereit, ein solches Risiko einzugehen. Zum anderen kam es zu Prozessen, u. a. weil die Versicherung nicht eintrat und dies war der Branche ebenfalls abträglich. In Deutschland bot zunächst noch der Gerling-Konzern eine Shortfall-

Versicherung an. Daneben waren im internationalen Bereich beispielsweise noch die New England Insurance (NEIS) als Shortfall-Versicherer am Markt. Mit dieser schlossen einige der deutschen Filmfonds die Verträge ab und zahlten gewaltige Versicherungsprämien. Obwohl diese Versicherung von renommierten Versicherungsmaklern u. a. in London vermittelt wurde, stellte sich im Laufe der Zeit heraus, dass es sich bei der NEIS um ein betrügerisches Unternehmen mit Sitz in Panama handelte. Nach Kenntnis des Verfassers ist augenblicklich kaum noch eine Shortfall-Versicherung verfügbar. Dennoch werden nachfolgend zum besseren Verständnis und zur Abrundung des Finanzierungsszenarios die wichtigsten Informationen zu dieser Art von Versicherung kurz dargestellt.

3.1 Die Funktionsweise

Die Shortfall-Versicherung (auch »Pecuniary Loss Insurance« genannt) kommt ursprünglich aus dem Bereich des so genannten **GAP-Financing**. Sie funktioniert dergestalt, dass ein anerkannter Weltvertrieb die Verkaufsaussichten des Films in noch **unverkaufte Territorien** schätzt (**Sales Estimates**). Aufgrund dieser Schätzungen gewährt die Bank dem Produzenten ein Darlehen, welches der Finanzierung der noch bestehenden Lücke (GAP) dient.

Die Bank verlangt wiederum eine Sicherheit dafür, dass die geschätzten Verkaufszahlen auch tatsächlich erzielt werden. Die Shortfall-Versicherung garantiert nun die geschätzten Verkäufe und tritt dann ein, wenn die tatsächlichen Verkaufserlöse hinter den Schätzungen zurückbleiben, indem sie den Differenzbetrag erstattet.

3.2 Die Vertragspartner

Ähnlich dem Completion Bond besteht auch die Shortfall-Versicherung aus dem Garantievertrag zwischen der Versicherung und den Begünstigten (Bank, Investoren) einerseits und der Produzentenvereinbarung zwischen der Versicherung und dem Produzenten andererseits.

3.3 Der Zeitraum

Die Shortfall-Versicherung garantiert die geschätzten Verkaufszahlen binnen eines bestimmten Zeitraums (z. B. zwei Jahre nach Fertigstellung bzw. der Premiere des Films). Sofern die Verkäufe innerhalb dieser Zeit hinter den Schätzungen zurückbleiben, erstattet die Shortfall-Versicherung den Differenzbetrag (Shortfall).

3.4 Die Kosten

Die Kosten der Shortfall-Versicherung liegen regelmäßig bei 10 % des garantierten Betrages. Sie können sogar höher sein, je nachdem wie das Risk Assessment ausfällt.

3.5 Die Haftungsausschlüsse

Die Versicherung erfasst nicht Erlösdifferenzen, die sich aus einem fehlenden oder mangelnden Erwerb der dem Film zugrundeliegenden Urheberrechten (Drehbuch etc.) und sonstiger Urheber- und Leistungsschutzrechte im Zusammenhang mit der Herstellung und Verwertung des Films oder der Filmmusik ergeben. Außerdem sind Erlösdifferenzen ausgeschlossen, die auf Krieg, Bürgerkrieg, Streik und höhere Gewalt zurückzuführen sind sowie aufgrund von Wechselkursänderungen.

Schließlich hat die Haftung zur Voraussetzung, dass der Film mit einem Completion Bond eingedeckt ist.

3.6 Die Verpflichtungen des Produzenten

Die Shortfall-Versicherung gibt dem Produzenten mitunter Verpflichtungen auf, deren Erfüllung höchst problematisch sind. Hierzu zählt beispielsweise, dass die **Provisionen** für die Vertriebstätigkeit im nationalen wie auch im internationalen Bereich auf einem niedrigen Prozentsatz festgeschrieben werden, der nicht oder nur mit Zustimmung der Shortfall-Versicherung überschritten werden darf. Vor allen Dingen problematisch ist jedoch die vorgesehene Möglichkeit der Shortfall-Versicherung, den Vertriebsvertrag zwei Jahre nach Abschluss zu kündigen, sofern die jeweilige Auswertung aus Sicht der Versicherung unzureichend ist und sich eine Inanspruchnahme der Shortfall-Versicherung abzeichnet. Der Versicherung soll in diesem Fall die Möglichkeit zustehen, einen neuen Verwertungsvertrag (mit einem anderen Verleih- und/oder Vertriebsunternehmen) abzuschließen.

Die Versicherungsbedingungen sehen sogar die Möglichkeit eines Umschnitts und einer Neumischung des Films auf Veranlassung der Versicherung vor. Auf die in diesem Zusammenhang entstehenden urheber- und leistungsschutzrechtlichen Probleme muss an dieser Stelle nicht nochmals hingewiesen werden.

3.7 Die Sicherung der Ansprüche

Wie die Bank und der Completion Bond lässt sich auch die Shortfall-Versicherung sämtliche Rechte und Ansprüche des Produzenten an den vorbestehenden Werken, dem Filmwerk, den Materialien und den Auswertungsverträgen sicherungsweise abtreten. Die Shortfall-Versicherung verlangt hierbei eine möglichst erstrangige Recoupmentposition und damit ergeben sich augenfällig **Konflikte** mit den Sicherungsansprüchen der Bank und des Completion Bonds. Die Bank wird in jedem Fall darauf bestehen, dass ihr Darlehen vorrangig zurückgezahlt und besichert wird. Da die Shortfall-Versicherung im Falle ihrer Inanspruchnahme einen Teil des Bankdarlehens befriedigt, wird ihre Recoupment und Sicherungsposition gegenüber dem Completion Bond vorrangig sein. Dies alles ist letztlich im **Interparty Agreement** zu regeln, wobei ersichtlich wird, dass das Hinzutreten einer Shortfall-Versicherung das Szenario zusätzlich kompliziert.

4 Die Ausfallbürgschaft

Ähnliche Sicherheiten wie die Shortfall-Versicherung können auch Ausfallbürgschaften übernehmen.

In einigen Ländern existieren Bürgschaftsmodelle, die jeweils zur Förderung der dortigen Produktionsaktivitäten angeboten werden. Hierzu zählen beispielsweise die Bürgschaftsgemeinschaft Hamburg (**www.btg-hamburg.de**) und das Bürgschaftsmodell Berlin-Brandenburg. Letzteres erfolgt in Kooperation mit der Investitionsbank Brandenburg (ILB) und der Investitionsbank Berlin (IBB). Dort steht ein Volumen von ca. 10 Mio. Euro pro Jahr zur Verfügung. Dabei handelt es sich um eineAusfallbürgschaft, die 80 % des von einer Bank an den Produzenten auszureichenden Darlehens absichert. Diese Landesbürgschaften sind von einer Vielzahl von **Bedingungen** abhängig (Regionaleffekt, Vorverkäufe, Erlöserwartungen etc.) und leider auch finanziell nicht immer attraktiv. Sie kamen deshalb erst bei relativ wenigen Projekten zum Tragen.

Es besteht in diesem Bereich jedoch ein großer Bedarf und augenblicklich wird über verschiedene Modelle und Verbesserungen nachgedacht. Auch auf europäischer Ebene wird über die Einrichtung eines **Garantiefonds** diskutiert, der bislang – wie so vieles – leider an den unterschiedlichen Vorstellungen der Mitgliedstaaten scheiterte.

VIII Die Auswertung des Films

Nothing succeeds like success (Joseph Heller in »Good as Gold«)

Die klassische Wertschöpfungskette eines Spielfilms (Kino, Video, TV) wird durch den technologischen Fortschritt zunehmend verändert und ergänzt. Das stellt alle Beteiligten vor neue Herausforderungen und die digitale Revolution rüttelt kräftig an jeder Säule der audiovisuellen Auswertungshierarchie. Hinzu kommt, dass einzelne Marktteilnehmer mit überraschenden Konzepten die klassischen Strukturen aufbrechen. Vor einiger Zeit erklärte der Oscarprämierte Regisseur Steven Soderbergh, er werde seine nächsten Filme in Zusammenarbeit mit der Firma 2929 Entertainment gleichzeitig im Kino, auf DVD und im Pay-TV starten. Eine Erosion im Hinblick auf Sperrfristen,»Windows« und ähnlichen, zeitlich exklusiven Rechtevergaben scheint sich also abzuzeichnen. Die Digitalisierung der Produktionsprozesse und der Kinos ist bereits in vollem Gange. Dasselbe gilt für die Konvergenz der Medien und Plattformen. Wie das Szenario letztlich aussehen mag, ist noch nicht definitiv vorhersagbar.

Im folgenden Kapitel werden die klassischen Auswertungsszenarien erörtert und die neuen Erscheinungsformen (z.B. Video-on-Demand) mit eingebunden. Hierbei werden die Eckdaten und wichtigsten praktischen Gesichtspunkte skizziert, auf die bei Abschluss der jeweiligen Verträge zu achten ist.

1 Der Weltvertriebsvertrag (»Sales Agency Agreement«)

Mit dem Begriff **Vertrieb** wird gewöhnlich die Lizenztätigkeit im Ausland bezeichnet, während nach dem Sprachgebrauch **Verleih** für die inländische bzw. deutschsprachige Verwertung des Films verwandt wird.

1.1 Die Rolle des Weltvertriebs

Der Weltvertrieb baut gleichsam die Brücken bei der Überschreitung von nationalen Märkten und dem Eintritt in andere Territorien. Nur wenige Produktionsfirmen haben die Kontakte und die Expertise, ihre eigenen Produkte in ausländische Territorien zu verkaufen. Die Kosten des jährlichen Zirkels von Festivals und Märkten und die erforderliche Zeit, um Verbindungen mit potentiellen Käufern in den verschiedenen territorialen Märkten aufzubauen und zu pflegen, ist wirtschaftlich allenfalls sinnvoll, wenn ein Unternehmen jährlich mehrere Filme oder eine beachtliche Anzahl von Fernsehprogrammen zu produzieren in der Lage ist. Das trifft aber nur auf wenige Produktionsunternehmen zu und selbst diese bedienen sich aus den genannten Gründen eines Weltvertriebs (ggf. ihres eigenen). Der Produzent beauftragt deshalb mit dem weltweiten Vertrieb seines Films ein professionelles Unternehmen, den so genannten Weltvertrieb. Dieser schließt mit den jeweiligen nationalen Verleihunternehmen Lizenzverträge ab.

Die Weltvertriebsfirmen haben ihren Sitz überwiegend in England und in den USA, aber auch in Frankreich haben sich einige angesehene Weltvertriebsunternehmen etabliert. Deutsche Filme haben jüngst ebenfalls wieder verstärkt international Erfolg (z. B. »Bella Martha«, »Good Bye, Lenin!«, »Der Untergang«, »Das Leben der Anderen«) und auch in Deutschland ist eine Reihe anerkannter Weltvertriebsfirmen angesiedelt.

Die **Rolle** des Weltvertriebs kann unterschiedliche Formen annehmen und der Deal hängt letztlich davon ab, wann und in welcher Weise der Weltvertrieb in die Entwicklung, Herstellung und Finanzierung und den Vertrieb des Films eingeschaltet wird. Außerdem ist entscheidend, ob sich der Weltvertrieb an der Finanzierung des Films mit einer Vertriebsgarantie beteiligt und wann diese fällig ist. Die Rechtseinräumung und insbesondere die Höhe der Provision und gegebenenfalls sogar eine Erlösbeteiligung richten sich nach den vorgenannten Kriterien.

Die Einschaltung des Weltvertriebs und insbesondere das **Timing** der Verkäufe sind außerordentlich wichtig. Dabei sind die drei folgenden Stadien eines Verkaufs sorgfältig abzuwägen:

1.1.1 Das »Creative Package«

Das Creative Package ist regelmäßig nach der Entwicklung des Projekts erreicht, wobei hierzu mindestens das Drehbuch, der Regisseur und die Besetzung der Hauptdarsteller zählen. Die Einräumung von Rechten (Vorausabtretung der Nutzungsrechte) an noch nicht produzierten Filmen wird als **Presale** bezeichnet und internationale Spielfilme werden nicht selten über Presales solcher Creative Packages maßgeblich finanziert.

1.1.2 Während der Filmherstellung

Nach (teilweise auch während) der Dreharbeiten erhält der Weltvertrieb »Footage«, welches als Verkaufsargument vorgeführt werden kann. Anhand dieses Materials können interessierte Lizenznehmer bereits die Qualität des Films erkennen und seine Marktchance einschätzen.

1.1.3   Nach der Fertigstellung

Ist der Film gelungen und wird er auf einem Festival als »hot« gehandelt, kann der Weltvertrieb die besten Verkäufe tätigen. Bei dieser Verfahrensweise stehen dem Produzenten allerdings keine Presales zur Finanzierung des Budgets zur Verfügung. Vielmehr muss er, vorbehaltlich der Zahlung einer Vertriebsgarantie durch den Weltvertrieb, in der Lage sein, den Film ohne Vorverkäufe zu finanzieren und fertigzustellen.

Die Frage, wann ein Weltvertrieb eingeschaltet bzw. ob und ggf. wann die Vorverkäufe getätigt werden sollen, ist fundamentaler Natur. Viele Produzenten vertreten die Auffassung, dass Vorverkäufe nur dann erfolgen sollten, wenn sie zur Finanzierung des Projekts erforderlich sind. Dahinter steht der Gedanke (oft leider nur die Hoffnung), dass ein Film auf einem Festival oder Markt als besonders »hot« gehandelt wird und dann deutlich höhere Verkaufszahlen erzielt, als ein unfertiger Film oder nur ein Creative Package. Andererseits kann auch ein Creative Package als besonders begehrt gehandelt werden und sich besser verkaufen, als der (vielleicht enttäuschende) fertige Film.

1.2   Rechtsnatur des Vertrages

Der Weltvertriebsvertrag ist ein urheberrechtlicher **Lizenzvertrag eigener Art** und in seinem Wesen dem Verleihvertrag sehr ähnlich. Im Gegensatz zu dem nationalen Verleihunternehmen ist der Weltvertrieb mitunter nur als (exklusiver) Agent tätig. Das bedeutet, dass der Weltvertrieb nicht selbst die vertragsgegenständlichen Rechte erwirbt, sondern lediglich die Befugnis, diese Rechte im Auftrag des Filmproduzenten zu vertreiben. Sein Verhältnis zum Produzenten entspricht einem Geschäftsbesorgungsvertrag. Die Lizenzverträge schließt er in diesem Fall meist für Rechnung und im Namen des Produzenten ab, sodass der Lizenznehmer (nationaler Verleih) die Rechte direkt vom Produzenten erwirbt. Gleichwohl übernimmt der Weltvertrieb auch als bloßer Agent die Verwaltung des Vertrages und er zieht insbesondere die Lizenzgebühren ein.

Indessen akzeptieren die renommierten Weltvertriebe nicht die Rolle eines reinen Sales Agents, sondern erwerben als Lizenznehmer selbst die Vertriebsrechte an dem Film. Sie vergeben die Lizenzen in die nationalen Territorien dann im eigenen Namen und für eigene Rechnung. Insbesondere wenn ein Weltvertrieb eine hohe Minimumgarantie zahlt, wird er die Übertragung der Vertriebsrechte verlangen und nicht lediglich als Agent tätig werden.

Weltvertriebe, die den Film im nordamerikanischen Markt vertreiben, lassen sich auch das entsprechende Copyright übertragen, um dieses selbst oder durch den amerikanischen Verleih im Copyright Office zu registrieren.

1.3 Lizenzzeit

Die Lizenzzeit hängt von einer Reihe von Umständen ab. Als branchenüblich dürfte ein Zeitraum von zehn bis 15 Jahren gelten.

Ein Weltvertrieb, der signifikante Beiträge zur Entwicklung und insbesondere zur Finanzierung des Films geleistet hat, wird eine Lizenzzeit von mindestens 15 Jahren verlangen, wenn nicht sogar eine unbefristete Lizenz. Insbesondere wird die Lizenzierung an ein größeres Unternehmen/Studio in den USA, sofern von dort (wesentliche) Teile des Films finanziert wurden, kaum unter 25 Jahren möglich sein.

In jedem Fall muss bestimmt werden, ob der Weltvertrieb berechtigt ist, **Sublizenzen** zu vergeben, die seine eigene Lizenzzeit überschreiten. In diesem Fall sollte für die Sublizenz ebenfalls eine zeitliche Grenze festgelegt werden, die sie über die Hauptlizenz hinausgehen darf (z. B. drei Jahre). Längere Laufzeiten der Sublizenz bedürfen dann der schriftlichen Zustimmung des Produzenten.

Dem Weltvertrieb können auch bestimmte Verkaufserlöse auferlegt werden, die er innerhalb einer bestimmten Frist erreichen muss. Andernfalls kann der Produzent zur Kündigung des Vertrages berechtigt sein. Der Weltvertrieb seinerseits wird versuchen, eine Verlängerungsoption für den Fall zu erlangen, dass er innerhalb der Lizenzzeit seine Minimumgarantie nicht recouped hat.

1.4 Lizenzgebiet

Das Lizenzgebiet umfasst die ganze Welt mit Ausnahme der eigenen Territorien des Filmproduzenten (z. B. deutschsprachige Territorien). Der Grund für diesen Ausschluss liegt darin, dass der Produzent in seinem eigenen Gebiet ebenso gut (bisweilen sogar besser) Verkäufe vornehmen kann wie der Weltvertrieb. Außerdem wird der Produzent in seinem eigenen Territorium häufig Vorverkäufe zur Finanzierung der Herstellungskosten des Films getätigt haben.

Bei (europäischen) Koproduktionen verwerten die Koproduzenten ihre jeweiligen Exklusivterritorien meist selbst und der Weltvertrieb lizenziert den Film in den verbleibenden Territorien (RoW-Territories).

Die Definition des Lizenzgebietes wird insoweit immer komplizierter, als Filme nicht nur durch grenzüberschreitendes Satellitenfernsehen ausgestrahlt werden, sondern zunehmend auch Rechte zur Online- und Internetnutzung vergeben werden, die territorial bis vor kurzem nicht eingrenzbar waren. Die Lizenzierung der Rechte ist insoweit sorgfältig abzustimmen, wobei sich die Vergabe von Sprachversionen, die Vereinbarung von Sperrfristen und Genehmigungsvorbehalten sowie neuerdings »Geo-Blocking«-Systeme anbieten.

1.5   Lizenzierte Rechte

Die dem Weltvertrieb übertragenen wie auch die ggf. zurückbehaltenen Rechte bedürfen einer exakten Definition, um Missverständnisse und Überschneidungen auszuschließen.

Üblicherweise werden dem Weltvertrieb sämtliche Rechte übertragen, es sei denn, der Produzent möchte bestimmte Rechte selbst verwerten, (vorläufig) nicht lizenzieren oder er verfügt selbst nicht über die entsprechenden Rechte.

1.6   Zurückbehaltene Rechte (»Retained Rights«)

Zu den zurückbehaltenen Rechten zählen häufig die Merchandisingrechte, Soundtrackrechte und etwaige Drucknebenrechte, die der Produzent selbst vergeben möchte. In diesem Bereich kann es für den Produzenten sinnvoll sein, die Rechte an ein global operierendes Unternehmen zu vergeben (z. B. **Soundtrackrechte**) und es macht in solchen Fällen keinen Sinn, diese Rechte dem Weltvertrieb zur territorialen Lizenzierung einzuräumen.

Weltvertriebe sehen in ihren Standardverträgen regelmäßig auch die Einräumung der **Remakerechte** vor (sowie die Sequel-, Prequel- und Spin-off-Rechte), für die es einen beachtlichen internationalen Markt gibt. Der Produzent wird aber nicht selten die Verfügungsbefugnis über diese Rechte behalten wollen. Diese Rechte werden in der Regel bei ihm angefragt und es ist nicht einzusehen, weshalb er dem Weltvertrieb eine relativ hohe Provision aus diesen Erlösen zahlen soll.

1.7   Auflagen und Genehmigungsvorbehalte

Die Einschaltung eines Weltvertriebs bedingt naturgemäß einen gewissen Verlust an Kontrolle über die Auswertung des Films, und es ist wichtig, dem Weltvertrieb klare Vorgaben aufzuerlegen.

1.7.1   Die Sperrfristen

Große Bedeutung haben in der Praxis die Vereinbarung von Rechtesperren. Behält der Produzent bestimmte Rechte zurück oder werden sachlich oder räumlich beschränkte Nutzungsrechte exklusiv an verschiedene Lizenznehmer vergeben, so gewährleisten Rechtesperren eine ungestörte Auswertung des Films durch die verschiedenen Lizenznehmer. Überwiegend bestehen Rechtesperren in Form von Sperrfristen (Holdbacks) für nachgelagerte Verwertungsformen (z. B. Video/DVD, VoD, Pay-TV und Free-TV). Zum Schutz des Produzenten und des deutschen Verleihunternehmens wird beispielsweise vereinbart, dass keine Veröffentlichung von Videogrammen in der Europäischen Union vor bzw. erst eine bestimmte Zeit nach dem Videostart in Deutschland zulässig ist, eine Fernsehausstrahlung im Ausland vor der erfolgten deutschen Erstausstrahlung nicht erfolgen darf etc.

Solche Rechtesperren haben regelmäßig nur schuldrechtlichen Charakter und gelten daher nur zwischen den Vertragspartnern. Eine Übertragung eines vom Produzenten zurückbehaltenen Nutzungsrechts an einen Dritten unter Missachtung der vereinbarten Sperrfristen ist damit dinglich wirksam. Der Produzent macht sich durch diese Vertragsverletzung allerdings schadensersatzpflichtig gegenüber dem Weltvertrieb.

Für den Erwerber einer Lizenz, für die eine Sperrfrist bestand, sieht die Rechtslage anders aus. Denn in der Verpflichtung eines Lizenznehmers zur Einhaltung einer Sperrfrist ist die Vereinbarung einer aufschiebenden Befristung oder – bei sofortiger Wirkung der Rechtsübertragung – die Einräumung eines Anwartschaftsrechts zu sehen. Das bedeutet, dass die Rechte erst mit Ablauf der Sperrfrist genutzt werden können. Unter bestimmten Umständen kann eine Sperrfrist auch als dingliche Beschränkung der Weiterübertragbarkeit eines Nutzungsrechts auszulegen sein (v. Hartlieb/Schwarz, Kap. 161 Rndr. 4). In jedem Fall ist sorgfältig auf die Formulierung der entsprechenden Vertragsklausel zu achten, auch wegen der weitreichenden Konsequenzen des FFG bei einer Verletzung der Sperrfristen.

1.7.2 Bearbeitungen des Films

Der Weltvertrieb sollte sicherstellen, dass der jeweilige nationale Verleih den Film nicht umschneidet oder anderweitige Veränderungen vornimmt, soweit dies nicht nationale Zensurbestimmungen erfordern und es für die Besonderheiten der nationalen Fernsehauswertung (z. B. Werbeunterbrechung, Timing) nötig ist.

Im Übrigen wird der Weltvertrieb den jeweiligen Verleiher berechtigen dürfen, den Film zu synchronisieren oder zu untertiteln und darüber hinaus erlauben, dass der Verleih seinen Namen und sein Logo, gegebenenfalls mit einem »Presentation Credit«, einfügt.

Außerdem sind hier mögliche Genehmigungsvorbehalte des Regisseurs oder eines Schauspielers zu beachten, der sich die Synchronisation seiner Rolle in einer bestimmten Sprache vorbehalten hat. Alle diese Restriktionen müssen dem Weltvertrieb mitgeteilt werden und hierüber wird üblicherweise eine Liste erstellt.

1.7.3 Zugang zu fremdsprachigen Fassungen

Aus Sicht des deutschen Produzenten, der im Rahmen des Verleihvertrags regelmäßig die deutschsprachigen Rechte in Europa, für die Schweiz zu Zwecken der Kinoauswertung auch die französische und italienische Version lizenziert, sollte im Weltvertriebsvertrag der Zugang zu den vom Weltvertrieb selbst oder dessen Lizenznehmern hergestellten, französisch oder italienisch synchronisierten oder untertitelten Fassungen des Films gegen Kostenerstattung gewährleistet werden.

1.7.4 Die Mindesterlöse für »Major Territories«

Bei internationalen Spielfilmen werden den einzelnen Lizenzgebieten jeweils prozentuale Finanzierungsanteile am Budget des Films zugeordnet. Die Bewertungen lauten etwa wie folgt: ca. 10 % für deutschsprachige Territorien (zu Zeiten des Neuen Marktes schnellte der Prozentsatz auf 15 bis 18 % hoch!), ca. 8 % für UK, ca. 7 % für Italien und Frankreich, ca. 5 % für Spanien und Skandinavien und ca. 3 % für Mittel- und Osteuropa. Hinzu kommen noch Asien (insbesondere Japan und Korea) und Australien, die zusammen ca. 25 % ergeben, Lateinamerika (ca. 7 %) und schließlich der Rest der Welt. Wie schon angedeutet, sind diese Zahlen grobe Zuordnungen, die der stetigen Anpassung an die veränderten Verhältnisse (regionale Wirtschaftskrisen, entstehende neue Märkte etc.) unterliegen. Für die **Hauptlizenzgebiete** (bislang regelmäßig: USA/Canada, Australien, England, Deutschland, Frankreich, Italien, Spanien, Skandinavien, Japan, Korea) werden Verkaufsschätzungen (**Estimates)** vorgenommen und darauf basierend Mindestlizenzbeträge festgelegt, die dort erzielt werden müssen. Der Weltvertrieb ist nicht berechtigt, ohne die vorherige schriftliche Zustimmung des Produzenten den Film in ein Major Territory unterhalb der festgelegten Mindestlizenz zu verkaufen.

Dasselbe gilt für eine Lizenzvergabe zu einem Festpreis (**Outright-Sale**) für ein bestimmtes Territorium. Die entsprechenden Territorien sollten allerdings definiert werden, denn in verschiedenen Gebieten ist es durchaus sinnvoll, die Rechte pauschal für einen bestimmten Zeitraum zu vergeben (z. B. einige südamerikanische Länder, in denen es schwierig ist, verlässliche Verkaufszahlen zu erhalten oder gar Abrechnungsunterlagen zu prüfen).

1.7.5 Die Paketverkäufe (»Package Sales«)

Dem Weltvertrieb wird weiter aufgegeben, den Film nicht im Paket mit anderen Filmen zu verkaufen, zumindest nicht in einem der genannten Major Territories. Hierfür sind verschiedene Gründe maßgeblich: Zunächst ist der Wert des einzelnen Films aus dem Gesamtpaket nicht bestimmbar und kann folglich nicht ordnungsgemäß mit dem Lizenzgeber abgerechnet werden. Weiterhin kann der Produzent gegenüber erlösbeteiligten Dritten (z. B. Schauspieler, Regisseur) nicht filmbezogen abrechnen.

Andererseits ist nicht zu verkennen, dass Paketverkäufe insbesondere bei großen TV- Transaktionen, die nach hohen Stundenvolumina getätigt werden, mitunter unumgänglich sind. In solchen Fällen bestimmt der Käufer (Sender) den Wert der einzelnen Filme und nimmt somit die Zuordnung des jeweiligen Lizenzbetrages vor. Das entlastet den Weltvertrieb, der dann nicht gegenüber jedem einzelnen Vertragspartner die Zuordnung des Gesamtbetrages rechtfertigen muss.

1.8   Die Vertriebsgarantie (Minimumgarantie)

Die Minimumgarantie ist ein verrechenbarer, nicht rückzahlbarer Vorschuss auf weitere Verwertungserlöse. Die **Höhe** der Minimumgarantie hängt einerseits von den erwarteten Erlösen des Films ab, andererseits von den verfügbaren Territorien. Wenn der Weltvertrieb alle Territorien erwirbt, dürfte bei einem internationalen Spielfilmprojekt eine Vertriebsgarantie von mindestens 50 % des Budgets zu erwarten sein. In Deutschland wird für international verwertbare deutschsprachige Filme eine Minimumgarantie zwischen 50.000 und 200.000 Euro in Betracht kommen.

Die **Fälligkeit** der Minimumgarantie ist von essenzieller Bedeutung. Der Weltvertrieb wird zögerlich sein, einen bestimmten Betrag (z. B. 10 % bis 20 %) bei Unterschrift und weitere Zahlungen in den Cashflow-Plan zu leisten. Üblicherweise ist die Minimumgarantie erst mit der Lieferung der vereinbarten Materialien fällig. Sofern die Minimumgarantie Teil des Finanzierungsplans ist, was regelmäßig der Fall sein dürfte, muss die Minimumgarantie von einer Bank zwischenfinanziert werden. Die Bank muss dann die Sicherheit haben, dass die Minimumgarantie zum Zeitpunkt der Lieferung und damit Fälligkeit auch tatsächlich gezahlt wird. Dies könnte etwa problematisch werden, wenn sich der Weltvertrieb dann als insolvent herausstellen sollte. Um dem vorzubeugen, verlangt die Bank regelmäßig die Absicherung der Minimumgarantie über einen Letter of Credit. Darauf ist bereits bei Vertragsschluss zu achten; andernfalls ist es mitunter äußerst mühsam, dies nachzuverhandeln.

1.9   Verrechenbarkeit (»Cross-Collateralization«)

Die Frage der Verrechenbarkeit der Minimumgarantie stellt sich in zweierlei Hinsicht:

* Die Verrechnung zwischen verschiedenen Auswertungsformen bezüglich eines Projektes (z. B. Kino, Video, TV, Merchandising etc.)
* Die Verrechnung zwischen mehreren Filmprojekten (ein Film macht Gewinn, der andere noch Verlust)

Aus der Sicht des Produzenten sollte die Verrechenbarkeit möglichst ausgeschlossen sein, während der Weltvertrieb naturgemäß versuchen wird, die Verrechenbarkeit zu vereinbaren. Die Verrechenbarkeit innerhalb der Verwertungsarten eines Films stellt die Regel dar; diejenige für mehrere Filme die Ausnahme. Aus Produzentensicht ist letztere schon deshalb problematisch, weil dadurch die eventuellen Erlösbeteiligungen der »Kreativen« (Regisseur, Darsteller etc.) nicht ordnungsgemäß abgerechnet werden können.

1.10 Mitspracherechte des Weltvertriebs

Wenn der Weltvertrieb ein finanzielles Engagement eingeht, wird er bestimmte Mitspracherechte verlangen. Dies gilt insbesondere für die folgenden Festlegungen des Films: das Drehbuch, das Budget, der Regisseur, die Besetzung der Hauptdarsteller und deren Austausch, Produktionsplan und Lieferdatum.

In jedem Fall sollte geregelt werden, dass die Ausübung dieser Mitspracherechte unter dem Vorbehalt der Rechte der finanzierenden Bank, des Completion Bonds und anderweitig maßgeblich Beteiligter steht. Die Rechte werden üblicherweise in einem Interparty Agreement (vgl. oben Kap. VI.Ziffer 1.7) geregelt.

1.11 Die Provision (Vertriebsspesen)

Die Höhe der Provision des Weltvertriebs hängt von einer Vielzahl von Umständen ab, z. B. ob und in welcher Höhe eine Minimumgarantie gezahlt wird, ob der Weltvertrieb in die Entwicklung und Herstellung des Films oder erst in der Auswertungsphase eingeschaltet wurde, welche Territorien lizenziert werden etc. Die Provision kann eine Spannbreite zwischen 10 % und 35 % haben. Bei großen internationalen Spielfilmen ist eher von einer Provision von 15 % bis 25 % auszugehen, während bei deutschen Weltvertriebsunternehmen zwischen 25 % und 30 % vereinbart werden. Bei geförderten Filmen sind die Grundsätze sparsamer Wirtschaftsführung zu beachten und nach § 29 RL-Projektfilm können maximal 30 % Vertriebsspesen verlangt werden, solange die Förderdarlehen noch nicht zurückgezahlt sind.

Im Übrigen ist es bei internationalen Spielfilmen nicht unüblich, für Verkäufe nach Nordamerika eine geringere Provision zu vereinbaren (z. B. 15 % statt der ansonsten maßgeblichen 20 %).

1.12 Vertriebskosten

Nach seiner Vertriebsprovision behält der Weltvertrieb die vorabzugsfähigen Vertriebskosten ein und diese sind folglich möglichst präzise zu definieren. Als Vertriebskosten gelten die Kosten, die im Rahmen der Bewerbung des Films und der Vergabe der Lizenzen anfielen. Hierzu zählen insbesondere Kosten für die Anfertigung von Kopien, Werbematerial, Filmvorführungen, Versandkosten, Zoll, Steuern, Abgaben etc.

Bei den geförderten Filmen sehen die bereits zitierten Grundsätze sparsamer Wirtschaftsführung eine Auflistung der anerkennungsfähigen und damit vorabzugsfähigen Vertriebskosten vor. Diese Liste umfasst die folgenden Kosten:

- Kosten der Service-Kopie von Hauptfilm und Vorspannfilm sowie der für Ansichtszwecke hergestellten Videokassetten zuzüglich Verpackung und Transport vom Kopierwerk zum Firmensitz, sofern der Produzent diese laut Vertrag zu liefernden Kopien und Videokassetten nicht zur Verfügung stellt;
- Kosten des Interpositivs und der Internegative für Hauptfilm, Vorspannfilm sowie der Video- und TV-Masterbänder aller erforderlichen Formate und Systeme, soweit diese nicht vom Produzenten kostenlos zur Verfügung gestellt oder von Lizenznehmern bezahlt werden;
- Synchronisationskosten für Fremdsprachenfassungen, soweit nicht vom Lizenznehmer getragen, einschließlich damit verbundener Nebenkosten;
- Kosten für den Erwerb der Musikrechte für die internationale Auswertung, soweit nicht vom Lizenzgeber getragen;
- Untertitelungskosten, soweit nicht vom Lizenznehmer übernommen;
- Instandhaltungskosten und Befundberichte für Negativ und Interpositiv; evtl. Regenerierungskosten;
- Kosten für Anzeigen in internationalen Fachzeitschriften sowie Werbekosten für Filmfestivals und Filmmessen, sofern vom Produzenten genehmigt;
- Transport- und Vorführkosten bei Teilnahme an Filmfestivals und Filmmessen, sofern diese nicht von dritter Seite erstattet werden;
- Kosten für die Herstellung fremdsprachiger Verkaufskataloge oder Pressehefte sowie Kosten der Herstellung so genannter Verkaufstrailer für Filmmessen;
- Anwalts-, Gerichts-, Inkasso- und Buchprüfungskosten, welche mit der Eintreibung von Lizenzbeträgen in Zusammenhang stehen, sowie Kosten der im Ausland tätig werdenden Anwälte im Zusammenhang mit dem Abschluss und der Abwicklung von Lizenzverträgen;
- Kosten erfolgreicher Rechte- und Materialversicherungen, soweit sie nicht vom Produzenten getragen werden.

Zu den Vertriebskosten dürften außerdem Residuals (Wiederholungshonorare) zählen sowie die Einrichtung einer Homepage/Website.

Schließlich fallen auch die Kosten der Teilnahme an Filmfestivals, Messen und dortiger Aktivitäten darunter (**Marketingkosten**). Gerade diese Kosten sind für den Vertragspartner oft schwer überschaubar und daher sollten sich die Vertragspartner über eine Verkaufsstrategie verständigen und insoweit ein Marketingbudget aufstellen. Bei internationalen Spielfilmen liegt dieses Budget bei ca. 250.000 USD, während in deutschen Weltvertriebsverträgen ein deutlich geringerer Betrag stehen sollte.

1.13 Nennung

Der Weltvertrieb wird üblicherweise einen Presentation Credit und einen Credit im Abspann des Films erhalten. Falls eine Minimumgarantie gezahlt wird oder anderweitig eine Beteiligung an der Finanzierung der Herstellungskosten des Films erfolgte, werden häufig eine oder zwei Personen des Weltvertriebs auch als Executive Producer genannt.

1.14 Abrechnung / Zahlung

Üblich ist insoweit, in den ersten zwei Jahren quartalsweise abzurechnen und danach halbjährlich jeweils zum 30.06. und 31.12. eines jeden Jahres. Bei großen internationalen Spielfilmen wird in der ersten Auswertungsphase meist auf monatlicher Basis abgerechnet. Die Abrechnungen sollten jeweils Kopien der Abrechnungen enthalten, die der Weltvertrieb selbst von den nationalen Verleihern erhalten hat.

Die **Zahlungen** der nationalen Verleiher sollten auf ein separates, verzinsliches Konto erfolgen, welches der Weltvertrieb einrichtet. Alternativ kann sich auch die Einschaltung einer Collection Agency anbieten (vgl. unten Ziffer 5). Weltvertriebe sind in dieser Hinsicht allerdings sehr zögerlich und versuchen regelmäßig, die Einschaltung eines Erlöstreuhänders möglichst zu vermeiden.

1.15 Bucheinsichtsrechte

Üblicherweise werden Buchprüfungsrechte auf zweifacher Ebene geregelt. Zum einen das Recht des Produzenten, die Bücher des Weltvertriebs zu prüfen. Zum anderen das Recht des Weltvertriebs, die Bücher des jeweiligen nationalen Verleihers (Lizenznehmers) zu überprüfen.

Insoweit ist jeweils zu regeln, in welchem Zeitabstand eine Buchprüfung möglich ist und wer unter welchen Umständen die Kosten der Buchprüfung zu tragen hat. Die Kosten hat üblicherweise der Weltvertrieb zu tragen, sofern die Überprüfung eine Abweichung von mindestens 5 % zu Lasten des Produzenten ergibt.

1.16   Die Liefermaterialien / Dokumente

Neben der Verschaffung der Rechte muss der Lizenzgeber dem Weltvertrieb auch eine Reihe von Materialien liefern, die in einem Anhang aufgelistet werden. Aus Produzentensicht ist hierbei darauf zu achten, dass diese Materialien auch kalkuliert werden und sich im abgenommenen Budget wiederfinden. Sollte dies nicht der Fall sein, fehlen möglicherweise die Mittel, die Materialien herzustellen und der Produzent kann dann den Vertrag nicht erfüllen. Aber auch der Completion Bond ist nur zur Herstellung und Lieferung der Materialien verpflichtet, die im abgenommenen Budget kalkuliert wurden.

Die dynamisch fortschreitende **Digitalisierung** der Branche, namentlich der Produktion von Filmen, wird das Szenario der Liefermaterialien fundamental ändern. Die lange Liste der Liefermaterialien wird deutlich verkürzt werden und letztlich dürfte die physische Übergabe durch ein Computerprogramm und die Übermittlung des entsprechenden Codes ersetzt werden.

Zusätzlich zu den Materialen hat der Produzent dem Weltvertrieb eine Reihe von **Dokumenten** zu übergeben. Die Liste der Dokumente umfasst bei internationalen Spielfilmen mehrere Seiten. Deutsche Weltvertriebe verlangen mindestens die Ziehungsgenehmigung, die Musikaufstellung, die Dialogliste, die BAFA-Bescheinigung gem. § 17 FFG (vordem »Ursprungsbescheid«), Nennungsverpflichtungen, die Auswertungsbeschränkungen und Genehmigungsvorbehalte (z. B. Synchronisation durch bestimmte Schauspieler, Bearbeitungsvorbehalte des Regisseurs etc.), die Chain of Title und schließlich die E&O-Versicherung.

1.17   Die Beendigung des Vertrages

Im Falle der Beendigung des Vertrages durch Zeitablauf, Kündigung oder anderweitige vorzeitige Vertragsbeendigung ist darauf zu achten, dass geklärt ist, ob der Weltvertrieb aus den von ihm vermittelten Verkäufen weiterhin seine Provision erhalten soll.

Außerdem ist aus Produzentensicht vertraglich sicherzustellen, dass die Materialien an ihn zurückgegeben und ihm die Eigentumsrechte verschafft werden, gegebenenfalls gegen Erstattung der Herstellungskosten zum Selbstkostenpreis. Dieser Gesichtspunkt ist namentlich für die vom Lizenznehmer hergestellten Synchronfassungen des Films wichtig. Diese darf der Lizenznehmer nach Ablauf der Lizenz nicht mehr nutzen. Für den Lizenzgeber können sie aber sehr wertvoll sein. Sofern der Lizenznehmer seine Vorkosten zurückerlangt hat (die ja vom Lizenzgeberanteil abgezogen werden), besteht auch keine Notwendigkeit, ihm für die Herausgabe der Materialien ein Entgelt zu zahlen.

2 Der Verleihvertrag

Während Weltvertriebe im internationalen Filmhandel die Brücke zwischen Filmherstellern und ausländischen Filmverleihern schlagen, wird der Verleihvertrag als urheberrechtlicher Lizenzvertrag zwischen dem Filmhersteller und dem nationalen Verleihunternehmen geschlossen. Der Verleihvertrag hat in erster Linie die Kinoauswertung des Films zum Gegenstand. Hierfür erwirbt der Verleih vom Produzenten die Rechte und das Ausgangsmaterial, fertigt die Massenkopien an und überlässt diese den einzelnen Filmtheatern. Mit diesen schließt der Verleih sog. Filmbestellverträge ab.

Von der Kinoauswertung erhoffen sich die Vertragspartner die »Veredelung des Films« für die anschließenden Auswertungsformen (DVD, Video, TV, VoD, Merchandising etc.).

Verleihverträge beziehen sich üblicherweise auf einen Film. In eher seltenen Fällen sichert sich ein Verleihunternehmen die Rechte an einer bestimmten Anzahl zukünftiger Projekte eines Produzenten (Output-Deal).

2.1 Die Rechtsnatur

Der Verleihvertrag ist ein urheberrechtlicher **Lizenzvertrag eigener Art**, der je nach Ausgestaltung Merkmale des Kauf- und Pachtvertrages enthält. Sofern der Film erst noch herzustellen ist, charakterisieren den Vertrag zudem Elemente des Werk- und Werklieferungsvertrages (§§ 631 ff., §§ 651 i.V.m. 433 ff. BGB). In der Regel dürfte von einer Rechtspacht (§ 581 BGB) auszugehen sein, weil die Einräumung der Rechte begrenzt ist und insbesondere zeitlich befristet erfolgt. Das ändert sich auch nicht dadurch, dass der Produzent üblicherweise keinen Festpreis erhält, sondern an den Verleiheinnahmen beteiligt ist. Schließlich kann auch ein gesellschaftsrechtliches Verhältnis zwischen den Vertragspartnern vorliegen, insbesondere dann, wenn der Verleih sich an dem Film auch als Koproduzent beteiligt.

2.2 Die einzuräumenden Rechte

Zahlt der Verleih eine nicht unbeträchtliche Verleihgarantie, so erwirbt er in der Regel sämtliche **ausschließlichen Auswertungsrechte** zur Verringerung des mit der Herausbringung des Films im Kino verbundenen Risikos. Der Produzent kann aber auch bestimmte Rechte zurückbehalten und dem Verleih nur sachlich begrenzte Teilrechte einräumen. Eine solche **Aufspaltung** von Nutzungsrechten ist möglich und dinglich wirksam (§ 31 Abs. 1, S.2 UrhG). Selbst wenn der Verleih nur das Recht hat, den Film im Kino herauszubringen, erwirbt er hierfür außerdem das Vorführungsrecht (§ 19 Abs. 4 UrhG), das Vervielfältigungsrecht (§ 16 UrhG) zur Herstellung von Kopien und das Verbreitungsrecht (§17 UrhG), um den Kinos die Kopien zu überlassen.

Ist der Produzent bereits Verträge mit Dritten eingegangen, (z. B. mit einem Sender, der sich an der Herstellung des Films im Wege der Koproduktion oder eines Presales beteiligte), so hat der Produzent sorgfältig darauf achten, dass die jeweils vergebenen Rechte klar definiert werden. Der Rechtekatalog der Fernsehanstalten enthält nämlich eine Reihe von Rechten und Nutzungen, die auch das Verleihunternehmen typischerweise beansprucht (z. B. VoD).

Die Abgrenzung (vgl. unten Ziffer 2.3 und 3.3) der Nutzungsrechte stellt den Produzenten wie auch die Lizenznehmer im Zeitalter der Konvergenz der Medien zunehmend vor Probleme. Zur Zeit der Verabschiedung des geltenden Urhebergesetzes im Jahr 1965 war sie noch einfach, denn damals wurde ein Filmwerk im Kino, auf Schmalfilm und schließlich im noch jungen Fernsehen ausgewertet. Heute folgt – grob skizziert – auf die Kinoaufführung die Videoauswertung (DVD, Videokassette), wobei nach Verleih- und Verkaufsmarkt differenziert wird. Daran schließen sich Nutzungen wie beispielsweise Video-on-Demand an, sodann erfolgt die Pay-TV-Auswertung und schließlich ist der Film im Free-TV zu sehen.

2.3 Die Sperrfristen

Die optimale Auswertung eines mit hohem finanziellen Aufwand produzierten Spielfilms erfordert eine präzise Logistik in der Auswertungsabfolge, die durch Sperrfristen (Holdbacks) zwischen den verschiedenen Auswertungsarten gewährleistet wird. Um eine **ungestörte Auswertung** des Films zu gewährleisten, vereinbaren mithin die Parteien, dass die Nutzung bestimmter Rechte für eine gewisse Zeit ganz oder teilweise ausgeschlossen ist. Solche Vereinbarungen sind von erhöhter Bedeutung, wenn der Produzent die verschiedenen Nutzungsrechte nicht an einen Vertragspartner vergeben hat, sondern an unterschiedliche Verwerter (Verleih, Sender, Videovertrieb etc.).

Außerdem ist der Produzent zur Rückzahlung der Filmfördermittel verpflichtet, wenn er die im FFG festgelegten Sperrfristen nicht beachtet (§ 30 Abs. 6 FFG). Für die mit öffentlichen Mitteln **geförderten Spielfilme** gelten gemäß § 30 FFG die folgenden Sperrfristen jeweils ab der Erstaufführung des Films:

- Bildträger (z. B. DVD,Video): sechs Monate (§ 30 Abs. 1 Nr. 1 FFG, verkürzbar auf vier Monate, § 30 Abs. 3 Nr. 1 FFG).

- Individuelle Zugriffs- und Abrufdienste (z. B. Video on Demand, Near VoD) oder für ein festgelegtes Filmprogrammangebot gegen Entgelt (z. B. Pay-per-

View): zwölf Monate (§ 30 Abs. 1 Nr. 2 FFG, verkürzbar auf vier Monate, § 30 Abs. 3 Nr. 2).

* Bezahlfernsehen (z. B. Pay TV): 18 Monate (§ 30 Abs. 1 Nr. 3 FFG, verkürzbar auf sechs Monate, § 30 Abs. 3 Nr.3).
* Free TV: 24 Monate (§ 30 Abs. 1 Nr. 4, verkürzbar auf sechs Monate, § 30 Abs. 3 Nr. 4). Für Filme, die unter Mitwirkung einer öffentlich-rechtlichen Rundfunkanstalt oder eines privaten Fernsehveranstalters hergestellt worden sind, kann in Ausnahmefällen die Sperrfrist auf sechs Monate nach Abnahme durch den Fernsehveranstalter verkürzt werden (§ 30Abs. 3 Nr. 4).

Das FFG verwendet sehr allgemeine **Definitionen** für die verschiedenen Werknutzungen. Das kann, wie schon in der Vergangenheit, zu Missverständnissen und ggf. zu Rechtsstreitigkeiten führen. Aufgrund von § 30 FFG a.F. kam es beispielsweise zum Streit wegen der Ausstrahlung des Films »Der Eisbär« im **Pay-per-View**-Programm des Senders Premiere. Die FFA erließ daraufhin einen Rückforderungsbescheid, weil es sich nach ihrer Auffassung um eine Fernsehauswertung vor Ablauf der Sperrfrist handelte, während die Produzenten der Ansicht waren, Pay-per-View sei als Videoauswertung anzusehen mit der Folge, dass hierfür die verkürzte Sperrfrist von nur vier Monaten galt. Auch die Neufassung des § 30 FFG erscheint nicht gänzlich gelungen, insbesondere bezüglich der Abgrenzung der Nutzungen in § 30 Abs. 1 Nr. 2 und Nr. 3 FFG. Die in der Nr. 2 verwandten Begriffe (»individuelle Zugriffs- und Abrufdienste«, »festgelegtes Programmangebot gegen Entgelt«) und in der Nr. 3 (»Bezahlfernsehen«) korrespondieren einerseits nicht mit den Begriffen des Urheberrechts und sind außerdem nicht konsistent mit der Begrifflichkeit des FFG in den §§ 66 ff. Dort geht es um die Abgrenzung der Abgabe der Videowirtschaft (§ 66 a) und den Beiträgen der öffentlich-rechtlichen Rundfunkanstalten und der privaten Fernsehveranstalter (§ 67). Die Videoabgabe gilt auch für Inhaber von Lizenzrechten, die Filme im Wege »elektronischer Individualkommunikation« verwerten (§ 66 a Abs. 2), während unter die Beiträge der Sender Anbieter fallen, die »Filme innerhalb eines festgelegten Programmangebots im Wege individueller Zugriffs- und Abrufdienste gegen Entgelt bereitstellen« (§ 67 Abs. 2). Laut Gesetzesbegründung zu § 67 Abs. 2 FFG werden »alle Filmauswertungen, die … gleichzeitig einer Vielzahl von Nutzern innerhalb eines vorgegebenen Programmpaketes (z.B. Pay-per-View, Near-Video-on-Demand) angeboten werden, abgaberechtlich dem Fernsehbereich zugeschlagen«.

Die Verwendung dieser unterschiedlichen Begriffe und deren Einordnung in verschiedene Sachverhalte trägt nicht gerade zur Orientierung der Beteiligten bei der Vergabe von Rechten und der Einhaltung und Überwachung von Sperrfristen bei. Eine Differenzierung nach **linearen** und **nicht-linearen Diensten** wäre sinnvoll und sachgerecht gewesen, wie auch im Entwurf der EU-Richtlinie für audiovisuelle Mediendienste vorgesehen. Danach sind nicht-lineare Dienste durch ihre Abrufbarkeit gekennzeichnet und der Videowirtschaft zugeordnet, während das Fernsehen zu den linearen Diensten zählt.

2.4   Die Rechtegarantie

Der Produzent garantiert im Verleihvertrag in der Regel verschuldensunabhängig, dass er Inhaber der übertragenen Rechte ist und darüber frei verfügen kann. Außerdem stellt er den Verleih insoweit von allen Rechten Dritter frei. Dies ergibt sich aber ungeachtet einer vertraglichen Regelung schon aus dem Gesetz. Ist der Produzent nicht Inhaber der eingeräumten Rechte, so handelt es sich um den Fall einer anfänglichen subjektiven Unmöglichkeit (§ 311 a BGB) und der Produzent haftet dem Verleih für den entstandenen Schaden. Dies gilt insbesondere dann, wenn der Produzent die vertragsgegenständlichen Rechte zuvor bereits an einen Dritten übertragen hat und aufgrund des geltenden Prioritätsprinzips die zweite Rechtseinräumung unwirksam ist.

2.5   Das Lizenzgebiet

Eine exakte Definition des Lizenzgebietes ist ebenfalls von außerordentlicher Bedeutung. In Verträgen ist hier regelmäßig von den **deutschsprachigen Territorien** die Rede, wozu Deutschland, Österreich, Liechtenstein, Luxemburg und die deutschsprachige Schweiz (Theaterrechte in allen Sprachen) zählen. Südtirol (Alto Adige) wird nur für die Fernsehauswertung dazu kommen (deutschsprachige TV-Rechte). Ferner zählen zum Lizenzgebiet auch Schiffe, Luft- und Schienenfahrzeuge und ähnliche Verkehrsmittel, Kulturinstitutionen (z. B. Goethe-Institute) und militärische Anlagen unter der jeweiligen Flagge der Lizenzstaaten.

Zur Sicherung der Werthaltigkeit der ihnen übertragenen Rechte, verlangen die Verleihunternehmen mitunter ausführliche Sperren bezüglich der Vergabe der ausländischen Rechte. Dies gilt z. B. für die Videorechte.

Im Fernsehbereich wird grundsätzlich die Erstausstrahlung in Deutschland bzw. den jeweiligen Lizenzgebieten durch eine entsprechende Sperre gewährleistet. Außerdem ist Satellitenfernsehen durch die weite Ausleuchtzone (Footprint) nahezu in ganz Europa empfangbar. Der Begriff des »Legitimate overspill«, demzufolge in den Grenzregionen das Fernsehprogramm auch in die Nachbarstaaten, die nicht zum Lizenzgebiet zählen, hineinstrahlen darf, ist damit weitgehend überholt. Dieser Unmöglichkeit der territorialen Beschränkung wird durch die Vergabe von Sprachfassungen entgegengewirkt, verbunden mit bestimmten Sperrfristen.

Namentlich die Vergabe von Internetrechten bereitete in der Vergangenheit erhebliche Probleme, weil die Festlegung eines exklusiven Lizenzgebietes unmöglich war. Inzwischen wurden einige DRM-Systeme entwickelt, die eine territoriale Begrenzung auch bei einer Auswertung im Internet ermöglichen (vgl. oben Kap. III. Ziffer 6.6).

2.6   Die Lizenzzeit

Die Dauer der Rechteeinräumung beträgt mindestens fünf Jahre und kann sich bis zu 20 Jahren strecken. Die Lizenzzeit hängt wesentlich von den sachlich eingeräumten Nutzungsrechten ab sowie von weiteren Umständen wie etwa der Zahlung einer Minimumgarantie und ggf. deren Höhe, der Einbindung des Verleihunternehmens als Koproduzent etc. Im Zweifel, wenn also keine vertragliche Festlegung erfolgt ist, soll die Lizenzzeit fünf Jahre betragen (v. Hartlieb/Schwarz, Kap. 155 Rndr. 1; 159 Rdnr. 16). Das kann aber nur für die Kinoauswertung gelten, denn die nachgelagerten Auswertungen erfordern eine deutlich längere Lizenzzeit. Nach Ablauf der Lizenzzeit fallen die Rechte wieder an den Produzenten zurück, der sie dann in so genannte Zweitlizenz vergeben kann.

Häufig begegnet man **Verlängerungsoptionen**, die sich der Verleih am Ende der Lizenzzeit einräumen lässt. Solche Klauseln sehen vor, dass die Vertragspartner vor Ablauf der Lizenzzeit nach Treu und Glauben darüber verhandeln werden, ob und unter welchen Bedingungen der Verleihvertrag verlängert werden soll. Der Verleih wird dann regelmäßig ein First Negotiation/Last Refusal Right verlangen, während der Produzent lediglich ein First Negotiation Right einzuräumen bereit ist. Ob eine Verlängerungsoption überhaupt gewährt wird und auf welche Variante man sich letztlich einigt, kann an unterschiedliche Bedingungen geknüpft werden (z. B. ob die Minimumgarantie und Herausbringungskosten recouped sind). Wenn der Verleih gleichzeitig Koproduzent ist, wird eine Vergabe der Rechte nach Ablauf der Lizenzzeit an ein anderes Verleihunternehmen indessen ohnehin nur mit dessen Zustimmung möglich sein.

2.7   Die Lizenzgebühr / Minimumgarantie

Die Zahlung der Gegenleistung für die Einräumung der Rechte erfolgt entweder in Form eines **Festpreises** (Ausnahme) oder einer **Erlösbeteiligung** des Produzenten, meist verbunden mit der Zahlung einer **verrechenbaren Minimumgarantie**. Die Zahlung einer Minimumgarantie und deren Höhe kann ein maßgebliches Kriterium dafür sein, dass der Verleih tatsächlich an dem Film interessiert ist und an seinen Erfolg glaubt.

Bei der Zahlung einer Minimumgarantie in substanzieller Höhe ist die Tendenz zu beobachten, dass Verleihunternehmen die Zahlung mit ihrer Beteiligung als **Koproduzent** verbinden. Anstelle einer Verleihgarantie von z. B. 1 Mio. Euro wird dann lediglich eine Garantie von 0,5 Mio. Euro gezahlt und der Betrag von 0,5 Mio. Euro wird als Koproduktionsbeitrag deklariert. Dadurch erlangt der Verleih zahlreiche Vorteile, wie z. B. weitergehende Mitspracherechte, Miteigentumsrechte am Copyright und an den Materialien, Teilhabe an den Referenzfördermitteln, Filmpreisen etc.

Andererseits stellt diese Situation auch den Produzenten insoweit besser, als der Koproduktionsanteil des Verleihs in den **Cashflow** gezahlt wird und nicht – wie die bloße Minimumgarantie – überwiegend erst mit der Ablieferung des Films fällig ist.

Ansonsten begegnen die Vertragspartner dem Cashflow-Dilemma des Produzenten gelegentlich dadurch, dass die Minimumgarantie möglichst in Raten gezahlt wird, wobei ein großer Anteil nicht erst bei Lieferung des Films, sondern z. B. nach dem Ende der Dreharbeiten fällig ist. Dieser Kompromiss trägt den Interessen beider Seiten Rechnung: der Produzent möchte einerseits Finanzierungskosten sparen und das Verleihunternehmen andererseits nicht das Herstellerrisiko tragen. Dieses Risiko ist mit Beendigung der Dreharbeiten meist überschaubar, selbst wenn kein Completion Bond engagiert wurde.

2.8 Die Auswertungspflicht

Die Verträge enthalten häufig eine Standardklausel, dass das Verleihunternehmen bei der Auswertung des Films den Sorgfaltspflichten eines ordentlichen Kaufmannes (§ 347 Abs. 1 HGB) unterliegt. Der Produzent wird dagegen versuchen, die näheren Einzelheiten der Auswertung zu definieren (Mindestzahl an Kopien, Werbebudget, Ort und Zeit der Premiere etc.). Auf solche Festlegungen wird sich der Verleih indes nur in Ausnahmefällen einlassen, denn er trägt letztlich das Herausbringungsrisiko und behält sich vor, auf die jeweiligen Marktumstände angemessen zu reagieren.

Problematisch ist in diesem Zusammenhang aber insbesondere, ob den Verleih mangels konkreter Angaben im Vertrag überhaupt eine Auswertungspflicht trifft. Hat der Verleih dem Produzenten einen **Festpreis** gezahlt, so soll ihn grundsätzlich keine Auswertungspflicht treffen. Etwas anderes soll nur gelten, wenn sich aus dem Vertrag das überwiegende Interesse des Produzenten herauslesen lasse, aus Prestigegründen nicht auf eine Auswertung verzichten zu können, beispielsweise bei einem Erstlingsfilm (v. Hartlieb/Schwarz, Kap. 165 Rndr. 1).

Nach Meinung des Verfassers kann indes auch bei Zahlung eines Festpreises grundsätzlich nicht davon ausgegangen werden, dass die Interessen des Verleihers überwiegen. Zum einen ist die Sicht des Produzenten nicht allein auf sein finanzielles Interesse zu reduzieren. Zum anderen hat er, wie übrigens auch die am Film beteiligten Urheber und ausübenden Künstler, ein nicht erhebliches Interesse an der Veröffentlichung seines Filmwerkes, schon um am Markt wahrgenommen zu werden.

Haben die Vertragspartner als Gegenleistung für den Erwerb der Rechte statt eines Festpreises eine **prozentuale Beteiligung** vereinbart, so trifft den Verleih regelmäßig eine Auswertungspflicht. Diese entfällt nur, wenn dem Verleih eine Herausbringung nicht zugemutet werden kann. Das ist nur in engen Ausnahmefällen anzunehmen, denn insbesondere bei Einräumung sämtlicher Rechte hat der Verleih bewusst das Risiko der Herausbringung in Kauf genommen und durch die weiteren Auswertungsmöglichkeiten (DVD, VoD, TV-Verkäufe) abgefedert.

2.9 Die Herausbringungskosten

Die Kinoauswertung eines Spielfilms setzt einen immer höheren Marketingaufwand voraus und die durchschnittlichen Herausbringungskosten sind in den letzten Jahren deutlich gestiegen. Bei den »Herausbringungskosten« handelt es sich um **Vorkosten,** die üblicherweise aus allen eingehenden Erlösen vorabzugsfähig sind. Bei **geförderten Filmen** sind nach dem FFG (Richtlinie für die Projektfilmförderung, Teil B: Grundsätze sparsamer Wirtschaftführung, § 16 Nr. II) die folgenden Verleihvorkosten abzugsfähig:

- Beiprogrammfilm
- Kopien für Hauptfilm, Werbevorspannfilm und Beiprogrammfilm zzgl. Verpackung und Transport, soweit nicht in den Herstellungskosten enthalten
- Lavendelpositiv und Dupnegativ bzw. Interpositiv und Internegativ, soweit nicht in den Herstellungskosten enthalten
- Synchronisation sowie IT-Band, soweit nicht in den Herstellungskosten enthalten
- Kopienversicherung
- Negativ-Versicherung und sonstige filmbezogene Versicherung, soweit nicht in den Herstellungskosten enthalten
- Beschichtung, Instandhaltung und Wiederherstellung der Kopien für Haupt-, Vorspann- und Beiprogrammfilm, soweit diese Arbeiten außerhalb der Betriebsräume oder auch innerhalb der Betriebsräume des Verleihers, soweit sie zu marktüblichen Preisen durchgeführt werden und zur Auswertung erforderlich sind
- Herstellung des Werbevorspannfilms sowie die zur redaktionellen Berichterstattung bestimmten Materialien, z. B. electronic press kit und Making of, falls diese nicht vom Produzenten geliefert werden
- Standard-Werbematerial

- Kosten von Marketing-/Promotionagenturen zu marktüblichen Preisen, ohne Aufschlagsberechnungen auf weitere Spesen/Provisionen bei Einschaltung von Drittagenturen.
- Ur- und Erstaufführungswerbemaßnahmen, die sich unmittelbar an Filmbesucher richten sowie filmbezogene Inserate in der Filmfachpresse und etwaige Filmpremierenveranstaltungen
- Produktionspresse sowie Verleihpresse und sonstige filmbezogene Promotion im Einvernehmen mit dem Produzenten, soweit nicht in den Herstellungskosten enthalten
- Untertitelung für Hörgeschädigte, Audiodescriptionen für Sehbehinderte
- Rechtsverfolgungen gegenüber filmbezogenen Ansprüchen
- Finanzierung, soweit nicht in den Herstellungskosten enthalten, allerdings höchstens bis zu 8 % über dem jeweils geltenden Euroleitzinssatz
- Abgaben, insbesondere Zoll im grenzüberschreitenden Verkehr
- SPIO-Filmsonderbeitrag
- Gebühren der FSK } soweit nicht ausnahmsweise in den Herstellungskosten enthalten
- Gebühren der FBW } soweit nicht ausnahmsweise in den Herstellungskosten enthalten
- Abrechnungskontrolle des Verleiherverbandes
- alle sonstigen Kosten, die als abzugsfähige Vorkosten definiert werden. Hierzu zählen z. B. Residuals bei internationalen Filmen. Außerdem wird man hier die Kosten einer Website hinzuzählen dürfen.

Der Produzent verlangt mitunter, das Marketingbudget und damit die Höhe der Herausbringungskosten näher festzulegen (insbesondere die Mindestzahl von Kopien). Solche Forderungen sind jedoch nur selten durchsetzbar. Umgekehrt kann der Produzent eine Höchstgrenze der Herausbringungskosten vereinbaren mit der Folge, dass weitere Kosten nur mit seiner vorherigen Zustimmung vorabzugsfähig sein sollen. Denn je höher die vorabzugsfähigen Herausbringungskosten, desto später gehen beim ihm Erlöse ein. Andererseits muss der Produzent daran interessiert sein, dass der Film angemessen beworben wird und es wäre deshalb kontraproduktiv, die Herausbringungskosten unangemessen niedrig zu halten. Von Ausnahmen abgesehen, besteht folglich kein Interessenskonflikt zwischen Produzent und Verleih bei den Herausbringungskosten; vielmehr sind die wechselseitigen Interessen deckungsgleich.

2.10 Die Erlösverteilung (Verleihspesen / Produzentenanteil)

Vom Kaufreis einer Kinokarte bleiben ca. 50 % beim Kinobetreiber und 50 % fließen dem Verleih zu. Diese Erlöse des Verleihunternehmens werden in die Verleihspesen (Provision) und den Produzentenanteil unterteilt. Die Verleihgarantie und die Herausbringungskosten werden ausschließlich aus dem Produzentenanteil rückgedeckt, und erst nach Erreichen des **Break-even** ist der Produzent an den weiteren Erlösen beteiligt. Von allen eingehenden Erlösen erhält der Verleih also zunächst seine Verleihspesen, die – wie der Produzentenanteil – im Hinblick auf die verschiedenen Auswertungsformen des Films variieren.

2.10.1 Die Kinoauswertung

Typischerweise werden die Erlöse aus der Kinoauswertung zwischen Verleih und Produzent hälftig geteilt, wobei Verschiebungen zugunsten des Produzenten möglich sind (z. B. 45 % oder nur 40 % Verleihspesen). Bis zur Rückdeckung der Minimumgarantie und der Herausbringungskosten sehen allerdings viele Verträge vor, dass der Produzentenanteil deutlich über den Verleihspesen liegt (z. B. 70 % zu 30 %). Dies hat für den Produzenten augenfällig den Vorteil, dass die Rückdeckung der Verleihgarantie und der Herausbringungskosten schneller erfolgt und der Produzent damit früher an weiteren Erlösen beteiligt wird.

Die Vorschriften des Filmförderungsgesetzes (FFG) sehen vor, dass bis zur Rückführung der Förderdarlehen die Verleihspesen höchstens bei 35 % liegen dürfen (vgl. Richtlinien zu § 63 Abs. 2 FFG, Teil B, § 20 Abs. 1).

Bei einem interessanten Filmprojekt (oder bei einer konzernrechtlichen Verflechtung des Produzenten mit dem Verleihunternehmen) wird dem Produzenten häufig ein **K**orridor eingeräumt. Unabhängig von der Rückdeckung der Garantiezahlung und der Herausbringungskosten ist der Produzent damit a priori an allen Verleiheinnahmen mit einem bestimmten Prozentsatz (z. B. 5 %) beteiligt ist. Die Verteilung sieht in einem solchen Fall wie folgt aus:

35 % – Verleihspesen   5 % – Korridor   60 % Produzentenanteil.

Sobald die Minimumgarantie und die Herausbringungskosten rückgedeckt sind, entfällt der Korridor und es gilt die vereinbarte Verteilung der weiteren Erlöse.

Einige **Filmförderungen** verlangen inzwischen ebenfalls, dass dem Produzenten ein Korridor gestattet wird. Einerseits soll dadurch die Position der Produzenten gestärkt werden. Andererseits dient dieser Korridor teilweise der Rückzahlung der Förderdarlehen. Bei der klassischen Verteilung der Erlöse erreichen nämlich die meisten geförderten deutschen Filme nicht den Break-even, sodass dem Produzenten über die Minimumgarantie hinaus keine Erlöse zufließen und folglich die Förderdarlehen nicht zurückgezahlt werden.

Außerdem (oder anstelle eines Korridors) kann eine Erfolgsbeteiligung dergestalt vereinbart werden, dass bei Erreichen einer bestimmten Zahl von Zuschauern an der Kinokasse ein Bonus gezahlt wird (so genannter »Box Office Bonus«). In diesem Fall ist klarzustellen, ob dieser Bonus als Erhöhung der Minimumgarantie zu behandeln ist.

Auch Verträge mit Schauspielern, Drehbuchautoren oder Regisseuren sehen öfters einen Box Office Kicker vor. Wenn dem Produzenten selbst ein solcher Bonus nicht eingeräumt wird, muss er dem Verleih diese Zahlungen auferlegen, es sei denn die Minimumgarantie und die Herausbringungskosten sind zum fraglichen Zeitpunkt recouped und der Produzent erzielt bereits entsprechende Gewinne.

2.10.2 Die Videoauswertung

Im Videobereich ist zwischen der klassischen Auswertung des Films als VHS-Kassette/DVD im Wege des Verkaufs und der Vermietung einerseits und den neuen elektronischen Auswertungsformen etwa durch Video-on-Demand andererseits zu unterscheiden.

(1) Die Offline-Auswertung (VHS, DVD)

Regelmäßig erwirbt das Verleihunternehmen auch das Recht, den Film auf Video auszuwerten. Andernfalls kann der Produzent direkt einen Vertrag mit einem Videovertrieb abschließen. Der Vertrag enthält wiederum die Einräumung ausschließlicher Rechte für ein bestimmtes Lizenzgebiet und eine Lizenzzeit, wobei das Vervielfältigungs- und Verbreitungsrecht übertragen wird. Das Verbreitungsrecht durch Inverkehrbringen von Verkaufskassetten/DVDs unterliegt der **Erschöpfung** (§ 17 Abs. 2 UrhG). Das bedeutet, dass, wenn das Original oder Vervielfältigungsstücke eines Werkes mit Zustimmung des zur Verbreitung Berechtigten durch Veräußerung in Verkehr gebracht wurden, ihre Weiterverbreitung, also der **Weiterverkauf** und auch ihr Verleih urheberrechtlich zulässig sind. Die Erschöpfung erstreckt sich nach der Neufassung des § 17 Abs. 2 UrhG im Zuge der Umsetzung der EU Richtlinie 92/100 nunmehr auf das »Gebiet der Europäischen Union oder eines anderen Vertragsstaates des Abkommens über den Europäischen Wirtschaftsraum«.

Der Erschöpfungsgrundsatz gilt jedoch ausdrücklich nicht für die **Vermietung** von Videoträgern. Unter Vermietung ist die »zeitlich begrenzte, unmittelbar oder mittelbar Erwerbszwecken dienende Gebrauchsüberlassung« zu verstehen (§ 17 Abs. 3 S. 1 UrhG).

Bei der Verteilung der **Lizenzerlöse** aus der Videoverwertung ist zwischen den **Verkaufskassetten** (Sell through) und den Erlösen aus der **Vermietung** von Video-kassetten/DVD (Rental) zu unterscheiden. Insoweit existieren sehr unterschied-liche Vereinbarungen und es lässt sich kaum ein Branchenstandard bestimmen.

Bei den Verkaufskassetten wird der Produzent meist versuchen, sich in Form einer Stücklizenz zu beteiligen. Hierbei ist darauf zu achten, dass die Abrech-nungsbasis klar definiert ist. Werden Erlöse auf der **At-source**-Basis vereinbart, dann handelt es sich um die beim Verkauf der Videogramme an den Großhandel erzielten Erlöse, also dem Händlerabgabepreis (HAP). Die Beteiligung des Produ-zenten liegt bei dieser Variante zwischen 8 und 15 %.

Unter den **Netto-Vertriebserlösen** sind als Berechnungsgrundlage die Erlöse aus allen verkauften, bezahlten und nicht retournierten Exemplaren zu verstehen, abzüglich Boni, Skonti und Rabatte sowie der gesetzlichen Mehrwertsteuer und gesetzlicher Abgaben (z. B. FFA-Abgabe).

Bei geförderten Spielfilmen ist im Rahmen der Grundsätze sparsamer Wirt-schaftsführung bei der Projektfilmförderung § 30 Abs. 1 (RL-Projektfilm) zu beach-ten. Danach beträgt der Produzentenanteil an den Videolizenzerlösen bis zur Rück-führung der Förderdarlehen 70 %, die Verleihprovision folglich 30 %. Insoweit wird nicht zwischen den Verkaufs- und den Vermieteinnahmen unterschieden.

(2) Die Online-Auswertung

Digital-Rights-Management-Systeme (DRM-Systeme) erschlossen neue Geschäfts-modelle (»New Content Delivery Models«) wie beispielsweise Video-on-Demand, Pay-per-View, etc. Inzwischen betreiben insbesondere T-Online und Arcor VoD-Dienste in Deutschland; seit einiger Zeit operiert auch das Portal Maxdome. Der Produzent kann direkt Lizenzen an diese Video-on-Demand-Dienste vergeben, ohne einen Verleih dazwischenzuschalten. Das Verleihunternehmen ist dann für die körperliche Offline-Verwertung (Verleih und Verkauf von Videokassetten und DVD) zuständig, während die Online-Verwertung durch die VoD-Dienste erfolgt.

Die klassische Marktaufteilung in Vermiet- und Verkaufskassette/-DVD ent-spricht bei den digitalen Vertrieben nunmehr dem **Download-to-own** (»Electronic Sell-through«, kurz »EST«) und **Download-to-rent,** wobei letzteres als typisches Video-on-Demand zu verstehen ist. In technischer Hinsicht kann Download-to-rent entweder als **Streaming** sofort auf dem Rechner abgespielt werden (also ohne Zwischenspeicherung) oder der Film wird bei der Download-Option zu-nächst auf die Festplatte heruntergeladen.

Beide Optionen sind im Rahmen des T-Online-Angebotes wahrnehmbar, wäh-rend z. B. Arcor die Filme lediglich im Download-Verfahren anbietet. Im Gegen-satz zu Arcor betreibt T-Online auch den elektronischen Verkauf der Filme (Download-to-own, EST). Die Preisspanne liegt hierbei zwischen 5,49 Euro und 9,99 Euro. Der Download-to-rent-Vorgang kostet meist 2,99 Euro für eine Zeitdauer von 24 Stunden.

Bei **Video-on-Demand** und ähnlichen Auswertungen wird entweder eine Pauschalvergütung, ein bestimmter Betrag pro Zugriff (vergleichbar dem Pay-per-View) oder eine prozentuale Beteiligung an den vom Verleih erzielten Erlösen vereinbart. Die letztere Variante dürfte momentan am häufigsten gewählt werden. Die Provision bewegt sich hierbei zwischen 25 % und 50 % der Erlöse. Zunächst wurde erwartet, dass der Produzentenanteil in diesem Segment deutlich höher sei. Eine nicht ganz unübliche hälftige Teilung der Erlöse wird jedoch momentan noch damit begründet, dass die Errichtung der entsprechenden Infrastruktur relativ kostspielig sei. Bei T-Online beispielsweise erhält der Produzent augenblicklich 50 % der erzielten Nettoerlöse. T-Online zieht hiervon zunächst noch eine pauschale Gebühr i. H. v. 15 % der Einnahmen ab und lediglich die verbleibenden 85 % der Erlöse werden hälftig zwischen den Vertragspartnern geteilt. Es bleibt abzuwarten, wie sich der Markt und die entsprechende Lizenzpraxis in diesem dynamischen Bereich entwickeln werden.

2.10.3   Die Fernsehauswertung

Sofern ein Sender nicht als Koproduzent oder im Wege eines Presales in ein Projekt eingebunden ist, sind die Senderechte noch nicht vergeben und der Verleih wird auch diese erwerben wollen. Aufgrund der Ankaufpolitik der Sendeunternehmen stellt die Lizenzierung von Filmen unterdessen ein schwieriges Tätigkeitsfeld dar, und kleine bis mittelgroße Verleihunternehmen sehen oft keine Chance, ihre Filme an Sender zu verkaufen.

Im Hinblick auf die Auswertung im Fernsehen wird weder in den Verträgen noch im Filmförderungsgesetz im Hinblick auf die Verteilung der Lizenzerlöse zwischen **Pay-TV** und **Free-TV** differenziert. Nach § 31 (RL-Projektfilm) liegen bei geförderten Projektfilmen die Verleihspesen bei 30 % und der Produzentenanteil bei 70 % der Fernsehlizenzerlöse. Im Übrigen wird, je nach den Umständen des Einzelfalles, dem Verleih eine Provision zwischen 15 % und maximal 50 % der Erlöse zugestanden.

Wegen näherer Einzelheiten zu den Verträgen mit Sendern vgl. nachfolgende Ziffer 3.

2.11   Die Querverrechnung (»Cross-Collateralization«)

Bezüglich der Verrechenbarkeit der Verleihgarantie gelten dieselben Überlegungen wie beim Weltvertrieb.

Lediglich auf eine **Besonderheit** im Falle der Lizenzierung eines ausländischen Films an ein deutsches Verleihunternehmen soll in diesem Zusammenhang hingewiesen werden. Amerikanische Lizenzgeber versuchen bisweilen, die Minimumgarantie auf einzelne (z. B. Kino, Video und TV) Auswertungsarten aufzusplitten mit der Folge, dass dem Lizenznehmer zum einen die Verrechnung aus anderen Auswertungen nicht möglich ist, und er zum anderen bei der Verrechnung der Minimumgarantie mit Erlösen schneller in den Bereich des normalen Verteilungsschlüssels gelangt.

Ist beispielsweise aus einer Garantiezahlung in Höhe von 2 Mio. Euro ein Betrag von 1 Mio. Euro der Kinoauswertung und 0,5 Mio. Euro jeweils der Video- und TV-Auswertung zugeordnet, und der Film wird für 0,8 Mio. Euro an das Fernsehen lizenziert, dann muss der Lizenznehmer Erlöse aus der TV-Auswertung bereits an den Lizenzgeber auszahlen, obwohl er möglicherweise die Garantiezahlung noch nicht recouped hat, weil der Film im Kino floppte und auch in der Videoauswertung nicht erfolgreich war. Im Falle der Verrechenbarkeit aller Einnahmen müsste der Lizenznehmer demgegenüber in diesem Beispiel noch keine Erlöse abführen. Es sollte daher aus Sicht des deutschen Lizenznehmers stets eine generelle Cross-Collateralization vereinbart werden.

2.12 Die Abrechnung

Außer in den seltenen Fällen einer Pauschalvergütung bestehen seitens des Verleihunternehmens gegenüber dem Produzenten Abrechnungs- und Zahlungspflichten. Bei Beginn der Kinoauswertung (die ersten drei Monate nach der Erstaufführung) kann eine Abrechnung auf monatlicher Basis für den Produzenten wünschenswert sein. Meist wird hingegen eine quartalsweise Abrechnung für die ersten zwölf Monate nach der Erstaufführung des Films vereinbart. Später ist eine Abrechnung auf halbjährlicher Basis jeweils zum 30.06. und 31.12. oder auf jährlicher Basis jeweils zum 31.12. des Jahres üblich.

Ferner sollte dem Produzenten ein **Einsichtsrecht** in die Abrechnungsunterlagen gewährt werden, wobei dieses Recht unter Umständen nur durch einen zur Verschwiegenheit verpflichteten Vertreter des Produzenten ausgeübt werden kann (Steuerberater, Rechtsanwalt, Wirtschaftsprüfer). Die Kosten der Überprüfung trägt in der Regel der Verleih, sofern dessen Abrechnung mehr als 5 % zu Ungunsten des Produzenten abweicht. Andernfalls fallen die Kosten der Überprüfung dem Produzenten zur Last.

2.13 Die Materiallieferung

Der Produzent hat dem Verleih sämtliche Materialien zur Verfügung zu stellen, die zur ordnungsgemäßen Auswertung des Films erforderlich sind, einschließlich der für die Erstellung des Werbematerials erforderlichen Unterlagen (z. B. Standfotos). Aus den zur Verfügung gestellten Materialien stellt der Verleih regelmäßig einen Werbevorspann (**Trailer**) und eine Filmankündigung (**Teaser**) her, die ebenfalls zur Bewerbung des Films dienen.

Zuvorderst benötigt der Verleih Zugang zum **Internegativ**, von dem er die Kopien ziehen kann. Das Internegativ kann dem Verleih entweder (ausnahmsweise) übergeben werden oder der Produzent erteilt dem Verleih eine Ziehungsgenehmigung beim Kopierwerk. Ist das Ausgangsmaterial beim Kopierwerk eingelagert, so schließt der Produzent mit diesem eine Vereinbarung, woraus dem Verleih ein unmittelbarer Anspruch gegen das Kopierwerk auf Erfüllung der zu erteilenden Aufträge zusteht.

In einer ergänzenden **Kopierwerkserklärung** vereinbaren Verleih und Kopierwerk, dass das Kopierwerk ihm gegenüber auf sämtliche Einreden und Einwendungen aus dem Vertragsverhältnis mit dem Produzenten unwiderruflich verzichtet. Das ist deshalb erforderlich, weil ansonsten das Kopierwerk dem Verleih gegenüber die Erfüllung der Aufträge (z. B. Kopien herzustellen und zu liefern) mit der Begründung verweigern könnte, dass der Produzent dem Kopierwerk (u. U. wegen vorausgegangener Projekte) noch die Begleichung von offenen Rechnungen schuldet.

Liefert der Produzent nicht das vereinbarte Material oder Material von minderer Qualität, haftet er auf Nachbesserung oder Nachlieferung. Kommt er auch dieser Verpflichtung nicht nach, kann ihn der Verleih auf Minderung oder Schadensersatz in Anspruch nehmen oder ggf. vom Vertrag zurücktreten.

2.14 Kündigung / Insolvenzklausel

Die Verträge sehen meist vor, dass der Lizenzgeber in bestimmten Fällen berechtigt ist, den Vertrag zu kündigen und die Rechte dann – meist automatisch – an den Lizenzgeber zurückfallen. Als Kündigungsgrund kommt insbesondere Abrechnungs- und Zahlungsverzug (nach Fristsetzung) infrage.

Lizenzverträge enthalten manchmal auch für den Fall eine Kündigungsmöglichkeit, dass der Lizenznehmer in Vermögensverfall (Eröffnung eines Insolvenz- oder Vergleichsverfahrens) gerät. Diese Klausel ist nach der am 01. Januar 1999 in Kraft getretenen neuen Insolvenzordnung unwirksam. Vielmehr hat nunmehr der Insolvenzverwalter das Wahlrecht zwischen der Fortführung des Lizenzvertrags oder Rücktritt hiervon. Der Produzent kann sich folglich als Lizenzgeber aufgrund der Insolvenz des Lizenznehmer nicht mehr vom Vertrag lösen (wegen näherer Einzelheiten hierzu vgl. unten Kap. IX. Ziffer 2).

2.15   Filmimportlizenzen

Ausländische Filmlizenzen werden von deutschen Verleihunternehmen entweder direkt vom ausländischen Produzenten oder über einen Weltvertrieb erworben. Auf den Verleihvertrag treffen im Wesentlichen die vorstehenden Ausführungen entsprechend zu – mit dem maßgeblichen Unterschied, dass das Verleihunternehmen die Synchronisation bzw. Untertitelung vornehmen muss. Hierfür ist das entsprechende Recht einzuräumen und die benötigten Synchronmaterialien (z. B. M + E Tracks, neutrale Titelhintergründe) zur Verfügung zu stellen.

Andererseits verwenden ausländische Lizenzgeber zunehmend standardisierte Vertragsmuster, die von den zuständigen Filmorganisationen ihrer Länder aufgestellt wurden. Das am weitesten verbreitete **Standardformular** stammt von der Independent Film & Television Alliance (**IFTA**, vormals AFMA), einem Zusammenschluss von unabhängigen Vertriebs- und Produktionsunternehmen überwiegend mit Sitz in Nordamerika.

Dieser Standardvertrag ist grundsätzlich für die (amerikanischen) Lizenzgeber maßgeschneidert und bedarf aus Sicht des deutschen Lizenznehmers einiger Korrekturen, wie z. B. einer Einschränkung der sehr weitgehenden Rechte bei Vertragsverstoß des deutschen Lizenznehmers, Einschränkung der Genehmigungsvorbehalte für die Erteilung von Sublizenzen (z. B. Videovertrieb) und ggf. Änderung des anwendbaren Rechts und der Schiedsklauseln. Inwieweit letztlich eine Änderung des Standardformulars durchsetzbar ist, kann nur im Einzelfall erprobt werden.

Die Adresse der IFTA lautet: Independent Film & Television Alliance, 10850 Wilshire Blvd., 9th Floor Angeles, CA 90024. Der Standardvertrag und weitere Informationen sind unter **www.ifta-online.org** erhältlich.

3   Die Sendelizenz (Lizenzverträge mit Sendern)

Sendeunternehmen erwerben die für die Sendung von Filmwerken erforderlichen Rechte mit den Sendelizenzverträgen (die entsprechenden Filme werden als Fremd- bzw. Kaufproduktionen bezeichnet). In einem solchen Vertrag werden exklusive Senderechte für die Auswertung im Free-TV und/oder im Pay-TV für eine bestimmte Lizenzzeit, ein begrenztes Lizenzgebiet und eine bestimmte Anzahl von Ausstrahlungen (runs) gegen Zahlung einer Vergütung eingeräumt. Werden die Rechte an einem noch nicht fertiggestellten Film übertragen, so handelt es sich um einen Presale.

3.1 Die Lizenzgebühr

In aller Regel wird ein Festpreis (Flat fee) vereinbart. Dies trifft sowohl auf die öffentlich-rechtlichen Rundfunkanstalten als auch auf die privaten Sendeunternehmen zu. Lediglich in Ausnahmefällen kann mit »Privaten« eine Bonuszahlung für den Fall vereinbart werden, dass ein Film z. b. im Kino eine bestimmte Zuschauerzahl erreicht und/oder eine bestimmte Einschaltquote bei der Ausstrahlung im Fernsehen. Im Bereich neuer Geschäftsmodelle (z. B. Pay-per-View, Near-Video-on-Demand, Video-on-Demand) kann bzw. sollte hingegen eine Erlösbeteiligung infrage kommen.

3.2 Die Lizenzzeit

Die Lizenzzeit bei geförderten Filmen ist auf fünf Jahre (ausnahmsweise sieben Jahre) beschränkt (vgl. z. B. § 25 Abs. 4 Ziffer 5 FFG). Bei nicht geförderten Filmen beträgt sie üblicherweise drei bis sieben Jahren, je nach Höhe der vereinbarten Vergütung und der erlaubten Wiederholungsausstrahlungen.

3.3 Die zu übertragenden Rechte / Lizenzgebiet

Zunehmend Probleme bereiten die Senderverträge im Hinblick auf die zu übertragenden Rechte. In der klassischen Aufteilung erwarb die Videorechte der Verleih, während die Senderechte (§ 20 UrhG) dem Sendeunternehmen übertragen wurden, einschließlich des Rechts der Kabelweitersendung (§ 20 b UrhG). Insoweit wurde zwischen **Free-TV** und **Pay-TV** unterschieden, wobei es das Anliegen des Produzenten war, die Pay-TV-Rechte als zusätzliche Erlösquelle möglichst zurückzubehalten bzw. an Dritte zu vergeben. Auch die jeweils einzuhaltenden Sperrfristen waren klar abgegrenzt.

Nirgendwo schreitet die Konvergenz der elektronischen Offline-Medien aber so schnell voran wie im Bereich Internet-Fernsehen. Der PC wird in einigen Jahren – zumindest bei einer bestimmten Zielgruppe – das Fernsehgerät verdrängen und die Kategorien der Filmauswertung verschmelzen immer stärker. Mit dieser Konvergenz und der Entwicklung neuer Geschäftsmodelle (auch durch die öffentlich-rechtlichen Sender) einher geht eine zunehmende Begriffsverwirrung und Unsicherheit im Hinblick auf die Formulierung und die Auslegung von Lizenzverträgen.

Beim Pay-TV ist nunmehr beispielsweise zu unterscheiden zwischen Pay-per-Channel, Pay-per-View, Near-Video-on–Demand und Video-on-Demand. Die Nutzung im Pay-per-Channel richtet sich auf verschlüsselte Pay-TV-Programme, bei denen der Kunde für eine monatliche Gebühr das Recht hat, ein Programm zu nutzen. Beim Pay-per-View zahlt der Kunde eine Gebühr für das Anschauen eines einzelnen Films. Near-Video-on-Demand ist mit Pay-per-View vergleichbar: Filme werden in kurzfristigen Abständen wiederholt und der Kunde kann im Rahmen der Wiederholungsintervalle bestimmen, wann er einen Film sehen möchte. Zeitpunkt und Reihenfolge des Programms werden jedoch vom Sender vorgegeben. Die bisher genannten Nutzungen erfolgen alle linear und sind in der klassischen Aufteilung dem Senderecht zuzuordnen. Demgegenüber bestimmt beim Video-on-Demand der Zuschauer selbst über den Zeitpunkt und »sein« Programm. Er kann nämlich aus einem Angebot Filme auswählen und beispielsweise vor- und zurückspulen. Video-on-Demand entspricht folglich aus der Sicht des Zuschauers der Videonutzung, wobei lediglich der Transport über Sendesignale erfolgt.

Durch diese Konvergenz der Medien und Plattformen und der entsprechenden Ausdehnung der Aktivitäten der Sender sieht sich der Produzent bzw. der Lizenzgeber namentlich bei der Koordination der Rechtevergabe an den Verleih, den Weltvertrieb und den Sender bisweilen erheblichen Schwierigkeiten gegenüber. Das gilt für die sachliche Einräumung der Rechte, die Einhaltung von Sperrfristen und für die Begrenzung der Rechtsausübung auf ein bestimmtes Lizenzgebiet. Die Problematik tritt verschärft bei Sendern (ZDF, ARD) auf, die auch die Übertragung der Rechte für **Arte** verlangen. Der ZDF-Standardvertrag sieht beispielsweise für das ZDF u. a. das exklusive Recht vor, »*die Produktion zeitgleich zur Sendung in voller Länge in deutscher und/oder französischer Sprache in Onlinediensten weltweit (z. B. im Internet) der Öffentlichkeit zugänglich zu machen*«, sowie das exklusive Recht, »*die Produktion in deutscher und/oder französischer Sprache der Öffentlichkeit in Abrufdiensten…weltweit innerhalb von 7 Tagen nach jeweils erfolgter Fernsehausstrahlung zugänglich zu machen*«.

Es ist augenfällig, dass diese Klauseln dem Weltvertrieb ein Dorn im Auge sind, denn sie behindern beträchtlich die Auswertung des Films in Frankreich und den französischsprachigen Territorien (z. B. Belgien, Kanada). Hinzu kommt die Merkwürdigkeit, dass dem Vertragspartner bei der VoD-Auswertung des Films in anderen Territorien ein Geoblocking auferlegt wird, während das ZDF hierzu bei seiner eigenen VoD-Nutzung nicht bereit ist. Aus dem Standardformular ergeben sich noch eine Vielzahl weiterer Fragen und Probleme, sowohl für den deutschen Produzenten als auch für den Weltvertrieb. Diese wenigen Beispiele mögen indes genügen, um die zunehmenden Abgrenzungs- und Auswertungsprobleme darzustellen.

In jedem Fall ist es **ratsam**, vor dem Abschluss eines Vertrages die entsprechende Rechtezuteilung mit den anderen Vertragspartnern (z. B. Weltvertrieb) abzustimmen und ggf. die problematischen Klauseln möglichst in Einklang mit den unterschiedlichen Erfordernissen zu bringen.

3.4 Die Sperrfristen

Bei geförderten Filmen sind die Sperrfristen des § 30 FFG einzuhalten, die über die jeweiligen Richtlinien auch für die Länderförderungen gelten. Aber auch bei einem nicht mit Fördermittel finanzierten Film sollten die Sperrfristen beachtet werden, weil der Filmhersteller andernfalls seinen Anspruch auf Referenzförderung verlieren würde (§ 22 ff. FFG).

4 Zusätzliche Auswertungen

Neben den vorstehend skizzierten Filmauswertungen existiert eine Reihe weiterer Auswertungs- und Kooperationsmöglichkeiten. Zur optimalen Nutzung der sich aus der jeweiligen Konstellation ergebenden Synergien sollten die Rechteinhaber möglichst frühzeitig Kontakte mit den potenziellen Kooperations- und/oder Lizenzpartnern aufnehmen. Nachstehend werden die wichtigsten zusätzlichen Auswertungsmöglichkeiten erörtert.

4.1 Die Soundtrackauswertung

Einige Filme haben niemals Gewinne eingespielt, wohingegen die zum Film veröffentlichten Soundtrack-Alben durchaus beachtliche Verkaufszahlen erzielten. Normalerweise ist aber der Erfolg eines Soundtrackalbums an den Kinoerfolg gekoppelt. Während bei internationalen Filmhits auch die Soundtrackalben regelmäßig eine interessante zusätzliche Erlösquelle bilden, ist die Veröffentlichung des Soundtracks bei deutschen Filmen – von wenigen Ausnahmen abgesehen – eher eine zu vernachlässigende Größe. Dies kann sich ändern, wenn neben der Scoremusik auch Titel von bekannten Künstlern auf dem Album erscheinen.

Eignet sich die Filmmusik für eine Soundtrackauswertung, sollte der Filmproduzent versuchen, die Tonträgerrechte aus dem Verleihvertrag herauszuhalten und selbst zu lizenzieren. Dann kann es ihm gelingen, die in der Tonträgerbranche üblichen Veröffentlichungsgarantie, Lizenzvorauszahlung und Vergütungssätze zu verhandeln.

Die hierfür üblichen Vertragstypen und deren wesentliche Konditionen werden nachfolgend kurz dargestellt.

4.1.1 Bandübernahme- / Vertriebsverträge

Für den Abschluss eines Soundtrackverwertungsvertrages mit einem Tonträgerunternehmen gibt es praktisch **zwei Vertragstypen**: den Bandübernahmevertrag und den Vertriebsvertrag.

Das Tonträgerunternehmen erwirbt über beide Vertragstypen das Recht zum Vertrieb des Tonträgers. Beim Vertriebsvertrag erhält das Tonträgerunternehmen regelmäßig fertige Tonträger angeliefert und vertreibt diese lediglich noch, während Gegenstand eines Bandübernahmevertrages die Anlieferung eines Masterbandes ist, von dem das Tonträgerunternehmen die zu verbreitenden Vervielfältigungsstücke erst noch selbst herstellt.

Bei einem Vertriebsvertrag trägt der Filmproduzent somit einen erheblichen Teil des wirtschaftlichen Risikos der Verwertung, er erhält im Gegenzug aber eine höhere Erlösbeteiligung. Dennoch ist der Abschluss eines Vertriebsvertrages nur dann einem Bandübernahmevertrag vorzuziehen, wenn der Filmproduzent sich lediglich der Einzelhandelsvertriebsstruktur des Tonträgerunternehmens bedienen möchte und im Übrigen beabsichtigt, z. B. den Internet-, Mailorder- und Auslandsvertrieb des Soundtrackalbums selbst zu koordinieren.

Da der Filmproduzent in aller Regel nicht über eigene Fertigungs- und Vertriebsstrukturen verfügt, hat sich in der Praxis der Bandübernahmevertrag als übliches Vertragsmuster durchgesetzt.

4.1.2 Zusätzliche Leistungen des Filmproduzenten

Im Rahmen von Verträgen über Soundtrackalben wird der Filmproduzent, neben der Anlieferung eines überspielungsfähigen Masterbandes, regelmäßig noch zur Erbringung weiterer Leistungen verpflichtet. Hierzu zählt insbesondere die Anlieferung von Fotomaterial aus dem Film zur Gestaltung des Albumcovers und für die Erstellung von Promotionmaterial für den Tonträgervertrieb. Des Weiteren wird vom Filmproduzenten auch die Bereitstellung von Film-Footages für etwaige Videoclip-Produktionen verlangt. Schließlich erwarten die Tonträgerunternehmen ihre Nennung auf den Filmplakaten und nicht selten auch im Abspann des Filmes.

Durch diese Leistungen versuchen die Tonträgerunternehmen ihre Herausbringungs- und Marketingkosten zu reduzieren, um ihr wirtschaftliches Risiko überschaubar zu halten.

4.1.3 Umfang und Dauer der Verwertungsrechte

Das Tonträgerunternehmen benötigt für den Tonträgervertrieb vor allem Vervielfältigungs- und Verbreitungsrechte an dem anzuliefernden Masterband und lässt sich diese Rechte regelmäßig zur exklusiven Verwertung einräumen. Im Rahmen der Verbreitungsrechte erwerben die Tonträgerunternehmen darüber hinaus regelmäßig auch die Rechte zum Vertrieb außerhalb des Tonträgereinzelhandels, insbesondere für den Internet- und Mailorder-Vertrieb. Filmherstellungsrechte sollten dem Tonträgerunternehmen nur zum Zwecke der Herstellung von Promotionvideos übertragen werden. Bei allen übrigen Verwertungsrechten (z. B. Merchandisingrechten) ist Zurückhaltung geboten, denn insoweit besteht Kollisionsgefahr mit den Rechten, die bereits dem Verleihunternehmen oder anderen Lizenznehmern übertragen wurden.

Das **Auswertungsgebiet** sollte der Filmproduzent möglichst auf die Territorien einschränken, für die das Tonträgerunternehmen eine verbindliche Veröffentlichungszusage erteilt. Andererseits ist es sinnvoll, die Soundtrackverwertung einem weltweit operierenden Global Player anzuvertrauen, und dieser wird sich nicht auf eine entsprechende Beschränkung der Lizenz einlassen. Dies gilt vor allem dann, wenn er eine substanzielle Garantie zahlt.

Die **Lizenzzeit** sollte maximal fünf Jahre betragen.

4.1.4 Veröffentlichungs- und Promotiongarantien

Der Filmproduzent sollte sich vom Tonträgerunternehmen eine Veröffentlichungsgarantie geben lassen, die das Tonträgerunternehmen verpflichtet, das Soundtrackalbum zu einem festzulegenden Zeitpunkt in einer bestimmten Stückzahl zum Hochpreis zu veröffentlichen. Dieses Timing ist für die gewünschte Cross-Promotion zwischen Soundtrack und Film außerordentlich wichtig.

Außerdem sollte das Tonträgerunternehmen zugesagte Promotionleistungen, wie z. B. die Herstellung eines Videoclips, Print- oder Rundfunkkampagnen, ebenfalls garantieren. Im Zusammenhang mit der Herstellung von Musikvideos ist zu berücksichtigen, dass die Tonträgerunternehmen die hierfür erforderlichen Herstellungskosten zu einem bestimmten Prozentsatz in der Regel bis zu 50 %) gegen die Beteiligungsansprüche des Filmproduzenten verrechnen. Das bedeutet, dass der Filmproduzent erst dann eine Beteiligung an den Tonträgerverkäufen erhält, wenn seine Erlösansprüche den Teil der verrechnungsfähigen Videoproduktionskosten übersteigen. Der Filmproduzent sollte deshalb nur dann auf der Herstellung eines Videos bestehen bzw. eine entsprechende Verrechnung akzeptieren, wenn die damit verbundene Promotionwirkung erhöhte Einnahmen erwarten lässt.

4.1.5 Vergütung / garantierte Vorauszahlung

Im Rahmen von Bandübernahmeverträgen erhält der Filmproduzent seine Vergütung regelmäßig in Form einer Lizenzbeteiligung auf Basis des Abgabepreises an den Einzelhandel (sog. **Händlerabgabepreis** oder HAP), bzw. wenn dieser nicht verfügbar ist (wie z. B. beim Direktvertrieb an den Kunden via Mailorder) auf Basis des so genannten Nettodetailpreises.

Zu beachten ist in diesem Zusammenhang, dass der HAP regelmäßig um so genannte »Technik- und Verpackungskosten« von pauschal 20 % bis 25 % gekürzt wird. Außerdem wird die Lizenzbeteiligung des Filmproduzenten bei bestimmten Verwertungsaktivitäten, wie z. B. Auslandsvertrieb, Mailordervertrieb, Midprice- und Lowpriceverkäufen sowie kostenintensiven Werbeaktivitäten ebenfalls pauschal reduziert.

Der Filmproduzent sollte beim Tonträgervertrieb über den Einzelhandel zum Hochpreis eine Beteiligung pro verkauftem Album in Höhe von etwa 18 % erhalten. Die Beteiligung kann sich unter Umständen verkaufsabhängig erhöhen. Eine übliche Grenze hierfür sind 50.000 verkaufte Einheiten des Soundtrackalbums. Steigerungen können sodann in Schritten von je weiteren 25.000 bis 50.000 verkaufter Einheiten festgelegt werden.

Bei Vertriebsverträgen erhält der Filmproduzent die von den Tonträgeunternehmen erzielten Erlöse, abzüglich einer Vertriebsprovision von ca. 30 % und etwaiger verrechenbarer Kosten.

Schließlich sollte der Filmproduzent auf einer garantierten, d. h. nicht rückzahlbaren, jedoch mit seiner Lizenzbeteiligung verrechenbaren Vorauszahlung bestehen, deren Höhe sich an den Verkaufserwartungen orientiert.

4.1.6 Beteiligungen Dritter

Die an den Musikaufnahmen mitwirkenden Künstler und/oder Produzenten erhalten üblicherweise ebenfalls eine Beteiligung aus der Soundtrackauswertung, und der Filmproduzent muss diese bei den Verhandlungen gegenüber dem Tonträgerunternehmen berücksichtigten. Der Filmproduzent muss insbesondere darauf achten, dass sämtliche Reduzierungen der Lizenzbasis oder der Lizenzsätze sowie etwaige Verrechnungen von Videoproduktionskosten u. ä., die er mit dem Tonträgerunternehmen vereinbart, mit seinen vertraglichen Abreden mit den vorgenannten Dritten konform gehen. Andernfalls geht er das Risiko ein, Zahlungen an Dritte leisten zu müssen, bevor ihm selbst Erlösansprüche gegen das Tonträgerunternehmen zustehen.

4.1.7 Abrechnung

In der Tonträgerindustrie sind Abrechnungen zum Kalenderhalbjahresende üblich. Auszahlungen erfolgen in aller Regel binnen acht bis zwölf Wochen nach den einschlägigen Terminen.

4.1.8 Die Musikverlagsrechte

Im Falle der Komposition und Produktion der Scoremusik erfolgt nicht selten die Beauftragung des Komponisten nur unter der Bedingung, die Musikverlagsrechte dem Produzenten zu übertragen. Insbesondere bei Fernsehserien ist die Inverlagnahme der Musik ein lukratives Geschäft. Daher haben nahezu alle großen Film- und TV-Produktionsgesellschaften ihren eigenen Musikverlag oder zumindest eine Edition gegründet, in dem sie die Musiken zu ihren Filmen verlegen. Auch die Fernsehanstalten haben diese Nebenerwerbsquelle längst entdeckt und ihre eigenen Musikverlage gegründet.

In finanzieller Hinsicht bedeutet dies, dass der Verlag nach dem Verteilungsplan der GEMA 40 % und der Komponist 60 % der Tantiemen erhält, vorbehaltlich einer anderweitigen vertraglichen Regelung.

Aus Sicht der Komponisten, die oft unter Verweis auf die nicht unerheblichen GEMA-Tantiemen ohnehin zu außerordentlich geringen Honoraren (bisweilen zum Nulltarif!) engagiert werden, ist diese Praxis höchst unbefriedigend. Zum einen erhalten sie keine angemessenen Honorare für die Komposition und Produktion der Musik und zum anderen werden ihnen die GEMA-Tantiemen in Höhe des Verlagsanteils vorenthalten. Diesem Missstand begegnen die Komponisten in der Regel damit, dass sie ihren eigenen Musikverlag etablieren und mit dem Produzenten einen Co-Verlagsvertrag eingehen, d. h. die Verlagsrechte und insbesondere die Tantiemen hälftig geteilt werden. Alternativ zum Co-Verlagsvertrag bietet sich eine Refundierung der Tantiemen in einem bestimmten Verhältnis an den Komponisten an.

4.2 Das »Buch zum Film«

Im Rahmen eines Filmvorhabens existieren unterschiedliche Gestaltungsmöglichkeiten im Hinblick auf ein Buch zum Film. Als Hauptvarianten der Drucknebenrechte sind ein Roman zum Film (Romanfassung des Drehbuches, das »Novelisation Right«) und das wie auch immer geartete »Buch zum Film« denkbar.

Das Landgericht Frankfurt a.M. befasste sich vor einigen Jahren mit der Frage, was unter einem »Buch zum Film« zu verstehen sei. Es handelte sich um einen Dokumentarfilm, der für einen Sender gedreht wurde. Im Vertrag fand sich eine Klausel folgenden Wortlauts:

Der Produzent erhält die Möglichkeit, ein Buch zum Film zu veröffentlichen. Sofern ein Verlag gefunden werden sollte, erhält der Produzent 60 % und die Sendeanstalt 40 % der Erlöse.

Im Film wurden verschiedene Personen dargestellt und interviewt. Der Produzent, ein »Dokumentarfilmer«, der auch das Drehbuch geschrieben hatte, verwendete anschließend einige Episoden aus dem Film für ein Buch, welches unter demselben Titel erschien. Die entsprechenden Personen und Interviews wurden dabei vom Produzenten literarisch bearbeitet. Außerdem verwandte der Produzent weitere Recherchematerialien, die nicht in den Film eingeflossen waren. Das Buch bestand schließlich zu ca. 70 % aus der literarischen Umsetzung des Filminhalts und zu 30 % aus neuen Kapiteln. Dialoge, Standfotos oder anderweitiges visuelles Material aus dem Film wurden nicht verwandt.

Der Sender war der Auffassung, dabei handele es sich um ein »Buch zum Film«, wohingegen der Produzent und Autor der Meinung war, in dem Buch sei ein separates literarisches Werk zu sehen, an dessen Erlösen der Sender nicht zu beteiligen sei. Diese Meinung begründete er damit, dass

- das Buch eine literarische Aufarbeitung der (teilweise) im Film dargestellten Personen und Ereignisse sei;
- die zusätzlichen Recherchen und die literarische Aufarbeitung des Stoffes Kosten und Zeit in Anspruch genommen hätten, die zumindest in Form eines Autorenhonorars zu vergüten seien;
- keinerlei Bilder aus dem Film im Buch verwandt worden seien (z. B. Standfotos). Konstitutives Element eines »Buches zum Film« sei jedenfalls auch eine visuelle Anlehnung des Buches an den Film, die hier gänzlich fehle.

Das Gericht neigte dennoch zu der Auffassung, das Werk als »Buch zum Film« anzusehen und damit dem Sender den entsprechenden Erlösanteil zuzusprechen. Letztlich wäre jedoch ein Sachverständigengutachten unumgänglich gewesen, weshalb der Rechtsstreit nicht entschieden wurde, sondern die Parteien sich schließlich verglichen.

Dieser Fall zeigt exemplarisch, dass die Vertragspartner zur Vermeidung von Missverständnissen möglichst präzise vertragliche Regelungen treffen sollten. Dabei ist im Hinblick auf die Verwertung eines Filmstoffes im Wege der Drucknebenrechte auf Folgendes zu achten:

- Wie definieren sich die jeweiligen Werkkategorien (»Buch zum Film«, Roman, etc.)?
- Welche Rechte sind betroffen?
- Welche Vergütungen sind angemessen und wem stehen sie zu?

Eine entscheidende Weichenstellung erfolgt dadurch, ob der Film auf einem vorbestehenden Werk (meistens ein Roman) basiert oder auf einem Originaldrehbuch. Im ersten Fall wird der Verlag im Rahmen der Vergabe der Verfilmungs-rechte entweder die Drucknebenrechte überhaupt nicht lizenzieren oder sich zumindest das Recht vorbehalten, das Buch zum Film oder ein wie auch immer geartetes »Buch« selbst zu verlegen.

4.2.1 Werkkategorien

(1) Der Roman zum Film (Romanfassung des Drehbuches)
Zur Verwirklichung eines solchen Buches, das letztlich eine (erneute) Bearbeitung des Drehbuches in Romanform darstellt, sind, wenn es sich um die Verfilmung eines vorbestehenden Romans handelt, sowohl die Zustimmung des Original-autors/Verlags wie auch des Drehbuchautors einzuholen.

Die Novelisation des Drehbuches erfolgt bisweilen unter Einschaltung von Ghostwritern, die häufig für ein Pauschalhonorar engagiert werden. In jedem Fall ist aber bei der Kalkulation und der Vergütungsregelung sorgfältig darauf zu ach-ten, welche Personen an den Verkaufserlösen in welcher Weise zu beteiligen sind.

(2) Das Hörbuch
Dem Produzenten steht, vorbehaltlich einer anderweitigen vertraglichen Regelung, nicht das Recht zu, den ursprünglichen Roman als Hörbuch herauszubringen. Dem Verlag ist es vielmehr unbenommen, sich gleichsam »an den Film anzuhän-gen« und sowohl den ursprünglichen Roman in eine Neuauflage wie auch ein Hörbuch herauszubringen.

Der Verlag hat jedoch regelmäßig ein Interesse daran, das Cover des Buches entweder mit dem Filmplakat oder einem Standfoto aus dem Film zu gestalten. Insoweit sind Rechte des Filmproduzenten und der verschiedenen Mitwirkenden (z. B. Regisseur, Standfotograf, Darsteller, Ausstatter) betroffen. Diese Rechte muss sich der Produzent vertraglich zur zweckentsprechenden Verwendung sichern.

Die Verlage versuchen bisweilen, sich die vorbezeichneten Rechte schon im Verfilmungsvertrag unentgeltlich einräumen zu lassen. Hierzu sollte der Produ-zent allerdings nur dann bereit sein, wenn dies im Rahmen einer Gesamtkoopera-tion sinnvoll und sachgerecht ist. Ansonsten sollte er versuchen, eine angemes-sene Lizenz zu erlangen, denn das von ihm zur Verfügung gestellte Cover wird analog zum Erfolg des Films absatzerhöhend wirken. Eine übliche Lizenz bewegt sich zwischen 0,5 % und 1,5 % des Nettoladenverkaufspreises des Buches. Der Verlag wird wiederum versuchen, das Cover für einen Pauschalpreis zu erwerben.

(3) Das »Buch zum Film«
Wie der eingangs zitierte Rechtsstreit vor dem Landgericht Frankfurt a. M. ver-deutlicht, entzieht sich diese Kategorie bisher einer klaren Definition. Nach dem

Dafürhalten des Verfassers konnte in dem zitierten Rechtsstreit nicht ohne weiteres davon ausgegangen werden, dass es sich dabei um ein »Buch zum Film« handelte. Die Übereinstimmung zwischen dem Buch und dem Film lag lediglich in der Verwendung desselben Titels und der literarischen Aufarbeitung einiger im Film gezeigten Personen und Handlungsstränge. Darin ist jedoch eine eigenständige literarische Verwertung eines filmischen Themas zu sehen und nicht unbedingt ein »Buch zum Film«.

Das Buch zum Film tritt vielmehr dadurch in Erscheinung, dass es entweder als mehr oder weniger unveränderte Veröffentlichung des Drehbuchs selbst oder aber Teile des Drehbuchs illustriert mit Standfotos, Abbildungen von Requisiten oder aber ein Buch, welches die vorbezeichneten Elemente mitübernimmt und die Herstellung des Films dokumentiert.

Allen diesen Varianten ist wesenseigen, dass das jeweilige Buch ohne größeren zusätzlichen Aufwand im Hinblick auf das eigentliche Schreiben des Buches veröffentlicht werden kann.

Dem gegenüber lag in dem vor dem Landgericht Frankfurt a. M. verhandelten Buch eine Novelisierung des Filmstoffes, sodass es letztlich um einen Roman zum Film ging. Wenn man diese Veröffentlichung dennoch als »Buch zum Film« qualifizieren wollte, hätte man dem Autor zumindest ein zusätzliches Honorar und die Erstattung der Recherchekosten zusprechen müssen, die in dem Vertrag nicht geregelt waren. Es ist nämlich kein Grund ersichtlich, weshalb der Autor diese Leistungen unentgeltlich gegenüber dem an den Erlösen beteiligten Sender hätte erbringen sollen.

Diese Darstellungen verdeutlichen, dass eine klare vertragliche Regelung empfehlenswert ist. Diese Klarheit ist für zwei Bereiche gleichermaßen wichtig: einerseits für die Enthaltungspflicht des Autors, den Stoff anderweitig literarisch zu bearbeiten und andererseits für den Filmproduzenten, der die entsprechenden Lizenzen an Verlage vergeben möchte.

4.2.2 Vergütungsregelung

Neben den vorstehend erwähnten Besonderheiten hängt die zu zahlende Vergütung zunächst von der Entscheidung ab, ob das jeweilige Buch als **Hardcover** oder als **Taschenbuch** erscheinen soll.

Im Falle einer Hardcoverausgabe liegt das übliche **Absatzhonorar** bei ca. 10 % des Nettoladenverkaufspreises. Dieses Honorar kann nach oben gestaffelt werden, wobei sich die Steigerung an bestimmten Verkaufszahlen orientiert (z. B. ab 50.000 verkaufter Exemplare: 11 %, ab 100.000 verkaufter Exemplare: 12 %).

Demgegenüber liegt bei der Taschenbuchausgabe das Absatzhonorar meist bei 6 % bis 7 %, ggf. ebenfalls mit einer Staffelung.

Zu bedenken ist in diesem Zusammenhang aus Produzentensicht, dass die Vergabe solcher Lizenzen an Verlage noch Raum für ein Honorar des Produzenten vorsehen muss. Wie bereits vorstehend ausgeführt, sind bei der jeweiligen Veröffentlichung verschiedene Autoren und Berechtigte zu bedenken. Der vergütungspflichtige Personenkreis würde etwa im Falle der Veröffentlichung eines »Buches zum Film« mit einem Cover des Hauptdarstellers wie folgt aussehen:

Der Autor des ursprünglichen Romans:

- der Drehbuchautor;
- der Autor des »Buches zum Film« (ggf. ein Ghostwriter);
- der Darsteller, der gleichsam als »Werbeträger« auf dem Cover dargestellt ist;
- schließlich der Produzent, der möglicherweise noch weitere Dritte aus dem ihm verbleibenden Erlös befriedigen muss.

Dieses Szenario zeigt, dass im Falle eines Absatzhonorars von 10 % des Nettoladenverkaufspreises gewaltige Umsätze erzielt werden müssen, damit letztlich alle Beteiligten einen nennenswerten Betrag kassieren können.

4.3   Merchandising

Merchandising spielt nicht nur bei Spielfilmprojekten, sondern auch im Fernsehbereich eine große Rolle. Während bei Spielfilmprojekten nur die echten Kinohits (jüngere Beispiele: »Die wilden Kerle«, »Sieben Zwerge – Der Wald ist nicht genug«) für Merchandisingprodukte wirklich von Interesse sind, haben sowohl die privaten als auch die öffentlich-rechtlichen Rundfunkanstalten Merchandising als zusätzliche Einnahmequelle entdeckt und dort werden inzwischen Umsätze in Millionenhöhe erreicht.

4.3.1   Definition

Die standardisierten Klauseln in den jeweiligen Rechtekatalogen der Lizenzverträge sind im Hinblick auf die Definition des Merchandising nicht einheitlich. Eine gängige Definition lautet etwa wie folgt:

Das Merchandisingrecht, d. h. das Recht zur kommerziellen Auswertung des Werkes und/oder der Produktion durch Herstellung und Vertrieb von Waren aller Art (z. B. Spielzeug, Stofftiere, Sportartikel, Haushalts-, Bad- und Küchenwaren, Druckwerke, Kleidungsstücke, Kopfbedeckungen, Buttons etc.) sowie die Vermarktung von Dienstleistungen aller Art (z. B. in sog. »Theme-Parks«), die unter Verwendung von Vorkommnissen, Namen, Titeln, Figuren, Abbildungen und sonstigen in einer Beziehung zum Werk und/oder zur Produktion stehenden Zusammenhängen erfolgen.

Gelegentlich wird darunter zusätzlich das Recht subsumiert, das Werk und/oder die Produktion durch Herstellung und Vertrieb von Spielen, Computerspielen und/oder sonstigen Multimediawerken einschließlich interaktiver Computerspiele auszuwerten.

Auch die Verwendung des Begriffes »Merchandising« in der Fachliteratur ergibt kein einheitliches Bild (vgl. Überblick bei Schertz, Merchandising, S. 4 ff., Verlag Ch. Beck, 1997). Zwar war Merchandising wiederholt Gegenstand höchstrichtlicher Rechtsprechung, die es bislang aber auch versäumte, eine allgemein verbindliche Definition zu liefern (vgl. BGH NJW 1993, 852 ff. – Guldenburg-Entscheidung, in der es um Titel-Merchandising ging, wobei dieser Begriff nicht näher definiert wurde).

4.3.2 Rechtsübertragung

Die vertragsgegenständlichen Rechte können urheber-, leistungsschutz-, geschmacksmuster-, marken- sowie persönlichkeitsrechtlicher Natur sein. In Betracht kommen auch Rechtsübertragungen aufgrund wettbewerbsrechtlicher und anderweitiger nicht-ausschließlicher Grundlage, wobei in solchen Fällen allein die schuldrechtlichen Gestattungsverträge maßgeblich sind.

In der Vertragspraxis ist weniger eine allgemein gültige Definition relevant, als die klare Abgrenzung der verschiedenen Gegenstände der Rechtsübertragung. Im Merchandisingbereich sind z. B. Kollisionen mit den Drucknebenrechten denkbar. Die Kollisionsfrage stellt sich namentlich beim Drucken von Postkarten, Plakaten, Kalendern etc. Deshalb ist bei der Vertragsgestaltung sorgfältig darauf zu achten, dass die jeweiligen Bereiche und Rechte klar definiert und voneinander getrennt werden.

4.3.3 Schutz der Merchandising-Gegenstände

Je nachdem, um welchen Merchandisinggegenstand es sich handelt, müssen die Vertragspartner die entsprechenden Rechte klären bzw. möglichst im Vorfeld schützen. Soweit es sich um urheberrechtliche Werke im Sinne des § 2 I UrhG handelt, erlangen diese Werke mit ihrer Schöpfung Schutz, ohne dass in Deutschland eine Registrierung erforderlich ist.

Soweit es um Merchandising im Hinblick auf reale Personen geht, ist ebenfalls bereits durch die gesetzlichen Bestimmungen hinreichend Schutz gewährleistet:

§ 12 BGB (Namensrecht), §§ 22 ff. KUG (Rechte am eigenen Bild) sowie das allgemeine Persönlichkeitsrecht (Art. 1, 2 GG, § 823 I BGB).

Dem gegenüber müssen Merchandisingobjekte als Geschmacksmuster oder als Marke registriert werden, soweit nicht ausnahmsweise ergänzender wettbewerbsrechtlicher Schutz besteht. Im Hinblick auf die Anmeldung des Merchandisingobjekts als Marke sollte der Produzent schon bei der Entwicklung des Projekts überlegen, welche Marke- oder Dienstleistungsklasse »merchandisingmäßig« relevant werden könnte und die entsprechenden Eintragungen vornehmen.

4.3.4 Vertragstypen

Im Merchandisingbereich wird grundsätzlich zwischen dem Agenturvertrag und dem Lizenzvertrag unterschieden.

(1) Der Agenturvertrag
Im Agenturvertrag überträgt der Produzent einer Merchandisingagentur das exklusive Recht der Merchandisingauswertung des Vertragsgegenstands. Die Agentur ist gleichsam Vermittler zwischen dem Rechteinhaber (Produzent) und dem eigentlichen Verwerter.

(2) Der Standardlizenzvertrag
Die Agentur schließt sodann mit den einzelnen Verwertern die Lizenzverträge. Der Inhalt dieser Verträge wird in einem Standardlizenzvertrag zwischen dem Produzenten und der Agentur festgelegt. Dadurch ist sichergestellt, dass die Interessen des Produzenten und der weiteren Beteiligten in den zwischen der Agentur und den Verwertern geschlossenen Lizenzverträgen hinreichend gewahrt sind. Die wichtigsten Interessen des Produzenten sind die beiden folgenden:

4.3.5 Genehmigungsvorbehalte

Im Agenturvertrag wird seitens des Rechteinhabers bisweilen der Vorbehalt aufgenommen, dass die Agentur zwar berechtigt ist, den vereinbarten Standardlizenzvertrag mit Dritten zu verhandeln. Vor Abschluss des beabsichtigten Vertrages ist dieser jedoch dem Rechteinhaber zur Genehmigung vorzulegen. Der Rechteinhaber behält dadurch nicht nur die Kontrolle über den Inhalt des Vertrages, sondern auch über den Vertragspartner, also den Verwerter. Es kann durchaus vorkommen, dass der Rechteinhaber mit dem ausgewählten Verwerter nicht einverstanden ist und deshalb die Zustimmung zum Abschluss des Vertrages verweigern wird. In solchen Fällen müssen allerdings der Agentur die entstandenen Aufwendungen erstattet werden.

4.3.6 Qualitätskontrolle

Unter praktischen Gesichtspunkten ist insbesondere die Qualitätskontrolle auf Seiten des Rechteinhabers außerordentlich wichtig. Diese findet auf zwei Stufen statt:
Der Lizenznehmer (Verwerter) hat die Entwürfe des beabsichtigten Merchandisinggegenstands dem Produzenten vor Beginn der Serienproduktion zur Genehmigung vorzulegen. Der Produzent wird, soweit er hierzu nicht ohnehin vertraglich verpflichtet ist, gut daran tun, die Abnahme mit dem Künstler (Urheber) einvernehmlich durchzuführen. Erst nach Freigabe ist der Verwerter berechtigt, die Serienproduktion des Merchandisinggegenstands aufzunehmen.

Neben der Abnahme des Entwurfs sind Qualitätskontrollen in regelmäßigen Abständen erforderlich, um dauerhaft die gewünschten Standards zu halten. Gerade für etablierte Firmen und Marken ist es außerordentlich wichtig, dass dauerhaft eine hohe Qualität ihrer Produkte gewährleistet ist. Produkte minderer Qualität bergen die Gefahr, dass sich dies negativ auf das Image und den Marktwert nicht nur des Merchandisingobjektes, sondern des gesamten Unternehmens auswirkt.

4.3.7 Vergütungen

Im Hinblick auf die Verteilung der Erlöse aus der Merchandisingverwertung gilt Folgendes:
Der Produzent erhält für die Lizenzierung der Merchandisingrechte entweder eine Pauschalsumme oder eine prozentuale Beteiligung in Form einer Stücklizenz, bezogen auf den Händlerabgabepreis (HAP) des jeweiligen Artikels. Sofern der Produzent die Möglichkeit hat, sollte er sich eine solche Stücklizenz einräumen lassen, die zwischen 5 % und 10 % des Händlerabgabepreises liegen kann.

Die Merchandisingagentur erhält eine Vermittlungsprovision, die regelmäßig zwischen 25 % und 40 % liegt. Je nach Fallgestaltung können darüber hinaus noch die entstandenen Kosten vorabzugsfähig sein.

Aus den Produzenteneinnahmen sind die Urheber/Filmschaffenden zu befriedigen, soweit diese einen entsprechenden Erlösanspruch haben. Hierbei muss der Produzent schon bei der ursprünglichen Vertragsgestaltung sorgfältig überlegen, wer – und gegebenenfalls in welcher Höhe – an den Merchandisingerlösen teilhaben soll. Dabei bietet sich entweder die generelle Lösung an, dass bestimmte Personen (z. B. Regisseur, Drehbuchautor, Schauspieler, Puppenbauer etc.) in einem festgelegten Verhältnis an allen Produzentenerlösen aus der Verwertung des Films, einschließlich der Merchandisingerlöse, beteiligt werden. Alternativ kann es sinnvoll und sachgerechter sein, nur diejenigen an den Merchandisingerlösen zu beteiligen, deren Rechte bzw. Leistungen tatsächlich Gegenstand des Merchandisings sind.

4.3.8 Nennung / Copyrightvermerk

Die Aufbringung des Copyrightvermerks und die exakte Nennung des Lizenzgebers auf den jeweiligen Merchandisingartikeln ist außerordentlich wichtig und der Vertrag sollte dies ausdrücklich regeln.

4.3.9 Beendigung des Vertrages

Schließlich sollte der Vertrag vorsehen, was mit den Lagerbeständen im Falle der Beendigung erfolgt. Dem Lizenznehmer kann entweder eine »Aufbrauchfrist« (regelmäßig drei Monate) eingeräumt werden. Sofern der qualitätsbewusste Lizenzgeber kein Interesse an einem Ausverkauf hat, wird er sich vertraglich ausbedingen, dass er die Restbestände zu einem festgelegten Preis erwerben kann. Falls er von dieser Option keinen Gebrauch machen möchte, wird dem Lizenznehmer auferlegt, die Restexemplare zu vernichten.

5 Der Erlöstreuhänder (»Collection Agency«)

Traditionell rechnet der Weltvertrieb direkt an die Koproduzenten (oder den federführenden Koproduzenten) ab und zahlt die entsprechenden Erlöse nach dem vereinbarten Verteilungsschlüssel aus. In einem solchen Fall ist nicht auszuschließen, dass Leistungsstörungen eintreten, weil z. B. ein Insolvenzverfahren gegen den Weltvertrieb eröffnet wird, Gläubiger eine Kontenpfändung vornehmen etc.

Zur Vermeidung derartiger Vorkommnisse und unnötiger Diskussionen über Abrechnungen hat sich deshalb eine Institution bewährt, die sich »Collection Agency« nennt. Darunter ist ein Inkassounternehmen zu verstehen, das weltweit die Erlöse aus der Verwertung eines Projektes auf treuhänderischer Basis einzieht und an die Berechtigten verteilt. Als Collection Agencies haben sich traditionsgemäß die **Fintage House BV** (www.fintagehouse.com) in Amsterdam und die **National Film Trust Company Limited** (NFTC, www.nftc.co.uk) in London bewährt, wobei Fintage House die weltweit führende Collection Agency ist. Seit dem Jahr 2000 hat sich eine Spin-off aus Fintage heraus erfolgreich entwickelt, die sich **Freeway Entertainment Group B. V.** (www.freeway-entertainment.com) nennt und in Ungarn ihr Hauptquartier hat. Ungarn wurde deshalb gewählt, weil dort vergleichbar günstige Doppelbesteuerungsabkommen mit Drittländern bestehen wie in den Niederlanden. Schließlich sei noch die **European Collection Agency A/S** (www.collecting-agent.com) in Kopenhagen erwähnt, die allerdings überwiegend skandinavische Filme betreut. Auch in Deutschland existiert seit 2005 eine solche Einrichtung, die **OnTrust Inkasso- und Abrechnungsgesellschaft mbH** (Fuggerstrasse 22, 10777 Berlin, www.on-trust.de). Diese dürfte letztlich nur für deutsche Projekte infrage kommen, soweit die Rahmenbedingungen das zulassen. Denn für Projekte, die international ausgewertet werden, ist Deutschland als Inkassostandort wegen der vergleichsweise ungünstigen Doppelbesteuerungsabkommen relativ uninteressant. Bei rein deutschen Projekten wiederum ist meist mit nur geringen Zahlungen über die Minimumgarantie hinaus zu rechnen, sodass die Einschaltung eines Erlöstreuhänders und die damit verbundenen Kosten wenig Sinn macht. Letztlich ist das aber eine Frage des Einzelfalles.

Erlöstreuhänder erheben eine bestimmte Gebühr, um das »Collection Account« zu eröffnen und die Infrastruktur für die Einziehung und Verteilung der weltweiten Erlöse zu schaffen. Diese Gebühr liegt üblicherweise bei ca. 5000 USD. Bei großen Spielfilmprojekten, die weltweit hohe Erlöse erwarten lassen bzw. schon generiert haben (z. B. in Form von Presales), wird regelmäßig auf diese Gebühr verzichtet. Darüber hinaus erhält die Collection Agency ca. 1 bis 2 % der eingehenden Erlöse, wobei der jeweilige Prozentsatz von der Höhe der erwarteten Erlöse und dem jeweiligen Verwaltungsaufwand abhängig ist. Bisweilen sträuben sich Banken, die Zwischenschaltung einer Collection Agency zu akzeptieren, weil sich durch deren Gebühren die Rückzahlung des Darlehens verzögert. Dann besteht die Möglichkeit, dass die Bank zunächst befriedigt wird und die Collection Agency erst danach tätig wird oder die Collection Agency ihre Gebühr solange zurückstellt, bis das Darlehen zurückgezahlt ist.

Sofern eine Collection Agency eingeschaltet werden soll, muss der Kontakt möglichst frühzeitig hergestellt und schon in der Phase der Koproduktionsverhandlungen geklärt werden, welche Collection Agency zu welchen Konditionen engagiert werden soll. Denn in den zu schließenden Verträgen werden die Vertragspartner angewiesen, die Minimumgarantien und/oder späteren Erlöse direkt auf das Treuhandkonto zu zahlen. Dadurch werden unnötige Konflikte vermieden (z. B. Insolvenz, Kontenpfändung, Unterschlagung).

Die Verteilung der eingegangenen Erlöse erfolgt nach einem festgelegten Schlüssel (»Recoupment and Disbursement Schedule«), der Bestandteil der Vereinbarung ist. An diesen vereinbarten Verteilungsschlüssel ist die Collection Agency gebunden, solange er nicht im Einvernehmen aller Beteiligten geändert worden ist.

Die Einschaltung einer Collection Agency hat schließlich den Vorteil, dass die Abrechnungen von dieser vorgenommen werden. Diese Accounting Statements werden den Zahlungen beigefügt. Dieser Service entlastet den Verwaltungsaufwand des Weltvertriebs und u. U. auch den des Produzenten, der diese Abrechnungen z. B. einfach an die Filmförderungen weiterreichen kann. Dennoch sind die Weltvertriebe sehr zögerlich, die Einschaltung einer Collection Agency zu akzeptieren, und insbesondere die US-Majors widersetzen sich diesem Verlangen regelmäßig. Demgegenüber bestehen inzwischen einige Schauspieler oder anderweitig Kreative, die an den Einspielerlösen des Films beteiligt sind, auf der Einschaltung einer Collection Agency, denn sie versprechen sich dadurch mehr Transparenz und Fairness in der Abrechnung und Auszahlung der Erlöse eines Films.

IX   Ausgewählte Rechtsprobleme

1   Vertragsabwicklung im internationalen Rechts-
verkehr (Rechtswahl und Gerichtsstand)

In der langen Kette der Verträge, die im Rahmen der Herstellung und Auswertung eines Filmwerkes abzuschließen sind, regeln die meisten einen grenzüberschreitenden Sachverhalt: seien es die Verträge mit den Urhebern vorbestehender Werke, sei es der Koproduktionsvertrag mit einem oder mehreren Partnern, die ihren Sitz in verschiedenen Ländern haben, seien es die Verträge mit ausländischen Schauspielern oder die Vielzahl der Lizenzverträge, die zur Auswertung mit nicht nur nationalen Lizenznehmern geschlossen werden.

Von nicht zu unterschätzender Bedeutung sind bei der internationalen Vertragsabwicklung die Fragen, nach welchem Recht sich der jeweilige Vertrag richtet und vor welchem Gerichtsstand im Streitfall geklagt werden kann. Nachfolgend werden deshalb die wesentlichen Grundsätze und Konsequenzen im Hinblick auf die Vereinbarung und – mangels Vereinbarung – Ermittlung des anwendbaren Rechts (1.1), des zuständigen Gerichtsstandes (1.2) und möglicher Schiedsvereinbarungen (1.3) dargelegt.

1.1   Das anwendbare Recht

1.1.1   Vertragliche Rechtswahl

Zur Vermeidung unangenehmer Überraschungen sind ausdrückliche und schriftliche Rechtswahlvereinbarungen dringend zu empfehlen. Es ist jeweils eine Frage der Marktstellung und des Verhandlungsgeschicks, wer letztlich seine Interessen durchzusetzen imstande ist. Bei Koproduktionen wird dies meist der majoritäre Koproduzent sein oder etwa derjenige, der die Stoffrechte kontrolliert und das Projekt entwickelt hat. Soweit es sich um Verträge mit US-amerikanischen Firmen handelt, setzen diese in der Regel aufgrund ihrer Marktdominanz ihre Vertragsmuster durch. Üblicherweise finden sich darin Rechtswahlklauseln, die den jeweiligen Vertrag dem Recht ihres Sitzes, meist also kalifornischem Recht, unterstellen.

1.1.2 Gesetzliche Anknüpfung

Enthalten die Verträge keine Rechtswahlklauseln, entscheidet nach den allgemei-nen Regeln des Internationalen Privatrechts (IPR) die »lex fori«, d. h. die Rechts-ordnung des angerufenen Gerichts, über das anwendbare Recht. Vorbehaltlich internationaler Abkommen, durch welche sich die Vertragsstaaten zur Anwen-dung einheitlicher Normen des Internationalen Privatrechts verpflichten, ist das auf den Lizenzvertrag anzuwendende Recht nach den Regeln des jeweiligen natio-nalen Kollisionsrechts (IPR) zu ermitteln (vgl. Kropholler, Internationales Privat-recht, S. 38).

1.1.3 Ermittlung des Vertragsstatuts

Nach deutschem Recht unterliegt bei Fehlen einer Rechtswahl der Vertrag dem Recht des Staates, mit dem er die engsten Verbindungen aufweist (Art. 28 I 1 EGBGB). Dabei geht die gesetzliche Vermutung des Art. 28 II EGBGB davon aus, dass der Vertrag die engste Verbindung mit dem Staat aufweist, in dem die Ver-tragspartei, die die **charakteristische Leistung** erbringt, im Zeitpunkt des Ver-tragsschlusses ihren gewöhnlichen Aufenthalt bzw. ihre Hauptverwaltung hat.

Verpflichtet sich ein Urheber zur Rechtseinräumung gegen eine Lizenz, so er-bringt der Urheber die charakteristische Leistung, für den Vertrag gilt also das Recht seines Wohnsitzes. Verpflichtet sich hingegen ein Lizenznehmer zur Aus-wertung eines Films oder wird ihm eine ausschließliche Lizenz eingeräumt, dann liegt der Schwerpunkt, d. h. die charakteristische Leistung, beim Lizenznehmer. Hat der Lizenznehmer seinen Sitz oder seine Hauptverwaltung in Deutschland, ist folglich auf den Lizenzvertrag deutsches Recht anwendbar.

Das Fehlen einer Rechtswahlklausel kann für den deutschen Lizenznehmer dann vorteilhaft sein, wenn ihn – wie im Regelfall – eine Auswertungsverpflich-tung trifft, d. h. er die vertragscharakteristische Leistung erbringen muss. Denn in diesem Fall wird ein deutsches Gericht das Vertragsverhältnis gemäß Art. 28 EGBGB nach deutschem Recht beurteilen.

1.1.4 Abgrenzung des Geltungsbereichs des Vertragsstatuts vom Urheberrechtsstatut

Das entweder durch Rechtswahl (Art. 27 EGBGB) oder durch objektive Anknüp-fung nach dem **Grundsatz der engsten Verbindung** (Art. 28 EGBGB) ermittelte **Vertragsstatut** regelt das Zustandekommen, die Wirksamkeit, Auslegung, Erfül-lung und die Folgen der Nichterfüllung oder Nichtigkeit des Vertrages (Art. 31 I, 32 EGBGB).

Dagegen unterliegen die der Rechtseinräumung vorgelagerten, das Urheberrecht selbst betreffenden Fragen stets dem Anwendungsbereich des Rechts des **Urheberstatuts,** also dem Recht des Landes, für dessen Gebiet Rechtsschutz gegenüber der Verletzung von Urheberrechten und verwandten Schutzrechten beansprucht wird. Das Recht des Urheberstatuts ist maßgeblich für die Fragen bezüglich der Entstehung und des Umfanges des Urheberrechts, Inhalt und Umfang des Schutzes, Folgen der Rechtsverletzung und Erlöschenstatbestände (vgl. BGH, NJW 1998, 1395, 1396; Loewenheim, Rechtswahl bei Filmlizenzverträgen, ZUM 1999, S. 925).

Im Hinblick auf vertragsrechtliche Fragen im Zusammenhang mit Urheberrechten und verwandten Schutzrechten ist streitig, ob die dingliche Verfügung, hier also die Übergabe des Filmmaterials und die Einräumung der Nutzungsrechte selbst, dem Recht des Vertrags- oder des Urheberstatuts folgt. Praktisch relevant wird dies insbesondere für die Klärung der Rechtsfolgen bei Vertragsstörungen, etwa im Falle der Insolvenz eines Gliedes in der Rechtekette.

Nach der so genannten **Spaltungstheorie,** die vor allem im internationalprivatrechtlichen Schrifttum vertreten wird, unterliegt das Verfügungsgeschäft dem Recht des Urheberstatuts (vgl. statt aller Schricker-Katzenberger, a. a. O., Vor §§ 120 ff., Rz. 148). Praktisch hätte dies zur Folge, dass ein angerufenes deutsches Gericht aufgrund einer Rechtswahlklausel möglicherweise die Wirksamkeit des Lizenzvertrages nach kalifornischem Recht (Vertragsstatut), die Frage der Wirksamkeit eines Rückrufsrechts des Lizenzgebers aufgrund vorzeitiger Vertragsbeendigung dagegen nach deutschem Recht (Urheberstatut) zu beurteilen hätte. Bei grenzüberschreitenden Sachverhalten würde nach dieser Meinung die schuldrechtliche Verpflichtung und die dingliche Verfügung »aufgespalten«, was zur Namensgebung dieser Theorie führte.

Um diese praktischen Schwierigkeiten zu vermeiden, folgen die überwiegenden deutschen Urheberrechtskommentare und insbesondere die deutsche Rechtsprechung der **Einheitstheorie.** Danach ist das Vertragsstatut grundsätzlich auch für das urhebervertragliche Verfügungsgeschäft maßgeblich (vgl. OLG München, ZUM 2003, 141/143; BGH NJW 1998, 1395; OLG Frankfurt a. M., GRUR 1998, S. 141, 142 m. w. N.; Schricker-Katzenberger, a. a. O., Rz. 149; Loewenheim, a. a. O., S. 925).

Im Hinblick auf vertragsrechtliche Fragen im Zusammenhang mit Urheberrechten und verwandten Schutzrechten bleibt daher der Streit zwischen Spaltungs- oder Einheitstheorie eher akademischer Natur mit der Folge, dass sich in der Praxis jeweils das nationale Vertrags- und Urheberrecht durchsetzt, welches die Parteien gewählt haben oder welches von den angerufenen Gerichten nach den Regeln des Internationalen Privatrechts ermittelt wird.

1.1.5   Anwendung zwingenden deutschen Rechts

Unterliegt der Vertrag ausländischem Recht, stellt sich die Frage, inwiefern gleichwohl zwingende Vorschriften des deutschen Rechts beachtet werden müssen.

Im deutschen internationalen Privatrecht/Kollisionsrecht wird der Grundsatz ausgesprochen, dass zwingende inländische Regelungen durchzusetzen sind (Art. 34 EGBGB). Die einzelnen zwingenden Bestimmungen sind den jeweiligen nationalen Gesetzen zu entnehmen. Soweit also der Vertrag eine ausländische Rechtswahlklausel enthält oder bei fehlender Rechtswahl die objektive Anknüpfung zu einer ausländischen Rechtsordnung führt, sind dennoch die zwingenden deutschen Gesetze zu berücksichtigen. Dazu zählen beispielsweise die Bestimmungen der neuen deutschen Insolvenzordnung (dazu nähere Einzelheiten unten Ziffer 1.2).

In der Praxis werden die unabdingbaren deutschen Bestimmungen allerdings nur dann Beachtung finden, wenn vor einem deutschen Gericht geklagt wird. Denn jedes angerufene Gericht ist bestrebt, den Fall nach seiner nationalen Rechtsordnung zu behandeln, da es sich in dieser am besten auskennt. Ein deutsches Gericht wird also im Sinne der klagenden Partei, die das Gericht anruft, die Möglichkeiten ausschöpfen, trotz einer wirksamen (ausländischen) Rechtswahlvereinbarung zumindest teilweise deutsches Recht anzuwenden.

Haben umgekehrt die Parteien in ihrem Vertrag neben der ausländischen Rechtsordnung auch einen Gerichtsstand im Ausland vereinbart, so kommt es darauf an, ob das jeweilige Recht die Beachtung zwingender ausländischer Normen (d.h. hier die des deutschen Rechts) vorsieht. Nur wenn dies der Fall ist, können die zwingenden deutschen gesetzlichen Vorschriften trotz ausländischer Rechtswahl und ausländischen Gerichtsstands Beachtung finden.

1.1.6   Vollstreckung ausländischer Urteile / »ordre public«

Fraglich bleibt, ob ein ausländisches Urteil in Deutschland vollstreckbar ist, wenn es unter Nichtbeachtung zwingender deutscher Vorschriften gefällt wurde.

Gemäß § 328 I Nr. 4 ZPO ist die Anerkennung ausländischer Urteile ausgeschlossen, wenn es mit wesentlichen Grundsätzen des deutschen Rechts nicht vereinbar ist (ordre public). Allerdings wird durch den ordre public nicht die unbedingte Anwendung bestimmter zwingender deutscher Vorschriften gesichert (vgl. Palandt-Heldrich, Art. 6 EGBGB, Rz. 1ff.). Nach der Rechtsprechung des Bundesgerichtshofs verstößt allein die Nichtbeachtung des Art. 34 EGBGB durch ein ausländisches Gericht nicht gegen den deutschen ordre public (BGH NJW 1993, 3269).

Entscheidend ist vielmehr, ob das materiell-rechtliche Ergebnis der Urteilsfindung im konkreten Fall mit den wesentlichen deutschen Rechtsgrundsätzen vereinbar ist. Nur soweit tatsächlich tragende Grundlagen des deutschen staatlichen, wirtschaftlichen oder sozialen Lebens durch das ausländische Urteil angegriffen werden, wäre ein Verstoß gegen den ordre public anzunehmen. So kann etwa die pauschale Verurteilung zu horrenden Schadensersatzsummen, »punitive damages«, die über den Ausgleich erlittener materieller und immaterieller Schäden hinausgehen, in Deutschland regelmäßig nicht für vollstreckbar erklärt werden (vgl. BGHZ 118, 312, 344 ff.).

1.2 Der Gerichtsstand

Sieht der Vertrag eine Rechtswahlklausel vor, so enthält er regelmäßig auch eine Vereinbarung über den Gerichtsstand. Nach deutschem Recht kann die Zuständigkeit eines inländischen Gerichts vereinbart werden, wenn beide Parteien Kaufleute sind oder mindestens eine der Vertragsparteien keinen allgemeinen Gerichtstand in Deutschland hat (Art. 38 II ZPO). Bei der Wahl des Gerichtsstandes sind die Parteien grundsätzlich frei. Die freie Wahl wird allerdings begrenzt auf die gesetzlichen Gerichtsstände der inländischen Partei, wo deren Gegner sowieso klagen könnte.

Tatsächlich versucht in der Praxis der jeweils »stärkere« Vertragspartner meist nicht nur sein nationales Recht, sondern auch den Gerichtsstand an seinem Sitz durchzusetzen. Denn die jeweiligen Vor- und Nachteile einer Gerichtsstandsvereinbarung sind offensichtlich:

- die Partei, die den »Heimvorteil« genießt, kann mit dem ihr vertrauten Rechtsanwalt auf bekanntem Terrain arbeiten;
- demgegenüber hat die Klage vor einem ausländischen Gericht für den Vertragspartner »abschreckende Wirkung«, denn er muss sich auf fremdes Terrain begeben, einen ihm mitunter nicht bekannten Rechtsanwalt einschalten (dessen Honorierung und Tätigkeit er wegen der Entfernung, Zeitdifferenz und der fremden Gerichtspraxis kaum kontrollieren kann), er ist unter Umständen gehalten, zusätzliche Sicherheiten zu leisten im Gegensatz zu der Partei, die den »Heimvorteil« genießt (in Deutschland z. B. Verpflichtung von EU-Ausländern zur Prozesskostensicherheitsleistung gem. §§ 110 ff ZPO) etc.

Diese Umstände können durch die Vereinbarung eines wechselseitigen Gerichtsstandes, also am Sitz des jeweiligen Beklagten, relativiert werden. Selbst bei großen Lizenzhändlern sind hin und wieder Klauseln etwa folgenden Inhalts anzutreffen:

In the event of any disagreement resulting from the interpretation and/or performance of this agreement the parties hereby agree that this agreement shall be subject to the laws of the country of domicile of the plaintiff. Depending on plaintiff's domicile the place of venue is either Los Angeles or Munich.

Die Klägerpartei kann dabei auf das ihr vertraute Recht zurückgreifen und hat darüber hinaus ein Heimspiel«. Keine der Parteien ist allerdings mit vorgenannter Klausel dagegen geschützt, dass sie am Sitz des Vertragspartners mit einer Klage überzogen wird, die sich dann auf eine ausländische Rechtsordnung stützt.

Wegen der nicht zu unterschätzenden Nachteile einer Klage vor einem ausländischen Gericht lassen sich Vertragspartner gelegentlich zwar auf eine fremde Rechtsordnung, nicht hingegen auf eine Gerichtsstandsvereinbarung ein, z. B.:

This agreement shall be governed by the rules and laws of the State of New York.

Ohne Gerichtsstandvereinbarung wird dann die Klägerpartei den Vertragspartner an dessen Sitz nach dem materiellen Recht des »State of New York« verklagen müssen, sofern sich nicht durch besondere Umstände ein anderweitiger Gerichtsstand begründet. Der Kläger hat dann immerhin aufgrund der Rechtswahl noch eine gewisse Gewähr für die materielle Grundlage der gerichtlichen Entscheidung.

Zu beachten ist allerdings, dass sich beim Auseinanderfallen von materiellem Recht und Gerichtsstand die Dauer eines Rechtstreits verlängern wird, weil die nach ausländischem Recht zu treffende Entscheidung regelmäßig nur durch ein Sachverständigengutachten ermittelt werden kann (in Deutschland im Bereich des Urheberrechts z. B. durch das Max-Planck-Institut für Urheberrecht in München).

Im Bereich der **internationalen Koproduktion** ist in diesem Zusammenhang erwähnenswert, dass sich die Vertragspartner bisweilen auf ein »neutrales Recht und einen neutralen Gerichtsstand« einigen, sofern nicht ein majoritärer Koproduzent seine Interessen durchzusetzen vermag. Wenn es sich etwa um eine deutschspanisch-dänische Koproduktion handelt, wird der Vertrag z. B. englischem Recht (UK and Wales) unterstellt und als Gerichtsstand London bestimmt.

Dies hat einen Grund darin, dass sich dann kein Vertragspartner durchsetzen musste oder konnte. Gleichzeitig werden die Verträge regelmäßig in englischer Sprache abgeschlossen und häufig wird ein Koproduktionspartner durch einen Rechtsanwalt in London vertreten. Deshalb bietet sich englisches Recht – nach dessen Muster die Verträge meist ohnehin »gestrickt« sind – und London als Gerichtsstand gleichsam als »neutrales Hoheitsgebiet« aus Sicht der Beteiligten an.

1.3 Schiedsvereinbarungen

Alternativ besteht die Möglichkeit, in den Vertrag eine Schiedsklausel aufzunehmen, in welcher das anwendbare Verfahrens- und materielle Recht sowie die Besetzung des Schiedsgerichts und der Ort, an dem das Verfahren stattzufinden hat, festgelegt ist,. Gegenüber den Verfahren vor den ordentlichen Gerichten soll damit insbesondere Zeit gespart werden. Darüber hinaus haben die Vertragspartner meist Einfluss auf die Schiedsrichter, die sie selbst vorschlagen bzw. mitbestimmen können. Darin liegt ein entscheidender Vorteil gegenüber den ordentlichen Gerichtsverfahren, denn regelmäßig sind die Schiedsrichter in der Branche tätig und verfügen über die entsprechende Sachkenntnis. Außerdem ist keine Öffentlichkeit zugelassen, sodass die Parteien vor unerwünschten Presseberichten geschützt sind.

Es gibt weltweit eine Vielzahl unterschiedlicher Schiedsgerichte mit eigenen Schiedsgerichtsordnungen. Das bekannteste Schiedsgerichtssystem in der Filmbranche ist das »Arbitration System der Independent Film & Television Alliance« (IFTA, vormals AFMA, www.ifta-online.org). Die meisten amerikanischen Filmunternehmen verweisen insoweit in ihren Verträgen auf diese »IFTA Rules«.

Die typische Vertragsbestimmung hat etwa folgenden Wortlaut:

Any dispute under this Agreement will be resolved by final and binding arbitration under the Independent Film & Television Alliance Rules for International Arbitration in effect when the arbitration is filed (the »IFTA Rules«). Each Party waives any right to adjudicate any dispute in any other court or forum, except that a Party may seek interim relief before the start of arbitration as allowed by the IFTA Rules. The arbitration will be held in the Forum designated in the Deal Terms, or, if none is designated, as determined by the IFTA Rules. The Parties will abide by any decision in the arbitration and any court having jurisdiction may enforce it. The Parties submit to the jurisdiction of the courts in the Forum to compel arbitration or to confirm an arbitration award. The Parties agree to accept service of process in accordance with the IFTA Rules.

Das Schiedsgerichtsverfahren wird generell in Los Angeles durchgeführt, kann aber auch in anderen Städten stattfinden (z.B. New York, London, Paris). Das Schiedsverfahren beginnt mit einem Schreiben an die IFTA und der Zahlung der Gebühr (filing fee). Die Angelegenheit wird, egal wie bedeutend sie sein mag, grundsätzlich nur von einem Schiedsrichter entschieden. Der Schiedsrichter wird aus einer Liste der bei der IFTA akkreditierten Schiedsrichter ausgewählt; dabei handelt es sich überwiegend um amerikanische »Entertainment Lawyers«. Letztlich schlägt der Arbitral Agent drei Schiedsrichter vor. Können sich die Parteien auf keinen einigen, ernennt der Arbitral Agent auch den Einzelschiedsrichter. Der Schiedsrichter rechnet seine Tätigkeit auf Stundenhonorarbasis ab, wobei IFTA-Mitgliedern ein etwas günstigerer Stundensatz berechnet wird. Das Hearing durch den Schiedsrichter hat dann binnen 60 Tagen zu beginnen. Der Schiedsspruch ist spätestens 45 Tage nach dem Abschluss des Hearings zu fällen.

Ebenso bekannt als Schiedsstelle ist die »International Chamber of Commerce« (ICC) in Paris. Die ICC wurde 1919 als privater Interessensverband der Weltwirtschaft in Paris gegründet und der Internationale Schiedsgerichtshof nahm seine Tätigkeit 1923 auf. Zwar hat der Schiedsgerichtshof seinen Sitz in Paris, dennoch können ICC-Schiedsverfahren praktisch an jedem beliebigen Ort ausgetragen werden. Im Gegensatz zu den IFTA-Schiedsverfahren, die stark amerikanisch/kalifornisch geprägt sind, ist die ICC-Schiedsgerichtsordnung weitestgehend von nationalen Rechtsordnungen unabhängig. Soweit die Parteien keine anderweitige Regelung getroffen haben, entscheidet nach der ICC-Schiedsgerichtsordnung je nach Bedeutung der Sache entweder ein Einzelrichter oder ein Gremium, bestehend aus drei Schiedsrichtern. Die Schiedsgerichtsordnung und die Kostentabelle sind unter www.iccwbo.org abrufbar.

Schließlich hat der europäische Dachverband der Fernsehproduzenten (Coordination Européenne des Producteurs Indépendants – CEPI) ein den IFTA-Reglen ähnliches Schiedsgerichtssystem eingerichtet, das bisher allerdings nur selten in Anspruch genommen wird.

Fazit: Zum Schutz vor unliebsamen Überraschungen bei Vertragsstörungen sind schriftliche Vereinbarungen bezüglich des anzuwendenden Rechts als auch des Gerichtsstandes dringend zu empfehlen. Auch Schiedsklauseln können eine Alternative darstellen, wobei sie – sollten die Schiedsverfahren z. B. in den USA stattfinden – im Vergleich zur Vereinbarung deutschen Rechts und eines hiesigen Gerichtstandes – für den deutschen Vertragspartner nicht unbedingt die ökonomisch bessere Variante sind. Denn erfahrungsgemäß arbeiten deutsche Gerichte (vergleichsweise) kostengünstig und effektiv. Namentlich für kleinere und mittlere Produktionsgesellschaften dürften sich Schiedsverfahren vor der ICC oder der IFTA schon aus Kostengründen kaum lohnen.

2 Die Störung der Vertragsabwicklung

2.1 Kündigungs- und Rückfallklauseln bei Vertrags-verletzung

Im Rahmen der Filmherstellung und der Filmauswertung sehen die Verträge regelmäßig Kündigungs- und Rechterückfallklauseln vor, mittels derer sich der Lizenzgeber vor Vertragsverletzungen seitens des Lizenznehmers zu schützen versucht. Je nach Verhandlungsposition wird der Lizenzgeber sich nicht nur ein außerordentliches Kündigungsrecht einräumen lassen, sondern gleichzeitig auch den automatischen Rückfall der dinglichen Nutzungsrechte vereinbaren.

Kommt es zu einer Vertragsstörung zwischen den Vertragspartnern, infolgedessen die Nutzungsrechte automatisch an den Lizenzgeber zurückfallen, so stellt sich die Frage, welche Auswirkungen dies auf die Bestandskraft der nachfolgenden Vertragsverhältnisse, also auf die bereits vorgenommenen Sublizenzierungen und etwaige Sicherungsabtretungen hat. Bedeutsam wird diese Frage auf der ersten Stufe der Lizenzkette, d. h. zwischen dem jeweiligen Erstlizenzgeber und Erstlizenznehmer.

Als **Erstlizenzgeber** ist dabei derjenige zu verstehen, bei dem das entsprechende Recht originär entsteht. Bei einem Filmwerk kommen insoweit die Urheber von vorbestehenden Werken, die Urheber am Filmwerk selbst (Urheberlizenz) und der Filmhersteller als Inhaber des originären Leistungsschutzrechts (Produzentenlizenz) infrage. Dagegen ist **Erst- oder Hauptlizenznehmer** jeweils derjenige, dem die Rechte am Filmwerk erstmalig eingeräumt werden. Im Hinblick auf die Urheberlizenz ist dies der Filmproduzent, während Hauptlizenznehmer der Produzentenlizenz im internationalen Bereich meist der Weltvertrieb und auf nationaler Ebene der Filmverleiher ist.

Die Rechtsfolgen einer vorzeitigen Vertragsbeendigung sind nun insoweit unklar, als im deutschen Urheberrecht streitig ist, ob auch auf der ersten Stufe der Lizenzkette das ansonsten gültige Abstraktionsprinzip gilt oder ob im Verhältnis des Erstlizenzgebers – Erstlizenznehmer das Kausalitätsprinzip anzuwenden ist.

2.1.1 Abstraktions- oder Kausalitätsprinzip

Im Gegensatz zu anderen nationalen Rechtsordnungen wie etwa Frankreich oder Italien trennt das deutsche Zivilrecht in seiner Struktur nach Verpflichtungs- und Verfügungsgeschäft (d. h. die vertragliche Verpflichtung etwas zu tun und die tatsächliche Verfügung über einen Gegenstand oder ein Recht). Das so genannte **Abstraktionsprinzip** besagt als fundamentaler Grundsatz des deutschen Rechts, dass diese beiden Vorgänge abstrakt voneinander sind, d.h. das **Verfügungs-geschäft** in seiner Wirkung von dem zugrunde liegenden **Verpflichtungsgeschäft** unabhängig ist.

Wird also die schuldrechtliche Verpflichtung zur Einräumung der Lizenzrechte nachträglich durch gesetzliche oder vertraglich vereinbarte Kündigung unwirksam, bleibt die dingliche Verfügung darüber nach dem Abstraktionsprinzip gleichwohl wirksam.

Unstreitig findet dieses Prinzip bei den Sublizenzierungen von Filmrechten, das heißt bei den Nutzungsverträgen ab der zweiten Stufe Anwendung. Infolgedessen bleibt nach deutschem Recht z. B. auch die vom Erstlizenznehmer vorgenommene Weiterlizenzierung wirksam, selbst wenn er nach Kündigung durch den Erstlizenzgeber kein rechtmäßiger Rechteinhaber mehr ist, aber darüber zum Zeitpunkt der Vornahme noch als Berechtigter verfügen konnte.

Dagegen soll nach (untergerichtlicher) Rechtsprechung und überwiegender Literaturmeinung auf der ersten Stufe der Lizenzkette das Kausalitätsprinzip Anwendung finden (vgl. statt aller: Schricker, a. a. O., Vor §§ 28 ff., Rz. 61 m. w. N.; LG Hamburg, ZUM 1999, S. 858, 859 m. w. N.). Da nach dem Kausalitätsprinzip der Bestand der Unterlizenzierung nicht nur von der Wirksamkeit des schuldrechtlichen Vertrages im Zeitpunkt der Verfügung, sondern auch von dessen Fortbestand abhängig ist, fallen deshalb im Ergebnis auch die Rechte aus der Unterlizenzierung automatisch an den Urheber/Produzenten zurück, wenn dieser seinen Vertrag mit dem Hauptlizenznehmer wirksam kündigt.

Die Vertreter dieser Ansicht begründen die Anwendung des Kausalitätsprinzips mit dem im Urheberrecht geltenden Grundsatz der zweckgebundenen Rechtsübertragung (vgl. Nordemann, a. a. O., Vor § 31, Rz. 10). Wie bei der Bestellung eines Verlagsrechts (vgl. § 9 VerlG) habe auch der Urheber bei der sonstigen Einräumung von Nutzungsrechten ein Interesse daran, die Kontrolle darüber zu behalten, von wem das Werk ausgewertet werde (vgl. Wente/Härle, Rechtsfolgen einer außerordentlichen Vertragsbeendigung auf die Verfügungen in einer »Rechtekette« im Filmlizenzgeschäft und ihre Konsequenzen für die Vetragsgestaltung, GRUR 1997, S. 96 ff.).

Nach dieser Ansicht gelten die vorgenannten Grundsätze wegen der Parallelitäten der Interessenlagen und dogmatischen Ausgestaltungen nicht nur im eigentlichen Urheberrecht, sondern auch im Bereich des Leistungsschutzrechts mit der Folge, dass der Rechterückfall im Verhältnis leistungsschutzberechtigter Lizenzgeber (Produzent) und Haupt-/Erstlizenznehmer auch die Rechte in weiteren, nachrangigen Lizenzverhältnissen entfallen lässt (LG Hamburg, a. a. O., S. 860).

2.1.2 Stellungnahme

In zutreffender Weise wird darauf hingewiesen, dass die Befürworter des Kausalitätsprinzips nicht hinreichend die konkreten Umstände berücksichtigen, unter denen das Filmwerk selbst hergestellt und später ausgewertet wird (vgl. v. Hartlieb/Schwarz, a. a. O., Kap. 160, Rz. 8; Hausmann, Auswirkungen der Insolvenz des Lizenznehmers auf Filmlizenzverträge, in: »Aktuelle Rechtsprobleme der Filmproduktion und Filmlizenz«, UFITA-Schriftenreihe 1999, S. 94). Die Anwendung des Kausalitätsprinzips auf der Ebene der Erstlizenz ist geeignet, die Rechtssicherheit und Verkehrsfähigkeit der Nutzungsrechte, und damit letztlich der gesamten Filmindustrie, erheblich zu beeinträchtigen.

Vor dem Hintergrund immenser Investitionen in der Filmbranche wird deshalb die Durchbrechung des ansonsten gültigen Abstraktionsprinzips dem wirtschaftlichen Risiko, das mit der Filmerherstellung verbunden ist, nicht gerecht. Nach der vom Verfasser vertretenen Auffassung erscheint daher eine Bezugnahme auf die allgemeinen Grundsätze des Urheberrechts oder die analoge Anwendung des § 9 VerlG nicht sachgerecht. Zu dieser Problematik existiert (noch) keine höchstrichterliche Rechtsprechung jüngeren Datums. Für den Fall eines Rückrufs wegen Nichtausübung von Nutzungsrechten nach § 41 Abs. 1 Satz 1 UrhG hat das OLG Köln kürzlich entschieden, dass aufgrund der in diesem Fall bestehenden besonderen Interessenlage ein Rückfall der sog. Enkelrechte vom Sublizenznehmer an den Urheber nicht in Betracht komme (Urteil vom 14.07.2006, Az. 6 U 224/05, Revision zum BGH zugelassen). Da es sich hier aber möglicherweise um einen Sonderfall handelt, ist nicht auszuschließen, dass sich der BGH die herrschende Meinung in der Literatur zu eigen macht.

In der Praxis hat der Streit um die Behandlung der Erstlizenz nunmehr insoweit an Relevanz verloren, als ein Hauptanwendungsfeld für vertragliche Kündigungsklauseln mit automatischem Rechterückfall durch die neue Insolvenzordnung obsolet geworden ist. Es handelte sich dabei um die insolvenzbedingte Kündigung durch den Lizenzgeber, welche seit dem Inkrafttreten der neuen Insolvenzordnung zum 01.01.1999 nicht mehr zulässig ist (vgl. unten Ziffer 2.2 »Insolvenz im Verhältnis Lizenzgeber – Lizenznehmer«).

2.1.3 Empfehlung

Im Übrigen ist es ratsam, der Anwendung des Kausalitätsprinzips auf vertraglicher Ebene vorzubeugen. Unstreitig sind Vereinbarungen möglich, denen zufolge die bereits vorgenommenen Weiterlizenzierungen von dem Kündigungsrecht des Lizenzgebers unberührt bleiben. Da keine Verträge zu Lasten Dritter wirksam sind, müssen in solche Vereinbarungen allerdings die Erstlizenzgeber einbezogen werden. Hierfür bieten sich die folgenden Möglichkeiten an, wobei zusätzlich auf die Chain-of-Title-Dokumente zurückgegriffen wird:

- Der Lizenznehmer vereinbart mit dem Lizenzgeber unwiderruflich, dass seine Lizenz im Falle der Beendigung des vorrangigen Lizenzverhältnisses mit dem Lizenzgeber fortbesteht und er die weitere Erfüllung (über die Minimumgarantie hinausgehende Erlösbeteiligung, Abrechnungen etc.) diesem gegenüber vornimmt.

- Insbesondere in den englischen und nordamerikanischen Verträgen mit »Filmurhebern« wird regelmäßig bestätigt, dass der Urheber die vereinbarte Vergütung erhalten hat und er die Rechte unwiderruflich einräumt. Darüber hinaus verzichtet er auf das Recht, gegen die Auswertung des Films vorzugehen, also auf die Geltendmachung von Unterlassungsansprüchen. Vielmehr wird er ausschließlich auf die Durchsetzung von Schadensersatzansprüchen im Wege des Hauptsacheverfahrens verwiesen. Die Formulierungen lauten meist etwa wie folgt:

Artist hereby expressly agrees and acknowledges that the rights granted hereunder to Company are irrevocable and of peculiar value. If it is ultimately determined by a Court that Company has committed a material breach of this agreement, Artist's rights and remedies shall be strictly limited to the right, if any, to obtain damages at law and Artist shall have no right to seek or obtain injunctive or other equitable relief or to rescind or terminate this agreement or any of Company's rights hereunder to use the Property and exploit the Picture.

- Schließlich sollte sich ein Sublizenznehmer (und gegebenenfalls der Kreditgeber) aus praktischen Gründen vertraglich ausbedingen, dass einer Kündigung vorausgehende Abmahnungen und Fristsetzungen auch ihm zuzustellen sind. Dadurch eröffnet sich ihm die Möglichkeit, Vertragsverstöße selber zu beheben und damit den Vertrag zu erhalten.

2.2 Die Insolvenz im Verhältnis Lizenzgeber (Urheber / Produzent) – Lizenznehmer (Vertrieb)

Neben den vorstehend erörterten Kündigungsklauseln wegen Vertragspflichtverletzungen enthalten die Verträge meist auch entsprechende Regelungen für den Fall des Eintritts der Zahlungsunfähigkeit des Lizenznehmers. Fraglich ist daher, welche Auswirkungen die Insolvenz eines Mitgliedes der Rechtekette hat und ob die bisherige Vertragspraxis nach dem Inkrafttreten der neuen Insolvenzordnung noch beibehalten werden kann.

Handelt es sich um eine Rechtekette, an der Vertragspartner mit Sitz im Ausland beteiligt sind, so sind zunächst die maßgeblichen Rechtsvorschriften zu ermitteln, nach denen sich die insolvenzrechtlichen Auswirkungen beurteilen.

In der EU gilt seit dem 31.05.2002 die **Europäische Insolvenzverordnung**. Sie findet auf alle in den Mitgliedstaaten der EU – mit Ausnahme Dänemarks – nach dem 31.05.2002 eröffneten Insolvenzverfahren Anwendung. Sie geht vom Grundsatz eines einheitlichen Insolvenzverfahrens für das gesamte Vermögen des Schuldners unter Anwendung nur einer Rechtsordnung aus (lex foris concursus). Das Verfahren und seine Rechtswirkungen unterliegen danach dem Recht des Staates, in dem das Verfahren eröffnet worden ist. Zuständig ist das Gericht des Mitgliedstaats, in dessen Gebiet der Schuldner den Mittelpunkt seiner hauptsächlichen Interessen hat, bei juristischen Personen ist der Ort des satzungsgemäßen Sitzes ausschlaggebend. Die Eröffnung des Insolvenzverfahrens in einem Staat führt zur automatischen Anerkennung des Verfahrens in der gesamten EU. Die EU-Verordnung gilt nicht für international-insolvenzrechtliche Fragen im Verhältnis der EU-Mitgliedstaaten zu Drittstaaten.

Weitere multinationale Staatsverträge zum Insolvenzrecht gibt es derzeit nicht. Mangels internationalem Einheitsrecht sind deshalb die insolvenzrechtlichen Folgen über das Kollisionsrecht des jeweiligen Forumstaates zu ermitteln. Grundsätzlich folgt dabei das Insolvenzstatut dem materiellen Recht des Staates, in dem der insolvente Vertragspartner seinen Sitz hat und das Verfahren eröffnet wird (vgl. Hausmann, Insolvenzklauseln und Rechtefortfall nach der neuen Insolvenzordnung, ZUM 1999, S. 919, Fußnote 40 m. w. N.).

Die erwähnte EU-Insolvenzverordnung legt in erster Linie die internationale Zuständigkeit, das anwendbare Recht und die gegenseitige Anerkennung für das jeweilige Insolvenzverfahren fest. Das nationale Insolvenzrecht bleibt im materiellen Sinne weitgehend unberührt. Sofern also ein deutscher Vertragspartner insolvent geworden ist und das Verfahren in Deutschland eröffnet wird, kommt für ihn die deutsche Insolvenzordnung (InsO) zur Anwendung, die in ihren maßgeblichen Teilen am 01.01.1999 in Kraft getreten ist.

2.2.1 Insolvenz des Lizenzgebers

Ziel des Insolvenzverfahrens ist es, die Fortführung des Schuldnerbetriebes zu erleichtern. Dem Grundsatz nach soll sich der solvente nicht (mehr) ohne weiteres vom insolventen Vertragspartner unter Mitnahme sämtlicher Rechte lösen können. Die Eröffnung des Insolvenzverfahrens bewirkt demgemäß kein Erlöschen der gegenseitigen vertraglichen Erfüllungsansprüche, vielmehr verlieren die noch offenen Ansprüche im Insolvenzverfahren zunächst lediglich ihre Durchsetzbarkeit. Dem Insolvenzverwalter soll (insbes. bei bestimmten Dauerschuldverhältnissen) ein **Wahlrecht** zustehen, ob er den fraglichen Vertrag zu Sanierungszwecken erfüllen will oder nicht. Lizenzverträge werden entsprechend der Rechtspacht als Dauernutzungsverträge im Sinne der §§ 108, 112 InsO eingeordnet (Cepl, NZI 2000, 307; Gottwald/Huber, Insolvenzrechts-Handbuch, 2. Aufl. § 37 Rn.3), bei denen dem Insolvenzverwalter eines jeden Beteiligten das erwähnte Wahlrecht (§ 103 InsO) zusteht (BGH NJW 2006, 915 m. w. N.).

Wählt der Insolvenzverwalter die Erfüllung, so erhalten die Ansprüche die Qualität von originären, d. h. wieder voll durchsetzbaren Forderungen gegen die Masse (BGHZ 150, 353). Die Leistungsverpflichtung des insolventen Lizenzgebers wird in diesem Fall zur Masseverbindlichkeit, der Lizenznehmer muss sich also nicht mit der Quote zufriedengeben; der Lizenznehmer hat seine Lizenzzahlungen an die Masse zu leisten. Lehnt der Insolvenzverwalter hingegen die Erfüllung ab, so wird das Vertragsverhältnis umgestaltet und an Stelle der beiderseitigen Erfüllungsansprüche tritt der Anspruch des Lizenznehmers auf Schadensersatz statt der Leistung gemäß § 103 Abs. 2 S. 1 InsO. Dieser Anspruch wird als einfache Insolvenzforderung lediglich mit der Quote bedient. Gefährlich ist dies vor allem für Lizenznehmer, die zu Beginn der Lizenzzeit relativ hohe Zahlungen geleistet haben. Das Risiko lässt sich verringern, indem die Lizenzzahlungen gleichmäßig über den Lizenzzeitraum verteilt werden, sodass in einem etwaigen Insolvenzfall bei Wahl der Nichterfüllung im Wesentlichen nur für die tatsächlich erfolgte Nutzung gezahlt wurde (Wandtke/Bullinger, UrhG, 2. Aufl., InsO § 103 Rz. 11).

Das beschriebene Wahlrecht aus § 103 InsO steht dem Insolvenzverwalter jedoch nur im Falle beiderseits nicht erfüllter Verträge zu. Hatte eine Seite erfüllt, so bleibt es beim normalen Verlauf: Hatte der insolvente Lizenzgeber erfüllt (Rechte übertragen), so zieht der Insolvenzverwalter die Gegenleistung (Lizenzgebühr o. ä.) zur Masse ein; hatte der insolvente Lizenznehmer bereits erfüllt (Zahlung einer Flat fee, Upfront Fee o. ä.) so ist er mit seiner offenen Gegenleistungsforderung bzw. der an ihre Stelle tretenden Schadensersatzforderung ein auf die Quote beschränkter Insolvenzgläubiger.

Für das Wahlrecht ist somit der Begriff der **Erfüllung** entscheidend. Die Leistungspflicht einer Vertragspartei ist gem. § 362 BGB erfüllt, wenn der Leistungserfolg vor Eröffnung des Insolvenzverfahrens eingetreten ist.

Auf Seiten des Lizenznehmers ist in der Regel vollständig erfüllt, wenn keine (weitere) Lizenzgebühr mehr aussteht und den Lizenznehmer im Übrigen auch keine Auswertungspflichten treffen. Filmlizenzverträge mit Einmalgebühren wie z. B. Presales- oder Buy-out-Verträge, die ansonsten keine weiteren Lizenznehmerpflichten enthalten, sind also mit vollständiger Zahlung lizenznehmerseitig erfüllt, sodass das Wahlrecht des Insolvenzverwalters zu einem relativ frühen Zeitpunkt endet. Demgegenüber sind Verträge mit laufenden Auswertungs- und Abrechnungspflichten (Filmverleih-, Videovertriebsverträge etc.) vom Lizenzgeber erst mit Ablauf der Auswertungszeit vollständig erfüllt, sodass auch erst zu diesem Zeitpunkt das Wahlrecht des Insolvenzverwalters des Lizenzgebers endet. Schwieriger ist die Frage, wann auf Seiten des Lizenzgebers Erfüllung eintritt. Nach der herrschenden Meinung erfüllt der Lizenzgeber seine Leistungspflicht nicht schon durch die meist bereits bei Vertragsabschluss erfolgende Rechtseinräumung. Vielmehr soll für den Lizenzgeber während der gesamten Lizenzzeit eine Dauerverpflichtung zur Nutzungsrechtseinräumung und -erhaltung bestehen, sodass eine vollständige Erfüllung der Verpflichtungen des Lizenzgebers erst zum Vertragsende in Betracht kommt (Schricker, Urheberrecht, 3. Aufl. § 112, Rz. 23; Smid, Das Schicksal urheberrechtlicher Lizenzen in der Insolvenz des Lizenzgebers, DZWIR 2005, 7). Nach anderer Ansicht soll danach differenziert werden, ob der Vertrag als rechtskaufähnlicher Austauschvertrag (»Recht gegen Lizenzgebühr«, d.h. Erfüllung mit einmaliger Rechtseinräumung) oder rechtpachtähnliches Dauerschuldverhältnis (Erfüllung erst mit Ende der Lizenzzeit) ausgestaltet ist (v. Hartlieb/Schwarz, a.a.O., Kap. 291 Rz. 20).

Entscheidet sich der Insolvenzverwalter für die Fortsetzung des Lizenzvertrages, entrichtet der Lizenznehmer die fälligen Lizenzgebühren an die Masse und kann sich etwaige Vorleistungen (z.B. Minimumgarantie) darauf anrechnen lassen. Lehnt der Verwalter die Erfüllung ab, weil er beispielsweise die Filmrechte anderweitig zu einer höheren Lizenzgebühr verkaufen kann, verbleibt dem Lizenznehmer nur die Möglichkeit, seinen Schadensersatzanspruch wegen Nichterfüllung als Insolvenzgläubiger geltend zu machen (§ 103 II InsO).

Äußerst bedeutsam für die Vertragspraxis ist schließlich, dass das Wahlrecht des Insolvenzverwalters nicht im Voraus durch eine schriftliche Vereinbarung ausgeschlossen werden kann (§ 119 InsO). Es handelt sich zum Schutz der übrigen Gläubiger und zur bestmöglichen Verwertbarkeit des Schuldnervermögens um zwingendes Recht.

2.2.2 Insolvenz des Lizenznehmers

Einschneidendere Auswirkungen ergeben sich im Fall der Insolvenz des Lizenznehmers. Denn betroffen ist zum einen der Lizenzgeber, der naturgemäß an einem Rückfall der eingeräumten Nutzungsrechte zur anderweitigen Auswertung interessiert ist. Gleichzeitig betrifft die Insolvenz des Lizenznehmers mögliche Sublizenznehmer und deren Rechteinhaberschaft.

Entscheidet sich der Insolvenzverwalter des Lizenznehmers für die Vertragserfüllung bzw. Fortsetzung des Vertrages, so muss er die Lizenzgebühr für die Zeit ab Verfahrenseröffnung als Masseschuld erbringen und kann vom Lizenzgeber die (weitere) Vertragserfüllung verlangen. Mit seinen Vergütungsansprüchen für die Zeit vor Verfahrenseröffnung ist der Lizenzgeber einfacher Konkursgläubiger ohne Quotenvorrecht (§ 105 InsO). Anders als nach der früheren Konkursordnung steht dem Lizenzgeber in der Insolvenz seines Lizenznehmers **kein Kündigungsrecht** zu. Nach § 112 InsO kann ein Vertragsverhältnis, das der Schuldner als Pächter (d. h. als Lizenznehmer) eingegangen war, vom Vertragspartner **nach Antragstellung** auf Eröffnung des Insolvenzverfahrens nicht mehr wegen eines zuvor eingetretenen Verzugs des Pachtzinses (d. h. der Lizenzgebühren) oder wegen einer Verschlechterung der Vermögensverhältnisse des Schuldners gekündigt werden. Wirksam wäre die Kündigung des Lizenzgebers wegen Zahlungsverzugs oder wegen Vermögensverschlechterung des Lizenznehmers nur dann, wenn sie bereits **vor Antragstellung** auf Eröffnung des Insolvenzverfahrens ausgesprochen wurde.

Entscheidet sich der Insolvenzverwalter gegen eine Vertragserfüllung, so fallen die lizenzierten Rechte nach h. M. an den Lizenzgeber zurück und ihm steht ein Schadensanspruch statt der Leistung zu, der in Höhe einer etwaigen Quote befriedigt wird. Der Rechterückfall bedeutet aber auch, dass etwa eingeräumte Unterlizenzen zurückfallen und u. U. sogar eine ganze Rechtekette zusammenbrechen kann (Wandtke/Bullinger, UrhG, 2. Aufl., InsO § 103 Rz. 12).

Die Insolvenzordnung verbietet – im Gegensatz zur früheren Konkursordnung – nicht nur die vorstehende angesprochenen Kündigungen, sondern auch alle diesbezüglichen vertraglichen Vereinbarungen, da ansonsten das Wahlrecht des Insolvenzverwalters ausgehebelt würde. Die früher (und auch noch heute) in Lizenzverträgen häufig vereinbarten Konkurs-/Insolvenzklauseln (Kündigungsrecht oder automatischer Rechterückfall für den Fall der Insolvenz) sind daher unwirksam.

Strittig ist die Reichweite dieses Verbotes: Einigkeit besteht zunächst, dass das Kündigungsverbot für alle Verträge gilt, auch solche, die vor Inkrafttreten der InsO geschlossen wurden. Auch kann das Kündigungsverbot nicht durch die Wahl ausländischen Rechts – das ggf. »günstigere« Regelungen enthält – umgangen werden. Jedoch gilt das Kündigungsverbot nach seinem Wortlaut nicht für Kündigungen, die *vor* Eröffnung des Insolvenzverfahrens (z. B. wegen Zahlungsverzug) ausgesprochen wurden. Diskutiert wird, ob das Verbot auch Kündigungen umfasst, die nicht wegen Zahlungsverzuges, sondern wegen unterbliebener Rechteverwertung erfolgen kann (ablehnend: v. Hartlieb/Schwarz, a. a. O. Kap. 291 Rz. 17; befürwortend: Schmoll Hölder GRUR 2004, 743). Jedoch zeichnet sich durch ein aktuelles Urteil des BGH (NJW 2006, 915) eine neue Entwicklung ab: Ein Software-Weiterentwicklungsvertrag sah für den Fall einer Kündigung aus wichtigem Grund die aufschiebend bedingte Übertragung der (ursprünglich beim Auftraggeber liegenden) Softwarerechte auf den Auftragnehmer vor. Im Insolvenzverfahren des Auftraggebers lehnte der Verwalter die Vertragserfüllung ab, woraufhin der Auftragnehmer kündigte und den Source-Code herausforderte. – Der BGH entschied im Sinne des Auftragnehmers, dass die aufschiebend bedingte Verfügung über ein künftiges Recht insolvenzfest sei, wenn das Recht zur Insolvenzeröffnung entstanden ist und danach die Bedingung eintritt. Die Kündigungsbefugnis knüpfe nicht an die Insolvenzeröffnung an, da als Bedingung nicht die Eröffnung des Insolvenzverfahrens, sondern die Kündigung des Vertrages vereinbart worden sei.

Nach dem Wortlaut des BGH-Urteils spricht m. E. nichts dagegen, vertragliche Rückübertragungsklauseln (z. b. die für den Kündigungsfall aufschiebend bedingte Rückübertragung von Rechten auf den Lizenzgeber) als insolvenzfest anzusehen.

Fazit: Festzuhalten bleibt, dass mit der neuen Insolvenzordnung die Rechtsposition des Lizenzgebers insoweit geschwächt wurde, als ihm nach Insolvenzeröffnung über das Vermögen seines Lizenznehmers kein gesetzliches Kündigungsrecht zusteht und vorab vertraglich vereinbarte Lösungsklauseln nichtig sind. Allerdings sind solche Lösungsklauseln insolvenzfest, die nicht an die Insolvenz als solche bzw. den zuvor eingetretenen Zahlungsverzug anknüpfen. Im Übrigen darf auch der Insolvenzverwalter sein Wahlrecht nach § 103 InsO nur in den Grenzen des § 242 BGB ausüben, d. h. durch das Fortsetzungsverlangen des Lizenzvertrages dürfen dem Lizenzgeber im Einzelfall keine unzumutbaren Nachteile entstehen. Die Einrede des § 242 BGB gegen das Erfüllungsverlangen des Insolvenzverwalters des Lizenznehmers steht dem Lizenzgeber indes nur als »ultima ratio« zu.

Vorteile bringt die Kündigungssperre (§ 112 InsO) und die fehlende Möglichkeit, vertragliche Lösungsklauseln (§ 119 InsO) zu vereinbaren, dem Sublizenznehmer, also dem Rechteinhaber, der seinerseits von dem insolvent geratenen Lizenznehmer Nutzungsrechte an dem Filmwerk erworben hatte. Denn dessen Rechteerwerb genießt nunmehr trotz einer eventuellen Insolvenz des vorrangigen Rechteinhabers Bestandsschutz.

X   Die Verwertungsgesellschaften

1   Einführung

Während das Urhebergesetz die Voraussetzungen der Entstehung und Übertragung von Urheber- und Leistungsschutzrechten regelt, soll den Inhabern dieser Rechte mit Hilfe des »Gesetzes über die Wahrnehmung von Urheberrechten und verwandten Leistungsschutzrechten« (UrhWG) auch die spätere Nutznießung an dem von ihnen geschaffenemem geistigen Eigentum erleichtert werden. Zu diesem Zweck sieht der Gesetzgeber die Gründung von so genannten Verwertungsgesellschaften vor. Die Rechte und Pflichten dieser Gesellschaften, die Voraussetzungen der Erlaubnis zum Geschäftsbetrieb und die staatliche Aufsicht über sie werden im Urheberwahrnehmungsgesetz geregelt.

Bei den Verwertungsgesellschaften handelt es sich um privatwirtschaftliche Unternehmen, deren gesetzlich zugewiesene Aufgabe es ist, die Nutzungsrechte, Einwilligungsrechte oder Vergütungsansprüche für die ihnen angeschlossenen Urheber und Leistungsschutzberechtigte wahrzunehmen.

Weder die Urheber noch die Leistungsschutzberechtigte sind regelmäßig in der Lage, ständig die Vergabe von Nutzungsrechten und das Inkasso der entsprechenden Vergütungen vorzunehmen. Noch schwieriger ist es für den Einzelnen, eine unbefugte Nutzung seiner Rechte zu ermitteln und zu verfolgen. Mit Hilfe der Verwertungsgesellschaften soll deshalb den Inhabern von Urheber- und Leistungsschutzrechten die Verfolgung und Durchsetzung ihrer Rechte erleichtert werden. Die Verwertungsgesellschaften verfügen aufgrund ihrer Organisation und Größe über die sachlichen und personellen Mittel, um die ihnen übertragenen Rechte effektiv wahrzunehmen. Der einzelne Rechtsinhaber wird dazu oftmals keine Zeit haben und/oder es fehlen ihm dazu die nötigen Mittel.

Dem potenziellen Verwerter, der an der Nutzung eines oder mehrerer Werke bzw. an Werkteilen interessiert ist, bieten die Verwertungsgesellschaften eine Anlaufstelle. Er muss nicht jeden einzelnen Urheber ausfindig machen und mit diesem die Verhandlungen führen, sondern kann dies zentral über die entsprechende Verwertungsgesellschaft tun.

Für die verschiedenen Werkarten (z. B. Film, Musik, Roman) gibt es unterschiedliche Verwertungsgesellschaften, wobei die Gesellschaft für musikalische Aufführungs- und mechanische Vervielfältigungsrechte (GEMA) die mit Abstand größte ist (zu den einschlägigen Verwertungsgesellschaften im Film- und Fernsehbereich sogleich unten).

Den Urhebern und Leistungsschutzberechtigten steht es frei, einen so genannten **Wahrnehmungsvertrag** mit der jeweiligen Verwertungsgesellschaft abzuschließen. Allerdings enthalten die Verträge regelmäßig eine Klausel, derzufolge sich die Inhaber auch zur Übertragung der Rechte an ihren künftigen Werken bzw. Leistungen verpflichten:

> *»Der Berechtigte überträgt der (Name der Verwertungsgesellschaft) alle ihm gegenwärtig zustehenden und während der Vertragsdauer zufallenden Leistungsschutzrechte ...«*

Der Berechtigte kann also nicht jeweils von Fall zu Fall entscheiden. Entschließt sich der Berechtigte jedoch zum Abschluss des Vertrages, ist die Verwertungsgesellschaft verpflichtet, die zu ihrem Tätigkeitsbereich gehörenden Rechte und Ansprüche wahrzunehmen (Wahrnehmungszwang, § 6 UrhWG). Nicht von den Verwertungsgesellschaften wahrgenommen werden lediglich die so genannten »großen Rechte«, d. h. die bühnenmäßigen Aufführungsrechte dramatisch-musikalischer Werke. Deren Verwertung haben die Bühnenverlage übernommen.

Im Rahmen des Wahrnehmungsvertrages räumt der Berechtigte treuhänderisch der Gesellschaft die Nutzungsrechte gemäß § 31 UrhG ein und tritt ihr seine Vergütungsansprüche zur Geltendmachung gemäß §§ 398, 413 BGB ab. Bestimmte Vergütungsansprüche, wie etwa aus der Einräumung des Vermietrechts an einem Filmwerk (§ 27 UrhG), können überhaupt nur von Verwertungsgesellschaften geltend gemacht werden.

Hat sich ein Urheber bzw. Leistungschutzberechtigter vertraglich an eine Verwertungsgesellschaft gebunden, ist diese ihrerseits verpflichtet, aufgrund der von ihr wahrgenommenen Rechte jedermann auf Verlangen zu angemessenen Bedingungen Nutzungsrechte einzuräumen oder Einwilligungen zu erteilen (§ 11 UrhWG). Gegenüber den potenziellen Nutzern besteht also für die Verwertungsgesellschaft ein **Abschlusszwang.**

Die Einnahmen aus ihrer Tätigkeit schüttet die Verwertungsgesellschaft nach einem aufzustellenden **Verteilungsplan** an die Berechtigten aus.

2 Übersicht über die Verwertungsgesellschaften

Nachfolgend werden die wichtigsten Verwertungsgesellschaften genannt, die mit der Wahrnehmung der unterschiedlichen Rechte, welche im Rahmen der Herstellung und Auswertung von Filmen benötigt werden, betraut sind (die jeweiligen Anschriften finden sich im Adressenverzeichnis.)

- **GEMA** (Gesellschaft für musikalische Aufführungs- und mechanische Vervielfältigungsrechte), Zielgruppe: Komponisten, Textdichter und Musikverleger;
- **VG Wort** (Verwertungsgesellschaft Wort), Zielgruppe: Wortautoren und Verleger;
- **VG Bild-Kunst**, Zielgruppe: u. a. Urheber der bildenden Künste, der Lichtbildwerke, der Filmwerke;
- **GVL** (Gesellschaft zur Verwertung von Leistungsschutzrechten), Zielgruppe: ausübende Künstler, Veranstalter, Tonträgerhersteller, und Hersteller von Videoclips;
- **VFF** (Verwertungsgesellschaft der Film- und Fernsehproduzenten mbH), Zielgruppe: Filmhersteller und Sendeunternehmen;
- **GWFF** (Gesellschaft zur Wahrnehmung von Film- und Fernsehrechten mbH), Zielgruppe: Filmhersteller, Filmurheber, Fernsehproduzenten, Videogrammhersteller;
- **VGF** (Verwertungsgesellschaft für Nutzungsrechte an Filmwerken mbH), Zielgruppe: Deutsche und vor allem ausländische Filmhersteller, Filmurheber, Fernsehproduzenten und Videogrammhersteller;
- **GÜFA** (Gesellschaft zur Übernahme und Wahrnehmung von Filmaufführungsrechten mbH), Zielgruppe: Hersteller erotischer/pornografischer Filme;
- **AGICOA** (Urheberrechts-Gesellschaft mbH), Zielgruppe: Filmhersteller und Filmverleiher;
- **CMMV** (Clearingstelle Multimedia für Verwertungsgesellschaften von Urheber- und Leistungsschutzrechten GmbH):

Die von sämtlichen deutschen Verwertungsgesellschaften gegründete CMMV-Clearingstelle Mulimedia hat im Herbst 1998 in München ihre Tätigkeit aufgenommen. Sie dient als zentrale Anlaufstelle für Multimediaproduzenten zur Bestimmung der Rechteinhaber der urheberrechtlich geschützten Werke bzw. Inhalte, die sie bei einer Multimedia-Produktion verwenden möchten. Die CMMV kann selbst keine Nutzungsrechte vergeben, sondern dient gleichsam als »Briefkasten«. Die gebührenpflichtigen Anfragen werden von der CMMV online an die jeweils betroffene Verwertungsgesellschaft weitergeleitet, die sie bearbeitet und dem Produzenten die Rechercheergebnisse mitteilt.

3 Internationale Aspekte

Die Wahrnehmung und die Vergabe von Nutzungsrechten durch die genannten Verwertungsgesellschaften beschränkt sich regelmäßig auf das Inland. Die deutschen Verwertungsgesellschaften haben jedoch zahlreiche **Gegenseitigkeitsverträge** mit anderen nationalen Verwertungsgesellschaften abgeschlossen, mit der Folge, dass sie auch in Deutschland ausländische Rechte zur Nutzung anbieten können. Die GEMA verfügt beispielsweise durch den Abschluss solcher Verträge nahezu über das Weltrepertoire der Musik.

Umgekehrt sichern die deutschen Verwertungsgesellschaften auf der Grundlage der Gegenseitigkeitsverträge auch die Wahrnehmung der Rechte der ihnen angeschlossenen Urheber und Leistungsschutzberechtigten im Ausland (vgl. zum internationalen Überblick m. w. N. Schack, Urheber- und Urhebervertragsrecht, Rz. 1177 ff.). Zur Unterstützung dieser Arbeit haben sich schon früh internationale Dachverbände der Verwertungsgesellschaften gebildet (z. B. CISAC Confédération Internationale des Sociétés d'Auteurs et Compositeurs; BIEM Bureau International de l'Edition Mécanique). Sie entwickeln Vertragsmuster, insbesondere die Gegenseitigkeitsverträge und verhelfen so zur Koordination und Durchsetzbarkeit der Nutzungsrechte auf internationaler Ebene.

Schlussbemerkung/Ausblick

Die Filmbranche unterliegt einer Digitalisierung, die sie in allen Bereichen grundlegend revolutioniert. Bislang hemmten die Filmtheater diesen dynamischen Prozess, denn die digitale Umrüstung einer Leinwand kostet ca. 100.000 Euro. Auch hier ist jedoch ein Preisverfall zu beobachten und diese Kosten dürften sich in nicht allzu ferner Zukunft deutlich reduzieren. Dennoch sind die Kinobetreiber in der Mehrzahl nicht in der Lage, diese enormen Investitionen selbst zu tragen. Insoweit wird augenblicklich in der Filmbranche diskutiert, wie diese Kosten finanziert werden können. Denn klar geworden ist allen Beteiligten innerhalb der vergangenen Jahre, dass ein anhaltender Dualismus von analoger und digitaler Distribution weder sinnvoll noch realistisch ist.

Andererseits steht diesen Investitionen ein beträchtliches Kosteneinsparungspotenzial gegenüber. Nach groben Schätzungen könnten bis zu 70 % der Distributionskosten eingespart werden, wovon alleine das Herstellen und Verschicken der herkömmlichen 35-mm-Kopien einen großen Anteil ausmacht.

Auch das Verleihszenario wird sich nachhaltig verändern. Ungeachtet der logistischen Umwälzungen sind nach Auffassung einiger Marktbeobachter die klassischen Verleihtätigkeiten zukünftig überflüssig und der Verleih wird tendenziell die Rolle einer Marketingagentur übernehmen.

Gleichzeitig ist zu erwarten, dass D-Cinemas eine noch größere Konzentration beim Start von Blockbustern mit sich bringen werden. Die Kinos können flexibler programmieren und einen Erfolgsfilm noch leichter in zusätzlichen Sälen vorführen. Dies wird sich voraussichtlich zum Nachteil von besucherschwachen Filmen und von ArtHouse-Kinos entwickeln.

Ob die Zukunft des Films im Internet oder weiterhin in den Kinos als Ort gemeinsamer Wahrnehmung und Erfahrung liegt, bleibt abzuwarten. Die neue Technologie eröffnet den Kinobetreibern andererseits neue Geschäftsfelder und neben Filmen sind im Digital Cinema zunehmend auch Rockkonzerte, Opernaufführungen und insbesondere Sportveranstaltungen zu sehen. Nächstes Jahr steht die Fußball-Europameisterschaft an. Sollte das Wetter kein »Sommermärchen« zulassen, ist nicht auszuschließen, dass sich Fußballfans im Digital Cinema treffen, und die Helden auf dem Rasen werden plötzlich zu den neuen Helden auf der Leinwand. Es ist indessen zu hoffen, dass daraus kein Dauerzustand wird.

Anhang

Glossar

Above-the-line-Kosten
Kalkulationskosten für den kreativen Stab (Honorare der Autoren, Regisseure, Produzenten, Hauptdarsteller, Komponisten etc.) s. *below-the-line-Kosten*

Access Provider
Ein Unternehmen, welches im Rahmen des Internet oder anderer Online-Dienste den Zugang regelt.

Ancillary Rights (Nebenrechte)
Darunter werden üblicherweise Auswertungsrechte verstanden, die nicht im direkten Zusammenhang mit der Filmauswertung stehen, wie z. B. Merchandising, Soundtrackalbum, Drucknebenrechte. Es kommt gelegentlich zu Überschneidungen und zur Vermeidung von Missverständnissen sollten diese Rechte deshalb möglichst präzise definiert werden.

Answer print (Null-Kopie)
Die erste Kopie, in der alle Licht- und Farbbestimmungen berücksichtigt sind. Die Null-Kopie entspricht der Endschnittfassung und wird vom Original-Negativ entsprechend geschnitten.

Arm's Length (Vertrag wie mit fremden Dritten)
Dieser Begriff bezieht sich auf die Vertragsverhandlungen zwischen zwei unabhängigen Parteien, die nicht miteinander verflochten sind. Der Begriff beschreibt also den Vertragsinhalt, der von zwei unabhängigen Vertragspartnern im Rahmen der Branchenstandards üblicherweise verhandelt würde.

At Source
Beteiligung an der Quelle der Erlöse, z. B. im Bereich der DVD-Verkäufe am Großhandelsabgabepreis (»HAP«).

Back end (Netto-Gewinnbeteiligung)
Dieser Begriff bezeichnet den Gewinn des Produzenten nach dem vollständigen Recoupment der Herstellungskosten bzw. Investitionen des Films, einschließlich der Rückstellungen.

Below-the-line-Kosten
Darunter sind die gesamten Herstellungskosten eines Films zu verstehen, mit Ausnahme der »*above the line Kosten*«.

Best Endeavours

Nach diesem Begriff muss sich eine Vertragspartei nach besten Kräften bemühen, um ein bestimmtes Ergebnis zu erreichen. Dies wird häufig nicht akzeptiert und stattdessen wird ein »reasonable endeavours« vereinbart.

Blind Pool

Beteiligungsform, bei der der Investitionsgegenstand zum Zeitpunkt des Beitritts des Investors noch nicht feststeht.

Blockbuster

Dies ist ein Spielfilm, der weit überdurchschnittliche Einspielergebnisse erzielt.

Blue Screen

Ursprünglich fotografischer Prozess, der eine Maske erzeugt. Mit dieser können eine Person oder ein Objekt von einem einfarbigen (blauen) Hintergrund getrennt werden, um in einen anderen Background eingefügt zu werden. Wird auch in der digitalen Nachbearbeitung eingesetzt.

Box Office Bonus / Beteiligung an Kinoeinnahmen

Ein »Box Office Bonus« (auch als »Escalator« bezeichnet) bedeutet die Beteiligung meist eines Filmschaffenden (Regisseur, Schauspieler) oder des Drehbuchautors an den Einnahmen an der Kinokasse in Form eines Bonus, der bei Erreichen einer bestimmten Zuschauerzahl fällig wird (z.B. 10.000,00 Euro bei Erreichen von 1 Mio. Zuschauern und jeweils weitere 10.000,00 Euro bei Erreichen von je weiteren 0,5 Mio. Zuschauern).

Break-Even

Break-even bezeichnet den Punkt, an dem die Herstellungskosten des Films komplett amortisiert sind und der Produzent in die Gewinnzone gelangt.

Budget / Herstellungskosten

Die Kalkulation der Herstellungskosten (Budget) führt die einzelnen Kostenpositionen auf, die notwendig sind, um den Film herzustellen. Sie umfassen alle *Above-the-line-* und *Below-the-line-Kosten.*

Buy out / Pauschalabgeltung

Unter einem Buy Out wird üblicherweise die pauschale Abgeltung aller Ansprüche mit einer einmaligen Zahlung verstanden. Bei einem Buy-out sind insbesondere keine Wiederholungshonorare oder Gewinnbeteiligungen zu zahlen.

Call Option

Darunter wird ein festgelegter Abkaufpreis zu einem bestimmten Zeitpunkt verstanden, z. B. garantieren einige Filmfonds den Anlegern einen bestimmten Abkaufpreis am Ende der Laufzeit.

Cap (Höchstbetrag)

Mit einem »Cap« wird eine finanzielle Obergrenze festgelegt, die nicht oder nur mit Zustimmung eines Dritten überschritten werden darf, z. B. die vorabzugsfähigen Kosten des Weltvertriebs. Ein anderer häufiger Anwendungsfall ist das Drehbuchhonorar, welches z. B. mit 2,5 % des Budgets bemessen wird, jedoch mit einem »Cap« von z. B. maximal 200.000,00 Euro.

Cash Flow

Darunter wird die Abfolge der Zahlungen im Rahmen eines Filmprojekts verstanden. Cash Flow kann aber auch den Finanzierungsbedarf eines Unternehmens im Rahmen eines bestimmten Zeitraums bedeuten.

CGI – Computer Generated Imagery

Darunter sind die mittels 3D-Computergrafik generierten Bilder zu verstehen.

Chain of Title (Rechtekette)

Unter dem »Chain of Title« wird der lückenlose Nachweis des Erwerbs der Rechte verstanden.

Clip Licence Agreement (Klammerteilauswertung)

Darunter ist ein Vertrag zu verstehen, der die Verwendung von Ausschnitten (Klammerteilen) eines Films in einem anderen Film erlaubt.

Closing

Die Schließung der Finanzierung für ein Filmprojekt.

Collateral (Sicherheiten)

Unter »Collateral« werden die Sicherheiten verstanden, die der Filmproduzent den Financiers, Investoren oder auch dem Verleihunternehmen bietet. Hierzu zählen insbesondere die Rechte an den vorbestehenden Werken, am Filmwerk, den Materialen, sowie die Ansprüche aus den geschlossenen Verträgen (fällige Minimumgarantien, Auswertungserlöse etc.).

Collection Agency (Erlöstreuhänder)

Darunter ist ein unabhängiger Erlöstreuhänder zu verstehen, der gleichsam eine Inkassostelle für die weltweiten Einnahmen aus der Auswertung des Films darstellt. Der Erlöstreuhänder erhält eine Kommission und zahlt sodann die verbleibenden Erlöse nach einem festgelegten Verteilungsplan an die Berechtigten aus.

Compensation (Vergütung)

Insoweit wird zwischen der »fixed compensation« und der »contingent compensation« differenziert. Die »fixed compensation« ist das Grundhonorar, während die »contingent compensation« eine Gewinn- bzw. Erlösbeteiligung darstellt.

Completion Guarantee (Fertigstellungsgarantie)

Die Fertigstellungsgarantie gewährleistet die Fertigstellung und Lieferung eines genau definierten Films zu einem bestimmten Zeitpunkt. Die Fertigstellungsgarantie sichert die Financiers und Investoren dadurch ab, dass entweder die Fertigstellung des Filmwerks garantiert wird oder, im Falle des Abbruchs der Filmherstellung, die Financiers und Investoren ihr Geld zurück erhalten.

Compositing

Kombination verschiedener Bildelemente und Verschmelzung verschiedener Bildquellen zu einem Gesamtbild.

Contingency (Überschreitungsreserve)

Die Überschreitungsreserve beträgt regelmäßig zwischen 5 und 10 % der Herstellungskosten des Films. Sie dient der Abfederung von Budgetüberschreitungen und wird insbesondere im Falle der Einschaltung eines Fertigstellungsgaranten verlangt.

Cost off the top (Vorabzugsfähige Kosten)

Im Falle der Vereinbarung von »cost off the top« werden zunächst diese Kosten von allen eingehenden Erlösen abgezogen. Der verbleibende Betrag stellt dann die verteilungsfähigen Erlöse dar.

Creative accounting/»Kreative« Abrechnungsmethode

Unter »creative accounting« wird die Abrechnung eines Studios oder eines Verleihunternehmens verstanden, in der die abzugsfähigen Vorkosten und Ausgaben zu Ungunsten des Produzenten und anderer Gewinnbeteiligter abgerechnet werden, einschließlich der Querverrechnung der Erlöse und Kosten verschiedener Filme. Obwohl der Begriff »creative accounting« häufig als missbräuchliche oder gar betrügerische Abrechnungsmethode verwandt wird, stellt er doch meist nur die Durchführung der vereinbarten abzugsfähigen Positionen dar, wobei der Produzent bzw. die am Gewinn beteiligten Dritten bei den Verhandlungen ihre Rechtsposition nicht angemessen vertreten haben.

Cross-collateralisation / Querverrechnung

Die Frage der Querverrechnung von Kosten und Erlösen stellt sich auf unterschiedlichen Ebenen im Rahmen eines Verleih- und Vertriebsvertrages. Zum einen werden üblicherweise sämtliche Territorien und Auswertungsformen (Kino, Video, TV, Merchandising etc.) im Rahmen der Auswertung eines Films gegeneinander verrechnet. Darüber hinaus stellt sich die Frage der Querverrechnung aber auch zwischen mehreren Filmen oder im Rahmen des Verkaufs von Filmpaketen. Während die Querverrechnung im Rahmen eines einzelnen Films üblich ist, sollte sie aus Produzentensicht im Rahmen von mehreren Filmen möglichst unterbunden werden.

Deferment (Rückstellungen)
Rückstellungen sind ein Mittel der Filmfinanzierung. Sie zählen also zu den Herstellungskosten und sind damit zurückzuführen, bevor der Produzent den *Break Even* erreicht und die Gewinnbeteiligungen Dritter einsetzen. Bei mehreren Rückstellungen ist deren Verhältnis zu regeln und üblicherweise erfolgt die Rückführung *pro rata pari passu*.
Von der Rückstellung ist die **Stundung** streng zu unterscheiden. Eine gestundete Forderung ist unbedingt zu einem bestimmten Zeitpunkt zurückzuzahlen, während die Rückstellung nur unter der Bedingung zurückgeführt wird, dass der Film Erlöse einspielt.
Daraus folgt, daß die Finanzierung des Budgets teilweise durch Rückstellungen erfolgen kann, nicht hingegen durch die Stundung.

Discounting (Diskontierung)
Unter »Discounting« ist die Kalkulation des Darlehensbetrages zu verstehen, den eine Bank dem Produzenten für eine Minimumgarantie zur Verfügung stellt. Der letztlich bereitgestellte Darlehensbetrag (»discounted value«) vermindert die Minimumgarantie um die anfallenden Gebühren und Kosten (z. B. Zinsen, Bearbeitungsgebühr, Quellensteuer, Rechtsberatungskosten etc.).

Due Diligence
Darunter wird eine Prüfung des Firmenvermögens oder der gestellten Sicherheiten im Rahmen des Verkaufs oder der Beteiligung an einem Unternehmen oder der Stellung von Sicherheiten im Rahmen eines Darlehens verstanden.

Duplicate negative (Dup-Negativ)
Eine Kopie des Original-Negativs der geschnittenen Endfassung. Von diesem Dup-Negativ werden die Kopien für den Kinoeinsatz gezogen und bewahren somit das Original vor möglichen Beschädigungen.

Equity / Erlösbeteiligung
Unter »Equity« wird üblicherweise die Beteiligung an den Gewinnen aus der Filmverwertung verstanden. Im Gegensatz zu einem Darlehen, welches lediglich zur Rückzahlung des Darlehensbetrages verpflichtet, erhält ein Equity-Investor sein Investment zurück und ist danach an den Einspielerlösen beteiligt.

Errors & Omissions Versicherung
Die Errors & Omissions Versicherung ist eine Mischung von Rechtschutz- und Schadensversicherung. Sie sichert den Produzenten und die weiteren Begünstigten (z. B. Verleih, Vertriebsunternehmen) gegen Schadensersatzansprüche aus der Verletzung von Urheberrechten, Persönlichkeitsrechten, sowie gegen Verletzungen von Marken-, Geschmacksmuster-, Namens- und Titelrechten. Der Abschluss einer Errors and Omissions Versicherung wird gewöhnlich von Investoren, Financiers und Verleih- und Vertriebsunternehmen verlangt.

Exposee
Inhaltliche Kurzzusammenfassung von Filmprojekten

Favoured nations Klausel
Eine »favoured nations Verpflichtung« bedeutet, dass keiner an der Herstellung des Films Beteiligten bessere Bedingungen erhalten wird, als der Vertragspartner. Eine solche »favoured nations Klausel« wird meist im Hinblick auf die Gewinnbeteiligung, die Nennung und die Nebenleistungen (z. B. Wohnwagen, Flüge, per diems etc.) abgeschlossen.

Final Cut / Schnitt-Endfassung
Das Recht auf die Schnitt-Endfassung liegt üblicherweise beim Produzenten; nur in Ausnahmefällen beim Regisseur. Zunächst liefert der Regisseur den Director's Cut ab; eventuelle Änderungen auf Wunsch des Produzenten und/oder des Verleihers finden dann Eingang in den Final Cut. In einigen Ländern kommt dem Regisseur allerdings unter urheberrechtlichen Gesichtspunkten gleichsam das Recht zum final cut zu.

First call / Verpflichtung auf ersten Abruf
Der Zeitraum, in dem ein Filmschaffender der Produktionsfirma exklusiv zur Verfügung steht. Diese Periode bezieht sich meistens auf die Drehzeit und die Zeit unmittelbar davor und danach. Während dieser »First Call Periode« darf der Filmschaffende nur mit Zustimmung des Produzenten anderweitige Engagements eingehen.

First Look
Dies bedeutet das Recht, ein Projekt des Vertragspartners als erster angeboten zu bekommen.

First Negotiation / Last Refusal Right
Unter »First Negotiation« wird eine Erstanbietungspflicht verstanden. Häufig wird dieses First Negotiation Right mit einem »Last Refusal Right« gekoppelt. Darunter ist das Recht zu verstehen, ein Projekt zu mindestens den gleichen Konditionen zu erwerben, wie ein dritter Mitbewerber. Dem Inhaber des Last Refusal Right ist das Projekt zu den von einem Dritten gebotenen Bedingungen vorrangig anzubieten. Erst wenn er dieses Angebot nicht binnen einer festgelegten Frist annimmt, können die fraglichen Rechte anderweitig vergeben werden.

Foot Print
Die Ausleuchtzone (Empfangsgebiet) eines Satelliten.

Force majeure / Höhere Gewalt
Umstände, die außerhalb der Kontrolle der Vertragspartner liegen und die die Erfüllung der vertraglichen Verpflichtungen unmöglich machen z. B. Feuer, Bürgerkrieg, Aufstand, Krieg, Nuklearunfall, Streik, Aussperrung. Derartige Umstände unterbrechen die Vertragsdurchführung und der Vertrag wird nach dem Wegfall dieser Umstände wieder fortgesetzt. Der

Zeitraum der »höheren Gewalt« wird normalerweise festgelegt und der Vertrag kann gekündigt werden, wenn die höhere Gewalt über den vereinbarten Zeitraum hinaus fortdauert.

Free-TV
Frei empfangbare Fernsehprogramme, wobei zwischen öffentlich-rechtlichen und privaten Sendeunternehmen differenziert wird.

Gross participation
Eine Vereinbarung, derzufolge Hauptdarsteller oder andere Beteiligte (Autoren, Regisseure) neben der Grundgage eine Beteiligung an den Bruttoeinspielergebnissen des Verleihers erhalten. Eine in den USA ausnahmsweise anzutreffende Beteiligungsform, die bisher in Deutschland nicht praktiziert wird.

Holdback / Sperrfrist
Bezeichnung für den Zeitraum, in dem ein Film in einem bestimmten Medium für eine bestimmte Zeit nicht ausgewertet werden darf. Solche Sperrfristen können einerseits zwischen verschiedenen Auswertungsarten bestehen (z. B. Kino, Video, Pay-TV, Free TV) oder auch länderübergreifend vereinbart werden (z. B. Erstausstrahlung im einem bestimmten Territorium).

Interpositiv
Das Interpositiv stellt eine Positivkopie des Original-Negativs der geschnittenen Endfassung dar; diese beinhaltet alle Lichtbestimmungen; von ihr wird das Dup-Negativ zur Herstellung von Massenkopien gezogen.

Keying
Prozess, bei dem ein Objekt vom Hintergrund extrahiert wird, um mit einem anderen Background kombiniert zu werden. Siehe auch Blue Screen.

Laboratory access letter / Ziehungsgenehmigung
Gegenstand einer solchen Vereinbarung ist die Verpflichtung des Kopierwerks, den Berechtigten (z. B. Lizenznehmern) jederzeitigen Zugang zum Material zu gewährleisten, um vom Negativ Kopien zu ziehen und dabei auf mögliche Einreden und Zurückbehaltungsrechte (z. B. aus unbezahlten Kopierwerksrechnungen aus anderen Projekten, Werkunternehmerpfandrechten etc.) zu verzichten.

Laboratory Pledgeholder's Letter/Kopierwerkserklärung
Negativsicherungsbestätigung. Eine Bestätigung des Kopierwerks an Banken und Investoren – vom Produzenten gegengezeichnet – daß die Negative des Films im Kopierwerk eingelagert sind. Zugang zu den Materialien ist nur mit schriftlicher Genehmigung der Adressaten möglich.

Legal Opinion
Darunter wird eine gutachterliche Stellungnahme im Hinblick auf eine Rechtsfrage verstanden.

Letter of credit / Akkreditiv
Unwiderrufliche Bestätigung der Bank, unter bestimmten Bedingungen einen bestimmten Betrag zu einem bestimmten Datum zu zahlen. Das Akkreditiv wird gewöhnlich auf bestehende Garantieverträge ausgestellt.

Libor
Libor bezeichnet als Abkürzung für »London Interbank Offered Rate« den Zinssatz, den Banken am Londoner Eurogeldmarkt für kurzfristige Ausleihungen an andere Banken verlangen.

Library
Die Bibliothek von Filmrechten.

Loan out company
Dabei handelt es sich um eine Gesellschaft, die den Schauspieler gleichsam »verleiht«. Vertragspartner wird nicht der Schauspieler selbst, sondern die »loan-out company«. Viele Schauspieler haben ihre eigene »loan out company« oder sind an einer solchen beteiligt. Diese Konstruktion wird meist aus steuerlichen und aus haftungsrechtlichen Gründen gewählt.

Major
Die großen US-Filmstudios wie Disney, Warner Bros., 20th Century Fox, Columbia-Tristar (Sony), Paramount, Universal und MGM.

Matching Right
vgl. Last Refusal Right

Minimumgarantie
Die verrechenbare, nicht rückzahlbare Garantie des Verleihs/Vertriebs an den Produzenten über eine Mindesteinspielsumme in einem bestimmten Territorium oder Auswertungsmedium. Die Minimumgarantie stellt meist einen Teil der Herstellungskosten dar und wird über eine Bank zwischenfinanziert (vgl. discounting).

Moral right / Urheberpersönlichkeitsrecht
Das Urheberpersönlichkeitsrecht ist in bestimmten Urheberrechtsgebieten (z. B. Deutschland, Frankreich) unverzichtbar und schützt die Urheber gegen (gröbliche) Entstellungen ihrer Werke. In anderen Rechtsordnungen (z. B. USA) ist dieses Recht verzichtbar und die Verträge enthalten regelmäßig einen solchen Verzicht (»waiver of moral rights«).

Morphing
Digitale Veränderung von Personen oder Figuren im Rahmen der Postproduktion (Übergang zwischen zwei Aufnahmen, Formen werden ineinander verschmolzen).

Near Video on Demand
Sonderform des Pay-TV, bei dem eine Sendung in kurzen Abständen wiederholt wird. Der Kunde bestimmt im Rahmen der Wiederholungsintervalle selbst, wann er die Sendung ansehen möchte. Zeitpunkt und Reihenfolge des Programms werden jedoch vom Sender vorgegeben, wodurch sich Near-VoD vom Video-On-Demand unterscheidet.

Negative costs / Herstellungskosten
Die Höhe der tatsächlichen Herstellungskosten eines Films zum Zeitpunkt der Einlagerung des Negativs.

Negative pick up Price /Abnahmepreis
Eine Vereinbarung zwischen Produzent und Verleih, bei der Verleih nach Fertigstellung des Films für den Erwerb der Distributionsrechte die Summe zahlt, die den »negative costs«, also den Herstellungskosten entspricht.

Overages /Erlöse über die Minimumgarantie hinaus
Bezeichnet die Erlöse, die der Verleih dem Produzenten über die Minimumgarantie hinaus zahlt.

Overcost / Budgetüberschreitung
Überschreitungen des abgenommenen Budgets. Soweit kein Completion Bond beteiligt ist, sollte geregelt werden, wer diese Kosten zu tragen hat und an welcher Position sie recouped werden.

Overspill
Darunter wird im Rahmen von Fernsehlizenzen die Ausstrahlungswirkung in Anrainerstaaten verstanden. Darunter ist keine Verletzung des Lizenzgebietes zu verstehen, soweit es sich um »Legitimate Overspill« handelt, also um den in Grenzgebieten üblichen Überhang.

Pari passu
Gleichrangig; die Standardklausel für das Recoupment in der Filmverwertung lautet *»pari passu pro rata«* (s. *pro rata*) und besagt, dass alle Beteiligten im gleichen Rang und anteilig aus allen eingehenden Erlösen befriedigt werden.

Pay or play/Ausfallhonorar
Eine Pay-or-Play Vereinbarung sichert die Verfügbarkeit wichtiger Kreativer für einen Film. Dies hat aber zur Folge, dass das vereinbarte Honorar als Ausfallhonorar komplett zu zahlen ist, wenn der Film später nicht zustande kommt.

Pay-TV

Im Gegensatz zum Free-TV verschlüsselte Programme, die nur gegen eine Gebühr empfangbar sind. Pay-TV unterteilt sich wiederum in verschiedene Varianten (z. B. Pay-Per-Channel, Pay-Per View, Near-Video-On-Demand, Video-On-Demand).

Pay-Per-Channel

Verschlüsseltes Fernsehprogramm, bei dem der Kunde für eine monatliche Gebühr das Programm nutzen kann.

Pay per view

Hier muss der Zuschauer nur für die Sendung bezahlen, die er sich ansieht (z. B. Film, Sportveranstaltung).

Per Diem (Tagesspesen)

Per Diems sind die Tagesspesen, die nach Tarifvertrag oder nach Vereinbarung an die Filmschaffenden zu zahlen sind.

Pixel

Abkürzung für »picture cell«. Kleinste Einheit eines gespeicherten Bildes, die eine Anzahl an Farb- und Helligkeitsinformationen enthält.

Postproduction

Die Bearbeitung des Aufnahmematerials, die den Schnitt, die Vertonung, die Untertitelung und die Special Effects umfasst.

Prequel

Unter einem »Prequel« ist die Verfilmung einer dem Inhalt des Werkes vorausgehenden Geschichte zu verstehen (z. B. »Die Abenteuer des jungen Indiana Jones« nach dem Erfolg »Indiana Jones«).

Prints and advertising (P&A)/Herausbringungskosten

Darunter sind die dem Verleih für die Herausbringung eines Films im Kino erwachsenden Kosten zu verstehen, z. B. für die Herstellung der Kopien, Plakate, Trailer, Werbung.

Produzent

Der Begriff Produzent wird in vielfacher Hinsicht gebraucht. Er kann gleichbedeutend sein mit dem **Filmhersteller**, der das originäre Leistungsschutzrecht nach § 94 UrhG erlangt und letztlich die organisatorischen und finanziellen Entscheidungen trifft und die wirtschaftlichen Folgen verantwortet.

Falls sich seine Rolle auf die des Dealmakers, bzw. der finanziellen Arrangements beschränkt, kommt er eher dem amerikanischen **Executive Producer** gleich.

Ausführender, durchführender oder auch **federführender Produzent** (delegate auch executive producer genannt) ist derjenige, der gleichsam als Dienstleister die physische

Herstellung des Films innehat. Dies kann bei Koproduktionen auch mit der Rolle des **Koproduzenten** zusammenfallen.

Der **Creative Producer** ist derjenige, der für die kreative Entwicklung und Durchführung des Projekts verantwortlich zeichnet.

Die Nennung als **Associate Producer** ist noch undeutlicher. An sich ist der associate producer neben dem hauptverantwortlichen Produzenten in den gesamten Prozess der Filmherstellung eingebunden. Inzwischen erhalten aber häufig Personen diese Nennung, die nur einen finanziellen Beitrag geleistet oder lediglich das Drehbuch an den Produzenten vermittelt haben.

Aus dem rein organisatorischen Bereich ist der **Herstellungs- oder Produktionsleiter** noch zu nennen, der dem **Line Producer** entspricht.

Im deutschen Fernsehbereich wird mit *Producer* oft die Person benannt, die im Rahmen einer großen Produktionsfirma einen einzelnen Film oder eine TV-Serie inhaltlich, kreativ und organisatorisch betreut. Die Begriffe sind auslegungsfähig und überdies werden ihnen in unterschiedlichen Ländern häufig verschiedene Bedeutungen zugemessen.

Produzentenerlöse

Darunter fallen sämtliche Erlöse, die dem Produzenten aus der Verwertung des Films zufließen.

Produzentengewinn

Die dem Produzenten nach dem vollständigen Recoupment der Herstellungskosten (einschließlich etwaiger Rückstellungen) verbleibenden Erlöse. Hierbei ist zwischen den frei finanzierten Filmen und den mit Fördermitteln hergestellten Filmen zu unterscheiden. Bei der zweiten Kategorie setzt der Produzentengewinn meist schon vor dem vollständigen Recoupment der Herstellungskosten ein, denn hierzu zählen auch die Fördermittel, die jedoch nur aus einem bestimmten Anteil der Produzentenerlöse zurückgezahlt werden müssen. Der dem Produzenten verbleibende Anteil stellt in diesem Fall bereits Produzentengewinn dar, an dem ggfls. Dritte zu beteiligen sind. Der Begriff **Produzentennetto** bezeichnet diesen Produzentengewinn, abzüglich etwaiger Umsatzsteuer und Abgaben.

Pro rata/Anteilig

Anteilige Auszahlung der eingehenden Erlöse an die Berechtigten im Verhältnis ihrer Beteiligung bzw. ihres Investments (s. *pari passu*).

Public Domain (Gemeinfreiheit)

Darunter ist ein Werk zu verstehen, dessen Schutzfrist abgelaufen ist, das also gemeinfrei ist.

Put-Option

Darunter ist ein Andienungsrecht zu verstehen, z.B. ist ein Filmfonds oder deren Gesellschafter zur Übernahme der Anlegerbeteiligung zu einem im voraus festgelegten Übernahmepreis verpflichtet.

Recoupment
Darunter ist die Rückdeckung der Herstellungskosten eines Films zu verstehen, einschließlich der Investitionen, Rückstellungen etc.

Remake/Wiederverfilmungsrecht
Unter dem »Remakerecht« ist das Wiederverfilmungsrecht zu verstehen. Wird über das Remakerecht keine Regelung getroffen, verbleibt es beim Drehbuchautor. Wenn das Verfilmungsrecht jedoch ohne zeitliche Beschränkung exklusiv eingeräumt wird, trifft den Drehbuchautor eine Enthaltungspflicht und er ist nicht befugt, über das Wiederverfilmungsrecht zu verfügen. Falls insoweit allerdings Zweifel bestehen, gilt die 10-Jahresfrist des § 88 Abs. 2 UrhG. Nach dieser Bestimmung kann der Drehbuchautor einem Dritten 10 Jahre nach Vertragsschluß die erneute Verfilmung seines Drehbuchs gestatten.

Rental right/Vermietrecht
Dieser Begriff bezieht sich auf die Videoverwertung eines Films durch den Verleih/Vermietung von Videokassetten. Der Gegensatz bildet das Sell-Through Right, also der Verkauf von Videokassetten.

Residuals
Dies sind Wiederholungshonorare und Tantiemen für »Talents«, die für bestimmte Nutzungen an die jeweiligen Interessensverbände (z. B. DGA, SAG, WGA) zu zahlen sind.

Rough Cut
Erste Grobschnittfassung des Films

Sales agent
Dieser Begriff steht üblicherweise für den Weltvertrieb.

Sampling
Prozess der Umwandlung eines analogen Signals in digitale Daten im binären Code.

Score
Die für den Film komponierte Musik.

Second call
Im Gegensatz zur exklusiven Verfügbarkeit während der *first call* Periode bezeichnet second call die Zeit, in der die Betroffenen vorbehaltlich anderweitiger Verpflichtungen zur Verfügung stehen, z. B. für Postproduktionsarbeiten.

Sell-through / Verkaufskassetten
Die Verwertung des Films im Videobereich durch den Verkauf von Kassetten, im Gegensatz zur Vermietung (»rental«). Im digitalen Vertrieb auch electronic sell-through bezeichnet (EST).

Sequel / Fortsetzung
Unter den »Sequelrechten« werden die Rechte zur Verfilmung einer Folgegeschichte verstanden (z. B. »Terminator I«, »Terminator II«) ...

Special Effects
Damit ist der Oberbegriff für alle Spezialeffekte im Film gemeint. Im engeren Sinne wird hierbei unterschieden zwischen den von der Kamera während der Dreharbeiten aufgenommenen Spezialeffekten (»SFX«) und denjenigen in der Postproduktion, die als visual effects (»VFX«) bezeichnet werden.

Spin-Off
Unter »Spin-Off« wird eine Produktion verstanden, in der Nebenfiguren oder Nebenhandlungen einer früheren Produktion zum Gegenstand der neuen Produktion gemacht werden.

Stop Date
Darunter wird ein bestimmtes Datum verstanden, zu dem der Schauspieler nicht mehr zur Verfügung stehen muss.

Storyboard
Sequenz von Zeichnungen, die eine Szene vor Drehbeginn filmisch auflöst.

Strike Price
Der Betrag, nach dessen Erschöpfung die Verpflichtung des Completion Bonds zur Übernahme der Überschreitungskosten eintritt.

Synchronisation licence/Synchronisationsrecht
Das Recht, das entsprechende Musikstück in einem Film zu verwenden.

Talent
Sammelbegriff für die Kreativen, die an der Herstellung eines Films beteiligt sind.

Teaser
Vorführband, auf dem Filmausschnitte von maximal einer Minute zusammengefasst sind.

Trailer
Werbematerial, auf dem Filmausschnitte von maximal drei Minuten zusammengefasst sind.

Treatment
Zusammenfassung von Filmstoffen, regelmäßig ca. 30 bis 40 Seiten umfassende Vorstufe zum Drehbuch.

Turnaround / Rechterückfall

Dieser Begriff stammt ursprünglich aus den Verträgen zwischen den sog. independent producer und den (US) studios. Sofern das Studio binnen einer bestimmten Frist das Projekt nicht übernehmen wollte, fielen die Rechte an den Produzenten zurück. Der Begriff »turnaround« wird meist in dem Sinne verwendet, dass der Vertragspartner das Projekt binnen einer bestimmten Frist finanzieren muß, andernfalls fallen die Rechte zurück. Der Rechterückfall erfolgt indes meist nicht entschädigungslos. Vielmehr wird festgelegt, unter welchen Bedingungen die getätigten Investitionen zurückzuerstatten sind.

Video on Demand

Der Kunde bestimmt hier den Zeitpunkt und die Programmfolge selbst. Er kann aus einem Angebot auswählen und die Filme z. B. auch wiederholen oder vor- und zurückspulen.

Window/Auswertungsfenster

Bezeichnung für den Zeitraum, in dem ein Film in einem bestimmten Medium für eine bestimmte Zeit ausgewertet werden darf.

Work (made) for hire

Darunter wird das in den USA gängige Rechtskonzept verstanden, demzufolge gegen Zahlung einer Vergütung an den Auftragnehmer (z. B. Drehbuchautor, Regisseur etc.) sämtliche Urheberrechte an dem Werk originär bei dem Auftraggeber entstehen.

FFA-Richtlinie für die Projektfilmförderung

(Stand 22.06.2006)

(§ 32 Abs. 1 Filmförderungsgesetz (FFG))

§ 1
Grundsätze

(1) Die FFA gewährt dem Hersteller zur Finanzierung der Herstellungskosten eines programmfüllenden Films im Sinne von § 15 FFG ein zweckgebundenes, zinsloses und bedingt rückzahlbares Darlehen, wenn ein Filmvorhaben aufgrund des Drehbuches sowie der Stab- und Besetzungsliste einen Film erwarten lässt, der geeignet erscheint, die Qualität und die Wirtschaftlichkeit des deutschen Films zu verbessern.

(2) Bei internationalen Gemeinschaftsproduktionen sollen Darlehen nur gewährt werden, wenn die deutsche finanzielle Beteiligung mindestens 50 v. H. beträgt oder der deutsche Anteil größer ist als der Anteil jedes anderen Gemeinschaftsproduzenten.

(3) Zurückgezahlte Darlehen der Projektfilmförderung können gem. § 39 Abs. 4 FFG an den Hersteller zurückgezahlt werden. (Anträge auf Rückgewährung werden auf einem von der Filmförderungsanstalt herausgegebenen und als Anlage 2 zur Richtlinie Referenzfilmförderung (D.1) bezeichneten Antragsformular gestellt.)

Teil A
Anforderungen an die Anträge und die ihnen beizufügenden Unterlagen sowie Zeitpunkt, Art und Form der Verwendungsnachweise

§ 2
Antragsteller

Anträge können nur gestellt werden durch Hersteller, die den Voraussetzungen des § 15 Abs. 2 Nr. 1 FFG entsprechen.

§ 3

Antrag

(1) Der Antrag ist zu richten an die

FFA – Filmförderungsanstalt
Bundesanstalt des öffentlichen Rechts
Große Präsidentenstraße 9
10178 Berlin

(2) Der Antrag muss enthalten:

1. Angaben über den Antragsteller (Name und Sitz der Firma; Rechtsform der Firma; ggf. Handelsregisterauszug; bisherige Produktionstätigkeit);

2. Titel (Arbeitstitel) und Beschreibung oder Inhaltsangabe des Filmvorhabens;

3. Drehbuch in 12facher, gut lesbarer Ausfertigung in deutscher Sprache;

4. Nachweis über den Erwerb oder den möglichen Erwerb (Option) der Rechte an dem Stoff, Buch und Titel;

5. Stab- und Besetzungsliste in 12facher Ausfertigung und nach Möglichkeit Glaubhaftmachung, dass der Regisseur, die Hauptdarsteller und/oder die Darsteller wichtiger Rollen sowie der Kameramann zur Übernahme der Aufgabe grundsätzlich bereit und zur vorgesehenen Drehzeit in der Lage sind; Nachweis über Umfang der Beschäftigung von technischen und kaufmännischen Nachwuchskräften (mindestens 10 v. H. des kaufmännischen und technischen Personals, mindestens aber eine Nachwuchskraft. Hiervon kann nur in begründeten Ausnahmefällen abgesehen werden);

6. Detaillierte branchenübliche Kalkulation der Herstellungskosten nach Maßgabe des nach Anlage 5 zu verwendenden Vor- und Nachkalkulationsschemas sowie die Erklärungen nach Maßgabe der Anlage 1 jeweils in 12facher Ausfertigung;

7. Finanzierungsplan in 12 facher Ausfertigung, aus dem sich im Einzelnen ergibt:

   a) mit welchen Mitteln und von welchen Personen oder Firmen das Filmvorhaben finanziert werden soll;

   b) die Höhe des beantragten Darlehens;

   c) der Eigenanteil des Herstellers gemäß § 34 FFG nach Maßgabe der Anlage 2;

8. Verleihvertrag oder eine konkrete Darlegung über die Verleihpläne des Antragstellers, wie er sich den Verleih seines Films vorstellt und über seine Auswertungserwartungen. Die Bestimmungen des § 29 FFG sind dabei zugrundezulegen;

9. eine vorläufige Projektbescheinigung des Bundesamtes für Wirtschaft und Ausfuhrkontrolle des Inhalts:

    a) dass ein Film den Vorschriften des § 15 Abs. 2 oder 3 FFG, des § 16 FFG oder des § 16a FFG entspricht oder eine Ausnahmeentscheidung nach § 15 Abs. 4 FFG vorliegt;

    b) dass ein Vorhaben als internationale Gemeinschaftsproduktion aufgrund der Angaben des Antragstellers im Sinne von § 16 Abs. 1 und 2 FFG gelten wird; Nachweis bei einer internationalen Koproduktion mit einem Hersteller aus einem außereuropäischen Land, dass der Antragsteller innerhalb von fünf Jahren vor Antragstellung einen programmfüllenden Spielfilm im Sinne von § 15 Abs. 1 FFG in einem Mitgliedstaat der Europäischen Union hergestellt hat (s. § 17a Abs. 1 FFG).

    Die FFA kann auf eine vorläufige Projektbescheinigung nach a) verzichten, wenn offensichtlich keine Bedenken bestehen.

    Die FFA kann von dem Nachweis nach b) in Ausnahmefällen absehen, wenn die fachliche Eignung des Antragstellers als Filmhersteller außer Zweifel steht und wenn die Gesamtwürdigung des Filmvorhabens die Ausnahme rechtfertigt.

10. den vorgesehenen Drehbeginn mit den Hauptdarstellern;

11. Drehplan oder eine Aufstellung, aus der sich die geordnete Abwicklung der Dreharbeiten nach Drehzeit und Drehorten ergibt;

12. Erklärung, dass es sich um ein neues **Filmvorhaben** handelt, das bisher noch keiner Förderungsinstitution vorlag, oder welchen Institutionen das **Filmvorhaben** schon vorlag unter Angabe des Sachstandes.

13. Erklärung, dass der Antragsteller bei einem Auslandsverkauf der Rechte an dem geförderten Film einen Beitrag an die zentrale Dienstleistungsorganisation der deutschen Filmwirtschaft für die Außenvertretung des deutschen Films leistet. Der Beitrag beträgt bei Nettoerlösen bis zu Euro 1.500.000,00 1,5 v. H. Erlöse über Euro 1.500.000,00 werden nicht berücksichtigt.

    a) Nettoerlöse im Sinne von § 25 Abs. 4 Ziff. 6 FFG sind Bruttolizenzerlöse aus der Verwertung von Auslandsrechten nach Abzug von Vertriebsprovisionen (eines in- und/oder ausländischen Vertriebs), die wie folgt im Rahmen der Grundsätze sparsamer Wirtschaftsführung zulässig sind: bis zu 30 v.H. der Lizenzerlöse bei Einschaltung eines Vertriebs durch Hersteller als Lizenzgeber oder im Falle des Eigenvertriebs des Herstellers als Lizenzgeber.

b) Zu den Nettoerlösen rechnen neben Lizenzeinnahmen auch Erlöse aus Vorabverkäufen und Mindestgarantien sowie Auslandsvertriebsvorauszahlungen aller Art, unabhängig davon, ob sie zur Finanzierung der Herstellungskosten dienen oder nicht.

c) Bei einer Gemeinschaftsproduktion gelten als Nettoerlöse des deutschen Herstellers die auf ihn vertraglich entfallenden Erlösanteile aus der Verwertung der Auslandsrechte.

d) Abgabepflichtig für die Exportabgabe ist der Hersteller. Sofern eine Mitgliedsfirma des Verbandes Deutscher Filmexporteure e.V. den Auslandsvertrieb durchführt, wird die Abgabeverpflichtung von der Exportfirma zu Lasten des Herstellers erfüllt.

Bei Zahlung von Mindestgarantien auf zu erwartende Auslandserlöse ist die Exportabgabe nach der Mindestgarantie zu berechnen und abzuführen. Bei Überschreitung der Mindestgarantie sind die weiteren Erlöse gleichfalls erneut abzurechnen.

e) Die Exportabgabe ist spätestens vierteljährlich nach Film und Lizenzgebiet gegenüber der zentralen Dienstleistungsorganisation der deutschen Filmwirtschaft für die Außenvertretung des deutschen Films abzurechnen und an diese unter Angabe des Filmtitels zu bezahlen. Die zentrale Dienstleistungsorganisation der deutschen Filmwirtschaft für die Außenvertretung des deutschen Films erteilt dem Produzenten eine Bescheinigung über geleistete Zahlungen zur Vorlage bei der FFA.

f) Die zentrale Dienstleistungsorganisation der deutschen Filmwirtschaft für die Außenvertretung des deutschen Films weist die Verpflichteten darauf hin, dass die FFA Auskünfte nach § 70 Abs. 2 bis 6 FFG einholen kann.

14. Der Antragsteller muss den Nachweis erbringen, dass in dem Auswertungsvertrag mit einer öffentlich-rechtlichen Rundfunkanstalt oder einem privaten Fernsehveranstalter ein Rückfall der Fernsehnutzungsrechte an den Hersteller spätestens nach fünf Jahren vereinbart ist. Im Einzelfall kann im Auswertungsvertrag für den Rückfall der Fernsehnutzungsrechte eine Frist von bis zu sieben Jahren vereinbart werden. Dies setzt voraus, dass die Beteiligung des Fernsehveranstalters bei einem Budget bis zu Euro 3 Mio. mindestens 50 v.H., bei einem Budget

bis zu Euro 5 Mio. mindestens 45 v. H. und bei einem Budget über Euro 5 Mio. mindestens 40 v. H. beträgt. Das gilt jedoch nur, wenn die Beteiligung des Fernsehveranstalters mindestens Euro 300.000,00 beträgt. Dabei sind die Förderungen der Ländereinrichtungen und der FFA aus den Beiträgen der Fernsehveranstalter auf den Fernsehanteil nicht anzurechnen.

Sofern der Hersteller seine TV-Nutzungsrechte für das deutschsprachige Lizenzgebiet einem Verleih gegen Zahlung einer entsprechenden Verleihgarantie einräumt, müssen diese Nutzungsrechte spätestens nach fünf Jahren an den Hersteller zurückfallen. Etwas anderes kann nur dann gelten, wenn die Verleihgarantie mindestens 50 v. H. der Herstellungskosten beträgt. In diesem Fall darf die Lizenzzeit maximal sieben Jahre betragen.

Sofern die Verleihinvestitionen (Verleihvorkosten/Verleihgarantie) noch nicht zurückgeführt sind, kann der Verleihvertrag zwischen Produzent und Verleih bereits bei Vertragsschluss vorsehen, dass für diesen Fall eine Regelung zulässig ist, wonach der Verleih eine fünfjährige Anschlusslizenz erhält. Im Rahmen dieser Anschlusslizenz darf der Verleih keine Lizenz an TV-Sender für mehr als fünf Jahre vergeben. Die aus der Anschlusslizenz erzielten Erlöse sind ohne Abzüge, z. B. einer Verleihprovision, zur Abdeckung noch nicht zurückgeführter Verleihinvestitionen zu verwenden.

15. Erklärung zur Berechnung des angemessenen Eigenanteils über

    a) den Produktionsumfang

    b) die Kapitalausstattung und

    c) die bisherige Produktionstätigkeit des Antragstellers.

16. Erklärung, dass auch die Förderung durch die FFA genannt wird, soweit im Vor- oder Abspann des Films öffentliche Förderstellen erwähnt werden.

17. Erklärung, dass der Antragsteller mit der Weitergabe von Daten wie Name und Anschrift, Titel und Kurzinhalt des Films, Herstellungskosten, Finanzierungsplan, beantragte Summe und bewilligter Betrag aus diesem Förderungsantrag an andere filmfördernde Stellen einverstanden ist;

dass der Antragsteller weiterhin damit einverstanden ist, dass die FFA die Förderung des Vorhabens öffentlich z. B. durch eine Presseerklärung bekannt gibt, in der der Förderungsempfänger, Produzent, Titel und Kurzinhalt des Vorhabens, die Namen des Regisseurs und des Drehbuchautors sowie die Höhe der Zuwendung genannt sind.

(3) Der Antrag ist nach Maßgabe des als Anlage 3 zu verwendenden Antragsformulars spätestens zu den von der Filmförderungsanstalt festgesetzten und bekanntgemachten Antragsterminen zu stellen.

(4) Alle Antragsunterlagen werden Eigentum der FFA.

§ 4
Förderungszusage

Die FFA kann aufgrund der übrigen Antragsunterlagen eine Förderungszusage für **Filmvorhaben** geben, bei denen die im Finanzierungsplan angegebenen Finanzierungsquellen noch nicht gesichert sind.

§ 5
Darlehensanträge bis Euro 100.000,00

(1) Bei Anträgen auf Gewährung eines Darlehens bis zu Euro 100.000,00 brauchen Drehbuch sowie Stab- und Besetzungslisten nicht vorgelegt zu werden, wenn auf andere Weise dargelegt wird, dass das Vorhaben einen Film erwarten lässt, der geeignet erscheint, die Qualität und die Wirtschaftlichkeit des deutschen Films zu verbessern.

(2) Die nach Abs. 1 erforderlichen Antragsunterlagen sowie die Kalkulation sind in 12facher Ausfertigung einzureichen; die in § 3 Abs. 2 weiterhin genannten Antragsunterlagen sind auch bei dieser Antragsform in einfacher Ausfertigung vorzulegen.

§ 6
Filmfassung

(1) Soweit Filme zur Begründung von Ansprüchen nach dem FFG im Antragsverfahren sowie zur Abnahme (§ 38 FFG) Organen und Kommissionen der FFA vorgelegt werden müssen, sind sie in der Fassung vorzuführen, die von der Freiwilligen Selbstkontrolle der Filmwirtschaft (FSK) zur öffentlichen Vorführung freigegeben oder von der Juristen-Kommission der SPIO als strafrechtlich unbedenklich bezeichnet worden sind.

(2) Ist ein Film in verschiedenen Fassungen von der FSK freigegeben oder als unbedenklich bezeichnet worden, ist die FFA von dieser Tatsache zu unterrichten. Sie kann die Vorlage sämtlicher Fassungen des Films fordern.

(3) Bei der Vorlage jeder Filmkopie hat der Antragsteller der FFA schriftlich zu erklären, dass die von ihm vorgelegte Kopie der von der FSK freigegebenen oder der von der Juristen-Kommission der SPIO als strafrechtlich unbedenklich bezeichneten Fassung des Films entspricht.

§ 7
Sperrung der Fernseh- und Videonutzungsrechte

(1) Bei der Inanspruchnahme eines Darlehens der Projektfilmförderung hat der Hersteller mit Stellung des Antrages auf Auszahlung der Darlehensmittel für den zu fördernden Film der FFA gegenüber eine rechtsverbindlich unterzeichnete unwiderrufliche Erklärung abzugeben, dass er den Verpflichtungen gemäß § 30 FFG nachkommt.

(2) Soweit dem Hersteller die Fernsehnutzungsrechte im Zeitpunkt der Antragstellung nicht zustehen und auch nicht später erworben wurden, kann er das Darlehen für den zu fördernden Film nur dann erhalten, wenn er der FFA gegenüber verbindlich und unwiderruflich versichert, dass er sein Leistungsschutzrecht nach § 94 Urheberrechtsgesetz in dem in § 30 FFG genannten Umfang nicht an Rundfunkanstalten, Rundfunkveranstalter oder Dritte überträgt.

(3) Hat der Hersteller ihm zustehende Fernseh- und/oder Videonutzungsrechte vor der Antragstellung auf Inanspruchnahme der Förderungsmittel entgegen den obigen Regelungen für die genannten Sperrfristen-Zeiträume freigegeben, so erhält er keine Förderungsmittel. Bei im besonderen öffentlichen und filmwirtschaftlichen Interesse liegenden Filmen mit besonders hohen Herstellungskosten (§ 34 Abs. 6 FFG) und überdurchschnittlich hoher Finanzierungsbeteiligung eines Fernsehveranstalters kann das Präsidium mit Zweidrittel-Mehrheit der Stimmen eine Sperrfristverkürzung schon vor Drehbeginn beschließen.

(4) Kommt der Hersteller seinen Verpflichtungen gemäß den obigen Regelungen nicht nach, ist er zur unverzüglichen Erstattung aller ihm ausgezahlten Darlehensbeträge verpflichtet.

(5) Bei Filmen, die im Rahmen des Film/Fernseh-Abkommens mit ARD bzw. ZDF koproduziert worden sind, gelten die Vorschriften des Abkommens i.V.m. § 30 FFG.

§ 8
Zuerkennungsbescheid (Bewilligungsbescheid)

(1) Über die Gewährung von Förderungshilfen durch die Vergabekommission wird dem Antragsteller gegebenenfalls nach einer Förderungszusage ein Zuerkennungsbescheid (Bewilligungsbescheid) zugestellt, sofern er die Finanzierung nachgewiesen hat.

(2) Der Bescheid bestimmt den Verwendungszweck, Art, Höhe und Bedingungen der Förderungshilfe und enthält Auflagen zur Sicherung der bestimmungsgemäßen Verwendung der bewilligten Mittel. Er wird erst wirksam, wenn sich der Antragsteller mit dem Inhalt einverstanden erklärt hat.

§ 9
Zweckbindung

Förderungsmittel dürfen nur zur Finanzierung des Projektes verwendet werden, auf das sich der Zuerkennungsbeschluss der Vergabekommission bezieht.

§ 10
Auszahlungsantrag

Ein Antrag auf Auszahlung von Projektfilmförderungsmitteln ist nach Maßgabe des als Anlage 4 zu verwendenden Antragsformulars zu stellen.

§ 11
Auszahlungsvoraussetzungen

(1) Antragsteller in der Rechtsform einer Aktiengesellschaft, Gesellschaft mit beschränkter Haftung oder einer Personenhandelsgesellschaft, deren einziger persönlich haftender Gesellschafter eine Aktiengesellschaft oder eine Gesellschaft mit beschränkter Haftung ist, haben vor Auszahlung den Nachweis über ein eingezahltes Grund- oder Stammkapital von mindestens Euro 100.000,00 zu führen.

(2) Vor der Auszahlung ist der FFA nachzuweisen, dass innerhalb der vorgesehenen Drehzeit die im Darlehensantrag in der Stab- und Besetzungsliste als Voraussetzung für den Zuerkennungsbeschluss der Vergabekommission genannten Mitwirkenden beschäftigt werden. Dies gilt insbesondere für den Regisseur, die Hauptdarsteller sowie den Kameramann. Abweichungen in Bezug auf die genannten Mitwirkenden bedürfen der Einwilligung der Vergabekommission.

(3) Soweit im Vor- oder Abspann des Films öffentliche Förderstellen genannt werden, ist auch die Förderung durch die FFA zu erwähnen.

§ 12
Auszahlungsgrundsatz

(1) Zuerkannte Beträge dürfen mit entsprechenden Nachweisungen nur insoweit und nicht eher abgerufen werden, als die Mittel bei angemessener Berücksichtigung von Eigen- und sonstigen Mitteln für fällige Zahlungen im Rahmen des Verwendungszwecks benötigt werden.

(2) Werden bei der Durchführung eines Projekts laufend Zahlungen fällig, kann die FFA Teilbeträge pauschal nach Glaubhaftmachung auszahlen.

(3) Bei Filmvorhaben werden in der Regel die zuerkannten Beträge in folgenden Quoten ausgezahlt:

bis zu 25 v. H. bei Beginn der Projektarbeiten;
bis zu weiteren 50 v. H. während der Dreharbeiten;
bis zu 15 v. H. bei Nachweis des Rohschnitts;
10 v. H. nach Prüfung des Schlusskostenstandes.

§ 13
Einsatz der Förderungshilfe

Der Antragsteller hat einen Wirtschaftsplan (Finanzflussplan) vorzulegen, aus dem sich die zeitliche Einsatzfolge der Mittel ergibt, die in dem zum Antrag gehörenden Finanzierungsplan genannt werden. Dies gilt nicht bei der pauschalierten Auszahlung nach § 12 Abs. 3 dieser Richtlinie.

§ 14
Subventionserhebliche Tatsachen

Die in Teil A §§ 3 Abs. 2 Nrn. 1 bis 14, 6, 7, 8, 9, 11, 12, 13 FFG sowie §§ 16 bis 31 FFG in Teil B (Grundsätze sparsamer Wirtschaftsführung) von den Antragstellern anzugebenden Tatsachen sind subventionserheblich im Sinne von § 264 Strafgesetzbuch.

§ 15
Hinterlegungspflicht

Der Hersteller des geförderten Filmes ist verpflichtet, zwölf Monate nach der ersten öffentlichen Aufführung des Filmes bzw. für den Fall, dass die Kinoauswertung länger als zwölf Monate dauert nach Abschluss der Kinoauswertung, der Bundesrepublik Deutschland eine technisch einwandfreie Kopie des Films in dem gedrehten Originalformat unentgeltlich zu übereignen, sofern diese Verpflichtung nicht schon anderweitig begründet ist. Die Kopien werden vom Bundesarchiv für Zwecke der Filmförderung im Sinne dieses Gesetzes verwahrt. Sie können für die filmkundliche Auswertung zur Verfügung gestellt werden.

Teil B
Grundsätze Sparsamer Wirtschaftsführung

§ 16
Grundsätze sparsamer Wirtschaftsführung

In den Anträgen ist den Grundsätzen sparsamer Wirtschaftsführung nach Maßgabe der nachfolgenden Bestimmungen Rechnung zu tragen:

§ 17
Herstellungskosten, Verleihvorkosten

Zu den Herstellungskosten eines Films i.S. d. Filmförderungsgesetzes (FFG) gehören die in der nachfolgenden tabellarischen Übersicht Nr. I aufgeführten Kostenarten (Nrn. 1 bis 14). Zu den Verleihvorkosten eines Films gehören die in der nachfolgenden tabellarischen Übersicht Nr. II aufgeführten Kostenarten (Nrn. 1 bis 19). Bei den Herstellungskosten und bei den Verleihvorkosten bleibt die Umsatzsteuer (abzugsfähige Vorsteuer) außer Ansatz (Nettoprinzip).

Tabellarische Übersicht der Herstellungskosten
Nr. I

1. Vorkosten der Produktion
2. Rechte und Manuskript
3. Gagen
   Produktionsstab
   Regiestab
   Ausstattungsstab
   Sonstiger Stab
   Darsteller
   Musiker
   Zusatzkosten Gagen
4. Atelier
5. Ausstattung und Technik
6. Reise- und Transportkosten
7. Filmmaterial und Bearbeitung
8. Endfertigung
9. Versicherungen
10. Sonstige produktbezogene Kosten
11. Handlungskosten
12. Überschreitungsreserve

13. Finanzierungskosten
14. Treuhandgebühr
(15. Versicherungsvergütungen (./.))

Bei einer Koproduktion gelten als Herstellungskosten der von dem deutschen Hersteller vertraglich zu tragende Anteil an den Herstellungskosten des Films sowie die zusätzlichen Kosten für die Herstellung der deutschen Fassung dieses Films (einschließlich der Nullkopie).

Tabellarische Übersicht der Verleihvorkosten
Nr. II

1. Beiprogrammfilm;
2. Kopien für Hauptfilm, Werbevorspannfilm und Beiprogrammfilm zuzüglich Verpackung und Transport, soweit nicht in den Herstellungskosten enthalten;
3. Lavendelpositiv und Dupnegativ bzw. Interpositiv und Internegativ, soweit nicht in den Herstellungskosten enthalten;
4. Synchronisation sowie IT-Band, soweit nicht in den Herstellungskosten enthalten
5. Kopienversicherung;
6. Negativ-Versicherung und sonstige filmbezogene Versicherung, soweit nicht in den Herstellungskosten enthalten;
7. Beschichtung, Instandhaltung und Wiederherstellung der Kopien für Haupt-, Vorspann- und Beiprogrammfilm, soweit diese Arbeiten außerhalb der Betriebsräume oder auch innerhalb der Betriebsräume des Verleihers, soweit sie zu marktüblichen Preisen durchgeführt werden und zur Auswertung erforderlich sind;
8. Herstellung des Werbevorspannfilms sowie der zur redaktionellen Berichterstattung bestimmten Materialien, z. B. electronic press kit und »making of« falls diese nicht vom Produzenten geliefert werden;
9. Standard-Werbematerial;
10. Kosten von Marketing-/Promotionagenturen zu marktüblichen Preisen, ohne Aufschlagsberechnungen auf weitere Spesen/Provisionen bei Einschaltung von Drittagenturen
11. Ur- und Erstaufführungswerbemaßnahmen, die sich unmittelbar an Filmbesucher richten sowie filmbezogene Inserate in der Filmfachpresse und etwaige Filmpremierenveranstaltungen;
12. Produktionspresse sowie Verleihpresse und sonstige filmbezogene Promotion im Einvernehmen mit dem Produzenten, soweit nicht in den Herstellungskosten enthalten;
13. Untertitelung für Hörgeschädigte, Audiodescription für Sehbehinderte
14. Rechtsverfolgung gegenüber filmbezogenen Ansprüchen;
15. Finanzierung, soweit nicht in den Herstellungskosten enthalten, allerdings höchstens bis zu 8 v. H. über dem jeweils geltenden Basiszinssatz der Europäischen Zentralbank;
16. Abgaben, insbesondere Zoll im grenzüberschreitenden Verkehr;
17. SPIO-Filmsonderbeitrag;

18. Gebühren der FSK ⎫ soweit nicht ausnahmsweise in
19. Gebühren der FBW ⎬ den Herstellungskosten enthalten;
20. Abrechnungskontrolle des Verleiherverbandes.

§ 18
Sonstige produktbezogene Kosten

Zu den sonstigen produktbezogenen Kosten des Produzenten rechnen die in der nachfolgenden tabellarischen Übersicht Nr. III aufgeführten Einzelkostenarten, jedoch nur dann, wenn diese nicht bereits unter Handlungskosten oder sonstigen in Teil B dieser Richtlinie geregelten Kosten eingestellt sind.

Tabellarische Übersicht der sonstigen produktbezogenen Kosten Nr. III

1. Personentransporte
2. Lastentransporte
3. Kleine Ausgaben, die nicht Handlungskosten sind
4. Bahn- und Luftfrachten
5. Gebühren der FSK bzw. FBW, soweit sie ausnahmsweise in den Herstellungskosten enthalten sind (in der Regel Nrn. 17 und 18 der tabellarischen Übersicht der Verleihvorkosten Nr. II)
6. Berufsgenossenschaft
7. Sozialversicherung
8. Produktionspresse
9. Produzentenverband (filmbezogene Umlage)
10. Rechtsberatung
11. Telefon-, Telegramm-, Portikosten
12. Miete für Produktionsräume
13. Büromaterial
14. Bewirtungen
15. Vermittlungsprovision
16. Zollkosten
17. Vervielfältigungen
18. Aushilfen

§ 19
Handlungskosten (Gemeinkosten) bei programmfüllenden Filmen

(1) Zu den Handlungskosten des Produzenten rechnen die in der nachfolgenden tabellarischen Übersicht Nr. IV aufgeführten Einzelkostenarten; diese dürfen nicht als Fertigungskosten (Nrn. 1 bis 9, tabellarische Übersicht Nr. I) angesetzt werden.

(2) Im Rahmen der Grundsätze sparsamer Wirtschaftsführung liegen bei der Produktion von programmfüllenden Filmen die Handlungskosten des Produzenten bis zu einer Kostenhöhe von Euro 1.000.000,00 der Herstellungskosten oder des deutschen Herstellungskostenanteils (insoweit aber ohne Handlungs- und Finanzierungskosten) bei 7,5 v. H.

Gehen die kalkulierten Kosten über den Betrag von Euro 1.000.000,00 hinaus, so erhöhen sich die Handlungskosten pro Euro 50.000,00 weiterer Herstellungskosten um jeweils Euro 2.500,00 bis höchstens zu Euro 250.000,00.

Die FFA kann auf Antrag darüber hinaus Ausnahmen zulassen, wenn bedingt durch die Größe des Projektes die Höhe der Herstellungskosten besonders aufwendig ist. Hierüber entscheidet bei Schlusskostennachweis im Falle der Referenzfilmförderung der Vorstand, im Falle der Projektfilmförderung die Vergabekommission.

Tabellarische Übersicht der Einzelkostenarten, die zu den Handlungskosten rechnen Nr. IV

1. Aufwendung für Einrichtung und Unterhalt der ständigen Geschäftsräume
2. Allgemeiner Geschäftsbedarf (Schreibmaterialien usw.)
3. Allgemeine Post- und Telefongebühren
4. Allgemeine Personalkosten, soweit sie nicht das jeweilige Projekt speziell betreffen
5. Gewerbesteuer vom Ertrag und Kapital
6. Aufwendungen für allgemeine Rechts-, Steuer- und Devisenberatungen sowie für Bilanzprüfungen
7. Zinsen und Bankspesen für allgemeine Kredite
8. Allgemeine Aufwendungen für Gästebewirtung, Repräsentation, Blumen und Geschenke
9. Reisekosten und Aufwendungen im Rahmen der normalen Geschäftätigkeit des Produzenten, sofern sie nicht für ein bestimmtes Projekt aufgewendet wurden.

§ 20
Finanzierungskosten

In den Kostenvoranschlag können die nachzuweisenden Finanzierungskosten in der Regel mit dem Zinssatz (einschließlich Nebenkosten und Bereitstellungsprovision) der Filmkredite gewährenden deutschen Konsortialbanken keinesfalls mit mehr als 8 v. H. über dem jeweils geltenden Basiszinssatz der Europäischen Zentralbank eingesetzt werden. Finanzierungskosten für eigene Mittel des Herstellers dürfen nicht angesetzt werden.

§ 21
Überschreitungsreserve

In den Kostenvoranschlag kann eine Überschreitungsreserve bis zu 8 v. H. der Summe der kalkulierten Kostenarten Nrn. 1 bis 9 (Fertigungskosten) der tabellarischen Übersicht Nr. I eingesetzt werden.

§ 22
Vorkosten der Herstellung

Zu den Vorkosten der Produktion rechnen Kosten für Motivsuche, Stoffentwicklung, Probeaufnahmen und Vorverhandlungen, soweit sie das Projekt betreffen.

§ 23
Reisekosten

Im Rahmen der »Grundsätze sparsamer Wirtschaftsführung« liegen Spesensätze aufgrund tarifvertraglicher oder steuerrechtlicher Regelungen. Begründete Ausnahmen bei Spitzenkräften sind zulässig.

§ 24
Rabatte, Skonti, Boni, Materialveräußerungen

(1) Rabatte und Skonti sind von den jeweiligen Kostenpositionen der Schlusskostenrechnung abzuziehen. Skonti, die durch außerhalb des Filmprojekts stehende zusätzliche Eigenleistungen des Herstellers erreicht worden sind, brauchen bei den jeweiligen Kostenpositionen nicht abgezogen zu werden.

(2) Bei den Kosten für die Kopien der geförderten Filme sind Rabatte und Skonti abzuziehen. Skonti und umsatzbezogene Boni, die durch außerhalb der jeweiligen Kopienbeschaffung stehende zusätzliche Eigenleistungen erreicht worden sind, brauchen dagegen nicht abgezogen zu werden.

(3) Der Abzug der Kopienkosten in der Verleihabrechnung darf nur dann erfolgen, wenn – je nachdem wer Auftraggeber war – Filmhersteller oder Filmverleiher den schriftlichen Nachweis erbracht haben, dass die Filmkopien bezahlt sind und das Kopierwerk sowie der Rohfilmlieferant auf Anwendung der Kontokorrenthaftungsklausel verzichtet oder wenn eine Freistellungserklärung über die nicht mehr bestehende Eigentumsvorbelastung an den Filmkopien einschließlich des Verzichtes auf Anwendung der Kontokorrenthaftungsklausel des Kopierwerkes und des Rohfilmlieferanten vorgelegt worden ist.

(4) Erträge aus der Veräußerung von Gegenständen (Sachen und Rechte), die in den Produktionskosten enthalten sind, sind produktionskostenmindernd anzusetzen oder zur Tilgung zu verwenden.

§ 25
Regiegage, Herstellungsleitergage, Produzentenhonorar

(1) Die Höchstgagen für Regie sind:

bis zu 5 v.H. der Herstellungskosten bis Euro 2.500.000,00, maximal jedoch Euro 75.000,00
bis zu 3 v.H. der Herstellungskosten über Euro 2.500.000,00, maximal jedoch Euro 125.000,00

(2) Die Höchstgagen für die Herstellungsleitung sind 2/3 der jeweiligen Regiegage nach Absatz 1.

(3) Das Produzentenhonorar beträgt bis zu 2,5 v.H. der anerkannten Herstellungskosten bis zu deren Höhe von maximal Euro 5.000.000,00.

Empfänger des Produzentenhonorars ist die natürliche Person, welcher die auf die Herstellung des Films bezogenen kreativen Aufgaben des Produzenten obliegen.

(4) In besonders gelagerten begründeten Ausnahmefällen kann die zuständige Kommission Ausnahmen von den Höchstsätzen nach Absatz 1, 2 und 3 zulassen.

§ 25
Eigene Leistungen des Produzenten und Mehrfachbetätigung

(1) Erbringt der Filmhersteller sachliche eigene Leistungen, so können diese Leistungen höchstens mit den jeweils marktüblichen Preisen – soweit vorhandenen Listenpreisen – unter Reduzierung der Beträge um 25 v.H. angesetzt werden.

(2) Sind der Produzent oder Mitproduzent bzw. Allein- oder Mehrheitsgesellschafter bei einer GmbH und der Regisseur identisch, werden die gemäß § 25 Abs. 1 kalkulierten Gagen um 20 v. H. reduziert.

(3) Sind der Produzent oder Mitproduzent bzw. der Allein- oder Mehrheitsgesellschafter bei einer GmbH und der Herstellungsleiter identisch, werden die gemäß § 25 Abs. 2 kalkulierten Gagen um 20 v. H. reduziert.

(4) Erbringt der Produzent sonstige personelle Eigenleistungen, so können diese Leistungen höchstens mit den jeweils marktgerechten Preisen – soweit vorhanden Listenpreise abzüglich der handelsüblichen Rabatte – angesetzt werden.

(5) Bei Mehrfachbetätigung innerhalb des Herstellungsprozesses eines Films sind entsprechende Reduzierungen der Gagensätze vorzunehmen. Entsprechendes gilt bei Mehrfachbetätigung eines Filmschaffenden bei der Herstellung von mehr als vier Filmen im Jahr.

Ein Mehrfachgagensatz wie z.B. als Produzent, Herstellungsleiter, Produktionsleiter oder Regisseur und gleichzeitig als Geschäftsführer (z.B. im Rahmen der Handlungskosten der Produktionsfirma) ist unzulässig.

§ 26
Behandlung einzelner Verleihvorkostenarten

a) Beifilm

Soweit ein aus den Verleihvorkosten abzudeckender Beifilm gemäß § 20 FFG unmittelbar vom Kurzfilmproduzenten erworben wird, ist der Ankaufpreis abzüglich eines etwaigen Rabattes in den Verleihvorkosten anzusetzen. In allen übrigen Fällen darf der für Kurzfilme marktgängige Preis in den Verleihvorkosten nicht überschritten werden.

b) Filmkopien

(1) Bei den Kosten für die Kopien der geförderten Filme sind Rabatte und Skonti abzuziehen. Skonti und umsatzbezogene Boni, die durch außerhalb der jeweiligen Kopienbeschaffung stehende zusätzliche Eigenleistungen erreicht worden sind, brauchen dagegen nicht abgezogen zu werden.

(2) Der Abzug der Kopienkosten in der Verleihabrechnung darf nur dann erfolgen, wenn – je nachdem wer Auftraggeber war – Filmhersteller oder Filmverleiher den schriftlichen Nachweis erbracht haben, dass die Filmkopien bezahlt sind und das Kopierwerk sowie der Rohfilmlieferant auf Anwendung der Kontokorrenthaf-

tungsklausel verzichten, oder wenn eine Freistellungserklärung über die nicht mehr bestehende Eigentumsvorbelastung an den Filmkopien einschließlich des Verzichtes auf Anwendung der Kontokorrenthaftungsklausel des Kopierwerkes und des Rohfilmlieferanten vorgelegt worden ist.

(c) Werbematerialkosten

Die Kosten für die Werbematerialherstellung rechnen nur dann zu den Verleihvorkosten, wenn die Werbematerialerlöse mit dem Filmhersteller verrechnet werden. Bei der Herstellung von Werbematerial und der Insertion erzielte Rabatte und Skonti sind nach Maßgabe der Grundsätze von §§ 24 und 27 b) dieser Richtlinie bei den Verleihvorkosten gutzuschreiben.

§ 27

Vorlage des Schlusskostenstandes und einer Übersicht über die Verleihvorkosten

Die Schlusskostenrechnung ist nach Maßgabe des nach Anlage 3 zu verwendenden branchenüblichen Vor- und Nachkalkulationsschemas spätestens sechs Monate nach Fertigstellung der Nullkopie, eine Übersicht über die Verleihvorkosten spätestens sechs Monate nach Erstaufführung des geförderten Films in einem Filmtheater in der Bundesrepublik Deutschland der FFA vorzulegen.

§ 28

Verleihspesen

(1) Die folgenden Verleihspesen liegen im Rahmen der Grundsätze sparsamer Wirtschaftsführung:

Bis zu 35 v. H. der Verleiheinnahmen, solange aus dem übrigen Anteil der Verleiheinnahmen (Produzentenanteil) Förderdarlehen zurückgezahlt werden.

(2) In besonders gelagerten begründeten Ausnahmefällen kann die zuständige Kommission oder der Vorstand höhere als die vorgenannten Verleihspesen zulassen. Für den Hersteller günstigere Aufteilungen der Verleiheinnahmen sind zulässig.

§ 29

Vertriebsspesen, Vertriebsvorkosten

(1) Im Rahmen der Grundsätze sparsamer Wirtschaftsführung liegen Vertriebsspesen für europäische Länder und für außereuropäische Länder bis zu 30 v. H. der tatsächlich und endgültig eingegangenen Lizenzerlöse eines Films, solange aus dem übrigen Anteil der Vertriebseinnahmen (Produzentenanteil) Förderdarlehen zurückbezahlt werden.

(2) Zu den Vorkosten des Vertriebs rechnen nur die in der nachfolgenden tabellarischen Übersicht Nr. V aufgeführten Einzelkostenarten, soweit sie im Weltvertriebsvertrag vereinbart und vom Vertrieb vorgelegt worden sind.

Tabellarische Übersicht der Vertriebsvorkosten
Nr. V

1. Kosten der Service-Kopie von Hauptfilm und Vorspannfilm sowie der für Ansichtszwecke hergestellten Videokassetten zuzüglich Verpackung und Transport vom Kopierwerk zum Firmensitz, sofern der Produzent diese lt. Vertrag zu liefernden Kopien und Videokassetten nicht zur Verfügung stellt;

2. Kosten des Interpositivs und der Internegative für Hauptfilm, Vorspannfilm sowie der Video- und TV-Masterbänder aller erforderlichen Formate und Systeme, soweit diese nicht vom Produzenten kostenlos zur Verfügung gestellt oder von Lizenznehmern bezahlt werden;

3. Synchronisationskosten für Fremdsprachenfassungen, soweit nicht vom Lizenznehmer getragen, einschließlich damit verbundener Nebenkosten;

4. Kosten für den Erwerb der Musikrechte für die internationale Auswertung, soweit nicht vom Lizenzgeber getragen;

5. Untertitelungskosten, soweit nicht von Lizenznehmern übernommen;

6. Instandhaltungskosten und Befundberichte für Negativ und Interpositiv; eventuell Regenerierungskosten;

7. Kosten für Anzeigen in internationalen Fachzeitschriften sowie Werbekosten bei Filmfestivals und Filmmessen, sofern vom Produzenten genehmigt;

8. Transport- und Vorführkosten bei Teilnahme an Filmfestivals und Filmmessen, sofern diese nicht von dritter Seite erstattet werden;

9. Kosten für die Herstellung und Überspielung von IT-Bändern, soweit diese nicht vom Produzenten kostenlos zur Verfügung gestellt werden;

10. Kosten der Herstellung fremdsprachiger Verkaufskataloge oder Pressehefte sowie Kosten der Herstellung sogenannter Verkaufstrailer für Filmmessen;

11. Anwalts-, Gerichts-, Inkasso- und Buchprüfungskosten, welche mit der Eintreibung von Lizenzbeträgen in Zusammenhang stehen, sowie Kosten der im Ausland tätig wer-

denden Anwälte im Zusammenhang mit dem Abschluss und der Abwicklung von Lizenzverträgen;

12. Kosten erforderlicher Rechte- und Materialversicherungen, soweit sie nicht vom Produzenten getragen werden.

§ 30
Provisionen bei der Veräußerung von Videorechten

(1) Die folgenden Provisionen liegen im Rahmen der Grundsätze sparsamer Wirtschaftsführung:

bis zu 30 v. H. der Videolizenzerlöse, solange aus dem übrigen Anteil der Videolizenzerlöse (Produzentenanteil) Förderdarlehen zurückgezahlt werden.

(2) In besonders gelagerten begründeten Ausnahmefällen kann die zuständige Kommission oder der Vorstand höhere als die vorgenannten Provisionen zulassen. Für den Hersteller günstigere Aufteilungen der Videolizenzerlöse sind zulässig.

§ 31
Provision bei der Veräußerung von Fernsehrechten

(1) Die folgenden Provision liegen im Rahmen der Grundsätze sparsamer Wirtschaftsführung:

bis zu 30 v. H. der Fernsehlizenzerlöse, solange aus dem übrigen Anteil der Fernsehlizenzerlöse (Produzentenanteil) Förderdarlehen zurückgezahlt werden.

(2) In besonders gelagerten begründeten Ausnahmefällen kann die zuständige Kommission oder der Vorstand höhere als die vorgenannten Provisionen zulassen. Für den Hersteller günstigere Aufteilungen der Fernsehlizenzerlöse sind zulässig.

§ 32
Zinsen für Rückforderungen, Stundungen und Verzug

Haben Antragsteller Rückzahlungen an die FFA aus Rückforderungen, Stundungen bzw. Verzug zu leisten, so erhebt die FFA auf diese Rückzahlungen Zinsen gemäß den geltenden Haushaltsvorschriften des Bundes (§§ 34, 44 und 59 BHO sowie entsprechende vorläufige Verwaltungsvorschriften) und § 49a Verwaltungsverfahrensgesetz.

§ 33

Tilgung

(1) Tilgungsgrundsätze

a) Das Darlehen ist zurückzuzahlen, sobald und soweit die Erträge des Herstellers aus der Verwertung des Films 20 v. H. der im Kostenplan angegebenen und von der Anstalt anerkannten Kosten übersteigen. Zunächst sind 10 v. H. der übersteigenden Erträge zur Tilgung zu verwenden. Übersteigen die Erträge des Herstellers 60 v. H. der von der FFA anerkannten Kosten, sind 20 v. H. der übersteigenden Erträge zur Tilgung zu verwenden. Übersteigen die Erträge die im Kostenplan angegebenen und von der FFA anerkannten Kosten vermindert um die Höhe des Darlehens, sind 50 v. H. der übersteigenden Erträge zur Tilgung zu verwenden.

Ergibt sich dabei, dass die Tilgung nach § 39 Abs. 1 Satz 4 FFG früher als nach Satz 3 einsetzt, ist unmittelbar nach Satz 4 zu verfahren.

b) Sofern neben der FFA auch Länderförderungen rückzahlbare Darlehen gewährt haben, ist es zurückzuzahlen, sobald und soweit die Erträge des Herstellers aus der Verwertung des Films 20 v. H. der von der FFA anerkannten Kosten übersteigen. Die Rückzahlung an die FFA erfolgt dann im Verhältnis der von den Länderförderungen und der FFA gewährten Darlehen. Sollte die Tilgung dieser Darlehen gemäß Regelungen der Länderförderer nur aus einem Teil der Produzentenerlöse erfolgen, schließt sich die FFA dem an.

c) Die FFA kann günstigere Rückzahlungsbedingungen zulassen, wenn der Eigenanteil des Herstellers mehr als 20 v. H. der von der FFA anerkannten Herstellungskosten beträgt. Sofern Länderförderungen einen Eigenanteil von mehr als 20 v. H. als vorrangig anerkennen, kann die FFA einer solchen Tilgungsregelung zustimmen.

d) Entscheidungen über die vorgenannten Tilgungsbedingungen trifft der Vorstand.

(2) Abrechnung und Tilgungsverpflichtung

Die Abrechnung und Tilgung hat für die ersten zwei Jahre nach Start des Films kalenderhalbjährlich, frühestens jedoch drei Monate nach Start zu erfolgen und danach jährlich per 31.12.

Die Abrechnung und Tilgungsverpflichtung erlischt bei vollständiger Tilgung des Darlehens, spätestens jedoch fünf Jahre nach Start des Films.

(3) Anerkannte Kosten

Anerkannte Kosten sind zunächst die nach Maßgabe der Grundsätze sparsamer Wirtschaftsführung anerkannten Kosten der Vorkalkulation. Sind diese nach Fertigstellung des Films niedriger als die anerkannten Kosten, so sind die niedrigen verbindlich für die Bemessung der Tilgung. Wird das Darlehen durch die Vergabekommission gekürzt und führt dieses beim Antragsteller zu einer Verringerung der Herstellungskosten, erfolgt keine weitere anteilige Kürzung des gewährten Darlehens, es sei denn, die Antragsvoraussetzungen haben sich wesentlich verändert und die Vergabekommission hat wegen des Wegfalls der früheren Entscheidungsgrundlage neu über die Sache zu befinden. Erhöhen sich nach der Anerkennung die Herstellungskosten aufgrund unverschuldeter unvorhersehbarer Umstände, so kann die zuständige Kommission die Erhöhung anerkennen.

Die anerkannten Kosten im Sinne von § 39 Abs. 1 Satz 1 FFG sind gleichzusetzen mit den anerkannten Kosten gemäß § 34 Abs. 1 FFG.

Daraus folgt, dass bei deutsch-ausländischen Gemeinschaftsproduktionen sowohl für die Bemessung des Tilgungsfreibetrages als auch der Tilgungsschwellen nur der deutsche Herstellungsanteil zu Grunde zu legen ist. Dies gilt entsprechend für Filme, die unter Mitwirkung einer deutschen Rundfunkanstalt hergestellt wurden.

(4) Erträge des Herstellers

Auf die Erträge des Herstellers entfallen alle Erlöse aus der Verwertung der Nutzungsrechte am Film einschließlich seiner Nebenrechte, soweit sie nicht im Rahmen der Grundsätze sparsamer Wirtschaftsführung anzuerkennende Verleih- und Vertriebsspesen sowie Verleih- und Vertriebskosten darstellen. Verleih- und Vertriebsgarantien sind Erträge des Herstellers. Für die Rückzahlungsverpflichtungen nach § 1 bleiben die Fernseherlöse sowie die Verleihgarantien aus der Filmtheaterauswertung in der Bundesrepublik Deutschland und die Vertriebsgarantien insoweit außer Betracht, als sie im Kostenplan zur Finanzierung der Herstellungskosten ausgewiesen und dafür auch tatsächlich verwendet worden sind.

Teil C
Anlagen sowie Antragsformulare

Anlage 1
zur Richtlinie für die Projektfilmförderung

1. Der Antragsteller hat im Antrag auf Projektfilmförderung zu erklären, ob die Kalkulation Zahlungen (Kostenansätze) für natürliche oder juristische Personen vorsieht, die mit dem Hersteller, einem Mithersteller, einem Gesellschafter oder dem Geschäftsfüh-

rer einer als juristische Person auftretenden Herstellerfirma identisch oder durch generelle wirtschaftliche Interessen verbunden sind. Dies gilt gleichermaßen für Kostenansätze für Familienangehörige (Ehegatten, Eltern, Kinder, Geschwister) der vorstehend genannten Personen. Solche Kostenansätze sind in der Kalkulation spezifiziert auszuweisen.

2. Überschreiten die Kostenansätze der Kalkulation die vergleichbaren Kosten vergleichbarer Filme in vergleichbarer Größenordnung, so kann der Antragsteller die Besonderheiten darlegen und die Kommission zusätzlich Aufklärung verlangen.

Ergibt sich, dass die Kostenansätze die Kosten vergleichbarer Filme unter Berücksichtigung der Grundsätze sparsamer Wirtschaftsführung überschreiten, so hat die zuständige Kommission den Antrag entsprechend § 37 Abs. 1 Nr. 2 FFG abzulehnen.

In weniger gravierenden Fällen kann die entscheidende Kommission eine Darlehenskürzung mit der Maßgabe vornehmen, dass insoweit die Kalkulation zu kürzen ist.

Anlage 2
zur Richtlinie für die Projektfilmförderung im Hinblick auf die Errechnung des Eigenanteils nach § 34 FFG

1. Der Antragsteller hat von den im Kostenplan angegebenen und von der FFA anerkannten Kosten einen nach dem Produktionsumfang, der Kapitalausstattung und bisherigen Produktionstätigkeit angemessenen Eigenanteil zu tragen, mindestens jedoch 15 v. H. Der Eigenanteil errechnet sich von den Herstellungskosten, von denen bei Koproduktionen der Auslandsanteil, bei Gemeinschaftsproduktionen mit einer öffentlich-rechtlichen Rundfunkanstalt deren Finanzierungsanteil abzuziehen ist, jedoch vermindert um das marktübliche Entgelt für die Abgeltung oder Übertragung der Fernsehnutzungsrechte.

2. Der Eigenanteil kann erbracht werden in der Form von Eigenmitteln, Eigenleistungen oder durch Fremdmittel.

3. Eigenmittel können finanziert werden durch Mittel des Herstellers und Verleih- und Vertriebsgarantien, soweit sie während der Herstellung des Films bar eingebracht werden, sowie Fremdmittel, die dem Hersteller darlehensweise mit unbedingter Rückzahlungspflicht überlassen wurden, z.B. Bankkredite.

4. Bis zu höchstens 10 v. H. der in der Kalkulation angegebenen und von der FFA anerkannten Kosten können als Eigenleistungen, eingesetzt mit dem marktüblichen Geldwert, in begrenztem, durch das Gesetz bestimmten Umfang zur Finanzierung des Eigenanteils herangezogen werden.

Ist der Hersteller eine natürliche Person, kann seine Gage oder sein Honorar eingesetzt werden, wenn er sich bei dem Filmvorhaben betätigt als

Kreativer Produzent	oder
Herstellungsleiter	oder
Regisseur	oder
Hauptdarsteller oder	
Kameramann.	

Ist der Hersteller eine Gesellschaft mit beschränkter Haftung und besteht Personenidentität (wirtschaftliche Identität) zwischen dem Allein- oder Mehrheitsgesellschafter und einem der vier bezeichneten Filmschaffenden, so kann dessen Gage oder Honorar eingesetzt werden. Es ist also nur jeweils die Berücksichtigung einer Tätigkeit möglich. Eventuell ausgeübte andere Tätigkeiten erhöhen zwar die Herstellungskosten, nicht aber den Eigenanteil.

Verleih- und Vertriebsgarantien, die nicht vor oder während der Produktion in die Herstellung des Films fließen, Handlungskosten, Sachleistungen des Herstellers und Sachleisterkredite der technischen Firmen können nicht auf den Eigenanteil angerechnet werden.

5. Nicht auf den Eigenanteil angerechnet werden

z. B. Förderungsmittel der FFA, des BKM, der Medienboard Berlin-Brandenburg GmbH, des Film-FernsehFonds Bayern, der FilmFörderung Hamburg, der Filmstiftung NRW, des Kuratorium Junger Deutscher Film, der Medien- und Filmgesellschaft Baden-Württemberg, der Mitteldeutschen Medienförderung und andrer Institutionen

gemäß dem Wortlaut des § 34 Abs. 4 FFG.

6. Mittel der öffentlich-rechtlichen Rundfunkanstalten können auf den Eigenanteil angerechnet werden, soweit sie marktübliches Entgelt für die Übertragung der Senderechte darstellen. Durch die Anrechnung solcher Entgelte für Fernsehnutzungsrechte auf die im Kostenplan angegebenen und von der Anstalt anerkannten Kosten darf der Eigenanteil nicht unter 10 v. H. sinken.

Handelt es sich um eine Gemeinschaftsproduktion mit einer öffentlich-rechtlichen Rundfunkanstalt, muss das anrechenbare marktübliche Entgelt die gleiche Höhe wie der Minderungsbetrag unter Nr. 1 haben.

7. Ausnahmen

Bei den ersten beiden programmfüllenden Filmen eines Herstellers kann die FFA für die Finanzierung des Eigenanteils Ausnahmen von den unter Nrn. 5 und 6 dargestellten Regelungen zulassen.

Sind die Herstellungskosten eines Filmvorhabens höher als das Zweifache der durchschnittlichen Kosten der im Vorjahr geförderten Filme, kann der notwendige Eigenanteil durch die FFA auf Antrag gesenkt werden.

FFA-Richtlinie für die Referenzfilmförderung

(Stand 26.6.2006)

(§§ 22 ff. Filmförderungsgesetz (FFG))

Teil A
Anforderungen an die Anträge und die ihnen beizufügenden Unterlagen

§ 1
Antragsformulare

Ein Antrag auf Zuerkennung von Referenzfilmfördermitteln wird auf einem von der Filmförderungsanstalt (FFA) herausgegebenen und als Anlage 1 bezeichneten Antragsformular gestellt.

§ 2
Verwendung von Förderungshilfen gemäß § 28 Abs. 1 FFG

(1) Als neuer programmfüllender Film im Sinne von §§ 15 und 28 Abs. 1 FFG gilt ein Film, mit dessen Dreharbeiten nach Zuerkennung der Referenzfilmfördermittel für den Referenzfilm begonnen worden ist. Ausnahmen hiervon sind in besonders begründeten Fällen möglich. Als Zuerkennung gilt sowohl die Zuerkennung der Höhe nach (§ 25 Abs. 1 Satz 1 FFG) als auch die Zuerkennung dem Grunde nach (§ 25 Abs. 1 Satz 2 FFG).

(2) Der Verwendungsantrag soll drei Wochen vor Drehbeginn gestellt werden.

§ 3
Filmfassung

(1) Soweit Filme zur Begründung von Ansprüchen nach dem FFG im Antragsverfahren sowie zur Abnahme (§ 38 FFG) Organen und Kommissionen der FFA vorgelegt werden müssen, sind sie in der Fassung vorzuführen, die von der Freiwilligen Selbstkontrolle der Filmwirtschaft (FSK) zur öffentlichen Vorführung freigegeben oder von der Juristen-Kommission der SPIO als strafrechtlich unbedenklich bezeichnet worden sind.

(2) Ist ein Film in verschiedenen Fassungen von der FSK freigegeben oder als unbedenklich bezeichnet worden, ist die FFA von dieser Tatsache zu unterrichten. Sie kann die Vorlage sämtlicher Fassungen des Films fordern.

(3) Bei der Vorlage jeder Filmkopie hat der Antragsteller der FFA schriftlich zu erklären, dass die von ihm vorgelegte Kopie der von der FSK freigegebenen oder der von der Juristen-Kommission der SPIO als strafrechtlich unbedenklich bezeichneten Fassung des Films entspricht.

§ 4

Sperrung der Video- und Fernsehnutzungsrechte

(1) Bei Inanspruchnahme der Referenzfilmfördermittel hat der Hersteller mit Stellung des Antrages auf Auszahlung von Förderungsmitteln für programmfüllende Filme der FFA gegenüber eine rechtsverbindlich unterzeichnete unwiderrufliche Erklärung abzugeben, dass er den Verpflichtungen gemäß § 30 FFG, welcher die Sperrfristen für die Video- und Fernsehnutzungsrechte regelt, an dem Referenzfilm und dem neuen Film nachkommt.

(2) Hat der Hersteller ihm zustehende Video- und/oder Fernsehnutzungsrechte vor der Antragstellung auf Inanspruchnahme der Förderungsmittel entgegen der Regelungen des § 30 FFG für die dort genannten Sperrfristen-Zeiträume freigegeben, erhält er keine Förderungsmittel und ist zur unverzüglichen Erstattung aller ihm aufgrund des Referenzfilms ausgezahlten Förderungshilfen verpflichtet.

§ 5

Auszahlungsantrag

Ein Antrag auf Auszahlung von Referenzfilmfördermitteln ist mit dem Antragsformular gemäß Anlage 2 zusammen mit dem branchenüblichen Vor- und Nachkalkulationsschema gemäß Anlage 3 bzw. Anlage 4 zu stellen.

§ 6

Auszahlungsvoraussetzungen

(1) Antragsteller in der Rechtsform einer Aktiengesellschaft, Gesellschaft mit beschränkter Haftung oder Personenhandelsgesellschaft, deren einziger persönlich haftender Gesellschafter eine Aktiengesellschaft oder Gesellschaft mit beschränkter Haftung ist, haben vor Auszahlung den Nachweis über ein eingezahltes Grund- oder Stammkapital von mindestens Euro 100.000,00 zu führen.

(2) Der Antragsteller ist verpflichtet (§ 25 Abs. 4 Nr. 6 FFG), bei einem Auslandsverkauf der Rechte an dem Referenzfilm einen Beitrag an die zentrale Dienstleistungsorganisation der deutschen Filmwirtschaft für die Außenvertretung des deutschen Films zu leisten. Der Beitrag beträgt bei Nettoerlösen bis zu Euro 1.500.000,00 1,5 v. H. Die Abrechnungspflicht für einen Film entfällt, sobald der Höchstbetrag von Euro 22.500,00 für diesen Film an die zentrale Dienstleistungsorganisation der deutschen Filmwirtschaft für die Außenvertretung des deutschen Films bezahlt worden ist.

a) Nettoerlöse i. S. v. § 25 Abs. 4 Nr. 6 FFG sind Bruttolizenzerlöse aus der Verwertung von Auslandsrechten nach Abzug von Vertriebsprovisionen (eines in- und/ oder ausländischen Vertriebs), die wie folgt im Rahmen der Grundsätze sparsamer Wirtschaftsführung zulässig sind:

bis zu 30 v. H. der Lizenzerlöse bei Einschaltung eines Vertriebs durch Hersteller als Lizenzgeber oder im Falle des Eigenvertriebs des Herstellers als Lizenzgeber.

b) Zu den Nettoerlösen rechnen neben Lizenzeinnahmen auch Erlöse aus Vorabverkäufen und Mindestgarantien sowie Auslandsvertriebsvorauszahlungen aller Art, unabhängig davon, ob sie zur Finanzierung der Herstellungskosten dienen oder nicht.

c) Bei einer Gemeinschaftsproduktion gelten als Nettoerlöse des deutschen Herstellers die auf ihn vertraglich entfallenden Erlösanteile aus der Verwertung der Auslandsrechte.

d) Abgabepflichtig für die Exportabgabe ist der Hersteller. Sofern eine Mitgliedsfirma des Verbandes Deutscher Filmexporteure e.V. den Auslandsvertrieb durchführt, wird die Abgabeverpflichtung von der Exportfirma zu Lasten des Herstellers erfüllt.
Bei Zahlung von Mindestgarantien auf zu erwartende Auslandserlöse ist die Exportabgabe nach der Mindestgarantie zu berechnen und abzuführen. Bei Überschreiten der Mindestgarantie sind die weiteren Erlöse gleichfalls erneut abzurechnen.

e) Die Exportabgabe ist spätestens vierteljährlich nach Film und Lizenzgebiet gegenüber der zentralen Dienstleistungsorganisation der deutschen Filmwirtschaft für die Außenvertretung des deutschen Films abzurechnen und an diese unter Angabe des Filmtitels zu bezahlen. Die zentrale Dienstleistungsorganisation der deutschen Filmwirtschaft für die Außenvertretung des deutschen Films erteilt dem Produzenten eine Bescheinigung über geleistete Zahlungen zur Vorlage bei der FFA.

f) Die zentrale Dienstleistungsorganisation der deutschen Filmwirtschaft für die Außenvertretung des deutschen Films weist die Verpflichteten darauf hin, dass die FFA Auskünfte nach § 70 Abs. 2 bis 6 FFG einholen kann.

(3) Der Antragsteller muss den Nachweis erbringen, dass in dem Auswertungsvertrag mit einer öffentlich-rechtlichen Rundfunkanstalt oder einem privaten Fernsehveranstalter ein Rückfall der Fernsehnutzungsrechte an den Hersteller spätestens nach fünf Jahren vereinbart ist. Im Einzelfall kann im Auswertungsvertrag für den Rückfall der Fernsehnutzungsrechte eine Frist von bis zu sieben Jahren vereinbart werden. Dies setzt voraus, dass die Beteiligung des Fernsehveranstalters bei einem Budget bis zu Euro 3 Mio. mindestens 45 v. H., bei einem Budget bis zu Euro 5 Mio. mindestens 35 v. H., bei einem Budget bis zu Euro 10 Mio. mindestens 30 v. H. und bei einem Budget über Euro 10 Mio. mindestens 25 v. H. beträgt. Das gilt jedoch nur, wenn die Beteiligung des Fernsehveranstalters mindestens Euro 300.000,00 beträgt. Dabei sind die Förderungen der Ländereinrichtungen und der FFA aus den Beiträgen der Fernsehveranstalter auf den Fernsehanteil nicht anzurechnen.

(4) Sofern der Hersteller seine TV-Nutzungsrechte für das deutschsprachige Lizenzgebiet einem Verleih gegen Zahlung einer entsprechenden Verleihgarantie einräumt, müssen diese Nutzungsrechte spätestens nach fünf Jahren an den Hersteller zurückfallen. Etwas anderes kann nur dann gelten, wenn die Verleihgarantie bei einem Budget bis zu Euro 3 Mio. mindestens 50 v. H., bei einem Budget bis zu Euro 5 Mio. mindestens 40 v. H., bei einem Budget bis zu Euro 10 Mio. mindestens 35 v. H. und bei einem Budget über Euro 10 Mio. mindestens 30 v. H. beträgt. In diesem Fall darf die Lizenzzeit maximal sieben Jahre betragen. Sofern die Verleihinvestitionen (Verleihvorkosten/Verleihgarantie) noch nicht zurückgeführt sind, kann der Verleihvertrag zwischen Produzent und Verleih bereits bei Vertragsschluss vorsehen, dass für diesen Fall eine Regelung zulässig ist, wonach der Verleih eine fünfjährige Anschlusslizenz erhält. Im Rahmen dieser Anschlusslizenz darf der Verleih keine Lizenz an TV-Sender für mehr als fünf Jahre vergeben. Die aus der Anschlusslizenz erzielten Erlöse sind ohne Abzüge, z. B. einer Verleihprovision, zur Abdeckung noch nicht zurückgeführter Verleihinvestitionen zu verwenden.

(5) Die Frist für den Rückfall der TV-Nutzungsrechte beginnt mit Anfang der TV-Lizenzzeit, frühestens jedoch mit Ablauf der Sperrfrist von 24 Monaten gemäß § 30 FFG.

(6) Soweit im Vor- oder Abspann des Films öffentliche Förderstellen genannt werden, ist auch die Förderung durch die FFA zu erwähnen.

(7) Die Referenzfilmfördermittel dürfen 50 v. H. der Herstellungskosten des neuen Films oder bei Gemeinschaftsproduktionen des deutschen Anteils an den Herstellungskosten nicht übersteigen. Etwas anderes gilt nur, wenn der Antragsteller zur Finanzierung auch Projektfilmfördermittel einsetzt.

Teil B
Grundsätze sparsamer Wirtschaftsführung

§ 7
Grundsätze sparsamer Wirtschaftsführung

In den Anträgen ist den Grundsätzen sparsamer Wirtschaftsführung nach Maßgabe der nachfolgenden Bestimmungen Rechnung zu tragen:

§ 8
Herstellungskosten, Verleihvorkosten

Zu den Herstellungskosten eines Films i. S. d. Filmförderungsgesetzes (FFG) gehören die in der nachfolgenden tabellarischen Übersicht Nr. I aufgeführten Kostenarten (Nrn. 1 bis 14). Zu den Verleihvorkosten eines Films gehören die in der nachfolgenden tabellarischen Übersicht Nr. II aufgeführten Kostenarten (Nrn. 1 bis 19). Bei den Herstellungskosten und bei den Verleihvorkosten bleibt die Umsatzsteuer (abzugsfähige Vorsteuer) außer Ansatz (Nettoprinzip).

Tabellarische Übersicht der Herstellungskosten
Nr. I

1. Vorkosten der Produktion
2. Rechte und Manuskript
3. Gagen
   Produktionsstab
   Regiestab
   Ausstattungsstab
   Sonstiger Stab
   Darsteller
   Musiker
   Zusatzkosten Gagen
4. Atelier
5. Ausstattung und Technik
6. Reise- und Transportkosten
7. Filmmaterial und Bearbeitung
8. Endfertigung
9. Versicherungen
10. Sonstige produktbezogene Kosten
11. Handlungskosten

12. Überschreitungsreserve
13. Finanzierungskosten
14. Treuhandgebühr
(15. Versicherungsvergütungen (./.))

Bei einer Koproduktion gelten als Herstellungskosten der von dem deutschen Hersteller vertraglich zu tragende Anteil an den Herstellungskosten des Films sowie die zusätzlichen Kosten für die Herstellung der deutschen Fassung dieses Films (einschließlich der Nullkopie).

Tabellarische Übersicht der Verleihvorkosten
Nr. II

1. Beiprogrammfilm
2. Kopien für Hauptfilm, Werbevorspannfilm und Beiprogrammfilm zuzüglich Verpackung und Transport, soweit nicht in den Herstellungskosten enthalten
3. Lavendelpositiv und Dupnegativ bzw. Interpositiv und Internegativ, soweit nicht in den Herstellungskosten enthalten
4. Synchronisation sowie IT-Band, soweit nicht in den Herstellungskosten enthalten
5. Kopienversicherung
6. Negativ-Versicherung und sonstige filmbezogene Versicherung, soweit nicht in den Herstellungskosten enthalten
7. Beschichtung, Instandhaltung und Wiederherstellung der Kopien für Haupt-, Vorspann- und Beiprogrammfilm, soweit diese Arbeiten außerhalb der Betriebsräume oder auch innerhalb der Betriebsräume des Verleihers, soweit sie zu marktüblichen Preisen durchgeführt werden und zur Auswertung erforderlich sind
8. Herstellung des Werbevorspannfilms sowie die zur redaktionellen Berichterstattung bestimmten Materialien, z.B. electronic press kit und »making of« falls diese nicht vom Produzenten geliefert werden
9. Standard-Werbematerial
10. Kosten von Marketing-/Promotionagenturen zu marktüblichen Preisen, ohne Aufschlagsberechnungen auf weitere Spesen/Provisionen bei Einschaltung von Drittagenturen
11. Ur- und Erstaufführungswerbemaßnahmen, die sich unmittelbar an Filmbesucher richten sowie filmbezogene Inserate in der Filmfachpresse und etwaige Filmpremierenveranstaltungen
12. Produktionspresse sowie Verleihpresse und sonstige filmbezogene Promotion im Einvernehmen mit dem Produzenten, soweit nicht in den Herstellungskosten enthalten
13. Untertitelung für Hörgeschädigte, Audiodescription für Sehbehinderte
14. Rechtsverfolgung gegenüber filmbezogenen Ansprüchen
15. Finanzierung, soweit nicht in den Herstellungskosten enthalten, allerdings höchstens bis zu 8 v.H. über dem jeweils geltenden Basiszinssatz der Europäischen Zentralbank
16. Abgaben, insbesondere Zoll im grenzüberschreitenden Verkehr
17. SPIO-Filmsonderbeitrag

18. Gebühren der FSK   } soweit nicht ausnahmsweise in den
19. Gebühren der FBW   } Herstellungskosten enthalten
20. Abrechnungskontrolle des Verleiherverbandes

§ 9

Sonstige produktbezogene Kosten

Zu den sonstigen produktbezogenen Kosten des Produzenten rechnen die in der nachfolgenden tabellarischen Übersicht Nr. III aufgeführten Einzelkostenarten, jedoch nur dann, wenn diese nicht bereits unter Handlungskosten oder sonstigen in Teil B dieser Richtlinie geregelten Kosten eingestellt sind.

Tabellarische Übersicht der sonstigen produktbezogenen Kosten Nr. III

1. Personentransporte
2. Lastentransporte
3. Kleine Ausgaben, die nicht Handlungskosten sind
4. Bahn- und Luftfrachten
5. Gebühren der FSK bzw. FBW, soweit sie ausnahmsweise in den Herstellungskosten enthalten sind (in der Regel Nrn. 17 und 18 der tabellarischen Übersicht der Verleihvorkosten Nr. II)
6. Berufsgenossenschaft
7. Sozialversicherung
8. Produktionspresse
9. Produzentenverband (filmbezogene Umlage)
10. Rechtsberatung
11. Telefon-, Telegramm-, Portokosten
12. Miete für Produktionsräume
13. Büromaterial
14. Bewirtungen
15. Vermittlungsprovision
16. Zollkosten
17. Vervielfältigungen
18. Aushilfen

§ 10
Handlungskosten (Gemeinkosten) bei programmfüllenden Filmen

(1) Zu den Handlungskosten des Produzenten rechnen die in der nachfolgenden tabellarischen Übersicht Nr. IV aufgeführten Einzelkostenarten; diese dürfen nicht als Fertigungskosten (Nrn. 1 bis 9, tabellarische Übersicht Nr. I) angesetzt werden.

(2) Im Rahmen der Grundsätze sparsamer Wirtschaftsführung liegen bei der Produktion von programmfüllenden Filmen die Handlungskosten des Produzenten bis zu einer Kostenhöhe von Euro 1.000.000,00 der Herstellungskosten oder des deutschen Herstellungskostenanteils (insoweit aber ohne Handlungs- und Finanzierungskosten) bei 7,5 v. H..

Gehen die kalkulierten Kosten über den Betrag von Euro 1.000.000,00 hinaus, so erhöhen sich die Handlungskosten pro Euro 50.000,00 weiterer Herstellungskosten um jeweils Euro 2.500,00 bis höchstens zu Euro 250.000,00.

Die FFA kann auf Antrag darüber hinaus Ausnahmen zulassen, wenn bedingt durch die Größe des Projektes die Höhe der Herstellungskosten besonders aufwendig ist. Hierüber entscheidet bei Schlusskostennachweis im Falle der Referenzfilmförderung der Vorstand, im Falle der Projektfilmförderung die Vergabekommission.

Tabellarische Übersicht der Einzelkostenarten, die zu den Handlungskosten rechnen Nr. IV

1. Aufwendung für Einrichtung und Unterhalt der ständigen Geschäftsräume
2. Allgemeiner Geschäftsbedarf (Schreibmaterialien usw.)
3. Allgemeine Post- und Telefongebühren
4. Allgemeine Personalkosten, soweit sie nicht das jeweilige Projekt speziell betreffen
5. Gewerbesteuer vom Ertrag und Kapital
6. Aufwendungen für allgemeine Rechts-, Steuer- und Devisenberatungen sowie für Bilanzprüfungen
7. Zinsen und Bankspesen für allgemeine Kredite
8. Allgemeine Aufwendungen für Gästebewirtung, Repräsentation, Blumen und Geschenke
9. Reisekosten und Aufwendungen im Rahmen der normalen Geschäftätigkeit des Produzenten, sofern sie nicht für ein bestimmtes Projekt aufgewendet wurden

§ 11
Finanzierungskosten

In den Kostenvoranschlag können die nachzuweisenden Finanzierungskosten in der Regel mit dem Zinssatz (einschließlich Nebenkosten und Bereitstellungsprovision) der Filmkredite gewährenden deutschen Konsortialbanken, keinesfalls mit mehr als 8 v. H. über dem jeweils geltenden Basiszinssatz der Europäischen Zentralbank eingesetzt werden. Finanzierungskosten für eigene Mittel des Herstellers dürfen nicht angesetzt werden.

§ 12
Überschreitungsreserve

In den Kostenvoranschlag kann eine Überschreitungsreserve bis zu 8 v. H. der Summe der kalkulierten Kostenarten Nrn. 1 bis 9 (Fertigungskosten) der tabellarischen Übersicht Nr. I eingesetzt werden.

§ 13
Vorkosten der Herstellung

Zu den Vorkosten der Produktion rechnen Kosten für Motivsuche, Stoffentwicklung, Probeaufnahmen und Vorverhandlungen, soweit sie das Projekt betreffen.

§ 14
Reisekosten

Im Rahmen der »Grundsätze sparsamer Wirtschaftsführung« liegen Spesensätze aufgrund tarifvertraglicher oder steuerrechtlicher Regelungen. Begründete Ausnahmen bei Spitzenkräften sind zulässig.

§ 15
Rabatte, Skonti, Boni, Materialveräußerungen

(1) Rabatte und Skonti sind von den jeweiligen Kostenpositionen der Schlusskostenrechnung abzuziehen. Skonti, die durch außerhalb des Filmprojekts stehende zusätzliche Eigenleistungen des Herstellers erreicht worden sind, brauchen bei den jeweiligen Kostenpositionen nicht abgezogen zu werden.

(2) Bei den Kosten für die Kopien der geförderten Filme sind Rabatte und Skonti abzuziehen. Skonti und umsatzbezogene Boni, die durch außerhalb der jeweiligen Kopienbeschaffung stehende zusätzliche Eigenleistungen erreicht worden sind, brauchen dagegen nicht abgezogen zu werden.

(3) Der Abzug der Kopienkosten in der Verleihabrechnung darf nur dann erfolgen, wenn – je nachdem wer Auftraggeber war – Filmhersteller oder Filmverleiher den schriftlichen Nachweis erbracht haben, dass die Filmkopien bezahlt sind und das Kopierwerk sowie der Rohfilmlieferant auf Anwendung der Kontokorrenthaftungsklausel verzichten oder wenn eine Freistellungserklärung über die nicht mehr bestehende Eigentumsvorbelastung an den Filmkopien einschließlich des Verzichtes auf Anwendung der Kontokorrenthaftungsklausel des Kopierwerkes und des Rohfilmlieferanten vorgelegt worden ist.

(4) Erträge aus der Veräußerung von Gegenständen (Sachen und Rechte), die in den Produktionskosten enthalten sind, sind produktionskostenmindernd anzusetzen.

§ 16

Eigenleistungen

Erbringt der Filmhersteller sachliche oder personelle Eigenleistungen, so können diese Leistungen höchstens mit den jeweils marktgerechten Preisen – soweit vorhanden Listenpreise abzüglich der handelsüblichen Rabatte – angesetzt werden.

§ 16a

Inländische Gemeinschaftsproduktionsbeteiligung

(1) Ein Hersteller, der sich an dem Filmvorhaben eines anderen Herstellers beteiligt, hat grundsätzlich seine Referenzfilmfördermittel in voller Höhe einzusetzen (§ 28 Abs. 2 FFG). Ausnahmen hiervon sind immer dann zulässig, wenn sich aus dem Gemeinschaftsproduktionsvertrag ergibt, dass

a) der Rückfluss der Gemeinschaftsproduktionsbeteiligung nicht günstiger als der des federführenden durchführenden Herstellers geregelt ist;

b) die Beteiligung der Gemeinschaftsproduzenten untereinander an zukünftigen Referenzfilmmitteln des neuen Films grundsätzlich ihren tatsächlichen Beteiligungsverhältnissen entspricht. Ausnahmen von diesem Grundsatz bedürfen bei Wahrung des Grundsatzes der Gemeinschaftsproduktionstätigkeit der Begründung;

c) die Gemeinschaftsproduktionsbeteiligung als Ganzes oder in Teilen nicht zur Abdeckung in der Kalkulation nicht enthaltener eigener Aufwendungen oder zusätzlicher in der Kalkulation eingestellter eigener Honorare u. ä. verwendet wird.

(2) Die Beteiligung eines Gemeinschaftsproduzenten mit Referenzfilmmitteln ausschließlich in Form eines Finanzierungs-Beteiligungsbetrages ist unzulässig.

§ 17
Mehrfachbetätigung

(1) Bei Mehrfachbetätigung innerhalb des Herstellungsprozesses eines Films sind entsprechende Reduzierungen der Gagenansätze vorzunehmen. Entsprechendes gilt bei Mehrfachbetätigung eines Filmschaffenden bei der Herstellung von mehr als vier Filmen im Jahr.

(2) Ein Mehrfachgagenansatz, wie z. B. als Produzent, Herstellungsleiter, Produktionsleiter oder Regisseur und gleichzeitig als Geschäftsführer der Produktionsfirma (z. B. im Rahmen der Handlungskosten), ist unzulässig.

§ 18
Behandlung einzelner Verleihvorkostenarten

a) Beifilm

Soweit ein aus den Verleihvorkosten abzudeckender Beifilm gemäß § 20 FFG unmittelbar vom Kurzfilmproduzenten erworben wird, ist der Ankaufspreis abzüglich eines etwaigen Rabattes in den Verleihvorkosten anzusetzen. In allen übrigen Fällen darf der für Kurzfilme marktgängige Preis in den Verleihvorkosten nicht überschritten werden.

b) Filmkopien

(1) Bei den Kosten für die Kopien der geförderten Filme sind Rabatte und Skonti abzuziehen. Skonti und umsatzbezogene Boni, die durch außerhalb der jeweiligen Kopienbeschaffung stehende zusätzliche Eigenleistungen erreicht worden sind, brauchen dagegen nicht abgezogen zu werden.

(2) Der Abzug der Kopienkosten in der Verleihabrechnung darf nur dann erfolgen, wenn – je nachdem wer Auftraggeber war – Filmhersteller oder Filmverleiher den schriftlichen Nachweis erbracht haben, dass die Filmkopien bezahlt sind und das Kopierwerk sowie der Rohfilmlieferant auf Anwendung der Kontokorrenthaftungsklausel verzichten, oder wenn eine Freistellungserklärung über die nicht mehr bestehende Eigentumsvorbelastung an den Filmkopien einschließlich des Verzichtes auf Anwendung der Kontokorrenthaftungsklausel des Kopierwerkes und des Rohfilmlieferanten vorgelegt worden ist.

c)   Werbematerialkosten

Die Kosten für die Werbematerialherstellung rechnen nur dann zu den Verleihvorkosten, wenn die Werbematerialerlöse mit dem Filmhersteller verrechnet werden. Bei der Herstellung von Werbematerial und der Insertion erzielte Rabatte und Skonti sind nach Maßgabe der Grundsätze von §§ 15 und 18 b) dieser Richtlinie bei den Verleihvorkosten gutzuschreiben.

§ 19
Vorlage des Schlusskostenstandes und einer Übersicht über die Verleihvorkosten

Die Schlusskostenrechnung ist nach Maßgabe des nach Anlage 3 zu verwendenden branchenüblichen Vor- und Nachkalkulationsschemas spätestens sechs Monate nach Fertigstellung der Nullkopie, eine Übersicht über die Verleihvorkosten spätestens sechs Monate nach Erstaufführung des geförderten Films in einem Filmtheater in der Bundesrepublik Deutschland der FFA vorzulegen.

§ 20
Verleihspesen

(1) Die folgenden Verleihspesen liegen im Rahmen der Grundsätze sparsamer Wirtschaftsführung:

Bis zu 35 v. H. der Verleiheinnahmen, solange aus dem übrigen Anteil der Verleiheinnahmen (Produzentenanteil) Förderdarlehen zurückgezahlt werden.

(2) In besonders gelagerten begründeten Ausnahmefällen kann die zuständige Kommission oder der Vorstand höhere als die vorgenannten Verleihspesen zulassen. Für den Hersteller günstigere Aufteilungen der Verleiheinnahmen sind zulässig.

§ 21
Vertriebsspesen, Vertriebsvorkosten

(1) Im Rahmen der Grundsätze sparsamer Wirtschaftsführung liegen Vertriebsspesen für europäische Länder und für außereuropäische Länder bis zu 30 v. H. der tatsächlich und endgültig eingegangenen Lizenzerlöse eines Films, solange aus dem übrigen Anteil der Vertriebseinnahmen (Produzentenanteil) Förderdarlehen zurückbezahlt werden.

(2) Zu den Vorkosten des Vertriebs rechnen nur die in der nachfolgenden tabellarischen Übersicht Nr. V aufgeführten Einzelkostenarten, soweit sie im Weltvertriebsvertrag vereinbart und vom Vertrieb vorgelegt worden sind.

Tabellarische Übersicht der Vertriebsvorkosten
Nr. V

1. Kosten der Service-Kopie von Hauptfilm und Vorspannfilm sowie der für Ansichtszwecke hergestellten Videokassetten zuzüglich Verpackung und Transport vom Kopierwerk zum Firmensitz, sofern der Produzent diese lt. Vertrag zu liefernden Kopien und Videokassetten nicht zur Verfügung stellt;

2. Kosten des Interpositivs und der Internegative für Hauptfilm, Vorspannfilm sowie der Video- und TV-Masterbänder aller erforderlichen Formate und Systeme, soweit diese nicht vom Produzenten kostenlos zur Verfügung gestellt oder von Lizenznehmern bezahlt werden;

3. Synchronisationskosten für Fremdsprachenfassungen, soweit nicht vom Lizenznehmer getragen, einschließlich damit verbundener Nebenkosten;

4. Kosten für den Erwerb von Musikrechten für die internationale Auswertung, soweit nicht vom Lizenzgeber getragen;

5. Untertitelungskosten, soweit nicht vom Lizenznehmer übernommen;

6. Instandhaltungskosten und Befundberichte für Negativ und Interpositiv; eventuell Regenerierungskosten;

7. Kosten für Anzeigen in internationalen Fachzeitschriften sowie Werbekosten bei Filmfestivals und Filmmessen, sofern vom Produzenten genehmigt;

8. Transport- und Vorführkosten bei Teilnahme an Filmfestivals und Filmmessen, sofern diese nicht von dritter Seite erstattet werden;

9. Kosten für die Herstellung und Überspielung von IT-Bändern, soweit diese nicht vom Produzenten kostenlos zur Verfügung gestellt werden;

10. Kosten der Herstellung fremdsprachiger Verkaufskataloge oder Pressehefte sowie Kosten der Herstellung sogenannter Verkaufstrailer für Filmmessen;

11. Anwalts-, Gerichts-, Inkasso- und Buchprüfungskosten, welche mit der Eintreibung von Lizenzbeträgen in Zusammenhang stehen sowie Kosten der im Ausland tätig werdenden Anwälte im Zusammenhang mit dem Abschluss und der Abwicklung von Lizenzverträgen;

12. Kosten erforderlicher Rechte- und Materialversicherungen, soweit sie nicht vom Produzenten getragen werden.

§ 22
Provisionen bei der Veräußerung von Videorechten

(1) Die folgenden Provisionen liegen im Rahmen der Grundsätze sparsamer Wirtschaftsführung:

Bis zu 30 v. H. der Videolizenzerlöse, solange aus dem übrigen Anteil der Videolizenzerlöse (Produzentenanteil) Förderdarlehen zurückgezahlt werden.

(2) In besonders gelagerten begründeten Ausnahmefällen kann die zuständige Kommission oder der Vorstand höhere als die vorgenannten Provisionen zulassen. Für den Hersteller günstigere Aufteilungen der Videolizenzerlöse sind zulässig.

§ 23

Provision bei der Veräußerung von Fernsehrechten

(1) Die folgende Provision liegt im Rahmen der Grundsätze sparsamer Wirtschaftsführung:

Bis zu 30 v. H. der Fernsehlizenzerlöse, solange aus dem übrigen Anteil der Fernsehlizenzerlöse (Produzentenanteil) Förderdarlehen zurückgezahlt werden.

(2) In besonders gelagerten begründeten Ausnahmefällen kann die zuständige Kommission oder der Vorstand höhere als die vorgenannten Provisionen zulassen. Für den Hersteller günstigere Aufteilungen der Fernsehlizenzerlöse sind zulässig.

§ 24

Zinsen für Rückforderungen, Stundungen und Verzug

Haben Antragsteller Rückzahlungen an die FFA aus Rückforderungen, Stundungen bzw. Verzug zu leisten, so erhebt die FFA auf diese Rückzahlungen Zinsen gemäß den geltenden Haushaltsvorschriften des Bundes (§§ 34, 44 und 59 BHO sowie entsprechende vorläufige Verwaltungsvorschriften) und § 49a Verwaltungsverfahrensgesetz.

§ 25

Subventionserhebliche Tatsachen

Die in den §§ 3 Abs. 2 und 3, 4 Abs. 1 und 2, 5, 6 Abs. 1 und 3 sowie §§ 7 bis 22 FFG (Grundsätze sparsamer Wirtschaftsführung) von den Antragstellern anzugebenden Tatsachen sind subventionserheblich i. S. v. § 264 Strafgesetzbuch.

§ 26

Hinterlegungspflicht

Der Hersteller des geförderten Filmes ist verpflichtet, zwölf Monate nach der ersten öffentlichen Aufführung des Filmes bzw. für den Fall, dass die Kinoauswertung länger als zwölf Monate dauert nach Abschluss der Kinoauswertung, der Bundesrepublik Deutschland eine technisch einwandfreie Kopie des Films in dem gedrehten Originalformat unentgeltlich zu übereignen, sofern diese Verpflichtung nicht schon anderweitig begründet ist. Die Kopien werden vom Bundesarchiv für Zwecke der Filmförderung im Sinne dieses Gesetzes verwahrt. Sie können für die filmkundliche Auswertung zur Verfügung gestellt werden.

Teil C
Berücksichtigung von Preisen und Erfolgen bei Festivals

§ 27
Durch den Verwaltungsrat festgelegte Festivals

(1) Zu den »sonstigen international bedeutsamen Festivals« im Sinne von § 22 Abs. 3 Nr. 2 und Nr. 3 FFG gehören:

• Annecy International Animation Film Festival	Grand Prix
• Karlovy Vary International Film Festival	Grand Prix »Crystal Globe«
• Locarno International Film Festival	»Golden Leopard«
• Rotterdam International Film Festival	»Tiger Award« (aber an 3 Filme)
• San Sebastián International Film Festival	»Golden Shell«
• Shanghai International Film Festival	»Golden Cup«
• Sundance International Film Festival	Best Dramatic Feature

(2) Zu den »weiteren Festivalteilnahmen auf international und überregional bedeutsamen Festivals« im Sinne von § 23 Abs. 2 S. 2 FFG gehören:

Festivals für Dokumentarfilme

* Amsterdam IDFA
* Paris Cinéma du Réel
* HOTDOCS – Toronto
* Yamagata
* Sydney

Festivals für Kinderfilme

* Chicago International Children's Film Festival
* Internationales Filmfestival Gijon
* Sprockets Toronto International Film Festival for Children
* Zlin International Film Festival for Children and Youth
* Giffoni

Anlage 1 zur Richtlinie für die Referenzfilmförderung	Eingangsstempel der FFA	F-Nr.:

FFA - Filmförderungsanstalt
Bundesanstalt des öffentlichen Rechts
Große Präsidentenstraße 9
10178 Berlin

Antrag	auf **Zuerkennung von Referenzfilmfördermitteln** gemäß §§ 22-30a Filmförderungsgesetz (FFG) in der Fassung vom 22. Dezember 2003 und der Richtlinie für die Referenzfilmförderung

1. Antragsteller, zugleich Hersteller

Name (Firma): _____

Sitz: _____

Adresse: _____

Telefon mit Vorwahl: _____

Telefax: _____

E-Mail: _____

2. Wir beantragen hiermit für den Referenzfilm

_____

die Zuerkennung der Referenzfilmfördermittel dem Grunde und der Höhe nach (§ 25 FFG).

a) Der Referenzfilm wurde am _____

in _____

erstaufgeführt. _____

(Bei Massenstart genügt die Nennung eines Ortes im Geltungsbereich dieses Gesetzes).

b) Der Referenzfilm ist nicht vor Ablauf von sechs Monaten nach Beginn der üblichen regulären Auswertung in Filmtheatern zur Auswertung durch Bildträger (z.B. Kassetten/DVD's) im Inland oder in deutscher Sprachfassung im Ausland freigegeben worden. Die Sperrfristenregelung nach § 30 FFG findet Beachtung.

c) Der Referenzfilm ist bisher durch keine öffentlich-rechtliche Rundfunkanstalt bzw. durch kein privates Sendeunternehmen zum Empfang im Inland ausgestrahlt worden. Die Sperrfristenregelung nach § 30 FFG findet Beachtung.

d) Die gemäß § 24 Abs. 2 FFG erforderliche Anmeldung ist erfolgt bzw. wird bis zum 31. Januar des laufenden Jahres nachgeholt.

---

3. Bei dem Referenzfilm handelt es sich

a) um einen programmfüllenden Spielfilm von mindestens 79 Minuten Vorführdauer; (ankreuzen) ○

b) um einen programmfüllenden Dokumentarfilm von mindestes 79 Minuten Vorführdauer; (ankreuzen) ○

c) um einen programmfüllenden Erstlingsfilm von mindestns 79 Minuten Vorführdauer; (ankreuzen) ○

d) um einen programmfüllenden Kinderfilm von mindestns 59 Minuten Vorführdauer; (ankreuzen) ○

e) um einen Film, für den ein begründeter Ausnahmeantrag nach § 15 Abs. 4 FFG gestellt wird. (ankreuzen) ○

Anlage Nr. ☐

---

4. a) Der Referenzfilm erfüllt die Fördervoraussetzungen gemäß § 15 FFG;

b) Der Referenzfilm wurde in **Alleinproduktion** durch die Firma

hergestellt. (ankreuzen) ○

c) Der Referenzfilm wurde durch nachfolgende Firma/Firmen, die ihren Wohnsitz oder Sitz bzw. ihre Niederlassung in der Bundesrepublik Deutschland hat/haben, als **Gemeinschaftsproduktion** hergestellt:

(In diesem Falle ist dieser Antrag durch die genannten Firmen gemeinsam zu stellen!) (ankreuzen) ○

d) Der Referenzfilm wurde in Gemeinschaftsproduktion mit der Firma/den Firmen

und der **deutschen öffentlich-rechtlichen Rundfunkanstalt** bzw. dem **privaten Sendeunternehmen**

hergestellt. (ankreuzen) ○

5. a) Der Referenzfilm erfüllt die Fördervoraussetzungen als **internationale Koproduktion** gemäß §§ 16 und 16a FFG;

b) Der Referenzfilm wurde in internationaler Koproduktion mit den Firmen aus einem **Mitgliedstaat der Europäischen Union** (EU) oder einem Vertragsstaat des Europäischen Wirtschaftsraums

_____

_____

hergestellt. (ankreuzen) ○

    aa) Der deutsche Hersteller hat seinen Wohnsitz oder Firmensitz bzw. seine Niederlassung in

    _____

    bb) Die Gesamtherstellungskosten des Referenzfilms betragen insgesamt Euro _____

    Der deutsche Anteil an den Gesamtherstellungskosten beträgt Euro _____

    (_____ v. H.) (§ 22 Abs. 6 FFG).

c) Der Referenzfilm wurde als internationale Koproduktion mit folgenden Firmen aus einem **außereuropäischen** Land:

_____

hergestellt. (ankreuzen) ○

Im Zeitraum von **fünf Jahren** vor dieser Antragstellung wurde ein programmfüllender Spielfilm i.S.v. § 17a Abs. 1 Nr. 1 FFG durch den/die Antragsteller hergestellt.

Es handelt sich dabei um den im Jahre _____

hergestellten Film _____

mit Erstaufführung am _____

(Die Nennung **eines** Titels genügt).

Es wird beantragt, dass der Vorstand der FFA von der Voraussetzung des § 17a Abs. 1 Nr. 1 FFG im Ausnahmefall absieht.

Die Begründung liegt bei als   Anlage Nr. ☐

d) Die nach § 17 FFG erforderliche Bescheinigung des Bundesamtes
für Wirtschaft und Ausfuhrkontrolle (BAFA) liegt

    a) dem Antrag bei als   Anlage Nr. ☐

    b) der FFA gemäß unserem Schreiben vom _____ bereits vor   (ankreuzen) ○

    c) wird umgehend nachgereicht   (ankreuzen) ○

6. Die Kopien des Referenzfilms für die Auswertung wurden in einer Kopieranstalt in der Bundesrepublik Deutschland oder in einem Mitgliedstaat der EU gezogen (§ 18 FFG).

    a) Die Bestätigung der Kopieranstalt liegt an als   Anlage Nr. ☐

    b) Die Bestätigung der Kopieranstalt liegt der FFA bereits vor.   (ankreuzen) ○

    c) Die Bestätigung geht der FFA unmittelbar von der Kopieranstalt zu.   (ankreuzen) ○

7. a) Der Referenzfilm hat einen Deutschen Filmpreis, Europäischen
Filmpreis, Academy Award, Golden Globe oder den Wettbewerbs-
hauptpreis in Cannes, Berlin, Venedig am _____ erhalten.   (ankreuzen) ○

    Der Referenzfilm hat eine **Nominierung** für den Deutschen Filmpreis,
Academy Award, Golden Globe oder für den Europäischen Filmpreis
am _____ erhalten oder hat am **Haupt**wettbewerb in Cannes,
Berlin, Venedig am _____ teilgenommen.   (ankreuzen) ○

    Der Referenzfilm hat am _____ einen gemäß Richtlinie des
Verwaltungsrates bestimmten Preis oder Festivalerfolg erhalten.   (ankreuzen) ○

    Die Fotokopie der Verleihungs- bzw. Nominierungsurkunde oder
Teilnahmenachweis liegt an als   Anlage Nr. ☐

    b) Der Referenzfilm hat am _____ das Prädikat _____
der Filmbewertungsstelle Wiesbaden erhalten.   (ankreuzen) ○

8. Bei dem Referenzfilm handelt es sich (ankreuzen)

    a) ○ um einen programmfüllenden **Spielfilm**.
       Er hat in der Bundesrepublik Deutschland seit seiner Erstaufführung bis zum
       31. Dezember des Vorjahres eine Besucherzahl erreicht von

          aa) 150.000 oder darüber, nämlich _____   (ankreuzen) ○

          bb) 100.000 oder darüber bei einem Prädikat der Film-
               bewertungsstelle (FBW), nämlich _____   (ankreuzen) ○

          cc) 50.000 oder darüber gem. _____   (ankreuzen) ○

b) ⭘ um einen programmfüllenden **Kinderfilm**.
Er hat in der Bundesrepublik Deutschland seit seiner Erstaufführung
eine Besucherzahl bis zum 31. Dezember des Vorjahres erreicht von

    aa) 50.000 oder darüber, nämlich _____   (ankreuzen) ⭘
           und bei nichtgewerblichen Abspielstellen Brutto-
           verleiheinnahmen aus Festpreisvermietungen in Höhe
           von Euro _____

    bb) 25.000 oder darüber, nämlich _____   (ankreuzen) ⭘
           und bei nichtgewerblichen Abspielstellen Brutto-
           verleiheinnahmen aus Festpreisvermietungen in Höhe
           von Euro _____

c) ⭘ um einen programmfüllenden **Erstlingsfilm**, bei dem Regisseur
oder Regisseurin erstmals die alleinige Regieverantwortung trägt.
Er hat in der Bundesrepublik Deutschland seit seiner Erstaufführung
eine Besucherzahl bis zum 31. Dezember des Vorjahres erreicht von

    aa) 50.000 oder darüber, nämlich _____   (ankreuzen) ⭘

    bb) 25.000 oder darüber, nämlich _____   (ankreuzen) ⭘

d) ⭘ um einen programmfüllenden **Dokumentarfilm**.
Er hat in der Bundesrepublik Deutschland seit seiner Erstaufführung
eine Besucherzahl bis zum 31. Dezember des Vorjahres von

    25.000 oder darüber, nämlich _____
    und bei nichtgewerblichen Abspielstellen Bruttoverleiheinnahmen
    aus Festpreisvermietungen in Höhe von
    von Euro _____

    Eine Bestätigung des Verleihs über die Besucherzahlen seit Start
    des Films ist im Original beigefügt als   Anlage Nr. ☐

    Dabei sind nur die Besucher berücksichtigt, die den marktüblichen
    Eintrittspreis gezahlt haben.
    Gleichfalls beigefügt sind die Verleihabrechnungen seit Start des
    Films als   Anlage Nr. ☐

9. Ausweislich der beigefügten Bestätigung haben wir dem **Bundesarchiv
Koblenz** für die Bundesrepublik Deutschland eine technisch einwandfreie Kopie des Films in dem gedrehten Originalformat unentgeltlich
übereignet.   Anlage Nr. ☐

10. Wir versichern, alle Angaben wahrheitsgemäß gemacht zu haben.
Die Verpflichtung zu **weiteren Auskünften** gemäß § 70 FFG, insbesondere hinsichtlich der Kosten und Erlöse geförderter Filme, ist uns bekannt. Wir werden ihr fristgemäß nachkommen.

11. Das **Strafgesetzbuch enthält** den **Straftatbestand des Subventionsbetruges** (§ 264 StGB). Förderungshilfen nach dem Filmförderungsgesetz (FFG) in der Fassung vom 22. Dezember 2003 (BGBl. I S. 2771) sind Subventionen.

Nach dem **Subventionsgesetz** vom 29. Juli 1976 (BGBl. I S. 2037) ist die FFA verpflichtet, bei dem Verdacht, dass ein Antragsteller über solche subventionserheblichen Tatsachen, die für ihn oder einen anderen vorteilhaft sind, unrichtige oder unvollständige Angaben macht oder die FFA über solche Tatsachen in Unkenntnis lässt oder eine durch unrichtige oder unvollständige Angaben erlangte Bescheinigung gebraucht, Anzeige bei der Staatsanwaltschaft zu erstatten.

Subventionserheblich sind alle Tatsachen, von denen die Bewilligung, Gewährung, Rückforderung, Weitergewährung oder das Belassen einer Subvention oder eines Subventionsvorteils aufgrund des Filmförderungsgesetzes abhängig sind, im Zusammenhang mit dieser Antragstellung die Vorschriften §§ 15 bis 31 sowie § 70 FFG und gemäß §§ 3 Abs. 2 und 3, 4 Abs. 1 und 2, 5, 6 Abs. 1 sowie §§ 7 bis 22 der Richtlinie für die Referenzfilmförderung.

_____ , den _____   _____

Rechtsverbindliche Unterschrift(en)
und Firmenstempel

12. Datenschutzerklärung

Ich/wir erkläre(n), dass ich/wir die für die Bearbeitung nach den Vorschriften des Haushaltsrechts und der einschlägigen Filmförderungsbestimmungen notwendigen personenbezogenen Daten freiwillig zur Verfügung stelle(n).

Ich bin/wir sind mit der Weitergabe von Daten wie Name und Anschrift, Titel und Kurzinhalt des Films, Herstellungskosten, Finanzierungsplan, beantragte Summe und bewilligter Betrag aus diesem Förderungsantrag an andere filmfördernde Stellen einverstanden;

Ich bin/wir sind weiterhin damit einverstanden, dass die FFA die Förderung des Vorhabens öffentlich z.B. durch eine Presseerklärung bekannt gibt, in der der Förderungsempfänger, Produzent, Titel und Kurzinhalt des Vorhabens, die Namen des Regisseurs und des Drehbuchautors sowie die Höhe der Zuwendung genannt sind.

_____ , den _____   _____

Rechtsverbindliche Unterschrift(en)
und Firmenstempel

Anlage 2 zur Richtlinie für die Referenzfilmförderung	Eingangsstempel der FFA	F-Nr.:

FFA - Filmförderungsanstalt
Bundesanstalt des öffentlichen Rechts
Große Präsidentenstraße 9
10178 Berlin

Antrag	auf **Auszahlung** von **Referenzfilmfördermitteln** gemäß §§ 22-30a Filmförderungsgesetz (FFG) in der Fassung vom 22. Dezember 2003 und der Richtlinie für die Referenzfilmförderung
Antrag	auf **Auszahlung** von **rückgewährten Förderungsmitteln** gemäß § 39 Abs. 4 Filmförderungsgesetz (FFG) in der Fassung vom 22. Dezember 2003

1. Antragsteller, zugleich Hersteller

Name (Firma): _____

Sitz: _____

Adresse: _____

Telefon mit Vorwahl: _____

Telefax: _____

2. a) Nur für Referenzfilmförderung
Unter Bezugnahme auf unseren Antrag auf Zuerkennung von Förderungshilfen
vom _____ für den Referenzfilm _____

beantragen wir hiermit die Auszahlung in Höhe von Euro _____
der uns mit Bescheiden der FFA vom _____ zuerkannten Förderungshilfen. (Ggf. Aufstellung beifügen und § 28 Abs. 1 und 2 FFG berücksichtigen.)

(ankreuzen) ◯

b) Nur für rückgewährte Förderungshilfen gem. § 39 Abs. 4
Mit Bescheid vom _____ wurde dem Hersteller für sein Filmprojekt

_____

(PF-Nr.: _____) ein zinsloses bedingt rückzahlbares Darlehen in Höhe
von Euro _____ gewährt.

Das Darlehen wurde in Höhe von Euro _____ an die FFA zurückgezahlt. Die letzte Rückzahlung erfolgte innerhalb von zwei Jahren vor
Antragstellung (analog § 28 Abs. 1 FFG) am _____.
Hiermit beantragen wir die Auszahlung in Höhe von Euro _____
der an die FFA zurückgezahlten Förderungshilfen.

(Ggf. Aufstellung beifügen.)   (ankreuzen) ◯

3. Die zweckgebundenen Förderungshilfen werden in vollem Umfang unverzüglich zur Finanzierung der Herstellung

a) des neuen programmfüllenden Films   (ankreuzen) ◯

_____

_____

b) des neuen programmfüllenden Kinderfilms   (ankreuzen) ◯

_____

_____

verwandt.

4. **Der Drehbeginn des neuen Films** laut Drehplan ist am

Wir verpflichten uns, den Drehbeginn durch einen Tagesbericht über den
ersten Drehtag unverzüglich nachzuweisen.
Die Null-Kopie soll bis _____ fertiggestellt sein.
Die Erstaufführung ist für _____ vorgesehen.

5. Stab- und Besetzungsliste des neuen Films liegen an als   Anlage Nr. ☐

6. a) Der neue Film wird in **Alleinproduktion** durch die Firma

_____

hergestellt.   (ankreuzen) ◯

b) Der neue Film wird in **Gemeinschaftsproduktion** zwischen

_____

hergestellt.   (ankreuzen) ◯

c) Der neue Film wird in **Gemeinschaftsproduktion** durch die Firma

_____

und die öffentlich-rechtliche Rundfunkanstalt

_____

bzw. das private Sendeunternehmen

_____

hergestellt. (ankreuzen) ◯

d) Der neue Film wird in **internationaler Gemeinschaftsproduktion** zwischen den Firmen

_____

gemäß unserer Antragstellung beim Bundesamt für Wirtschaft und Ausfuhrkontrolle am _____ hergestellt. (ankreuzen) ◯

Der deutsche Herstellungskostenanteil beträgt _____ v.H. Der Anteil des oder der ausländischen Co-Produzenten beträgt _____ v.H. und _____ v.H.

Die vorläufige Projektbescheinigung des Bundesamtes für Wirtschaft und Ausfuhrkontrolle ist beigefügt Anlage Nr. ☐

wird umgehend übermittelt (ankreuzen) ◯

7. Antragsteller/in ist:

a) Aktiengesellschaft (ankreuzen) ◯

b) Gesellschaft mit beschränkter Haftung (ankreuzen) ◯

c) Personengesellschaft, deren einziger persönlich haftender Gesellschafter eine AG oder GmbH ist, nämlich eine

_____

und deren **eingezahltes Grund- bzw. Stammkapital** mindestens Euro 100.000,00, nämlich Euro _____ beträgt und die im Handelsregister beim Amtsgericht

_____

eingetragen ist (§ 26 Abs. 1 Nr. 3 FFG). (ankreuzen) ◯

Fotokopie des Handelsregisterauszuges auf dem Stand zum Zeitpunkt dieser Antragstellung liegt bei als Anlage Nr. ☐

8. Der neue Film wird eine **Vorführdauer** von mindestens 79 Minuten, bei Kinderfilmen mindestens 59 Minuten haben (§ 15 Abs. 1 FFG). Den Nachweis hierüber werden wir unaufgefordert und unverzüglich nach Fertigstellung des Films durch eine **Bescheinigung der Freiwilligen Selbstkontrolle** (FSK) führen.

9. Der neue Film wird nach Maßgabe der in den §§ 15, 16, 16a FFG festgelegten Voraussetzungen hergestellt werden. Den Nachweis hierüber werden wir unaufgefordert und unverzüglich nach Fertigstellung des Films durch eine **Bescheinigung des Bundesamtes für Wirtschaft und Ausfuhrkontrolle** führen (§ 17 FFG).

10. Die Kopien des Films, die für die Auswertung in der Bundesrepublik Deutschland bestimmt sind, werden in der Kopieranstalt _____ gezogen werden(§ 18 FFG).

    Der neue Film wird im _____-Verfahren/ in schwarz-weiß/ in Farbe aufgenommen werden.

11. Der neue Film wird mit der bei Inkrafttreten des Gesetzes für deutsche Filme üblichen **Filmmiete** vermietet (§ 25 Abs. 4 Nr. 1 FFG). Insoweit wird auf

    Ziff. _____ des als   Anlage Nr. ☐

    in Fotokopie beigefügten **Verleihvertrages** _____ vom verwiesen.

    (Für den Fall, dass ein Verleihvertrag noch nicht abgeschlossen ist:)
    Wir werden im Verleihvertrag sicherstellen, dass der neue Film mit der bei Inkrafttreten des Gesetzes für deutsche Filme üblichen Filmmiete vermietet wird. Den Verleihvertrag werden wir dann in Fotokopie vorlegen.   (ankreuzen) ◯

12. Die Vermietung des neuen Films an ein Filmtheater wird gemäß

    Ziff. _____ des in Fotokopie als   Anlage Nr. ☐
    beigefügten Verleihvertrages nicht von der Miete eines oder mehrerer ausländischer Filme oder Reprisen, die nicht aus einem Mitgliedstaat der Europäischen Gemeinschaft oder einem anderen Vertragsstaat des Abkommens über den Europäischen Wirtschaftsraum sind, abhängig gemacht (§ 25 Abs. 4 Nr. 2 FFG).

    (Für den Fall, dass ein Verleihvertrag noch nicht abgeschlossen ist:)
    Wir werden im Verleihvertrag sicherstellen, dass die Vermietung des neuen Films an ein Filmtheater nicht von der Miete eines oder mehrerer ausländischer Filme oder Reprisen, die nicht aus einem Mitgliedstaat der Europäischen Union oder einem anderen Vertragsstaat des Abkommen über den Europäischen Wirtschaftsraum sind, abhängig gemacht wird. Den Verleihvertrag werden wir dann in Fotokopie vorlegen.   (ankreuzen) ◯

13. Die Verleihgarantie beträgt _____ v.H. der Herstellungskosten bzw.

Euro _____ und steht uns, wie aus Ziff. _____ des beigefügten Verleihvertrages ersichtlich, zu den genannten Daten zur Verfügung.

a) Die Verleihspesen des neuen Films betragen _____ v.H. der Verleiheinnahmen.

b) Die Höhe der Provision für den Verkauf der Videorechte beträgt _____ v.H. der Videoerlöse.

c) Die Höhe der Provision für den Verkauf der Fernsehrechte beträgt _____ v.H. der Fernsehlizenzerlöse.

14. a) ◯ Im Rahmen der Durchführung des neuen Filmvorhabens werden in einem Umfang von 10 v.H. des technischen und kaufmännischen Personals, mindestens aber eine Nachwuchskraft, nämlich

_____ technische und

_____ kaufmännische

Nachwuchskräfte beschäftigt. (§ 25 Abs. 4 Nr. 4 FFG) Eine Aufstellung der entsprechenden Beschäftigten fügen wir bei als   Anlage Nr. ☐

b) ◯ Im vorliegenden Ausnahmefall können wegen folgender Begründung keine technischen und kaufmännischen Nach- wuchskräfte beschäftigt werden.   Anlage Nr. ☐

15. a) ◯ In dem Auswertungsvertrag über die **TV-Nutzungsrechte** für das deutschsprachige Lizenzgebiet mit einer öffentlich-rechtlichen Rundfunkanstalt, einem privaten Fernsehveranstalter oder einem

Verleih, ist unter Ziff. _____ ein Rückfall der Fernsehnutzungs- rechte an den Hersteller spätestens nach fünf Jahren vereinbart. Der Auswertungsvertrag liegt bei   Anlage Nr. ☐

b) ◯ Aus den besonderen in § 6 Abs. 3 der Richtlinie für die Referenz- filmförderung genannten Gründen ist in dem Auswertungsvertrag eine abweichende Regelung getroffen worden. Der Auswertungs- vertrag und die Begründung für die abweichende Regelung liegen bei als   Anlage Nr. ☐

16. Bei dem **Auslandsverkauf** der Rechte an dem Referenzfilm wurde ein Nettoerlös in Höhe von Euro_____ erzielt. Der Beitrag an die zentrale Dienstleistungs- organisation der deutschen Filmwirtschaft für die Außenvertretung des deutschen Films (bei Nettoerlösen bis zu Euro 1.500.000,00 1,5 v.H.) wurde geleistet.

Eine Bestätigung der zentralen Dienstleistungsorganisation der deutschen Filmwirtschaft für die Außenvertretung des deutschen Films liegt bei als   Anlage Nr. ☐

Der Antragsteller verpflichtet sich, auch für zukünftige Erlöse den Beitrag an die zentrale Dienstleistungsorganisation der deutschen Filmwirtschaft für die Außenvertretung des deutschen Films zu zahlen (§ 25 Abs. 4 Nr. 6 FFG).

17. Die ordnungsgemäße **Finanzierung** der Herstellung des neuen Films ist gewährleistet (§ 26 Abs. 2 Nr. 1 FFG).

a) Für die Finanzierung der Herstellungskosten werden Mittel des Bundes-innenministeriums, des Kuratoriums junger deutscher Film bzw. folgende sonstige öffentliche Mittel

in Höhe von Euro_____ in Anspruch genommen   (ankreuzen) ◯

b) Die öffentlich-rechtliche Rundfunkanstalt

trägt mit Euro_____ zu den Herstellungskosten bei, und zwar im Rahmen des Film/Fernseh-Abkommens/ außerhalb des Film/Fernseh-Abkommens.   (ankreuzen) ◯

Das private Sendeunternehmen _____

trägt mit Euro_____ zu den Herstellungskosten bei, und zwar

im Rahmen des Abkommens vom _____   (ankreuzen) ◯

c) Der **Finanzierungsnachweis** mit Dokumentation der einzelnen Finanzierungsbeiträge liegt bei als   Anlage Nr. ☐ Aus den Dokumenten ergeben sich die Daten, zu denen die einzelnen Finanzierungsbeiträge zur Verfügung stehen.

d) Die kalkulierten Herstellungskosten des neuen Films betragen Euro_____.

e) Der vom deutschen Hersteller vertraglich zu tragende Anteil an den Herstellungs-kosten der Co-Produktion sowie die zusätzlichen Kosten für die Herstellung der deutschen Fassung (einschließlich Null-Kopie) betragen Euro_____

f) Eine branchenübliche Vorkalkulation nach Maßgabe des nach **Anlage 3** zu verwendenden Vor- und Nachkalkulationsschemas sowie ggf. eine Erklärung des Kreditinstituts über die Höhe der Finanzierungskosten

liegen bei als   Anlage Nr. ☐

g) In dieser Kalkulation sind ausdrücklich solche Kostenansätze spezifiziert ausgewiesen worden, welche natürliche oder juristische Personen betreffen, die mit dem Hersteller, einem Mithersteller, einem Gesellschafter oder dem Geschäftsführer einer als juristische Person auftretenden Herstellerfirma identisch oder durch generelle wirtschaftliche Interessen verbunden sind. Dies gilt gleichermaßen für Kostenansätze für Familienange-hörige (Ehegatten, Eltern, Kinder, Geschwister) der vorstehend genannten Personen.

18. Der **Vertriebsspesensatz** liegt im Rahmen von § 21 der Richtlinie.

Der Weltvertriebsvertrag liegt an als Anlage Nr. ☐

wird umgehend nachgereicht. (ankreuzen) ○

19. Die von der FFA erlassene Richtlinie betreffend die Antragstellung auf Zuerkennung und Auszahlung von **Referenzfilmfördermitteln** ist uns ebenso wie der Wortlaut des Gesetzes über Maßnahmen zur Förderung des deutschen Films in der ab **1. Januar 2004** geltenden Fassung bekannt und findet Beachtung. Insbesondere werden wir § 19 FFG (Minderqualitätsklausel) beachten und der Aufgabenstellung der FFA, die Qualität des deutschen Films auf breiter Grundlage zu steigern und die Struktur der Filmwirtschaft zu verbessern, Rechnung tragen.

20. Bei der Verwendung der Förderungshilfen finden die **Grundsätze sparsamer Wirtschaftsführung** gemäß §§ 7 bis 22 der Richtlinie Berücksichtigung.

21. Die zur Auszahlung beantragten Förderungshilfen werden 50 v.H. der Herstellungskosten des neuen Films oder bei Gemeinschaftsproduktionen des deutschen Anteils daran nicht übersteigen (§ 26 Abs. 1 Nr. 4 FFG), es sei denn, dass der Antragsteller zur Finanzierung auch Projektförderungsmittel einsetzt.

22. Wir verpflichten uns, den neuen Film, sofern er keine Vorführdauer von mehr als 110 Minuten hat, mit einem noch auszuwertenden neuen deutschen Kurzfilm, der ein Prädikat trägt oder die übrigen Bestimmungen des § 20 FFG erfüllt, oder einem Kurzfilm aus einem Mitgliedsstaat der Europäischen Union oder eines anderen Vertragsstaates des Abkommens über den Europäischen Wirtschaftsraum gemäß § 20 FFG zu gemeinsamer Aufführung zu verbinden.

Wir haben die Durchführung dieser Verpflichtung gemäß Ziff. _____

des in Fotokopie als Anlage Nr. ☐

beigefügten Verleihvertrages sichergestellt bzw. werden diese Verpflichtung im noch abzuschließenden Verleihvertrag sicherstellen. Den Titel und den Produzenten dieses Kurzfilms werden wir der FFA unaufgefordert bei Start des neuen Films mitteilen.

23. Wir erkennen hiermit § 30 FFG sowie § 4 der Richtlinie als für uns verbindlich an und geben hiermit die unwiderrufliche Erklärung ab, das uns zustehende Videonutzungsrecht nicht vor Ablauf von sechs Monaten nach Beginn der üblichen regulären Auswertung im Filmtheater in der Bundesrepublik Deutschland freizugeben und das uns zustehende ausschließliche Fernsehnutzungsrecht an dem Referenzfilm und an dem neuen Film an eine öffentlich-rechtliche Rundfunkanstalt oder einen Rundfunkveranstalter privaten Rechts im Inland oder Ausland nur mit der Maßgabe zu übertragen, dass der Film bei unverschlüsselter Ausstrahlung (free-TV) frühestens zwei Jahre, bei der Ausstrahlung im Rahmen von Bezahlfernsehen (»pay-per-channel«) 18 Monate nach der Erstaufführung zum Empfang im Inland ausgestrahlt werden darf. Uns ist bekannt, dass jede Abweichung hiervon der vorherigen,

rechtzeitig zu beantragenden Genehmigung des Präsidiums der FFA bedarf (§ 30 Abs. 2 und 3 FFG).

24. Wir werden eine technisch einwandfreie Kopie des neuen Films in dem Originalformat dem Bundesarchiv Koblenz für die Bundesrepublik Deutschland unentgeltlich spätestens drei Monate nach Erstaufführung des Films übereignen und umgehend der FFA anhand einer Bestätigung des Bundesarchivs hierfür Beweis erbringen (§ 21 FFG).

25. Wir versichern, dass eine **Abtretung oder Verpfändung** (weder ganz noch teilweise) der zur Auszahlung beantragten Förderungshilfen mit Ausnahme zur Finanzierung dieses neuen Films nicht erfolgt ist.
Wir sind an der freien Verwendung der Förderungshilfen zur Herstellung des neuen Films durch nichts gehindert.

26. Wir verpflichten uns, den Schlusskostenstand einschließlich des endgültigen Finanzierungsnachweises des neuen Films spätestens sechs Monate nach Fertigstellung der Null-Kopie dieses Films sowie eine Übersicht über die Verleihvorkosten spätestens sechs Monate nach Erstaufführung des neuen Films der FFA unaufgefordert vorzulegen.
Außerdem verpflichten wir uns, unverzüglich nach Prüfung des neuen Films durch die Freiwillige Selbstkontrolle der Filmwirtschaft (FSK) die gemäß § 17 FFG vorgesehene **Bescheinigung des Bundesamtes für Wirtschaft und Ausfuhrkontrolle** vorzulegen sowie der FFA eine Kopie des Films in der von der FSK freigegebenen Fassung auf Anforderung unentgeltlich zur Besichtigung zur Verfügung zu stellen.
Wir verpflichten uns, soweit im Vor- oder Abspann des Films öffentliche Förderstellen genannt werden, auch die Förderung durch die FFA zu erwähnen.

27. Wir versichern, alle Angaben wahrheitsgemäß gemacht zu haben und verpflichten uns, unverzüglich die diesbezüglichen Nachweisungen, sofern dies noch nicht geschehen ist, zu führen.
Wir haben Kenntnis davon, dass bei Nichtübereinstimmung der Angaben mit den tatsächlichen Verhältnissen die FFA die ausgezahlten Förderungshilfen zurückfordern kann. Die Rückzahlungsgründe gemäß §§ 29 Abs. 1 und 70 Abs. 7 FFG sind uns bekannt.
Insbesondere verpflichten wir uns auch zur unverzüglichen Rückzahlung der uns ausgezahlten Förderungsmittel, wenn sich der Drehbeginn oder die Fertigstellung des Films verzögert.
Die Verpflichtung zu weiteren Auskünften gemäß § 70 FFG, insbesondere hinsichtlich der Kosten und Erlöse geförderter Filme, ist uns bekannt. Wir werden ihr im Halbjahresabstand gemäß § 70 Abs. 3 Nr. 2 FFG nachkommen.

28. Das **Strafgesetzbuch enthält** den **Straftatbestand des Subventionsbetruges** (§ 264 StGB). Förderungshilfen nach dem Filmförderungsgesetz (FFG) in der Fassung vom 22. Dezember 2003 (BGBl. I S. 2771) sind Subventionen.

Nach dem **Subventionsgesetz** vom 29. Juli 1976 (BGBl. I S. 2037) ist die FFA verpflichtet, bei dem Verdacht, dass ein Antragsteller über solche subventionserheblichen Tatsachen, die für ihn oder einen anderen vorteilhaft sind, unrichtige oder unvollständige Angaben macht oder die FFA über solche Tatsachen in Unkenntnis lässt oder eine durch unrichtige oder unvollständige Angaben erlangte Bescheinigung gebraucht, Anzeige bei der Staatsanwaltschaft zu erstatten.

Subventionserheblich sind alle Tatsachen, von denen die Bewilligung, Gewährung, Rückforderung, Weitergewährung oder das Belassen einer Subvention oder eines Subventionsvorteils aufgrund des Filmförderungsgesetzes abhängig sind, im Zusammenhang mit dieser Antragstellung die Vorschriften §§ 15 bis 31 und 70 FFG und §§ 3 Abs. 2 und 3, 4 Abs. 1 und 2, 5, 6 Abs. 1 sowie §§ 7 bis 22 der Richtlinie für die Referenzfilmförderung.

---

29. Die Auszahlung der Förderungshilfen bitten wir auf das Konto

    Produktionskonto _____ Konto-Nr. _____

    bei der _____

    Bankleitzahl _____

    Kontoinhaber _____
    vorzunehmen.

    _____ , den _____   _____
                                         Rechtsverbindliche Unterschrift(en)
                                         und Firmenstempel

---

30. Datenschutzerklärung

    Ich/wir erkläre(n), dass ich/wir die für die Bearbeitung nach den Vorschriften des Haushaltsrechts und der einschlägigen Filmförderungsbestimmungen notwendigen personenbezogenen Daten freiwillig zur Verfügung stelle(n).

    Ich bin/wir sind mit der Weitergabe von Daten wie Name und Anschrift, Titel und Kurzinhalt des Films, Herstellungskosten, Finanzierungsplan, beantragte Summe und bewilligter Betrag aus diesem Förderungsantrag an andere filmfördernde Stellen einverstanden;

    Ich bin/wir sind weiterhin damit einverstanden, dass die FFA die Förderung des Vorhabens öffentlich z.B. durch eine Presseerklärung bekannt gibt, in der der Förderungsempfänger, Produzent, Titel und Kurzinhalt des Vorhabens, die Namen des Regisseurs und des Drehbuchautors sowie die Höhe der Zuwendung genannt sind.

    _____ , den _____   _____
                                         Rechtsverbindliche Unterschrift(en)
                                         und Firmenstempel

Richtlinie des BKM »Anreiz zur Stärkung der Filmproduktion in Deutschland« (Deutscher Filmförderfonds)

(Stand 21. Dezember 2006)

Herausgeber:

Der Beauftragte der Bundesregierung
für Kultur und Medien (BKM)
Graurheindorfer Straße 198
53117 Bonn

Internet: www.kulturstaatsminister.de

Inhaltsübersicht

I. Grundsätze und Ziele

Die Maßnahme dient dazu, die wirtschaftlichen Rahmenbedingungen der Filmwirtschaft in Deutschland zu verbessern, die internationale Wettbewerbsfähigkeit der filmwirtschaftlichen Unternehmen zu erhalten und zu fördern und nachhaltige Impulse für den Filmproduktionsstandort Deutschland sowie weitere volkswirtschaftliche Effekte zu erzielen.

Die Maßnahme bezweckt insbesondere, die Finanzierung von Kinofilmen als Kulturgut für Hersteller in Deutschland zu erleichtern. Hierdurch sollen höhere Produktionsbudgets ermöglicht werden, um künstlerische Spielräume, die Qualität, die Attraktivität und damit auch die Verbreitung von Kinofilmen zu fördern.

Zugleich sollen die in Deutschland ausgegebenen Kosten im Zusammenhang mit der Herstellung von Kinofilmen gesteigert und damit eine verbesserte Auslastung der filmtechnischen Betriebe erreicht werden. Die Verbesserung der Filmfinanzierung für Produktionsunternehmen und das Vorhandensein der entsprechenden technischen Infrastruktur ist ihrerseits Voraussetzung für eine langfristige kreative und erfolgreiche deutsche und europäische Filmkultur.

§ 1
Zuwendungszweck und Maßnahmenziel

(1) Der Bund gewährt nach Maßgabe dieser Richtlinie und der Allgemeinen Verwaltungsvorschriften zu §§ 23, 44 BHO Zuwendungen für die Finanzierung der Herstellungskosten eines Filmes. Die Ausgaben sollen im jeweiligen Haushaltsjahr aus Kap. 0405 Tit. 683 22 des Bundeshaushalts finanziert werden. Die Maßnahme ist auf maximal drei Jahre (bis 2009) befristet. Ein Anspruch des Antragstellers auf Gewährung der Zuwendung besteht nicht; die Bewilligungsbehörde entscheidet aufgrund ihres pflichtgemäßen Ermessens im Rahmen der verfügbaren Haushaltsmittel.

(2) Ziel der Maßnahme ist die Stärkung des Kulturguts Kinofilm und des Produktionsstandorts Deutschland im Rahmen der für die Einzelmaßnahme verfügbaren Haushaltsmittel.

(3) Die Einhaltung der mit der Maßnahme verfolgten Ziele wird von einem Gremium evaluiert.

II. Zuwendungsempfänger

§ 2
Zuwendungsempfänger

Zuwendungsempfänger ist bei Vorliegen sämtlicher Bewilligungsvoraussetzungen der Antragsteller.

III. Zuwendungs- und Bewilligungsvoraussetzungen

1. Unterabschnitt
Vom Antragsteller zu erfüllende Bewilligungsvoraussetzungen

§ 3
Antragsteller

(1) Antragsberechtigt ist der Hersteller des Films. Hersteller ist, wer für die Herstellung des Filmes bis zur Lieferung der Nullkopie verantwortlich oder – im Falle einer Koproduktion – mitverantwortlich und aktiv in die Filmherstellung eingebunden ist.

(2) Der Antragsteller muss seinen Wohnsitz oder Geschäftssitz in Deutschland haben. Sofern der Antragsteller seinen Wohnsitz oder Geschäftssitz in einem anderen Mitgliedstaat der Europäischen Union oder in einem anderen Vertragsstaat des Abkommens über den Europäischen Wirtschaftsraum hat, muss er eine Niederlassung im Inland haben.

(3) Wird der Film von der deutschen Tochtergesellschaft oder Niederlassung eines Herstellers mit Geschäftssitz außerhalb der Europäischen Union oder außerhalb der Mitgliedstaaten des Europäischen Wirtschaftsraums hergestellt, so sind sämtliche Bewilligungsvoraussetzungen von der deutschen Tochtergesellschaft oder Niederlassung zu erfüllen.

(4) Der Antrag kann nur von der deutschen Tochtergesellschaft oder Niederlassung gestellt werden.

(5) Der Antragsteller oder – im Fall der Herstellung durch eine allein zum Zweck der Herstellung des der Antragstellung zugrunde liegenden Films gegründeten Gesellschaft – ein mit ihm gesellschaftsrechtlich verbundenes Unternehmen muss als Unternehmen

oder als Person innerhalb der letzten fünf Jahre vor Antragstellung mindestens einen programmfüllenden Kinofilm (Referenzfilm) in Deutschland oder einem anderen Mitgliedstaat der Europäischen Union oder einem anderen Vertragsstaat des Abkommens über den Europäischen Wirtschaftsraum hergestellt haben. Der Referenzfilm muss in den Kinos in Deutschland kommerziell mit mindestens 30 Kopien, bei Herstellungskosten des Referenzfilms von bis zu Euro 2 Mio. mit mindestens 15 Kopien ausgewertet worden sein. Handelt es sich bei dem Referenzfilm um ein Erstlingswerk des Herstellers ist eine Kinoauswertung mit 10 Kopien ausreichend. Bei Dokumentarfilmen sind vier Kopien ausreichend.

Wird die Förderung für ein Erstlingswerk des Antragstellers beantragt, so genügt als Referenz die Zuerkennung einer Förderung durch BKM, Filmförderungsanstalt (FFA) oder eine Filmförderungseinrichtung der Länder.

(6) Erfüllen im Falle einer Koproduktion mehrere Hersteller die Bewilligungsvoraussetzungen, kann der Antrag nur von einem der Hersteller gestellt werden. Über diesen haben sich die an der Koproduktion beteiligten Hersteller zu einigen und gegenüber der FFA eine entsprechende gemeinsame Erklärung bei der Antragstellung abzugeben.

2. Unterabschnitt
Filmbezogene Bewilligungsvoraussetzungen

§ 4

Begriffsbestimmungen

(1) Herstellungskosten im Sinne dieser Richtlinie sind alle Kosten gemäß Ziffer 2 in Anlage 1.

(2) Deutsche Herstellungskosten im Sinne dieser Richtlinie sind Herstellungskosten, die auf von Unternehmen bzw. deren Angestellten und freien Mitarbeitern sowie von Selbstständigen in Deutschland erbrachte filmnahe Lieferungen oder Leistungen nach Maßgabe der folgenden Bestimmungen entfallen.

1. Personengebundene Leistungen
   Löhne, Gehälter, Gagen und Honorare werden als deutsche Herstellungskosten anerkannt, wenn und soweit sie in Deutschland Gegenstand der unbeschränkten oder beschränkten Steuerpflicht sind. Die im Rahmen der Produktion des Films Beschäftigten sind in einer branchenüblichen Stab- und Besetzungsliste unter Angabe des steuerlich relevanten Wohn- oder Geschäftssitzes anzugeben.

2. Unternehmensgebundene Leistungen

Leistungen von Unternehmen werden nur dann als in Deutschland ausgegebene Herstellungskosten anerkannt, wenn

- das die Leistung erbringende Unternehmen nachweislich seinen Geschäftssitz oder eine Niederlassung in Deutschland hat und dort in das Handelsregister eingetragen ist bzw. eine Gewerbeanmeldung vorliegt und
- das die Leistung erbringende Unternehmen oder die Niederlassung zum Zeitpunkt der Leistungserbringung mindestens einen fest angestellten Mitarbeiter mit Arbeitsort in Deutschland beschäftigt und
- die detaillierte Rechnungslegung der Leistung über das Unternehmen oder die Niederlassung erfolgt und
- die in Rechnung gestellte Leistung tatsächlich vollständig in Deutschland erstellt und erbracht oder das dabei verwendete Material tatsächlich vollständig in Deutschland bezogen wird und die zur Erbringung der Leistung notwendige technische Ausstattung tatsächlich in Deutschland eingesetzt wird. Für mobile filmtechnische Ausrüstung (z. B. Kamera-, Licht-, Tonausrüstung) gilt, dass diese aus Deutschland bezogen (d. h. gekauft, geleast oder gemietet) werden muss.

§ 5
Filmbezogene Voraussetzungen

(1) Die Zuwendung wird für programmfüllende Filme gewährt. Ein Film ist programmfüllend, wenn er eine Vorführdauer von mindestens 79 Minuten, bei Kinderfilmen 59 Minuten hat.

(2) Die Herstellungskosten des Films müssen bei Spielfilmen mindestens Euro 1 Mio., bei Dokumentarfilmen mindestens Euro 200.000 und bei Animationsfilmen mindestens Euro 3 Mio. betragen. Es gelten die Grundsätze der sparsamen Wirtschaftsführung gemäß Anlage 1 zu dieser Richtlinie.

(3) Die Zuwendung wird nur für Filme gewährt, bei denen wenigstens eine Endfassung des Films, abgesehen von Dialogstellen, für die nach dem Drehbuch eine andere Sprache vorgesehen ist, in deutscher Sprache hergestellt wird. Für die Sprachfassung des Films ist eine für die Kinovorführung taugliche, deutsch untertitelte Fassung ausreichend. Die deutsche Sprachfassung muss der FFA vor Auszahlung der letzten Rate der bewilligten Zuwendung und spätestens sechs Monate nach Fertigstellung des Rohschnitts vorgelegt werden.

(4) Der Inhalt des Films darf weder gegen das Grundgesetz oder in der Bundesrepublik Deutschland geltende Gesetze verstoßen oder das sittliche oder religiöse Gefühl verletzen, noch sexuelle Vorgänge oder Brutalitäten in aufdringlich vergröbernder spekulativer Form darstellen.

(5) Mit den Dreh- oder Animationsarbeiten darf erst nach Erteilung des Zuwendungs- bescheides begonnen werden. Der Antragsteller kann einen Antrag auf vorzeitigen Drehbeginn oder Beginn der Animationsarbeiten stellen. Über diesen entscheidet die FFA nach pflichtgemäßem Ermessen.

§ 6
Kinoauswertung

(1) Der Film muss im Kino in Deutschland kommerziell ausgewertet werden. Die beab- sichtigte Kinoauswertung wird durch Vorlage eines rechtsverbindlichen und unbe- dingten Verleihvertrags nachgewiesen; die Vorlage muss spätestens im Zeitpunkt der Auszahlung erfolgen. Der Verleihvertrag muss vorsehen, dass der Film mit mindestens 30 Kopien, bei einer Zuwendung von unter Euro 320.000 mit mindestens 15 Kopien in die Kinos gebracht wird; bei Erstlingswerken des Herstellers muss der Verleihvertrag mindestens 10 Kopien und bei Dokumentarfilmen vier Kopien vorsehen.

(2) Der Verleiher nach Absatz 1 muss als Unternehmen oder als Person in den letzten 12 Monaten vor Antragstellung bei mindestens drei programmfüllenden Filmen eine Kinoauswertung durchgeführt haben. Die FFA führt eine Liste von Verleihern, die diese Kriterien erfüllen.

(3) Die Kinoauswertung in Deutschland muss innerhalb eines Jahres nach Fertigstellung des Films nachgewiesen werden. In begründeten Ausnahmefällen kann der Beirat (§§ 22, 23) die Frist verlängern.

§ 7
Sperrfristen

Die Sperrfristenregelung nach § 30 FFG findet mit der Maßgabe Anwendung, dass über Sperrfristverkürzungen sowie in den Fällen des § 30 Abs. 5 und 7 FFG der Vorstand der FFA entscheidet.

§ 8
Eigenanteil

(1) Die Zuwendung wird nur gewährt, wenn der Antragsteller einen Eigenanteil von mindestens 15 vom Hundert der Herstellungskosten trägt. § 34 Abs.1 Satz 2 bis Abs. 4 FFG findet entsprechende Anwendung.

(2) Der Vorstand der FFA kann für die ersten beiden programmfüllenden Filme eines Her- stellers und für Dokumentarfilme Ausnahmen von Absatz 1 Satz 1 zulassen; in diesem

Fall muss der Eigenanteil des Herstellers jedoch mindestens 5 vom Hundert der Herstellungskosten betragen.

§ 9
Mindesthöhe der in Deutschland ausgegebenen Herstellungskosten

(1) Die Zuwendung wird nur gewährt, wenn die deutschen Herstellungskosten mindestens 25 vom Hundert der Herstellungskosten im Sinne von § 4 Abs. 1 betragen; sind die Herstellungskosten höher als Euro 20 Mio., müssen die deutschen Herstellungskosten mindestens 20 vom Hundert der Herstellungskosten betragen.

(2) Absatz 1 findet keine Anwendung, wenn die deutschen Herstellungskosten mindestens Euro 15 Mio. betragen.

§ 10
Kultureller Eigenschaftstest

(1) Zur Sicherung des kulturellen Zwecks der Maßnahme wird ein Eigenschaftstest durchgeführt. Die Zuwendung wird nur gewährt, wenn der Film die jeweils erforderliche Mindestpunktzahl nach dem Eigenschaftstest für Spiel-, Dokumentar- bzw. Animationsfilme erfüllt. Bei Spielfilmen wird der Eigenschaftstest nach Anlage 2, bei Dokumentarfilmen nach Anlage 3 und bei Animationsfilmen nach Anlage 4 durchgeführt.

(2) Zur Sicherstellung des kulturellen Charakters müssen Spielfilme mindestens vier Kriterien aus der Kategorie »Kultureller Inhalt« (A-Block, Ziffer 1) erfüllen. Bei Dokumentar- und Animationsfilmen müssen mindestens zwei Kriterien aus der Kategorie »Kultureller Inhalt« erfüllt sein.

(3) Um sich für eine Zuwendung zu qualifizieren, muss ein Spielfilm mindestens 48 Punkte aus beiden Kategorien, ein Dokumentarfilm mindestens 27 Punkte aus beiden Kategorien und ein Animationsfilm mindestens 41 Punkte aus beiden Kategorien erreichen.

(4) Für internationale Koproduktionen, die nach dem Europäischen Übereinkommen über die Gemeinschaftsproduktion von Kinofilmen hergestellt werden, gilt allein das in Anhang II des Europäischen Übereinkommens vorgesehene Punktesystem.

§ 11
Internationale Koproduktionen

(1) Bei internationalen Koproduktionen muss der Antragsteller einen finanziellen Beitrag von mindestens 20 vom Hundert der Herstellungskosten erbringen; bei Herstellungs-

kosten über Euro 25 Mio. ist ein finanzieller Beitrag von mindestens Euro 5 Mio. ausreichend.

(2) Handelt es sich bei dem Film, für den die Zuwendung beantragt wird, um eine internationale Koproduktion unter Beteiligung eines Herstellers aus einem Drittland, das nicht Vertragsstaat des Abkommens über den Europäischen Wirtschaftsraum ist, so gilt hinsichtlich des nach § 3 Abs. 5 erforderlichen Referenzfilms, dass der Antragsteller den Referenzfilm allein oder als Koproduzent mit Mehrheitsbeteiligung hergestellt haben muss. Der Vorstand der FFA kann in Ausnahmefällen von der Voraussetzung der Mehrheitsbeteiligung absehen, wenn die fachliche Eignung des Antragstellers außer Zweifel steht.

(3) Internationale Koproduktionen erhalten keine Zuwendung, sofern der deutsche Beitrag lediglich in der finanziellen Beteiligung besteht, ohne dass der deutsche Beteiligte im Sinne von § 3 Abs.1 für die Filmherstellung inhaltlich mitverantwortlich und aktiv in die Filmherstellung eingebunden ist.

§ 12
Archivierung

Der Antragsteller ist verpflichtet, zwölf Monate nach der ersten öffentlichen Aufführung des Filmes bzw. für den Fall, dass die Kinoauswertung länger als zwölf Monate dauert nach Abschluss der Kinoauswertung, dem Bundesarchiv Filmarchiv eine technisch einwandfreie Kopie des Films in dem gedrehten Originalformat unentgeltlich zur Verfügung zu stellen, sofern dieser Verpflichtung nicht schon anderweitig nachgekommen wurde.

IV. Art, Umfang und Höhe der Zuwendung

§ 13
Art der Zuwendung

(1) Die Zuwendung wird als Zuschuss im Wege der Projektförderung bewilligt. Die Zuwendung wird als Anteilsfinanzierung gewährt. Dies setzt einen Finanzierungsbedarf des Antrag stellenden Herstellers mindestens in Höhe der Zuwendung voraus.

(2) Die Förderung besteht in der Gewährung einer nicht rückzahlbaren Zuwendung; § 17 Abs. 2 bleibt unberührt.

§ 14
Höhe der Zuwendung; zuwendungsfähige Herstellungskosten

(1) Bemessungsgrundlage für die Höhe der Zuwendung sind höchstens 80 vom Hundert der Herstellungskosten.

(2) Die Zuwendung beträgt 20 vom Hundert der deutschen Herstellungskosten gemäß § 4 Abs. 2 nach Maßgabe der folgenden Bestimmungen.

(3) Folgende Kosten werden bei der Berechnung der Höhe der Zuwendung nicht als deutsche Herstellungskosten berücksichtigt:

- Vorkosten (gemäß Anlage 1 Ziffer 6)
- Kosten für Stoffrechte und Rechte an anderen vorbestehenden Werken (inkl. vorbestehender Musik)
- Rechtsberatungskosten
- Versicherungen
- Finanzierungskosten
- Reise- und Transportkosten für Schauspieler
- Handlungskosten (gemäß Anlage 1, tabellarische Übersicht C)
- Schauspielergagen, soweit sie 15 vom Hundert der Herstellungskosten übersteigen
- Überschreitungsreserve soweit sie nicht bei der Schlusskostenabrechnung zugunsten zuwendungsfähiger Lieferungen und Leistungen aufgelöst werden kann.

(4) Die Zuwendung beträgt höchstens Euro 4 Mio. pro Filmprojekt.

(5) In Ausnahmefällen kann auf Antrag des Antragstellers von der Begrenzung der Zuwendung auf Euro 4 Mio. abgewichen und eine Zuwendung von bis zu Euro 10 Mio. gewährt werden, wenn für das Projekt mindestens 35 vom Hundert der Herstellungskosten in Deutschland ausgeben werden oder das Projekt im Eigenschaftstest mindestens zwei Drittel der möglichen Gesamtpunktzahl erfüllt. Die Entscheidung hierüber trifft der Beirat (§§ 22, 23).

(6) Erfordern im Drehbuch enthaltene zwingende dramaturgische Vorgaben, dass Außendreharbeiten durchgeführt werden, die nicht oder nur mit einem unverhältnismäßig hohen Aufwand in Deutschland durchgeführt werden können, so gelten die bei den aus diesen Gründen im Ausland durchgeführten Außendreharbeiten anfallenden Kosten mit den nachfolgenden Einschränkungen als deutsche Herstellungskosten:

1. Die anfallenden Kosten erfüllen im Übrigen die Kriterien gemäß § 4 Abs. 2 und
2. es gilt eine Obergrenze von 30 vom Hundert der Gesamtdreharbeiten. Die Obergrenze von 30 vom Hundert der Gesamtdreharbeiten entfällt für Dokumentarfilme.

Die nach diesem Absatz anfallenden Kosten werden jedoch nicht bei der Berechnung der Mindesthöhe der deutschen Herstellungskosten nach § 9 berücksichtigt.

(7) Eine nachträgliche Überschreitung der bei Antragstellung angegebenen deutschen Herstellungskosten wird nur bis zur Höhe von 8 vom Hundert dieser Kosten und vorbehaltlich noch verfügbarer Mittel rückwirkend berücksichtigt.

V. Verfahren

§ 15
Zuständige Behörde

Zuständige Einrichtung für die Durchführung der Maßnahme nach dieser Richtlinie ist die FFA in Berlin. Sie unterliegt für die Maßnahme nach dieser Richtlinie der Rechts- und Fachaufsicht des BKM.

§ 16
Antragstellung und Antragsverfahren

(1) Der schriftliche Antrag ist zu richten an die FFA – Filmförderungsanstalt, Bundesanstalt des öffentlichen Rechts, Große Präsidentenstraße 9, 10178 Berlin. Der Antrag kann nur per Post, Kurier oder persönlich eingereicht werden.

(2) Ein Antrag kann erst gestellt werden, wenn der Antragsteller nachweist, dass die Herstellungskosten für das Filmprojekt zu 75 vom Hundert finanziert sind.

(3) Der Antrag muss die von der FFA in den Durchführungsbestimmungen zu dieser Richtlinie festgelegten Angaben und Unterlagen enthalten. Insbesondere muss im Antrag das Vorliegen der Bewilligungsvoraussetzungen nachgewiesen werden. Soweit der Nachweis im Zeitpunkt der Antragstellung nicht möglich ist, muss die Erfüllung der Bewilligungsvoraussetzungen glaubhaft gemacht werden. In diesem Fall ist der Nachweis bis zum Zeitpunkt der Auszahlung der Zuwendung nachzureichen. Ist für den Nachweis die Vorlage einer Rechnung erforderlich, muss diese auf den Antragsteller ausgestellt sein. Soweit Unterlagen nicht in deutscher Originalfassung vorliegen, kann die FFA von dem Antragsteller eine Übersetzung der Unterlagen durch einen allgemein vereidigten Übersetzer oder eine Zusammenfassung der für die Bearbeitung des Antrags wesentlichen Inhalte auf Deutsch anfordern, deren Richtigkeit und Vollständigkeit vom Antragsteller zu bestätigen sind.

(4) Anträge können ab 2. Januar 2007 gestellt werden. Anträge, die vor diesem Tag bei der FFA eingehen, gelten als am 2. Januar 2007 eingegangen. Anträge werden in der Reihenfolge ihres Eingangs bei der FFA bearbeitet. Maßgeblich ist der im Eingangsstempel angegebene Eingangstag. Anträge, die am selben Kalendertag innerhalb der Geschäftszeiten der FFA eingehen, gelten als jeweils gleichzeitig eingegangen.

(5) Ist der Antrag unvollständig oder genügt er den Anforderungen an die Glaubhaftmachung bzw. den Nachweis der Bewilligungsvoraussetzungen nicht oder fehlen sonstige Angaben oder Unterlagen, kann die FFA dem Antragsteller eine Frist zur Vervollständigung seines Antrags setzen. Wird der Antrag vom Antragsteller nicht innerhalb der gesetzten Frist vervollständigt, ist der Antrag zurückzuweisen. Für dasselbe Filmprojekt kann höchstens zweimal ein erneuter Antrag gestellt werden.

(6) Alle Antragsunterlagen werden Eigentum der FFA.

§ 17
Bewilligung

(1) Die Zuwendung wird durch Bescheid bewilligt. Maßgeblich für die Reihenfolge der Bewilligung von Zuwendungen ist der Tag, an dem der Antrag mit den erforderlichen Unterlagen vollständig vorliegt. Mehrere an einem Tag vollständig vorliegende Anträge werden als gleichzeitig eingegangene Anträge behandelt.

(2) Bestandteil des Zuwendungsbescheides sind die Allgemeinen Nebenbestimmungen für Zuwendungen zur Projektförderung (ANBest-P). Die FFA kann die Erfüllung der Bewilligungsvoraussetzungen durch die Aufnahme von Nebenbestimmungen in den Zuwendungsbescheid sicherstellen. Der Zuwendungsbescheid kann insbesondere auch mit der Auflage verbunden werden, dass der Antragsteller bei einem Auslandsverkauf der Rechte an dem geförderten Film einen Beitrag an die zentrale Dienstleistungsorganisation der deutschen Filmwirtschaft für die Außenvertretung des deutschen Films leistet. Der Beitrag beträgt bei Nettoerlösen bis zu Euro 1,5 Mio. 1,5 vom Hundert. Erlöse über Euro 1,5 Mio. werden nicht berücksichtigt.

(3) Der Zuwendungsbescheid erlischt, wenn nicht innerhalb von drei Monaten nach Zugang des Bescheides die Gesamtfinanzierung des Projektes nachgewiesen wird. Die Frist kann einmalig um einen Monat verlängert werden.

(4) Der Zuwendungsbescheid erlischt außerdem, wenn nicht binnen vier Monaten nach Zugang des Bescheides mit den Dreharbeiten bzw. Animationsarbeiten begonnen oder der Film nicht in der im Antrag angegebenen Projektlaufzeit fertig gestellt wird. Die FFA kann einem Antrag auf Verschiebung des Beginns der Dreh- oder Animationsarbeiten oder auf Verlängerung der Projektlaufzeit stattgeben.

(5) Stehen für einen Antrag, der die Bewilligungsvoraussetzungen erfüllt, keine ausreichenden Haushaltsmittel mehr zur Verfügung, kann ein Teilbetrag bewilligt werden. Stehen für gleichzeitig eingegangene Anträge, die die Bewilligungsvoraussetzungen erfüllen, keine ausreichenden Haushaltsmittel mehr zur Verfügung, um jeden dieser Anträge in voller Höhe zu bescheiden, kann für jeden Antrag eine Zuwendung mit einem reduzierten Vomhundertsatz der zuwendungsfähigen deutschen Herstellungskosten bewilligt werden; die Höhe des Vomhundertsatzes richtet sich nach der Höhe der verfügbaren Mittel und der Anzahl der gleichzeitig zu bewilligenden Anträge. In diesem Fall können die zur Verfügung stehenden Mittel zu gleichen Vomhundertsätzen auf die zu fördernden Filmprojekte verteilt werden. Bemessungsgrundlage hierfür sind die zuwendungsfähigen deutschen Herstellungskosten nach § 14.

§ 18
Auszahlung

(1) Die Auszahlung der Zuwendung an den Antragsteller erfolgt nach Fertigstellung des Films, Schlusskostenprüfung und Nachweis der Bewilligungsvoraussetzungen. Der Nachweis der tatsächlich durchgeführten Kinoauswertung kann auch nach der Auszahlung erbracht werden.

(2) Auf Antrag kann eine ratenweise Auszahlung nach Produktionsfortschritt erfolgen; in diesem Fall werden 33 vom Hundert der Zuwendung bei Drehbeginn, 33 vom Hundert bei Fertigstellung des Rohschnitts und der Rest der Zuwendung nach Prüfung des Schlusskostenstandes ausgezahlt. Der Antrag ist zu begründen. Bei Zuwendungen von über Euro 2 Mio. muss für eine ratenweise Auszahlung zudem eine Fertigstellungsversicherung oder Bürgschaft in Höhe des auszuzahlenden Betrages vorgelegt werden. Eine Bürgschaft nach § 31 FFG ist ausgeschlossen.

(3) Die Prüfung der Mittelverwendung und des Schlusskostenstandes erfolgt durch einen Wirtschaftsprüfer im Auftrag der FFA.

(4) Die Auszahlung ist zu versagen,

1. wenn die ordnungsgemäße Finanzierung des Filmvorhabens nicht gewährleistet ist,
2. wenn bei der Finanzierung, der Herstellung, bei dem Verleih, Vertrieb oder dem Videovertrieb eines durch die FFA oder durch BKM geförderten Films der Antragsteller die Grundsätze sparsamer Wirtschaftsführung verletzt hat.

(5) Der Anspruch auf Auszahlung ist nur zum Zwecke der Zwischenfinanzierung an Banken oder sonstige Kreditinstitute abtretbar.

§ 19
Rückzahlung

Bei Koproduktionen haften die Koproduzenten gesamtschuldnerisch für die Rückzahlung der Zuwendung.

§ 20
Beachtung des Zuwendungsrechts

Für die Bewilligung, Auszahlung und Abrechnung der Zuwendung sowie für den Nachweis und die Prüfung der Verwendung und die ggf. erforderliche Aufhebung des Zuwendungsbescheides und die Rückforderung der gewährten Zuwendung gelten die §§ 23, 44 BHO, die hierzu erlassenen Allgemeinen Verwaltungsvorschriften sowie die §§ 48 bis 49a VwVfG, soweit diese Richtlinie nichts Abweichendes bestimmt. Der Bundesrechnungshof ist gemäß den §§ 91,100 BHO zur Prüfung berechtigt.

VI. Auskünfte

§ 21
Auskünfte

Hinsichtlich der Auskunftspflichten des Antrag stellenden Herstellers gilt § 70 FFG entsprechend.

VII. Beirat

§ 22
Zusammensetzung des Beirats und Verfahren

(1) Der Beirat besteht aus bis zu sieben Mitgliedern.

(2) Den Vorsitz im Beirat führt der Vorstand der FFA; er ist stimmberechtigt. Dem Beirat gehören als weitere stimmberechtigte Mitglieder ein Vertreter oder eine Vertreterin des BKM, sowie zwei vom BKM benannte Vertreter oder Vertreterinnen der Filmförderungseinrichtungen der Länder an. Der BKM kann bis zu drei filmwirtschaftliche Sachverständige benennen. Die sachverständigen Mitglieder sind nicht stimmberechtigt.

(3) Für jedes Mitglied wird vom BKM eine Stellvertretung benannt.

(4) Der Beirat tagt halbjährlich oder auf Anfrage des Vorstands der FFA oder eines stimmberechtigten Beiratsmitglieds. Der Vorstand der FFA führt den Vorsitz und beruft die Beiratssitzungen mit einer Frist von mindestens zwei Wochen ein.

(5) Der Beirat ist beschlussfähig, wenn die Mehrheit der stimmberechtigten Mitglieder anwesend ist. Er kann sich eine Geschäftsordnung geben.

(6) Beschlüsse des Beirats werden mit der Mehrheit der anwesenden stimmberechtigten Mitglieder gefasst. Bei Stimmengleichheit entscheidet die Stimme des Vorsitzenden. Die Beschlussfassung im Umlaufverfahren ist möglich.

(7) Die Mitglieder des Beirats und die Experten sind ehrenamtlich tätig. Reisekosten werden entsprechend den für die Beamten geltenden Vorschriften erstattet. Für die Erstattung schriftlicher Gutachten durch Experten können vom Vorstand der FFA im Einvernehmen mit dem Beirat Vergütungen vereinbart werden.

§ 23
Entscheidungen des Beirats

(1) Bei einer Entscheidung nach § 6 Abs. 3 Satz 2, § 14 Abs. 5 Satz 2 sowie über Widersprüche entscheidet der Beirat durch Beschluss.

(2) Der Vorstand der FFA kann den Beirat jederzeit in sonstigen Fragen im Zusammenhang mit der Auslegung oder Durchführung dieser Richtlinie konsultieren.

(3) Der Beirat kann Vorschläge zur Änderung der Richtlinie unterbreiten und berät die FFA bei der Durchführung der Maßnahme soweit dies erforderlich ist.

VIII. Evaluierung

§ 24
Evaluierung der Maßnahme

(1) Die Evaluierung der Maßnahme nach dieser Richtlinie erfolgt durch ein Gremium, das sich aus Vertretern des BKM, des Bundesministeriums der Finanzen sowie des Bundesministeriums für Wirtschaft und Technologie zusammensetzt. Weitere sachverständige aber nicht stimmberechtigte Personen können hinzugezogen werden. Die Evaluierung wird anhand eines abgestimmten Evaluierungskonzeptes vorgenommen.

(2) Das Evaluierungsgremium kann jederzeit Änderungen der Richtlinie empfehlen.

(3) Zum Zwecke der Evaluierung kann die FFA den Antragsteller zu Angaben verpflichten, um eine hinreichende Informations- und Datengrundlage für die Evaluierung zu schaffen. Die FFA kann die Vorlage dieser Angaben zur Voraussetzung für die Erteilung des Zuwendungsbescheides oder für die Auszahlung der Zuwendung erklären.

IX. Schlussbestimmungen

§ 25
Zuständigkeit der für Kultur und Medien zuständigen obersten Bundesbehörde

Die Bezeichnungen BKM in dieser Richtlinie bezeichnet die für Kultur und Medien zuständige oberste Bundesbehörde.

§ 26
Durchführungsbestimmungen

Die FFA kann mit Genehmigung des BKM die für die Umsetzung der Richtlinie erforderlichen Durchführungsbestimmungen erlassen.

§ 27
Inkrafttreten

Diese Richtlinie tritt am 1. Januar 2007 in Kraft.

Bonn, den 21. Dezember 2006

Der Beauftragte der Bundesregierung
für Kultur und Medien

Im Auftrag

gez. Ulrike Schauz
Az. K 35a - 346 200-2/0

Anlage 1

Richtlinie des BKM
»Anreiz zur Stärkung der Filmproduktion in Deutschland«

Grundsätze sparsamer Wirtschaftsführung

1. **Grundsätze sparsamer Wirtschaftsführung**
   In den Anträgen ist den Grundsätzen sparsamer Wirtschaftsführung nach Maßgabe der nachfolgenden Bestimmungen Rechnung zu tragen.

2. **Herstellungskosten**
   Zu den Herstellungskosten eines Films gehören die in der nachfolgenden tabellarischen Übersicht A aufgeführten Kostenarten. Bei den Herstellungskosten bleibt die Umsatzsteuer (abzugsfähige Vorsteuer) außer Ansatz (Nettoprinzip).

   Tabellarische Übersicht der Herstellungskosten A

   1. Vorkosten der Produktion
   2. Rechte und Manuskript
   3. Gagen
      Produktionsstab
      Regiestab
      Ausstattungsstab
      Sonstiger Stab
      Darsteller
      Musiker
      Zusatzkosten Gagen
   4. Atelier
   5. Ausstattung und Technik
   6. Reise- und Transportkosten
   7. Filmmaterial und Bearbeitung
   8. Endfertigung
   9. Versicherungen
   10. Sonstige projektbezogene Kosten (vgl. unten tabellarische Übersicht B)
   11. Handlungskosten
   12. Überschreitungsreserve
   13. Finanzierungskosten
   14. Treuhandgebühr
   15. Rechtsberatung

Zusätzliche Kosten für die Herstellung der deutschen Fassung dieses Films (einschließlich der Nullkopie).

Zu den sonstigen projektbezogenen Kosten des Herstellers zählen die in der nachfolgenden tabellarischen Übersicht B aufgeführten Einzelkostenarten, jedoch nur dann, wenn diese nicht bereits unter Handlungskosten eingestellt sind.

Tabellarische Übersicht der sonstigen projektbezogenen Kosten B

1. Personentransporte
2. Lastentransporte
3. kleine Ausgaben
4. Bahn- und Luftfrachten
5. Gebühren der FSK bzw. FBW, soweit sie ausnahmsweise in den Herstellungskosten enthalten sind (in der Regel Verleihvorkosten)
6. Berufsgenossenschaft
7. Sozialversicherung
8. Produktionspresse
9. Produzentenverband (filmbezogene Umlage)
10. Telefon-, Telegramm-, Portokosten
11. Miete für Produktionsräume
12. Büromaterial
13. Bewirtungen
14. Vermittlungsprovision
15. Zollkosten
16. Vervielfältigungen
17. Aushilfen

3. Handlungskosten (Gemeinkosten) bei programmfüllenden Filmen

(1) Zu den Handlungskosten des Herstellers zählen die in der nachfolgenden tabellarischen Übersicht C aufgeführten Einzelkostenarten. Diese dürfen nicht als Herstellungskosten nach den Ziffern 1 bis 9 der tabellarischen Übersicht A angesetzt werden.

(2) Im Rahmen der Grundsätze sparsamer Wirtschaftsführung werden bei der Herstellung von programmfüllenden Filmen die Handlungskosten des Herstellers bis zu einer Kostenhöhe von Euro 1.000.000,00 der Herstellungskosten oder des deutschen Herstellungskostenanteils (insoweit aber ohne Handlungs- und Finanzierungskosten) in Höhe von 7,5 v. H. anerkannt.

(3) Gehen die kalkulierten Kosten über den Betrag von Euro 1.000.000,00 hinaus, so erhöhen sich die anerkennungsfähigen Handlungskosten pro Euro 50.000,00 weiterer Herstellungskosten um jeweils Euro 2.500,00 bis höchstens zu Euro 250.000,00.

Tabellarische Übersicht der Einzelkostenarten, die zu den Handlungskosten rechnen C

1. Aufwendung für Einrichtung und Unterhalt der ständigen Geschäftsräume
2. Allgemeiner Geschäftsbedarf (Schreibmaterialien usw.)
3. Allgemeine Post- und Telefongebühren
4. Allgemeine Personalkosten, soweit sie nicht das jeweilige Projekt speziell betreffen
5. Gewerbesteuer vom Ertrag und Kapital
6. Aufwendungen für allgemeine Rechts-, Steuer- und Devisenberatungen sowie für Bilanzprüfungen
7. Zinsen und Bankspesen für allgemeine Kredite
8. Allgemeine Aufwendungen für Gästebewirtung, Repräsentation, Blumen und Geschenke
9. Reisekosten und Aufwendungen im Rahmen der normalen Geschäftstätigkeit des Produzenten, sofern sie nicht für ein bestimmtes Projekt aufgewendet wurden

4. Finanzierungskosten

In den Kostenvoranschlag können die nachzuweisenden Finanzierungskosten in der Regel mit dem Zinssatz (einschließlich Nebenkosten und Bereitstellungsprovision) der Filmkredite gewährenden deutschen Konsortialbanken, keinesfalls mit mehr als 8 v.H. über dem jeweils geltenden Basiszinssatz der Europäischen Zentralbank eingesetzt werden. Finanzierungskosten für eigene Mittel des Herstellers dürfen nicht angesetzt werden.

5. Überschreitungsreserve

In den Kostenvoranschlag kann eine Überschreitungsreserve bis zu 8 v.H. der Summe der kalkulierten Kostenarten Ziffern 1 bis 9 (Fertigungskosten) der tabellarischen Übersicht A eingesetzt werden.

6. Vorkosten der Herstellung

Zu den Vorkosten der Produktion rechnen Kosten für Motivsuche, Stoffentwicklung, Probeaufnahmen und Vorverhandlungen, soweit sie das Projekt betreffen.

7. Reisekosten

Im Rahmen der »Grundsätze sparsamer Wirtschaftsführung« dürfen die Spesensätze für Reisekosten nicht über tarifvertraglichen oder steuerrechtlichen Regelungen liegen. Begründete Ausnahmen bei Spitzenkräften sind zulässig.

8. Rabatte, Skonti, Boni, Materialveräußerungen

(1) Rabatte und Skonti sind von den jeweiligen Kostenpositionen der Schlusskostenrechnung abzuziehen. Skonti, die durch außerhalb des Filmprojekts stehende zusätzliche Eigenleistungen des Herstellers erreicht worden sind, brauchen bei den jeweiligen Kostenpositionen nicht abgezogen zu werden.

(2) Bei den Kosten für die Kopien der geförderten Filme sind Rabatte und Skonti abzuziehen. Skonti und umsatzbezogene Boni, die durch außerhalb der jeweiligen Kopienbeschaffung stehende zusätzliche Eigenleistungen erreicht worden sind, brauchen dagegen nicht abgezogen zu werden.

(3) Erträge aus der Veräußerung von Gegenständen (Sachen und Rechte), die in den Produktionskosten enthalten sind, sind produktionskostenmindernd anzusetzen.

9. **Herstellerhonorar, Sonderregelungen für eigene Leistungen des Herstellers sowie für Mehrfachbetätigung**

(1) Bei Herstellungskosten bis zu einer Höhe von Euro 5 Mio. beträgt das Herstellerhonorar bis zu 2,5 v. H. der Herstellungskosten. In besonders gelagerten, begründeten Ausnahmefällen kann der Vorstand der FFA Ausnahmen zulassen. Empfänger des Produzentenhonorars ist die natürliche Person, welcher die auf die Herstellung des Films bezogenen kreativen Aufgaben des Herstellers obliegen.

(2) Erbringt der Hersteller eigene sachliche Leistungen, so können diese Leistungen höchstens mit den jeweils marktüblichen Preisen bzw. Listenpreisen, soweit vorhanden, unter Reduzierung der Beträge um 25 v. H. angesetzt werden. Erbringt er sonstige personelle Eigenleistungen, so können diese Leistungen höchstens mit den jeweils marktüblichen Preisen bzw. Listenpreisen, soweit vorhanden, abzüglich der handelsüblichen Rabatte angesetzt werden.

(3) Sind der Hersteller oder der Koproduzent bzw. der Inhaber, Allein- oder Mehrheitsgesellschafter des herstellenden Unternehmens (Einzelunternehmen, Personen- oder Kapitalgesellschaft) und der Regisseur identisch, beträgt die Gage für Regie höchstens 4 v. H. der Herstellungskosten.

(4) Sind der Hersteller oder der Koproduzent bzw. der Inhaber, Allein- oder Mehrheitsgesellschafter des herstellenden Unternehmens (Einzelunternehmen, Personen- oder Kapitalgesellschaft) und der Herstellungsleiter identisch, beträgt die Gage für die Herstellungsleitung höchstens 2,7 v. H. der Herstellungskosten.

(5) Bei sonstiger Mehrfachbetätigung des Herstellers innerhalb des Herstellungsprozesses eines Films sind Reduzierungen der Gagensätze in Höhe von 20 v. H. vorzunehmen.

Anlage 2

Richtlinie des BKM
»Anreiz zur Stärkung der Filmproduktion in Deutschland«

Eigenschaftstest für Spielfilme

Die Angaben »aus Deutschland oder dem EWR« beziehen sich auf die Staatsangehörigkeit der natürlichen Person oder ihren Wohnsitz[1] und Lebensmittelpunkt in Deutschland oder einem anderen Vertragsstaat des Abkommens über den Europäischen Wirtschaftsraum. Aus der Kategorie »Kultureller Inhalt« müssen mindestens vier Kriterien erfüllt sein. Es werden nur volle Punkte vergeben.

A-Block: Kultureller Inhalt und kreative Talente	Punkte	Total
1. Kultureller Inhalt		
• Film spielt (fiktiver Inhalt/ Stoff) hauptsächlich in Deutschland bzw. im deutschen Kulturkreis[2]	2	
• verwendet deutsche Motive[3] (d.h. Motive, die Deutschland zugeordnet werden können, z.B. Architektur oder Landschaften in Deutschland – Bsp. »Schwarzwaldhütte«;)	3	
• verwendet deutsche Drehorte[4]	3	
• Eine Hauptperson der Stoffvorlage ist/war deutsch[5] bzw. ist dem deutschen Kultur- oder Sprachkreis zuzurechnen	2	
• Handlung/Stoffvorlage ist deutsch[6]	2	
• Handlung/ Stoffvorlage beruht auf einer literarischen Vorlage	2	
• Handlung/Stoffvorlage behandelt Künstler oder Kunstgattung (z.B. Komposition, Tanz, Performance, Malerei, Architektur, Popart, Comic)	2	
• Am Film wirkt ein zeitgenössischer Künstler aus anderen Bereichen		

---

1 Einen Wohnsitz hat jemand dort, wo er eine Wohnung unter Umständen innehat, die darauf schließen lassen, dass er die Wohnung beibehalten und benutzen wird.

2 Zum deutschen Kulturkreis gehören deutschsprachige Gebiete, sowie ehemals deutschsprachige Gebiete oder Gebiete in denen eine deutsche Minderheit lebt.

3 Deutsche Motive sind eindeutig deutsche Motive, egal wo sie gedreht werden (Frankfurter Roemer, Reeperbahn, Reichstag). Motiv ist der beschriebene Ort der Handlung, um die Phantasie in eine bestimmte Bahn zu lenken.

4 Deutsche Drehorte sind tatsächlich in Deutschland gedrehte Schauplätze; ein Studio ist kein Drehort im Sinn dieser Vorschrift. Im Unterschied zum Motiv ist der Drehort der Ort, wo die Umsetzung der Fantasie zu einem filmischen Werk stattfindet.

5 Die Hauptperson ist deutsch im Sinne des Eigenschaftstests, wenn sie nach der Handlung die deutsche Staatsangehörigkeit besitzt oder mutmaßlich besitzt oder (mutmaßlich) ständig in Deutschland lebt.

6 Die Handlung/Stoffvorlage ist deutsch, wenn sie von einem deutschsprachigen Autor oder von einem ständig in Deutschland lebenden Autor stammt oder sich inhaltlich mit für Deutschland relevanten Themen auseinander setzt.

als dem der Filmkunst maßgeblich mit | 2
- Handlung/Stoffvorlage bezieht sich auf eine Persönlichkeit der Zeit- oder Weltgeschichte (z. B. Gandhi) oder eine fiktionale Figur der Kulturgeschichte (z. B. Herkules, Siegfried, Hänsel und Gretel) | 2
- Handlung/Stoffvorlage bezieht sich auf historisches Ereignis der Weltgeschichte oder ein vergleichbares fiktionales Ereignis (z. B. Eroberung von Troja) | 2
- Handlung/Stoffvorlage behandelt Fragen religiöser oder philosophischer Weltanschauung bzw. Themen von aktueller gesellschaftlicher oder kultureller Relevanz (z. B. Kopftuchfrage, Flüchtlingsproblematik etc.) | 2
- Eine Endfassung in deutscher Sprache | 3
- Film spielt hauptsächlich in einem anderen EWR-Staat | 1
- Film verwendet andere (wenn es keine deutschen Motive oder Drehorte gibt) bzw. weitere (wenn es auch deutsche Motive oder Drehorte gibt) europäische Motive[7] | 1
- Hauptperson der Stoffvorlage aus einem anderen/weiteren EWR-Staat | 1   30

2. Kreative Talente

- Filmkünstler in wichtiger Rolle und von internationalem Rang kommt aus Deutschland – »deutsche Star« (gemeint sind untenstehend aufgeführte Mitarbeiter, die an einem Film mitgewirkt haben, der an einem Festival nach § 22 Abs. 3 FFG teilgenommen bzw. Preis nach § 22 Abs. 3 FFG gewonnen hat) | 4
- Filmkünstler in wichtiger Rolle und von internationalem Rang kommt aus einem anderen/ weiteren EWR-Staat– »europäische Stars« (gemeint sind untenstehend aufgeführte Mitarbeiter, die an einem Film mitgewirkt haben, der an einem Festival nach § 22 Abs. 3 FFG teilgenommen bzw. Preis nach § 22 Abs. 3 FFG gewonnen hat) | 2
- Darsteller aus Deutschland oder EWR (soweit nicht bereits als »Stars« erfasst) (max. 3 Punkte)
  1. Hauptdarsteller (1 Punkt)
  oder 2. Hauptdarsteller (1 Punkt)
  oder zwei Nebendarsteller (1 Punkt) | 3
- Schöpferische Filmschaffende aus Deutschland oder dem EWR in verantwortlicher Position, die innerhalb der vergangenen 10 Jahre vor Drehbeginn einen im EWR entstandenen oder mit Beteiligung eines Produzenten aus dem EWR gedrehten Film kreativ gestaltet haben oder schöpferische Filmschaffende aus Deutschland oder dem EWR, für die es sich bei dem betreffenden Film um ein Erstlingswerk handelt:

---

7   s. Fußnote 3

- Regisseur   3
- Drehbuchautor   3
- Produzent/ Ko-Produzent (natürl. Person)   3
- Komponist   2
- Kameramann   2
- Cutter   2
- Kostümbildner   1
- Maskenbildner   1
- Requisite   1
- Ausstatter   1
- Artdirector   1
- Set Decorator   1
- Line Producer   1
- VFX Supervisor   1
- Post Production Supervisor   1   **33**

                                                 63

B-Block: Herstellung

- Dreharbeiten oder Studioaufnahmen in Deutschland
  (min. 50 % der Gesamtkosten der Dreharbeiten (= Studio und
  Außenaufnahmen) und min. 70 % der Gesamtkosten etwaiger
  Studioaufnahmen in Deutschland verausgabt)   12
  (min. 25 % der der Gesamtkosten der Dreharbeiten (= Studio und
  Außenaufnahmen) und min. 70 % der Gesamtkosten etwaiger
  Studioaufnahmen in Deutschland verausgabt)   (6)
- Je 25 % Digitale Effekte (VFX) in Deutschland verausgabt bezogen
  auf Gesamtkosten für Digitale Effekte (VFX): 1 Punkt   max. 4
- Je 25 % Spezial Effekte (SFX) in Deutschland verausgabt bezogen
  auf Gesamtkosten für Spezial Effekte (SFX): 1 Punkt   max. 4
- 100 % der Musikaufnahmen in Deutschland   2
- 100 % der Tonbearbeitung & Mischung in Deutschland   2
- 100 % der Kopierwerksarbeiten bis zur Nullkopie in Deutschland 3
- 100 % der Musterbearbeitung (inkl. Telecine) in Deutschland   2
- 100 % der Endbearbeitung (inkl. Digital intermediate) in Deutschland 2 **31**

                                                                         94

Mindestens 48 von 94 Punkten und aus jeweils beiden Kategorien notwendig

Anlage 3

Richtlinie des BKM
»Anreiz zur Stärkung der Filmproduktion in Deutschland«

Eigenschaftstest für Dokumentarfilme

Die Angaben »aus Deutschland oder dem EWR« beziehen sich auf die Staatsangehörigkeit der natürlichen Person oder ihren Wohnsitz[8] und Lebensmittelpunkt in Deutschland oder einem Vertragsstaat des Abkommens über den Europäischen Wirtschaftsraum. Aus der Kategorie »Kultureller Inhalt« müssen mindestens zwei Kriterien erfüllt sein. Es werden nur volle Punkte vergeben.

A-Block: Kultureller Inhalt und kreative Talente	Punkte	Total
1. Kultureller Inhalt		
• Film handelt hauptsächlich in/von Deutschland bzw. deutschem Kultur- und Sprachkreis[9] bzw. von in oder für Deutschland relevanten Themen	4	
• Eine Hauptperson ist/war deutsch[10] bzw. dem deutschen Kultur- und Sprachkreis zuzurechnen	4	
• Film wird in Originalfassung deutsch gedreht oder eine Endfassung ist deutsch	2	
• Film bezieht sich auf eine bedeutende historische oder zeitenössische Persönlichkeit	1	
• Film behandelt Künstler oder Kunstgattung (z.B. Komposition, Tanz, Performance, Malerei, Architektur, Popart, Comic)	1	
• Film behandelt ein historisches Ereignis der Weltgeschichte	1	
• Film setzt sich mit Lebensformen von Menschen/Minderheiten (z.B. Stoffe über Nomaden) auseinander	2	
• Handlung/Stoffvorlage behandelt Fragen religiöser oder philosophischer Weltanschauung bzw. Themen von aktueller gesellschaftlicher oder kultureller Relevanz (z.B. Diskriminierung, Drogen, Flüchtlingsproblematik etc.)	2	
• Film behandelt wissenschaftliche Themen oder natürliche Phänomene	2	19

---

8 Einen Wohnsitz hat jemand dort, wo er eine Wohnung unter Umständen innehat, die darauf schließen lassen, dass er die Wohnung beibehalten und benutzen wird.
9 Zum deutschen Kulturkreis gehören deutschsprachige Gebiete, sowie ehemals deutschsprachige Gebiete oder Gebiete, in denen eine deutsche Minderheit lebt.
10 Die Hauptperson ist deutsch im Sinne des Eigenschaftstests, wenn sie die deutsche Staatsangehörigkeit besitzt oder ständig in Deutschland lebt.

2. **Kreative Talente**
   - Schöpferische Filmschaffende aus Deutschland oder dem EWR
     in verantwortlicher Position, die innerhalb der vergangenen 10 Jahre vor
     Drehbeginn einen im EWR entstandenen oder mit Beteiligung eines
     Produzenten aus dem EWR gedrehten Film künstlerisch wertvoll gestaltet
     haben oder schöpferische Filmschaffende aus Deutschland oder dem EWR,
     für die es sich bei dem betreffenden Film um ein Erstlingswerk handelt:
     - Regisseur   5
     - Produzent   3
     - Autor   3
     - Kameramann   3
     - Schnittmeister   3
     - Komponist   2
     - Ton/Musikdesign   1   20
                                                                              39

B-Block: Herstellung
   - Dreharbeiten oder Studioaufnahmen in Deutschland   5
     (mind. 50 % der Gesamtkosten der Dreharbeiten in Deutschland
     verausgabt, ansonsten für jeweils 10 % 1 Punkt)
   - 100 % der digitalen Effekte in Deutschland   1
   - 100 % der Musikaufnahmen in Deutschland (bei 50 % 1 Punkt)   2
   - 100 % der Tonnachbearbeitung und Mischung in Deutschland
     (bei 50 % 1 Punkt)   2
   - 100 % der Bildendbearbeitung in Deutschland (bei 50 % 1 Punkt)   2
   - 100 % der Kopierwerksarbeiten bis zur Nullkopie in Deutschland   1   13
                                                                              52

Mindestens 27 von 52 Punkten aus beiden Kategorien notwendig

Anlage 4

Richtlinie des BKM
»Anreiz zur Stärkung der Filmproduktion in Deutschland«

Eigenschaftstest für Animationsfilme

Die Angaben »aus Deutschland oder dem EWR« beziehen sich auf die Staatsangehörigkeit der natürlichen Person oder ihren Wohnsitz[11] und Lebensmittelpunkt in Deutschland oder einem Vertragsstaat des Abkommens über den Europäischen Wirtschaftsraum. Aus der Kategorie »Kultureller Inhalt« müssen mindestens zwei Kriterien erfüllt sein. Es werden nur volle Punkte vergeben.

A-Block: Kultureller Inhalt und kreative Talente	Punkte	Total
1. Kultureller Inhalt		
• Hauptfigur ist/war deutsch[12] bzw. ist dem deutschen Kultur- oder Sprachkreis zuzurechnen[13]	2	
• Geschichte/Material ist deutsch oder stammt aus dem deutschen Kultur- oder Sprachkreis[14]	4	
• Eine Endfassung ist in deutscher Sprache	2	
• Handlung ist als Kinder- oder Jugendfilm gedacht und geeignet	3	
• Handlung/Stoffvorlage beruht auf einer literarischen Vorlage oder entstammt traditionellen Märchen oder Sagen	2	
• Handlung/Stoffvorlage behandelt Künstler oder Kunstgattung (z.B. Komposition, Tanz, Performance, Malerei, Architektur, Popart, Comic)	2	
• Handlung/Stoffvorlage bezieht sich auf eine Persönlichkeit der Zeit- oder Welt-Geschichte oder eine fiktionale Figur der Kulturgeschichte	2	
• Handlung/Stoffvorlage bezieht sich auf historisches Ereignis der Weltgeschichte oder ein vergleichbares fiktionales Ereignis	2	
• Handlung/Stoffvorlage behandelt Fragen religiöser oder philosophischer Weltanschauung bzw. Themen von aktueller gesellschaftlicher oder kultureller Relevanz	2	
• Am Film wirkt ein zeitgenössischer Künstler aus anderen Bereichen als dem der Filmkunst maßgeblich mit	2	23

---

11 Einen Wohnsitz hat jemand dort, wo er eine Wohnung unter Umständen innehat, die darauf schließen lassen, dass er die Wohnung beibehalten und benutzen wird.

12 Die Hauptfigur ist deutsch im Sinne dieses Eigenschaftstests, wenn sie nach der Handlung die deutsche Staatsangehörigkeit besitzt oder mutmaßlich besitzt oder (mutmaßlich) ständig in Deutschland lebt.

13 Zum deutschen Kulturkreis gehören deutschsprachige Gebiete, sowie ehemals deutschsprachige Gebiete oder Gebiete, in denen eine deutsche Minderheit lebt.

14 Vgl. Fußnote 3

2. **Kreative Talente**
   * Schöpferische Filmschaffende aus Deutschland oder dem EWR
     in verantwortlicher Position, die innerhalb der vergangenen 10 Jahre vor
     Drehbeginn einen im EWR entstandenen oder mit Beteiligung eines
     Produzenten aus dem EWR gedrehten Film künstlerisch wertvoll gestaltet
     haben oder schöpferische Filmschaffende aus Deutschland oder dem EWR,
     für die es sich bei dem betreffenden Film um ein Erstlingswerk handelt:
     – Regisseur   3
     – Drehbuchautor   3
     – Produzent   3
     – Komponist   3
     – Animation Supervisor   3
     – Character Designer   2
     – Head of Production Design[15]   2
     – Sprecher (je ein Punkt für die ersten vier Hauptrollen)   4
     – Sounddesigner   1
     – Schnitt   1
     – Herstellungsleiter   1   26
                                                                        49

B-Block: Herstellung
Bis auf Animationsarbeiten müssen immer 100 % der Arbeiten in Deutschland
ausgeführt werden, um jeweils die volle Punktzahl zu erreichen. Werden weniger
als 30 % der Animationsarbeiten in Deutschland ausgeführt gibt es 0 Punkte.

   * Preproduction (Storyboarding, Lay-Out-Arbeiten)   4
   * Background-Arbeiten   4
   * je 1 Punkt für 10 % Deutschland-Spend für Animationsarbeiten   10
   * Sprach- und Tonbearbeitung, Mischung   3
   * Musikaufnahmen in Deutschland   2
   * Rendering in Deutschland   2
   * Compositing in Deutschland   2
   * Kopierwerksarbeiten bis zur Nullkopie in Deutschland   2   29
                                                                        78

Mindestens 41 von 78 Punkten aus jeweils beiden Kategorien notwendig

---

15 Der »Head of Production Design« fungiert in Personalunion als »Background Supervisor«.

Gesetz über die Gemeinschaftsproduktion von Kinofilmen

Bundesgesetzblatt, Jahrgang 1994, Teil II, S. 3566

Gesetz
zu dem Europäischen Übereinkommen vom 2. Oktober 1992
über die Gemeinschaftsproduktion von Kinofilmen
Vom 20. Oktober 1994

Der Bundestag hat das folgende Gesetz beschlossen:

Artikel 1

Dem in Straßburg am 7. Mai 1993 von der Bundesrepublik Deutschland unterzeichneten Europäischen Übereinkommen vom 2. Oktober 1992 über die Gemeinschaftsproduktion von Kinofilmen wird zugestimmt. Das Übereinkommen wird nachstehend mit einer amtlichen deutschen Übersetzung veröffentlicht.

Artikel 2

(1) Dieses Gesetz tritt am Tage nach seiner Verkündung in Kraft.

(2) Der Tag, an dem das Übereinkommen nach seinem Artikel 17 für die Bundesrepublik Deutschland in Kraft tritt, Ist im Bundesgesetzblatt bekannt zu geben.

Die verfassungsmäßigen Rechte des Bundesrates sind gewahrt.
Das vorstehende Gesetz wird hiermit ausgefertigt und wird im Bundesgesetzblatt verkündet.

Berlin, den 20. Oktober 1994

Der Bundespräsident
Roman Herzog

Der Bundeskanzler
Dr. Helmut Kohl

Der Bundesminister für Wirtschaft
Rexrodt

Der Bundesminister des Auswärtigen
Kinkel

Präambel

Die Mitgliedstaaten des Europarats und die anderen Vertragsstaaten des Europäischen Kulturabkommens, die dieses Übereinkommen unterzeichnen –

in der Erwägung, daß es das Ziel des Europarats ist, eine engere Verbindung zwischen seinen Mitgliedern herbeizuführen, um insbesondere die Ideale und Grundsätze, die ihr gemeinsames Erbe sind, zu wahren und zu fördern;

in der Erwägung, daß die schöpferische Freiheit und die Freiheit der Meinungsäußerung wesentliche Bestandteile dieser Grundsätze sind;

in der Erwägung, daß der Schutz der kulturellen Vielfalt der verschiedenen europäischen Länder eines der Ziele des Europäischen Kulturabkommens ist;

in der Erwägung, daß die Gemeinschaftsproduktion von Kinofilmen, ein Instrument der Gestaltung und des Ausdrucks der kulturellen Vielfalt auf europäischer Ebene, verstärkt werden sollte;

in dem festen Willen, diese Grundsätze weiter zu entwickeln, und unter Hinweis auf die Empfehlungen des Ministerkomitees über das Kino und den audiovisuellen Bereich, insbesondere die Empfehlung Nr. R (86)3 über die Förderung der audiovisuellen Produktion In Europa;

in Anerkennung dessen, daß die Errichtung des Europäischen Fonds zur Unterstützung der Gemeinschaftsproduktion und der Verbreitung von Kino- und Fernsehfilmen, EURI-MAGES, dem Anliegen gerecht wird, die europäische Gemeinschaftsproduktion von Kinofilmen zu fördern, und daß damit der Weiterentwicklung der Gemeinschaftsproduktion von Kinofilmen in Europa ein neuer Impuls gegeben wird;

entschlossen, dieses kulturelle Ziel durch eine gemeinsame Anstrengung zu erreichen, die Produktion zu steigern und die Regeln festzulegen, die für die europäische mehrseitige Gemeinschaftsproduktion von Kinofilmen insgesamt gelten;

in der Erwägung, daß die Annahme gemeinsamer Regeln geeignet ist, Beschränkungen abzubauen und die europäische Zusammenarbeit im Bereich der Gemeinschaftsproduktion von Kinofilmen zu fördern –

sind wie folgt übereingekommen:

Kapitel l
Allgemeine Bestimmungen

Artikel 1

Ziel des Übereinkommens

Die Vertragsparteien des Übereinkommens verpflichten sich, die Weiterentwicklung der europäischen Gemeinschaftsproduktion von Kinofilmen nach Maßgabe der nachstehenden Bestimmungen zu fördern.

Artikel 2

Anwendungsbereich

(1) Dieses Übereinkommen regelt die Beziehungen zwischen den Vertragsparteien auf dem Gebiet der mehrseitigen Gemeinschaftsproduktionen, die ihren Ursprung im Hoheitsgebiet der Vertragsparteien haben.

(2) Dieses Übereinkommen findet Anwendung

a) auf Gemeinschaftsproduktionen, an denen mindestens drei Gemeinschaftsproduzenten beteiligt sind, die in drei verschiedenen Vertragsparteien des Übereinkommens niedergelassen sind, und

b) auf Gemeinschaftsproduktionen, an denen mindestens drei Gemeinschaftsproduzenten, die in drei verschiedenen Vertragsparteien des Übereinkommens niedergelassen sind, sowie ein oder mehrere Gemeinschaftsproduzenten, die nicht in solchen Vertragsparteien niedergelassen sind, beteiligt sind. Die Gesamtbeteiligung der Gemeinschaftsproduzenten, die nicht in den Vertragsparteien des Übereinkommens niedergelassen sind, darf jedoch 30 v. H. der Gesamtproduktionskosten nicht übersteigen.

Dieses Übereinkommen findet in jedem Fall nur unter der Voraussetzung Anwendung, daß der Gemeinschaftsfilm ein europäischer Kinofilm im Sinne des Artikels 3 Absatz 3[1] ist.

(3) Die zwischen den Vertragsparteien dieses Übereinkommens geschlossenen zweiseitigen Abkommen finden auf zweiseitige Gemeinschaftsproduktionen weiterhin Anwendung.

Im Fall mehrseitiger Gemeinschaftsproduktionen gehen die Bestimmungen dieses Übereinkommens den Bestimmungen zweiseitiger Abkommen zwischen den Vertragspar-

---

1 Anm. d. Übers.: Muß wahrscheinlich »Buchstabe c« heißen

teien des Übereinkommens vor. Die Bestimmungen über zweiseitige Gemeinschaftsproduktionen bleiben in Kraft, sofern sie den Bestimmungen dieses Übereinkommens
nicht zuwiderlaufen.

(4) Gibt es zwischen zwei Vertragsparteien dieses Übereinkommens kein Abkommen über
zweiseitige Beziehungen im Bereich der Gemeinschaftsproduktion, so findet das Übereinkommen auch auf zweiseitige Gemeinschaftsproduktionen Anwendung, es sei
denn, daß eine der beteiligten Vertragsparteien nach Artikel 20 einen Vorbehalt angebracht hat.

Artikel 3
Begriffsbestimmungen

Im Sinne dieses Übereinkommens bezeichnet

a) der Begriff »Kinofilm« einen Film von beliebiger Länge und auf beliebigem Träger – einschließlich Spielfilme, Zeichentrickfilme und Dokumentarfilme –, der den für die Filmwirtschaft in jeder der beteiligten Vertragsparteien geltenden Bestimmungen entspricht
und zur Aufführung in Filmtheatern bestimmt ist;

b) der Begriff »Gemeinschaftsproduzenten« Filmproduktionsgesellschaften oder Produzenten, die in den Vertragsparteien dieses Übereinkommens niedergelassen und durch
einen Gemeinschaftsproduktionsvertrag gebunden sind;

c) der Begriff »europäischer Kinofilm« einen Kinofilm, der den Voraussetzungen des An-
hangs II entspricht, der Bestandteil dieses Übereinkommens ist;

d) der Begriff »mehrseitige Gemeinschaftsproduktion« einen Kinofilm, der von mindestens
drei Gemeinschaftsproduzenten im Sinne des Artikels 2 Absatz 2 hergestellt worden ist.

Kapitel II
Für Gemeinschaftsproduktionen geltende Vorschriften

Artikel 4
Gleichstellung mit nationalen Filmen

(1) In mehrseitiger Gemeinschaftsproduktion hergestellte europäische Kinofilme, die unter
dieses Übereinkommen fallen, haben Anspruch auf die Vergünstigungen, die nationalen Filmen durch die in jeder der an der Gemeinschaftsproduktion beteiligten Vertragsparteien des Übereinkommens geltenden Gesetze und sonstigen Vorschriften gewährt werden.

(2) Die Vergünstigungen werden jedem Gemeinschaftsproduzenten von der Vertragspartei, in der er niedergelassen ist, im Rahmen der Voraussetzungen und Grenzen, welche die geltenden Gesetze und sonstigen Vorschriften dieser Vertragspartei vorsehen, und nach Maßgabe dieses Übereinkommens gewährt.

Artikel 5
Voraussetzungen für die Anerkennung als Gemeinschaftsproduktion

(1) Jeder in Gemeinschaftsproduktion hergestellte Kinofilm bedarf der Genehmigung durch die zuständigen Behörden der Vertragsparteien, in denen die Gemeinschaftsproduzenten niedergelassen sind, nach Konsultationen zwischen diesen Behörden und im Einklang mit den in Anhang 1 festgelegten Verfahren. Der Anhang ist Bestandteil dieses Übereinkommens.

(2) Die Anträge auf Anerkennung als Gemeinschaftsproduktion werden den zuständigen Behörden nach dem in Anhang 1 festgelegten Antragsverfahren zur Genehmigung vorgelegt. Diese Genehmigung ist endgültig, außer bei Nichteinhaltung der ursprünglich eingegangenen Verpflichtungen im künstlerischen, finanziellen und technischen Bereich.

(3) Filmvorhaben eindeutig pornographischer Art oder Vorhaben, die Gewalt befürworten oder die Würde des Menschen offen verletzen, können nicht als Gemeinschaftsproduktionen anerkannt werden.

(4) Die mit der Anerkennung als Gemeinschaftsproduktion verbundenen Vergünstigungen werden Gemeinschaftsproduzenten gewährt, die über eine angemessene technische und finanzielle Organisation und eine ausreichende berufliche Befähigung verfügen.

(5) Jeder Vertragsstaat bestimmt die in Absatz 2 bezeichneten zuständigen Behörden durch eine Erklärung, die er bei der Unterzeichnung oder bei der Hinterlegung seiner Ratifikations-, Annahme-, Genehmigungs- oder Beitrittsurkunde abgibt. Diese Erklärung kann zu jedem späteren Zeitpunkt geändert werden.

Artikel 6
Höhe der Beteiligung der einzelnen Gemeinschaftsproduzenten

(1) Bei einer mehrseitigen Gemeinschaftsproduktion darf die Mindestbeteiligung nicht weniger als 10 v. H. und die Höchstbeteiligung nicht mehr als 70 v. H. der Gesamtproduktionskosten des Kinofilms betragen. Beträgt die Mindestbeteiligung weniger als 20 v. H., so kann die betreffende Vertragspartei Maßnahmen ergreifen, um den Zugang zu nationalen Produktionsförderprogrammen einzuschränken oder auszuschließen.

(2) Tritt dieses Übereinkommen nach Artikel 2 Absatz 4 an die Stelle eines zweiseitigen Abkommens zwischen zwei Vertragsparteien, so darf die Mindestbeteiligung nicht weniger als 20 v. H. und die Höchstbeteiligung nicht mehr als 80 v. H. der Gesamtproduktionskosten des Kinofilms betragen.

Artikel 7
Rechte der Gemeinschaftsproduzenten

(1) Der Gemeinschaftsproduktionsvertrag muß jedem Gemeinschaftsproduzenten das Miteigentum am Originalnegativ (Bild und Ton) gewährleisten. Der Vertrag muß die Bestimmung enthalten, daß dieses Negativ an einem von den Gemeinschaftsproduzenten einvernehmlich bestimmten Ort aufbewahrt wird, und ihnen freien Zugang dazu gewährleisten.

(2) Der Gemeinschaftsproduktionsvertrag muß jedem Gemeinschaftsproduzenten auch das Recht auf ein Internegativ oder auf ein anderes Vervielfältigungsmedium gewährleisten.

Artikel 8
Technische und künstlerische Beteiligung

(1) Der Beitrag jedes Gemeinschaftsproduzenten muß eine tatsächliche technische und künstlerische Beteiligung umfassen. Grundsätzlich muß im Einklang mit den internationalen Verpflichtungen der Vertragsparteien der Beitrag der Gemeinschaftsproduzenten an schöpferischem, technischem und künstlerischem Personal, an Darstellern und an technischen Einrichtungen ihrer finanziellen Beteiligung entsprechen.

(2) Vorbehaltlich der internationalen Verpflichtungen der Vertragsparteien und der Erfordernisse des Drehbuchs müssen die an den Dreharbeiten beteiligten technischen Mitarbeiter Angehörige der an der Gemeinschaftsproduktion beteiligten Staaten sein und wird die Postproduktion in der Regel in diesen Staaten durchgeführt.

Artikel 9
Finanzielle Gemeinschaftsproduktionen

(1) Ungeachtet des Artikels 8 und vorbehaltlich der durch die in den Vertragsparteien geltenden Gesetze und sonstigen Vorschriften festgelegten besonderen Voraussetzungen und Grenzen können Gemeinschaftsproduktionen aufgrund dieses Übereinkommens als solche anerkannt werden, wenn sie folgende Voraussetzungen erfüllen:

a) Sie umfassen eine oder mehrere Minderheitsbeteiligungen, die lediglich finanzieller Art sein können, entsprechend dem Gemeinschaftsproduktionsvertrag; jedoch darf der jeweilige nationale Anteil nicht weniger als 10 v. H. und nicht mehr als 25 v. H. der Produktionskosten betragen;

b) sie umfassen einen Mehrheitsgemeinschaftsproduzenten, der einen tatsächlichen technischen und künstlerischen Beitrag leistet und die Voraussetzungen für die Anerkennung des Kinofilms als nationaler Film in seinem Land erfüllt;

c) sie tragen zur Förderung der europäischen Identität bei;

d) sie sind Gegenstand von Gemeinschaftsproduktionsverträgen, die Bestimmungen über die Aufteilung der Einnahmen enthalten.

(2) Finanzielle Gemeinschaftsproduktionen können nur als Gemeinschaftsproduktionen anerkannt werden, wenn die zuständigen Behörden in jedem Einzelfall ihre Genehmigung erteilt haben, wobei insbesondere Artikel 10 berücksichtigt wird.

Artikel 10
Ausgewogene Beteiligung

(1) In den Beziehungen zwischen den Vertragsparteien im Bereich des Kinofilms muß im Hinblick sowohl auf den investierten Gesamtbetrag als auch auf die künstlerische und technische Beteiligung an in Gemeinschaftsproduktion hergestellten Kinofilmen eine allgemeine Ausgewogenheit gewahrt bleiben.

(2) Eine Vertragspartei, die über einen angemessenen Zeitraum feststellt, daß ihre Beziehungen zu einer oder mehreren Vertragsparteien im Bereich der Gemeinschaftsproduktion unausgewogen sind, kann zur Wahrung ihrer eigenen kulturellen Identität die Wiederherstellung eines ausgewogenen Verhältnisses in ihren Beziehungen zu dieser oder diesen Vertragsparteien im Bereich des Kinofilms zur Voraussetzung für die Genehmigung einer weiteren Gemeinschaftsproduktion machen.

Artikel 11
Einreise und Aufenthalt

Im Einklang mit den geltenden Gesetzen, sonstigen Vorschriften und internationalen Verpflichtungen erleichtert jede Vertragspartei dem technischen und künstlerischen Personal aus an einer Gemeinschaftsproduktion beteiligten anderen Vertragsparteien die Einreise, den Aufenthalt sowie die Erteilung von Arbeitserlaubnissen in ihrem Hoheitsgebiet. Ebenso erlaubt jede Vertragspartei die vorübergehende Einfuhr und die Wiederausfuhr der Ausrüstung, die für die Herstellung und den Verleih der unter dieses Übereinkommen fallenden Kinofilme erforderlich ist.

Artikel 12

Nennung der an der Gemeinschaftsproduktion beteiligten Staaten

(1) Die an der Gemeinschaftsproduktion beteiligten Staaten werden in den in Gemeinschaftsproduktion hergestellten Kinofilmen genannt.

(2) Die Namen dieser Staaten werden im Vorspann und in der gesamten Werbung sowie bei der Vorführung der Kinofilme deutlich aufgeführt.

Artikel 13

Ausfuhr

Wird ein in Gemeinschaftsproduktion hergestellter Kinofilm in einen Staat ausgeführt, in dem die Einfuhr von Kinofilmen kontingentiert ist, und hat eine der an der Gemeinschaftsproduktion beteiligten Vertragsparteien nicht das Recht, ihre Kinofilme frei in den Einfuhrstaat einzuführen,

a) so wird der Kinofilm in der Regel dem Kontingent des Staates zugerechnet, der die Mehrheitsbeteiligung hat;

b) so wird der Kinofilm bei gleicher Beteiligung verschiedener Staaten dem Kontingent des Staates zugerechnet, der über die besten Ausfuhrmöglichkeiten in den Einfuhrstaat verfügt;

c) so wird der Kinofilm, wenn die Buchstaben a und b nicht angewendet werden können, dem Kontingent der Vertragspartei zugerechnet, die den Regisseur stellt.

Artikel 14

Sprachen

Bei der Anerkennung als Gemeinschaftsproduktion kann die zuständige Behörde einer Vertragspartei von dem in ihrem Hoheitsgebiet niedergelassenen Gemeinschaftsproduzenten eine Endfassung des Kinofilms in einer der Sprachen dieser Vertragspartei verlangen.

Artikel 15
Filmfestspiele

Sofern die Gemeinschaftsproduzenten nichts anderes beschließen, werden in Gemeinschaftsproduktion hergestellte Kinofilme auf internationalen Filmfestspielen von der Vertragspartei, in welcher der Mehrheitsgemeinschaftsproduzent niedergelassen ist, oder bei gleicher finanzieller Beteiligung von der Vertragspartei, die den Regisseur stellt, vorgestellt.

Kapitel III
Schlußbestimmungen

Artikel 16
Unterzeichnung, Ratifikation, Annahme, Genehmigung

(1) Dieses Übereinkommen liegt für die Mitgliedstaaten des Europarats und die anderen Vertragsstaaten des Europäischen Kulturabkommens zur Unterzeichnung auf; sie können ihre Zustimmung, gebunden zu sein, ausdrücken,

a)   indem sie es ohne Vorbehalt der Ratifikation, Annahme oder Genehmigung unterzeichnen oder

b)   indem sie es vorbehaltlich der Ratifikation, Annahme oder Genehmigung unterzeichnen und später ratifizieren, annehmen oder genehmigen.

(2) Die Ratifikations-, Annahme- oder Genehmigungsurkunden werden beim Generalsekretär des Europarats hinterlegt.

Artikel 17
Inkrafttreten

(1) Das Übereinkommen tritt am ersten Tag des Monats in Kraft, der auf einen Zeitabschnitt von drei Monaten nach dem Tag folgt, an dem fünf Staaten, darunter mindestens vier Mitgliedstaaten des Europarats, nach Artikel 16 ihre Zustimmung ausgedrückt haben, durch das Übereinkommen gebunden zu sein.

(2) Für jeden Unterzeichnerstaat, der später seine Zustimmung ausdrückt, durch das Übereinkommen gebunden zu sein, tritt es am ersten Tag des Monats in Kraft, der auf einen Zeitabschnitt von drei Monaten nach der Unterzeichnung oder der Hinterlegung der Ratifikations-, Annahme- oder Genehmigungsurkunde folgt.

Artikel 18

Beitritt von Nichtmitgliedstaaten

(1) Nach Inkrafttreten dieses Übereinkommens kann das Ministerkomitee des Europarats durch einen mit der in Artikel 20 Buchstabe d der Satzung des Europarats vorgesehenen Mehrheit und mit einhelliger Zustimmung der Vertreter der Vertragsstaaten, die Anspruch auf einen Sitz im Ministerkomitee haben, gefaßten Beschluß jeden europäischen Nichtmitgliedstaat des Europarats sowie die Europäische Wirtschaftsgemeinschaft einladen, dem Übereinkommen beizutreten.

(2) Für jeden beitretenden Staat oder die Europäische Wirtschaftsgemeinschaft im Fall ihres Beitritts tritt das Übereinkommen am ersten Tag des Monats in Kraft, der auf einen Zeitabschnitt von drei Monaten nach Hinterlegung der Beitrittsurkunde beim Generalsekretär des Europarats folgt.

Artikel 19

Geltungsbereichsklausel

(1) Jeder Staat kann bei der Unterzeichnung oder bei der Hinterlegung seiner Ratifikations-, Annahme-, Genehmigungs- oder Beitrittsurkunde einzelne oder mehrere Hoheitsgebiete bezeichnen, auf die dieses Übereinkommen Anwendung findet.

(2) Jede Vertragspartei kann jederzeit danach durch eine an den Generalsekretär des Europarats gerichtete Erklärung die Anwendung dieses Übereinkommens auf jedes weitere in der Erklärung bezeichnete Hoheitsgebiet erstrecken. Das Übereinkommen tritt für dieses Hoheitsgebiet am ersten Tag des Monats in Kraft, der auf einen Zeitabschnitt von drei Monaten nach Eingang der Erklärung beim Generalsekretär folgt.

(3) Jede nach den Absätzen 1 und 2 abgegebene Erklärung kann in bezug auf jedes darin bezeichnete Hoheitsgebiet durch eine an den Generalsekretär gerichtete Notifikation zurückgenommen werden. Die Rücknahme wird am ersten Tag des Monats wirksam, der auf einen Zeitabschnitt von drei Monaten nach Eingang der Notifikation beim Generalsekretär folgt.

Artikel 20

Vorbehalte

(1) Jeder Staat kann bei der Unterzeichnung oder bei der Hinterlegung seiner Ratifikations-, Annahme-, Genehmigungs- oder Beitrittsurkunde erklären, daß Artikel 2 Absatz 4 auf seine zweiseitigen Beziehungen zu einer oder mehreren Vertragsparteien im Bereich der Gemeinschaftsproduktionen keine Anwendung findet. Er kann sich außerdem das Recht vorbehalten, die Höchstbeteiligung abweichend von Artikel 9 Absatz 1 Buchstabe a zu regeln. Weitere Vorbehalte sind nicht zulässig.

(2) Jede Vertragspartei, die einen Vorbehalt nach Absatz 1 angebracht hat, kann ihn durch eine an den Generalsekretär des Europarats gerichtete Notifikation ganz oder teilweise zurücknehmen. Die Rücknahme wird mit dem Eingang der Notifikation beim Generalsekretar wirksam.

Artikel 21
Kündigung

(1) Jede Vertragspartei kann dieses Übereinkommen jederzeit durch eine an den Generalsekretär des Europarats gerichtete Notifikation kündigen.

(2) Die Kündigung wird am ersten Tag des Monats wirksam, der auf einen Zeitabschnitt von sechs Monaten nach Eingang der Notifikation beim Generalsekretär folgt.

Artikel 22
Notifikation

Der Generalsekretär des Europarats notifiziert den Mitgliedstaaten des Rates und jedem Staat und der Europäischen Wirtschaftsgemeinschaft, die diesem Übereinkommen beitreten oder zum Beitritt eingeladen werden können,

a) jede Unterzeichnung;

b) jede Hinterlegung einer Ratifikations-, Annahme-, Genehmigungs- oder Beitrittsurkunde;

c) jeden Zeitpunkt des Inkrafttretens dieses Übereinkommens nach den Artikeln 17, 18 und 19;

d) jede nach Artikel 5 Absatz 5 abgegebene Erklärung;

e) jede nach Artikel 21 notifizierte Kündigung;

f) jede andere Handlung, Notifikation oder Mitteilung im Zusammenhang mit diesem Übereinkommen. Zu Urkund dessen haben die hierzu gehörig befugten Unterzeichneten dieses Übereinkommen unterschrieben. Geschehen zu Straßburg am 2. Oktober 1992 in englischer und französischer Sprache, wobei jeder Wortlaut gleichermaßen verbindlich ist, in einer Urschrift, die im Archiv des Europarats hinterlegt wird. Der Generalsekretär des Europarats übermittelt den in Artikel 16 Absatz 1 bezeichneten Staaten sowie allen Staaten und der Europäischen Wirtschaftsgemeinschaft, die zum Beitritt zu diesem Übereinkommen eingeladen werden können, beglaubigte Abschriften.

Anhang I
Antragsverfahren

Um an den Vergünstigungen dieses Übereinkommens teilzuhaben, müssen die in den Vertragsparteien niedergelassenen Gemeinschaftsproduzenten zwei Monate vor Drehbeginn unter Beifügung der nachstehend aufgeführten Unterlagen einen Antrag auf Anerkennung einer Gemeinschaftsproduktion als solche stellen. Diese Unterlagen müssen den zuständigen Behörden in ausreichender Anzahl, damit sie den Behörden der anderen Vertragsparteien übermittelt werden können, spätestens einen Monat vor Drehbeginn zugehen.

- Eine Kopie des Vertrags oder ein anderer Beleg über den Erwerb des Urheberrechts für die wirtschaftliche Nutzung des Films;
- ein ausführliches Drehbuch;
- eine Aufstellung der technischen und künstlerischen Beiträge der beteiligten Staaten;
- ein Kostenvoranschlag und ein genauer Finanzierungsplan;
- ein Drehplan für den Kinofilm;
- der zwischen den Gemeinschaftsproduzenten geschlossene Gemeinschaftsproduktionsvertrag.

Dieser Vertrag muß Bestimmungen über die Aufteilung der Einnahmen oder der Absatzgebiete unter den Gemeinschaftsproduzenten enthalten.
Der Antrag und die anderen Unterlagen sind nach Möglichkeit in der Sprache der zuständigen Behörden vorzulegen, bei denen sie eingereicht werden.
Die zuständigen nationalen Behörden übermitteln einander die Anträge und die beigefügten Unterlagen, sobald sie eingegangen sind. Die zuständige Behörde der Vertragspartei mit finanzieller Minderheitsbeteiligung erteilt ihre Zustimmung erst, wenn die Stellungnahme der Vertragspartei mit der finanziellen Mehrheitsbeteiligung eingegangen ist.

Anhang II

(1) Ein Kinofilm ist europäisch Im Sinne des Artikels 3 Absatz 3[2] wenn er nach dem nachstehenden Verzeichnis europäischer Bestandteile wenigstens 15 Punkte von der möglichen Höchstzahl von 19 Punkten erreicht.

---

2 Anm. d. Übers.: Muß wahrscheinlich »Buchstabe c« heißen

(2) Unter Berücksichtigung der Erfordernisse des Drehbuchs können die zuständigen Behörden nach Abstimmung untereinander einen Film, der weniger als die üblicherweise erforderlichen 15 Punkte erhält, als Gemeinschaftsproduktion anerkennen, wenn sie der Meinung sind, daß er gleichwohl die europäische Identität widerspiegelt.

Europäische Bestandteile	Gewichtspunkte
Schöpferischer Bereich	
Regisseur	3
Drehbuchautor	3
Komponist	1
	7
Darstellender Bereich	
Erste Filmrolle	3
Zweite Filmrolle	2
Dritte Filmrolle	1
	6
Technischer Bereich	
Bild	1
Ton und Mischung	1
Schnitt	1
Bauten und Kostüme	1
Studie oder Drehort	1
Ort der Postproduktion	1
	6

N.B.

a) Für die Festlegung der ersten, zweiten und dritten Filmrolle ist die Zahl der Arbeitstage entscheidend.

b) Was Artikel 8 betrifft, so bezieht sich ,,künstlerisch" auf den schöpferischen und darstellenden Bereich, ,,technisch" auf den technischen Bereich.

Literaturverzeichnis

Bork, Reinhard: Die Doppeltreuhand in der Insolvenz, NZI 1999

Castendyk, Oliver: Man spricht deutsch, ZUM 2005, 283 ff.

Castendyk, Oliver: Marienhof und die Folgen, ZUM 2005, S. 2 ff

Castendyk, Oliver / Dommering, Egbert / Scheuer, Alexander: European Media Law, Amsterdam 2007

Clevé, Bastian (Hrsg.): Investoren im Visier, 2. Aufl. Gerlingen 2000

Dreier, Thomas / Schulze, Gernot: Urheberrechtsgesetz, 2. Auflage München 2006

Eickmann, Dieter u. a. (Hrsg.): Heidelberger Kommentar zur Insolvenzordnung, Heidelberg 1999

Eickmeier, Frank / Eickmeier, Jens: Die rechtlichen Grenzen des Doku-Dramas, ZUM 1998, S. 1 ff.

Gottwald, Peter: Insolvenzrechts-Handbuch, 2. Aufl. München 2001

Seiffert, Fedor: Realität oder Fiktion Dichtung und allgemeines Persönlichkeitsrecht, in: Festschrift für Peter Raue, Köln 2006

Hausmann, Rainer: Auswirkungen der Insolvenz des Lizenznehmers auf Filmlizenzverträge nach geltendem und künftigem Insolvenzrecht, in:»Aktuelle Rechtsprobleme der Filmproduktion und Filmlizenz«, UFITA-Schriftenreihe, Baden-Baden 1999

ders.: Insolvenzklauseln und Rechtefortfall nach der neuen Insolvenzordnung, ZUM 1999, S. 919

Kreutzer, Till: »Computerspiele im System des deutschen Urheberrechts«, Computer&Recht, 2007, 1 ff.

Kropholler, Jan: Internationales Privatrecht, Tübingen 1990

Kübler, Bruno M. / Prütting, Hanns (Hrsg.): Kommentar zur Insolvenzordnung, Köln 1999

Loewenheim, Ulrich: Rechtswahl bei Filmlizenzverträgen, ZUM 1999, S. 923 ff.

Loewenheim, Ulrich: Handbuch des Urheberrechts, C.H. Beck, München 2003

Möhring, Phillip / Nicolini, Käte: Urheberrechtsgesetz, 2. Auflage München 2000

Nordemann, Wilhelm: Kommentar zum Urheberrechtsgesetz , 9. Aufl. Stuttgart 1998

Palandt, Otto: Bürgerliches Gesetzbuch, 66. Aufl. München 2007

Peters, Butz: Fernseh- und Filmproduktion, Rechtshandbuch, Baden-Baden 2003

Poll, Günter: Filmurheberrecht – Rechtsprechungssammlung und Kurzkommentar, Baden-Baden 1998

Reuter, Alexander: Digitale Bild- und Filmbearbeitung im Lichte des Urheberrechts, GRUR 1997, S. 23 ff.

Schack, Haimo: Urheber- und Urhebervertragsrecht, Tübingen 1997

Schertz, Christian: Merchandising, 1. Aufl. München 1997

Schricker, Gerhard: Urheberrecht Kommentar, 3. Aufl. München 2006

Schricker, Gerhard: Werbekonzeptionen und Fernsehformate, GRUR Int. 2004, 923 ff.

Schwarz, Mathias / Klingner, Norbert: Mittel der Finanzierungs- und Investitionssicherung im Medien und Filmbereich, UFITA-Sonderdruck aus Bd. 138/1999, Baden-Baden 1999

Smid, Stefan: Das Schicksal urheberrechtlicher Lizenzen in der Insolvenz des Lizenzgebers, DZWIR 2005, 7f

v. Hartlieb, Horst: Handbuch des Film-, Fernseh- und Videorechts, 3. Aufl. München 1991

v. Hartlieb, Horst / Schwarz, Mathias: Handbuch des Film-, Fernseh- und Videorechts, 4. Aufl. München 2004

Wandtke, Arthur-Axel / Bullinger, Winfried: Praxiskommentar zum Urheberrecht, 2. Aufl. München 2006

Wente, Jürgen K. / Härle, Philipp: Rechtsfolgen einer außerordentlichen Vertragsbeendigung auf die Verfügungen in einer »Rechtekette« im Filmlizenzgeschäft und ihre Konsequenzen für die Vertragsgestaltung, GRUR 1997, S. 96 ff.

Wimmer, Klaus (Hrsg.): Frankfurter Kommentar zur Insolvenzordnung, 2. Aufl. 1999

Stichwortverzeichnis